es 1184
edition suhrkamp
Neue Folge Band 184

Nach ihrer Untersuchung der »Politik der öffentlichen Wohlfahrt« in den USA, in der sie sich mit der *Regulierung der Armut* (es 872) beschäftigen, handelt das vorliegende Buch der beiden amerikanischen Sozialwissenschaftler vom Protest der Armen in den Vereinigten Staaten, von den Motiven und der politischen Bedeutung ihrer Kämpfe und Hoffnungen – und von den Ursachen ihrer Niederlagen. Untersucht werden die zwei turbulenten Protestbewegungen der dreißiger Jahre während der Großen Depression: die der Arbeitslosen und die der Industriearbeiter, sodann die Widerstandshandlungen der Schwarzen und der Wohlfahrtsempfänger in der Periode nach dem Zweiten Weltkrieg. Es zeigt sich, daß die hier dargestellten Protestbewegungen der Unterschichten allesamt ein bestimmtes operatives Modell befolgt haben, das ihr Scheitern begründet hat: Durchsetzung von Massenforderungen mit Hilfe des Aufbaus von Organisationen. Wie Piven und Cloward belegen, hat sich dieses Konzept politischen Handelns nicht oder lediglich punktuell bewährt, weil es von einer fragwürdigen Voraussetzung ausgeht – »der Voraussetzung nämlich, daß es möglich sei, den Eliten oder dem Staat solche markanten Zugeständnisse abzutrotzen, die notwendig wären, damit sie als Quelle und Mittel der Aufrechterhaltung dauerhafter oppositioneller Organisationen dienen können«. Die beiden Autoren weisen nach, wie sehr die politischen Aktionsformen, die den Unterschichten offenstehen, von der Sozialstruktur eingeschränkt werden. So ist denn dieses Buch nicht nur ein weiterführender Beitrag zur Sozialgeschichtsschreibung »von unten«, sondern auch ein einprägsames Beispiel für eine sozialwissenschaftliche Theoriebildung, die ihren Gegenstand zum Sprechen statt zum Schweigen bringt.

Frances Fox Piven
Richard A. Cloward
Aufstand der Armen

*Aus dem Amerikanischen
von Ulf Damann und Peter Tergeist*

Suhrkamp

Titel der Originalausgabe: *Poor People's Movements*

edition suhrkamp 1184
Neue Folge Band 184
Erste Auflage 1986
© 1977 Frances Fox Piven/Richard A. Cloward,
© der deutschen Übersetzung Suhrkamp Verlag
Frankfurt am Main 1986
Erstausgabe
Alle Rechte vorbehalten, insbesondere das
des öffentlichen Vortrags
sowie der Übertragung durch Rundfunk und Fernsehen,
auch einzelner Teile.
Satz: Hümmer, Waldbüttelbrunn
Druck: Nomos Verlagsgesellschaft, Baden-Baden
Umschlagentwurf: Willy Fleckhaus
Printed in Germany

1 2 3 4 5 6 – 91 90 89 88 87 86

Inhalt

Stephan Leibfried/Wolf-Dieter Narr
Sozialer Protest und politische Form   I

Vorwort zur Ausgabe von 1979   7
Einleitung   18

I. Strukturen des Protests   25

Institutionelle Grenzen des Ausbruchs von Massenprotest   30
Formen des Aufruhrs   39
Die begrenzte Wirkung von Auflehnung   46
Eine Anmerkung zur Rolle der Anführer von Protestbewegungen   61

II. Die Arbeitslosenbewegung   63

Die Große Depression: Voraussetzungen des Aufruhrs   67
Das Aufkommen von Protest   72
Finanzkrise der Kommunen   83
Instabiles Wählerverhalten und staatliche Reaktion   88
Vom Aufruhr zur Organisation   92
Organisation und parlamentarischer Einfluß   111

III. Die Industriearbeiterbewegung   118

Der Staat gegen die Arbeiter   119
Wirtschaftskrise und Vorbedingungen des Aufruhrs   130
Das Aufkommen von Protest   133
Der Staat am Scheideweg   150
Staatliche Konzessionen an die Arbeitermacht   155
Vom Aufruhr zur Organisation   174
Folgen der Organisierung   181
Schlußfolgerung   198

IV. Die Bürgerrechtsbewegung   202

Die Schwarzen in der politischen Ökonomie des Südens   205
Die ökonomische Modernisierung des Südens   211

Ökonomische Modernisierung und parteipolitische
Instabilität 217
Ökonomische Modernisierung und schwarzer Aufruhr 226
Die Mobilisierung weißen Widerstands 235
Das Wiederaufleben schwarzen und weißen Widerstands 247
Die Erlangung politischer Rechte 265
Vom Aufruhr zur Organisation 281
Wahlpolitische Organisation und ökonomischer Fortschritt 285

V. Die Protestbewegung der Wohlfahrtsempfänger 289

Die Entstehung einer Bewegung der Wohlfahrtsempfänger 291
Ein Vorschlag zur Entfesselung einer institutionellen Krise 301
Eine Organisation der Armen entsteht 316
Das Problem dauerhafter Mitgliedschaft 325
Die Auswirkungen interner Führungsstrukturen 339
Die Auswirkungen externer Anreize 348
Der Niedergang der schwarzen Protestbewegung 364
Kampf um die Reform der Sozialfürsorge 369
Widerstand der »National Welfare Rights Organization« gegen die Fürsorge-»Reform« 378
Die Auflösung der »National Welfare Rights Organization« 385
Abschließende Bemerkungen zur Bewegung der Schwarzen nach dem Zweiten Weltkrieg 391

Abkürzungsverzeichnis 399
Anmerkungen 401
Literaturhinweise 454

Stephan Leibfried/Wolf-Dieter Narr
Sozialer Protest und politische Form

Ein Plädoyer für Unruhe, Unordnung und Protest

»Neue Soziale Bewegungen«?

»Neue Soziale Bewegungen«: Schon länger als ein Jahrzehnt beunruhigen sie nun Politik und Gesellschaft der Bundesrepublik. Sie waren zunächst sehr ungewohnt und sind es vielfach immer noch. Gewiß, die Arbeiterbewegung ist etwas in Europa schon lange Vertrautes (vgl. Geary 1983). Auch wenn man ihre Äußerungen nach wie vor ablehnt oder skeptisch betrachtet, weiß man doch, woran man mit ihr ist.

Aber die »Neuen Sozialen Bewegungen«, die gleich im Plural daherkommen und sich als »neue« von der »alten« Arbeiterbewegung abheben, sie sind nur schwer in die jüngere deutsche Geschichte einzuordnen. Es gibt keine rechte »Schublade« für sie. Sie scheinen sich noch einer eindeutigen Bestimmung zu entziehen. Das nach 1945/49 so rasch etablierte »Kanalsystem« der Bundesrepublik, in dem sich alle Meinungs-, Willens- und Entscheidungsbildung vollzieht, ist nicht in Gefahr.

Parteien und Parlament, Regierung und Bürokratie bleiben selber ungefährdet. Doch vollziehen sich offenkundig Meinungs- und Willensbildungsprozesse außerhalb dieses »Kanalsystems«. Traditionelle Formen, wie die Möglichkeit, sich öffentlich zu versammeln und kollektiv Interessen kundzutun, werden in neuer und ausgeweiteter Form aufgenommen. Demonstrationen verschiedener Art, die mit dem herkömmlichen Versammlungsrecht und dessen Vorstellungen nicht mehr ohne weiteres zu vereinbaren sind, beherrschen nicht gerade, aber beeinflussen doch den politischen Alltag (Cobler u.a. 1983). Wie war es doch in Bonn vordem ohne Demonstrationen so bequem.

Das vergleichsweise neue Phänomen (vgl. zunächst Eder 1986, 1985; ferner Raschke 1985), das auch in anderen Ländern Parallelen kennt, hat unvermeidlicherweise eine erkleckliche Zahl von politischen Spekulanten auf den Plan gerufen – von den herrschenden Versuchen, es möglichst zu unterdrücken, einmal ganz zu schweigen. Es hat wie selbstverständlich die Sozialwissenschaftler als Rapporteure der Bewegung angelockt: »Bewegungsberichterstatter«, sei es über die Friedensbewegung, die Hausbesetzer-»Szene«, die Startbahn-West, AKW-Kampagnen, die »Öko-Szene«, Frauenbewegung ... bis hin zu bäuerlichen Protesten gegen Flurbereinigung. Da wird von einer »Zeitenwende« geträumt (Bahro 1980), einem Werte- und Gesellschaftswandel in einem (Klages/Kmieciak 1979), von einem »postmodernen Neoproletariat« (Gorz 1980) mit der Verheißung einer neuen Produktionsform und einer ihr entsprechenden Kultur der Geselligkeit, wenn nicht sogar Gemeinschaft (Huber 1980). Entsprechend zahlreich sind die Versuche, diese »Bewegungen« zu differenzieren und einzuordnen, ihnen ihren gesamtgesellschaftlich-historischen und zukünftigen Ort zuzuweisen (vgl. u.a. Habermas 1981; Riedmüller 1983).

So verständlich angesichts der restaurativen Enge und Starre des CDU-Staates – sei es des ersten CDU-Staates, seiner untergründigen Fortsetzung nach 1966/69 oder seiner veränderten Wiederaufnahme als zweiter CDU-Staat seit Oktober 1982 – die politische und sozialwissenschaftliche Faszination ist, die von diesem »undeutschen« Phänomen »Neue Soziale Bewegungen« ausgeht, so sehr muß weniger der politisch-praktische als der theoretische Opportunismus verwundern. Der Eindruck drängt sich auf, als werde zu diesem Thema distanzlos und »bewegt« theoretisiert, als werde der an sich richtigen wissenschaftlichen Sucht nach gesamtgesellschaftlichen Erklärungen zu rasch, zu unvermittelt und mit zu großer Liebe zu Tendenzaussagen nachgegeben. Das gilt jedenfalls, wenn man von der Mehrheit der konventionellen, eng empirischen Bereichsstudien absieht.

In dieser durch Hoffnungen und Spekulationen, aber auch durch Enttäuschungen und mancherlei Resignationen gekennzeichneten Lage, hängen Erfolge und Mißerfolge dieser so charakteristisch vage benannten »Neuen Sozialen Bewegungen« entscheidend mit davon ab, welche Politik man mit ihnen verfolgt und an welchen Konzeptionen man sich orientiert. Vor diesem Hintergrund ist es wichtig, daß dieses spannende, mit zeitgeschichtlicher Erfahrung durchdrungene Buch von Frances Fox Piven und Richard Cloward einem breiteren Leserkreis in der Bundesrepublik zugänglich gemacht wird.

Beide Autoren sind Nordamerikaner und haben es in doppelter

Hinsicht besser als deutsche-bundesdeutsche Analytiker und Aktivisten. Sie können, erstens, auf eine lange Erfahrung mit sozialen Bewegungen (»social movements«) zurückgreifen. Eine Mobilisierung »von unten«, unorganisierte, vergleichsweise spontane Proteste und Aktionen haben in den USA eine lange Tradition. Piven und Cloward konzentrieren sich in ihrem Band auf vier große soziale Bewegungen während bzw. nach der Weltwirtschaftskrise ab 1929. Sie beginnen mit der Arbeitslosenbewegung und der Bewegung der Industriearbeiter während des New Deal. Sie stellen die schwarze Bürgerrechtsbewegung vor und beschreiben schließlich die »Bewegung für die sozialen Rechte« (»welfare rights movement«) der sechziger Jahre, die in den »Kampf gegen den Hunger« (»war against poverty«) unter der Präsidentschaft von Lyndon B. Johnson mündete (vgl. zu dieser »Regulierung der Armut« schon Piven/Cloward 1977).

Bundesdeutsche Autoren, die die Geschichte der Arbeiterbewegung vornehmlich als Geschichte der politisch-gewerkschaftlichen Großorganisationen nacherzählt haben, versäumen es demgegenüber oft sträflich, diese Geschichte wieder als Mobilisierung und Organisierung »nach unten« zu verflüssigen und die sozialen Erfahrungen aus dieser Entwicklung heraus zu verdichten (vgl. demgegenüber: Henkel/Traubert 1979; Puls 1979 und Thompson 1980 für England).

Piven und Cloward ist, zweitens, der Zugang zu diesem Thema einfacher, weil sie den Begriff der »Bewegung« (»social movement«) ohne Arg zu benutzen vermögen. Die von deutscher Tradition gesättigte Bundesrepublik läßt dies nicht – oder nur in unzulässiger Naivität – zu, gerade weil sie sich so unfähig erwies zu trauern (Mitscherlich/Mitscherlich 1980). Der »Bewegungs«-Begriff ist von den Nationalsozialisten derart besetzt und geprägt worden, daß wir ihn kaum noch ohne entsprechende Assoziationen benutzen können.

Sobald wir den Begriff gebrauchen, versehen mit dem Duft unmittelbarer Demokratie, einem populistischen Geschmack im besten Sinne des Wortes (vgl. Puhle 1983), ist zugleich die Gefahr der Perversion und des Mißbrauchs mitzudenken. Das gilt in Inhalt und Form auch für die »Neuen Sozialen Bewegungen«. Wo sind Anklänge an »Blubo« (=»Blut und Boden«) zu finden? Werden auch die für demokratische Ziele geeigneten Organisations- und Mobilisierungsformen gewählt? Inwieweit stellen sich Ersatzidentifikationen ein, wie sie Sigmund Freud 1921 in *Massenpsychologie und Ich-Analyse* (1982) diagnostiziert hat?

Denoch: Gänzlich auf den Begriff zu verzichten und Kunstausdrücke zu erfinden, wäre naiv. Wir dürfen uns auch die Sprache nicht enteignen lassen.

Sozialer Protest und politische Form

Was können wir von Piven und Cloward lernen? Oder genauer gefragt, da wir ein Lesen des Buches nicht ersetzen wollen: Zu welchen Themen und Aspekten ist hier geschichtlich gewonnene Erfahrung aufbereitet? Einige Einsichten, die uns für das Buch und die sozialen Bewegungen zentral erscheinen und die auch in der deutschen Forschung zum sozialen Protest weitgehend geteilt werden (vgl. als Überblick Volkmann/Bergmann 1983; vgl. auch Hausen 1977)[1], wollen wir skizzieren:

Erstens: Das Buch teilt wichtige Ausgangspunkte mit den Arbeiten Rosa Luxemburgs. Die Verfasser vertrauen und bauen auf spontane Massenbewegungen, eben auf das, was keine Institution und keine noch so ausgeklügelte Theorie im voraus berechnen und institutionell oder begrifflich eingemeinden kann. Entsprechend fällt die Kritik an allen formalen Organisationen aus, die allzu rasch dem »Gesetz der Oligarchie« anheimfallen: Hierarchiebildung, Stellvertreterpolitik der Funktionäre, aus der Organisation als Instrument wird das Ziel selbst; die Organisationserhaltung wird vorherrschender Bezugspunkt, der Organisationspatriotismus triumphiert. Dieses Gesetz formulierte Robert Michels 1911 nicht zuletzt aufgrund von Erfahrungen, die er mit der Sozialdemokratie gemacht hatte (1958).

Zweitens: Alle Kapitel, bald jeder Abschnitt des Buches endet mit dem gleichen Refrain: Soweit soziale Bewegungen und ihr Protest erfolgreich waren, verdankt dieser Erfolg sich nicht einer großen, einflußmächtigen, auf Parteien und Regierung Druck ausübenden, mühsam aufgebauten Organisation. Entscheidend war vielmehr die Verletzung herrschender Formen, der nicht berechenbare, der nicht organisatorisch vermittelte und stillgelegte Protest: Das Sperrige gilt.

Dementsprechend komme es darauf an zu informieren, zu demonstrieren, zu mobilisieren und zu organisieren, kurzum auf eine Verfahrensweise, die den eingewöhnten offiziellen Verfahren gegenüber widerspenstig bleibe und von ihnen nicht ohne weiteres integrierbar sei. Wer konventionelle Wege benutzt, um seine nicht berücksichtigten Interessen zu artikulieren und herrschenden Ohren zu vermitteln, hat nur geringe Chancen. Selbst wenn es, wie hierzulande oft, gelingen sollte, auf diesem Wege Organisationen aufzubauen, werden diese doch eher dazu dienen, die nicht berücksichtigten Interessen in die herrschenden Konventionen einzubinden, als umgekehrt dazu, diese Konventionen zu verändern. Zwar bilden einander widersprechende Ziele (Inhalte) den Ausgangspunkt, doch werden solche Interessen zunächst über die Formen in die herrschenden Konventionen kooptiert, was aber im weiteren auf die Inhalte zurückwirkt.

Drittens: Kollektiver Protest ist als gesellschaftliche Normalität unwahrscheinlich (Moore 1982: 9 ff.). Auf der einen Seite wird Protest durch die herrschenden Strukturen soweit wie möglich ausgeschlossen. Notfalls wird durch entsprechenden Einsatz repressiver Instrumente kräftig nachgeholfen. Auf der anderen Seite hat man sich unbewußt meist immer schon mit den Verhältnissen arrangiert. Deswegen sind die jeweils in die Struktur eingelassenen Entscheidungen, solche also, die nicht mehr zur Disposition stehen, eben die »non-decisions« (Bachrach/Baratz 1977), so schwer zu repolitisieren.

Kollektiver Protest erfordert eine Reihe besonderer Bedingungen. Herkömmliche Gewohnheiten sind in Frage zu stellen. Vor allem die geltenden Formeln der Macht und ihre Moral sind in Zweifel zu ziehen. Bevor es zu einer stärkeren und unüblichen Mobilisierung kommen kann, muß ein kollektives Bewußtsein gemeinsamer Nöte entstanden sein (vgl. Hobsbawm/Rudé 1975). Bestimmte Vorstellungen und Programme können dann sozialen Protest auslösen und weiterverbreiten. »Plötzlich« wird die alte Realität verkehrt (vgl. Rudé 1980).

Kollektiver Protest entsteht jedenfalls nicht durch gezielte Planung. Das heißt nicht, daß er keine bestimmte Richtung nähme und nicht durch verhältnismäßig einheitliche Absichten gekennzeichnet wäre. Jedoch zeichnet den kollektiven Protest ein nicht im vorhinein kalkulierbares Element aus. Gerade dies erklärt die unzureichenden Reaktionen der Vertreter etablierter Institutionen und erregt deren Unruhe und Angst.

Viertens: Die Vertreter herrschender Interessen werden erst dadurch zu einem anderen Verhalten genötigt, und sei es nur vorübergehend, daß sie die Forderungen des Protests angesichts seiner ungebärdigen Formen nicht mehr in dem bestehenden Kanalsystem drainieren können. Ansonsten nutzen sie alles, was an Kooptationsmöglichkeiten zu Gebote steht. Die Angleichung an bestehende Interessen gelingt dort am schnellsten, wo sich der Protest selbst auf bestehende Willensbildungs- und Entscheidungsmuster einläßt. So geschieht es in dem von Piven und Cloward wiederholt untersuchten US-amerikanischen Fall: dem Versuch, große Organisationen zu bilden, die auf Wahlen Einfluß nehmen und in Washington oder an entsprechenden Orten als Lobby tätig werden wollen.

Fünftens: Auch dort, wo sich der Protest nicht vornehmlich an die staatliche Adresse richtet, spielen staatliche Institutionen sowie insbesondere Rechtssystem und Repressionsapparat eine zentrale Rolle. Protest wird erst möglich bei Nachlassen halbfeudaler Repression. Dies galt beispielsweise für die Schwarzen im Hinblick auf die südstaatlichen Großgrundbesitzer und ihre Sklavenwirtschaft. Die Rolle von alltäglichem Terror, der auch als »legitimierter« auftreten kann, ist nicht zu unterschätzen. So wird der staatliche Repressionsapparat, etwa beim Einsatz gegen »wilde« Streiks, Protest zerschlagen, ihn in genehmere Formen umleiten oder aber private Gewaltinstitutionen etwa der Unternehmen ermächtigen, entsprechendes zu tun. Das Monopol physischer Gewalt erweist gerade angesichts kollektiver Proteste seine bestandserhaltende Kraft. Der »stumme Zwang« ökonomischer Verhältnisse (Karl Marx) wird angesichts eines nicht mehr ohne weiteres besänftigbaren Protests notfalls sehr laut und in den Farben grell: blut-rot.

Sechstens: Kollektive Proteste kommen »von unten«. Aber sie besitzen gewöhnlich auch intellektuelle Vorreiter und professionell agierende Organisatoren. Beide wollen das Beste für die Protestierenden. Sie können allerdings den Protest unbeabsichtigt seines Stachels und damit seiner Wirkung berauben. Die Organisatoren und die Konzepte schmiedenden Reformer setzen auf die Logik der Institution. Kontinuität soll erreicht werden, regelmäßiger Einfluß. Der Protest soll dort ein Ohr finden, wo entschieden wird usw. Doch allzu rasch wird dann die Mobilisierung und die Politisierung zum Aufbau der Organisation verwandt und der Hoffnung geopfert, mit Hilfe der Organisation Einfluß nehmen zu können. Robert Michels (1958/[1911]) wird lebendig. Der Druck »von unten« wird umgeleitet, organisatorisch »geläutert«, geht seiner Stärke verlustig und verpufft. Der kollektive Protest verliert sein kollektives Element wie die Eigenart des Protests, sprich: das Nicht-normal-Konsumierbare.

Siebtens: Es darf dennoch nicht verkannt werden, daß Organisationen und Positionen, die als Ausdruck kollektiven Protests entstanden sind oder erworben wurden, auch dann sinnvoll bleiben können, wenn die Protestwurzel abgestorben und die ungebärdigen Formen des Protests gebändigt worden sind. In den USA ist dafür die Entstehung der CIO-Gewerkschaften ein Beispiel (vgl. Erd 1986). Ein anderes ist die Institutionalisierung sozialpolitischer Rechtspositionen (vgl. Piven/Cloward 1982 und Sozialpolitik und Sozialstaat 1985: 513 ff. für die USA und andererseits den in Arbeitsgruppe Sozialpolitik 1985 b: 120 ff. vor allem für das Deutsche Reich nachgewiesenen Forschungsstand).

Allerdings sollte nicht vergessen werden, daß zuerst der Protest vorhanden war und dann die Organisation kam: Nicht die Organisation inszenierte einen erfolgreichen Protest (vgl. S. 147 ff.), der Protest inszenierte sich zunächst selbst und schuf eine Organisation.

Der Erfolg so entstandener Organisationen oder so erworbener Rechtspositionen bleibt dauernd prekär. Das zeigt das Beispiel der politischen Rechte der Schwarzen. Erworbene Rechtspositionen und institutionelle Errungenschaften mögen den herrschenden Gebrauch symbolischer Politikformen verstärken (Edelman 1976). Gewerkschaftliche Organisationen etwa entwickeln sich zur Ordnungsmacht.

Achtens: Gerade die politische Geschichtsschreibung sozialen Protests belegt, daß diejenigen, die solche Geschichte schreiben, von ihrer eigenen Gegenwart ausgehen und von ihren eigenen Konzepten des Politischen. Man erführe aus dem Buch von Piven und Cloward wenig, würden sie vorgeben, »neutral« zu berichten. Erfolg und Mißerfolg läßt sich bei sozialen Bewegungen nicht allein oder primär an einem äußeren Erfolgsindikator messen, etwa an Wahlerfolgen und Positionsgewinnen. Die Autoren machen deswegen aus ihrem Interesse kein Geheimnis. Es wird im ersten und im letzten Kapitel besonders deutlich.

Freilich, es handelt sich nicht um eine Position, die voluntaristisch, aus beliebigen Gründen bezogen wird. Sie ergibt sich vielmehr aus ihren historischen Bedingungen und Wirkungen, beruht auf eigener Erfahrung. Von dieser Position aus wird weder die »reine Geschichte« der »Protestierenden« noch die von »sozialer Organisation« als solcher geschrieben. Nur eine beide Seiten integrierende Betrachtung wird dem sozialen Protest und seiner »moralischen Ökonomie« (Thompson 1980) gerecht.

Wer sozialen Protest untersucht, muß sich über die eigene Wahrnehmung, die eigenen Urteilskriterien, den eigenen Politikbegriff im besonderen Rechenschaft ablegen. Denn er nimmt unmittelbar oder mittelbar an den Bedingungen der Möglichkeit und der Wirklichkeit des Protests und seiner Formen teil. Piven und Cloward hängen keinem Politikbegriff an, für den der Erfolg unwichtig wäre, im Gegenteil. Allerdings unterscheiden sie sehr deutlich zwischen kurzfristiger und langfristiger Wirkung. Demokratische Form und Substanz, ausgewiesen an den Protestierenden und ihren unterschlagenen Interessen, bilden für sie den ausschlaggebenden Bezugspunkt.

Sie legen dabei durchaus großen Wert auf die Form des politischen Prozesses, die sie nicht mit der herrschenden Form repräsentativ verengter Willens- und Entscheidungsbildung gleichsetzen. Wenn man auf letztere Einfluß nehmen will und muß, die nicht umsonst die herrschende heißt, gilt es, die politisch-prozedurale Fixierung auf die übliche politische Willensbildung über Parteien und Parlament qualitativ auszuweiten. Ein am Inhalt orientierter Demokratiebegriff, das wird gerade an den Protestbewegungen deutlich, macht eine andere Form des Politischen unabdingbar.

Zur Verallgemeinerbarkeit des »Modells USA«

Das sind nur einige, uns wichtig erscheinende Aspekte des Bandes von Piven und Cloward, die historisch reich illustriert werden. Fraglich ist aber, ob man die von ihnen anhand von vier sozialen Bewegungen gemachten Beobachtungen so verallgemeinern darf, wie wir dies angedeutet haben – und wie es auch von den Verfassern selbst in den Einleitungen und im ersten theoretisch zusammenfassenden Kapitel über die »Strukturen des Protests« geschieht.

Hierbei kümmert uns weniger eine Binnenkritik ihrer Darstellung – selbstverständlich ist diese Untersuchung in den USA nicht unbestritten geblieben.[2] Gleichfalls mag dahingestellt bleiben, daß die Bedingungen von Erfolg und Mißerfolg merkwürdig ineinander verschlungen erscheinen. Sobald nämlich eine soziale Bewegung Erfolg hat, wird sie, gerade wenn man die Maßstäbe der Autoren zugrunde legt, »verlanden«, weil der Anlaß verschwindet. Sie ist dann institutionell eingemeindet worden. Ein Perpetuum mobile ist sozial ebenso schwer vorzustellen wie technisch.

Woraus sollten sich die Motive des Protests speisen? Woher sollen die erforderlichen Ressourcen kommen, die allein ein langes Durchhaltevermögen garantieren? Gerade wenn feste organisatorische Bindungen vermieden werden, um den Protest offen und unkalkulierbar zu halten, gerade dann ist schon entschieden, daß nach der Protestflut die Ebbe folgen muß. Eine soziale Bewegung läßt sich nur »veralltäglichen«, wenn sie entsprechend organisiert wird. Nur dann kann sie vermeiden, ihren kontinuierlichen Bezug zu verlieren.

Zwischen Organisation und Organisation bleibt allerdings ein beträchtlicher, politisch entscheidender Unterschied. So mag man differenzieren zwischen »Verkündungsbewegungen«, bei denen das Ziel in Spontaneität ohne weiteres aufgehen kann, weil es im Verhältnis zum Staat um einen »status negativus« geht, und »Reproduktionsbewegungen«, bei denen es um die »Verfassung« sozialer Ressourcen geht und damit um einen »status positivus«, der höhere Organisationsanforderungen stellt, ohne daß doch deshalb Spontaneität in den Hintergrund gedrängt werden müßte.

In dem Maße wie der Staat der »Daseinsvorsorge« alle alten elementaren Lebensbedingungen systematisch bürokratisch besetzt bzw. formt, übernimmt er allseits die Verantwortung. Er wird zum kaum mehr ausweichlichen Gegner allen Protests, für den sich mit der »sozialen Frage« immer zugleich die »Sicherheitsfrage« stellt. Bei einem derart »inkorporierten« Protest sind die Grenzen zwischen punktueller Sozialreform und Systemveränderung bzw. -bedrohung verwischt.

Jedoch sind die Aussagen von Piven und Cloward nicht auf die Bewegung »armer Leute« begrenzt, wie schon der Originaltitel des Buches anzeigt. Und vor allem sind sie nicht beschränkt auf den US-amerikanischen Kontext und seine besonderen Bedingungen seit der Weltwirtschaftskrise. Die von Piven und Cloward aufbereiteten Erfahrungen im deutsch-bundesdeutschen Bereich zu berücksichtigen scheint schier unmöglich. Denn am Anfang neuerer preußisch-deutscher Geschichte war hier der bürokratische Staat. »Er« schuf sich, überspitzt gesprochen, seine bürgerliche

Gesellschaft (vgl. etwa Koselleck 1975) – allerdings oft als Kontrapunkt zu manifester sozialer Unruhe. Von der kurzen und vom Erbe der Zeit vor 1919 überlasteten Phase der Weimarer Republik abgesehen (vgl. etwa Luthardt 1978), gab es bis 1949 nicht einmal im Ansatz einen einigermaßen offenen Pluralismus mit einer Vielzahl von Organisations-, Äußerungs- und Einflußchancen. Unorganisierte soziale Bewegungen hatten in einem solchen Kontext großorganisatorischer, etatistisch ausgerichteter Vermachtung, so scheint es, keine Chance.

Wir wollen zunächst auf zwei Beispiele skizzenhaft eingehen, die darauf hinzuweisen scheinen, daß die Aussagen von Piven und Cloward abhängig sind von einer umfassenderen Dialektik von Staatsstruktur, Protest und jeweiligem Widerpart. Heutzutage ist der Protest insbesondere davon bestimmt, daß die staatlichen Regulierungsfelder sich gesellschaftsweit ausgebreitet haben, also davon, daß Staatsstruktur und Protestgegner bald als »fusioniert« anzusehen sind.

Das erste Beispiel ist die Geschichte der deutschen Arbeiterbewegung (vgl. Ritter 1980; Lehnert 1983), das zweite die der Sozialpolitik (vgl. Tennstedt 1983; Preller 1978; Hentschel 1983). Wir ergänzen diese Einwände durch Argumente, wie sie von Piven und Cloward in ihrem jüngsten Buch (1982) selbst im impliziten und ausdrücklichen Gegensatz zu dem hier vorgelegten Band formuliert wurden. Danach wird zu fragen sein, was als verallgemeinerbare Botschaft des Buches bleibt – jenseits einer auch als solcher erhellenden und lesenswerten Analyse eines wichtigen Abschnitts der jüngeren Geschichte der USA.

Erstens: Martin Henkel und Rudolf Traubert (1979) haben mit Recht davor gewarnt, die Geschichte der deutschen Arbeiterbewegung wie eine Evolutionsgeschichte, also von hinten aufzuzäumen. So als ob als Arbeiterbewegung nur zähle, was auf die späteren Großorganisationen der Industriearbeiter hingeführt habe. Für viele Geschichtsschreiber, die einem merkwürdigen, von der Überschätzung der Gegenwart zehrenden Fortschritts- und Modernisierungsbegriff frönen, zählen nur organisatorisch faßbare Kontinuitäten. Sie ignorieren, daß die organisatorischen Ansätze oft aus spontanen Bewegungen hervorgegangen sind. Dabei hat gerade die Struktur des »Gegners« die Organisationsrichtung mitbestimmt, so die Zentralisation und Konzentration auf seiten der Arbeitgeber (vgl. auch Schönhoven 1980) und die Formierung staatlicher Regulierung. Sie erliegen außerdem einem Konzept des Industriearbeiters, das erst sehr spät einigermaßen trennscharf verwendbar geworden ist und die Wirklichkeit immer eher künstlich überformt hat.[3] Dies geschah etwa in Form eines auf den Industriearbeiter zugeschnittenen Klassenbegriffs, der mit politischen Hoffnungen eng verbunden war (zu einer theoretisch-historischen Bilanz vgl. Kocka 1983).

Dennoch läßt sich behaupten, die deutsche Arbeiterbewegung habe ihre Erfolge aufgrund ihrer Organisationen und nicht gegen sie errungen (vgl. a. Mommsen 1981). Diese durch die Organisationen Sozialdemokratie und Gewerkschaften miterstrittenen Erfolge lassen sich schon im Laufe der Wilhelminischen Epoche erklecklich summieren, wenn sie auch diesen nicht unmittelbar zustatten kamen, so etwa in der Gesetzgebung zur Arbeiterversicherung. Andererseits sind diese »socialpolitischen« Erfolge »nicht im Sinne Bismarcks durch die Trennung der Arbeiter von ihrer Organisation, sondern faktisch gerade über deren Organisationen« (Ritter 1983: 51) zustande gekommen. Gewiß, Diskriminierung und Unterdrückung, Niederschlagung von Streiks u. a. sind bei den unmittelbaren Klassenauseinandersetzungen nicht zu übersehen. Sie stellten neben dem Aufbau sozialpolitischer Regulierungskapazität ein zentrales Systemelement dar. Darüber hinausgehende institutionelle Zugeständnisse erfolgten vor allem im Ersten Weltkrieg und dann in der Weimarer Republik (vgl. zu einer zeitgenössischen theoretischen Aufarbeitung: Heimann 1980).

Die durch die Großorganisationen und ihre Vertreter ausgehandelten und mit der revolutionsbezogen-hintergründigen Drohung etwa mit Massenstreiks – die durch lokale Ereignisse und solche im Ausland Realitätsgehalt gewann – durchgesetzten Erfolge begründen die Weimarer Republik. Ein Hinweis auf die Verhandlungen im November 1918 zwischen Gröner und Ebert einerseits, Stinnes und Legien andererseits muß an dieser Stelle genügen.

Im übrigen gibt es im Ersten Weltkrieg und zu Zeiten der Weimarer Republik neue deutsche »poor people's movements«, etwa der Kriegsversehrten, Kriegshinterbliebenen (vgl. Geyer 1983), der Klein- im Gegensatz zu den Sozialrentnern (vgl. Leibfried 1981). Sie nötigten »den Staat« vor allem dazu, Sonderfürsorgen und Versorgungswerke aufzubauen, neue Formen der institutionellen und regulierenden Ausdifferenzierung und Kanalisierung zu entwickeln:

»Diese neue Armut war im besonderen Maße politisch und auch quer durch alle Parteien politisierbar. Die damit verbundenen finanziellen und organisatorischen Probleme waren ein ›Dauerbrenner‹ in der politischen Diskussion mit häufig wechselnden Frontstellungen. Unstrittig war allein, daß eine Ausgestaltung der Wohlfahrtspflege auf einer neuen rechtlichen Grundlage vonnöten sei.

Diese Politisierung der Armut und die entsprechenden Ausdifferenzierungsprozesse erinnern in mancher Hinsicht an die Entwicklungen in der Sozialpolitik Preußen-Deutschlands von 1914. Im Kaiserreich war deutlich geworden, daß innerhalb der Armenbevölkerung differenziert werden mußte. Der traditionelle Blickwinkel ›Pauperismus‹ war für die Arbeiterarmut nicht mehr adäquat.

Vor allem die Arbeiterarmut wurde nicht mehr als ›natürlich‹ hingenommen. Sie galt nicht zuletzt wegen ihrer politischen und gewerkschaftlichen Organisierung weitgehend als sozial bedingt, durch den Status des eigentumslosen Lohnarbeiters in der Wirtschafts- und Rechtsstruktur der kapitalistischen Gesellschaft gegeben. Politischer Ausdruck dieser Anerkennung war auch die Arbeiterversicherung des Staates, die am Arbeitsverhältnis anknüpfte und privat – von Arbeitergruppen und Arbeitgebern – entwickelte Ausdifferenzierungen aus der Armenfürsorge zwangsweise verallgemeinerte und ausdehnte. Die mit der Armenfürsorge verbundene politische Entrechtung unterblieb. Mit der ›socialpolitischen‹ Arbeiterversicherung und gegenüber einigen persönlichen Armutsrisiken der Arbeiter war eine neue rechtliche Grundlage geschaffen.

Im Verlauf der Kriegs- und Nachkriegsereignisse kamen zu den versicherten Arbeitnehmern die erwähnten neuen Gruppen Hilfsbedürftiger hinzu. Sie stammten zu einem erheblichen Teil aus dem bürgerlichen Mittelstand und verstanden ihre Armut von vornherein als politisch induziert. Sie forderten den ihnen während des Krieges immer wieder versprochenen ›Dank des Vaterlandes‹ ein. Im gesamten Parteispektrum der Weimarer Republik war auch prinzipiell unstrittig, daß der Staat zur Sonderfürsorge verpflichtet sei. Strittig waren nur Ausmaß und Träger der Hilfe sowie die Begründung.

Die Linksparteien argumentierten mit der Verpflichtung des Staates zur Unterstützung der Opfer der kapitalistischen Arbeitsgesellschaft und des Militarismus – die KPD entwickelte ähnliche Argumentationsmuster wie die SPD vor 1914. Die Rechtsparteien stellten auf den Dienst und das Opfer für das Reich in nationaler Beziehung ab bzw. darauf, daß der revolutionäre Staat Kriegsverletzte und Kleinrentner nicht ›bestehlen‹ dürfe. Auf seiten der Betroffenen entsprach dem ein handfester politischer Lobbyismus. Gab es im Kaiserreich keine Verbände von Armen, sondern nur für Arme – in der Weimarer Republik gab es erstere, zum Teil mit parteipolitischen Abschottungen. Zu nennen sind z. B.:

Reichsbund der Kriegsbeschädigten, Kriegsteilnehmer und Kriegshinterbliebenen; Reichsverband Deutscher Kriegsbeschädigter und Kriegshinterbliebener e. V.; Internationaler Bund der Opfer des Krieges und der Arbeit; Bund erblindeter Krieger; Zentralverband der Arbeitsinvaliden und Witwen Deutschlands; Verein der Klein- und Mittelrentner und der Deutsche Rentnerbund.

Im Verlauf der Weimarer Republik wurden diese Verbände oft gesetzlich anerkannt. Alle waren sich darin einig, daß die Armenfürsorge kein geeigneter Träger der geforderten Fürsorge bzw. Rente sei.« (Sachße/Tennstedt 1987)

Den besten Beleg aber für den Erfolg von Großorganisatonen bietet nach der Niederlage der Arbeiterbewegung durch den und im Nationalsozialismus die Geschichte gewerkschaftlich erzielter Resultate nach 1949. Setzt man den qualitativen, strukturellen Unterschied zwischen Lohnarbeit und Kapital voraus, der nie in Frage stand, dann läßt sich summarisch feststellen, daß das durch die Gewerkschaften erzielte Ergebnis für die Arbeiter im Prinzip nicht so ohne weiteres zu überbieten ist. Zu gering ist es gewiß aus der Perspektive hochgespannter Erwartungen, die in den Gewerkschaften eine »Gegenmacht« verkörpert wissen will. Erklecklich viel aber, wenn man von der Sicht des Arbeiters im Kapitalismus ausgeht (Schmidt 1975).

Eine im einzelnen materiell belegbare Erfolgsgeschichte gewerkschaftlicher und sozialdemokratischer, während der Weimarer Republik auch kommunistischer Großorganisationen muß ihre besonderen Umstände berücksichtigen. Im Unterschied etwa zu den Vereinigten Staaten hat es keine vergleichbare Aufsplitterung der Arbeit und keine entsprechende arbeitsspezifische Gewerkschaftsorganisation gegeben, die nur ein »Segment« der Arbeiter repräsentiert (Gordon u. a. 1982). Umgekehrt betrachtet, forderten die frühe staatliche Konzentration und die sozialpolitische Aktivität der öffentlichen Hand eine Arbeiterschaft heraus, ihre Aktivitäten entsprechend zu konzentrieren (vgl. auch Tennstedt 1983). Der ethnische Faktor kann trotz der polnischen Arbeiter insbesondere im Ruhrgebiet (Dohse 1981; Kleßmann 1978) vernachlässigt werden. Er erklärt aber zusammen mit dem »segmentalisierten Arbeitsmarkt« und entsprechenden organisatorischen Folgen, in welcher Richtung Werner Sombarts schon 1905 gestellte Frage, warum es in den USA keine einheitlich organisierte Arbeiterbewegung gegeben habe, beantwortet werden müßte (vgl. Sombart 1969; Foner 1984; Karabel 1979; Lipset 1977). Diese Umstände erhellen gleichfalls, warum es in den USA auch außerhalb einer organisierten Arbeiterbewegung zu verschiedenen »poor people's movements« gekommen ist.

So wenig die Erfolge der *organisierten* Arbeiterbewegung abzustreiten sind, so unerläßlich ist es, vor einer zureichenden Qualifizierung zwei weitere Komplexe auszuloten. So die nicht einfach zu beantwortende Frage nach dem bewegenden Element der Großorganisationen selbst und den Bedingungen ihrer Erfolge. Welche Motive hielten die Organisationen lebendig? Was machte sie erfolgreich?

Immer wieder waren es von der etablierten Organisation nicht vorhergesehene Unruhen von unten – Kritik der Mitglieder, »Mitgliederschwund«, spontane Streiks, Ansätze, kleine alternative Organisationen aufzubauen, und Erwerbslosenbewegungen (Bahne 1981; Huber-Koller 1977) –, die die Funktionäre der Organisation zum Reagieren und zur Aktion angehalten haben. Noch die Streikbewegungen 1969 und 1973 belegen diesen Sachverhalt. Auch dort, wo von Organisationen im großen Schoß der Arbeiterbewegung neue Formen erkundet und erprobt wurden, etwa genossenschaftliches Wohnen, gehen die Anregungen zunächst auf »wilde« Siedlungsansätze zurück, die dann sozialdemokratisch bzw. gewerkschaftlich aufgenommen und transformiert wurden (Novy 1983: 59ff.). Diese Spontaneität des Protests wird aber in dem Maße prekär, wie die den Interessen der Protestierenden verbundenen Organisationselemente zugleich auf der Gegenseite legitim organisatorisch integriert werden.

Dabei sollte nicht von einfachen »Basis-Überbau«-Vorstellungen für jede Organisation ausgegangen werden: Vielfach profitierten »qualifizierte« Organisationen, solche also, in deren Einzugsbereich höhere soziale Schichten lagen, von den spontanen Aktionen, die von »proletaroiden« Schichten getragen worden waren: sei es, daß ihre revolutionären Hoffnungen so beflügelt wurden, sei es, daß sie selbst so als »kleineres Übel« gewisse Akzeptanzchancen erhielten. Auf diese Weise entstehen »Huckepackeffekte« in den sozialpolitischen »Regulierungskorridoren«. Ferner wird deutlich, daß die organisierte Arbeiterbewegung in Deutschland nicht in der Lage gewesen ist, die gesamte »produktionsbezogene« soziale Unruhe zu inkorporieren. Es gab immer Elemente, die unabhängig von ihr blieben oder ihr auch entgegenstanden.

Die bekanntesten frühen Beispiele dafür sind der Weberaufstand von 1844, die Hungerkrawalle von 1847/48 und die Berliner Rehberger von 1848 (vgl. Tennstedt 1983: 36ff., 46ff., 103ff., 155ff.; Gailus 1984; vgl. für Ereignisse in Süddeutschland im Vormärz auch Wirtz 1981; vgl. zur gleichen Zeit in Norddeutschland Husung 1983). Diese Beispiele lassen sich etwa im Fall der Lebensmittelunruhen und Obdachlosenkrawalle der siebziger (vgl. Machtan/Ott 1983) und der neunziger Jahre des 19. Jahrhunderts (vgl. Fröba/Nietsche 1983: 44ff.), des zweiten Jahrzehnts unseres Jahrhunderts (Moabiter Unruhen; Bleiber 1955) wie für die Zeit nach dem Ersten (vgl. etwa Boll 1981) und dem Zweiten Weltkrieg (Kleßmann/Friedemann 1977) fortführen (vgl. auch Tennstedt 1983: 282, 391; zu bibliographischen Nachweisen vgl. Sozialpolitik und Sozialstaat 1985: 276ff.; zu den »Häuserkämpfen« vgl. Nietsche 1981). Aufmerksamkeit verdienen die spontanen Arbeitsniederlegungen und Streikunruhen des 19. Jahrhunderts (vgl. Machtan 1983; Milles 1983). Sie wurden vielfach ohne großorganisatorische Einwirkung begonnen. Das gilt etwa auch für den Bergarbeiterstreik von 1889, in dessen Licht dann der »take-off« des Neuen Kurses in der Sozialpolitik von 1890 (v. Berlepsch 1986) zu sehen ist. Dabei muß die evozierende und provozierende Rolle des Staates, vor allem der Polizei, beachtet werden.

Die Zusatzfrage, ob nicht die Großorganisationen lebendiger, kritischer, auch mobilisierungskräftiger wären, wenn sie gemäß ihrer organisatorischen Form mehr unvermittelten Einfluß von unten zuließen, leitet schon zum zweiten Komplex über. Wie steht es mit den Kosten von Erfolgen? Hat man nicht das Erstgeburtsrecht emanzipatorischen Anspruchs und entsprechender gesellschaftlicher Umgestaltung zugunsten des sozial- und tarifpolitischen Linsengerichts vergeben? Noch grundsätzlicher gefragt: Ist nicht die größte Niederlage der deutschen Arbeiterbewegung, von der sie sich nie mehr ganz erholt hat, das Heraufkommen des Nationalsozialismus, auch dadurch bewirkt worden, daß die Großorganisationen begleitet von sozialpolitischer Staatshegemonie auch ihren eigenen Mitgliedern gegenüber de-politisierend wirkten und alles andere weniger scheuten als Massenmobilisierung (vgl. u.a. Luthardt 1983: 348ff.)? Denn letztere behält ein organisatorisch nicht kalkulierbares Element und könnte die Erfolge der Organisation und gar die Organisation selbst in Frage stellen.

Man kann also auch unter den scheinbar und tatsächlich ganz anderen deutschen Bedingungen die Frage nicht umgehen, die

Piven und Cloward nicht zuletzt unter Berufung auf deutsche Autoren und Kritiker der Arbeiterbewegung in ihrer organisierten Form – Max Weber, Robert Michels und Rosa Luxemberg – gestellt haben. Die Ambivalenz organisatorisch-institutionellen Erfolgs, die sich ebensogut am Fall des »politischen Beamtenstandes« der Krankenkassenbewegung erläutern ließe (vgl. Tennstedt 1977), wird in einer Diskussionsbemerkung Max Webers anläßlich einer Tagung des »Vereins für Socialpolitik« in Wien, auf der ein Referat von Robert Michels diskutiert wurde, schlaglichtartig deutlich. Weber wendet sich ironisch an die Adresse konservativer Mitglieder des Vereins, die befürchteten, durch mitbestimmende Sozialdemokraten im Rahmen der gemeindlichen Selbstverwaltung würden revolutionäre Elemente gefördert:

»Es handelt sich ja heute – reden wir offen und nüchtern – in praxi einfach darum, ob wir einer ganz bestimmten Partei: es ist heute die Sozialdemokratie, für kürzere oder für längere Zeit oder für sehr lange Zeit die Führung in denjenigen zahlreichen großen Kommunen, in denen sie zur Zeit die Mehrheit darstellt, anvertrauen können und sollen. Nun möchte ich vorweg, mit Rücksicht auf die Bemerkungen, die Herr Stadtrat Fischbeck hier gemacht hat, doch mit der Bemerkung nicht zurückhalten: es hat seinerzeit immer tiefen Eindruck auf mich gemacht, wenn mein Vater, der ganz gewiß kein Liebhaber der Sozialdemokratie war – er hatte als Reichstagsabgeordneter hier in Magdeburg mit der Sozialdemokratie sich herumzuschlagen und nicht minder als Stadtrat in der Berliner Kommune –, mir dennoch wieder und wieder sagte: daß in erster Linie in der Berliner Baudeputation seine *sicherste* Stütze gegen den Ansturm der Interessen des Bauspekulantentums der Stadtverordnete Paul Singer sei. Nun wird mir zwar, gegenüber dieser Bemerkung, Herr Geheimrat Loening vielleicht einwerfen, und ich müßte ihm eine gewisse Berechtigung dieses Einwurfs zugeben: daß das eben eine *Minderheits*fraktion sei, deren Kritik hier wie sonst sehr erwünscht sei; wenn dagegen diese Fraktion in eine permanente herrschende Mehrheit sich verwandelte und die Stadtverwaltung in die Hand bekäme, so sei das eine andere Sache. Fragen wir also: was würde die Folge davon sein? Gehen wir da nüchtern und ohne Illusion zu Werke. Die nächste Konsequenz würde zweifellos sein: eine schroffe Parteiherrschaft der Sozialdemokraten in den Gemeinden, wo sie die Macht in den Händen hätten.

Und was bedeutet dies praktisch? Die Sozialdemokratie steht heute ersichtlich im Begriff, sich in eine gewaltige bureaukratische Maschine zu verwandeln, die ein ungeheures Heer von Beamten beschäftigt, in einen Staat im Staate. Wie der Staat, so kennt denn auch sie schon, im Kleinen, den Gegensatz von Ministern, Regierungspräsidenten und Landräten – den *Par-*

*tei*beamten – einerseits, und Bürgermeistern: den Gewerkschaftsbeamten und Konsumvereinsvorständen andererseits. Sie schafft sich jetzt ihre Universitäten mit Professoren, die nun nach Lehrfreiheit schreien, sie kennt ihre ›Reichsfeinde‹, ihre gemaßregelten Landräte usw. Sie hat vor allem, wie der Staat, ein zunehmendes Heer von Leuten, die vor allen Dingen ›Avancementsinteressen‹ haben.

Man fasse das nicht lediglich in üblem Sinne auf: es handelt sich dabei auch um rein ideale Interessen der Geltendmachung der eigenen Weltanschauung in der Partei – aber *außerdem* hat dies Heer von Beamten und von der Partei abhängenden Existenzen allerdings auch höchst materielle *Versorgungs*interessen. Die Träger dieser Interessen sind nicht nur die formell Angestellten der Partei, sondern die lokalgebenden Gastwirte, die Redakteure von sozialistischen Blättern usw. usw. Für alle diese Leute eröffnet sich nun eine goldene Zeit, sie werden an der Krippe der Kommune versorgt werden, direkt oder indirekt, ganz ebenso wie dies bei anderen Parteien auch der Fall ist: der Oberbürgermeister Seydel in Berlin, der mit der damals herrschenden Fraktion in stetem Kampfe lag, schrieb so und sooft – man könnte es in den Akten noch nachsehen – auf Eingaben von Kollegen, welche die Anstellung bestimmter Persönlichkeiten befürworteten, an den Rand der Eingabe die Frage: aus welchem Wahlkreis stammt der Mann? Nicht immer, aber oft doch mit gutem Grunde. So ähnlich vielleicht, wesentlich prononcierter, würde sich diese Parteiherrschaft der Sozialdemokratie zweifellos auch gestalten. Keineswegs erfreulich! – Es fragt sich nur, wer *auf die Dauer* das mehr zu fürchten hat, die bürgerliche Gesellschaft oder die Sozialdemokratie. Ich persönlich bin der Meinung, die letztere, d. h. *diejenigen* Elemente in ihr, welche Träger *revolutionärer Ideologien* sind. Schon heute sind ja gewisse Gegensätze innerhalb der sozialdemokratischen Bureaukratie für jedermann kenntlich. Und wenn vollends die Gegensätze der materiellen Versorgungsinteresse der Berufspolitiker einerseits und die revolutionäre Ideologie andererseits sich frei entfalten könnten, wenn man ferner die Sozialdemokraten nicht mehr, wie jetzt, aus den Kriegervereinen hinauswerfen wollte, wenn man sie in die Kirchenverwaltungen hineinläßt, aus denen man sie heute hinauswirft, *dann* erst würden für die Partei die ernsthaften inneren Probleme anfangen. Dann erst geriete die revolutionäre Virulenz wirklich in ernste Gefahren, und es würde sich dann erst zeigen, daß auf diesem Wege auf Dauer nicht die Sozialdemokratie die Städte oder den Staat erobert, sondern daß umgekehrt es der Staat ist, der die Partei erobert. Und ich sehe nicht ein, wie die bürgerliche Gesellschaft als solche eine Gefahr darin erblicken soll.« (1924: 408 f.)

Zweitens: Piven und Cloward nehmen an, daß habhafte sozialpolitische Positionen nur dadurch erkämpft worden sind, daß es in ihrem Sinne ungebärdige Bewegungen armer Leute gegeben hat. Gewerkschaftliche u. a. Organisationen haben solche einmal erkämpften Positionen allenfalls stabilisiert. Betrachtet man die Entwicklung des modernen Wohlfahrtsstaates in Deutschland und verfolgt seine seitherige Geschichte, scheint fast die gegenteilige Annahme richtig zu sein. Nicht der Druck »von unten«, gar ein kollektiver Konflikt, den man anders nicht mehr beruhigen zu können fürchtete, vielmehr »weise«, am ökonomischen Interesse ausgerichtete staatliche Planung »von oben« wird als maßgeblicher Agens sozialpolitischer Institutionalisierung kenntlich (vgl. insoweit extrem: Hentschel 1983). Als letzte Stufe dieser Entwicklung mag man die nach 1945 institutionalisierte Ideologie der Sozialpartnerschaft ansehen. Im Kontext neuerer Untersuchungen (vgl. inzwischen die Zusammenfassung bei Tennstedt 1983: 409 ff.) drückt Rüdeger Baron den Sachverhalt folgendermaßen aus:

»Nicht die Gefahr eines übermäßigen Verschleißes von Arbeitskräften war also das Problem – Arbeitsschutzgesetze, wie sie in England und Frankreich längst eingeführt waren, kamen für Deutschland zunächst gar nicht in Frage –, sondern die Konkurrenzfähigkeit der deutschen Exportproduktion, von der die beherrschende Stellung des grundbesitzenden Adels und der Großbourgeoisie abhing. Die Erringung des Anschlusses an die Entwicklung der westlichen Industriemächte war zur Bedingung ihrer Herrschaft geworden. Dieser Herausforderung versuchte man durch eine überlegene Arbeitskraftökonomie in Gestalt des Zwangsversicherungssystems zu begegnen. Insofern war die Bismarck'sche Sozialpolitik als außerökonomischer Eingriff in den Wirtschaftsprozeß Geburtshelfer eines verspäteten Durchbruchs zur Entfaltung der kapitalistischen Produktionsweise durch einen Staat, der die Bourgeoisie als Klasse von der politischen Herrschaft ausschloß. Die Sozialdemokratie spielte dabei nur die Rolle eines ›Sündenbocks‹, der dafür herhalten mußte, das erbitterten Widerstand leistende Bürgertum im Interesse der Durchsetzung dieser Absicherung überkommener Herrschaftsverhältnisse unter Druck zu setzen.« (1979: 14–15)

Die Unterstellung eines Schemas, wonach sozialer Bewegungsdruck staatliche Reaktionen hervorrufe, die wiederum sozialpolitische Erfolge mit sich brächten, sei falsch. Der Druck der Arbeiterbewegung habe nicht bewirkt, daß die Arbeiterversicherung entstanden sei:

»Was in den traditionellen Darstellungen als Hauptinstrument in dem angeblich die ganze Bismarck'sche Innenpolitik beherrschenden Kampf gegen die systembedrohende Sozialdemokratie erscheint, entpuppt sich bei näherem Hinsehen als ein Mittel, durch Verstärkung sozialer Ängste den demokratischen Wählerwillen im Sinne der Herrschenden zu korrigieren und dem liberalen Bürgertum die zur Sicherung des konservativen Klassenbündnisses (von Großindustrie und Agrariern – d. Verf.) notwendigen wirtschafts- und sozialpolitischen Entscheidungen abzuzwingen. Dies wird selbst aus dem Bismarck-Zitat deutlich, das immer wieder als Beweis für die durch den Druck der Arbeiterbewegung erzwungene Sozialreform angeführt wird, wenn man es im Zusammenhang liest.

›Denn die Sozialdemokratie ist ... ein Menetekel für die besitzenden Klassen ... und insofern ist ja die Oppositon ... ganz außerordentlich nützlich. Wenn es keine Sozialdemokratie gäbe, und wenn nicht eine Menge Leute sich vor ihr fürchteten, würden die mäßigen Fortschritte, die wir überhaupt in der Sozialreform bisher gemacht haben, auch nicht existieren, und insofern ist Furcht vor der Sozialdemokratie ... ein ganz nützliches Element.‹

Entsprechend wurde Bismarcks Politik auch von Zeitgenossen verstanden. Nicht die Sozialreform war die Ergänzung der 1878 per Gesetz sanktionierten Sozialistenverfolgung, sondern umgekehrt. Die 1878 zur Pogromstimmung angeheizte Sozialistenfurcht war das Mittel, um die fällige wirtschaftspolitische Wende im Rahmen des bestehenden Systems herbeizuführen, deren Ziel es u. a. war, die Ökonomie der Arbeitskraft auf eine neue Basis zu stellen. Die Dialektik von Sozialistenverfolgung und Sozialreform besteht darin, daß diese nur durch Zerschlagung des Liberalismus durchzusetzen war, d. h., daß die Sozialgesetzgebung nur zu realisieren war mittels Verfolgung gerade der Partei, die im Grundsätzlichen zu ihren glühenden Befürwortern gehörte. Nicht ihre Stärke, sondern die parlamentarische Schwäche der Sozialdemokratie im Verhältnis zum Liberalismus machte das Sozialistengesetz erforderlich und zugleich den Gebrauch des Parteiverbots als Mittel zum Zweck möglich.« (1979: 33–34)

Die Verdrängung sozialer Reform (präventive Ansätze) war allerdings der Ausgangspunkt der »positiven« (kompensatorischen) Sozialpolitik der »Arbeiterversicherung« (vgl. Machtan 1985). Barons Thesen über die Anfänge moderner Sozialpolitik in Deutschland könnten aus der bundesdeutschen Geschichte durch vergleichbare Belege ergänzt werden (vgl. Leibfried u. a. 1985). Soweit die sozialpolitischen Geleise in der Tradition des Kaiserreichs, der Weimarer Republik und teilweise des Nationalsozialismus nicht einfach weiterverlegt wurden, ohne Spurweite und Richtung zu verändern, geschahen alle umfänglicheren Reformen unter den Zeichen der »sozialen Marktwirtschaft« und der »Sozialpartnerschaft« zu Zeiten des ersten CDU-Staates. Die Gewerkschaften wurden so institutionell in das Lager des Protestgegners eingebunden, ohne daß dem ein kollektiver Machtvorteil entsprochen hätte. Eine gesellschaftliche »Patt«-Situation wurde so vorprogrammiert. Die letzten »Stellungen« der Arbeiterbewegung, vor allem im Bereich der Krankenkassen, wurden »geschliffen« (vgl. Tennstedt 1977).

Zu erwähnen ist vor allem auch die Große Rentenreform von 1957 (vgl. Hockerts 1980). So sehr diese Reformen im einzelnen umstritten waren und einem von den christdemokratischen Sozialausschüssen, der Sozialdemokratie und hintergründig den Gewerkschaften ausgeübten Druck entsprachen, so sehr paßten sie zugleich ins wirtschaftspolitische, unternehmensbezogene Konzept und folgten den Absichten einer Reprivatisierung alles Politischen mit Hilfe der Sozialpolitik.

Der Wohlfahrtsstaat in Deutschland ist jedenfalls nur verständlich, wenn man auch die staatlich-aktive Komponente beachtet. Die öffentlichen Institutionen haben nicht einfach nur reagiert. Dennoch wäre es falsch – und hier dringen die kritischen Fragen von Piven und Cloward erneut durch –, das simple Schema: sozialer Druck von unten, herrschende Reaktionen von oben (dem Piven und Cloward ohnehin nicht im Sinne einfacher Kausalität anhängen) nun umzukehren. Man täte dann so, als gingen alle sozialpolitischen Veränderungen auf aktive und bewußte politische Steuerungsleistungen zurück.

Die These darf nicht soweit überzogen werden, als ob es den »reellen Gesamtkapitalisten« Staat gäbe, der über eine weitsichtige Planung verfügte und sie entsprechend umzusetzen vermöchte. Ohne die damals »Neuen Sozialen Bewegungen«, die Arbeiterbewegung also, ohne Unruhen und drohende oder aktuelle Streiks, wäre die Diskussion im Rahmen der staatlichen Bürokratie nicht entsprechend stimuliert worden. Ein einfaches Reiz-Reaktions-Schema auf soziale Bewegungen zu übertragen, ist falsch. Viele der Unruhen, Streiks und der Arbeitsverweigerungen vielfältigster Art, die im letzten Drittel des 19. Jahrhunderts und später festzustellen sind, waren nicht auf bestimmte staatliche Reaktionen gerichtet. Ihr Verhältnis zu Staat und »Sozialpolitik« war meist diffus, nicht intentional (Ausnahme: die Lebensmittelkrawalle). Die Unruhen sind meist Ausdruck vielfältiger, gebündelter Ursachen.

Will man soziale Bewegung erklären, sind Bedingungen wie Bevölkerungskonzentration (Ballungsgebiete), Verkehrsmöglichkeiten, Domestizierungsgrad und »natürliche Gefälle« der Interessenmobilisierung zu berücksichtigen. Vor allem aber spielt die »moralische Ökonomie« (Thompson 1980) eine große Rolle, die die »Emeute«, den Aufstand, als den explosiven Teil gelebter Tradition sehen läßt, wenn der Sturm des Protests meist plötzlich losbricht.

So notierte sich schon Karl Marx aus der Arbeit von Eugène Buret (1840: 128): »Merkwürdiges Geschrei und Lärm der Bevölkerung bei einer plötzlichen Disette oder bloßer Furcht derselben, ebenso bei plötzlicher Drückung des Arbeitslohnes, dagegen Schweigen beim ordentlichen Elend. Je mehr das Elend den *aufgeklärthen* Teil der *arbeitenden Klasse* trifft, um so unruhiger, raisonnirender, weniger resignierend wird er.« (Karl Marx [1844] 1981: 552; Hervorhebung im Original) Hier wird also, anders als bei Thompson, gerade für den sozialen Protest, eine gewisse soziale »Grundqualifikation« vorausgesetzt, hier als »Arbeiter« (= Facharbeiter oder Handwerker – mit aufzuklärendem, revolutionärem Bewußtsein), ohne die ein plötzliches Durchbrechen der Tradition des Schweigens und des Hinnehmens schwer zu verstehen ist.

Für das 19. und sogar für das 20. Jahrhundert dürfte allgemein gelten, daß es falsch wäre, durchgehend vom »Untertan« im Verständnis Heinrich Manns auszugehen. Peter Blickle hat jüngst darauf aufmerksam gemacht, daß die deutsche Geschichte des Spätmittelalters und der frühen Neuzeit sich »nicht richtig begreifen« läßt, »solange man den Untertan, den Gemeinen Mann, nicht als Subjekt der Geschichte würdigt« (1981). Ähnliches trifft auch für die jüngere deutsche Geschichte zu: im Hinblick auf organisierte, aber auch nicht-organisierte Arbeiterbewegung z. B. in Verbindung mit Elementen der frühen Frauenbewegung u. a.

Unbeschadet aber der Entscheidung darüber, welches Gewicht man faßbaren sozialen Bewegungen gegenüber sperrig etablierten Institutionen und Verfahrensweisen zuweist: die Vertreter der herrschenden Institutionen gerade im deutsch-bundesdeutschen Zusammenhang sind zweifelsohne immer erneut von einer sich wandelnden und doch erstaunlich konstant bleibenden »Angst vor dem Chaos« erfaßt (Schumacher 1972). Die Revolutionsfurcht schon quer durchs 19. Jahrhundert bezeugt dies (T. Schieder 1958).

Und diese Angst vor dem Unberechenbaren, dem bürgerlich-herrschaftlich nicht Einhegbaren, dem »unten«, wurde und wird nicht allein herrschaftsgewitzt zum Zwecke der Legitimation »gemacht«. Das galt weder zu Zeiten der Kommune-Debatten im Deutschen Reichstag (1871) noch zu denen der Demonstrations-Debatten im Deutschen Bundestag (1985). Diese Angst erklärt jenseits aller nicht zu leugnenden Fermente wirtschaftspolitischer Planung das antizipatorische Element einer Reihe staatlicher Maßnahmen gerade im sozialpolitischen Bereich (vgl. zur antiliberalen Tradition W. Schieder 1983). Man wollte möglichen Bewegungen zuvorkommen, man wollte kollektives Bewußtsein und kollektiven Protest von vornherein gar nicht zustande kommen lassen. Selbst noch in der Passivität spielte und spielt die Potenz der Arbeiterbewegung oder anderer Protestbewegungen eine politische Rolle. Wozu wäre sonst der Einsatz so vielfältiger positiv wie negativ sanktionierender Herrschaftsinstrumente erforderlich?

Als ein Beispiel für diese Angst und die Politik der Antizipation kann die Arbeitspolitik des Nationalsozialismus dienen. Die Organisationen der deutschen Arbeiterbewegung waren 1933 zerschlagen, aufgelöst oder in andere nationalsozialistische Institutionen überführt worden. Auch die kleine »Nationalsozialistische Betriebszellenorganisation« (NSBO) wurde durch die »Deutsche Arbeitsfront« (DAF) verdrängt. Und dennoch war es die Arbeiterklasse in »Potenz«, in Elementen möglicher Aktualität, »die«, wie es Tim Mason jüngst formulierte, »dem Regime die größten Schwierigkeiten bereitete. Ihre Führung war physisch liquidiert worden, und das Regime unternahm andauernde, raffinierte und vielschichtige Anstrengungen, um solidarische Bezüge im Leben der Arbeiterklasse zu zerstören, um Arbeit von einer sozialen Tätigkeit in eine politische Pflicht für jeden einzelnen zu verwandeln.« (Mason 1982: 13)

Fast alle nationalsozialistischen Maßnahmen dienten der Zersplitterung bzw. der Verstärkung der Fragmentierung unter den Arbeitern, so etwa die Lohnpolitik (Siegel 1982). Fast alle Handlungen repressiver und individueller privilegierender Art waren darauf gerichtet, solidarische Bezüge aufzulösen, bis hinein in die Fürsorgepolitik (Leibfried u. a. 1984).

Entstehungs- und Bestandsbedingungen auch und gerade des deutschen Wohlfahrtsstaates lassen sich unter *einer* Perspektive nicht erklären. Wenn auch die Perspektive von Piven und Cloward nicht ausreicht, so ist sie doch gerade für das Verstehen deutschbundesdeutscher Bedingungen notwendig.

Drittens: In ihrem jüngsten, 1982 in der amerikanischen »sozialpolitischen Wasserscheide« (vgl. Leibfried 1985: 195 ff.)[4] erschienenen Band *Der neue Krieg der Klassen. Reagans Angriffe auf den Wohlfahrtsstaat und seine Folgen* haben Piven und Cloward ihre für den *Aufstand der Armen* vor allem *historisch* tragende These nicht aufgegeben. Sie haben sie aber gerade im Blick auf die *gegenwärti-*

gen Konflikte erheblich ergänzt, allerdings ohne die Reorientierung ihres theoretischen Räsonnements ausführlicher auszuweisen (vgl. 1982: x–xi, 29; vgl. auch Ehrenreich/Piven 1985):

– Die These vom wohlfahrtsstaatlichen Krisenzyklus, wonach (fiktiver oder realer, gegebenenfalls antizipierter) Bewegungsdruck, die hauptsächliche Quelle sozialstaatlichen Aufbaus wie dessen Mangel Grund für sozialstaatlichen Verfall sei (vgl. Leibfried 1977: 10 ff.), gelte weiterhin für die Vergangenheit, allerdings nicht mehr für die Zukunft des amerikanischen Wohlfahrtsstaates (1982: XII).

– Die Bewegungen der dreißiger Jahre, insofern wird die Theorie also auch für die Vergangenheit betroffen, und der sechziger Jahre hätten »eine tiefgreifende Transformation« (1982: 118) der Staatlichkeit bewirkt:

»Die neuen Programme ... schufen umfassende neue Verbindungswege zwischen dem Staat und demokratischen Teilöffentlichkeiten, die parallel zu früheren Verbindungen zwischen Staat und Unternehmen zu sehen sind .... Der Staat selber ist dadurch teilweise demokratisiert worden.« (1982: 118–119)
»Einmal geschaffen, institutionalisieren diese Programme die wechselseitige Abhängigkeit von Staat und Demokratie. Indem die Bundesregierung auf die sozialen Bewegungen mit nationalen Programmen reagierte, hat sie sich zum institutionellen Adressaten für wirtschaftliche Forderungen der Bevölkerung umgeformt.« (1982: 119)

– Ein zusätzliches Element dieser Eigenläufigkeit des ehemals mehr bewegungsabhängigen Staatsapparats liege darin, daß gerade für die neuen Programme ein Apparat geschaffen worden sei, der Millionen Mitarbeiter auf allen Ebenen der Staatsverwaltung umfasse, und der durch seine Leistungen »fest mit den sozialen Bewegungen verknüpft ist« (1982: 120). Es handele sich dabei um eine eigene Machtgröße im Sinne der demokratischen Teilhabe. Mehr noch, dies führe zu einer Zweiteilung der US-amerikanischen Staatsverwaltung: es seien zwei verschiedene Verknüpfungsmuster von bürokratisch-parlamentarisch-gesellschaftlichen Prozessen festzustellen: eines setze an den kapitalistischen Unternehmen und ein anderes an den demokratischen Bewegungen an (1982: 121).

Die Interessen und Ziele der sozialen Bewegungen wurden also teilweise durch die etablierten Institutionen aufgehoben und integriert. Das gegebene System entsprach damit einem Teil der Politik.

Mehr noch, zu einem Teil wurde sogar das bestehende Institutionengefüge korrigiert und ergänzt. Die gewerkschaftliche Organisation wurde z.B. anerkannt, ihr wurden tarifpolitische Kompetenzen zugestanden usw.

Der Erfolg ist also sehr differenziert zu messen. Das Ende einer »ungebärdigen«, herrschaftlich nicht berechenbaren Bewegung »von unten«, ist nicht einfach als Mißerfolg, als Niederlage zu verbuchen. Die Strukturen des herrschenden Denkens und Handelns mögen jedenfalls zu einem Teil ausgeweitet und verändert worden sein. Die »Bewegten« mögen gar an dem herrschaftlichen Prozeß nun selbst beteiligt werden. Und es wäre falsch, jeweils von vornherein ohne genauere Einzeluntersuchung festzustellen, bei diesen Veränderungen handele es sich ausschließlich um herrschaftliche Kooptationstechniken, die generell aufgingen. Wenn sich Herrschaft in Form und Inhalt zu einem Teil ändern muß, ohne sich als Herrschaft selbst aufzugeben oder beseitigt zu werden, mag dies für die Herrschaftsunterworfenen eine prinzipielle Differenz darstellen. Zugleich freilich bedeutet herrschaftliche Eingemeindung allemal, daß Prozesse einer Politisierung und Demokratisierung gestoppt worden sind. Die »Bewegungen« werden Teil des herrschaftlich etablierten Alltags und verlieren ihren radikal-demokratischen oder gar anarchistischen, nämlich antiherrschaftlichen Atem. Ein ähnlicher Prozeß läßt sich hier beobachten, wie ihn Weber im Hinblick auf die »Veralltäglichung des Charisma« feststellte (Weber 1956: 157ff.).

Folgerungen für die sozialwissenschaftliche Diskussion

Die von Piven und Cloward aus der US-amerikanischen Entwicklung gewonnenen Erfahrungen lassen sich also nicht unbesehen verallgemeinern und demgemäß auf deutsch-bundesdeutsche Verhältnisse übertragen. Die Unterschiede zwischen den Traditionen beider Länder sind zu groß (vgl. auch Kocka 1977: 296ff.). Dennoch ist es fruchtbar, die Perspektive von Piven und Cloward unter anderen Umständen weiter zu verfolgen. Unter ihrem Blickwinkel erschließen sich in der Bundesrepublik neue Realitäten.

Die Staatsfixierung deutscher Geschichtsschreibung, der selbst ihre Kritiker nicht selten und durchaus verständlich unterliegen, könnte wenigstens teilweise korrigiert, jedenfalls durch einen anderen Blickwinkel ergänzt werden. Andererseits können auch die Ansätze über soziale Bewegungen, wie Piven und Cloward sie vortragen, dadurch erweitert werden, daß sie das bürokratisch-staatliche Element als »brutum factum« systematisch in ihre Theorie einbeziehen.

Wir wollen nicht versuchen, den eingangs aufgenommenen Faden hier fortzuspinnen, also keine auf die heutige Bundesrepublik zugespitzten Schlußfolgerungen ziehen, die eine kritische Lektüre des Buches von Piven und Cloward nahelegen. Wir wollen einige allgemeine, auch aktueller sozialwissenschaftlicher »Bewegungsforschung« geltende Konsequenzen andeuten.

Erstens: Piven und Cloward wenden sich erfreulicherweise gegen jeglichen Überdeterminismus, zu dem sozialwissenschaftliche Analysen und Theorien in der struktur-funktionalistischen Tradition neigen (vgl. u. a. Wrong 1976). Das heißt nicht, daß man ins Gegenteil verfallen dürfte, indem man hypothetische Geschichtsschreibung voluntaristisch überdehnte. Wissenschaftliche Arbeit hat die Kategorie realer Möglichkeit (Ernst Bloch) einzulösen. Das verborgene anthropologisch-gesellschaftliche Konzept, das soziale Spontaneität ausschließt, ist aufzugeben, eben das »oversocialized concept of man«, wie es Denis H. Wrong ausgedrückt hat. Dann werden sozialwissenschaftliche Erklärungen ebenso viel triftiger sein, wie sie bescheidener geworden sind.

Zweitens: Was Piven und Cloward dem Leser im besten Sinne einpauken ist ein Formbewußtsein. Die »Grenzen des Staates« (Wilhelm von Humboldt) werden nicht durch eine individualistisch ausgrenzende Perspektive bestimmt, sondern im Wissen darum gezogen, daß das staatlich-bürokratische Instrument (die »Form«) auch die jeweiligen Inhalte festlegt. Hier liegen auch die hauptsächlichen »Grenzen des Sozialstaates«. Sie erschließen sich nicht, wenn man einer sozialdarwinistischen und darüber hinaus wirklichkeitsfremden Philosophie der Privatheit und Privatisierung anhängt, wie sie für die vielen neuen Jünger Milton Friedmans als privilegierter Glaubenssatz gilt.

Von dem Ansatz von Piven und Cloward aus betrachtet wird auch verständlich, warum sozialdemokratische Politik – nicht nur in der Bundesrepublik – überall dort, wo sie die »Regierungsverantwortung« übernommen hat, in eine mehr als beiläufige Krise geraten ist. Wenn man herrschende Formen für neue oder doch reformierte Inhalte benutzen möchte, wenn man alles weniger fürchtet als Politisierung und Mobilisierung, dann muß jede reformorientierte Politik von vornherein scheitern – von den einer solchen Politik immanenten Widersprüchen und Konflikten einmal ganz zu schweigen. Gerade an der Kurzsichtigkeit sozialstaatlicher Konzeptionen, dem Kernstück der innenpolitischen Reformen der bundesdeutschen Sozialdemokratie läßt sich der innere, der prägende Widerspruch demonstrieren. Als ob »Sozialstaat oder Freiheit« sich schlicht und wechselweise förderlich kombinieren ließen (so aber Ehrenberg/Fuchs u.a. 1980; vgl. inzwischen SPD 1986 und Arbeitsgruppe 1985; auch Sozialpolitik und Sozialstaat 1985: 981 ff.).

Drittens: Für die Anhänger, Verehrer und Theoretiker der »Neuen Sozialen Bewegungen« ergibt sich aus der Untersuchung von Piven und Cloward keine Rezeptur: Man nehme ..., man vermeide..., man verfolge ..., man widerstehe ... Und doch ist diese Untersuchung anderer sozialer Bewegungen mit anderer sozialer Herkunft, anderer Ziele in anderem Kontext voller Anregungen und voll, wenn nicht von Warn-, so doch von »Bedenk«schildern. Nicht persönlich korruptes oder nicht immer konsequentes Verhalten stellen ein Problem dar. Das auch, aber solch individuell bestimmtes Verhalten ist nicht entscheidend. Vielmehr verlocken und vereinnahmen die tausendfältigen Schlingen der Kooptation.

Indem man herrschende Formen ohne entsprechende Balance benutzt, kann man allen anderen Reden zum Trotz schon Vertreter herrschender Politik sein. Das Parlament und sein abstrakter Ort, aber auch die modernen Medien, deren Ausdruck man schnell wird, indem man selbst noch vermeint, sie für Massenpropaganda »gegen den Strom« zu gebrauchen, sind sozusagen inkarnierte Kooptationsmechanismen. Deswegen ist der mühsame Prozeß immer erneuten Organisierens entgegen fertiger Organisation so wichtig. Fortlaufendes organisatorisches Experimentieren ist nötig. Gerade das aber soll herrschaftlich unterbunden werden.

Der Kooptationszwänge und -verlockungen wegen muß man sich stets von neuem sperriger Formen bedienen und darf sich von dem, was unter Erfolg verstanden wird, nicht zu abhängig machen. Ist Wahlerfolg Erfolg? Und ist es der Erfolg, auf den es ankäme? Sonst ist die Bewegung schon unversehens Teil des herrschenden Politikbegriffs und der entsprechenden Praxis des »symbolic use of politics« (Edelmann 1976).

Viertens: Bei Piven und Cloward können, ja sollten – wegen der von ihnen referierten Erfahrungen – nicht nur die Anhänger der »Neuen Sozialen Bewegungen« und ihrer Organisationen in die Schule gehen, zumal nun die Institutionalisierung auch von Teilen dieser Bewegung deutliche Fortschritte macht (zu den Grenzen der Institutionalisierung vgl. Eder 1986). Das mag gerade dort gelten, wo sie alternatives soziales Verhalten anstreben. Ansonsten wäre auch das Etikett »neu« bestenfalls zeitlich zu verstehen, und der Bewegungsanspruch verpuffte oder signalisierte schiere Prätention.

Der Versuch, über die nicht zu unterschätzende Kraft des Negativen durch eine kritische Herausforderung herrschender Verhältnisse und Verfahrensformen hinauszugehen, ist zu begrüßen. Nur wenn die »Bewegung« andere Formen der Organisation gewinnt, läßt sie sich stabilisieren und vermag dem Fluch der Kooptation, der herrschaftlichen »Verlandung« zu entgehen. Selbsthilfe, kleine Netze, Vernetzung, Eigenökonomie ... lauten deshalb gegenwärtig die Stichworte.

Den Leitbegriff aber bildet die Autonomie, die insbesondere von der Frauenbewegung hochgehalten wird. Ein anderer Begriff des Politischen und eine dementsprechend andere Praxis werden dadurch signalisiert. Der persönliche (»private«) und der öffentliche Bereich sollen nicht mehr auseinandergerissen, Rollen nicht mehr getrennt werden. Die basisdemokratische Organisationsweise wird grundsätzlich verlangt. Entscheidungsverfahren nach dem schematisch-abstrakten und unterdrückungsträchtigen Mehrheitsprinzip werden angezweifelt und zu ergänzen gesucht, u. a. mehr.

Allerdings werden im alternativen Elan historische Erfahrungen allzu rasch beiseite geschoben oder oft gar nicht zur Kenntnis genommen. Die »Neuen Sozialen Bewegungen« und ihre Theoretiker leiden nicht selten an einem gefährlichen Gedächtnisverlust, der der herrschend erzeugten Gedächtnislosigkeit merkwürdig entspricht. Zugleich sind sie in Gefahr, die gegebenen Herrschaftsverhältnisse, die sie teilweise und unvermeidlich verinnerlicht haben, nur verzerrt wahrnehmen zu können. Sie überziehen sie großleinwandartig oder verniedlichen sie jedenfalls im Hinblick auf die Möglichkeit von Alternativen.

So wird häufig auf eine zureichende, d. h. zugleich auf eine Herrschaftsanalyse verzichtet, die auf die gegebenen besonderen Umstände bezogen bleibt. Alle neuen Ansätze können sich aber notgedrungen nur inmitten einer verstaatlicht-kapitalistischen Gesellschaft und darauf bezogener Bewußtseins- und Verhaltensformen ereignen. Bestehende Institutionen werden aber von den Theoretikern der »Neuen Sozialen Bewegungen« zum Zwecke alternativer Vorschläge gleichsam stillgestellt.

Ein Beispiel hierfür bieten nicht wenige Vorstellungen der »zwei Ökonomien« (»dual economy«; vgl. etwa Huber 1983). Hier wird zu Recht davon ausgegangen, daß man im Versuch einer qualitativ anderen Organisation von Gesellschaft und Ökonomie dennoch nicht auf den Sektor der industriellen Massenproduktion verzichten könne. Es sei denn um den Preis der Barbarei. Demgemäß sei in diesem soweit wie möglich zu automatisierenden Sektor entfremdete Arbeit nicht vollkommen auszuschließen. Darauf haben Marx und Engels schon aufmerksam gemacht. Es komme nur darauf an, diesen Sektor so schmal wie möglich zu halten und außerdem die entfremdete Arbeit nicht einseitig einer Gruppe der Bevölkerung ohne zureichende Mitbestimmung zuzumuten. Im übrigen aber sei der »zweite« ökonomische Sektor, die Eigenökonomie auszubauen. Sie solle durch eine basisdemokratische Organisationsweise und durch strikte Ausrichtung auf die Produktion von Gebrauchswerten ausgezeichnet sein.

So weit, so gut. Problematisch, wenn nicht unzulässig naiv, wirkt aber die Annahme, der »erste« industrielle Sektor der Massenproduktion lasse sich so organisieren, daß er keine eigene soziale Dynamik mehr entfalte und Bewußtsein und Verhalten nicht mehr beeinflussen könne. Das ist etwa im Sinne der Engelsschen »Verwaltung von Sachen« zu verstehen, also als eine unpolitische, jedenfalls politisch unproblematische Verwaltung und Produktion von Massengütern.

Man unterstellt, der »zweite« Sektor würde expandieren und verkennt außerdem, daß auch er – einmal angenommen, man könne ihn einer großen Oase gleich vom ersten Sektor isoliert organisieren – sehr bald mit dem Problem der Verherrschaftlichung der Ökonomie, und das heißt zugleich mit ihrer Bürokratisierung konfrontiert ist. Dies geschieht, sobald die Produktion und die Verteilung der Produkte auf regionaler, nationaler, ja internationaler Ebene vor sich gehen soll.

Allgemeiner gesprochen: Eine nicht geringe Anzahl von Anhängern alternativer Projekte und ihrer Theoretiker oszilliert zwischen einem eher naiven Umgang mit herrschenden Institutionen – die

Diskussion über staatsfinanzierte Projekte (»Staatsknete«) ist hierfür symptomatisch – und einer extremen Berührungsangst. Auf der einen Seite meint man, staatliche Gelder ohne Gefahr annehmen und fordern zu können. Auf der anderen führen die »Fundamentalisten« das Wort, die der Illusion nachjagen, man könne politisch aktiv sein und es gleichzeitig vermeiden, »schmutzige Hände« (Jean-Paul Sartre) zu bekommen.

Diese herrschaftskritische Analyse kennzeichnet Mangel an Augenmaß wie an Leidenschaft. Dem entspricht die Lücke einer offenen Erörterung der eigenen Organisationsprobleme. Das gute eigene Emanzipationsgewissen und die gelben Sterne der Alternativen scheinen auszureichen. Als ob in uns und um uns herum nicht jahrhundertelang angelegte Herrschaftsfallen zuhauf stünden. Statt beispielsweise die Gefahren neu-alten Konkurrenzverhaltens und neu-alter Formen der Unterdrückung offen zu diskutieren, werden sie in ängstlicher Sensibilität und Hilflosigkeit verdrängt. Und die Fallen schnappen um so leichter zu. Der Rationalisierungszwang wird durch die mangelnde Offenheit und Skepsis gegenüber den eigenen Umgangsformen noch erhöht.

Sind die »kleinen Netze« (vgl. Gross 1982) in der Tat überall angebracht? Besteht nicht die Doppelgefahr, daß die in ihnen Gefangenen unfrei behandelt werden, sich nicht wehren können und außerdem kollektiv-privatistisch nur dem jeweils eigenen Interesse nachjagen? Wie lassen sich lokale, regionale und national/übernationale Erfordernisse der Koordination, der Kooperation und der Planung organisieren (Narr 1983)? Wie sieht, anders formuliert, die alternative Organisation gesellschaftlich nötiger Synthesis aus (Narr 1980)?

Kurzum: Die Organisationsdebatte muß offener und nüchterner geführt werden. Sie ist sinnvollerweise nur zu führen, wenn man systematisch vergangene Erfahrungen einbezieht, wenn man »gelebtes Leben« nützt, um künftiges Leben besser entwerfen zu können. Dann wird man gegenüber übermäßigen Ansprüchen gewappnet und vor allzu raschen Enttäuschungen besser gefeit sein.

Aus dieser Untersuchung von Piven und Cloward und den dort gewonnenen Erfahrungen läßt sich gewiß kein organisatorisches Muster entnehmen, nicht einmal eine klare Wegmarkierung. Aber Tiefen und Untiefen, Scylla und Charybdis jedes alternativen und also antiherrschaftlichen Organisierungsprozesses werden deutlich. Gelernte Skepsis und »begründete Hoffnung« (»docta spes«; Ernst Bloch) sind zusammen möglich.

Fünftens: Wie andere soziale Einrichtungen auch, so unterliegen die Sozialwissenschaften modischen Strömungen, Zyklen und »Zuckungen«. Die »Selbsthilfe«thematik ist dafür ein gutes Beispiel (vgl. von Kardoff/Koenen 1985, 1983; Gross 1982). Einmal herrscht etwa die Untersuchung von Institutionen vor. Ein anderes Mal entdeckt man in diesen Einrichtungen nur die »äußere Form«, die weniger wichtig scheint als die Vielfalt von Funktionen, die durch eine Vielheit von Institutionen erfüllt werden können. Hat man das eine Mal Inhalte bzw. Ziele untersucht, so sind es das nächste Mal die Prozesse. Der »Zyklus der Aufmerksamkeit für soziale Probleme« entwickelt sich ähnlich und bleibt vor allem konstant in der Eile der Verfallsformen.

Wenn man konzeptionell-methodologisch eines aus der Untersuchung von Piven und Cloward lernen kann, dann nicht nur die Notwendigkeit historisch-konfigurativer Analyse, sondern vor allem die dauernd erforderliche Zusammenschau von »politics« und »policies«, von Inhalten bzw. Zielen und den ihnen entsprechenden wie widersprechenden Formen. Heute gilt aber zweifellos Theodore J. Lowis Feststellung, »that the most fundamental political problem of our time is our politics« (1979: xiii).

Sechstens: Liest man das Buch von Piven und Cloward mit den Augen einer bundesrepublikanischen Zeitgenossin bzw. eines Zeitgenossen, werden nicht zuletzt die Schichten herrschaftlicher Verwerfung kenntlich. Herrschaftliche Aktions- und Reaktionsnormen werden einsichtiger, besser voraussagbar, erwartbarer. Das ist kein geringer Ertrag.

Die »Angst vor dem Chaos«, oder die Angst der Masse vor radikaldemokratischen Formen, bildet den Motivationskern. Ihr entsprechen der herrschende Sicherheitsbegriff, Sicherheitsängste und die Art der gekoppelten inneren und äußeren Sicherheitsproduktion. Ein Zirkel der Art »Angst – Sicherheitsbegriff – Sicherheitsproduktion – Angst« läßt sich ausmachen, der legitimations- und herrschaftskräftig rotiert. Die isolierten und möglichst getrennt gehaltenen Bürgerinnen und Bürger, nach dem Modell des Bourgeois unpolitisch und schmalspurig eigen-interessiert, ängstigen sich um ihren geringen oder üppigeren Besitz. A-sozial wie dieses Eigeninteresse ist und wie es auch herrschaftlich produziert wird, läßt sich nur eine Sicherung vorstellen, die nicht in der sozialen, sprich geselligen Organisierung der Bürgerinnen und Bürger selbst erreicht werden kann, sondern allein durch die Delegation an einen Sicherheitsapparat: an den Staat und an seine Sicherheitstechniken.

Diese Delegation zielt nicht etwa nur auf physisch/psychische Sicherung etwa durch »Polizei«, sondern auch auf »soziale Sicherung«, die als »Sozialversicherung« nicht nur kollektiv-gesellige, sondern stark »Interessen-verlängernde« Momente kennzeichnen (Fortschreibung der Einkommenspyramide über das Äquivalenzprinzip; vgl. Leibfried/Tennstedt 1985b). »Soziale Sicherheit und soziale Disziplinierung« (»Policey«) bilden auch eine Einheit, die den harten Kern des Polizeistaats ummantelt und verfaßt (vgl. Sachße/Tennstedt 1986).

Sicherheit wird nur von oben geleistet und a-sozial gewährt: als Zuteilung des Sozialstaats, als Lohn prekärer, von der Arbeitslosigkeit geförderter Arbeit, als Eigentum, das gegen andere zu schützen ist. Einzig auf Eigentum als verdinglicht-versachlichter Grundlage baut das sozial nicht begründete Selbstbewußtsein auf. Die herrschende Wohnungs- und Städtebaupolitik (zur letzteren vgl. Häußermann/Siebel 1985) bietet dafür ein treffendes Beispiel. Die anhaltend produzierte Sicherheitsangst orientiert auf die Flucht in die Sachwerte und wird gerade dadurch aufrechterhalten: Vorurteile und alle Arten von Sicherheitstäuschungen stabilisierend, etwa solche die das System »innerer und äußerer Sicherheit« tragen.

Die Sicherheitsängste sind also nicht einfach »existentiell« vorhanden. Sie werden produziert, um sie entsprechend herrschaftsdienlich kanalisieren zu können. Sobald Gruppen versuchen, ihre Ängste in eigenen Organisationen zu bewältigen, werden sie daran bürokratisch und, wie Piven und Cloward gerade für den »New Deal« zeigen, notfalls polizeilich gehindert.

Die bürgerlichen Sicherheitsinteressen müssen nämlich so transformiert werden, daß es gelingen kann, sie im staatlichen Begriff von Sicherheit aufzuheben. Sicherheit gibt es auch für den Bürger nur so lange und so weit, wie der staatliche Sicherheitsapparat eindeutig und gewiß funktioniert. Mit Hilfe dieses Sicherheitsapparats, seines Interesses an sich selber (vgl. Offe 1974), an seiner eigenen Erhaltung, ist eine Sicherung institutionalisiert, die den a-sozialen Bürger in seinen unpolitischen Privatinteressen und seiner darauf bezogenen Sicherheitsangst erhält.

Versteht man diesen hier verkürzt dargestellten herrschenden

Legitimationszirkel in seiner sozialen Mechanik, vermag man eine Fülle mehr oder minder disparater Ereignisse der jüngeren Vergangenheit und Gegenwart zu verstehen: Die Art und Weise, wie die Studentenbewegung schließlich noch durch Berufsverbote aufgehalten wurde; das Ausmaß und die Formen der »Terroristenjagd«; das Management dispositiver Angst in »Sparrunden« (vgl. Bieback 1985) im bundesrepublikanischen »Sozial-Staat« (Grauhan/Leibfried 1977) des letzten Jahrzehnts. »Der Staat, der Staat ist in Gefahr...« (Werkentin 1984).

Der Ertrag dieser Untersuchung von Frances Fox Piven und Richard Cloward greift also weit hinaus über ein schlichtes Messen von Erfolg und Mißerfolg des »Aufstands der Armen«, von »poor people's movements«, sei es in der Sache oder in der Form. Genau besehen thematisieren sie das soziale Schicksal substantiell demokratischer Gruppen insgesamt. Sie handeln nicht nur von den Bewegungen armer Leute, sondern von den jeweils herrschaftlich arm gemachten ur-demokratischen Bedürfnissen. Deren Chancen standen in der Vergangenheit und stehen gegenwärtig nicht zum besten.

Und doch bietet die Sperrigkeit von »poor people's movements«, ihre immer erneut aufbrechende Ungebärdigkeit die einzige Chance, daß Menschenrechte und Demokratie nicht vollends in der Herrschaftsabstraktion untergehen.

Anmerkungen

* Wir danken Heinz-Gerhard Haupt, Gisela Hegemann-Mahltig, Monika Ludwig, Lothar Machtan, Ilona Ostner, Diana Mauri und vor allem Florian Tennstedt für Hinweise und Kritik.
  Diese Arbeit ist während einer Gastprofessur Wolf-Dieter Narrs an der Universität Bremen am Forschungsschwerpunkt »Reproduktionsrisiken, soziale Bewegungen und Sozialpolitik« entstanden.
1 Die deutsche Protestforschung konzentriert sich letzthin vornehmlich auf folgende Fragen: Was kann als »rationaler« Gehalt eruptiver, »irrationaler« Bewegungen erschlossen werden? Welche sozialen Schichten trugen diese Unruhen? Gibt es elementare Organisationsformen für solche Bewegungen? Wie kann »Erfolg« bestimmt werden, etwa indem Ergebnisse an Intentionen rückgebunden werden?

2 Vgl. zusätzlich zu den von den Verfassern selbst auf S. 16 genannten Kritiken, die Arbeiten von: Majka 1980; Roach/Roach 1980; Wellstone 1980.
3 Es verwischt sich heute ebenso wie das »Normalarbeitsverhältnis«, das um das Konzept des Industriearbeiters gebaut worden ist. Vgl. Arbeitsgruppe Sozialpolitik 1986 und die dort genannte weiterführende Literatur.
4 Vgl. zur gegenwärtigen Situation der Sozialpolitik in den USA ferner: Bawden 1984; Duncan 1984; Harrington 1984; US-Bischöfe 1985.

Literatur

Arbeitsgruppe 1985: Arbeitsgruppe »Armut und Unterversorgung«, Fachpolitische Stellungnahme: *Bedarfsbezogene integrierte Grundsicherung. Ein tragfähiges Fundament für die Sozial- und Gesellschaftspolitik*, Frankfurt/M., Dezember, vv. veröffentlichtes Man.

Arbeitsgruppe Sozialpolitik 1986: *Sozialpolitische Regulierung und die Normalisierung des Arbeitsbürgers*, in: *Neue Praxis*, Nr. 1, S. 1–21, und 2 (im Druck) = Sozialpolitik und Sozialstaat 1985: 1–88.

Arbeitsgruppe Sozialpolitik 1985a: *Sozialpolitische Regulierung von Armut und Gesundheit*, in: *Zeitschrift für Sozialreform*, Nr. 12, S. 722–756 = Sozialpolitik und Sozialstaat 1985: 393–437.

Arbeitsgruppe Sozialpolitik 1985b: *Perspektiven und Probleme einer historischen Betrachtung von Sozialpolitik*, in: *Sozialpolitik und Sozialstaat 1985*, S. 93–132 (zu einer Bibliographie der Literatur über die Entstehung des deutschen Sozialstaats vgl. dort S. 120–131).

Bachrach, Peter/Baratz, Morton S., 1977: *Macht und Armut. Eine theoretisch empirische Untersuchung*. Mit einem Vorwort von Claus Offe, Frankfurt/M. (Originalausgabe veröffentlicht 1970).

Bahne, Siegfried, 1981: *Die Erwerbslosenpolitik der KPD in der Weimarer Republik*, in: Hans Mommsen/Winfried Schulze (Hg.), *Vom Elend der Handarbeit. Probleme historischer Unterschichtenforschung*, Stuttgart usf., S. 477–496.

Bahro, Rudolf, 1980: *Elemente einer neuen Politik. Zum Verhältnis von Ökologie und Sozialismus*, Berlin.

Baier, Horst, 1977: *Herrschaft im Sozialstaat. Auf der Suche nach einem soziologischen Paradigma der Sozialpolitik*, in: Christian von Ferber/Franz-Xaver Kaufmann, *Soziologie und Sozialpolitik*, Opladen, S. 128–142 (Sonderheft 19 der Kölner Zeitschrift für Soziologie und Sozialpsychologie).

Baron, Rüdeger, 1979: *Weder Zuckerbrot noch Peitsche*, in: *Gesellschaft. Beiträge zur Marx'schen Theorie* 12, Frankfurt/M., S. 13–55.

Bawden, D. Lee (Hg.), 1984: *The Social Contract Revisited. Aims and Outcomes of President Reagan's Welfare Policy*, Washington, D.C., USA.

v. Berlepsch, Hans-Jörg, 1986: *Zwischen Arbeiterschutz und Arbeitertrutz. Die Arbeitergesetzgebung des Neuen Kurses unter dem preußischen Handelsminister Hans Freiherr v. Berlepsch 1890–1896*, Diss. Mainz.

Bieback, Karl-Jürgen, 1985: *Das Sozialleistungssystem in der Krise. Bestandsaufnahme der Sparaktionen, ihre strukturellen Auswirkungen und ihre verfassungsrechtlichen Probleme*, in: Zeitschrift für Sozialreform, Nr. 10, S. 577–590 (Teil I); Nr. 11, S. 641–655 (Teil II); Nr. 12, S. 705–722 (Teil III).

Bleiber, Helmut, 1955: *Die Moabiter Unruhen 1910*, in: Zeitschrift für Geschichtswissenschaft, Jg. 3, S. 173–211.

Blickle, Peter, 1981: *Deutsche Untertanen. Ein Widerspruch*, München.

Boll, Friedhelm, 1981: *Massenbewegungen in Niedersachsen 1906–1920. Eine sozialgeschichtliche Untersuchung zu den unterschiedlichen Entwicklungstypen Braunschweig und Hannover*, Bonn.

Buret, Eugène, 1840: *De la misère des classes laborieuses en Angleterre et en France*, Paris.

Cobler, Sebastian/Geulen, Rainer/Narr, Wolf-Dieter (Hg.), 1983: *Das Demonstrationsrecht*, Reinbek.

Dohse, Knut, 1981: *Ausländische Arbeiter und bürgerlicher Staat. Genese und Funktion von staatlicher Ausländerpolitik und Ausländerrecht. Vom Kaiserreich bis zur Bundesrepublik Deutschland*, Königstein.

Duncan, Greg, 1984: *Years of Poverty – Years of Plenty*, Ann Arbor, Mich., USA: Institute for Social Research.

Edelman, Murray, 1976: *Politik als Ritual*. Mit einem Vorwort von Claus Offe, Frankfurt/M. (Originalausgabe veröffentlicht 1964).

Eder, Klaus, 1986: *Die neuen sozialen Bewegungen: Zeichen für ein Ende der Moderne?* in: Johannes Berger (Hg.), *Kontinuitätsbruch der Moderne?* (Arbeitstitel), Sonderheft der *Sozialen Welt*, Nr. 4 (im Druck).

Eder, Klaus, 1985: *Geschichte als Lernprozeß? Zur Pathogenese politischer Modernität in Deutschland*, Frankfurt/M.

Ehrenberg, Herbert/Fuchs, Anke, 1980: *Sozialstaat und Freiheit. Von der Zukunft des Sozialstaats*, Frankfurt/M.

Ehrenreich, Barbara/Piven, Frances Fox, 1985: *Toward a Just and Adequate Welfare State: Philosophical and Programmatic Perspectives*, vv. Man., November, 61 S.

Erd, Rainer, 1986: *Die amerikanischen Gewerkschaften im New Deal 1933–1937*, Frankfurt/M.

Foner, Eric, 1984: *Why is There no Socialism in the United States?* in: History Workshop, Nr. 17, Frühjahr, S. 57–80.

Fraenkel, Ernst, 1968: *Zur Soziologie der Klassenjustiz*, Darmstadt (zuerst veröffentlicht 1927).

Freud, Sigmund, 1982: *Massenpsychologie und Ich-Analyse*, in: ders.,

Studienausgabe, Frankfurt/M., Bd. 9, S. 61–134 (zuerst veröffentlicht 1921).

Fröba, Gudrun/Nietsche, Rainer, 1983: »... *ein bißchen Radau*«. *Arbeitslose machen Geschichte*, Berlin.

Gailus, Manfred (Hg.), 1984: *Pöbelexzesse und Volkstumulte in Berlin. Zur Sozialgeschichte der Strafe 1830–1980*, Berlin.

Geary, Dick, 1983: *Arbeiterprotest und Arbeiterbewegung in Europa 1848–1939*, München (Originalausgabe veröffentlicht 1981).

Geyer, Michael, 1983: *Ein Vorbote des Wohlfahrtsstaates. Die Kriegsopferversorgung in Frankreich, Deutschland und Großbritannien nach dem Ersten Weltkrieg*, in: *Geschichte und Gesellschaft*, Jg. 9, S. 230–277.

Gordon, David M./Edwards, Richard/Reich, Michael, 1982: *Segmented Work. Divided Workers. The Historical Transformation of Labor in the United States*, Cambridge.

Gorz, André, 1980: *Abschied vom Proletariat. Jenseits des Sozialismus*, Frankfurt/M.

Grauhan, Rolf-Richard/Leibfried, Stephan, 1977: *Die Sozialverwaltung zwischen politischer Herrschaft und politischer Produktion*, in: *Zeitschrift für Sozialreform*, Jg. 23, S. 65–78 = Leibfried u. a. 1985: 92–105.

Gross, Peter, 1982: *Der Wohlfahrtsstaat und die Bedeutung der Selbsthilfebewegung*, in: *Soziale Welt*, Jg. 1, S. 26–48.

Habermas, Jürgen, 1981: *Theorie des kommunikativen Handelns*, 2 Bände, Frankfurt/M.

Häußermann, Hartmut/Siebel, Walter, 1985: *Die Chancen des Schrumpfens. Plädoyer für eine andere Großstadtpolitik*, in: *Die Zeit* Nr. 13, 22. März, S. 33–37.

Harrington, Michael, 1984: *The New American Poverty*, New York.

Heimann, Eduard, 1980: *Soziale Theorie des Kapitalismus. Theorie der Sozialpolitik*, Frankfurt/M, (zuerst veröffentlicht 1929).

Hausen, Karin, 1977: *Schwierigkeiten mit dem »sozialen Protest«. Kritische Anmerkungen zu einem historischen Forschungsansatz*, in: *Geschichte und Gesellschaft*, Jg. 3, Nr. 2, S. 257–272.

Henkel, Martin/Traubert, Rudolf, 1979: *Maschinenstürmer. Ein Kapitel aus der Sozialgeschichte des technischen Fortschritts*, Frankfurt/M.

Hentschel, Volker, 1983: *Geschichte der deutschen Sozialpolitik 1880–1980*, Frankfurt/M.

Hobsbawm, Eric/Rudé, George, 1975: *Captain Swing. A Social History of the Great Agricultural Uprising of 1830*, New York (zuerst veröffentlicht 1968).

Hockerts, Hans Günter, 1980: *Sozialpolitische Entscheidungen im Nachkriegsdeutschland. Alliierte und deutsche Sozialversicherungspolitik 1945 bis 1959*, Stuttgart.

Huber, Joseph, 1983: *Die zwei Gesichter der Arbeit. Ungenutzte Möglichkeiten der Dualwirtschaft*, Frankfurt/M.

Huber, Joseph, 1980: *Wer soll das alles ändern? Die Alternativen der Alternativbewegung*, Berlin.

Huber-Koller, Rosemarie, 1977: *Die kommunistische Erwerbslosenbewegung in der Endphase der Weimarer Republik*, in: *Gesellschaft. Beiträge zur Marx'schen Theorie* 10, Frankfurt/M., S. 89–140.

Husung, Hans-Gerhard, 1983: *Protest und Repression im Vormärz. Norddeutschland zwischen Restauration und Revolution*, Göttingen.

Karabel, Jerome, 1979: *The Failure of American Socialism Reconsidered*, in: *Socialist Register*, S. 204–227.

von Kardorff, Ernst/Koenen, Elmar, 1985: *Armenpolitik und Selbstorganisation*, in: Leibfried/Tennstedt 1985 a: 357–379.

von Kardorff, Ernst/Koenen, Elmar, 1983: *Zur neuen Wissenschaft von der Selbsthilfe*, in: *Leviathan*, S. 439–449.

Kaufmann, Franz-Xaver, 1983: *Concern: The Welfare State*, Bielefeld (IBS-Materialien).

Klages, Helmut/Kmieciak, Peter (Hg.), 1979: *Wertewandel und gesellschaftlicher Wandel*, Frankfurt/M.

Kleßmann, Christoph, 1978: *Polnische Bergarbeiter im Ruhrgebiet 1870–1945. Soziale Integration und nationale Subkultur einer Minderheit in der deutschen Industriegesellschaft*, Göttingen.

Kleßmann, Christoph/Friedemann, Peter, 1977: *Streiks und Hungermärsche im Ruhrgebiet 1946–1948*, Frankfurt/M. usf.

Kocka, Jürgen, 1983: *Lohnarbeit und Klassenbildung. Arbeiter und Arbeiterbewegung in Deutschland 1800–1875*, Berlin usf.

Kocka, Jürgen, 1977: *Angestellte zwischen Faschismus und Demokratie. Zur politischen Sozialgeschichte der Angestellten: USA, 1890–1940 im internationalen Vergleich*, Göttingen.

Koselleck, Reinhart, 1975: *Preußen zwischen Reform und Revolution. Allgemeines Landrecht, Verwaltung und soziale Bewegung von 1791–1848*, Stuttgart (zuerst veröffentlicht 1967).

Lehnert, Detlef, 1983: *Sozialdemokratie zwischen Protestbewegung und Regierungspartei 1848 bis 1983*, Frankfurt/M.

Leibfried, Stephan, 1985: *Armenpolitik in den USA – ein Überblick*, in: *Sozialwissenschaftliche Informationen für Studium und Unterricht*, Nr. 3, S. 194–205.

Leibfried, Stephan, 1981: *Fürsorge-Richtsätze in der Weimarer Republik*, in: *Jahrbuch der Sozialarbeit* 4 (1982), Reinbek, S. 469–523 = Leibfried u. a. 1985: 186–240.

Leibfried, Stephan, 1977: Vorwort, in: Piven/Cloward, S. 9–67.

Leibfried, Stephan/Hansen, Eckhard/Heisig, Michael, 1984: *Geteilte Erde? Bedarfsprinzip und Existenzminimum unter dem NS-Regime: Zu Aufstieg und Fall der Regelsätze in der Fürsorge*, in: *Neue Praxis* 1984, S. 3–20 = Leibfried u. a. 1985: 168–185.

Leibfried, Stephan/Tennstedt Florian (Hg.), 1985 a: *Politik der Armut und die Spaltung des Sozialstaats*, Frankfurt/M.

Leibfried, Stephan/Tennstedt, Florian, 1985 b: *Armenpolitik und Arbeiterpolitik. Zur Entwicklung und Krise der traditionellen Sozialpolitik der Verteilungsformen*, in: Leibfried/Tennstedt 1985a: 64–93.

Leibfried, Stephan, u. a., 1985: *Armenpolitik und die Entstehung des Sozialstaats. Entwicklungslinien sozialpolitischer Existenzsicherung im historischen und internationalen Vergleich*, Bremen: Universität.

Lipset, Seymour Martin, 1977: *Why no Socialism in the United States?* in: Seweryn Bialer, Sophia Sluzer (Hg.), *Sources of Contemporary Radicalism*, New York, S. 31–149.

Lowi, Theodore J., 1979: *The End of Liberalism. The Second Republic of the United States*, Chicago/Ill. (zuerst veröffentlicht 1969).

Luthardt, Wolfgang, 1983: *Kontinuität und Wandel in der Theorie Franz L. Neumanns. Eine historisch-politische Skizze*, in: *IWK* (Internationale wissenschaftliche Korrespondenz für Geschichte der deutschen Arbeiterbewegung), Jg. 19, Heft 3, S. 329–373.

Luthardt, Wolfgang (Hg.), 1978: *Sozialdemokratische Arbeiterbewegung und Weimarer Republik. Materialien zur gesellschaftlichen Entwicklung 1927–1933*, 2 Bände, Frankfurt/M.

Machtan, Lothar, 1985: *Risikoversicherung anstatt Gesundheitsschutz für Arbeiter. Zum historisch-politischen Entstehungszusammenhang der Unfallversicherungsgesetzgebung im Bismarckreich*, in: *Leviathan*, Jg. 13, Heft 3, S. 420–441.

Machtan, Lothar, 1983: *Streiks im frühen Deutschen Kaiserreich*, Frankfurt/M.

Machtan, Lothar/Ott, René, 1983: *»Batzebier«! Überlegungen zur sozialen Protestbewegung in den Jahren nach der Reichsgründung am Beispiel der süddeutschen Bierkrawalle vom Frühjahr 1873*, in: Volkmann/Bergmann, S. 128–166.

Majka, Theo, 1980: *Poor People's Movements and Farm Labor Insurgency*, in: *Contemporary Crises*, Jg. 4, S. 283–308.

Marx, Karl, 1981 (1844): *Exzerpte aus Eugène Buret: De la misère des classes laborieuses en Angleterre et en France (1840)*, in: Marx-Engels-Gesamtausgabe², IV. Abteilung, 2. Band, Berlin-Ost, S. 551–579.

Mason, Tim, 1982: *Die Bändigung der Arbeiterklasse im nationalsozialistischen Deutschland. Eine Einleitung*, in: Sachse u. a., S. 11–53.

Michels, Robert, 1958: *Zur Soziologie des Parteiwesens in der modernen Demokratie. Untersuchungen über die oligarchischen Tendenzen des Gruppenlebens*, Stuttgart (zuerst veröffentlicht 1911).

Milles, Dietrich, 1983: *»... aber es kam kein Mensch nach den Gruben, um anzufahren«. Arbeitskämpfe der Ruhrbergarbeiter 1867–1878*, Frankfurt/M.

Mitscherlich, Alexander/Mitscherlich, Margarete, 1984: *Die Unfähigkeit* zu trauern. *Grundlagen kollektiven Verhaltens*, Frankfurt/M. (zuerst veröffentlicht 1967).

Mommsen, Hans, 1981: *Die Gewerkschaften und die Durchsetzung des Sozialstaates in Deutschland*, in: Gewerkschaftliche Monatshefte, Jg. 32, Nr. 2, S. 76–86.

Moore, Barrington, 1982: *Ungerechtigkeit. Die sozialen Ursachen von Unterordnung und Widerstand*, Frankfurt/M. (Originalausgabe 1978).

Narr, Wolf-Dieter, 1983: *Strukturdefizite der parteienstaatlichen/parlamentarischen Demokratie und mögliche Alternativen*, Wien: Institut für Höhere Studien (Politikwissenschaftliche Serie 3/1983).

Narr, Wolf-Dieter, 1980: *Zur Politik der Form – oder warum fast alle Emanzipationsbewegungen Herrschaft nur fortlaufend erneuern, allenfalls besänftigen*, in: Leviathan, Nr. 2, S. 143–163.

Nietsche, Rainer (Hg.), 1981: *Häuserkämpfe, 1872, 1920, 1945, 1982*, Berlin.

Novy, Klaus, 1983: *Genossenschaftsbewegung. Zur Geschichte und Zukunft der Wohnreform*, Berlin.

Offe, Claus, 1974: *Berufsbildungsreform: Eine Fallstudie über Reformpolitik*, Frankfurt/M.

Piven, Frances Fox/Cloward, Richard, 1982: *The New Class War. Reagan's Attack on the Welfare State and its Consequences*, New York.

Piven, Frances Fox/Cloward, Richard, 1977: *Regulierung der Armut. Die Politik der öffentlichen Wohlfahrt*, Frankfurt/M. (Originalausgabe 1971).

Preller, Ludwig, 1978: *Sozialpolitik der Weimarer Republik*, Kronberg (zuerst veröffentlicht 1949).

Puhle, Hans-Jürgen, 1983: *Was ist Populismus?* in: Politik und Kultur, Jg. 10, Nr. 1, S. 22–43.

Puls, Detlef (Hg.), 1979: *Wahrnehmungsformen und Protestverhalten. Studien zur Lage der Unterschichten im 18. und 19. Jahrhundert*, Frankfurt/M.

Raschke, Joachim, 1985: *Soziale Bewegungen. Ein historisch-systematischer Grundriß*, Frankfurt/M.

Riedmüller, Barbara, 1983: *Theorie der neuen sozialen Bewegungen unter besonderer Berücksichtigung der Frauenbewegung*, Habilitationsvortrag am Fachbereich Politische Wissenschaften der Freien Universität Berlin.

Ritter, Gerhard A., 1983: *Sozialversicherung in Deutschland und England. Entstehung und Grundzüge im Vergleich*, München.

Ritter, Gerhard A., 1980: *Staat, Arbeiterschaft und Arbeiterbewegung in Deutschland. Vom Vormärz bis zum Ende der Weimarer Republik*, Berlin.

Roach, Janet K./Roach, Jack L., 1980: *Turmoil in Command of Politics: Organizing the Poor*, in: The Sociological Quarterly, Jg. 21, Frühjahr, S. 259–270.

Rudé, George, 1980: *Ideology and Popular Protest*, New York.
Sachse, Carola/Siegel, Tilla/Spode, Hasso/Spohn, Wolfgang, 1982: *Angst, Belohnung, Zucht und Ordnung. Herrschaftsmechanismen im Nationalsozialismus*, Opladen.
Sachße, Christoph/Tennstedt, Florian, 1987: *Geschichte der Armenpflege in Deutschland*, Band 2, Stuttgart usf. (in Vorbereitung).
Sachße, Christoph/Tennstedt, Florian (Hg.), 1986: *Soziale Sicherheit und soziale Disziplinierung. Beiträge zu einer historischen Theorie der Sozialpolitik*, Frankfurt/M.
Schieder, Theodor, 1958: *Das Problem der Revolution im 19. Jahrhundert*, in: ders., Staat und Gesellschaft im Wandel unserer Zeit, München, S. 11–57.
Schieder, Wolfgang (Hg.), 1983: *Liberalismus in der Gesellschaft des deutschen Vormärz*, Göttingen.
Schmidt, Eberhard, 1975: *Ordnungsfaktor oder Gegenmacht? Die politische Rolle der Gewerkschaften*, Frankfurt/M.
Schmidt, Manfred G. (Hg.), 1983: *Pipers Wörterbuch zur Politik* (Hg. Dieter Nohlen), Bd. 2: *Westliche Industriegesellschaften*, München (Jens Alber, Art. Wohlfahrtsstaat, S. 530–541; Manfred G. Schmidt, Art. Arbeitsmarktpolitik, S. 28–33; Klaus Armingeon, Art. Gewerkschaften, S. 145–150).
Schönhoven, Klaus, 1980: *Expansion und Konzentration. Studien zur Entwicklung der Freien Gewerkschaften im Wilhelminischen Deutschland 1890–1914*, Stuttgart.
Schumacher, Joachim, 1972: *Die Angst vor dem Chaos. Über die falsche Apokalypse des Bürgertums*, Frankfurt/M. (zuerst veröffentlicht Paris 1937).
Siegel, Tilla, 1982: *Lohnpolitik im nationalsozialistischen Deutschland*, in: Sachse u. a., S. 54–139.
Sombart, Werner, 1969: *Warum gibt es in den Vereinigten Staaten keinen Sozialismus?* Darmstadt und Tübingen (zuerst veröffentlicht 1905 als *Studien zur Entwicklungsgeschichte des nordamerikanischen Proletariats*, in: Archiv für Sozialwissenschaft und Sozialpolitik, Jg. 21, S. 210–236, 308–346, 556–611; sodann 1906 als Buch unter dem veränderten, heutigen Titel erschienen).
Sozialpolitik und Sozialstaat 1985: Forschungsschwerpunkt Reproduktionsrisiken, soziale Bewegungen und Sozialpolitik (Hg.), Sozialpolitik und Sozialstaat. Bericht zum 10. Oktober 1985, Bremen: Universität, 3 Teile.
SPD 1986: *Die Zukunft sozial gestalten*. Entwurf der Arbeitsgruppe Sozialpolitisches Programm der Kommission Sozialpolitik beim SPD-Parteivorstand, Bonn, 4. März, vv. Man.
Tennstedt, Florian, 1983: *Vom Proleten zum Industriearbeiter. Arbeiterbewegung und Sozialpolitik in Deutschland 1800–1914*, Köln.

Tennstedt, Florian, 1977: *Geschichte der Selbstverwaltung in der Krankenversicherung von der Mitte des 19. Jahrhunderts bis zur Gründung der Bundesrepublik*, Bonn.

Thompson, Edward P., 1980: *Plebeische Kultur und moralische Ökonomie. Aufsätze zur englischen Sozialgeschichte des 18. und 19. Jahrhunderts*, Frankfurt/M.

US-Bischöfe 1985: Im Wortlaut: »Die Armen müssen Maßstab sein.« Dokumente eines Konflikts: Der Hirtenbrief der Katholischen Bischofskonferenz. Aus dem »Gegen-Hirtenbrief« amerikanischer Geschäftsleute. Kritik an beiden Texten, Frankfurt/M.

Volkmann, Heinrich/Bergmann, Jürgen (Hg.), 1983: *Sozialer Protest. Studien zu traditioneller Resistenz und kollektiver Gewalt in Deutschland vom Vormärz bis zur Reichsgründung*, Opladen.

Weber, Max, 1956: *Wirtschaft und Gesellschaft. Grundriß der verstehenden Soziologie*, Köln.

Weber, Max, 1924: *Gesammelte Aufsätze zur Soziologie und Sozialpolitik*, Tübingen.

Wellstone, Paul David, 1980: *Poor People's Movements and the Organizers*, New York, vv. Man.

Werkentin, Falco, 1984: *Die Restauration der deutschen Polizei*, Frankfurt/M.

Wirtz, Rainer, 1981: *»Widersetzlichkeiten, Excesse, Crawalle, Tumulte und Skandale«. Soziale Bewegung und gewalthafter sozialer Protest in Baden 1815–1848*, Frankfurt/M.

Wrong, Dennis H., 1976: *The Oversocialized Concept of Men in Modern Sociology*, in: ders., Skeptical Sociology, New York, S. 31–46 (zuerst veröffentlicht 1961).

Vorwort zur Ausgabe von 1979

In den Rezensionen, die in dem Zeitraum zwischen der ersten Veröffentlichung im Jahr 1977 und der zweiten im Jahr 1979 von *Aufstand der Armen* erschienen, äußerten eine Reihe von Kritikern ihre kontroversen Meinungen zu einigen unseren Schlußfolgerungen. Mit diesem kurzen Vorwort zu der neuen Ausgabe wollen wir die Gelegenheit nutzen, die Debatte fortzuführen.[1]

Es ist vielleicht *die* herausragende Leistung des linken Denkens – wie es sich seit dem 19. Jahrhundert entwickelt hat –, die Angehörigen der Arbeiterklasse gebührend in die Geschichtsschreibung eingeführt zu haben: nicht mehr allein als Opfer, sondern als Handelnde. Die Linke hat begriffen, daß die Arbeiterklasse eine historische Kraft ist und zu einer noch größeren Kraft werden könnte und daß sich diese Kraft in einer ganz bestimmten Form ausdrückt – der Massenbewegung.

Theoretisch hat die Linke ebenfalls begriffen, daß proletarische Bewegungen nicht geboren werden, indem man sie einfach herbeizwingt, herbeidenkt oder herbeiredet. Proletarische Bewegungen, sagte Marx, entstehen in einem dialektischen Prozeß, die institutionelle Logik der kapitalistischen Ordnung reflektierend. Das Proletariat ist nicht die Schöpfung kommunistischer Intellektueller, sondern des Kapitals und der Bedingungen der kapitalistischen Produktionsweise, wie schon im *Kommunistischen Manifest* betont:

»In demselben Maße, worin sich die Bourgeoisie, d. h. das Kapital, entwickelt, in demselben Maße entwickelt sich das Proletariat, die Klasse der modernen Arbeiter. ...

Aber mit der Entwicklung der Industrie vermehrt sich nicht nur das Proletariat; ..., seine Kraft wächst, und es fühlt sie mehr. ...

Von allen Klassen, welche heutzutage der Bourgeoisie gegenüberstehen, ist nur das Proletariat eine wirklich revolutionäre Klasse. Die übrigen Klassen verkommen und gehen unter mit der großen Industrie, das Proletariat ist ihr eigenstes Produkt.« (*Marx-Engels-Werke*, Bd. 4, 468–472)

Wir wissen, daß die historische Entwicklung Marx' Prognose nicht wahr werden ließ: die Ausweitung der kapitalistischen Produktionsweise schuf kein revolutionäres Proletariat.

Dennoch bleibt die Grunderkenntnis der dialektischen Analyse, auf der die unerfüllte Prognose fußte, gültig – daß nämlich die Kämpfe der einfachen Menschen sowohl durch die institutionelle Ordnung geformt werden als auch gegen sie gerichtet sind. Marx irrte, weil er weder die spezifischen institutionellen Strukturen, wie sie sich im Kapitalismus entwickelten, noch die besonderen Formen des Kampfes, wie sie sich in Reaktion auf diese Bedingungen ergaben, vorhersah. Die kapitalistischen Strukturen verhinderten die Herausbildung einer vereinten und revolutionären Arbeiterklasse: Die Ausbreitung des Imperialismus förderte die Produktion jener Überschüsse, die den Lebensstandard der Arbeiter in den Mutterländern anhoben; die Balkanisierung der modernen Industrie begünstigte die Fraktionierung der Arbeiterklasse; neue Einrichtungen wie die allgemeine Schulbildung untermauerten die bürgerliche ideologische Hegemonie. Andererseits formten diese Strukturen den Charakter des proletarischen Widerstandes. Die gegenwärtigen Klassenkämpfe sind zersplittert, wo sich die Linke Einheit wünscht, und die Forderungen der Arbeiter sind reformistisch, wo die Linke radikale Rezepte propagiert.

Doch hat die intellektuelle Linke sich mit dieser Entwicklung nicht auseinandergesetzt, zumindest nicht in ihrer Einschätzung der Protestbewegungen in den Industriegesellschaften.[2] Sie hat nicht begriffen, daß die Hauptcharakteristika heutiger sozialer Kämpfe sowohl Reflexionen einer institutionell determinierten Logik als auch ein Angriff auf diese Logik sind. Statt dessen hielt sie an den spezifischen Inhalten der aus dem 19. Jahrhundert stammenden Dialektik fest, und indem sie dies tat, verzichtete sie auf eine dialektische Analyse. Insoweit als die gegenwärtigen sozialen Bewegungen in den Industriegesellschaften nicht den durch die Analyse des Kapitalismus im 19. Jahrhundert gesetzten Erwartungen entsprechen, hat die Linke sich nicht bemüht, diese Bewegungen zu verstehen. Sie neigte vielmehr dazu, sie schlichtweg zu mißbilligen: Die falschen Leute haben mobil gemacht, denn sie sind nicht das wahre industrielle Proletariat. Oder sie haben für die falschen Organisationsprinzipien und die falschen politischen Strategien mobilisiert. Diese Massenbewegungen haben die Doktrin verraten, folglich werden sie fallengelassen.

Als wir dieses Buch schrieben, versuchten wir uns von Doktrinen frei zu machen, um zu untersuchen, wie die spezifischen Eigenarten der amerikanischen Sozialstruktur proletarische Bewegungen geprägt haben. Wir wollten die institutionellen Bedingungen erkennen, die Massenbewegungen manchmal ermöglichen, sowie ihre jeweiligen Strukturen und die Reaktionen der Eliten bestimmen. Die unserer Meinung nach unzulängliche Art, in der bisher über Protestbewegungen nachgedacht wurde, führte uns zu diesem Ansatz. Offenkundig werden sie in der herrschenden pluralistischen Praxis mit der Argumentation in Verruf gebracht, daß die Arbeiterklasse ausreichend Gelegenheit habe, ihre Interessen durch die demokratischen institutionellen Kanäle zu vertreten. Und auch viele Linke diskreditieren diese Bewegungen, weil sie ihren doktrinären Vorstellungen in bezug auf ihre Träger, Strategien und Forderungen nicht gerecht werden. Doch übersehen diese Klagen typischerweise die spezifischen historischen Umstände, unter denen soziale Bewegungen entstehen, sich ihre Träger formieren sowie Strategien und Forderungen Gestalt annehmen.

Wir sehen uns zu diesen Anfangsbemerkungen veranlaßt, weil ein so großer Teil der frühen Reaktionen auf dieses Buch von der Wiederholung doktrinärer Einwände geprägt war. Eine Reihe von Kritikern wandte sich dann auch mehr der Betrachtung der von uns untersuchten Protestbewegungen als unserer Analyse zu, und sie waren unzufrieden. Die Bewegungen hielten der Doktrin nicht stand (und folglich auch wir nicht, da wir offen mit den Kämpfen sympathisieren, die, auf die eine oder andere Art, unsere Kritiker enttäuschten). So mißfielen einigen Kritikern die verschiedenen Formen, in denen sich die Bewegung der Schwarzen seit dem Zweiten Weltkrieg artikulierte: mit der Bürgerrechtsbewegung im Süden oder den Gettoaufständen im Norden oder mit den stürmischen Forderungen nach öffentlicher Fürsorgeunterstützung, die in den sechziger Jahren zu einer explosionsartigen Ausdehnung der Sozialfürsorge führten. Die schwarze Bewegung wird beschuldigt, die Spaltung innerhalb der Arbeiterklasse vertieft und eine breite Gegenbewegung verursacht zu haben. Außerdem habe sie es versäumt, größere Fortschritte wie Vollbeschäftigung (oder gar eine neue Gesellschaftsordnung) zu erzielen.

Doch Massenaufstände folgen nicht irgend jemandes Regeln oder Hoffnungen; sie haben ihre eigene Logik und Richtung. Sie entspringen spezifischen historischen Gegebenheiten: Sie sind Reaktionen auf diese Gegebenheiten und werden gleichzeitig durch sie begrenzt. Die schwarze Bewegung wurde entscheidend durch die tiefe rassische Spaltung der amerikanischen Arbeiterklasse institutionell strukturiert und damit beschränkt. Man mag wünschen, es wäre anders; wenn es überhaupt Teile der Arbeiterklasse gebe, die »die engsten Verbündeten«, wie ein Kritiker klagte, hätten sein *sollen,* dann doch die schwarzen und die weißen Armen. Doch dies ließ die institutionelle Entwicklung der Vereinigten Staaten nicht zu, wie die Geschichte gescheiterter Bemühungen um multirassische, proletarische Protestbewegungen bezeugt. Als starke sozio-ökonomische und politische Veränderungen schließlich ein unabhängiges Aufbegehren der Schwarzen möglich machten, provozierten diese Aktionen den gewalttätigen Widerstand weißer Arbeiter aus den Südstaaten und später auch den Widerstand von weißen Arbeitern im Norden. Keine alternative Verfahrensweise hätte die Verschärfung der Feindseligkeit, die so tief in den Erfahrungen der weißen Arbeiterklasse verwurzelt ist, verhindern können. Wollten die Schwarzen in den Vereinigten Staaten in den fünfziger und sechziger Jahren überhaupt den Kampf aufnehmen, mußte die Spaltung in der Arbeiterklasse unvermeidbar vertieft werden. Was aber soll dann Jack Beattys Beharren, »Strategien, die (die Arbeiterklasse) spalten, (seien) gefährlich«? Die Vorstellung, die Schwarzen hätten anders vorgehen und große Teile der weißen Arbeiterschaft im Süden und im Norden zu einem Bündnis bewegen können – ohne aber aufzuzeigen, wie ein solcher Weg unter den gegebenen institutionellen Bedingungen realisierbar gewesen wäre –, beruht auf der Annahme, daß die Menschen unabhängig von Behinderungen, die ihnen von ihrem gesellschaftlichen Umfeld auferlegt werden, agieren können.

Darüber hinaus könnte die rigide Anwendung doktrinärer Rezepte dazu führen, die längerfristigen Implikationen massenhaften Aufruhrs zu übersehen. Die schwarze Bewegung könnte, so groß die unmittelbaren von ihr hervorgerufenen Spannungen auch gewesen sein mögen, die Chancen breiterer proletarischer Kämpfe für die Zukunft durchaus verbessert haben. Infolge der von der Bewegung erzwungenen neuen rechtlichen Lage wurden zumindest einige der den Rassismus stützenden Aspekte des institutionellen Rahmens geschwächt. Obwohl dies kaum eine Garantie für spätere, die gesamte Klasse umfassende Kämpfe ist, schafft es doch wenigstens eine der institutionellen Voraussetzungen. Mit anderen Worten: die doktrinäre Zurückweisung jeder Strategie, die Spannungen innerhalb der Arbeiterklasse hervorbringt, ignoriert sowohl die institutionellen Kräfte, die diese Spannungen überhaupt produzieren, als auch die konflikthaften Prozesse, durch die sie – vielleicht – überwunden werden könnten.

Ein weiterer Kritikpunkt an den von uns analysierten Bewegungen besteht in der Behauptung, sie hätten eine breite Gegenreaktion in der amerikanischen Wählerschaft hervorgebracht. Harrington sagt, die heftigen Proteste der sechziger Jahre hätten »den niederträchtigen, von Leuten wie Richard Nixon ausgebeuteten Geist« hervorgebracht, und Bernstein warnt, derartige Proteste seien »gefährlich«. Dieser Kritik mangelt es an einem gehörigen Maß Realitätssinn. Sie tut so, als könnten die Kämpfe von Gruppen oder einer Klasse – wenn sie nur vorsichtig genug geführt würden – ablaufen, ohne Konflikte zu schüren. Zweifellos trugen die Arbeitskämpfe Mitte der dreißiger Jahre zu den von der Industrie initiierten Gegenreaktionen bei, die 1938 einsetzten und schließlich in der »Hexenjagd« der späten vierziger und frühen fünfziger Jahre gipfelten; und zweifellos verschuldeten die Kämpfe der Schwarzen in den fünfziger und sechziger Jahren die Gegenreaktionen der siebziger Jahre mit (zu denen auch die Studenten- und die Anti-Kriegsbewegung beitrugen). Doch wie hätte es anders sein können? Wichtige Interessen standen auf dem Spiel, und wären diese Interessen nicht wichtige Anlässe zur Konfrontation gewesen, hätte es auch weder eine Notwendigkeit für die Arbeitskämpfe in der einen noch für die Rebellion der Schwarzen in der anderen Periode gegeben. Von Relevanz ist also nur, ob die Bewegung am Ende Boden gewonnen oder verloren hat, ob sie den Interessen der arbeitenden Menschen gedient oder ob sie ihnen geschadet hat.

Einige unserer Kritiker gehen jedoch über diese Gewinne hinweg, da sie ungenügend seien. Die realistischere Frage, ob die Gewinne nicht an sich wichtig und deshalb erstrebenswert gewesen seien, wird nicht gestellt. Auch sagen die Kritiker nicht, wieso größere Gewinne möglich gewesen sein sollen und wie diese hätten erzielt werden können. So verweist Starr auf »die Dutzenden von ›Massenmobilisierungen‹ und die Gettoaufstände der sechziger Jahre, die eine so schwache Spur im politischen Leben hinterlassen haben«; Harrington erklärt, das oberste Ziel der Bewegung der Wohlfahrtsempfänger hätte Vollbeschäftigung sein sollen; Brightman wirft der Rebellion dieser Zeit vor, nicht auf eine »neue Gesellschaftsordnung« hingeführt zu haben; und Hobsbawm sagt über die Erfolge der sechziger Jahre, sie seien zwar »nicht zu vernachlässigen, aber nicht das, was wir wollten«.

Wir sehen das anders. Die Erfolge müssen an dem gemessen werden, was möglich war. Aus diese Perspektive waren die Siege beachtlich. Für die Schwarzen im Süden wurden politische Rechte durchgesetzt, und das bedeutete, auf unterster Ebene, ein beträchtlicher Rückgang bei der Anwendung von Terror zur sozialen Kontrolle der Schwarzen (siehe Kapitel 4). Die unterste Schicht der schwarzen Bevölkerung, die Armen, lehnte sich gegen das Wohlfahrtssystem auf und sicherte somit ihr Überleben in einer Gesellschaft, die ihr alternative Möglichkeiten, sich selbst zu versorgen, auch weiterhin schlichtweg verwehrte (siehe Kapitel 5).[3] Auch bevorzugten die Teilnehmer an der Bewegung der Wohlfahrtsempfänger in den sechziger Jahren keineswegs die Sozialfürsorge; ebenso wie Harrington hätten sie anständige Arbeitsplätze mit anständigen Löhnen lieber gesehen. Allerdings verstanden sie die politischen Realitäten ihres Lebens besser als Harrington: die arbeitslosen Armen in dieser Zeit hatten nicht die Macht, Vollbeschäftigungsprogramme zu erzwingen. Welchen Unterschied hätte es also gemacht, wenn sie die Vollbeschäftigung zu ihrem zentralen Ziel erklärt hätten? Man fühlt sich an die Kämpfe der Arbeitslosen während der Großen Depression erinnert, als die »Workers' Alliance of America« sowohl die Vollbeschäftigung als auch die Abschaffung des Profitsystems forderte. Doch ungeachtet dieser großen Ziele bleibt die Tatsache, daß es der »Workers' Alliance of America« nicht einmal gelang, die Wohlfahrtsleistungen für die Arbeitslosen zu sichern (siehe Kapitel 2). Mit anderen Worten: eine Bewegung zu kritisieren, weil sie dieses oder jenes Ziel nicht proklamiert oder erreicht hat, ohne auch nur eine beiläufige Einschätzung der politischen Möglichkeiten abzugeben, ist nichts als eine Übung in Selbstgerechtigkeit.

Vielleicht gibt es, wie Barrington Moore in einem neueren Buch schreibt, »unterdrückte historische Alternativen« – politische Optionen, die institutionell greifbar gewesen wären, von der Führung einer Bewegung jedoch nicht verfolgt wurden.[4] Es ist der Vorzug von Moores Ansatz, daß er das Thema nicht doktrinär behandelt und die Bewegungen und die Optionen ihrer Führer nicht aus dem gegebenen historischen Kontext mit all seinen widersprüchlichen Beschränkungen und Zwängen herauslöst. Er analysiert den Fall der deutschen Sozialdemokratie in den Jahren nach dem Ersten Weltkrieg. Die SPD behauptete, sie sei, um eine kommunistische Machtübernahme zu verhindern, gezwungen gewesen, ein Bündnis mit den militärischen und industriellen Eliten einzugehen – eine Entscheidung, die letztendlich mithalf, die Nazis an die Macht zu bringen. Moore stellt die Frage, ob eine Alternative zum linken oder rechten Totalitarismus – etwa eine Spielart des demokratischen Sozialismus – bestanden habe, und er kommt zu einem positiven Ergebnis. Er argumentiert z. B., die Verwundbarkeit der SPD habe sich zum Teil aus ihrem Versagen bei der – durchaus im Bereich des Möglichen gelegenen – Übernahme der Kontrolle über die Polizeigewalt ergeben. Als Folge dieses Scheiterns wurde sie zur Aufrechterhaltung der öffentlichen Ordnung vom Militär abhängig. Moore versucht, anders formuliert, die unterdrückten Alternativen aufzuzeigen und darzulegen, daß sie auf empirisch nachweisbaren institutionellen Bedingungen beruhten. Eben diese sorgfältige Analyse tatsächlicher politischer Möglichkeiten und Beschränkungen bleiben jene, welche die in den dreißiger und sechziger Jahren erzielten Erfolge kritisieren, schuldig. Um es noch einmal deutlich zu sagen: Weder die Gewinne der einen noch der anderen Periode waren ausreichend. Sie entsprachen nicht dem, was wir erreichen wollten. Doch sie waren keineswegs unbedeutend. Und alles in allem scheinen sie das damals Erreichbare zu sein.

Wir wollen hiermit verdeutlichen, daß Lehrsätze über die Strategien, die Protestbewegungen hätten verfolgen oder vermeiden »sollen«, daß Aussagen über die Ziele, die Bewegungen hätten anstreben oder ablehnen »sollen«, daß Bemerkungen über die Reaktionen von einflußreichen Gruppen oder von anderen, die man hätte vermeiden »sollen« – daß keiner diese Kritikpunkte relevant ist, solange nicht auch gezeigt werden kann, daß ein anderer Weg tatsächlich möglich gewesen wäre. Um das aber zu demonstrieren, wäre es nötig, über das Zurückgreifen auf eine Doktrin hinauszugehen und die institutionellen Bedingungen zu untersuchen, die einerseits den Boden für Massenkämpfe bereiten, sie andererseits aber auch begrenzen. Zu einer solchen Untersuchung hofften wir mit diesem Buch beizutragen.

So wie die gesellschaftlichen Zusammenhänge auf den Verlauf von Protestbewegungen einwirken, so beeinflussen sie auch die innerhalb der Bewegungen entwickelten Organisationsformen. Bei letzteren verfügen die »organizers«* und Anführer allerdings über eine

* Der Begriff »organizer« ist nicht ins Deutsche übertragbar, da er weit mehr beinhaltet als etwa das deutsche Wort »Organisator«. »Organizers« sind Personen, die um die Mobilisierung und Organisierung unterprivilegierter Gruppen bemüht sind, ohne im eigentlichen Sinne ihre Führer zu sein und vor allem, ohne selbst zu den Gruppen zu gehören. In der Gewerkschaftsbewegung sind die »organizers« z.B. Angestellte der Gewerkschaft, die von Ort zu Ort, von Fabrik zu Fabrik geschickt werden, um lokale Gewerkschaftsgruppen aufzubauen. (Anm. d. Ü.)

gewisse Entscheidungsfreiheit und spielen bei der Entwicklung einer internen Organisationsstruktur eine Rolle. Unsere Kritik an der Art und Weise, wie diese Entscheidungsfreiheit in der Regel genutzt wurde, hat unter den Rezensenten die größte Empörung ausgelöst. Vielleicht war diese Empörung nicht einmal überraschend, denn unsere Kritik an den Organisationsbemühungen widersprach zentralen Glaubenssätzen linker Doktrin.

Zum größten Teil geht die Linke davon aus, konventionelle Massenorganisationen seien das richtige »Vehikel«, um der Arbeiterklasse zur Macht zu verhelfen, zumindest in nicht-revolutionären Situationen. Diese Ansicht ist ein so fester Bestandteil linker Tradition, daß Debatten über politische Strategie praktisch auf die Frage nach dem Aufbau solch bürokratisch strukturierter Massenorganisationen beschränkt blieben. Die strategische Nützlichkeit dieser Organisationsform, ihre Effektivität als Machtinstrument, galt als axiomatisch.

In drei der vier von uns analysierten Bewegungen schufen die »organizers« und Anführer Massenorganisationen (nur die Führer der Bürgerrechtsbewegung des Südens bevorzugten koordinierte Massenmobilisierungen); die Erfahrungen mit diesen Organisationen bieten die historische Grundlage für die Analyse ihrer Brauchbarkeit. Wir ziehen mehrere Schlüsse aus diesen historischen Erfahrungen: Erstens: es war nicht die formelle Organisierung, sondern der massenhafte Widerstand, dem die erzielten Erfolge der dreißiger und sechziger Jahre zu verdanken sind. So erzwangen z. B. die Industriearbeiter aufgrund der Massenstreiks Zugeständnisse von der Industrie und der Regierung; die rebellischen Schwarzen erzwangen Zugeständnisse aufgrund ihres massenhaften zivilen Ungehorsams. Zweitens: weil die von den Bewegungen hervorgebrachten bürokratischen Organisationen einerseits äußerst anfällig für Erstarrungstendenzen und die Herausbildung interner Oligarchien und andererseits offen für die Verbindung mit außerhalb der Organisation stehenden Eliten waren, neigten sie dazu, die Militanz zu unterdrücken, obwohl sie die eigentliche Quelle des von den Bewegungen ausgeübten Einflusses war. Und schließlich drittens: größtenteils brachen die Organisationen mit dem Abebben der Bewegungen wieder zusammen. Dies ist ein wichtiger Aspekt, denn die Kritiker der Bewegungen beklagen deren Kurzlebigkeit, als böten derartige Organisationen dauerhaftere Alternativen für die Mobilisierung der Arbeiterklasse. Natürlich entwickelten sich die in den dreißiger Jahren geborenen Gewerkschaften zu beständigen Organisationen; und im 3. Kapitel führen wir aus, daß sie sich als nützliche Interessenvertreter der Arbeiter erwiesen haben. Und dennoch bilden auch die Gewerkschaften offenkundig keine Ausnahme von der Regel, daß formelle Organisationen oligarchische und integrative Tendenzen zeitigen. Auf jeden Fall ermöglichte der einzigartige Vorteil, den ihnen ihre Stellung in der Massenproduktionsindustrie verschaffte, die dauerhafte Organisierung der Arbeiter; den meisten anderen Gruppen der Arbeiterklasse und der Unterschichten aber bleiben diese situationsbedingten Vorteile versagt.

Nun mag all dies beunruhigend sein, erschreckend ist es nicht. Unsere Schlußfolgerungen sind denen sehr ähnlich, zu denen Robert Michels schon vor Jahrzehnten auf der Grundlage seiner Analyse der organisatorischen Zwänge gelangte, die die Ursache der konservativen Tendenzen in der deutschen Sozialdemokratie waren. Die intellektuelle Linke hat sich der Auseinandersetzung mit Michels weitgehend entzogen, indem sie seine Thesen ignorierte. Das Dilemma jedoch, auf das er hinwies, besteht nach wie vor. Ähnlich behandeln unsere Kritiker unsere Analyse: per Dekret abgelehnt. »Ein gutes Buch mit einer schlechten These«, sagt Starr und fährt fort, uns der »Bewunderung der Spontaneität« zu beschuldigen. Unsere Kritik an bürokratisierten Massenorganisationen wird also behandelt, als lehnten wir *jede* Form kohärenter und koordinierter Massenaktivität ab. Ein anderer Rezensent meint, »wir müssen härter arbeiten«, als könnten organisatorische Zwänge durch einen Willensakt beseitigt werden. Bernstein argumentiert, die von uns aufgezeigten Dilemmas »liegen nicht in der *Tatsache* der Organisierung, sondern in der *Natur* ihrer Führung«; doch behaupten wir ja gerade, daß die sich aus der Aufrechterhaltung von Massenorganisationen ergebenden Zwänge charakteristischerweise die Art der Führung hervorbringen, die Bernstein beklagt. Hobsbawm bestätigt die Kernpunkte unserer Analyse und nennt sie »einen bedeutenden Beitrag zur Erfassung der Wirklichkeit«, um dann allerdings zu folgern, »die Argumentation ist unbefriedigend«, weil die Armen »mehr denn je nicht allein eine Strategie zur Ausübung wirksamen Drucks benötigen, sondern politische Programme – und Organisationen, die fähig sind, sie durchzusetzen.«

Die Armen benötigen eine ganze Menge, doch werden wir ihnen

kaum helfen, es zu bekommen, wenn wir die Schwächen überlieferter Traditionen – sichtbar geworden durch historische Erfahrungen – ignorieren. Nehmen wir diese Schwächen jedoch zur Kenntnis, könnten wir es besser machen. Dann könnten wir alternative Organisationsformen erwägen, in denen die Angehörigen der Arbeiterklasse kollektiv gegen ihre Herrscher aufbegehren können, die der Struktur proletarischen Lebens und dem Ablauf dieser Kämpfe entsprechen und die weniger anfällig für die Einflußnahme der herrschenden Eliten sind. Schließlich sind die bürokratisierten Massenorganisationen keine Erfindung der Linken, sondern vielmehr Nachahmungen von Organisationsformen, die in eben jener bürgerlichen Gesellschaft bestehen, die sie zu verändern sucht. Daß sie so unkritisch verteidigt werden, erscheint merkwürdig.

Juli 1978   F.F.P
                                                                         R.A.C.

Anmerkungen

1 Wir beziehen uns im folgenden auf diese Rezensionen: Jack Beatty, *The Nation*, 8. Oktober 1977; J. Barton Bernstein, *The Chronicle of Higher Education*, 27. März 1978; Carol Brightman, *Seven Days*, Januar 1978; Michael Harrington, *The New York Times Book Review*, 11. Dezember 1977; E. J. Hobsbawm, *The New York Review of Books*, 23. März 1978; Paul Starr, *Working Papers*, März/April 1978.
2 Im Gegensatz zu linken Analysen bäuerlicher Bewegungen, die genau auf das Verständnis des Einflusses spezifischer gesellschaftlicher Umstände auf diese Bewegungen abzielen; diese Einsichten profitieren vielleicht von dem vergleichsweise weitgehenden Fehlen marxistischer Überlegungen zu diesem Thema aus dem 19. Jahrhundert. Siehe zum Beispiel: Erich R. Wolf, *Peasant Wars of the Twentieth Century*, New York 1969; oder James C. Scott, *The Moral Economy of the Peasant*, New Haven/Conn. 1976.
3 R. C. Cobbs Kommentar über die Bauernschaft im napoleonischen Frankreich scheint uns hier passend: »(Analytiker), von denen nur wenige jemals Hunger leiden mußten, haben kein Recht, armen Menschen vorzuwerfen, die Früchte bürgerlicher Mildtätigkeit, vielleicht sogar dankbar, entgegengenommen zu haben. Und es wäre unanständig, die *affamé* der Vergangenheit zu tadeln, weil sie sich durch die Gewäh-

rung von Sozialhilfe aus Bewegungen haben ›herauskaufen‹ lassen, die von Historikern zu den ›vorwärts schauenden‹ gezählt werden.« *The Police and the People*, New York 1970, 320.

4 Barrington Moore, *Ungerechtigkeit. Die sozialen Ursachen von Unterordnung und Widerstand*, Frankfurt am Main 1982.

Einleitung

Dieses Buch handelt von einer Reihe von Protestbewegungen, die in der Mitte des 20. Jahrhunderts von verschiedenen Gruppen der US-amerikanischen Unterschicht ausgingen. Zunächst wollen wir zwei Protestbewegungen aus der Zeit der Großen Depression in den dreißiger Jahren untersuchen: die Arbeitslosenbewegung und die Bewegung der Industriearbeiter. Anschließend wenden wir uns den Protesten der Schwarzen in den Jahren nach dem Zweiten Weltkrieg zu, die ihren Ursprung im Süden der USA hatten und sich später bis in die Städte des Nordens ausbreiteten.

Wir beabsichtigen jedoch nicht, eine umfassende historische Schilderung der Ereignisse vorzulegen. So weit es möglich war, haben wir uns auf die Forschungsergebnisse anderer gestützt. Wir wollen statt dessen nach der politischen Bedeutung der außergewöhnlichen Kämpfe suchen, die in diesen beiden turbulenten Abschnitten der jüngeren amerikanischen Geschichte ausgefochten wurden. Dabei haben wir uns bemüht, diejenigen Merkmale der politischen Ökonomie der Vereinigten Staaten aufzuspüren, die erklären, warum es zu den Eruptionen gerade zu den jeweiligen Zeitpunkten kam, warum sie ihre jeweiligen Formen annahmen und warum die Eliten gerade in der von ihnen gewählten Weise auf sie reagierten. Es geht uns darum, diese Ereignisse zu verstehen, weil wir glauben, daß sie uns Aufschluß geben über die Grenzen – aber auch die Möglichkeiten – des Einflusses, den die Armen auf die parlamentarisch-politischen Institutionen der USA ausüben können.

Es liegt selbstverständlich bereits umfangreiche Literatur über Protestbewegungen vor. Unserer Auffassung nach spart sie jedoch die wichtigste Fragestellung für die Analyse solcher Bewegungen aus. Als Typ politischer Auseinandersetzung sind Protestbewegungen manchmal erfolgreich, manchmal scheitern sie: Entweder sie erzwingen Zugeständnisse vom Staat, die die Lebensbedingungen der Unterschicht verbessern, oder sie werden einfach ignoriert und unterdrückt. Begeift man den Massenprotest als eine Form des politischen Kampfes, muß das Verhältnis zwischen den Aktionen der Protestierenden, dem gesellschaftlichen Kontext, in dem die Aktionen stehen, und den verschiedenen Reaktionsformen des Staates notwendig im Mittelpunkt der Untersuchung stehen. Gerade diese Art der Analyse von Protestbewegungen gibt es bisher jedoch kaum. Auf diese Weise sind den unterprivilegierten Gruppen und ihren Bündnispartnern die politischen Erkenntnisse, die historische Analysen ihrer eigenen Kämpfe zu liefern vermögen, vorenthalten worden.

Der Mangel an historischer Analyse hat unter anderem dazu geführt, daß die Aktivisten und Agitatoren, die im 20. Jahrhundert von Zeit zu Zeit versucht haben, die Unterschichten politisch zu mobilisieren, sich hartnäckig an bestimmte Doktrinen klammern konnten. Einige von ihnen, wie z. B. die Kader der Bürgerrechtsbewegung, waren tapfere Reformer, die keine grundlegende Veränderung der Gesellschaft anstrebten, sondern sie im Rahmen der traditionellen amerikanischen Ideale reformieren wollten. Andere, wie z. B. viele »organizers« aus der Zeit der Großen Depression, waren Sozialisten unterschiedlicher Prägung, die begrenzte Protestaktionen als ersten Schritt einer längerfristigen revolutionären Umwälzung ansahen.

Unabhängig von ihrer ideologischen Grundhaltung haben sich Aktivisten und Organisatoren sozialen Protests jedoch gewöhnlich darauf konzentriert, formal strukturierte Massenorganisationen zu entwickeln, deren Mitglieder sich aus der Unterschicht rekrutierten. Ihren Bemühungen liegt die Überzeugung zugrunde, daß formelle Organisationen als Machtinstrument dienen können. Diese Überzeugung beruht auf mehreren Annahmen. Erstens: formelle Organisation ermöglicht die Koordinierung der politischen und ökonomischen Ressourcen einer großen Zahl von Menschen, die als einzelne weitgehend machtlos sind; zweitens: sie erlaubt den intelligenten und strategischen Einsatz dieser Ressourcen im politischen Kampf; drittens: sie gewährleistet die zeitliche Kontinuität der Mobilisierung. Diese drei Annahmen machen, in wenigen Worten, das Modell der in den Massen verankerten, dauerhaften Organisation aus, das die Versuche, Gruppen der Unterschicht politischen Einfluß zu verschaffen, bisher weitgehend geprägt hat.

Da es der Kernpunkt des Modells ist, daß die formelle Organisation die regelmäßige, disziplinierte und langfristige Mitarbeit ihrer Mitglieder gewährleistet, hängt sein Erfolg davon ab, ob es den Organisationen gelingt, durch Anreize oder Sanktionen massenhaftes Engagement langfristig sicherzustellen. Reformer wie Revolutionäre sind meist davon ausgegangen, daß öffentliche oder private Eliten durch disziplinierte Massenaktionen der Unterprivilegierten über kurz oder lang gezwungen werden könnten, Zugeständnisse zu machen, die wiederum die Voraussetzung für die weitere Ausdehnung der Mitgliedschaft bilden.

Wie die hier vorgelegten Untersuchungen zeigen werden, hat sich dieses Modell der politischen Aktion in der Praxis jedoch nicht bewährt. Es ist gescheitert, weil es auf einer falschen Voraussetzung beruht – der Annahme, daß es möglich wäre, den Eliten die Zugeständnisse abzuringen, die als Instrumente zur Erhaltung dauerhafter, oppositioneller Organisationen dienen könnten.

Es fällt den Aktivisten zum Teil deshalb so schwer, diesen Fehler des Modells zu erkennen, weil sie fast ausschließlich in außergewöhnlichen Zeiten von der Möglichkeit, die Unterschichten zu organisieren, angezogen werden – in Momenten nämlich, wenn die Armen ihre Empörung massenhaft kundtun und sich gegen ihre Unterprivilegierung auflehnen; in Momenten, in denen große Veränderungen möglich scheinen. Diese Bedingungen sind jedoch, wie wir später belegen werden, nicht das Werk der »organizers«, sondern diese selbst werden von den Ereignissen mitgerissen und durch die Zuspitzung der Revolte noch in ihrem Glauben an die Kraft der Organisation gestärkt. Die überschäumende politische Energie der Massen führt sie ohne Umschweife zu der Überzeugung, daß große Organisationen geschaffen und am Leben erhalten werden können. Ebenso irreleitend ist der Umstand, daß Eliten angesichts drohenden öffentlichen Aufruhrs manchmal Zugeständnisse anbieten, die unter normalen Bedingungen ganz unwahrscheinlich wären; die Erfolge, derer es bedarf, um die Organisation zu festigen, scheinen jetzt greifbar nahe. Die Illusion der Brauchbarkeit des Modells wird aber vor allem dadurch genährt, daß Eliten in Zeiten massenhaften Aufruhrs nicht selten die entstandenen Organisationen sogar konsultieren, deren Meinungen erbitten und sie ermuntern, ihre Beschwerden staatlichen Institutionen vorzutragen. Diese symbolischen Gesten verleihen den Organisationen der Unterpriviligierten zwar den Anschein, als verfügten sie tatsächlich über Einfluß, in Wahrheit aber reagieren die Eliten nicht auf die Existenz der Organisationen selbst, sondern allein auf die Gewalt des Aufruhrs. Aber der Aufruhr ist niemals von Dauer. Sobald er abebbt, die Massen wieder von den Straßen verschwinden, verschwinden nach und nach auch die meisten Organisationen, die der Aufruhr vorübergehend hochgespült hat. Bleiben trotzdem einige Organisationen bestehen, so meist deshalb, weil sie für die Eliten, die sie finanziell kontrollieren, nützlicher geworden sind als für die Unterschichtsgruppen, die sie zu repräsentieren vorgeben. Kurzum: Organisationen überleben, indem sie ihre oppositionelle Politik aufgeben.

Es ist jedoch nicht unsere Hauptthese, daß es zwecklos sei, Organisationen aufzubauen. Viel wichtiger ist die Erkenntnis, daß »organizers« durch ihre Versuche, das Unmögliche möglich zu machen, davon abgehalten werden, das tatsächlich Mögliche zu realisieren. Während der kurzen Perioden, in denen Menschen sich erheben und ihrer Empörung »Luft machen«, die Autoritäten, denen sie sich normalerweise unterwerfen, herausfordern – in diesen kurzen Momenten, in denen Unterschichtsgruppen den Staat unter Druck setzen, versagen in der Regel die selbsternannten Anführer, scheitern sie an der Aufgabe, den Massenprotest voranzutreiben. Denn sie sind emsig damit beschäftigt, embryonale Organisationen zu schaffen und lebendig zu erhalten – in der festen Überzeugung, daß diese Organisationen wachsen und zu machtvollen Instrumenten heranreifen werden. So werden die folgenden Untersuchungen aufzeigen, daß Gewerkschaftsfunktionäre nur allzuoft Beitrittserklärungen sammelten, während die Arbeiter die Räder stillstehen ließen; daß »organizers« Hauskomitees gründeten, während die Mieter sich weigerten, ihre Miete zu zahlen, und sich auch von der Polizei nicht aus ihren Häusern vertreiben ließen; daß »organizers« bei massiven Gewaltvorfällen, bei Brandstiftung und Plünderung damit beschäftigt waren, Satzungen zu entwerfen.

Die historische Untersuchung politischer Bewegungen offenbart noch einen anderen Punkt von gleicher Bedeutung. »Organizers« versäumten es nicht allein, die Möglichkeiten, die das Aufkommen von Unruhen ihnen bot, am Schopfe zu packen, sondern agierten in der Regel in einer Weise, die der von den Unterprivilegierten bisweilen entwickelten Sprengkraft die Spitze abbrach oder sie neutralisierte. Zu einem kleinen Teil resultierte dies aus der dogmatischen Selbstverpflichtung zum Aufbau dauerhafter Massenorganisationen, denn die entsprechenden organisatorischen Aktivitäten führten eher dazu, aus Straßendemonstranten Sitzungsteilnehmer zu machen. Zum Teil resultierte das Versäumnis auch aus der übermäßigen Beschäftigung mit Führungsproblemen, die der Aufbau von Organisationen nach sich zu ziehen scheint. Aber zum größten Teil rührte es daher, daß »organizers« auf der Suche nach Ressourcen für den Erhalt ihrer Organisationen unweigerlich zu Eliten getrieben wurden, um sich deren materieller und symbolischer Unterstützung zu versichern. Die Eliten wiederum stellten diese Ressourcen zur Verfügung, weil sie wußten, daß die »organizers« sich zum Ziel gesetzt hatten, Organisationen aufzubauen, nicht aber das gesellschaftliche Gefüge zu erschüttern.

Normalerweise unterstützen Eliten Versuche zur Organisierung von Angehörigen der Unterschicht natürlich nicht. Wenn aber Aufruhr ausbricht und offensichtlich nicht unter Kontrolle gebracht werden kann, müssen sie reagieren. Und eine ihrer Möglichkeiten, die Situation zu meistern, ist es, die Unterschichtsorganisationen, die sich in solchen Perioden herauszubilden beginnen, zu kultivieren; haben sie doch von Organisationen nur wenig zu fürchten, vor allem nicht von solchen, die mit der Zeit auf ihre Unterstützung angewiesen sind. So erleichtern die politischen Führer der Unterschicht mit ihren Aktionen – wie unbeabsichtigt auch immer – letztlich die Bemühungen von Eliten, die aufständischen Massen in die Bahnen normaler Politik zu lenken; all dies in dem Glauben, sich auf dem langen und mühsamen, doch sicheren Weg zur Macht zu befinden. Sind die Tumulte überstanden, verflüchtigen sich diese Organisationen meist wieder, unnütz geworden für die, die sie mit den zum Überleben nötigen Mitteln versorgten. Oder aber die Organisationen bestehen fort, indem sie sich zunehmend denen unterordnen, auf die sie angewiesen sind.

So oder so, die Lehren aus den Erfahrungen werden anscheinend nicht gezogen. Jede Generation von Aktivisten und »organizers« tut so, als gebe es keine politische »Moral von der Geschichte«, als gebe es weder etwas aus der Geschichte gescheiterter Organisierungsversuche, noch aus der offenkundigen Tatsache zu lernen, daß alles, was die Menschen sich erkämpften, Ergebnis ihrer Auflehnung war und nicht ihrer Mitgliedschaft in Organisationen. Folglich wollen Anführer immer wieder das Unmögliche möglich machen, statt ihre reellen Chancen zu erkennen, wenn institutionelle Erschütterungen die Fesseln der herrschenden sozialen Kontrolle lockern, und neue Protestbewegungen für Aufruhr sorgen.

Dieses Buch soll einen Beitrag leisten zur Sammlung der historischen Erkenntnisse, die in der Zukunft die politische Mobilisierung der unteren Schichten leiten und prägen könnten. Das erste Kapitel gibt einen theoretischen Überblick über die gesellschaftlichen Kräfte, durch die Protestbewegungen der Unterschichten in den Vereinigten Staaten geprägt werden. Wir halten diesen Überblick für wesentlich, denn die Kräfte, die die Massenerhebungen strukturieren, bestimmen auch die Grenzen, innerhalb derer »organizers« und Anführer handeln können, wie sehr letztere auch anderes annehmen mögen. Es ist unsere Überzeugung, daß viele Organisierungsversuche der Vergangenheit fehlschlugen, weil sie nicht in Betracht zogen, wie grundlegend die politischen Aktionsformen, die der Unterschicht offenstehen, von der Gesellschaftsstruktur eingeengt werden; und da die »organizers« und Anführer diese Beschränkungen nicht erkannten, waren sie auch nicht imstande, die Chancen, die sich durch die periodische Mobilisierung von Unterschichtsgruppen boten, wirklich zu nutzen.

Danach wenden wir uns den Protestbewegungen während der Großen Depression und der Nachkriegszeit zu. Unsere Studien über die Revolten der Depressionsjahre beschäftigen sich mit der Arbeitslosenbewegung, aus der die »Workers' Alliance of America« geboren wurde, und der Industriearbeiterbewegung, die den »Congress of Industrial Organizations« (CIO) hervorbrachte. Aus der Nachkriegszeit greifen wir die Bürgerrechtsbewegung in den Südstaaten und die Bewegung der Wohlfahrtsempfänger, der die »National Welfare Rights Organization« (NWRO) ihre Existenz verdankte, heraus. Die Industriearbeiterbewegung und die Bürgerrechtsbewegung erreichten mehr als die beiden anderen genannten Protestbewegungen; es ist unser zentrales Anliegen, zu zeigen, inwiefern Unterschiede in den Strategien der »organizers« und Anführer zur Erklärung des unterschiedlichen Erfolges beitragen.

Bevor wir uns nun an die Ausführung unserer Argumente machen, sollten wir noch erklären, wie wir die Begriffe »Unterschicht« oder »arm« verwenden. Wir gebrauchen sie nicht in ihrer gegenwärtigen soziologischen Bedeutung, als Bezeichnung für eine Schicht *unterhalb* der Arbeiterklasse, sondern im Sinne einer Schicht *innerhalb* der Arbeiterklasse, die nach dem in der jeweiligen Periode geltenden Standard arm ist. Obwohl die spezifische soziale Herkunft der Teilnehmer an den hier untersuchten Bewegungen sehr vielfältig war – einige waren weiße Männer, andere waren schwarze Frauen; einige waren entwurzelte Landarbeiter aus dem Süden, andere waren eingewanderte, städtische Industriearbeiter –, sind unseres Erachtens alle hier untersuchten Protestbewegungen aus verschiedenen Sektoren der Arbeiterklasse hervorgegangen, also auch die Proteste der Mütter aus den sechziger Jahren, die mit ihren Familien von der Wohlfahrt lebten. Unsere

Verwendung der Begriffe weicht vom üblichen soziologischen Brauch ab, deckt sich aber mit den klassischen marxistischen Definitionen der Arbeiterklasse. Unsere Begriffsbestimmung weicht auch von der gegenwärtigen Mode in der Linken ab, verarmte und unterbeschäftigte Gruppen der Arbeiterklasse als »Lumpenproletarier« zu bezeichnen – eine Mode, die wir, wegen der herabsetzenden Implikationen, nicht nur beleidigend finden, sondern auch für einen Mißbrauch des Marxschen Begriffes halten, der die devianten und kriminellen Elemente aller Klassen bezeichnet.

März 1977
F.F.P.
R.A.C.

I. Strukturen des Protests

Mit gesundem Menschenverstand und vor dem Erfahrungsschatz der Geschichte fällt es nicht schwer, eine ebenso einfache wie zwingende Auffassung von den Quellen der Macht in einer Gesellschaft zu gewinnen. Grob aber unmißverständlich formuliert: Wer über die Mittel physischen Zwangs und über die Mittel zur Produktion von Reichtum verfügt, übt Macht über diejenigen Personen aus, die weder das eine noch das andere tun. Es ist dabei irrelevant, ob der Zwang von einer primitiven Kriegerkaste oder von einer technologisch hochentwickelten Armee ausgeübt wird. Und es ist ebenso irrelevant, ob die Kontrolle über die Produktion in den Händen von Priestern liegt, die die landwirtschaftliche Produktion nach den Geheimnissen des Kalenders steuern, oder in den Händen des Großkapitals, von dem die Industrieproduktion abhängig ist. Da nun einerseits die physischen Gewaltmittel dazu benutzt werden können, die Kontrolle über die Produktionsmittel zu erobern, und andererseits die Verfügungsmacht über den gesellschaftlichen Reichtum zur Eroberung des physischen Gewaltapparats genutzt werden kann, vereinen sich in der Regel beide Machtquellen im Laufe der Zeit in einer einzigen herrschenden Klasse.

Die Kombination von gesundem Menschenverstand und historischer Erfahrung legt ferner die Vermutung nahe, daß die Herrschenden ihre Macht nicht allein dazu nutzen und ständig vergrößern, um die Handlungen ihrer Untertanen unter Kontrolle zu halten, sondern auch, um deren Bewußtsein maßgeblich zu prägen. Was manche Überbau und andere Kultur nennen, besteht aus einem ausgeklügelten System von Überzeugungen und rituellen Handlungen, das allgemeingültig definiert, was falsch und was richtig und warum dies so ist, was als möglich oder unmöglich gilt, und schließlich, welche Verhaltensmuster zwangsläufig daraus zu folgen haben. Da sich der Überbau aus Überzeugungen und Ritualen im Rahmen ungleicher Machtverteilung entwickelt hat, ist es unvermeidlich, daß er die Ungleichheit weiter vergrößert: die Mächtigen werden zu Heiligen erklärt und ihre Herausforderer verteufelt. So scheinen Klassenkämpfe, die in Gesellschaften mit schroffen Klassengegensätzen sonst wohl kaum zu vermeiden wären, Menschen, deren Bewußtsein vom herrschenden kulturellen System geprägt wurde, entweder unvorstellbar oder verwerflich. Gerade die Menschen, die ihre Interessen nur dann kämpferisch durchsetzen könnten, wenn sie sich radikal von den durch die Herrschenden gesetzten Überzeugungen und Ritualen lösten, sind dazu in der Regel nicht in der Lage.

Was uns die Kombination von gesundem Menschenverstand und historischer Erfahrung über vergangene Gesellschaftsordnungen lehrt, gilt in nicht geringerem Maß für moderne kapitalistische Gesellschaften, unter ihnen die USA: Macht beruht auf der Kontrolle physischer Gewalt und der Produktionsmittel. Jedoch wird in kapitalistischen Gesellschaften diese Tatsache nicht durch Verherrlichung der Mächtigen legitimiert; deren Existenz wird vielmehr verschleiert. So erklären parlamentarisch-demokratische Ordnungen das Wahlrecht, anstelle von physischer Gewalt und Reichtum, zur Grundlage der Machtausübung. Reichtum sei zwar – unbestritten – ungleich verteilt, Stimmrecht aber besitze fast jeder, und durch die Ausübung dieses Rechts bestimmten die Bürger selbst, von wem sie regiert werden wollen und was die Regierenden zu tun haben, wollen sie Regierende bleiben.

Auch die Analytiker der Macht sind durch die herrschenden Überzeugungen und Rituale geprägt; so haben sie ihren Teil zur Verschleierung beigetragen, indem sie argumentierten, das Wahlrecht wiege ebenso schwer wie die übrigen Quellen der Macht. Sogar die aufgeklärtesten amerikanischen Politikwissenschaftler begannen mit der Annahme, daß es in der Tat zwei Machtsysteme gebe – das eine basierend auf Reichtum, das andere auf Wählerstimmen. Anschließend widmeten sie sich der Aufgabe, die Bedeutung des einen Systems gegen die des anderen abzuwägen. Dies galt als eine schwer lösbare und komplizierte Frage, die äußerst gründliche Untersuchungen unterschiedlicher politischer Verhältnisse erforderte, wobei die Methoden den rigorosesten empirischen Kontrollen unterlagen. (»Nichts Kategorisches kann über die Machtverhältnisse in sozialen Gemeinschaften angenommen werden«, war Polsbys berühmtes Diktum.) Als Ergebnis stellte sich heraus, daß die Wahl politischer Repräsentanten eine beträchtliche Streuung von Macht in einer allerdings nicht perfekten Welt bewirke. Aus dieser Erkenntnis wurde dann abgeleitet, daß wer die Herrschenden durch Mißachtung der Spielregeln des liberal-demokratischen Staates bekämpfe, entweder ein gefährlicher Störenfried oder schlichtweg ein Dummkopf sein müsse.

In den sechziger Jahren wurde die herrschende pluralistische Tradition jedoch – zumindest von Teilen der intellektuellen Linken – diskreditiert: die offene Auflehnung von Minderheiten und Studenten gab Anlaß, bisher gültige Sichtweisen in Frage zu stellen. In der sich nun herausbildenden Kritik wurde argumentiert, es gebe keineswegs zwei Machtsysteme, sondern die auf Reichtum und Zwang basierende Macht übertreffe bei weitem die Macht der Stimmzettel. Die Pluralisten hätten geirrt, behaupteten die Kritiker, weil ihnen entgangen sei, auf wie vielfältige Art Reichtum und ökonomische Macht das Wahlrecht auszuhöhlen vermochten: einerseits würden viele Menschen ihres Stimmrechts gänzlich beraubt, andererseits die Wähler getäuscht und dazu verleitet, bereits vorbestimmte »Wahl«entscheidungen zu treffen. Ferner hätten die Pluralisten die Neigung vermeintlich neutraler Regierungsapparate ignoriert, die Interessen der Eliten – unabhängig vom Wählerauftrag – zu vertreten.

Wir wollen diese durchaus nicht simple und auch nicht immer stringente Kritik hier nicht zusammenfassend beurteilen. Nur soviel: Sie beruhte zum großen Teil auf der Erkenntnis, daß die Form der Beteiligung am politisch-parlamentarischen Wahlsystem keineswegs – wie die Pluralisten in ihrem engen empirischen Ansatz immer impliziert hatten – die freie Entscheidung unabhängiger Männer und Frauen war. In Wahrheit hänge die Form der Beteiligung und der Grad des Einflusses, der durch sie erreicht werden könne, wesentlich von der Stellung in der Klassenstruktur ab. Diese entscheidende Erkenntnis ebnete den Weg zu der Schlußfolgerung, daß Unterschichtsgruppen so lange nur geringen Einfluß besäßen, wie sie sich den Normen des politisch-parlamentarischen Systems anpaßten. Zumindest für einige von uns wurde jetzt deutlich, daß Protestaktionen, die bewußt politische Normen verletzten, sich nicht einfach als Taten von Störenfrieden und Dummköpfen abqualifizieren ließen. Für die Armen waren sie das einzig brauchbare politische Instrument.

Doch weiter sind wir bisher nicht gekommen. Die Erkenntnisse, aus denen sich die Kritik am politisch-parlamentarischen Prozeß speisten, blieben in den wenigen Studien über das Wesen des Protests selbst völlig unbeachtet. Aus intellektueller Sicht ist dieses Defizit alarmierend; politisch ist es jedoch allzu erklärlich, bedenken wir die erdrückende Parteilichkeit unserer Tradition. In diesem Kapitel wird es uns vor allem darum gehen, aufzuzeigen, daß Protest *ebenfalls* nicht Gegenstand freier Entscheidung ist; er steht nicht allen Gruppen zu jeder Zeit zur Verfügung, und Angehörigen der Unterschicht meist überhaupt nicht. *In den Fällen, in denen Protest für die Armen zu einer realen Möglichkeit wird, sind sowohl seine Form als auch seine Wirksamkeit durch die Sozialstruktur vorgegeben, und zwar gewöhnlich derart, daß sein Ausmaß verringert und seine Kraft vermindert wird.* Aber bevor wir uns diesen Aspekten näher widmen, wollen wir definieren, was in unseren Augen eine Protestbewegung ausmacht. Dies ist um so nötiger, als die gebräuchlichen Definitionen sowohl Wissenschaftler als auch Aktivisten dazu verleitet haben, einen großen Teil politischen Protests entweder zu ignorieren oder zu diffamieren.

Die Entstehung einer Protestbewegung hat sowohl eine Veränderung des Bewußtseins als auch des Verhaltens zur Folge. Die Bewußtseinsveränderung hat mindestens drei verschiedene Aspekte: Erstens verliert »das System« – oder zumindest diejenigen Bestandteile des Systems, die direkt erfahrbar und wahrnehmbar sind – an Legitimation. Die Männer und Frauen, die normalerweise die Autorität der Regierenden und die Legitimität der institutionellen Ordnung anerkennen, kommen in großer Zahl zu der Erkenntnis, daß die Regierenden und die Sozialordnung weder gerecht noch gerechtfertigt sind.[1] Zweitens beginnen Menschen, die sich normalerweise fatalistisch in ihr Schicksal ergeben und die bestehenden Verhältnisse für unabänderlich halten, »Rechte« geltend zu machen, die die Forderung nach Veränderung implizieren. Drittens entsteht ein neues Gefühl der eigenen Stärke; Menschen, die sich immer für machtlos gehalten haben, entwickeln allmählich die Überzeugung, daß sie ihr Schicksal auch in die eigenen Hände nehmen können.

Die Veränderung der Verhaltensmuster ist ebenso einschneidend, gewöhnlich aber leichter zu erkennen, zumindest wenn sie die Form von Massenstreiks, Demonstrationen oder Unruhen annimmt. Sie scheint uns durch zwei Elemente gekennzeichnet zu sein: Erstens beginnen Menschen massenhaft, sich gegen die bestehenden Verhältnisse aufzulehnen; sie verletzen die Traditionen und brechen die Gesetze, denen sie sich sonst unterwerfen, und trotzen den Autoritäten, denen sie sich gewöhnlich beugen. Zweitens wehren sie sich kollektiv, als Mitglieder einer Gruppe und nicht als isolierte Individuen. Streiks und Aufruhr sind eindeutig Formen kollektiver Aktion, aber sogar einige scheinbar individualistische

Widerstandsformen – wie Kriminalität, Schulschwänzen oder Brandstiftung – können, bei aller Widersprüchlichkeit, eine kollektive Dimension besitzen, zumal wenn sich die Täter als Teil einer größeren Bewegung begreifen. Diese scheinbar atomisierten Widerstandsakte sind als Aktionen im Rahmen einer breiteren Bewegung zu werten, wenn die Akteure sich als Mitglieder einer sozialen Gruppe fühlen und gemeinsame Überzeugungen über Ursachen und Ziele des Protestes teilen. Indem die vorherrschenden Definitionen klar formulierte Ziele sozialer Veränderung zum entscheidenden Kennzeichen sozialer Bewegungen erklären, sprechen sie vielen Protestformen jede politische Relevanz ab. Obwohl auch wir der Meinung sind, daß Begriffsdefinitionen nicht unnötig ausgeweitet werden sollten, glauben wir doch, daß der Unterschied zwischen unserer Definition und den in der umfangreichen soziologischen Literatur über Protestbewegungen zu findenden Definitionen keine reine Spitzfindigkeit ist. Joseph Gusfield definiert eine soziale Bewegung zum Beispiel als »gemeinschaftlich geteilte Aktivitäten und Überzeugungen, die auf die Veränderung einiger Aspekte der Sozialordnung gerichtet sind. ... Was eine soziale Bewegung als Agenten sozialen Wandels kennzeichnet, ist ihre Eigenschaft als artikulierte und organisierte Gruppe.« (2, 453) Ähnlich bei John Wilson: »Eine soziale Bewegung ist ein bewußter, kollektiver, organisierter Versuch, nachhaltige Veränderungen der Sozialordnung durch nicht institutionalisierte Mittel hervorzubringen oder zu verhindern.« (8)

Die Betonung der bewußten Intention in diesen Definitionen spiegelt die Verwechslung von Massenbewegungen mit den formalisierten Organisationen, die in der Regel auf dem Höhepunkt der Bewegungen auftauchen, wider – die Verwechslung zweier zwar ineinander verwobener, aber dennoch ganz verschiedener Phänomene.[2] Formalisierte Organisationen verkünden in der Tat ausformulierte und vereinbarte Ziele, wie in den genannten Definitionen angedeutet; bei Massenunruhen aber sind solche Ziele häufig nicht erkennbar (obwohl Außenstehende, uns selbst als Beobachter und Analytiker eingeschlossen, ihnen manchmal durchaus Ziele zuschreiben). Für uns ist das entscheidende und kennzeichnende Merkmal einer Protestbewegung die kollektive Auflehnung; in den Standarddefinitionen wird das Moment der Auflehnung dagegen meist übersehen oder unterbewertet, weil sie gewöhnlich kein charakteristisches Merkmal der formellen Organisationen ist, die auf der Woge der Protestbewegungen schwimmen.

Was auch immer die intellektuellen Ursachen für diesen Irrtum sein mögen, die Gleichsetzung von Bewegungen mit ihren Organisationen – die zudem voraussetzt, daß Proteste einen Führer, eine Satzung, ein legislatives Programm oder doch zumindest ein Banner haben müssen, bevor sie anerkannt werden – hat den Effekt, daß die Aufmerksamkeit von vielen Formen politischer Unruhe abgelenkt wird und diese per definitionem den verschwommenen Bereichen sozialer Probleme und abweichenden Verhaltens zugeordnet werden. Folglich erregen Phänomene wie massive Schulverweigerung, zunehmende Abwesenheit vom Arbeitsplatz, die steigende Flut von Anträgen auf Sozialfürsorge oder die wachsende Zahl von Mietschuldnern kaum die Aufmerksamkeit der wissenschaftlichen Beobachter. Nachdem auf definitorischem Wege entschieden worden ist, daß nichts Politisches vorgeht, bleibt auch nichts zu erklären, jedenfalls nicht in den Begriffen des politischen Protests. Und nachdem es so gelungen ist, Protest nicht mehr als solchen anzuerkennen oder zu untersuchen, brauchen auch einige ziemlich offenkundige und wichtige Fragen über ihn nicht mehr gestellt zu werden.

Institutionelle Grenzen des Ausbruchs von Massenprotest

Aristoteles hielt Ungleichheit für die Hauptursache von Revolutionen, glaubte, daß die Unteren rebellieren, um gleiche Rechte zu erlangen. Doch die Geschichte der Menschheit hat ihn ganz überwiegend Lügen gestraft. Harsche Ungleichheit hat es immer gegeben, Rebellionen aber nur selten. Aristoteles unterschätzte die prägende Kraft der Sozialstruktur für das politische Verhalten. Wie hart ihr Los auch sein mag: Menschen verhalten sich in der Regel fügsam, passen sich den etablierten Lebensumständen ihrer Umgebung an und halten diese sowohl für unabänderlich als auch für gerecht. Männer wie Frauen bestellen tagein, tagaus ihre Felder, heizen ihre Öfen oder bedienen ihre Webstühle – immer dem vorgegebenen Rhythmus und den Regeln des täglichen Broterwerbs folgend; sie zeugen und gebären voller Hoffnung Kinder und sehen dann ergeben zu, wie sie sterben; sie unterwerfen sich den Gesetzen von Kirche und Staat und gehorchen ihren politischen Führern, alles in der Absicht, ein wenig Dank und Anerkennung zu ernten. Mit anderen Worten, zumeist fügen Menschen sich in die institutionelle Ordnung, die sie umgibt, und durch die sie ihre täglichen Belohnungen und Bestrafungen erfahren. Diese Ordnung erscheint ihnen als die einzig mögliche Realität.

Selbst die Menschen, die am wenigsten von den bestehenden Verhältnissen profitieren und am stärksten unter der herrschenden Ungleichheit leiden, passen sich an. Manchmal sind sie die Fügsamsten, denn sie können sich am wenigsten vor den Strafen für Widerspenstigkeit schützen. Darüber hinaus wird gerade den Armen fast immer und fast überall – und besonders in den Vereinigten Staaten – beigebracht, daß ihr Elend durchaus verdient sei, ebenso wie der Reichtum und die Macht, über die andere verfügen. In eher traditionellen Gesellschaften werden extreme Ungleichheiten als gottgegeben angesehen oder gelten als Bestandteil der natürlichen Weltordnung. In moderneren Gesellschaften wie den USA werden Reichtum und Macht dem Fleiß und Talent des einzelnen zugeschrieben; woraus folgt, daß, wer wenig oder nichts besitzt, auch nicht mehr verdient. Edelman stellte in seiner Untersuchung über die politischen Überzeugungen der Amerikaner dazu fest:

»Den amerikanischen Armen mußte weniger staatliche Gewalt angedroht und weniger soziale Sicherheit zugestanden werden, um sie im Zaum zu halten, als in anderen entwickelten Ländern, einschließlich autoritärer Staaten wie Deutschland und extrem armer Nationen wie Italien; denn ihr Schuldgefühl und ihr Selbstbild haben die Armen fügsam gemacht.« (56)

Kurz gesagt, die Unterschichten nehmen ihr Schicksal normalerweise ergeben hin, und diese Ergebenheit kann von den Herrschenden als selbstverständlich angenommen und muß nicht extra ausgehandelt werden. Diese Fähigkeit der Institutionen einer Gesellschaft, politische Gefolgschaft zu gewährleisten, zeigt am deutlichsten, wie stark Protest von der Sozialstruktur bedingt und im übrigen meist von ihr verhindert wird.

Manchmal jedoch lehnen sich die Armen auf. Sie fordern die traditionellen Autoritäten heraus, widersetzen sich den von ihnen gesetzten Regeln und verlangen nach Wiedergutmachung für ihre Leiden. Die amerikanische Geschichte ist voll von solchen Ereignissen: von den ersten Aufständen der kleinen Landbesitzer, der Pächter und Sklaven im vorrevolutionären Amerika, über die Schuldnerrebellionen in der Zeit nach dem Unabhängigkeitskrieg bis hin zu den periodischen Ausbrüchen von Streiks und Unruhen der Industriearbeiter und den Getto-Aufständen des 20. Jahrhunderts. In all diesen Fällen konnten Massen von Armen plötzlich, wenn auch nur vorübergehend, das Gefühl der Scham überwinden, das von einer Kultur hervorgerufen worden war, die ihnen selbst die Schuld an ihrem jämmerlichen Dasein zuschob. Irgendwie schafften sie es, die Fesseln des Konformismus, die ihnen von ihrer Arbeit, ihren Familien, ihren Gemeinden, von jedem Strang des institutionellen Lebens angelegt worden waren, abzustreifen; irgend etwas verlieh ihnen plötzlich die Kraft, ihre Angst vor Polizei, Miliz oder Werkschutz zu überwinden.

Wenn Protest laut wird, wenn sich die Massen der sonst so Duldsamen auflehnen, hat sich eine bedeutende Transformation vollzogen. Der größte Teil der Literatur über öffentlichen Aufruhr ist vor allem darum bemüht, die Voraussetzungen für diesen Wandel zu identifizieren (häufig, weil man sich von den Ergebnissen der Analyse Aufschlüsse darüber verspricht, wie politische Unruhen zu verhindern oder einzudämmen sind). Ungeachtet aller – in der Tat wesentlichen – Meinungsverschiedenheiten zwischen den Verfechtern der verschiedenen wissenschaftlichen Ansätze, besteht generelles Einvernehmen, daß der Ausbruch öffentlicher Unruhen grundlegende Veränderungen in der Gesellschaft widerspiegelt. Diese Übereinstimmung ist von einiger Bedeutung, stützt sie doch unsere These, daß Protest unter normalen Bedingungen strukturell unterdrückt wird. Die entscheidende Übereinstimmung besteht in der Feststellung, daß die Unterprivilegierten nur unter außergewöhnlichen Bedingungen aufbegehren – daß also, in unserer Terminologie, *die Unterschicht nur unter außergewöhnlichen Umständen die gesellschaftlich bedingte Gelegenheit erhält, ihre eigenen Klasseninteressen mit Nachdruck zu vertreten.*

Sämtliche wichtigen Theorien über zivilen Aufruhr unterstreichen die Validität dieses Punktes. Betrachtet man die einzelnen theoretischen Ansätze nebeneinander und untersucht sie im Lichte der in diesem Buch analysierten historischen Ereignisse, so liegt der Schluß nahe, daß verschiedene Theorien zwar unterschiedliche soziale Strukturverschiebungen hervorheben, daß die meisten dieser Verschiebungen jedoch gleichzeitig während der dreißiger und sechziger Jahre auftraten. Man braucht keineswegs von der gleichrangigen Gültigkeit der größeren Theorieansätze auszugehen, um zu erkennen, daß alle auf ihre Weise zur Erhellung der sozialen Verschiebungen, die den Protestausbrüchen vorangingen, beitragen können; das gilt zumindest für die von uns untersuchten Perioden. Alle behaupten, daß es nicht nur *einer* größeren Strukturverschiebung bedarf, um Protest möglich zu machen, sondern daß wahrscheinlich eine Folge oder Kombination von Verschiebungen nötig ist, um die dem Protest zugrundeliegende Empörung so zu vergrößern und aufzustauen, daß sie sich in kollektivem Widerstand entlädt.

Es erscheint uns nützlich, Theorien über Aufruhr in zwei Kategorien einzuteilen: eine Gruppe von Theorien, betont den sozialen Druck, der Massenprotest hervorruft; eine zweite hebt den Zusammenbruch der regulativen Kräfte einer Gesellschaft hervor, der Auflehnung ermöglicht und sie die Form politischen Protestes annehmen läßt. So könnte man zur Gruppe der »Druck«-Theoretiker diejenigen zählen, die ökonomische Veränderungen, und zwar Verbesserungen wie Verschlechterungen, als Voraussetzung öffentlicher Unruhen hervorheben. Krasse ökonomische Veränderungen stören offensichtlich das Verhältnis zwischen den bei Menschen geweckten Erwartungen und ihren tatsächlichen Lebensbedingungen. Werden geweckte Erwartungen aber nicht erfüllt, so empfinden die betroffenen Personen wahrscheinlich Frustration und Ärger.[3] Einige Theoretiker betonen in der Nachfolge von de Tocqueville vor allem die Enttäuschung, die gerade in Phasen ökonomischen Aufschwungs entstehen kann, wenn die Erwartungen schneller steigen als der reale Lebensstandard.[4] Andere gehen in der Tradition von Marx und Engels[5] davon aus, daß neue und unerwartete Härten Enttäuschung und Empörung hervorrufen und so das Potential für soziale Konflikte schaffen. Diese Auffassungen sind allerdings, wie andere Autoren angemerkt haben, nicht miteinander unvereinbar. Ob gute oder schlechte Zeiten als Ursache für sozialen Unfrieden angesehen werden, könnte eher auf den Charakter des jeweiligen empirischen Gegenstands, vielleicht sogar auf die Klassensympathien der Autoren zurückzuführen sein, als auf entscheidende konzeptionelle Unterschiede.[6] Denn in einem Punkt stimmt das Konzept der steigenden Erwartungen mit der Verelendungstheorie überein: daß Menschen, deren Erwartungen nicht erfüllt werden, unter Umständen mit Empörung reagieren. Unerwartetes Elend dürfte zwar die historisch bedeutendere Voraussetzung für Massenunruhen sein, doch sind beide Arten von Veränderung den Bewegungen vorausgegangen, um die es auf den folgenden Seiten geht.[7]

Wiederum andere »Druck«-Theoretiker konzentrieren sich nicht allein auf die sozialen Spannungen, die aus dem Gegensatz von realer Wirtschaftslage und Erwartungen erwachsen, sondern folgen Parsons' (1951) Erweiterung des Modells um solche sozialen Belastungen, die durch allgemeine Strukturveränderungen hervorgerufen werden, durch Gegensätze zwischen verschiedenen »Handlungskomponenten« die, wie Parsons es nennt, zu Ausbrüchen »irrationalen Verhaltens« (1965) führen. Dieses Modell ist allerdings so weitgefaßt und vage, daß es weitgehend unbrauchbar ist. Wie Charles Tilly kommentierte, »steckt genug Ambiguität in Begriffen wie ›strukturelle Veränderung‹, ›Spannungen‹ und ›soziale Unruhen‹, um ein ganzes Bataillon von Philologen ihr Leben lang zu beschäftigen« (100).

Der hauptsächliche Fehler der »Druck«-Theorien ist unseres Erachtens, daß sie sich allesamt auf die stillschweigend vorausgesetzte, aber inkorrekte Annahme stützen, ökonomische oder strukturelle Veränderungen seien außergewöhnlich, Stabilität und der von ihr genährte Konsens dagegen der Normalzustand. Ökonomische Veränderungen – und vermutlich auch strukturelle Veränderungen, soweit wir uns über die Bedeutung dieses Begriffes im klaren sind – sind aber eher normale als nur gelegentlich auftretende Kennzeichen kapitalistischer Gesellschaften. Allerdings deuten historische Erkenntnisse darauf hin, daß äußerst rascher ökonomischer Wandel schon bestehende Frustrationen und Ärger erheblich verstärken kann.

Zur zweiten Kategorie von Theorien über öffentlichen Aufruhr gehören Ansätze, die den Zusammenbruch der regulativen Fähigkeit gesellschaftlicher Institutionen als Bestimmungsfaktor für den Ausbruch von Massenunruhen ansehen. Diese Erklärungsversuche sind ebenfalls sehr vielfältig. Sie reichen von Theorien sozialer Desorganisation wie bei Hobsbawm, der den Zusammenbruch der sozialen Kontrolle durch die Strukturen und Gewohnheiten des Alltagslebens betont; über Theoretiker wie Kornhauser, der behauptet, daß größere gesellschaftliche Veränderungen – Wirtschaftskrise, Industrialisierung, Urbanisierung – die Fesseln zerschlagen, die die Menschen an die vielfältigen Sekundärgruppen binden, welche gewöhnlich ihr politisches Verhalten kontrollieren (1959); bis hin zu Theoretikern, die sich auf Gegensätze zwischen gesellschaftlichen Eliten als Auslöser öffentlicher Unzufriedenheit konzentrieren. Insgesamt gewähren diese Theorien gesellschaftlicher Instabilität einen, wenn auch mehr oder weniger allgemeinen Einblick in den Zusammenhang zwischen gesellschaftlicher Veränderung, dem Zusammenbruch sozialer Kontrolle – was Ash die »Entroutinisierung« des Lebens nennt (164–167) – und dem Ausbruch von Protest.[8] Sie behaupten, daß in Perioden schneller Veränderung die in die Struktur des Alltagslebens eingebaute soziale Kontrolle abgebaut wird, während gleichzeitig Frustrationen zunehmen.

Genauer gesagt: ökonomische Veränderungen können derartig einschneidend sein, daß die Strukturen und Gewohnheiten des Alltagslebens praktisch außer Kraft gesetzt werden. Hobsbawm weist auf die große Bedeutung solcher Umstände für den Anstieg des »sozialen Banditentums« unter der italienischen Landbevölkerung im 19. Jahrhundert hin:

»[Das Sozialbanditentum] wird sehr wahrscheinlich dann zum bestimmenden Phänomen werden, wenn ihr traditionelles Gleichgewicht gestört ist: während und nach Zeiten großer Bedrängnis wie Hungersnot und Krieg oder in den Augenblicken, in denen die Wucht der dynamischen modernen Welt diese statischen Gemeinden packt, um sie zu zerstören und zu verändern.« (41 f.)

Ähnliches betont Barrington Moore:

»Die primären Voraussetzungen für die Entstehung revolutionärer Massen sind eine plötzliche Verschärfung der Not zusätzlich zu ohnehin großen Entbehrungen sowie der Zusammenbruch des gewohnten alltäglichen Lebensablaufs – Nahrung besorgen, zur Arbeit gehen etc. –, der die Menschen sonst in die bestehende Ordnung einbindet.«

Wirtschaftliche Veränderungen sind also mit anderen Worten nicht nur deshalb von Bedeutung, weil sich die Menschen in ihren Erwartungen getäuscht sehen und deshalb aufgebracht sind, sondern auch, weil eine Schwächung der Strukturen des Alltagslebens ebenfalls eine Minderung der sozialen Kontrolle durch diese Strukturen mit sich bringt. »Wenn die Leute«, schreibt Lefebvre, »in der so analysierten Gesellschaft nicht mehr ihre Alltäglichkeit leben können, dann beginnt eine Revolution. Nur dann. Solange sie das Alltägliche leben können, rekonstituieren sich die alten Verhältnisse.« (51)

Das Leben der meisten Menschen wird gewöhnlich von ihrer Arbeit und den damit verbundenen Belohnungen bestimmt, und das Tag für Tag, Woche für Woche, Monat für Monat. Doch einmal aus diesem Rhythmus herausgerissen, fallen sie auch aus dem regulativen Rahmen des Alltagslebens heraus. Die Arbeit und ihre Belohnungen erhöhen auch die Stabilität der übrigen sozialen Institutionen. Männer, die nicht mehr genug Geld nach Hause bringen, um ihre Familien zu ernähren, lassen Frau und Kinder im Stich oder weigern sich von vornherein, ihre Partnerin zu heiraten. Und ist die Arbeitslosigkeit von Dauer, brechen ganze Gemeinden auseinander, weil die arbeitsfähigen Männer auf der Suche nach Arbeit fortziehen. Das alltägliche Leben gerät zusehends durcheinander, weil die, wie Edelman sagt, »tröstenden Banalitäten« des Alltags zerbrechen (95).

Die ersten Anzeichen der resultierenden Demoralisierung und Unsicherheit sind gewöhnlich steigende Kriminalität, zunehmende Zerrüttung von Familien, Landstreicherei und Vandalismus.[9] Ihrer anerzogenen sozialen Rollen beraubt, stolpern und schlagen sich Männer wie Frauen mühsam durchs Leben, gleichgültig, ob im Rahmen oder außerhalb der Legalität.

Die katastrophale Wirtschaftskrise der dreißiger Jahre sowie die Modernisierung und Wanderbewegung der sechziger Jahre führten also nicht nur zu unerwarteten Härten – massive Arbeitslosigkeit und die Entwurzelung von Menschen und ganzen Gemeinden hatten andere, vielleicht ebenso traumatische Auswirkungen auf das Leben der Leute. Der Verlust der Arbeit und die Desintegration von Gemeinwesen bedeuteten den Verlust der Regulierungsinstanzen, Ressourcen und Beziehungen, von denen die Struktur des Alltagslebens abhängig ist, und damit auch die Zerstörung der Strukturen, die die Menschen an die bestehende Sozialordnung binden. Und dennoch reichen oft weder die Frustrationen, die aus den ökonomischen Veränderungen erwachsen, noch der Zusammenbruch des Alltagslebens aus, um Menschen zum Protest gegen ihr leidvolles Dasein zu bewegen. Denn in der Regel machen sie Gott – wenn nicht gar sich selbst – für ihr Leid verantwortlich.

Damit aus diesen Traumata des Alltagslebens heraus eine Protestbewegung entstehen kann, müssen die von den Menschen erfahrene Benachteiligung und Zerrüttung sowohl als ungerecht wie auch als veränderbar angesehen werden.[10] Die gesellschaftliche Ordnung, die gewöhnlich für gerecht und unverrückbar gehalten wird, muß erst als unrechtmäßig und verbesserungsfähig erscheinen. Das Ausmaß des Elends ist dabei von entscheidender Bedeutung. In den dreißiger Jahren zum Beispiel und auch in der Nachkriegszeit erreichte die Arbeitslosigkeit verheerende Ausmaße. Viele Menschen konnten sich ihren Lebensunterhalt nicht mehr verdienen, insbesondere in den dreißiger Jahren, als ein Drittel der Erwerbsbevölkerung keine Arbeit hatte. Für die Schwarzen aber war die Zeit nach dem Zweiten Weltkrieg ebenso verheerend, als Millionen von ihnen vom Land vertrieben und in die städtischen Gettos verschlagen wurden. In diesen Gettos erreichte die Arbeitslosigkeit in den fünfziger und sechziger Jahren den Stand der Depression. Das bloße Ausmaß dieser sozialen Verschiebungen trug dazu bei, das Gefühl des individuellen Versagens abzubauen und den Menschen statt dessen bewußt werden zu lassen, daß ihr Schicksal kollektiv geprägt war, und die Herrschenden für ihr Elend verantwortlich zu machen waren.

Solche Bewußtseinsänderungen gehen mit größerer Wahrscheinlichkeit – oder rascher – vor sich, wenn die sozialen Strukturverschiebungen, unter denen bestimmte Gruppen leiden, im Rahmen allgemeinerer Veränderungen und Instabilität stattfinden, in Zeiten, in denen die herrschende Gesellschaftsordnung, wie sie von den Menschen verstanden wird, ganz offensichtlich aus den Fugen geraten ist. Als in den frühen dreißiger Jahren riesige industrielle Imperien in den USA so gut wie am Ende waren und die Banken einfach ihre Pforten schlossen, war der »american way« für die verarmten Arbeitermassen und Arbeitslosen plötzlich keine Selbstverständlichkeit mehr. Die Strukturverschiebungen, die den Bewegungen der Schwarzen in den sechziger Jahren vorangingen, waren zwar für die Gesamtgesellschaft nicht auf so dramatische Weise erkennbar; für die Menschen, die durch sie entwurzelt wurden, hatten sie dafür aber um so mehr Gewicht. Für die Schwarzen bedeuteten die Veränderungen der Südstaaten-Ökonomie nichts weniger als die Auflösung des Ancien Régime der feudalen Plantagenherren, ebenso wie die anschließende Massenabwanderung in die Städte für sie die gewaltsame Verpflanzung in eine unbekannte Gesellschaft darstellte.

Doch nicht allein die objektiven Bedingungen institutioneller Umwälzungen veranlassen Menschen, ihre Lage zu überdenken, auch die gesellschaftlichen Eliten tragen unter Umständen zu diesem Bewußtseinsprozeß bei und wirken so dabei mit, die Massen aufzurütteln – ein von Sozialwissenschaftlern oft beobachteter Vorgang. Die herrschende Klasse verfolgt gewöhnlich das begründete Interesse, den status quo zu bewahren und die Fügsamkeit der unteren gesellschaftlichen Ränge sicherzustellen. Doch schnelle institutionelle Veränderungen und Umwälzungen berühren die verschiedenen Elitegruppen auf unterschiedliche Weise, sie können die Macht bestimmter Teile der herrschenden Klasse unterminieren und die Macht anderer Teile vergrößern, so daß sich die Eliten in unterschiedliche Interessen aufspalten. Diese Uneinigkeit kann die Autorität der Herrschenden untergraben, ebenso wie die Autorität der von ihnen gesetzten institutionellen Normen. Wenn im Zuge des anschließenden Machtkampfes dann Teile der Elite versuchen, sich der Unterstützung der verarmten Massen zu versichern, indem sie deren Forderungen für gerechtfertigt erklären, werden die Hoffnungen der Unterschicht auf Veränderungen genährt, und die Legitimität der sie unterdrückenden Institutionen verfällt.[11]

Es kommt sogar vor, daß die Massen den Eliten eine derartige Rolle andichten, obwohl diese sie keineswegs zum Protest ermutigt haben. Hobsbawm beschreibt, wie ukrainische Bauern im Revolutionsjahr 1905 Landadlige und Juden in der festen Überzeugung ausplünderten, durch ein neueres Dekret des Zaren angewiesen worden zu sein, sich zu nehmen, was sie wollten. Der Bericht eines Grundbesitzers verdeutlicht dies:

»›Warum seid ihr gekommen?‹ fragte ich sie.
›Um Getreide zu verlangen, um dich zu zwingen, uns Getreide zu geben‹, riefen einige Stimmen gleichzeitig ...
Ich konnte mich nicht zurückhalten, ihnen ins Gedächtnis zu rufen, wie ich sie so lange Zeit freigehalten hatte.
›Aber was sollen wir tun?‹ antworteten mir einige Stimmen.
›Wir machen dies nicht in unserem Namen, sondern im Namen des Zaren.‹
›Es ist der Befehl des Zaren‹, sagte eine Stimme in der Menge.
›Ein General hat diesen Befehl des Zaren in allen Distrikten verteilt‹, sagte ein anderer.« (244f.)[12]

Dieses Phänomen läßt sich nicht nur bei russischen Bauern beobachten. Als im Mai 1968 Sozialfürsorgeempfänger in New York für Sonderzuwendungen demonstrierten, rechtfertigten sie ihre Aktion auf ähnliche Weise: eine reiche Frau sei gestorben und habe bestimmt, ihr Vermögen solle von den Fürsorgeämtern verteilt werden. Diese Ereignisse deuten darauf hin, daß Menschen, selbst wenn sie sich auflehnen, das Bedürfnis haben, ihr Verhalten zu legitimieren, und daß die Autorität der Eliten zur Bestimmung von Legitimität auch in angespannten und wirren Zeiten noch groß ist.

Unser hauptsächlicher Punkt ist jedoch, daß – unabhängig von den unterschiedlichen Auffassungen über die »Ursachen« von Massenunruhen – allgemeine Übereinstimmung darüber besteht, daß es außergewöhnlicher Störungen in weiten Bereichen der Gesellschaft bedarf, um die Apathie der Armen in Hoffnung, ihre Ergebenheit in Empörung zu verwandeln.[13] Zumindest in diesem Punkt – vielleicht dem einzigen – stimmen Theoretiker unterschiedlichster Couleur überein. Darüber hinaus gibt es gute Gründe für die Annahme, daß eine Folge zusammenwirkender Strukturverschiebungen den Massenprotesten der dreißiger und sechziger Jahre zugrunde gelegen hat. Auf dieser Basis drängt sich die Schlußfolgerung über die Möglichkeiten politischer Einflußnahme der Armen schließlich förmlich auf: *Da Perioden grundlegender sozialer Strukturverschiebungen selten sind, erhält auch die Unterschicht nur selten Gelegenheit zum Protest.*

Formen des Aufruhrs

Wie die Fügsamkeit der Menschen durch die Strukturen ihres Alltagslebens sichergestellt und die Entstehung von Unzufriedenheit durch Veränderungen ihrer Lebensverhältnisse herbeigeführt wird, so wird auch die jeweilige Form des politischen Protests von dem institutionellen Kontext, in dem die Protestierenden leben und arbeiten, bestimmt. Obwohl uns dieser Punkt ganz selbstverständlich erscheint, wird er dennoch meist übersehen, zum Teil, weil die pluralistische Tradition politische Handlungen im wesentlichen als Ergebnis freier Entscheidung definiert. Man tut so, als seien politische Akteure bei der Auswahl zwischen möglichen politischen Strategien nicht von ihrem sozialen Umfeld eingeengt; als würden die von verschiedenen Gruppen verfolgten Strategien von diesen frei gewählt, als seien sie nicht vielmehr das Resultat von Einschränkungen, die sich aus der Position der Akteure in der Sozialstruktur ergeben. Im folgenden Abschnitt werden wir uns eher überblicksartig der Frage zuwenden, inwieweit verschiedene Formen des Aufruhrs von institutionellen Bedingungen geprägt sind.

Das politische Wahlsystem als strukturierende Instanz

In den Vereinigten Staaten wird die Form des Protests, zumindest in seinen Anfangsphasen, primär durch das politische Wahlsystem geprägt. Damit wollen wir allerdings nicht behaupten, daß das Wahlsystem unter normalen Bedingungen die Möglichkeit der politischen Einflußnahme biete. Wir werden ganz im Gegenteil aufzeigen, daß die Armen erst dann einen gewissen Einfluß gewinnen, wenn sie aus den vorgegebenen Bahnen parlamentarischer Wahlen ausbrechen, denn nur die Instabilität und Polarisierung, die sie mit ihren Protestaktionen in den Fabriken und auf den Straßen heraufbeschwören, werden die politischen Führer zu Reaktionen zwingen. Ob es allerdings zu Aktionen in den Fabriken oder auf der Straße kommt, hängt andererseits auch davon ab, welchen Kurs der Protest in seiner frühen Phase an der Wahlurne einschlägt.

Es ist übrigens keineswegs verwunderlich, daß sich der Widerstand zunächst in Wahlentscheidungen ausdrückt, ist doch allen Bürgern, ob sie nun aufbegehren oder nicht, im Laufe ihrer politischen Sozialisation vermittelt worden, daß der Weg zur politischen Veränderung über das Wahllokal führt. Um die Vitalität dieser politischen Kultur und ihrer normativen Kraft zu verstehen, die politische Unzufriedenheit immer wieder in den Akt des Wählens überführt, genügt es nicht, ständig auf die allgegenwärtige Präsenz der liberalen politischen Ideologie in den USA und das Fehlen konkurrierender Ideologien hinzuweisen, denn genau diesen Umstand gilt es zu erklären. Bestimmte Merkmale des Wahlsystems selbst weisen schon auf eine Erklärung hin: seine Rituale, Siegesfeiern und Erfolgserlebnisse tragen ohne Zweifel dazu bei, das Vertrauen in die gültigen Wahlverfahren zu erhalten. Es ist daher nicht unwichtig, daß weißen, männlichen Arbeitern schon zu einem sehr frühen Zeitpunkt in der amerikanischen Geschichte das Wahlrecht gewährt wurde, und daß sich ein aktives System lokaler Selbstverwaltung entwickelte. Durch diese Mechanismen wurden weite Teile der Bevölkerung in die Rituale des Wahlkampfes einbezogen und konnten an den symbolischen Belohnungen, die das System bereithielt, teilhaben; einige kamen schließlich auch in den Genuß der materiellen Vorteile des ziemlich ausgeprägten Patronagesystems, das das amerikanische politische Leben kennzeichnete. Auf diesem Boden gewachsene Überzeugungen sind nur schwer zu erschüttern.

Dementsprechend ist auch heute noch in den USA gewöhnlich die einschneidende Veränderung traditionellen Wählerverhaltens eines der ersten Anzeichen für verbreitete Unzufriedenheit.[14] In gewissem Sinne dient das Wahlsystem dazu, das Ausmaß aufkommender Unzufriedenheit zu messen und zu registrieren. So reagierte die städtische Arbeiterschaft 1932 auf die wirtschaftliche Katastrophe, indem sie sich mit überwältigender Mehrheit bei der Präsidentschaftswahl gegen die Republikanische Partei stellte, für deren Kandidaten sie seit 1896 meist gestimmt hatte.[15] Ähnlich war es bei den wichtigen Präsidentschaftswahlen von 1956 und 1960, als die politische Bedeutung der Modernisierung und der Migrationsbewegung erstmals deutlich wurde: Städtische Schwarze, die seit 1936 in immer größerer Zahl die Demokraten gewählt hatten, begannen, sich wieder den Republikanern zuzuwenden oder gar nicht mehr zu wählen.

Gewöhnlich rufen diese frühen Anzeichen politischer Instabilität rasch Aktivitäten rivalisierender Politiker hervor, die sich bemühen, die davonlaufenden Wählergruppen zu beschwichtigen – in diesem Stadium meist nur mit versöhnlichen Erklärungen. Je ernster die Verluste bei den Wahlen oder je schärfer die Konkurrenz zwischen den politischen Eliten, um so wahrscheinlicher werden derartige symbolische Beschwichtigungsversuche unternommen werden. Sind aber die Ursachen der Unruhe und Empörung ernsterer Natur, sind sie schwerwiegend und von Dauer, dann schüren die rhetorischen Versöhnungsangebote nur das Feuer der Rebellion, implizieren sie doch, daß einige der höchsten Politiker des Landes sich mit der Empörung der unterprivilegierten Massen identifizieren.

Politische Führer spielen aber nicht nur bei der Stimulierung von Massenprotest eine einflußreiche Rolle, sondern auch bei der Herausbildung von Zielen und Forderungen der Protestierenden.[16] Was nur als symbolische Beschwichtigung gedacht war, kann leicht zum Kristallisationspunkt der noch diffusen Ängste und unartikulierten Wut werden, von denen die Massen getrieben werden. So trugen beispielsweise anfängliche rhetorische Erklärungen liberaler politischer Führer – zu denen auch Präsidenten der Vereinigten Staaten gehörten – über die »Rechte« der Arbeiter und die »Rechte« der Schwarzen nicht allein dazu bei, die Unzufriedenheit von Arbeitern und Schwarzen zu schüren, sondern halfen gleichzeitig dabei mit, die Unzufriedenheit auf eben die Forderungen zu konzentrieren, die von Politikern artikuliert worden waren.[17] Wenn aber Menschen auf diese Weise symbolisch ermutigt werden, ohne daß ihren Forderungen in der Praxis entsprochen wird, kann ihre Auflehnung durchaus den Rahmen der Wahlrituale und auch der politischen Normen des Gesellschaftssystems sprengen. Aus Untertanen können dann in der Tat Rebellen werden; während aber ihre Rebellion aus der Sicht amerikanischer politischer Tradition – oder auch in den Augen mancher »organizers« – häufig chaotisch erscheint, ist sie es in Wahrheit keineswegs: sie ist eine strukturierte politische Handlung. Wenn Menschen in Aufruhr geraten, ist ihr Verhalten von sozialen Mustern geprägt, und im Rahmen dieser Muster sind ihre Aktionen bis zu einem gewissen Grad bewußt und planmäßig.

Soziale Stellung und Formen der Auflehnung

Im Gegensatz zu den angestrengten Bemühungen, die Ursachen von Aufruhr zu erklären, ist der Frage, weshalb Aufruhr die eine oder andere Form annimmt, relativ wenig Aufmerksamkeit geschenkt worden. Warum, mit anderen Worten, wird einmal gestreikt, ein andermal boykottiert, geplündert oder Feuer gelegt? Vielleicht hat diese Frage deshalb so wenig Beachtung gefunden, weil rebellisches Verhalten häufig unreflektiert wirkt und Beobachtern rational nicht erklärbar scheint – ähnlich der allgemeinen Auffassung von Geisteskrankheit im 19. Jahrhundert. So charakterisiert Parsons Reaktionen auf Spannungen als »irrational« (1965); Neil Smelser beschreibt kollektive Handlungen als »primitiv« und »mysteriös«; und Kornhauser attestiert Massenbewegungen Labilität sowie extremistische und antidemokratische Tendenzen. Viele Formen massenhafter Auflehnung werden deshalb oft nicht als intelligentes politisches Verhalten erkannt, es sei denn, sie entwickelten sich zu planmäßigen bewaffneten Aufständen.

Die verbreitete aber falsche Assoziierung von Unterschichtsprotest mit Gewalttätigkeit paßt ebenfalls zu dieser traditionellen Sichtweise, die in demonstrierenden Massen nur einen regellosen und gefährlichen Mob zu erkennen vermag: den entfesselten Barbaren. Gewalttätige Massenaktionen sind sicherlich eine von vielen Formen der Auflehnung, vielleicht sogar eine sehr elementare Form, denn sie verletzen die grundlegenden Gebote der zivilisierten Gesellschaft. Unterschichtgruppen werden in der Tat manchmal gewalttätig, greifen Eigentum und Personen an; solches Verhalten ist wohl um so wahrscheinlicher, je mehr ihnen aufgrund ihrer sozialen Stellung die Möglichkeit anderer Formen von Auflehnung verwehrt ist. Häufiger jedoch sind sie gewaltlos, wenn auch militant. Gewaltanwendung ist schon deshalb selten, weil die Risiken zu hoch sind; die Strafen zu furchterregend und abschreckend.[18]

(Widerstand der Unterschicht *führt* natürlich oft zu Gewalttätigkeiten, wenn mächtigere Gruppen durch die Aufmüpfigkeit der Armen aufgeschreckt worden sind und Gewalt anwenden, um sie wieder gefügig zu machen. Die lange Liste von Gewalttätigkeiten im Verlauf von Protestbewegungen in den USA ist zum überwiegenden Teil eine Liste der Gewalttätigkeiten staatlicher und privater Repressionsorgane gegen die Protestierenden.)

Die erwähnten Vorurteile haben in der Öffentlichkeit ein Bild geschaffen, das Protestbewegungen von vornherein diskreditiert, indem sie ihnen jede Bedeutung und Legitimität absprechen, anstatt ihr Auftreten zu erklären. Zwar kann die Schwächung sozialer Kontrollen, die mit drastischen Veränderungen der Lebensumstände einhergeht, eine wichtige Voraussetzung für öffentlichen Aufruhr sein; daraus folgt aber weder, daß die Infrastruktur des gesellschaftlichen Lebens einfach zusammenbricht, noch, daß die Protestierenden auch die persönlich am stärksten Betroffenen und Verunsicherten sind. Ganz im Gegenteil: Menschen, die in einem institutionellen Zusammenhang verwurzelt sind, die in regelmäßigen Beziehungen zu anderen Menschen mit ähnlichen Problemen stehen, sind oft viel eher dazu bereit, die Herrschenden, und nicht sich selbst, für ihre Not verantwortlich zu machen und sich zu kollektivem Protest zusammenzuschließen.[19] So waren z.B. viele Schwarze aus den Südstaaten, die sich an der Bürgerrechtsbewegung beteiligten, zwar arm, erst kürzlich in die Stadt umgesiedelt oder arbeitslos; sie waren aber auch durch die schwarzen Kirchen miteinander verbunden, die zur treibenden Kraft der Bewegung wurden.[20]

Ebenso wie es den politischen Institutionen in den Vereinigten Staaten meist gelingt, Protest in Wahlverhalten zu lenken und eventuell sogar ganz einzudämmen – sofern die Empörung nicht zu groß ist und das Wahlsystem flexibel genug erscheint –, so bestimmen andere institutionelle Lebensbereiche die Formen, die der Protest annimmt, sobald er die geordneten Bahnen elektoraler Politik verläßt. Es ist folglich kein bloßer Zufall, wenn manche Menschen streiken, andere sich an Straßentumulten beteiligen, Kornkammern plündern oder Maschinen zerstören, denn so wie die Strukturen des Alltagslebens in normalen Zeiten den Gehorsam der Massen gewährleisten, wirken sich dieselben Strukturen entscheidend darauf aus, welche Form die Auflehnung annimmt, wenn sie ausbricht.

Zum einen erfahren die Menschen Entbehrungen und Unterdrükkung unter ganz konkreten Bedingungen und nicht als Ergebnis umfassender und abstrakter Prozesse. Es sind die konkreten Erfahrungen, die ihre Unzufriedenheit in spezifische Kritik an spezifischen Zuständen umformen. Arbeiter erleben die Fabrik, den zermürbenden Takt des Fließbandes, den Vorarbeiter, die Spitzel und den Werkschutz, den Unternehmer und die Lohntüte. Den Monopolkapitalismus aber erleben sie nicht. Sozialfürsorgeempfänger erleben die schäbigen Warteräume, die Betreuer und Sachbearbeiter, die hingeworfenen Almosen. Die amerikanische Wohlfahrtspolitik erleben sie nicht. Mieter erfahren, daß es durchregnet und daß die Heizungen kalt bleiben, und sie kennen ihren Vermieter. Das System der Banken, Makler und Bauwirtschaft erkennen sie nicht. Deshalb ist es kein Wunder, daß die Armen ihre seltenen Proteste so oft gegen ihre Aufseher, gegen die Vermieter ihrer schäbigen Slumwohnungen oder gegen den kleinen Eckladenbesitzer richten und nicht gegen die Banken oder die herrschenden Eliten, denen der Aufseher, der Vermieter und der Krämer selbst untertan sind.[21] Es sind also die tagtäglichen Erfahrungen der Menschen, die ihren Klagen Ausdruck geben, das Ausmaß ihrer Forderungen bestimmen und die Ziele bezeichnen, gegen die sich ihre Empörung richtet.

Zweitens prägen die Strukturen des Alltagslebens die Form von Massenbewegungen, indem sie die Kollektivität schaffen, ohne die es keinen Protest gäbe. Soziale Strukturen fügen Menschen zusammen oder verstreuen sie, formen Gruppenidentitäten, und schaffen Situationen, aus denen kollektive Aktionen erwachsen können. So bringt die Fabrikarbeit Männer und Frauen zusammen, setzt gemeinsame Lernprozesse in Gang und lehrt sie, daß Kooperation und kollektives Handeln möglich sind.[22] Gelegenheitsarbeiter oder Kleinunternehmer sind dagegen aufgrund ihrer Tätigkeiten weit verstreut und haben es deshalb viel schwerer, die Gemeinsamkeiten ihrer Situation wahrzunehmen und sich in kollektivem Handeln zusammenzuschließen.[23]

Drittens und am wichtigsten: Die sozialen Rollen der Menschen in ihren jeweiligen institutionellen Bereichen bestimmen die strategischen Möglichkeiten der Auflehnung, denn normalerweise protestieren Menschen gegen die Regeln und Autoritäten, denen sie im täglichen Leben unterworfen sind. Arbeiter wählen deshalb den Streik, weil ihre gemeinsame Welt die Fabrik ist, und ihr Kampf besteht hauptsächlich aus der Auflehnung gegen die Gebote und Vorgesetzten am unmittelbaren Arbeitsplatz. Arbeitslose streiken nicht, könnten es auch gar nicht, auch wenn sie realisierten, daß Fabrikbesitzer und Unternehmer schuld an ihrem Los sind. Statt dessen versammeln sie sich zum Protest auf der Straße, wo sie auch sonst herumlungern, oder stürmen die Fürsorgeämter, und man kann sich nur schwer vorstellen, daß sie anders handeln könnten.

Und dennoch wird ihnen ständig vorgehalten daß sie anders handeln müßten. In solchen Aufforderungen wird der Einfluß (und auch die Absurdität) der pluralistischen Lehre besonders deutlich. Indem man die institutionell bestimmten Zwänge einfach leugnet, läßt sich Protest bequem diskreditieren, z. B. wenn Aufständische gerügt werden, daß sie sich mit ihren Problemen nicht an die wahren Zentren der Macht gewandt und die falschen Ziele mit den falschen Mitteln attackiert hätten. So tadeln Wohlfahrtsbürokraten die Lahmlegung ihrer Ämter durch Fürsorgeempfänger und schlagen ihnen statt dessen vor, lieber eine Lobby im Staatsparlament oder im Kongreß in Washington aufzubauen. Fürsorgeempfänger haben aber meistens nicht einmal die Möglichkeit, in die jeweilige Staats- oder in die Bundeshauptstadt zu fahren, und wenn einige es dennoch schaffen, werden sie dort natürlich nicht beachtet. Manchmal aber können sie ein Sozialamt durcheinanderbringen, und das ist schon schwerer zu ignorieren.

Ähnlich wurde als einer der beliebtesten Kritikpunkte an der studentischen Friedensbewegung – oft gerade von ehemaligen Sympathisanten – vorgebracht, es sei töricht von den Studenten gewesen, dadurch gegen den Vietnam-Krieg zu protestieren, daß sie an den Universitäten demonstriert und schuldlose Administratoren und Professoren angegriffen hätten. Es seien ja offenkundig nicht die Universitäten gewesen, die den Krieg führten, argumentierten die Kritiker, sondern der militärisch-industrielle Komplex. Die Studenten waren jedoch keineswegs töricht. Vielmehr machte es das Wesen der Massenaktion unumgänglich, den Widerstand gegen den Krieg innerhalb der Universitäten zu leisten, dort nämlich, wo die Studenten physisch präsent waren und kollektiv handeln konnten, wo sie eine Rolle spielten, auf die die Institution angewiesen war. Nur deshalb hatte ihr Widerstand Gewicht.

Da unsere Beispiele den gegenteiligen Eindruck erwecken könnten, möchten wir an diesem wichtigen Punkt anmerken, daß der Glaube an die Freiheit der Entscheidung zwischen verschiedenen politischen Strategien nicht allein diejenigen auszeichnet, die großes persönliches Interesse an der Erhaltung bestimmter Institutionen haben, wie z. B. die Wohlfahrtsbürokratie oder Universitätsprofessoren. Sie ist auch nicht den Vertretern konservativer politischer Richtungen vorbehalten. Radikale »organizers« gehen nämlich von genau derselben Annahme aus, wenn sie die Arbeiterschaft auffordern, sich auf die eine oder andere Weise zu organisieren und die eine oder andere politische Strategie zu verfolgen, sogar wenn so gut wie alles dafür spricht, daß die gesellschaftlichen Bedingungen bestimmte Optionen nicht zulassen. Gelegenheiten zur Auflehnung werden nicht durch die Analyse von Machtstrukturen geschaffen. Sollte es so etwas wie organisatorische Genialität geben, dann zeichnet sie sich durch die Fähigkeit aus, das unter gegebenen Umständen Mögliche zu erkennen und den Menschen dabei zu helfen, es zu realisieren. Meistens jedoch verlangen »organizers«, das Unmögliche zu tun – und das Resultat sind Niederlagen.

Unsere zweite allgemeine These heißt also, daß die Möglichkeiten zur Auflehnung von den Eigenheiten der jeweiligen institutionellen Lebensbereiche bestimmt werden.[24] Mit einfachen Worten: man kann nicht gegen Institutionen aufbegehren, zu denen man keinen Zugang hat und in denen man keine Rolle spielt.

Die begrenzte Wirkung von Auflehnung

Massenhafte Auflehnung ist also, wie wir gesehen haben, weder jederzeit möglich, noch kann die Form, in der sie zum Ausdruck kommt, frei bestimmt werden. Darüber hinaus ist sie im allgemeinen von begrenzter politischer Wirkung. Es scheint allerdings, als seien bestimmte Protestformen wirkungsvoller als andere, was ein nicht unbedeutendes analytisches Problem aufwirft. Es handelt sich dabei um eine Fragestellung, die in den bisherigen Untersuchungen über Protestbewegungen, besonders über zeitgenössische amerikanische Bewegungen, weitgehend ignoriert worden ist. Die Literatur ist dagegen reich an Studien über die soziale Herkunft der Protestierenden, die Determinanten von Führungsstilen oder die Schwierigkeiten, organisatorische Kontinuität zu gewährleisten; es will scheinen, als würde man sich für den Protest vor allem interessieren wegen der vielfältigen, faszinierenden Aspekte des gesellschaftlichen Lebens, die von ihm aufgedeckt werden, am wenigsten aber wegen seiner primären Bedeutung: ist er doch das Instrument, mit dem die am geringsten Privilegierten versuchen, den Herrschenden Zugeständnisse abzutrotzen.[25]

Nach unserem Urteil sollten Überlegungen über die Effektivität von Protest mit der Untersuchung beginnen, inwieweit die verschiedenen Formen von Auflehnung die betroffenen Institutionen zu erschüttern vermögen, um anschließend zu untersuchen, welche politischen Auswirkungen diese Erschütterungen haben. Die Wirkung massenhafter Auflehnung wird, mit anderen Worten, nicht so sehr direkt, als vielmehr vermittelt spürbar. Protest ruft vor allem dann ernste Erschütterungen einer Institution hervor, wenn die Protestierenden eine zentrale Rolle in ihr spielen; weitergehende politische Auswirkungen sind wahrscheinlicher, wenn mächtige Gruppen starkes Interesse an den betroffenen Institutionen haben. Diese Abhängigkeiten werden in der Literatur über soziale Bewegungen fast vollständig ignoriert; es gibt keinerlei Studien, die die unterschiedlichen Formen von Auflehnung, die Umstände, unter denen Menschen aufbegehren, die institutionellen Erschütterungen, die daraus folgen können, sowie die politischen Auswirkungen dieser institutionellen Erschütterungen systematisieren und untersuchen.

Die Grenzen institutioneller Erschütterung

Der Begriff der institutionellen Erschütterung impliziert immer auch die offensichtliche Tatsache, daß das reibungslose Funktionieren einer jeden Institution von der Anpassung an etablierte Rollen und der Befolgung festgesetzter Regeln abhängig ist. Auflehnung vermag deshalb den normalen Ablauf in Institutionen zu stören. Die Maschinen stehen still, wenn die Arbeiter ihren Arbeitsplatz verlassen oder einen Sitzstreik beginnen; die Wohlfahrtsbürokratie gerät völlig durcheinander, wenn plötzlich große Menschenmengen nach Unterstützung verlangen; Hausbesitzern droht die Pleite, wenn ihre Mieter sich weigern, die Miete zu zahlen. In all diesen Fällen *hören Menschen auf, sich ihren gewohnten institutionellen Rollen entsprechend zu verhalten; sie verweigern die gewohnte Kooperation, und indem sie dies tun, verursachen sie institutionelle Erschütterungen.*

Nach unserer Definition ist eine institutionelle Erschütterung das Resultat einer negativen Sanktion, nämlich der Verweigerung eines wichtigen Beitrags, auf den andere angewiesen sind. Sie ist deshalb ein natürliches Mittel, auf andere Druck auszuüben. Diese Form der Machtausübung wird in der Tat auch regelmäßig von Individuen wie von Gruppen, die durch viele Formen kooperativer Interaktion miteinander in Verbindung stehen, praktiziert – vor allem von Produzenten bestimmter Güter und Dienstleistungen. So halten zum Beispiel Farmer ihre Produkte vom Markt zurück, um die Agrarpreise hochzutreiben; Ärzte verweigern die Behandlung, wenn ihre Patienten nicht bereit sind, das geforderte Honorar zu zahlen; Ölgesellschaften halten ihre Vorräte zurück, bis Preiskonzessionen gemacht werden.[26]

Wie groß der Einfluß jedoch wirklich ist, den eine Gruppe durch die Anwendung negativer Sanktionen erreichen kann, ist äußerst unterschiedlich. Der Grad des Einflusses hängt erstens davon ab, ob der zurückgehaltene Beitrag für andere entscheidende Bedeutung hat oder nicht; zweitens, ob die von der Erschütterung Betroffenen in der Lage sind, Zugeständnisse zu machen; und drittens, ob die aufbegehrende Gruppe sich wirksam vor Gegenschlägen schützen kann. Diese Kriterien machen deutlich, daß die Armen normalerweise nicht in der strategischen Position sind, aus ihrer Auflehnung Profit zu schlagen.

So befinden sich die unteren Schichten, im Vergleich zu den meisten Produzentengruppen, häufig an einer allzu unwichtigen Position im Institutionengefüge, um Erschütterungen als Taktik zur Verstärkung ihres Einflusses benutzen zu können. Viele Unterschichtsangehörige befinden sich in Positionen, die ihre Kooperation für den Bestand wichtiger Institutionen nicht erforderlich machen. Wer zum Beispiel in gesamtwirtschaftlich unbedeutenden Unternehmen arbeitet, wer nur nebensächliche Funktionen in Großunternehmen ausübt oder wer überhaupt arbeitslos ist, der übt keinerlei Rolle aus, auf die bedeutende Institutionen angewiesen wären. Bisweilen sind Arme in der Tat so weitgehend von der Teilnahme an gesellschaftlichen Institutionen ausgeschlossen, daß der einzige »Beitrag«, den sie verweigern könnten, ihre passive Duldsamkeit ist – für sie bleibt Aufruhr der einzige Ausweg.

Darüber hinaus verfügen die Leiter gerade der Institutionen, in denen sich viele Unterschichtsangehörige wiederfinden, nur selten über die Möglichkeit, den Rebellierenden Zugeständnisse zu machen. Die wenigen Institutionen, in denen Unterschichtsgruppen wichtige Rollen spielen, wie »sweatshops« oder Slum-Wohnungen, haben – ökonomisch unbedeutend und marginal, wie deren Eigentümer sind – nur selten die Möglichkeit, auf massive Störungen mit größeren Konzessionen zu antworten.

Schließlich sind Unterschichtsgruppen nur selten in der Lage, sich vor Gegenschlägen zu schützen. Die Armen brauchen die lange Geschichte verhafteter und erschossener Protestteilnehmer nicht unbedingt zu kennen, um diesen Punkt zu begreifen. Die Erfahrung, wie wehrlos sie sind, ist fester Bestandteil ihres Alltags: jeder Polizeiübergriff, jede Wohnungsausweisung, jeder Verlust des Arbeitsplatzes, jede Streichung der Sozialbeihilfe ist in ihr Bewußtsein eingraviert. Schon die herabsetzenden Begriffe, mit denen Auflehnung der Unterschicht versehen wird – die abwertende Etikettierung durch Illegalität und Gewalt –, zeugen von ihrer Wehrlosigkeit und dienen zudem noch als Rechtfertigung für häufige und schwerwiegende Vergeltungsmaßnahmen. Indem wir eine solche Etikettierung als selbstverständlich hinnehmen, verkennen wir, was all dies wirklich repräsentiert: die Struktur politischen Zwangs als inhärenter Bestandteil des Alltagslebens der Unterschicht.

Wenden wir uns nun der verbreiteten Assoziierung von Aufruhr mit Spontaneität zu, die vielleicht ein weiteres Relikt der traditionellen Denkweisen über Aufstände der Unterschicht darstellt; allerdings ist der Sachverhalt in diesem Fall etwas komplizierter.

Institutionelle Erschütterungen an sich sind nicht notwendig die Folge spontaner Aktionen; von Unterschichtsgruppen ausgehende Störaktionen aber sind es sehr oft – zumindest in dem Sinne, daß sie von formellen Organisationen weder geplant noch durchgeführt werden. Diese Tatsache ist einerseits ein Beleg für das geringe Maß organisatorischer Stabilität in der Armutsbevölkerung, und andererseits für das vorsichtige und zurückhaltende Taktieren derjenigen Organisationen, denen es gelingt, zu überleben. Aber selbst wenn es stabile Organisationen gäbe, die nicht ständig zu vorsichtigem Taktieren gezwungen wären, um zu überleben, blieben die Umstände, die zu massenhafter Auflehnung der Unterschicht führen, nur äußerst schwer vorherzubestimmen; kommt es dann zur Auflehnung, können die Führer sie nur schwer unter Kontrolle halten. Rosa Luxemburgs Anmerkungen zum Massenstreik treffen genau diesen Sachverhalt:

»...der Massenstreik [wird] nicht künstlich ›gemacht‹, nicht ins Blaue hinein ›beschlossen‹, nicht ›propagiert‹ ..., sondern ... er [ist] eine historische

Erscheinung ..., die sich in gewissem Moment aus den sozialen Verhältnissen mit geschichtlicher Notwendigkeit ergibt. ...
 Wollte es jemand unternehmen, den Massenstreik überhaupt als eine Form der proletarischen Aktion zum Gegenstand einer regelrechten Agitation zu machen, mit dieser ›Idee‹ hausieren zu gehen, um für sie die Arbeiterschaft nach und nach zu gewinnen, so wäre das eine ebenso müßige, aber auch ebenso öde und abgeschmackte Beschäftigung, wie wenn jemand die Idee der Revolution oder des Barrikadenkampfes zum Gegenstand einer besonderen Agitation machen wollte.« (100f.)

Auch wenn Unterschichtsangehörige also nur selten die Möglichkeit haben, Institutionen nachhaltig zu erschüttern, und obwohl diese seltenen Möglichkeiten nicht einmal exakt geplant werden können, sind sie doch das einzige Machtmittel, das sie besitzen. Ob sie dieses Mittel einsetzen oder nicht, wie potentielle Erfolge und Risiken abzuwägen sind – das wird nicht in Vorstandszimmern entschieden, sondern ergibt sich von selbst aus den schrecklichen Notlagen, in denen sich diese Menschen in wirren und gespannten Zeiten befinden.[27] Und in eben solchen Zeiten kann das Aufbegehren der Armen eine Sprengkraft entwickeln, die über den Rahmen der direkt betroffenen Institutionen hinausgeht.

Die Grenzen politischer Erschütterung

Letztlich ist der Einfluß der Armen nicht daran zu messen, wie ihr Aufruhr einzelne Institutionen trifft, sondern daran, welche Auswirkungen auf das politische System er besitzt. Auf dieser Ebene kommt jedoch eine neue Gruppe von Strukturelementen ins Spiel, denn der politische Einfluß institutioneller Erschütterungen wird durch das politische Wahlsystem vermittelt.

Die Reaktionen auf Protestaktionen unterscheiden sich je nach ihrer Bedeutung für den Wahlausgang. In Phasen der Stabilität hat die Regierung drei ziemlich einleuchtende Möglichkeiten, auf Massenprotest zu reagieren: sie kann ihn ignorieren, sie kann Strafmaßnahmen gegen die Protestierenden ergreifen, oder sie kann versuchen, die Lage durch Zugeständnisse zu entschärfen. Wenn die sich auflehnende Gruppe ohnehin kaum eigenen politischen Einfluß hat – wie es für Unterschichtsgruppen typisch ist –, wird sie entweder ignoriert oder unterdrückt werden. Sie wird vermutlich ignoriert, wenn die erschütterte Institution keine zentrale gesellschaftliche Rolle spielt und auch für andere, wichtigere Gruppen keine Bedeutung hat. Wenn also Männer und Frauen Amok laufen, aber nur das Leben ihrer eigenen Gemeinde ins Chaos stürzen, wie in den Einwandererslums des 19. Jahrhunderts geschehen, mag das furchterregend wirken, doch läßt sich das Geschehen auf die Slums selbst begrenzen; die Bedeutung für die Gesellschaft als ganzes ist gering und auch das Wohlergehen anderer, wichtiger Gruppen bleibt unberührt. Dasselbe trifft zu auf verarmte Mobs, die nach öffentlicher Unterstützung verlangen; sie können einzelne Wohlfahrtsämter ins Chaos stürzen, aber Chaos in Wohlfahrtsämtern ist kein sonderliches Problem für die Gesellschaft als ganzes, oder für wichtige Gruppen. Zu repressiven Maßnahmen wird erst gegriffen, wenn zentrale gesellschaftliche Institutionen betroffen sind, etwa als Ende des 19. Jahrhunderts die Eisenbahner mit ihren Streiks und Ausschreitungen das Transportwesen lahmzulegen drohten, oder als nach dem Ersten Weltkrieg in Boston die Polizisten streikten. Doch ob sie nun ignoriert oder bestraft werden, eine dieser beiden Reaktionsformen erwarten die Armen normalerweise von der Regierung, denn dies sind die Reaktionen, die sie gewöhnlich hervorrufen.[28]

Protestbewegungen entstehen jedoch nicht in normalen, stabilen Zeiten; sie entstehen, wenn tiefgreifende Veränderungen die politische Stabilität unterhöhlen. Wie wir schon festgestellt haben, ist es dieser Zusammenhang, der den Armen Hoffnung gibt und ihr Aufbegehren überhaupt erst möglich macht. Es ist dieser Zusammenhang, der auch die politischen Führer durch Proteste der Armutsbevölkerung in gewisser Weise verwundbar macht.

In Zeiten schneller ökonomischer und sozialer Veränderungen fällt es den Politikern weit schwerer, Unruhen zu ignorieren oder Strafmaßnahmen zu ergreifen. In solchen Zeiten wird das Verhältnis der Politiker zu ihren Wählern leicht ungewiß.[29] Dieser Zustand politischer Unsicherheit macht das Regime wesentlich empfindlicher für Unruhen, denn nicht nur steigt die Gefahr, daß zunächst unbeteiligte Gruppen aktiviert werden könnten – in Schattschneiders Terminologie: der Konfliktbereich wird erweitert –, sondern dieser Konfliktbereich wird ausgerechnet zu einem Zeitpunkt ausgedehnt, zu dem politische Bindungen bereits unzuverlässig geworden sind.[30]

Wenn die politische Führung sich ihrer Unterstützung nicht mehr sicher sein kann, lassen sich nicht einmal mehr Erschütterungen in peripheren Institutionen gefahrlos ignorieren, denn allein das Auftreten von Problemen und Unordnung wird bedrohlich, wenn politische Bindungen instabil geworden sind. Wenn die gestörten Institutionen dazu noch von zentraler Bedeutung für die Wirtschaft oder für die Stabilität des gesellschaftlichen Lebens sind, dann wird die Wiederherstellung geordneter Zustände unumgänglich, will das Regime die Unterstützung seiner Wähler nicht verlieren. Als z. B. die Industriearbeiter in den dreißiger Jahren massenhaft streikten, gefährdeten sie die gesamte Wirtschaft des Landes und – angesichts des damaligen instabilen Wählerverhaltens – die gesamte Zukunft der nationalen politischen Führung. Unter diesen Bedingungen konnte es sich die Regierung kaum leisten, die Unruhen zu ignorieren.

Allerdings konnte die Regierung es damals ebenfalls nicht riskieren, die Streikenden mit massiver Gewalt zu unterdrücken. Sie konnte, mit anderen Worten, nicht mehr einfach von ihrer Option der Unterdrückung Gebrauch machen. Zum einen hatten die streikenden Arbeiter, wie später auch die Bürgerrechtsdemonstranten der sechziger Jahre, beträchtliche Sympathie bei Gruppen gewonnen, die zu den entscheidenden Stützen des Regimes gehörten. Zum anderen machen instabile politische Verhältnisse Gewaltanwendung zu riskant, da sich die Reaktion anderer, ebenfalls unzufriedener Gruppen nicht voraussagen läßt – es sei denn, die aufsässigen Gruppen gehören im wesentlichen zu den sozial Ausgestoßenen, was den Regierenden erlauben würde, den Haß der Öffentlichkeit gegen sie zu mobilisieren. Ist die Regierung also weder in der Lage, die Rebellen zu ignorieren, noch bereit, das Risiko repressiver Maßnahmen auf sich zu nehmen, muß sie versuchen, die Protestierenden zu beschwichtigen und ihrer Bewegung die Spitze abzubrechen.

Gewöhnlich bieten sich verschiedene Varianten der Beschwichtigung an: Die erste und offenkundigste Variante besteht darin, daß die politischen Führer Konzessionen anbieten oder gegebenenfalls die Eliten des privaten Sektors drängen, Zugeständnisse zu machen, um den dringendsten – ideellen wie materiellen – Klagen der sich auflehnenden Gruppe abzuhelfen. So wurden den Arbeitslosengruppen in den dreißiger Jahren Beihilfen zugesichert; streikende Arbeiter bekamen mehr Lohn und kürzere Arbeitszeit; und den massiven Bürgerrechtsdemonstrationen begegnete man in den sechziger Jahren mit der Aufhebung der Rassentrennung in öffentlichen Einrichtungen.

Ob man derartige Maßnahmen nun als Beweise für das Reformpotential der amerikanischen politischen Institutionen nimmt oder ihnen reine Feigenblattfunktionen zuschreibt – es bleibt eine Tatsache, daß diese Konzessionen von der Regierung keineswegs leichten Herzens gemacht wurden. In jedem dieser Fälle setzte die Reform einen mehr oder weniger heftigen Bruch mit der traditionellen Anpassung staatlicher Politik an die Interessen privater Eliten voraus. Die liberale Wohlfahrtspolitik des New Deal mußte beispielsweise gegen die breite Opposition der Wirtschaft durchgesetzt werden. Auch die streikenden Arbeiter konnten in den dreißiger Jahren ihre Lohnforderungen nur deshalb gegen die Konzerne durchsetzen, weil führende Politiker aus Bund und Einzelstaaten mit der alten Tradition brachen, Streiks von Polizei und Militär niederschlagen zu lassen. Die Aufhebung der Rassentrennung in öffentlichen Einrichtungen schließlich wurde möglich, weil sich Bundespolitiker der Demokratischen Partei gegen ihre alten Verbündeten aus den Plantagenelite im Süden stellten. Die Zugeständnisse kamen in all diesen Fällen erst zustande, als sich die verantwortlichen Politiker aus Sorge um ihr politisches Überleben gezwungen sahen, bestimmte Maßnahmen auch gegen den heftigen Widerstand ökonomischer Eliten durchzuführen. Kurzum: Bei einer schwerwiegenden Störung des Wählerverhaltens wird das Bündnis zwischen politischer und privater Macht gelegentlich, wenn auch nur kurzfristig, brüchig. In diesen kurzen Momenten können die Armen durch Aufruhr ihre Lage verbessern.[31]

Die zweite Beschwichtigungsvariante besteht aus dem Versuch, den Aufruhr nicht allein durch Eingehen auf die unmittelbaren Forderungen der Protestierenden einzudämmen, sondern die Energie und Wut der Protestierenden in legitimere und weniger explosive Bahnen politischen Verhaltens zu lenken, unter anderem, indem den Anführern lohnende Angebote gemacht werden – mit anderen Worten: indem man sie kooptiert. So wurden Demonstranten für bessere Sozialfürsorge sowohl in den dreißiger wie in den sechziger Jahren dazu ermutigt, den offiziellen Beschwerdeweg einzuschlagen, statt »einfach nur« Sozialämter zu stürmen. Gleichzeitig bot man den Führern der Bewegung Positionen als Berater der Wohlfahrtsbehörden an. In den sechziger Jahren vertauschten Bürgerrechtsaktivisten die Straße mit Posten in den »Great Society«-Programmen*; und als sich die Gettoaufstände in den Städten des

---

* Die »Great Society« war das große gesellschaftspolitische Programm Präsident Johnsons zur Bekämpfung der Armut und Herstellung sozialer Gerechtigkeit. Träger des Programms sollte die alte liberale Koalition Roosevelts aus Gewerkschaften,

Nordens ausbreiteten, wurden die Anführer zu »Dialogen« mit Lokalpolitikern eingeladen und manchem von ihnen Positionen in städtischen Behörden angeboten.[32]

Die dritte Variante möglicher Regierungsmaßnahmen dient nicht der Beschwichtigung der Protestierenden, sondern soll die Sympathie untergraben, die ihnen in der Öffentlichkeit entgegengebracht wird. Gewöhnlich werden neue Programme verkündet, die die Forderungen der Bewegung scheinbar erfüllen und ihr somit die weitere moralische Unterstützung der Öffentlichkeit rauben, ohne daß tatsächlich reale Zugeständnisse gemacht wurden. Ein schlagendes Beispiel für diese Politik war die Verabschiedung der Rentenbestimmungen des »Social Security Act«*. Die in der Townsend-Bewegung organisierten Senioren hatten Renten in Höhe von monatlich 200 Dollar ohne Einschränkungen gefordert. Rund 25 Millionen Unterschriften hatten sie für ein entsprechendes Gesetz gesammelt. Der schließlich verabschiedete »Social Security Act« enthielt dann zwar Bestimmungen, die den Lebensabend vieler zukünftiger Rentner sicherten, für die Mitglieder der Townsend-Bewegung aber war er bedeutungslos. Das neue Versicherungssystem basierte nämlich auf der Zahlung von Beiträgen während des Arbeitslebens – die schon damals Alten hatten jedoch nie Beiträge gezahlt und waren folglich nicht rentenberechtigt. Und auch wenn sie es gewesen wären, hätten viele von ihnen den vorgesehenen Beginn der Zahlungen, sieben Jahre nach der Verabschiedung des Gesetzes, ohnehin nicht mehr erlebt. Doch die Rentenbestimmungen des »Social Security Act« erfüllten die *moralischen* Ansprüche der Seniorenbewegung. Prinzipiell hatte die Regierung Maßnahmen ergriffen, um für die Alten Amerikas zu sorgen, und so gelang es ihr, jeglicher Identifizierung der zukünftigen Rentner mit den bereits jetzt aus dem Erwerbsleben Ausgeschiedenen zu zerstören.

fortschrittlichem Bürgertum, Schwarzen und linksliberalen Intellektuellen, vereint in der Demokratischen Partei, sein. Tatsächlich konnten einige Programme initiiert werden, die »Great Society« zerbrach jedoch mit dem Ende der Johnson-Administration. (Anm. d. Ü.)

* Der »Social Security Act« von 1935 umfaßte drei Hauptpunkte: erstens ein Sozialfürsorge-Programm, das Zuschüsse des Bundes an die Einzelstaaten für die Unterstützung von Bedürftigen, Alten, Blinden und abhängigen Kindern vorsah; zweitens das Rentenversicherungssystem, das heute meist gemeint ist, wenn von »social security« gesprochen wird; drittens ein Arbeitslosenunterstützungs-Programm, das den bundesgesetzlichen Rahmen für die Gesetzgebung der Einzelstaaten schuf. Die konkrete Ausformung ist von Staat zu Staat unterschiedlich, besonders in bezug auf die Höhe und Dauer der Zahlungen. (Anm. d. Ü.)

Der »Social Security Act« raubte dem Townsend-Plan also die Unterstützung der Öffentlichkeit, ohne für die Alten von Nutzen zu sein. Die Liste staatlicher Maßnahmen mit diesem Effekt ist lang. Die in den sechziger Jahren großartig verkündeten Bundesprogramme für die Gettos waren weder ausreichend geplant noch finanziell abgesichert, um eine wesentliche Linderung der Armut oder der Traumata des Gettolebens erreichen zu können. Die mit diesen Programmen verbundene Publizität – all das Trara über den »Krieg gegen die Armut« und die Entwicklung von »Modell-Städten« – trug jedoch entscheidend dazu bei, die aufgebrachten liberalen Sympathisanten der städtischen Schwarzen zu beruhigen.

Letztlich setzt die scheinbare Erfüllung von Forderungen die Regierung auch wieder in die Lage, ohne Risiko repressive Maßnahmen zu ergreifen. In der Regel werden jetzt die militanten Führer und Gruppen, die sich von den Scheinkonzessionen nicht haben besänftigen lassen, herausgegriffen und zu Opfern willkürlicher Polizeiaktionen, aber auch formeller, legaler Schikanierung durch Kongreßausschüsse oder Gerichte gemacht. Flankiert von den weithin publizierten Bemühungen der Regierung, die Lage der unzufriedenen Gruppen zu verbessern, erregen repressive Maßnahmen dieser Art nur noch selten die Empörung der sympathisierenden Öffentlichkeit. Diese Doppelstrategie verleiht der Regierung zusätzlich die Aura der Ausgewogenheit und Klugheit.

Als wichtigste Erkenntnis bleibt festzuhalten, daß *die politische Relevanz institutioneller Erschütterungen vom jeweiligen politischen Wahlverhalten abhängig ist.* Sogar schwere Erschütterungen, wie Streiks in der Großindustrie, werden nur dann Konzessionen erzwingen, wenn die Proteste von instabilem Wählerverhalten begünstigt werden. Aber selbst wenn die Regierung gezwungen ist zu reagieren, können die Protestierenden ihr nicht den Inhalt ihrer Reaktionen diktieren. Über die Vielfalt der spezifischen Umstände, von denen Erfolg und Scheitern von Protestbewegungen abhängig sind, haben wir noch viel zu lernen.

Der Niedergang des Protests

Es überrascht nicht, daß die koordinierten Regierungsmaßnahmen – Konzessionen auf der einen, Unterdrückung auf der anderen Seite – gewöhnlich zum Zerfall der Protestbewegung führen, indem sie zum einen die Bewegung selbst, zum anderen das politische Klima, in dem der Protest gedeihen konnte, verändern. Danach ist das Arsenal der institutionellen Kontrollen wieder voll funktionstüchtig: Protest wird wieder im Keim erstickt, und der Unterschicht aufs neue jeglicher politische Einfluß verwehrt.

Wir schrieben, eine mögliche Variante von Regierungsmaßnahmen bestehe darin, den Protestierenden Konzessionen zu machen, einigen ihrer – symbolischen oder materiellen – Forderungen nachzugeben. Derartige Zugeständnisse sind jedoch vermutlich kaum von besonderer Bedeutung für den Niedergang einer Protestbewegung. Einerseits sind die Zugeständnisse in der Regel ohnehin nur mäßig bis unbedeutend; andererseits demonstrieren selbst bescheidene Zugeständnisse, daß Protest »funktioniert« – ein Umstand, von dem ebensogut angenommen werden könnte, daß er einer Bewegung weiteren Auftrieb gibt, anstatt sie zu zügeln.

In der Regel jedoch haben alle Konzessionen einen entscheidenden Haken. Wenn sie überhaupt gewährt werden, sind sie gewöhnlich Teil eines ganzen Pakets von Maßnahmen zur Reintegration der Bewegung in den normalen politischen Prozeß und ihrer Anführer in stabile institutionelle Rollen. So bedeutete das in den großen und militanten Streiks der dreißiger Jahre erkämpfte Koalitionsrecht der Industriearbeiter, daß diese ihre Interessen fortan im Rahmen neugeschaffener Beschwerdeverfahren und nicht mehr in Sitz- oder wilden Streiks zu vertreten hatten; und die jetzt in offizielle Beziehungen zum Management und in die Gremien der Demokratischen Partei integrierten neuen Gewerkschaftsführer entwickelten sich bald zu den ideologischen Verfechtern und organisatorischen Anführern dieser neuen, auf Normalisierung und Mäßigung beruhenden Strategie. Ähnliches gilt für die Schwarzen: als sie in den sechziger Jahren im Süden das Wahlrecht erkämpft und in den nördlichen Großstädten als Folge der Gettounruhen einen Anteil am politischen Patronagesystem erlangt hatten, wurden ihre führenden Vertreter zusehends von bürokratischen Apparaten und Parteipolitik absorbiert und zu ideologischen Verfechtern einer Strategieverschiebung »vom Protest zur Politik« (Rustin).[33]

Dieser Aspekt staatlicher Maßnahmen verdient nähere Betrachtung, waren doch die bedeutendsten reintegrativen Maßnahmen –

das Koalitionsrecht, das Wahlrecht, die schwarze Beteiligung in der Stadtverwaltung – nicht zuletzt Reaktionen auf ganz spezifische Forderungen der Protestierenden selbst. Allem Anschein nach hatte die Regierung nur gehandelt, um Mißständen abzuhelfen. Doch so geradlinig war der gesamte Prozeß keineswegs. Wie schon angedeutet, waren die Bewegungen durch die Interaktion mit Eliten entstanden und ihre Forderungen zum Teil nach Ermunterung durch führende Politiker formuliert worden. Es war kein bloßer Zufall, daß Parteipolitiker gerade Forderungen wie die nach dem Recht auf gewerkschaftliche Organisierung, dem Wahlrecht oder dem Recht auf »Bürgerbeteiligung« für gerechtfertigt erklärten. In jedem dieser Fälle reagierten Eliten auf Unzufriedenheit, indem sie Reformen vorschlugen, mit denen sie sich auskannten und die im wesentlichen daraus bestanden, etablierte politische Verfahren auf neue Gruppen oder neue Politikbereiche auszudehnen. Tarifverhandlungen sind nicht in den dreißiger Jahren erfunden worden und das Wahlrecht nicht in den sechziger Jahren. Vom Aufruhr angetrieben, schlugen die Politiker Reformen vor, die in gewisser Weise bereits von den bestehenden Gesellschaftsstrukturen vorgegeben waren und aus dem Repertoire bewährter Traditionen stammten. Das aufgebrachte Volk reagierte dann auch tatsächlich mit der Forderung nach dem, was politische Führer ihm in den Mund gelegt hatten. Hätte es durch einen historischen Zufall anders gehandelt, hätten beispielsweise die Industriearbeiter die Vergesellschaftung der Fabriken verlangt – bekommen hätten sie, wenn überhaupt etwas, vermutlich trotzdem das Koalitionsrecht; hätten die verarmten Schwarzen im Süden eine Landreform gefordert, wäre ihnen wahrscheinlich auch dann das Wahlrecht zugesprochen worden.

Parallel zu den Bemühungen, unzufriedene Gruppen zu reintegrieren und zu weniger explosivem politischen Verhalten zu bewegen, ist die Regierung ständig bemüht, Protestbewegungen von möglichen Bündnispartnern zu isolieren und dadurch die Moral der Protestierenden zu brechen. Wenn die Bewegung schließlich infolge all dieser Einflüsse zerfällt – wenn die Führer von neuen Betätigungsfeldern angezogen und die einfachen Mitglieder entweder beschwichtigt, verwirrt oder entmutigt worden sind – dann werden durch die demonstrative Anwendung repressiver Gewalt gegen widerspenstige Elemente die wenigen noch verbliebenen Aktivisten aufgerieben.

Die weiterreichenden Veränderungen gehen jedoch nicht in der Bewegung selbst vor, sondern in dem politischen Umfeld, in dem die Bewegung ursprünglich gedeihen konnte. Die Aufrührer und Rebellen, die die eigentliche Bewegung bilden, stellen ja nur einen kleinen Teil der gesamten unzufriedenen Bevölkerungsgruppe dar, aus der sie hervorgegangen sind. Nun könnte man annehmen, daß kooptierte Sprecher durch andere ersetzt werden und daß für beschwichtigte oder entmutigte Mitstreiter andere nachrücken. Dem ist jedoch nicht so, denn die Regierungsmaßnahmen vernichten nicht allein die Bewegung, sie verwandeln auch das politische Klima, das den Protest erst ermöglicht hat. Die Konzessionen an die Bewegung, die Bemühungen, »sie in das System zurückzuführen«, und vor allem die auf potentielle Anhänger zielenden Maßnahmen schaffen das überzeugende Image einer wohltätigen und verständnisvollen Regierung, die sich der Not ihrer Bürger annimmt und Probleme entschlossen anpackt. Meist versiegt daraufhin die einmal vorhandene Unterstützung aus der Öffentlichkeit. Darüber hinaus ruft die Demonstration staatlicher Wohltätigkeit antagonistische Gruppen auf den Plan und fördert feindselige Stimmungen bislang eher neutraler Gesellschaftsschichten. Die öffentliche Meinung beginnt umzuschlagen: gegen die Gewerkschaften zum Ende der dreißiger, gegen die Schwarzen in den späten sechziger Jahren. In diesem Prozeß ändern auch die Regierungspolitiker ihre Haltung, vor allem, wenn sie von politischen Gegenspielern herausgefordert werden, die den öffentlichen Meinungsumschwung und die resultierende geschwächte Position der Amtsinhaber sehr wohl registriert haben. In den späten sechziger Jahren machten sich beispielsweise Politiker der Republikanischen Partei die wachsenden Ressentiments der weißen Bevölkerung gegen die Schwarzen zunutze, um Demokratische Wähler zu gewinnen: Lauthals forderten sie »Recht und Ordnung« und »workfare not welfare« (die Koppelung von Fürsorgeleistungen an Arbeitswilligkeit) – die Codeworte für Rassenantagonismus. Derartige Veränderungen verkünden Unheil. Wo einst prominente Politiker große Reden hielten und den Armen Mut machten, verfallen sie nun in eine Rhetorik, die alle Hoffnung auslöscht und Furcht in die Herzen pflanzt. Es sollte deutlich geworden sein, daß, wenn diese verschiedenen Umstände zusammenkommen, Auflehnung nicht länger möglich ist.

Restbestände der Reform

Wenn der Protest verebbt ist, werden Zugeständnisse häufig wieder zurückgenommen. Wenn also z. B. die Arbeitslosen besänftigt sind, werden viele von ihnen wieder von den Unterstützungslisten gestrichen, obwohl sie noch immer arbeitslos sind; wenn sich die Lage im Getto beruhigt hat, werden die Zwangsräumungen wieder aufgenommen. Der Grund für diesen Umschwung ist einfach genug: Da die Armen keine Bedrohung mehr darstellen, haben sie jeden Einfluß auf die Politik verloren; ein Grund, den Armen entgegenzukommen, existiert nicht mehr. Ganz im Gegenteil, das politische Klima wird jetzt nicht selten von Feindseligkeit gegenüber den Armen bestimmt, weil die erzwungenen Zugeständnisse mit großer Wahrscheinlichkeit zur Zielscheibe der Mißgunst anderer Gruppen werden.

Es gibt allerdings Zugeständnisse, die nicht zurückgenommen werden. Auch nachdem der Aufruhr verebbt ist, bleiben wichtige institutionelle Veränderungen zuweilen unangetastet. So wurde das gewerkschaftliche Koalitionsrecht nicht wieder zurückgenommen, nachdem der Arbeitsfrieden wiederhergestellt war (obwohl eine Reihe von gewerkschaftlichen Rechten später beschnitten wurde). Und es ist unwahrscheinlich, daß den Schwarzen im Süden das Wahlrecht wieder entzogen werden könnte (obwohl das nach der Rekonstruktionsphase im Anschluß an den Bürgerkrieg schon einmal geschehen ist). Warum aber werden gewisse Zugeständnisse wieder zurückgenommen, während andere zu bleibenden Strukturreformen werden?

Die Antwort ist vielleicht, daß einige der in unruhigen Zeiten durchgeführten Reformen allzu kostspielig oder anderen Gruppen ein Dorn im Auge sind und ohnehin nur unter äußerstem Zwang akzeptiert wurden, während andere sich als durchaus mit den Interessen einflußreicher, vor allem herrschender ökonomischer Gruppen vereinbar (oder zumindest nicht als unvereinbar) erweisen. Diese Feststellung klingt ein wenig nach Konspirationstheorie, tatsächlich hat der Prozeß mit einer Verschwörung jedoch nichts zu tun. Zwar hatten sich wichtige Industrielle der gewerkschaftlichen Organisierung zunächst widersetzt; nachdem sie aber gezwungen worden waren, sie um des industriellen Friedens willen zu akzeptieren, entdeckten sie mit der Zeit, welch nützliche Rolle die Gewerkschaften als Ordnungsfaktor spielten. Das Problem, wie

Industriearbeiter am wirkungsvollsten diszipliniert werden konnten, hatte sich schon seit der Jahrhundertwende gestellt. Die Große Depression brachte schließlich die politischen Unruhen hervor, aus denen eine Lösung erwachsen sollte. Diese Lösung wurde aber nicht einfach aus der Luft gegriffen. Wie bereits erwähnt, waren Tarifverhandlungen eine bereits erprobte Methode, mit Arbeitskonflikten umzugehen. Die Tumulte der dreißiger Jahre aber erzwangen erst die breite Anwendung dieser Methode; und einmal eingeführt, erwiesen sich die Reformen als brauchbar und wurden institutionalisiert.

Die ökonomischen Eliten in den Südstaaten hatten zunächst ebenfalls keinerlei Interesse, den Schwarzen das Wahlrecht zu gewähren. Sie von den Wahlen auszuschließen, hatte allerdings an Bedeutung verloren. Die alte Plantagenökonomie wurde zusehends durch die Industrialisierung zurückgedrängt, und die alteingesessenen, auf der Plantagenwirtschaft basierenden Eliten verloren einen Teil ihres Einflusses an die Industriellen. Die feudalen politischen Verhältnisse, auf die die Plantagenökonomie angewiesen war, verloren so ihre zentrale Bedeutung, vor allem für die neuen ökonomischen Eliten. Indem sie durch die Erringung voller Bürgerrechte die Modernisierung der Südstaatenpolitik erzwangen, trugen die schwarzen Proteste dazu bei, einen Riß im institutionellen Gewebe der amerikanischen Gesellschaft zu flicken – einen Riß, der die Folge des wachsenden Widerspruchs zwischen den ökonomischen und politischen Institutionen des Südens gewesen war.

Diese Beispiele deuten darauf hin, daß *Proteste, wenn überhaupt, nur das erreichen, was ohnehin auf der historischen Tagesordnung steht*. Dennoch, und Alan Wolfe hat es gesagt: Regierungen ändern ihre Politik nicht durch eine mysteriöse »radikale historische Transformation«, sondern allein, weil sie durch die realen Kämpfe der jeweiligen Epoche dazu gezwungen werden (154). Wenn Menschen letzten Endes gegen gewaltige Widerstände zum Protest greifen, nehmen sie die einzige Möglichkeit wahr, die ihnen innerhalb der Grenzen ihres sozialen Status offensteht. Wer allerdings diese Grenzen nicht wahrhaben will, verweist Proteste der Unterschicht nicht nur blindlings in das Reich des Halbrationalen, sondern beharrt darüber hinaus auf der Illusion, als stünden im amerikanischen politischen System andere, regulärere Möglichkeiten der politischen Einflußnahme zur freien Verfügung.

Eine Anmerkung zur Rolle der Anführer von Protestbewegungen

Es ist unser zentraler Punkt in diesem Kapitel, daß sowohl die Grenzen als auch die Erfolgsaussichten von Massenprotest durch gesellschaftliche Bedingungen bestimmt werden. Die sich daraus ergebenden Konsequenzen für die Rolle der führenden Sprecher von Protestbewegungen können knapp zusammengefaßt werden.

Protest ist das Resultat folgenschwerer Veränderungen der institutionellen Ordnung. Er läßt sich nicht durch »organizers« und Anführer ins Leben rufen.

Wenn Protest ausbricht, werden seine spezifischen Formen weitgehend durch Merkmale der Sozialstruktur bestimmt. »Organizers« und Anführer sind zum Scheitern verdammt, wenn sie bei der Entwicklung von Strategien die soziale Position der Menschen, die sie mobilisieren wollen, nicht beachten.

Eliten reagieren auf die von Protesten hervorgerufenen institutionellen Erschütterungen und auf andere starke institutionelle Zwänge. Die von den »organizers« und Sprechern der Protestbewegung aufgestellten Forderungen beeinflussen die Reaktionen der Eliten dabei nur unbedeutend. Auch die formell strukturierten Organisationen der Armen haben keinen nennenswerten Einfluß auf die Reaktionen der Eliten. Der Einfluß, den Unterschichtsgruppen gelegentlich in der amerikanischen Politik ausüben, ist nicht das Resultat von Organisierung, sondern allein von Massenprotest und den daraus folgenden institutionellen Erschütterungen.

Protestbewegungen in den Vereinigten Staaten sind immer nur vorübergehende Episoden gewesen, denn während sie noch an Kraft gewinnen, entwickeln sich auch schon die verschiedenen Formen institutioneller Anpassung und Einschüchterung, die schließlich zur Wiederherstellung der Ruhe führen. »Organizers« und Anführer können das Abebben von Protesten ebensowenig verhindern wie den Verfall des Einflusses, den die Unterschicht durch ihre Proteste besessen hat. Sie können nur versuchen, das zu gewinnen, was gewonnen werden kann; zu dem Zeitpunkt, wenn es gewonnen werden kann.

Protestbewegungen werden in der genannten Weise von institutionellen Bedingungen und nicht durch planmäßige Bemühungen von Anführern und »organizers« geschaffen. Innerhalb dieser engen strukturellen Grenzen existiert jedoch ein gewisser Spielraum für zielgerichtete Aktivitäten. »Organizers« und Anführer haben die Wahl zwischen verschiedenen Handlungsmöglichkeiten – und ihre Entscheidung wird den Kurs der Protestbewegung auch bis zu einem gewissen Grad beeinflussen. Aber der Spielraum ist klein. Er wird auch dadurch nicht größer, daß man die institutionellen Schranken leugnet und Strategien verfolgt, die den Realitäten hohnsprechen. Es ist allemal weiser, die Grenzen zu erkennen und den gegebenen Spielraum so weit wie möglich auszunutzen. Nur so läßt sich der potentielle Einfluß der Unterschicht voll geltend machen. Falls unsere Schlußfolgerungen richtig sind, kann das nur heißen, daß solche Strategien zu verfolgen sind, die die Wucht und Wirkung des Protests in jedem Stadium seiner Genese und Entwicklung eskalieren.

Vor dem Hintergrund dieses Thesen werden wir uns im folgenden der Analyse einiger jüngerer Protestbewegungen zuwenden.

II. Die Arbeitslosenbewegung

Die Massenbewegungen der Arbeitslosen und der Industriearbeiter während der Depression folgten einer Periode des ökonomischen Zusammenbruchs: Elend und Verwirrung waren in das Alltagsleben von Millionen Menschen eingebrochen, und auch die Haltung der Eliten war von Widersprüchen und Konfusion nicht verschont geblieben. Wer noch Arbeit hatte, zeigte seine – vom wirtschaftlichen Zusammenbruch hervorgerufene – Unzufriedenheit in den Kämpfen innerhalb des Fabriksystems. Wir werden im nächsten Kapitel auf sie zurückkommen. Die Männer und Frauen aber, deren Leben sich am dramatischsten und unmittelbarsten verändert hatte, waren nicht mehr in den Fabriken. Sie gehörten zu den Massen der Arbeitslosen; ihr Kampf mußte eine andere Form annehmen, in einem anderen institutionellen Zusammenhang ausgetragen werden. Während der Depression erlebten die Vereinigten Staaten den Aufstieg und Fall der stärksten Arbeitslosenbewegung ihrer Geschichte, und die Institution, gegen die sich die Bewegung unweigerlich richtete, war die Sozialfürsorge.

Zu der Zeit, als die Große Depression über die USA hereinbrach, floß öffentliche Unterstützung für Bedürftige nur spärlich und bruchstückhaft. Vielerorts, einschließlich der Städte New York und Philadelphia, gab es schlichtweg keine »out-door«-Unterstützung (dieser Begriff bezog sich auf Hilfe für alle Personen, die nicht in Heimen lebten). Aber auch wo es öffentliche Fürsorgeeinrichtungen gab, stammte das wenige, was sie zu verteilen hatten, gewöhnlich aus privater Wohltätigkeit. Doch dürftige Unterstützungsleistungen und eine zersplitterte Verwaltung bedeuteten keineswegs eine völlig unterentwickelte Institution. Ganz im Gegenteil läßt sich ohne Einschränkung von einem nationalen Sozialfürsorgesystem sprechen. Zwar existierte eine Vielzahl unterschiedlicher administrativer Verwaltungsstellen, doch erfolgte die Verteilung der Unterstützung überall im Land nach etwa den gleichen Richtlinien. Fürsorge stand in diametralem Gegensatz zur amerikanischen Ideologie der Arbeit und der individuellen Tüchtigkeit. Also sollten auch nur so wenige wie möglich in ihren Genuß kommen, und ihre Gewährung sollte an strenge Bedingungen geknüpft werden, um zu verhindern, daß die Bedürftigen sich auf öffentliche

Unterstützung verließen. So waren die Fürsorgeleistungen auch entsprechend gering; und als Empfänger kam nur eine Handvoll Alter und Behinderter, Witwen und Waisen in Frage – Menschen, die Hilfe »verdient« hatten, da sie ohne Zweifel nicht in der Lage waren, selbst für ihren Lebensunterhalt zu sorgen.

Diese Praxis war jedoch nicht allein Spiegel des ausgeprägten amerikanischen Individualismus. Sie war gleichermaßen Reflex der amerikanischen ökonomischen Realitäten. Arbeit und individuelle Tüchtigkeit bedeutete für viele Menschen unbarmherzige Plackerei und niedrige Löhne. Solange das so war, konnten Wohlfahrtsleistungen nicht allzu freizügig gewährt werden, da die Gefahr bestand, daß mancher die staatliche Unterstützung der Arbeit vorgezogen hätte. Folglich schloß man die Masse der Armen einfach von der Fürsorge aus und stellte so sicher, daß ihnen keine Alternative blieb, als nach jedmöglicher Arbeit, wie gering der Lohn auch war, zu suchen. Wer keine Arbeit fand, mußte sich, so gut es ging, mit anderen Mitteln durchs Leben schlagen.

Soviel hätte allerdings auch ohne jedwede öffentliche Unterstützung erreicht werden können; der drohende Hungertod war ein ausreichender Antrieb. Die wichtigere Funktion des Wohlfahrtssystems bestand nicht darin, daß Hilfe verweigert wurde, sondern vielmehr in der Tatsache, daß die wenigen Fürsorgeempfänger zu wertlosen Außenseitern gestempelt wurden. Zur Zeit der Großen Depression bestand die gesetzliche Vorsorge für die Notleidenden vor allem darin, daß man sie in Armen- oder Arbeitshäuser steckte. An manchen Orten überließ man die Versorgung der Armen noch immer den Häusern, deren Kostensätze am niedrigsten waren, und notleidende Waisen wurden vertraglich auf bestimmte Zeit an Leute gebunden, die sie als Arbeitskräfte benutzten und ihnen dafür zu essen gaben. In vierzehn US-Bundesstaaten verweigerte die Verfassung Fürsorgeempfängern das Wahlrecht (Brown, 9–10; Woodroofe, 154). Auf diese Weise schuf das Sozialfürsorgesystem eine deutlich gekennzeichnete und erniedrigte Klasse von Parias, deren Zahl zwar gering war, deren Schicksal jedoch den am Rande der Bedürftigkeit lebenden Menschen ständig vor Augen stand – eine permanente Warnung, daß es ein Leben gab, das sogar noch schlimmer war, als das eigene, von harter Arbeit und bitterer Armut geprägte Dasein.

Die Bedeutung dieser Fürsorgepraxis lag also nicht allein in ihrer Unmenschlichkeit, sondern vor allem in der von ihr erfüllten Funktion, Lohnarbeit auch angesichts der extremen Ungleichheiten im amerikanischen Kapitalismus zu legitimieren. Viele Menschen leisteten harte Arbeit bei geringen Gegenleistungen; gleichzeitig waren die Fesseln der Tradition durch die vom Industriekapitalismus hervorgebrachten Veränderungen gelockert worden. Doch die Unzufriedenheit der Betroffenen wurde zum Teil gerade durch das Fürsorgesystem und die schreckliche Erniedrigung, die mit dem Empfang von Fürsorge verbunden war, gedämpft. Kurzum, die als Wohlfahrt bezeichneten Praktiken wurden von ökonomischen Erfordernissen bestimmt, vom Bedarf an ebenso billigen wie willigen Arbeitskräften auf den Farmen und in den Fabriken einer aufblühenden kapitalistischen Gesellschaft. Um diese Praktiken zu verändern, mußte die Unterordnung der Fürsorge unter die Institution des Profits gebrochen werden.

Das Verblüffende an diesem Wohlfahrtssystem war jedoch, daß es soviel Scham und Angst erzeugen konnte, daß die Armen sich widerstandslos seinen rauhen und restriktiven Praktiken unterordneten. Zum Teil taten sie dies, weil sie den amerikanischen Glauben an den Wert der Arbeit und die Eigenverantwortung des einzelnen teilten, diese Ideologie, nach der jeder die Möglichkeit habe zu arbeiten und für sich selbst zu sorgen, wenn er nur strebsam und würdig ist. Sollte es Zweifel an der Gerechtigkeit der Auswahl der Würdigen durch den amerikanischen Markt gegeben haben, so wurden sie durch die Zurschaustellung des entehrten Fürsorgeempfängers beseitigt. Selbst wenn Arbeitslosigkeit zum Massenphänomen wurde, litten die meisten Betroffenen still und machten sich selbst für ihr Schicksal verantwortlich. Sie verlangten nicht nach Hilfe, denn nur so konnten sie ihre soziale Stellung über der Klasse der verachteten Wohlfahrtsempfänger behaupten. Fast immer gehorchten die arbeitslosen Armen dem Gebot, keine Almosen anzunehmen, und indem sie sich so verhielten, konsolidierten sie ihre eigene Notlage und die repressiven Praktiken der lokalen Fürsorgebürokratie.

Gelegentlich erreichte die Arbeitslosigkeit allerdings so ungeheure Ausmaße, daß die Arbeitslosen rebellierten. Auf den Höhepunkten der regelmäßig wiederkehrenden Wirtschaftskrisen des 19. und frühen 20. Jahrhunderts schlossen sich Bedürftige zusammen und verlangten Hilfe, um ihre Not zu mildern. Während der Krise von 1837 versammelten sich in Philadelphia 20000 Arbeitslose, um von der Bundesregierung unter anderem zu fordern, das

Elend unter den Arbeitslosen durch ein öffentliches Arbeitsbeschaffungsprogramm zu lindern (Foner, 162); in New York protestierte eine Menge von mehreren Tausend vor dem Rathaus gegen die »Monopole« und die hohen Lebensmittelpreise und Mieten. Anschließend marschierte die Menge zu einem Großhandelslager und warf Mehl und Weizen auf die Straße (Gutman, 1976, 60–61). In der Krise von 1857 kam es in mehreren Städten zu Protesten von Arbeitslosen. In Philadelphia versammelten sich zehntausend Menschen, »um ihre Vertreter im Staatsparlament [von Pennsylvania] dazu zu bewegen, sich ihren Nöten zu widmen«, woraufhin ein Netz von Bezirksstellen eingerichtet wurde, um die Bedürftigen mit Lebensmitteln zu versorgen (Feder, 32). In New York, im Tompkins Square, gipfelte eine Massenversammlung von 15000 Menschen, die Arbeit forderten, in der Zerstörung von Zäunen und Bänken und der Aneignung von Lebensmitteltransporten. In diesem Fall bekamen die Arbeiter allerdings weder Arbeit noch Unterstützung, sondern die Macht der Staatstruppen zu spüren (Feder, 35). Auch die Depression von 1873 rief wieder Demonstrationen hervor. In New York kamen 10000 bis 15000 Menschen zu Versammlungen, die von berittener Polizei aufgelöst wurden, und in Chicago gipfelten Massendemonstrationen der Arbeitslosen, organisiert von Anarchisten unter der Parole »Brot und Blut«, in einem Marsch von 20000 Menschen auf den Stadtrat (Feder, 52; Boyer und Morais, 86). Später stürmten arbeitslose Arbeiter die Büros der »Chicago-Relief and Aid Society« und überschwemmten die Verwaltung mit Anträgen auf Unterstützung. Das Amt kapitulierte, und im Laufe des folgenden Jahres erhielten ungefähr zehntausend Menschen Sozialfürsorge (Feder, 52; Seymour, August 1937, 8).[1] Während der Depression von 1884 zogen wieder Demonstrationszüge von Arbeitslosen durch Chicago, diesmal in die wohlhabenderen Viertel (Montgomery, 20); 1893 führte dann eine neue, schwere Wirtschaftskrise zu einer Serie von Arbeitslosenmärschen auf Washington, deren bekanntester als »Coxeys Armee« in die Geschichte einging. Coxeys Demonstranten gingen leer aus, doch Massendemonstrationen in den großen Industriestädten erzielten zumindest Teilerfolge: Suppenküchen wurden eingerichtet, und in einigen Städten sogar öffentliche Arbeitsbeschaffungsprogramme initiiert.

Diese Ereignisse deuten darauf hin, daß es zu einer wenigstens teilweisen Neueinschätzung unter den Armen kommen kann, wenn die Arbeitslosigkeit schwerwiegend und weit verbreitet ist.

Die Scheu vor staatlicher Unterstützung ist durchaus zu erschüttern, wenn vielleicht auch nur, weil das Ausmaß der Not die allgemeine Auffassung, ökonomisches Glück oder Unglück seien eine Angelegenheit persönlicher Tüchtigkeit bzw. individuellen Scheiterns, ganz offensichtlich widerlegt. In solchen Zeiten verlangen die Armen in großer Zahl nach Unterstützung, sei es durch die Schaffung von Arbeitsplätzen oder durch die Verteilung von Lebensmitteln und Geld. Eine solche Neubewertung erfolgte auch während der Großen Depression, und ebenso wie die Not damals unerreichte Ausmaße annahm, so war auch die Protestbewegung der Arbeitslosen in den dreißiger Jahren ohne Beispiel.

Die Große Depression: Voraussetzungen des Aufruhrs

Die Depression brach urplötzlich herein, zu einer Zeit, als in Amerika der Glaube an beispiellosen und ungebrochenen Wohlstand so fest war wie nie zuvor, ungeachtet früherer Wirtschaftskrisen. Das Land wurde überrumpelt, die Regierenden wie die Regierten gleichermaßen, und es brauchte eine Weile, bevor die politischen Kräfte, die von der Katastrophe freigesetzt wurden, an die Oberfläche drangen. Doch in dem Maße, wie sich die Krise verschärfte, fanden die härter und chaotischer werdenden Lebensumstände ihren Ausdruck in wachsender öffentlicher Unzufriedenheit. Die Reaktionen der Eliten beschleunigten diesen Prozeß noch, denn auch sie waren aus der Fassung gebracht worden und uneins; ihre dissonanten Beschuldigungen und Vorschläge verschärften noch das Gefühl der Empörung, das sich im Land ausbreitete. In der folgenden Periode politischer Unsicherheit entstanden in einer Reihe gesellschaftlicher Gruppen Protestbewegungen, die sich gegen verschiedene institutionelle Mißstände richteten. Arbeitslose waren die ersten, die sich erhoben.

Der ökonomische Zusammenbruch

Das der Depression vorausgegangene Jahrzehnt war für die amerikanische Wirtschaft eine Zeit des Aufschwungs gewesen. Das Nationaleinkommen war von rund 60 Milliarden Dollar im Jahre 1922 auf 87 Milliarden Dollar im Jahre 1929 gestiegen, und im Juni 1929 erreichte der Index der Industrieproduktion seinen absolut höchsten Stand (Bernstein, 1970, 54, 251). Nie zuvor schien Wohlstand für die ganze Nation so gesichert gewesen zu sein.

Allerdings waren auch diese Jahre für viele Arbeiter und Farmer bei weitem nicht so golden. Die wachsende Produktivität und steigenden Profite der zwanziger Jahre waren zum großen Teil das Ergebnis zunehmender Mechanisierung und nicht einer Ausdehnung der Beschäftigtenzahlen. Gleichzeitig trieben die niedrigen Preise für Farmerzeugnisse (ein Ergebnis der Überproduktion, zu der es wegen der hohen Einwanderung zu Anfang des Jahrhunderts und später aufgrund der Nachfrage nach Lebensmitteln während des Ersten Weltkriegs, als die Vereinigten Staaten ihre Verbündeten miternährten, gekommen war) Millionen von Menschen vom Land in die Städte. Das resultierende Überangebot an Arbeitskräften bedeutete, daß zum ersten Mal in der Geschichte der USA Wohlstand während des gesamten Jahrzehnts von andauernd hoher Arbeitslosigkeit begleitet wurde (Leschoier und Brandeis, 137–151). Auf das Überangebot an Arbeitskräften war es auch zurückzuführen, daß die Löhne relativ stagnierten, während die Profite stiegen. Darüber hinaus befanden sich einige Branchen, besonders Bergbau und Textilindustrie, während des gesamten Jahrzehnts in der Krise; die dort beschäftigten Arbeitskräfte mußten krasse Lohnkürzungen hinnehmen. Doch solche von bestimmten Gruppen erlittenen Härten blieben unter der Oberfläche, denn die von ihnen betroffenen Menschen wurden von der Aura des Wohlstandes, der diese Ära umgab, zum Stillhalten veranlaßt. Es waren doch offensichtlich gute Zeiten für Amerika; jeder, der wirklich arbeiten wollte, konnte allem Anschein nach seinen Lebensunterhalt verdienen.

Dann, im Jahr 1929, begann der Produktionsindex plötzlich, nach dem Höchststand vom Juni, abzufallen, und im Oktober, nach schwindelerregenden Spekulationen, reagierte die Börse mit der Panik, die wir als »schwarzen Donnerstag« kennen. Die Lage wirkte sich umgehend auf die Beschäftigungssituation aus. Ein Regierungsvertreter meinte, daß sich das Heer der Arbeitslosen nach dem Börsenkrach innerhalb von zwei Wochen um 2,5 Millionen Menschen vermehrt habe, und Präsident Roosevelts »Committee on Economic Security« schätzte später, daß die Zahl der Arbeitslosen von 429 000 im Oktober 1929 bis auf 4 065 000 im Januar 1930 angestiegen sei (Bernstein, 1970, 254–257). Ihre Zahl wuchs beständig weiter auf 8 Millionen im Januar und 9 Millionen im Oktober 1931 (Bernstein, 1970, 254–257).

Ganze Industriezweige wurden vernichtet, ebenso wie die Städte, in denen sie angesiedelt waren. Bernstein berichtet beispielsweise, daß im Januar 1930 30% bis 40% der männlichen Erwerbstätigen von Toledo ohne Arbeit waren. Willys-Overland hatte dort seine Belegschaft von 20000 auf 4000 verringert. In Detroit stellte im März ein Kreditinstitut fest, daß die Hälfte der überfälligen Ratenzahlungen von Leuten stammten, die ihre Arbeit verloren hatten. Ende des Jahres lag fast die Hälfte der neuenglischen Textilarbeiter auf der Straße, und die »Metropolitan Life Insurance Company« berichtete, daß 24% der Industriearbeiter unter ihren Kunden in 46 größeren Städten ohne Arbeit waren. Im Frühjahr 1929 beschäftigte die Ford Motor Company noch 130000 Arbeiter; im Sommer 1931 waren davon nur 37000 übrig (Bernstein, 1970, 255–256). Sidney Hillman (Präsident der Bekleidungsarbeitergewerkschaft – d. Ü.) teilte mit, daß auf dem Höhepunkt der Saison im Januar 1932 nur noch 10% seiner Textilarbeiter in New York in Stellung waren (Bernstein, 1970, 317). Die chronische Arbeitslosigkeit der zwanziger Jahre hatte sich zu einer katastrophalen Arbeitslosigkeit gewandelt.

Trotz allem weigerten sich – zumindest anfänglich – die meisten Persönlichkeiten des öffentlichen Lebens beharrlich, das Desaster zur Kenntnis zu nehmen. Das Weiße Haus gab beruhigende Verlautbarungen heraus und beteuerte, »die fundamentale Stärke der nationalen Wirtschaft ist ungemindert«, der Wiederaufschwung stehe »unmittelbar vor der Tür« und die vorübergehende Rezession werde auf alle Fälle durch gezielte Ausgaben für öffentliche Arbeiten gebannt werden. Die offizielle Weigerung, sich mit der Katastrophe schon in der Frühphase der Depression auseinanderzusetzen, drückte sich auch darin aus, daß das Weiße Haus das Vorhandensein beträchtlicher Arbeitslosigkeit überhaupt leugnete. Wenn der Zensus von 1930 diese Behauptung nicht bestätige, argumentierte Präsident Hoover, dann nur deshalb, weil die Statistiker »den unsteten Bürger, der nicht die Absicht hatte, sich seinen Lebensunterhalt durch eigene Arbeit zu verdienen, als Arbeitslosen in die Statistik aufnehmen mußten« (zitiert bei Edelman, 184).[2] Gab es aber nur unbedeutende Arbeitslosigkeit, so war es auch nur logisch, daß es keiner außergewöhnlichen Maßnahmen zur Unterstützung der Arbeitslosen bedürfe. Hoover beschränkte sich hauptsächlich darauf, lokale karitative Bemühungen mit rhetorischen Ermutigungen zu bedenken. Im Oktober 1930 richtete er ein

»Emergency Committee for Employment« ein, ignorierte jedoch die Empfehlung des Ausschußvorsitzenden, Oberst Arthur Woods, das Weiße Haus möge den Kongreß um die Bewilligung beträchtlicher Geldmittel für öffentliche Arbeitsbeschaffung ersuchen. Ein zweites Komitee, das im August 1931 ernannt wurde, erhielt den Namen »Organization on Employment Relief«. Während aber der Name auf eine vage Zurkenntnisnahme des Problems schließen ließ, galt das nicht für seine Aktivitäten, die sich darauf beschränkten, lokale Bemühungen zu »koordinieren« und die US-Bürger zu drängen, Spenden an lokale Wohltätigkeitsorganisationen zu leisten.

Auch die Kommunalverwaltungen reagierten zunächst nicht angemessener auf das Ausmaß der Problematik. Politiker in Buffalo, Cincinnati, Kansas City, Milwaukee und Louisville initiierten Kampagnen unter den Slogans »Schafft einen Arbeitsplatz« oder »Arbeit in jedem Block«. Man ließ die Arbeitslosen Schnee fegen und Straßen reinigen; nebenher durften sie an die Wohnungstüren klopfen und um kleinere Spenden bitten. Der Bürgermeister von Philadelphia ernannte ein Komitee, das den Hausverkauf von Obst organisieren sollte (Colcord, 166); in einigen Orten sammelten Restaurants und Clubs Essensreste für die Arbeitslosen; wieder andere Gemeinden stellten ihnen Grundstücke zur Verfügung, auf denen sie Gemüse anbauen konnten, um ihre Not zu lindern. Man hatte das Problem als unbedeutend und vorübergehend definiert, und entsprechend fielen die Gesten aus, mit denen man ihm begegnete. Bis 1932 gab es sogar in den Zeitungen kaum Meldungen über die Depression. Die Zeitungen von Middletown erwähnten sie erstmals im April 1930 – unter der Überschrift: »Fabriken erholen sich von schlimmer Krise« (Lynd und Lynd, 17).

Als sich 1930 die Krise verschärfte, wurden im Kongreß Rufe nach Maßnahmen der Bundesregierung zur Verringerung der Arbeitslosigkeit laut. So forderte man die Wiederbelebung und Erweiterung des »United States Employment Service« sowie die Ausdehnung öffentlicher Arbeitsprogramme. Die vorgeschlagenen Maßnahmen waren eher bescheidener Natur, und der im Herbst 1930 gewählte Kongreß verabschiedete beide Gesetze. Hoover, unerschüttert wie eh und je, legte gegen das erste sein Veto ein und kastrierte das zweite, indem er zu dessen Durchführung Beamte ernannte, die öffentlichen Arbeitsbeschaffungsmaßnahmen feindlich gegenüberstanden. Nichts war geschehen, um sich der Katastrophe entgegenzustemmen, außer vielleicht, daß man begonnen hatte, sie zur Kenntnis zu nehmen.

Die Bedeutung für das Alltagsleben

Arbeitsgewohnheiten und Arbeitslöhne sind mitentscheidend für die Lebensweise der Menschen. Als die Arbeitslosigkeit weiter zunahm und die Löhne der noch Beschäftigten schrumpften, zerbrach daher eine ganze Lebensweise. Trotz aller Dementis durch Personen des öffentlichen Lebens sprach das Alltagsleben der Menschen eine beredte Sprache. Die Zunahme von Unterernährung und Krankheiten war ein dramatisches Anzeichen für den Einbruch der Krise in das tägliche Leben. An Schulkindern durchgeführte Untersuchungen ergaben, daß ein Viertel von ihnen an Unterernährung litt, die Zahl neu aufgenommener Patienten in Tuberkulose-Kliniken verdoppelte sich fast; eine Studie des »U.S. Public Health Service« deckte auf, daß die Zahl der Krankheitsfälle in Arbeitslosenfamilien um 66% höher lag als in Familien von Beschäftigten. 1931 meldeten die Krankenhäuser von New York annähernd 100 Todesfälle durch Verhungern (Bernstein, 1970, 331). Ein weiteres Anzeichen war die Schwächung der familiären Bindungen, die den Belastungen und den unwürdigen Bedingungen der Armut nur schwerlich standhielten. Männer ließen ihre Familien im Stich, und die Scheidungsrate stieg, während die Zahl der Heiraten und Geburten fiel.[3] In dem Maße, in dem sich die Armut verstärkte und die Moral sank, erhöhte sich auch die Kriminalitätsrate, breiteten sich Alkoholismus und Promiskuität aus und stieg die Selbstmordquote (Bernstein, 1970, 332).

Ohne Arbeit und angesichts ihrer zerrütteten Familien, machten sich Männer und Frauen auf und davon, besonders die jungen. Zunächst war es eine Bewegung zurück aufs Land. Doch schon bald fielen auch die Einkommen der Landbevölkerung ins Bodenlose – es blieb nur noch die Möglichkeit weiterzuziehen, sich rastlos von Stadt zu Stadt treiben zu lassen. Wie groß die Zahl der Hin- und-her-Getriebenen wirklich war, ist nicht bekannt, doch die »Southern Pacific Railroad« meldete, sie hätte 1932 683 457 Personen von ihren Zügen gewiesen (Bernstein, 1970, 325). Allerorts entstanden Barackensiedlungen aus Pappkarton- und Wellblechhäusern. In Oklahoma City lebten die vagabundierenden Menschen im Flußbett; in Oakland bewohnten sie Kanalisationsrohre, die ein

Hersteller nicht losgeworden war; in New York bauten sie ihre Hütten auf dem Grund eines trockengelegten Wasserreservoirs im Central Park und nannten es »Hoover Valley«.

Das Aufkommen von Protest

Die meisten ihrer Arbeit beraubten Menschen litten still, besonders zu Beginn der Depression, als die offiziellen Dementis zur Verwirrung der Arbeitslosen beitrugen und dazu führten, daß diese sich ihrer Not schämten. Immer wieder klapperten die Männer und Frauen die Arbeitsvermittlungen ab, standen Schlange bei jedem Stellenangebot und zweifelten an sich selbst, weil sie keine Arbeit fanden. Familien brauchten ihr Erspartes auf, pumpten von Verwandten, verkauften ihre Habe und machten sich entweder selbst oder gegenseitig für ihre Niederlage im Kampf um materielle Unabhängigkeit verantwortlich. Doch als sich die Krise verschärfte, als ganze Fabriken dichtmachen mußten, Wohngebiete in Industriestädten förmlich zur Wüste wurden und zumindest einige Politiker schließlich den wahren Ernst der Lage zur Kenntnis nahmen, begannen sich einige Arbeitslose bewußt zu werden, was geschehen war und warum, und wer dafür verantwortlich zu machen war. Sie begannen ihr persönliches Elend nicht einfach als individuelles Mißgeschick zu begreifen, sondern als ein Schicksal, das sie mit vielen anderen teilten, mit Menschen, die so waren wie sie selbst. Wenn aber so viele Menschen in denselben Schwierigkeiten steckten, dann war es vielleicht gar nicht ihre eigene Schuld, sondern Schuld des »Systems«.[4]

Plünderungen, Märsche und Demonstrationen

Zunächst fand die Auflehnung der Arbeitslosen ihren Ausdruck vor allem in Plünderungen. Wie es in der Geschichte so häufig zur Zeit ökonomischer Krisen der Fall gewesen ist, rotteten sich Menschen zusammen und verlangten nach Nahrung. Im großen und ganzen wurde in der Presse nicht über diese Ereignisse berichtet, da man einen Ansteckungseffekt befürchtete. In New York fielen regelmäßig Banden von 30 bis 40 Männern über Lebensmittelgeschäfte her, doch die Ladenketten weigerten sich, die Polizei zu rufen, um die Überfälle nicht in die Zeitungen kommen zu lassen.

Im März plünderten 1 100 Männer, die in New York vor einem Büro der Heilsarmee um Brot anstanden, zwei Lastwagen, die ein nahegelegenes Hotel mit Backwaren belieferten. In Henryetta im Bundesstaat Oklahoma marschierten 300 Arbeitslose von Geschäft zu Geschäft und forderten Lebensmittel. Sie seien nicht gekommen, um zu bitten, beteuerten sie und drohten, notfalls auch Gewalt anzuwenden (Bernstein, 1970, 422; Brecher, 131). Bernstein geht so weit zu behaupten, daß organisierte Lebensmittelplünderungen in den ersten Jahren der Depression ein im ganzen Land verbreitetes Phänomen gewesen sei (1970, 421–423).

Es kam jetzt auch zu Demonstrationen mit eindeutig politischem Charakter. Im Frühjahr 1930 marschierten arbeitslose Männer und Frauen in New York, Detroit, Cleveland, Philadelphia, Los Angeles, Chicago, Seattle, Boston und Milwaukee unter kommunistischen Parolen wie »Arbeit und Lohn« und »Kämpft – statt zu verhungern« (Karsh und Garman, 87; Leab, 300). Der Gewerkschaftsjournalist Len deCaux lebte damals in Cleveland. Er beschrieb die dortigen Ereignisse:

»Die Demonstrationszüge der Arbeitslosen waren bald ein vertrautes Bild. Auf öffentlichen Plätzen fanden Protestveranstaltungen mit Zehntausenden von Teilnehmern statt....
Diese Straßenszene hat sich tief in mein Gedächtnis eingegraben. Es war im Herzen des Arbeiterviertels von Cleveland, bei einer von Kommunisten geleiteten Demonstration. Die Polizei hatte einen früheren Demonstrationszug angegriffen. Bei der Straßenschlacht waren mehrere Arbeitslose verletzt worden und einer von ihnen war seitdem gestorben. Der Arbeitslosenrat hatte zu einer Protestdemonstration in demselben Viertel aufgerufen. Der traurige Anlaß brachte Tausende auf die Straße. Die staatlichen Autoritäten, die scharfer Kritik ausgesetzt waren und sich in der Defensive befanden, zogen daraufhin jeden Polizisten aus dem viele Häuserblocks umfassenden Gebiet zurück....« (163–164)

Nicht immer blieb die Menge in ihrem eigenen Viertel, und die Autoritäten verhielten sich nicht immer so weise. Am 11. Februar 1930 beispielsweise bestürmten etwa 2 000 Arbeitslose das Rathaus von Cleveland: Erst als die Polizei androhte, sie mit Wasserwerfern auseinanderzutreiben, zogen sie sich wieder zurück. Nur wenige Tage später demonstrierten Arbeitslose vor dem Rathaus von Philadelphia; erst die Polizei trieb sie auseinander. Eine Woche später zerstreute in Chicago berittene Polizei mit Schlagstöcken eine Menge von 1 200 arbeitslosen Männern und Frauen. Und am 26.

Februar jagte die Polizei von Los Angeles einen Demonstrationszug von 3 000 Menschen vor dem Rathaus mit Tränengas auseinander (Bernstein, 1970, 426–427).

Im März wurden die Demonstrationen zu einem nationalen Phänomen. Die Kommunisten erklärten den 6. März 1930 zum »Internationalen Tag der Arbeitslosen«, und in allen größeren Städten gab es Versammlungen und Märsche. Viele der Demonstrationen verliefen friedlich, wie zum Beispiel in San Francisco, wo sich sogar der Polizeichef den 2 000 Demonstranten anschloß und der Bürgermeister eine Rede hielt, oder wie in Chicago, wo etwa 4 000 Menschen die Halsted und die Lake Street entlangmarschierten und dann ein Komitee mit einer Petition zum Bürgermeister entsandten (Laswell und Blumenstock, 196). In anderen Städten jedoch, wie etwa in Washington und Seattle, blieben die Stadtverwaltungen nicht so gefaßt und ließen die Demonstrationen mit Tränengas auseinandertreiben. In Detroit, Cleveland, Milwaukee und Boston setzten sich die Menschenmengen zur Wehr, und es kam zu heftigen Straßenschlachten zwischen den Demonstranten und der Polizei (Keeran, 72–73; Leab, 306–307).[5] Zum schlimmsten Zusammenstoß kam es in New York[6]; die *New York Times* berichtete:

»Die Arbeitslosendemonstration, die von der Kommunistischen Partei auf dem Union Square in Szene gesetzt worden war, endete in den schlimmsten Ausschreitungen, die New York in den letzten Jahren erlebt hat. Innerhalb von wenigen Minuten verwandelten sich die 35 000 Menschen, die an der Demonstration teilnahmen, von einer friedlichen, gelegentlich sogar gelangweilten Menge in einen kämpfenden Mob. Zu der Explosion kam es, als kommunistische Anführer Warnungen und Anordnungen der Polizei mißachteten und ihre Gefolgschaft aufforderten, zum Rathaus zu marschieren und von Bürgermeister Walker eine Anhörung zu fordern. Hunderte von Polizisten und Zivilbeamten drangen in die Menge und schlugen mit Schlagstöcken und Gummiknüppeln, oder auch mit bloßen Fäusten, auf jeden ein, der ihnen in die Quere kam. Viele Demonstranten wurden über die Straße und in Nebenstraßen hineingetrieben, Hunderte zu Fall gebracht ... An allen Ecken des Schlachtgetümmels hörte man Frauen kreischen und Männer schreien, denen das Blut über Kopf und Gesicht lief. Eine Reihe von Männern lagen niedergestreckt auf dem Platz, und noch immer schlugen Polizisten auf sie ein. Auch als die Männer und ein paar Frauen ihr Heil in der Flucht suchten, ließen die Polizisten nicht von ihnen ab.«

Die Demonstration war bedrohlich genug, um den Bürgermeister zur Bildung eines Komitees zu veranlassen, dessen Aufgabe darin bestand, Gelder zu sammeln und an die Arbeitslosen zu verteilen.[7] Im Oktober 1930 kam es zu einer weiteren Massendemonstration auf dem Rathausplatz, in dessen Verlauf die Arbeitslosen das »Board of Estimate« aufforderten, jedem Arbeitslosen 25 Dollar in der Woche auszuzahlen. Zwar wurden die Demonstranten von der Polizei wiederum attackiert und dabei zwei der Organisatoren verletzt, das »Board of Estimate« jedoch bewilligte anschließend eine Million Dollar für die Arbeitslosenunterstützung (Naison, 72–73).

Die Presse brandmarkte die Demonstrationen als schwere Ausschreitungen; kommunistische und sozialistische Drahtzieher hätten sie fälschlicherweise Arbeitslosendemonstrationen genannt, meinte die *New York Times* (17. Oktober 1930). Doch die Arbeitslosen marschierten weiter, gleichgültig, welches Etikett ihre Anführer trugen und ungeachtet der Geißelungen durch die Presse. Len deCaux nennt die Gründe:

»Die Kommunisten brachten die Not, die in den Arbeitervierteln herrschte, ans Tageslicht. Sie führten sie der Öffentlichkeit vor und stellten radikale Forderungen ... Auf Hunderten von Arbeitslosenversammlungen hörte ich keine Einwände gegen die Argumente der Kommunisten und viel Beifall für sie. Manchmal hörte ich, wie kommunistische Redner Dinge sagten, die so bitter und extrem waren, daß ich peinlich berührt wurde. Doch dann blickte ich mich um nach den arbeitslosen Zuhörern mit ihren armseligen Kleidern, den besorgten und verbitterten Gesichtern – Gesichter, die jetzt begannen zu strahlen, Köpfe, die zustimmend nickten, Hände, die Beifall spendeten.« (162–163)

Zumindest bei einigen Menschen verwandelte sich die Verzweiflung nach und nach zu einem Zorn, der stark genug war, um offizieller Schelte oder staatlicher Gewalt zu widerstehen.

Kommunistische Agitatoren trugen zu dieser Wandlung bei, doch die Arbeitslosen waren bereit, jedem Führer zu folgen, der ihre Nöte artikulierte. Als Vater James R. Cox, ein Pittsburgher Priester, den man den Bürgermeister von Shantytown (der dortigen Barackensiedlung) nannte, zu einer Versammlung im Pitt Stadium aufrief, um gegen die Arbeitslosigkeit zu demonstrieren und öffentliche Arbeitsbeschaffungsmaßnahmen und Unterstützungsleistungen zu verlangen, kamen rund 60 000 Menschen zusammen; 12 000 von ihnen zogen mit ihm nach Washington, wo er Präsident Hoover ihre Forderungen überbrachte (Bernstein, 1970, 432).[8] Später, im Frühjahr 1932, machten sich Tausende arbeitsloser Kriegsveteranen mit ihren Familien auf den Weg nach Washington. Ihre Lieder machten kein Hehl aus ihrer Unzufriedenheit:

> Mellon blies die Pfeife
> und Hoover rief »Los, Marsch«
> Wall Street gab den Startschuß,
> da war das Land am Arsch.

Die Kriegsveteranen waren nicht einmal in revolutionärer oder besonders kriegerischer Stimmung angerückt. Sie wollten den Kongreß nur ersuchen, die laut Gesetz erst im Jahre 1945 beginnenden Pensionszahlungen vorzuziehen. Doch der Kongreß lehnte ab, Hoover weigerte sich, ihre Führer zu treffen, und als die Veteranen nicht bereit waren, wieder abzuziehen, schickte er die Armee, um sie fortzujagen. »Welch ein erbärmliches Spektakel«, schrieb die *Washington News,* »wenn die große amerikanische Regierung, die mächtigste der Welt, Männer, Frauen und Kinder mit Panzern jagt ... Wenn die Armee gerufen werden muß, um einen Krieg gegen unbewaffnete Bürger zu führen, dann ist dies nicht mehr Amerika.« (Schlesinger, 1957, 265)

Mieterunruhen

Die wachsende Empörung unter den Arbeitslosen nahm noch andere Formen an als Straßendemonstrationen und Ausschreitungen. Arbeitslose Männer und Frauen begannen, sich gegen lokale Autoritäten und gegen die von ihnen gesetzten Regeln aufzulehnen, die sie für ihre Probleme verantwortlich machten. Dies wurde u. a. in dem massenhaften Widerstand gegen Wohnungsräumungen deutlich. Bei steigender Arbeitslosigkeit konnte vielerorts eine große Zahl von Familien ihre Miete nicht mehr bezahlen, woraufhin die Zahl der verfügten Zwangsräumungen täglich anstieg.[9] 1930 und 1931 gingen kleine Gruppen von Männern, häufig unter der Leitung von Kommunisten, dazu über, die Polizei mit Gewalt daran zu hindern, Mobiliar aus den Wohnungen auf die Straße zu räumen. Manchmal waren sie erfolgreich. Aber auch wenn sie es nicht waren, blieb physischer Widerstand das einzige Mittel, zu dem die auf die Straße gesetzten Menschen noch Zuflucht nehmen konnten. Die Mieterunruhen begannen in der Lower East Side von New York und in Harlem[10], breiteten sich aber schnell auf andere Stadtteile aus. Die *New York Times* beschrieb, wie drei Familien in der Bronx am 2. Februar 1932 aus ihren Wohnungen zwangsgeräumt wurden:

»Es lag wohl an der Kälte, daß die Menge nur 1000 Köpfe zählte, in ihrer Widerspenstigkeit jedoch stand sie jener Schar von 4000 Personen, die am 22. Januar bei den ersten Unruhen ähnlicher Natur auf die Polizei losgestürmt war, nicht nach. Donnerstag droht einem weiteren Dutzend Familien die Ausweisung aus ihren Wohnungen, wenn sie bis dahin nicht die ausstehenden Mieten zahlen.

Inspektor Joseph Leonary setzte eine Truppe von fünfzig Polizeibeamten – Zivilbeamte, berittene und Streifenpolizisten – auf der Straße ein, während Marshal Novick zehn Möbelpacker in das Gebäude führte ... Frauen kreischten aus den Fenstern, aus der Menge erschollen Pfiffe, Buhrufe und Schmähungen. Auf der Straße und im Haus brachen gleichzeitig Kämpfe aus. Die Männer des Marshal eilten die Treppe hinauf und gingen an die Arbeit, nachdem die Polizisten die Mieter wieder in ihre Wohnungen zurückgetrieben hatten.«

Laut Boyer und Morais konnte durch den Widerstand 77000 ausgewiesenen Familien in New York ihre Wohnung erhalten werden (261).

Auch Chicago wurde zum Schauplatz verschiedener »Mieterunruhen«, besonders in schwarzen Wohngebieten, wo die Arbeitslosigkeit katastrophale Ausmaße erreichte und Zwangsräumungen an der Tagesordnung waren. In der kurzen Zeit vom 11. August bis 31. Oktober 1931 wurden 2 185 Fälle vor dem Mietergericht verhandelt, von denen es in 38% um schwarze Mieter ging (Gosnell, 1967, 321–329). Kleinere Gruppen, die als »black bugs« bekannt waren, marschierten durch die Straßen und mobilisierten größere Menschenmengen, um damit geräumten Familien wieder zu ihren Wohnungen zu verhelfen – manchmal sogar, wenn die betroffene Familie gar nicht anwesend war.[11] Die Repression durch die Polizei in Chicago war so umfassend[12], daß diese Aktionen notwendigerweise spontan sein mußten:

»In den späten dreißiger Jahren hatten die Arbeitslosenräte in vielen der ärmeren Stadtviertel Geschäftsstellen errichtet. Die Versammlungshallen dienten auch als Clubräume, wo die arbeitslosen Männer ihre von der Arbeitssuche müden Beine ausruhen, wo sie sich unterhalten und der gespannten Atmosphäre in ihren Familien entziehen konnten. Diese Männer, die sich auf der Grundlage ihres gemeinsamen Unglücks miteinander identifizieren konnten, begannen nun, gemeinsam zu handeln, um Wohnungsräumungen zu verhindern. Die Demonstrationen waren vollkommen ungeplant und konnten nicht im Keime erstickt werden, weil nicht einmal die Männer selbst im voraus wußten, wann und wo sie als nächstes demonstrieren würden. Da kam etwa jemand in das Hauptquartier und berichtete von einer Person, die einige Blocks entfernt gerade aus ihrer Wohnung gewiesen würde. Voller Zorn machten sich die Männer dann gemeinsam auf den Weg. Gleichgesinnte und Neugierige schlossen sich ihnen an, und wenn die Menge am Ort der Räumung angelangt war, hatte nicht nur ihre Zahl, sondern auch ihr Zorn beträchtlich zugenommen. Man brachte die Möbel der unglücklichen Familie in die Wohnung zurück, und nach und nach löste sich die von ihrem Erfolg begeisterte Menge wieder in kleine Gruppen auf.« (Lasswell und Blumenstock, 170–171)

Horace Cayton beschreibt Mieterunruhen in Chicago, an denen er selbst teilnahm. Eines Tages im Jahre 1931 saß Cayton in einem Restaurant auf der South Side, als er durch das Fenster eine lange Reihe von Schwarzen mit todernsten Gesichtern vorbeiziehen sah. Er schloß sich ihnen an und beschrieb später, was geschah:

»In der betreffenden Straße trafen wir auf zwei Mannschaftswagen der Polizei und wurden gefragt, wohin wir gingen. Die Menge umringte die Polizisten ... Keiner bewegte sich von der Stelle. Alle standen nur da und starrten sie an. Da verlor einer der Polizisten die Nerven, zog seinen Revolver und richtete ihn auf die Menge ... keine Drohungen, kein Murren, keine Unruhe; die Menge sah ihn nur an. Da stand er nun, der Polizist. In diesem Moment ertönte eine Sirene – ein Murmeln ging durch die Menge: die Kampfeinheiten der Polizei rückten an! ... vier Mannschaftswagen mit Polizisten in blauen Uniformen und ein Patrouillenwagen. Noch bevor die Wagen stoppten, sprangen sie auf die Straße und stürmten auf die Menge los. Schlagstöcke und Gummiknüppel wirbelten auf schwarze Köpfe. ›Haltet die Stellung!‹ schrie eine Frau. ›Handelt wie Männer!‹ antwortete die Menge. Sie standen da wie tumbe Tiere – keiner lief davon, keiner kämpfte oder leistete Gegenwehr, sie standen nur da, eine unverrückbare schwarze Masse.«

Nicht selten führte diese Taktik dazu, daß die Demonstranten verprügelt, verhaftet, ja sogar getötet wurden[13], doch sie zwang die Wohlfahrtsämter auch, Geld für Mietzahlungen zur Verfügung zu stellen (Seymour, Dezember 1937, 14). Bei Mieterunruhen im August 1931 wurden drei Leute getötet und drei Polizisten verletzt: »Nachrichten über die Straßenschlacht schrien von den Titelseiten der Abendzeitungen. Als offenbar wurde, welches Ausmaß die Unruhen im Negerviertel erreicht hatten, geriet Chicago in Panik.« (Lasswell und Blumenstock, 197) Bürgermeister Anton Cermak reagierte prompt: er ordnete eine Aussetzung der Zwangsräumungen an, und einige der Demonstranten erhielten Arbeit unter Aufsicht der Fürsorgeverwaltung.[14]

Karsh und Garman berichten, daß in vielen Orten die Kommunisten »gas squads«, organisierten, deren Aufgabe es war, das Gas in den Wohnungen wieder anzustellen. »Electric squads« überbrückten die Stromzähler, nachdem sie von den Elektrizitätswerken abgestellt worden waren (88). In Detroit mußten hundert Polizisten aufgeboten werden, um eine Widerstand leistende Familie aus ihrer Wohnung zu werfen, und später wurden in der gleichen Stadt zwei Familien von den mitfühlenden Geschworenen freigesprochen, nachdem sie, um ihr Grundstück zu verteidigen, den Vermieter erschossen hatten (Bernstein, 1970, 428).

Aktionen gegen Fürsorgeämter

Es scheint, als falle es den meisten Amerikanern leichter, ihr Heim gegen die Staatsgewalt zu verteidigen, als Unterstützung zu fordern; und zwar aus dem einfachen Grund, daß sie eher davon ausgehen, ein Anrecht auf ihre Wohnung als ein Anrecht auf staatliche Unterstützung zu besitzen, sei das ökonomische Desaster, dem sie gegenüberstehen, auch noch so überwältigend. Die Mehrzahl der Arbeitslosen widerstand dieser letzten Demütigung, um Sozialhilfe bitten zu müssen, so lange sie nur konnte. So hieß es zum Beispiel in einer Studie über die Personen, die 1932 in den Regierungsbezirken San Francisco und Alameda Anträge auf Unterstützung gestellt hatten:

»Nahezu zwei Drittel der antragstellenden Familien ließen ein Jahr oder mehr nach dem Beginn der Arbeitslosigkeit des Haupternährers vergehen, bevor sie sich an die Sozialfürsorge wandten; fast ein Drittel dieser Familien hatte sich sogar zwei oder mehr Jahre durchgeschlagen ... Zum Zeitpunkt der Antragsstellung waren viele dieser Familien bei ihrem Lebensmittelhändler und ihrem Vermieter verschuldet; sie hatten ihre ohnehin jämmerlichen Ersparnisse verbraucht; sie hatten sich Geld geborgt, das sie trotz der niedrigen Summen wahrscheinlich nie würden zurückzahlen können. Doch letzten Endes unterlagen sie bei ihrem ritterlichen Kampf um die Erhaltung ihrer Selbständigkeit ...« (Huntington, 66, 74)[15]

Es war die reine Verzweiflung, die viele schließlich zwang, ihre Vorbehalte gegen die Sozialfürsorge aufzugeben. Bei anderen war es mehr als nur Verzweiflung: es war Wut. Einige gelangten zu der Überzeugung, daß sie ein Recht auf dieses Einkommen, das sie zum Überleben benötigten, hatten, wo es doch keine Arbeit für sie gab, da sie von den Fabriken, Büros und Handwerksbetrieben beständig abgewiesen wurden. Von ihrer Wut angestachelt, machten sich Mengen von arbeitslosen Männern und Frauen auf zu den Fürsorgeämtern, deren Beamte sie unter Druck setzten und in die Ecke trieben, und deren Räume sie zuweilen sogar besetzt hielten, bis ihre Forderungen erfüllt wurden – bis man ihnen Geld oder Naturalien aushändigte.[16] Lasswell und Blumenstock beschreiben diese anfänglichen Aktionen gegen die Wohlfahrtsämter in Chicago:

»Wenn bekannt wurde, daß einer Familie Fürsorgeunterstützung verweigert worden war oder daß einem besonders dringenden Fall nicht sofortige Aufmerksamkeit geschenkt wurde, bildeten sich Gruppen, die zu den Fürsorgeämtern marschierten und verlangten, daß Abhilfe geleistet werde. Die Sozialarbeiter in vielen der Büros wußten nur zu gut um die Not, die hinter solchen Forderungen stand, und zögerten, die Polizei zu rufen. ... Und so gaben die Fürsorgeämter zunächst bereitwillig den Forderungen der Demonstranten nach und gaben Mrs. Jones den Lebensmittelkorb, den sie schon in der Woche zuvor hätte bekommen müssen. Der Erfolg ließ die Zahl und Größe dieser Demonstrationen anwachsen. Die Wohlfahrtsämter sahen sich außerstande, mit dieser Art von massenhaftem Druck fertig zu werden. Ein Beispiel: Am Nachmittag des 31. August 1931 marschierte eine Gruppe von 400 Personen zu den Büros der United Charities in der Prairie Avenue 4500. Als der Zug schließlich dort ankam, war er auf 1 500 bis 1 600 Menschen angeschwollen. Vor dem Gebäude sprach ein Redner zu der Menge, und die Situation wurde so angespannt, daß es schien, als wolle die Menge das Büro stürmen, als Joel Hunter, der Verwaltungschef der Charities, darum bat, ein Komitee auszuwählen, das ihre Forderungen vortragen solle. Als eine Polizeitruppe eintraf, kam es dann zu allgemeinen Ausschreitungen.« (171)

Eine Untersuchung, die im Jahre 1937 von der »American Public Welfare Association« veröffentlicht wurde, berichtete von ähnlichen Demonstrationen im ganzen Land:

»Größere Komitees mit zehn, fünfzehn, zwanzig und manchmal mehr Mitgliedern tauchten in den Fürsorgeämtern auf und verlangten, umgehend gehört zu werden, ohne sich zuvor angemeldet zu haben und ohne Rücksicht auf die Terminkalender des Personals. ... Hinter ihnen standen häufig Gruppen von Anwohnern aus den jeweiligen Wohnbezirken, die sich vor den Wohlfahrtsbüros versammelten und warteten, während drinnen die Abordnung ihre ›Forderungen‹ präsentierte.« (Seymour, Dezember 1937, 15)

Die Wohlfahrtsbeamten, die daran gewöhnt waren, Unterstützung nach eigenem Gutdünken an unterwürfige Antragsteller zu verteilen, gaben angesichts der aggressiven Proteste gewöhnlich schnell nach. Mit jeder dieser zermürbenden Begegnungen verloren die Beamten in den kommunalen und privaten Fürsorgebüros ein weiteres Stück ihres bisherigen Ermessensspielraums, Unterstützung zu bewilligen oder zu verweigern. Mark Naison berichtet von einigen dieser Vorfälle:

»›Ich stand drei Tage lang im Regen, ohne daß das Home Relief Bureau mich beachtete‹, erklärte eine Frau bei einer Nachbarschaftsversammlung in New York. ›Dann hörte ich von den Arbeitslosenräten. ... Wir gingen als geschlossene Gruppe hinein, und sie kamen uns sehr schnell entgegen.‹ ›Die Frau hinter dem Schreibtisch sagte mir, ich sei abgewiesen‹, fügte eine andere Frau hinzu. ›Ich weinte und da sagte mir Genosse Minns, ich sollte zur Sitzung des Arbeitslosenrates kommen. Eine Woche später hatte ich den Scheck und konnte meine Miete bezahlen.‹« (152)[17]

Als die Arbeitslosen immer aufsässiger wurden, wurde sogar die lang gepflegte Praxis, Fürsorgeempfänger gründlich zu durchleuchten und zu überwachen, aufgegeben. Ein Nachrichtenblatt, das von einer Arbeitslosengruppe in Port Angeles im Staate Washington herausgegeben wurde, war exemplarisch für den neuen Geist:

»›Hausbesucher‹ oder ›Schnüffler‹ sind nur Sozialarbeiter auf Honorarbasis. Sie werden allein wegen ihrer Begabung als Schnüffler oder Spitzel ausgewählt. Sie stellen Dir so verflucht viele Fragen, daß Dir sowieso keine Privatsphäre mehr bleibt« (zitiert bei Seymour, Dezember 1937, 15).

Mit anderen Worten: als ihre Empörung sich steigerte, überwanden einige Leute nicht nur ihre Vorbehalte gegen die Annahme öffentlicher Unterstützung, sondern begannen auch, sich gegen das ganze Gebäude ritualisierter Demütigung und Stigmatisierung der Sozialfürsorge aufzulehnen. Und je entschlossener sie dies taten, um so mächtiger wurde die Bewegung.

Naison beschreibt die Arbeitslosenbewegung von Harlem (wo 80% der Haushaltsvorstände von der Arbeitslosigkeit betroffen waren) während dieser Periode:

»Um das Sozialhilfesystem zu einem effektiveren Vorgehen zu zwingen, verlegte sich die Arbeitslosenbewegung auf eine Strategie der Stimulierung von Aufruhr. Aktivisten des Harlemer Arbeitslosenrates organisierten große Gruppen erwerbsloser Arbeiter, führten sie zum örtlichen Wohlfahrtsamt und verlangten Unterstützung. Wenn sich die Verwaltungsangestellten weigerten, sie zu empfangen, oder behaupteten, die Mittel seien erschöpft, kampierten die Demonstranten in den Büroräumen und harrten dort aus, bis sie Beihilfe erhielten oder von der Polizei geräumt wurden.

Wenn die Polizei versuchte, sie zu entfernen oder am Betreten der Büros zu hindern, wurde das Vorgehen des Rates militanter. Bei einer Demonstration im Spät-Juni 1932 habe, so berichtete die *Amsterdam News,* eine Gruppe, die zum Harlemer Arbeitslosenrat gehörte, die Türen des Büros eingeschlagen und ›Tische und Stühle umgeworfen‹, bevor die Polizei sie festnehmen konnte. Andere Demonstrationen endeten mit regelrechten Straßenschlachten zwischen der Polizei und Aktivisten des Rates, bei denen es zu blutigen Köpfen und einer Vielzahl von Festnahmen kam.« (137)

In Chicago »wuchsen Zahl und Umfang spontaner Ausbrüche, durch welche die aufgestauten Spannungen – das Ergebnis wirtschaftlicher Not, von Vernachlässigung oder Kritik durch die Zeitungen und der Repression durch die Polizei – ›kollektiviert‹ wurden«. Die Zahl der Demonstrationen erhöhte sich von 408 im Jahre 1931 auf 566 im folgenden Jahr (Lasswell und Blumenstock, 172–173). Die Demonstrationen wurden außerdem größer und besser organisiert. Am 11. Januar 1932 fanden bei allen Fürsorgeämtern von Chicago gleichzeitig Demonstrationen statt.[18] Später im selben Jahr marschierten etwa 5 000 Männer, die gewungen waren, in städtischen Notunterkünften zu leben, zur Fürsorgezentrale, um dort ihre Forderungen – drei Mahlzeiten pro Tag, freie medizinische Versorgung, zwei Tabakrationen pro Woche, das Recht, in den Wohnheimen Sitzungen des Arbeitslosenrates abzuhalten, und die Zusicherung, daß den Mitgliedern des Rates keinerlei Nachteile entstehen würden – vorzutragen. Die Forderungen wurden erfüllt. Als die Stadtverwaltung Ende 1932 aufgrund der angespannten Haushaltssituation die Wohlfahrtsausgaben um 50 % kürzte, gingen wiederum 25 000 Arbeitslose auf die Straße und marschierten trotz eines kalten und heftigen Regens durch das Stadtzentrum von Chicago. Die Autoritäten reagierten schnell: es gelang ihnen, Anleihen bei der »Reconstruction Finance Corporation« aufzunehmen, so daß die Kürzungen wieder zurückgenommen werden konnten.

In Detroit organisierten die Arbeitslosenräte im August 1931 eine Protestveranstaltung vor dem Rathaus, auf der mehrere hundert Menschen bessere Ernährung und eine bessere Behandlung durch die Polizei in städtischen Notunterkünften forderten. Nur wenige Monate darauf führte die »Young Communist League« einen Zug von mehreren tausend Demonstranten zu einem der Briggs-Autowerke an, um der Forderung nach Arbeitsplätzen und Arbeitslosenversicherung Ausdruck zu verleihen (Keeran, 77). Im März 1932 dann, nach einem bitterkalten Winter, wurde eine von Kommunisten organisierte Demonstration von Arbeitslosen zum River-Rouge-Werk von Ford in Dearborn, einem Vorort Detroits, von der Polizei unter Beschuß genommen. Vier Demonstranten wurden getötet, viele verletzt. Die Presse reagierte unterschiedlich: der *Detroit Mirror* attackierte blindwütig die »randalierenden« Demonstranten, die *Detroit Times* allerdings beschuldigte die Polizei, »eine friedliche Demonstration in eine Straßenschlacht, die Tote und viel Blutvergießen forderte, verwandelt« zu haben (Keeran, 82–83; Prickett, 119). Zwei Tage nach den Vorfällen gaben rund 60 000 Detroiter Arbeiter zu den Klängen der Internationale den Toten das letzte Geleit.

In Atlanta entschlossen sich Stadt- und Bezirksämter im Juni 1932, 23 000 Familien von der Liste der Fürsorgeempfänger zu streichen; angeblich wären die Mittel erschöpft. Um angesichts dieser Entscheidung ein Mindestmaß an Ordnung aufrechterhalten zu können, ließen die lokalen Behörden Hunderte von Landarbeitern (die auf der Suche nach Arbeit nach Atlanta gekommen waren) unter der Anklage der Landstreicherei festnehmen und aufs Land zurückschicken. Als sich aber etwa eintausend Arbeitslose vor dem Gerichtsgebäude versammelten, wurden die Streichungen wieder zurückgenommen und zusätzliche Mittel für die Sozialfürsorge bereitgestellt (Herndon, 188–192).[19] In St. Louis erzwangen dreitausend demonstrierende Arbeitslose die Verabschiedung von zwei Sozialhilfeverordnungen im Stadtrat (Boyer und Morais, 263). Jede erfolgreich beendete Protestaktion, jeder erkämpfte Dollar stärkte die Moral und die Durchschlagskraft der Bewegung und nagte weiter an der Doktrin, die Annahme von Sozialfürsorge sei das Eingeständnis persönlichen Versagens, schlicht: eine Schande.

Finanzkrise der Kommunen

Die Zahl der Arbeitslosen stieg unaufhörlich weiter. In den großen Industriestädten, wo die Arbeitslosigkeit besonders groß war, machten die Arbeitslosen zuweilen die Mehrheit der wahlberechtigten Bevölkerung aus. Angesichts wachsender Proteste konnten es sich lokale Verwaltungen nicht länger leisten, tatenlos zu bleiben. Es wurde unübersehbar, daß die privaten Sozialhilfeorganisationen, denen es vielerorts überlassen worden war, die bescheidenen Mittel zu verteilen, die wachsende Nachfrage nicht mehr bewältigen konnten. So wurde rasch eine Reihe von Ad-hoc-Plänen, häufig in Zusammenarbeit mit örtlichen Geschäftsleuten und Philanthropen entwickelt. Komitees wurden gebildet, die Bürger zu verstärkter Wohltätigkeit aufgefordert, und in einigen Orten wurden den städtischen Angestellten automatisch Spenden an den Sozialfürsorgehaushalt vom Gehalt abgezogen. Auf diese Weise erhöhten sich die Ausgaben für Sozialfürsorge von 71 Millionen Dollar im Jahre 1929 auf 171 Millionen Dollar im Jahre 1931 (Chandler, 192).

Doch in Städten wie New York, Chicago, Detroit und Philadelphia war auch diese Summe nur ein Tropfen auf den heißen Stein. Der Stadtdirektor von Cincinnati schilderte die Methoden der Sozialfürsorge in der Stadt gegen Ende des Jahres 1931, als etwa ein Viertel der Arbeiter dort ohne Arbeit war und ein weiteres Viertel kurzarbeitete:

»Die eine Woche erhält eine Familie Sozialhilfe, in der nächsten aber wird sie abgewiesen, in der Hoffnung, daß ihr Ernährer doch irgendwie Arbeit finden könnte.... Mietzahlungen übernehmen wir überhaupt nicht. Das schafft natürlich ein sehr ernstes Problem, denn wir haben ständig Wohnungsräumungen. Die Sozialarbeiter... haben große Schwierigkeiten, Unterkünfte für Leute zu finden, deren Möbel auf die Straße gestellt wurden« (zitiert bei Chandler, 43).

In der Stadt New York, wo ein Statut von 1898 »outdoor«-Unterstützung untersagte und nur die Einweisung in Arbeits- und Armenhäuser zuließ, hatten die Proteste der Arbeitslosen heftige Erschütterungen hervorgerufen, die schließlich zu einer Regelung führten, wonach über die Polizeireviere in den einzelnen Bezirken Sozialhilfe direkt an die Allerbedürftigsten verteilt wurde. Die Mittel dazu stammten aus Spenden der städtischen Angestellten. 1931 schuf der Staat New York auf Initiative von Gouverneur Roosevelt ein Notstandsprogramm, durch das die lokalen Fürsorgebudgets Zuschüsse in Höhe von zunächst insgesamt 20 Millionen Dollar erhielten. Und dennoch: auch 1932 erhielten die Glücklichen unter den Arbeitslosen in der Stadt New York durchschnittlich nur eine wöchentliche Unterstützung von 2,39 Dollar, und das war nur ein Viertel aller Arbeitslosen (Schlesinger, 1957, 253). Laut Aussagen vor dem »Senate Committee on Manufactures« vom Sommer 1932 waren in New York 20000 Kinder in Heime eingewiesen worden, weil ihre Eltern sie nicht mehr ernähren konnten.

In Chicago standen im Oktober 1931 40% der Arbeitskräfte auf der Straße, aber dennoch wurde nur den völlig Mittellosen Hilfe gewährt. Ein höherer Beamter berichtete:

»In der Stadt Chicago essen 1 000 Männer in den öffentlichen Verpflegungsstellen Mahlzeiten, die viereinhalb Cents pro Tag kosten – und diese Männer sind aus der sogenannten Goldküste von Chicago. Diese Mittel gehen nun dem Ende zu, und vielleicht 30 Tage, nachdem der Stadt das Geld ausgegangen sein wird, werden sie sich mit einer Mahlzeit pro Tag zufriedengeben müssen« (zitiert bei Chandler, 45).

Da Chicago ein Eisenbahn-Knotenpunkt war, sah sich die Stadtverwaltung mit einem zusätzlichen Problem konfrontiert: große Zahlen vagabundierender Arbeitsloser kamen durch die Stadt, von denen ein Teil in einem Barackenlager am Ende der Randolph Street hauste und die Abfälle nach Eßbarem durchstöberte. Andere wurden in Asyle und Armenhäuser gepfercht. Bernstein berichtet, daß das Oak-Forest-Armenhaus, in dem sogar die Flure überfüllt waren, 1931 19 000 Menschen abweisen mußte (1970, 297–298). Im Juni 1932 sagte Bürgermeister Cermak einem Ausschuß des Repräsentantenhauses, daß der Bundesregierung nur noch zwei Möglichkeiten blieben: entweder sofort 150 Millionen Dollar zu schicken, um die Not zu lindern – oder aber darauf vorbereitet zu sein, zu einem späteren Zeitpunkt Truppen entsenden zu müssen. Auch die führenden Industriellen und Bankiers Chicagos appellierten gemeinsam an Hoover, Bundesmittel für Sozialfürsorge zur Verfügung zu stellen (Bernstein, 1970, 467).

In Philadelphia war die öffentliche Wohlfahrt 1879 abgeschafft worden[20], und so fiel einem Komitee führender Philanthropen und Geschäftsleute die Aufgabe zu, das Problem zu bewältigen. Sie initiierten ein vielfältiges Programm mit Arbeitsbeschaffungsmaßnahmen, Notunterkünften und Kreditangeboten, doch gemessen an der herrschenden Not fielen ihre Bemühungen kaum ins Gewicht. Es gab etwa 250 000 Arbeitslose in Philadelphia. »Jedes dritte Haus ist von der Arbeitslosigkeit betroffen«, berichtete der geschäftsführende Direktor des »Philadelphia Children's Bureau« dem »Senate Subcommittee on Manufactures«. »Es ist fast wie in Ägypten zur Zeit des Auszuges des Volkes Israel, als der Tod die Häuser der Ägypter heimsuchte.« (Bernstein, 1970, 299–300)

In Detroit hatte Frank Murphy die Bürgermeisterwahlen von 1930 mit einer Wahlkampagne gewonnen, in der er Unterstützung für die Arbeitslosen versprochen hatte. Sein neues Wohlfahrtsprogramm führte zu einer Erhöhung der Ausgaben für Sozialfürsorge von 116 000 Dollar im Februar 1929 auf 1 582 000 zwei Jahre später. Dennoch erhielt ein erwachsenes Paar in Detroit nur 3,60 Dollar wöchentlich, und eine Untersuchung aus dem Jahr 1931 über die von den Fürsorgelisten Gestrichenen ergab, daß das durchschnittliche Gesamteinkommen pro Person nur 1,56 Dollar in der Woche betrug. So war es keine Überraschung, daß Bürgermeister Murphy seinen Glauben an die Verantwortlichkeit der Kommunen aufgab und dem »Senate Manufactures Subcommittee« erklärte, er halte Bundeshilfe für notwendig.

Diese Städte gehörten dabei eher noch zu den liberalen. In den meisten Orten erhielten die Menschen nur ein paar Lebensmittel: In Baltimore zum Beispiel beschränkte sich die durchschnittliche wöchentliche Zuteilung auf Waren im Wert von achtzig Cents (Greenstein). In Atlanta bekamen weiße Fürsorgeempfänger sechzig Cents in der Woche; schwarze bekamen weniger, falls sie überhaupt etwas bekamen (Herndon, 188). Die Zeitschrift *Fortune* faßte die lokalen Wohlfahrtsbemühungen im Herbst 1931 folgendermaßen zusammen:

»Man ging davon aus, daß private Sozialhilfeorganisationen und halböffentliche Wohlfahrtsgruppen ... in der Lage wären, für die Opfer der weltweiten ökonomischen Katastrophe zu sorgen. In der Praxis bedeutete das, daß Fürsorgestellen, die auf die Versorgung weniger hundert Familien eingerichtet sind, und Notunterkünfte, die bisher eine Handvoll wohnungsloser Männer zu beherbergen hatten, durch die brutalen Zwänge des Hungers dazu verdammt sind, für Hunderttausende von Familien und ganze Armeen entwurzelter und arbeitsloser Personen zu sorgen. ... Das Ergebnis sehen wir heute in Stadt für Stadt ..., heterogene Gruppen offizieller und privater Fürsorgestellen, die unter der Führung ernsthafter, doch unausgebildeter lokaler Honoratioren gegen einen unüberwindlichen Dauerzustand von Not, Leid und unerfüllbaren Wünschen ankämpfen.« (zitiert bei Bernstein, 1970, 301)

Im November 1932 veröffentlichte eine Gruppe angesehener kalifornischer Bürger, die als Mitglieder der »State Unemployment Commission« tätig waren, die Ergebnisse ihrer Untersuchungen:

»Arbeitslosigkeit und der Verlust des Einkommens haben zahllose Familien ruiniert. Die Moral der Familienmitglieder ist gebrochen, ihre Gesundheit angegriffen, ihr Selbstrespekt verloren, ihre Leistungs- und Arbeitsfähigkeit zerstört. ... Viele Haushalte haben sich aufgelöst; kleine Kinder werden in die Obhut von Freunden, Verwandten oder Heimen gegeben; Männer und Frauen, Eltern und Kinder sind getrennt, vorübergehend oder für immer. Häuser, in die Ersparnisse eines ganzen Lebens investiert wurden und an denen große Hoffnungen hingen, sind für immer verloren, unwiederbringlich. Männer, jung und alt, ziehen ruhelos umher..., die Armee der Wohnungslosen erreicht alarmierende Ausmaße. ... Unsichere Existenzbedingungen, fragwürdige Methoden ›sich durchzuschlagen‹, werden immer häufiger.« (zitiert bei Bernstein, 1970, 321)

1932 brachte dann die New Yorker *Evening Graphic* eine Serie über Fälle von Hungertod in jenem Jahr. Die Depression wurde endlich nicht länger verleugnet.

Doch wie kläglich die lokalen Fürsorgeprogramme gemessen an der tatsächlichen Not auch gewesen sein mögen, ihre Kosten brachten viele Städte an den Rand des Konkurses, und andere kommunale Dienstleistungen waren die Leidtragenden des fiskalischen Engpasses. Ein Mitglied der Detroiter Stadtverwaltung berichtete, daß essentielle öffentliche Dienstleistungen bis zu einem Punkt hätten verringert werden müssen, »der unter dem Minimum (liege), das für das Wohlergehen und die Sicherheit der Stadt absolut notwendig« sei, und dies trotz der Tatsache, daß die Gehälter der städtischen Angestellten radikal gekürzt worden seien. Chicago (dessen Finanzen sogar schon vor der Depression zerrüttet gewesen waren) schuldete seinen Lehrern 20 Millionen Dollar an Gehalt (Hopkins, 92–93). In Boston waren seit Monaten die Polizisten nicht mehr bezahlt worden (Bird, 108).

Unter dem Eindruck wachsender lokaler Unruhen und zunehmend angespannter Kommunalhaushalte folgten weitere städtisch geprägte Bundesstaaten dem Beispiel des Staates New York. New Jersey, Pennsylvania, Ohio und Wisconsin bewilligten Notausgaben für Sozialfürsorge, und andere Staaten gingen dazu über, kommunale Anleihen für öffentliche Unterstützung zu zeichnen. Aufgrund der einzelstaatlichen und lokalen Bemühungen wuchsen die Gesamtausgaben für Sozialfürsorge zwischen 1931 und 1932 um weitere 71 Millionen auf insgesamt 317 Millionen Dollar. Mit dieser Summe konnte den 12 Millionen Arbeitslosen in jenem Jahr allerdings nur eine Unterstützung von weniger als 27 Dollar pro Kopf gezahlt werden. Dennoch rissen die Zahlungen ein tiefes Loch in die Kassen der Kommunalverwaltungen; um die Verschuldung durch Sozialhilfe in Grenzen zu halten, mußten bei stark sinkendem Steueraufkommen die Ausgaben für andere Programme zwischen 1931 und 1932 um 966 Millionen Dollar gekürzt werden. In zunehmendem Maße nahmen Lokalverwaltungen Kredite auf, doch die Käufer ihrer Schuldverschreibungen wurden immer rarer, zum Teil, weil viele Kommunen ihre Kreditwürdigkeit verloren hatten. Am 15. April veröffentlichte die Zeitschrift *Survey* Berichte aus siebenunddreißig großen Städten und schloß, »die Industriestädte des Mittleren Westens und die großen Städte Pennsylvanias sind in einer verzweifelten Lage. ... Ihnen droht der totale Zusammenbruch.« Bis zum Frühjahr 1933 konnten nahezu eintausend Kommunalverwaltungen ihre Kredite nicht termingerecht zurückzahlen (Chandler, 48–50).

Im Februar 1932 schickte Senator LaFollette im Rahmen einer Kampagne für seinen Gesetzentwurf, der Bundesanleihen für Arbeitslosenunterstützung vorsah, Fragebögen an Bürgermeister im ganzen Land. Er erkundigte sich darin, wie viele Menschen zum damaligen Zeitpunkt von der Fürsorge lebten, welche Zuwachsraten erwartet würden, welchen Gesamtumfang die Unterstützungszahlungen aufwiesen, ob die Stadt in der Lage sei, über kurzfristige Schuldverschreibungen die notwendigen Sozialhilfekosten aufzubringen, und ob die Bürgermeister Bundesmittel wünschten, »um zu einer angemesseneren Unterstützung der Bedürftigen oder zur Verminderung der Belastung der lokalen Steuerzahler beizutragen«. In ihren Antworten beschrieben die Bürgermeister die herrschende Not und verlangten nachdrücklich Bundeshilfe. Nicht allein, daß die zur Verfügung stehenden Mittel kaum ausreichten, um die Menschen vor dem Hungertod zu bewahren; beinahe jede Kommune gab außerdem an, am Rande des Bankrotts zu stehen und möglicherweise jegliche Unterstützung einstellen zu müssen.[21]

Unfähig, dem politischen Druck der Arbeitslosen zu widerstehen, hatten die lokalen Eliten ihre Städte an den Rand des fiskalischen Zusammenbruchs gebracht. Dennoch konnten die kommunalen Haushalte den Bedarf an Sozialfürsorge nicht bewältigen, und so ließ der Druck nicht nach, sondern verstärkte sich mit zunehmender Arbeitslosigkeit noch. Die Proteste der arbeitslosen Massen und den drohenden finanziellen Ruin im Nacken, waren die Bürgermeister der größten amerikanischen Städte, und mit ihnen führende Geschäftsleute und Bankiers, zu Lobbyisten der Armen geworden.

Instabiles Wählerverhalten und staatliche Reaktion

Bis zum November 1932 hatte die politische Unruhe, die die Lokalpolitiker dazu bewegt hatte, sich dem Problem der Arbeitslosigkeit zu stellen, so weite Kreise erfaßt, daß sie eine nationale politische

Umwälzung hervorbrachte – den Erdrutsch bei den Präsidentschaftswahlen von 1932. Im Zuge der Lawine neuer Gesetze, die den Wahlen folgten, wurden jeder Gruppe in der unberechenbar gewordenen Wählerschaft Konzessionen gemacht. Den Arbeitslosen billigte man Unterstützung aus Bundesmitteln zu.

Die Republikanische Partei war seit den Wahlen von 1920, bei denen die Wilson-Administration abgewählt worden war und Harding in allen bedeutenden Städten außerhalb des Südens die Mehrheit errungen hatte, an der Regierung gewesen. Mit Geschäftsleuten von der Ostküste an ihrer Spitze, hatte sie seitdem unangefochten regiert und bis 1930 bei jeder Wahl ansehnliche Mehrheiten errungen. Ihre Hochburgen waren vor allem im städtischen Norden zu finden. Zuletzt hatte Hoover die Präsidentschaftswahl von 1928 mit einem Vorsprung von 6,5 Millionen Stimmen gewonnen.

Nach dem Debakel von 1924, bei dem ihr agrarischer Flügel besiegt worden war, war auch die Demokratische Partei fest unter die Kontrolle konservativer Kräfte von der Ostküste gekommen: Geschäftsleute wie Bernard Baruch und John J. Raskob und Vertreter der »Parteimaschine« wie Alfred E. Smith hatten fortan den Ton angegeben. Doch die Depression entfachte die politischen Wirbelstürme, die neue Männer an die Spitze der Demokratischen Partei trugen, und bewirkte schließlich die massive Umgruppierung der Wählerschaft, die diesen Politikern zur Macht im Staate verhalf. Erste Anzeichen für das veränderte Wählerverhalten wurden bei den Wahlen von 1928 deutlich, als die Lohnabhängigen in den großen Städten begannen, sich der Demokratischen Partei und ihrem Präsidentschaftskandidaten Al Smith zuzuwenden.[22] Dieser Umschwung unter den Wählern der städtischen Arbeiterschaft wurde mit der Verschärfung der Krise zunehmend offensichtlich; bei den Kongreßwahlen von 1930 erlitten die Republikaner eine Reihe von Niederlagen. Doch es blieb der Präsidentschaftswahl von 1932 vorbehalten, eine der einschneidendsten Veränderungen der politischen Kräfteverhältnisse in der amerikanischen Geschichte hervorzubringen, die schließlich bei den Wahlen von 1936 bestätigt wurde.

Der Mann, der diesen Verschiebungen seine Macht verdankte, war natürlich Franklin Delano Roosevelt; er wurde von einer gespaltenen und verunsicherten Demokratischen Partei im vierten Wahlgang nominiert und führte dann einen Wahlkampf, in dem er jedem, der ihm zuhören wollte, Versprechungen machte.[23] Die arbeitende Bevölkerung hörte auf seine Versprechen, »von unten nach oben zu bauen und nicht andersherum, und wieder auf den vergessenen Mann auf der untersten Stufe der ökonomischen Pyramide zu vertrauen« (Roosevelt, 159–206, 625). Roosevelt siegte mit einem Vorsprung von fast sieben Millionen Stimmen, dem größten Wahlsieg seit 1864 (der Wiederwahl Abraham Lincolns – d. Ü.); mit ihm zog eine überwältigende Mehrheit von Demokraten in den Kongreß ein. Zu einem großen Teil verdankte er seine Mehrheit den großen Städten im Land, wo auch die Arbeitslosigkeit und die Not am größten waren. Die ökonomische Katastrophe hatte dazu geführt, daß die Wähler der regierenden Partei eine massive Abfuhr erteilten.

In der Zeit zwischen der Wahl und Roosevelts Amtsantritt sank der Index der Industrieproduktion auf den tiefsten Stand aller Zeiten, und die Zahl der Arbeitslosen stieg um ca. 200 000 pro Monat (Leschoier und Brandeis, 163), um im März 1933 einen Stand von mindestens 12 Millionen zu erreichen. Die lautstarken Forderungen nach Bundeshilfe waren praktisch nicht mehr zu umgehen. Eine Veröffentlichung des »Social Science Research Council« charakterisierte die Situation folgendermaßen:

»Zu dem Zeitpunkt, als die neue Bundesregierung 1933 ihr Amt antrat, war die Forderung nach mehr Geld so nahezu einmütig geworden, daß es für Kongreßabgeordnete und Senatoren politisch empfehlenswert war, die Bewilligung großer Mittel für Sozialfürsorge zu unterstützen; viele Kandidaten waren aufgrund von Programmen gewählt worden, die die Bewilligung adäquater Mittel für die Fürsorge durch den Kongreß befürworteten.« (White und White, 84)

Drei Wochen nach seiner Amtseinführung forderte Roosevelt in einer Botschaft an den Kongreß die Schaffung eines »Civilian Conservation Corps«, eines öffentlichen Arbeitsbeschaffungsprogramms und eines massiven Bundeswohlfahrtsprogramms zur Linderung der Not. Das »Civilian Conservation Corps« bot nur dürftigen 250 000 Personen Arbeitsplätze zu Subsistenzlöhnen. Die »Public Works Administration« kam nur langsam in Schwung und war zudem weniger darauf abgestellt, Arbeitsplätze für Erwerbslose zu schaffen, als vielmehr die Wirtschaft zu stimulieren, so daß die meisten der neuen Arbeitsplätze von Facharbeitern besetzt wurden. Im Gegensatz dazu wurden im Rahmen des »Federal Emergency Relief Act«, der von den Senatoren Edward P. Costigan, Robert F. Wagner und Robert N. LaFollette, Jr. eingebracht worden war, 500 Millionen Dollar bewilligt, die den Einzelstaaten umgehend als Zuschüsse für Arbeitslosenunterstützung gewährt werden sollte. Die Hälfte dieser Mittel wurde mit der Maßgabe bewilligt, daß die Bundesstaaten selbst einen entsprechenden Betrag für die Fürsorge aufbrachten. Das Gesetz wurde am 12. Mai unterzeichnet. Am 22. Mai wurde Harry Hopkins als Programmdirektor vereidigt, und noch am Abend desselben Tages bewilligte er die ersten Zuschüsse an die Bundesstaaten. Anfang Juni hatten 45 Staaten Zuschüsse für ihre Wohlfahrtsprogramme erhalten, und die Gesamtausgaben für Sozialfürsorge stiegen auf 794 Millionen Dollar im Jahre 1933, auf 1489 Millionen im Jahre 1934 und auf 1834 Millionen Dollar im Jahre 1935 (Brown, 204). Als das Programm im Juni 1936 auslief, hatte die Bundesregierung drei Milliarden Dollar für Sozialfürsorge zur Verfügung gestellt.[24]

Es hatte der Proteste und der anschließenden fiskalischen und wahlpolitischen Turbulenzen bedurft, um eine Bundessozialhilfegesetzgebung hervorzubringen, und es bedurfte weiterer Proteste, um die Implementation der Gesetze zu erreichen. 1934 waren viele Menschen schon seit geraumer Zeit ohne Arbeit gewesen – laut Schätzungen sechs Millionen länger als ein Jahr (Karsh und Garman, 86). Während der gesamten Jahre 1933, 1934 und 1935 dauerte die Agitation der Arbeitslosengruppen an, und es war diesen Aktivitäten zumindest teilweise zu verdanken, daß viele Staaten und Kommunen überhaupt an den Bundesnothilfeprogrammen teilnahmen. Als in Ohio Zuwendungen des Staates benötigt wurden, marschierten im August 1933 7000 Arbeitslose zur Hauptstadt des Bundesstaates (Rosenzweig, 1975, 58). Als im Winter 1934 der Bund seine Zuschüsse zur Sozialfürsorge an Colorado einstellte, weil der Staat zum wiederholten Male seinen Anteil an den Kosten nicht geleistet hatte, stürmten Mobs von Arbeitslosen die Fürsorgeämter, plünderten Lebensmittelgeschäfte, drangen schließlich sogar in den Senat ein und trieben die verängstigten Senatoren aus dem Sitzungssaal. Nur zwei Wochen später sandte das Parlament ein Sozialfürsorgegesetz zur Unterzeichnung an den Gouverneur, und die Bundeszuschüsse begannen wieder zu fließen (Cross). Der Versuch, im November 1934 die Lebensmittelrationen in Chicago um 10% zu kürzen, führte zu einer mächtigen Arbeitslosendemonstration, woraufhin der Stadtrat die Kürzungen wieder zurücknahm. Im Frühjahr 1935 sperrte der Bund seine Zahlungen an Illinois, weil der Staat seinen Anteil an der Finanzierung nicht geleistet hatte. Als die Wohlfahrtsämter schließen mußten, gingen die Arbeitslosen in Chicago und Springfield so lange auf die Straße, bis das Staatsparlament die Mittel bewilligte. Später in demselben Jahr wurden die Sozialfürsorgeleistungen in Kansas City gekürzt. 2000 Arbeitslose versammelten sich daraufhin vor dem Amtsgebäude, wo sie mit Gebeten und Kirchenliedern so lange ausharrten, bis weitere Mittel für Sozialfürsorge bewilligt wurden (Gilpin).

Dies waren nur die von den Medien verbreiteten Protestaktionen. Eine in New York durchgeführte Untersuchung ergab, daß fast alle der 42 Bezirksstellen für Sozialhilfe in der Stadt häufigen Streit mit Arbeitslosengruppen meldeten, die meistens von Kommunisten angeführt wurden. Die Gruppen waren aufsässig – sie wurden lautstark, demonstrierten vor den Büros oder weigerten sich, diese zu verlassen – und setzten ihre Forderungen häufig durch. Fünf der Fürsorgeämter wurden 30 Tage lang genauestens überprüft: In diesem Zeitraum wurden 196 Forderungen von Arbeitslosengruppen registriert und davon 107 bewilligt (Brophy und Hallowitz, 63–65).

Im Winter 1934 lebten schließlich 20 Millionen Menschen von öffentlicher Unterstützung, und die monatlichen Zahlungen hatten sich von durchschnittlich 15,15 Dollar pro Familie im Mai 1933 auf durchschnittlich 24,53 Dollar im Mai 1934 erhöht und stiegen bis zum Mai 1935 weiter auf 29,33 Dollar. Harry Hopkins erklärte die neue Haltung der Regierung gegenüber den Arbeitslosen:

»Lange Zeit hegten diejenigen, die keine Unterstützung benötigten, die Illusion, daß Sozialhilfeempfänger ihr Schicksal selbst verschuldet hätten. Doch inzwischen ist es der Nation ziemlich bewußt geworden, daß die Arbeitslosen aus allen Schichten der arbeitenden Bevölkerung stammen und zu den besten Menschen im Land gehören.« (Kurzman, 85)

Vom Aufruhr zur Organisation

Seit Beginn der Depression zog das rebellische Potential, das in den arbeitslosen Massen steckte, »organizers« und Aktivisten der Linken magisch an. Sie näherten sich den Arbeitslosen zwar auf unterschiedliche Weise, doch eines war ihnen allen gemeinsam: sie beklagten ohne Ausnahme den lockeren und chaotischen Charakter der Bewegung und strebten durchweg den Aufbau einer Organisation an.

Die Kommunisten waren die ersten, die sich dieser Aufgabe widmeten – und dies schon seit 1921, als sie versucht hatten, die Arbeitslosen in »Aktionsausschüssen« zu organisieren, damals noch ohne großen Erfolg. 1929 starteten sie eine neue Kampagne zur Gründung von Arbeitslosenräten (»Unemployed Councils«).[25] Im Winter 1929/1930 arbeiteten kommunistische »organizers« mit großem Einsatz an den Verpflegungsstellen, in den billigen Absteigen, in den Warteschlangen an den Fabriktoren und auf den Fürsorgeämtern. Mitte 1930 waren die Arbeitslosen zum zentralen Gegenstand der Parteiaktivitäten geworden. Das theoretische Organ der Partei, *The Communist,* stellte fest, die Arbeitslosen seien »der taktische Schlüssel zum gegenwärtigen Klassenkampf« (zitiert bei Rosenzweig, 1976a).

In dieser frühen Phase konzentrierten sich die Aktivisten der Kommunistischen Partei der USA noch stärker auf die Durchführung direkter Aktionen als auf den Aufbau von Organisationen, und die von ihnen angeführten Aktionen auf den Straßen und Fürsorgeämtern waren gewöhnlich militanter und explosiver als die anderer Arbeitslosengruppen. Die Kommunisten, von denen viele selbst beschäftigungslose Arbeiter waren[26], nutzten jeden Mißstand als eine Gelegenheit zur Auslösung von Massenaktionen und stellten mit ihrer beträchtlichen Selbstdisziplin und Energie eine umfassende Flugblatt- und Agitationskampagne auf die Beine, die wesentlich dazu beitrug, die Arbeitslosen zu vereinen und ihre Wut in Widerstand zu verwandeln. Zudem übernahmen die Kommunisten häufig selbst die Führung bei Auseinandersetzungen mit der Polizei; die Genossen wurden ermahnt, nicht zurückzuweichen und die anderen Arbeitslosen zu verteidigen, wenn die Polizei angriff, was häufig vorkam (Seymour, August 1937, 9–11; Leab, 300–303; Lasswell und Blumenstock, 165–213).

In diesem Stadium gab es nur wenige Mitgliederversammlungen, kaum formelle Strukturen in den Gruppen und nur beschränkte Versuche, zwischen den einzelnen Gruppen formelle Bande zu knüpfen. Die Räte wurden auf Massenversammlungen und Demonstrationen schlagartig lebendig, in der Zwischenzeit machte nur eine Kadergruppe die Organisation aus. »Doch die in dieser Zeit herrschende Stimmung«, schreibt Leab, »ermöglichte es diesem harten Kern, Menschen in immer größerer Zahl für Protestdemonstrationen zu mobilisieren.« (304)

In der Anfangsphase der Depression hatte sich die Mehrheit der

Sozialisten gegen die Organisierung der Arbeitslosen gestellt. Statt dessen hatte der Nationale Exekutivrat der »Socialist Party« im Mai 1929 die Bildung von Notausschüssen zur Bekämpfung der Arbeitslosigkeit angeregt, die sich für die Durchsetzung des Parteiprogramms – Altersversorgung, Arbeitslosenversicherung und die Abschaffung der Kinderarbeit – einsetzen sollten. Doch daraus wurde nicht viel. In einigen Orten begannen statt dessen Gruppen von Sozialisten, die häufig mit der »League for Industrial Democracy« assoziiert waren, Arbeitslosenkomitees und Arbeitslosengewerkschaften zu organisieren, auch ohne dafür ein Mandat der nationalen Parteiorganisation zu besitzen. Sie operierten ähnlich wie die kommunistischen Arbeitslosengruppen: mit ständigen Beschwerden und massivem Druck auf die Institutionen.[27] Am erfolgreichsten von diesen Gruppen war das »Workers' Committee on Unemployment« in Chicago, dem man zuschrieb, die Wohlfahrtszahlungen in Cook County auf eines der höchsten Niveaus im Land gebracht zu haben (Rosenzweig, 1974, 12). Aufgrund der Erfolge der kommunistischen Arbeitslosenräte und dieser lokalen, von Sozialisten geführten Organisationen entschloß sich endlich auch der Nationale Exekutivrat der »Socialist Party«, die direkte Organisation der Arbeitslosen zu unterstützen (Rosenzweig, 1974, 14). Jetzt begannen auch Sozialisten in anderen Orten, vor allem in New York und Baltimore, mit der Organisierung von Gruppen, die dem Modell des »Chicago Workers' Committee« folgten. Aus diesen Gruppen entstand später die »Workers' Alliance of America«, der Höhepunkt aller Organisationsbemühungen unter den Arbeitslosen.

Auch andere Radikale waren aktiv. Viele von ihnen gehörten zur »Conference for Progressive Labor Action« (CPLA), in der sich im Mai 1929 Sozialisten und Gewerkschafter zusammengefunden hatten, die sowohl die konservative Führung des Gewerkschaftsdachverbandes AFL als auch das Modell einer Gegengewerkschaft, das von der kommunistischen »Trade Union League« propagiert wurde, ablehnten. Die CPLA war ursprünglich nur als Propaganda- und Aufklärungsorganisation gedacht gewesen, begann jedoch 1931 nach links zu rücken; gleichzeitig wurde A. J. Muste, der in den zwanziger Jahren das »Brookwood Labor College« geleitet hatte, mit einem Pogramm zur Bildung lokaler Arbeitslosenorganisationen zur führenden politischen Figur. Die Muste-Gruppen, gewöhnlich »Unemployed Leagues« genannt, blühten vor allem in den ländlichen Gebieten und Kleinstädten Ohios, West Virginias, Kentuckys, North Carolinas und Pennsylvanias auf, wo sie zumindest anfänglich eine undogmatische und an den unmittelbaren Nöten der Arbeitslosen orientierte Politik verfolgten. Die »Unemployment League« von Seattle, die so etwas wie ein Modell für viele dieser Versuche darstellte (obwohl sie nicht Teil der CPLA war), hatte, zumindest für kurze Zeit, besonderen Erfolg. Sie gab Ende 1931 für Seattle selbst 12 000 Mitglieder sowie Ende 1932 für den gesamten Staat Washington 80 000 Mitglieder an. Zu Beginn propagierte die Gruppe den direkten Tausch; die Mitglieder arbeiteten bei Farmern und ließen sich mit Naturalien entlohnen. Doch als die Erntezeit von 1931 und damit diese Art der Selbsthilfe zu Ende ging, wandte sich die »League« um Hilfe an die Stadt. Der Stadtrat, der wegen der ständig wachsenden Zahl von Gefolgsleuten der Gruppe besorgt war, bewilligte eine halbe Million Dollar für Sozialfürsorge und übergab die Mittel der »League« zur Verwaltung. Bei den Wahlen von 1932, als schätzungsweise ein Drittel der Wähler von Seattle Mitglieder der »League« waren, unterstützte die Gruppe eine von John F. Dore angeführte Kandidatenliste. Dore versprach während des Wahlkampfes, den Wohlhabenden große Vermögen abzunehmen, »die sie von den amerikanischen Arbeitern gestohlen« hätten. Er siegte daraufhin mit der größten Mehrheit in der Geschichte Seattles. Gleich nach seiner Amtsübernahme entzog er der »League« jedoch die Verwaltung der Fürsorgegelder und drohte, die Arbeitslosendemonstrationen mit Maschinengewehren zusammenschießen zu lassen, was ihm den Beinamen »Revolving Dore« einbrachte (Bernstein, 1970, 416–418). (Ein Wortspiel, das auf den angedrohten Schußwaffengebrauch [Revolver] und auf Dores Opportunismus anspielt [»revolving door« = Drehtür; d. Ü.])

Viele der »Unemployed Leagues« blieben, wie die Gruppe in Seattle, nicht lange Selbsthilfeorganisationen – nicht zuletzt, weil Selbsthilfeprogramme nicht in der Lage waren, mit der umfassenden und andauernden Arbeitslosigkeit fertig zu werden. 1933 wurden die »Leagues« politischer und ihre Taktiken härter. Sie stimmten jetzt in den allgemeinen Chor der Forderungen nach öffentlichen Wohlfahrtsprogrammen ein. In einigen Ortsgruppen übernahmen Kommunisten die Führung, und später schlossen sich einige Führer der Leagues, unter ihnen Louis Budenz, der Kommunistischen Partei an.

In vielen Städten tauchten noch weitere Gruppen auf, zum Teil unter Vorzeichen, die nichts mit radikaler Politik gemein hatten. So gründeten zum Beispiel lokale Politiker in ihren Wahlkreisen Vereine, die sich für die Probleme einzelner Bedürftiger unter ihren Wählern einsetzen sollten – vor allem natürlich vor Wahlen.[28] In vielen ländlichen oder teilweise ländlichen Gebieten bildeten sich Gruppen nach dem Konzept der Selbsthilfe oder des direkten Tauschs.[29] In Dayton wurde Ralph Borsodi, ein utopischer Denker, der eine Rückkehr zum einfachen Landleben propagierte, vom »Council of Social Agencies« dazu engagiert, Gruppen zu organisieren, die sich weitgehend selbst versorgten (Bernstein, 1970, 420). Arthur Moyer, Präsident des »Antioch College«, gründete die »Midwest Exchange, Inc.«, die unabhängige Gruppen zu Selbsthilfe und unmittelbarem Tausch ermutigte (Glick, 13–14). In Harlem nahm die Selbsthilfe die Form von Lebensmittelsammlungen und Mieter-Partys an, die häufig von Kirchengemeinden oder Anhängern Father Divines veranstaltet wurden.[30]

In manchen Gebieten, vor allem den Bergbauregionen, wo die Arbeitslosigkeit besonders umfassend war, leisteten die Gewerkschaften den Arbeitslosen Unterstützung und führten gelegentlich sogar gemeinsame Aktionen mit ihnen durch. So führten Ortsverbände der »United Mine Workers« (UMW) zwei Hungermärsche in Charleston (West Virginia) an und organisierten in Gallup (New Mexico) zusammen mit dem dortigen Arbeitslosenrat massenhaften Widerstand gegen die Zwangsräumung arbeitsloser Bergarbeiter aus Häusern, die auf dem Boden der Bergwerksgesellschaften standen. In Pennsylvania schlossen sich Ortsverbände der UMW mit Arbeitslosengruppen zusammen und gaben ihnen finanzielle Unterstützung (Seymour, Dezember 1937, 6). Woanders kam es gelegentlich auch vor, daß Arbeitslosengruppen streikende Arbeiter unterstützten. Der Streik bei Auto-Lite in Toledo und der Straßenbahner-Streik in Milwaukee im Jahre 1934 wurden letztlich durch die Unterstützung von Tausenden von Arbeitslosen zugunsten der Arbeiter entschieden. In Minneapolis schließlich gehörten auch Arbeitslose zum militanten Ortsverband 574 der Teamsters (der Gewerkschaft der Lastwagenfahrer und anderer Dienstleistungsberufe – d. Ü.) (Glick, 13). Im großen und ganzen allerdings vermieden die Gewerkschaften den Kontakt zu den Arbeitslosen, die von den Mitgliederlisten gestrichen wurden, wenn ihre Mitgliedsbeiträge nicht mehr eingingen.[31] Kurz nacheinander schickten William Green und John L. Lewis zwar Grußbotschaften an Versammlungen von Arbeitslosen (Seymour, Dezember 1937, 10), doch lehnte der CIO Anträge von Arbeitslosenorganisationen auf Aufnahme in den Gewerkschaftsbund ab.

Wegen des vielfältigen Charakters der Arbeitslosenbewegung kann ihre Mitgliederzahl nicht genau bestimmt werden; es ist ohnehin wahrscheinlich, daß sie stark fluktuierte. Durch die Hoffnung auf Sozialfürsorge motiviert, stießen viele Menschen zur Bewegung, und viele verließen sie wieder, sobald sie die benötigte Unterstützung erhalten hatten. Bis zum Februar 1934 kannten die Arbeitslosenräte weder Beiträge noch Mitglieder; wer sich dazuzählte, wurde schlicht »Anhänger« genannt (Seymour, August 1937, 11–13). Geht man von den Angaben der Gruppen selbst aus, waren die Mitgliederzahlen für eine reine Basisorganisation äußerst eindrucksvoll. 1933 gab die »Unemployed League« in Ohio insgesamt 100000 Mitglieder in 187 Ortsgruppen an; die »Unemployed League« von Pennsylvania zählte 1935 25000 Mitglieder in zwölf Landkreisen; die »Pennsylvania Security League« meldete rund 70000 Mitglieder (Seymour, Dezember 1937); die »Pittsburgh Unemployed Citizens' League« zählte nach eigenen Angaben 50000 beitragzahlende Mitglieder in 50 Ortsgruppen (Karsh und Garman, 92). In Chicago gaben allein die Arbeitslosenräte an, über eine Mitgliedschaft von 22000 in 45 Zweigstellen zu verfügen, während die von den Sozialisten geführten Gruppen bis Mitte des Jahres 1932 25000 Arbeitslose organisiert hatten (Rosenzweig, 1967a).

Die Bildung einer nationalen Organisation

Entstanden war die Arbeitslosenbewegung in einzelnen Städten, bei sporadischen Straßendemonstrationen, Mieterunruhen und Störaktionen auf Sozialämtern. Die Ortsgruppen waren oft nur locker organisiert und wurden mehr durch die periodischen Demonstationen als durch reguläre und formelle Mitgliedschaft zusammengehalten. Sie gewannen an Kraft durch die Erfolge in den direkten Aktionen, die Geld oder Lebensmittel einbrachten oder Wohnungsräumungen verhinderten. Doch die Mehrzahl der radikalen Sprecher der verschiedenen Gruppen hielt die organisatorische Unverbindlichkeit der Ortsgruppen für einen Nachteil. Schon im November 1930 kritisierte das Politbüro der Kommunistischen Partei das Fehlen »organisatorischer Klarheit« in den Arbeitslosenräten, und ein Parteifunktionär klagte, »trotz Millionen Flugblättern und Hunderten von Versammlungen, nicht zu reden von dem halben Dutzend Demonstrationen in jeder Stadt, sind gut organisierte Arbeitslosenräte praktisch nicht existent« (Rosenzweig, 1976b, 42).[32]

Trotz tiefgehender Differenzen zwischen den Kommunisten, Sozialisten und Muste-Anhängern in Fragen des internationalen Sozialismus, teilten sie doch die Auffassung, daß die Erfolge der Arbeitslosen in der Frühphase der Depression reine Almosen darstellten. Eine signifikante politische Bewegung, die in der Lage gewesen wäre, entscheidende Erfolge zu erringen, konnte ihrer Meinung nach nur auf der Grundlage fest organisierter lokaler und einzelstaatlicher Gruppen entstehen, die sich zu einem nationalen Verband mit einem nationalen Programm zusammenschlossen.[33] Anstelle uneinheitlicher lokaler Gruppen, die Fürsorgeämter besetzten oder Demonstrationszüge zum Rathaus anführten, wo sie doch nur Almosen erhielten, sollte eine bundesweite Organisation der Armen entstehen; eine Organisation, die eine so große Zahl von Wählern hinter sich wüßte, daß sie den Kongreß zur Verabschiedung grundlegender ökonomischer Reformen zwingen könnte. Das Heraufkommen des New Deal, die Amtsübernahme durch einen wohlgesonnenen Präsidenten und Kongreß ermutigten diesen Ansatz natürlich: die Zeit schien reif, mit Hilfe des politischen Wahlsystems weitreichende Veränderungen zu erreichen.

Darüber hinaus bestärkte eine grundlegende Kursänderung der Komintern-Politik (die aufgrund der verspäteten Erkenntnis zustande gekommen war, daß der Faschismus eine schwerwiegende Bedrohung für den Weltkommunismus darstellte) den Stellenwert von Organisationsaufbau und parlamentarischer Strategie durch die Kommunisten, die bis dahin die militantesten und aufsässigsten Arbeitslosengruppen angeführt hatten.[34] Der neue »Volksfront«-Ansatz verlangte von den Kommunisten, Allianzen mit liberalen und sozialistischen Gruppen anzustreben, die sie zuvor noch als »Sozialfaschisten« verleumdet hatten. Dies bedeutete ganz eindeutig, daß man sich um Allianzen innerhalb der New-Deal-Koalition und mit dem New Deal selbst zu bemühen hatte.[35]

Im Grunde genommen hatte es fast von Beginn an Bestrebungen gegeben, eine nationale Organisation zu schaffen. Durch die erfolgreichen Demonstrationen vom 6. März 1930 ermutigt, organisierten die Kommunisten Ende jenes Monats eine Konferenz in New York, zu der, Berichten zufolge, 215 Delegierte aus dreizehn Bundesstaaten erschienen und auf der sie zur Gründung einer autonomen nationalen Arbeitslosenorganisation aufriefen.[36] Im Juli fand in Chicago eine größere Versammlung mit 1 320 Delegierten statt, auf der die Gründung der »Unemployed Councils of the U.S.A.« verkündet wurde. Es wurde ein Programm verabschiedet, das nach einer nationalen Arbeitslosenversicherung und bundesstaatlichen Geldern für Sozialfürsorge verlangte, sowie eine formelle Organisationsstruktur erarbeitet, die das Verhältnis zwischen verschiedenen organisatorischen Ebenen – Stadtteil, Ortsgruppen, Landkreis, Einzelstaat und Bundesebene – festlegte. 1934 gaben sich die Arbeitslosenräte auch eine schriftlich niedergelegte Satzung (Leab, 308–311). Die Kursänderung der Komintern von 1935 schließlich beschleunigte nicht nur die organisatorische Entwicklung, sondern ebnete den Weg zum Aufbau einer Organisation, die alle Arbeitslosengruppen umfassen sollte.

Als im Herbst 1932 die Wahlen vor der Tür standen, unternahmen auch die Sozialisten Schritte zur Entwicklung einer nationalen Organisation.[37] Das »Chicago Workers' Committee« berief eine Versammlung »aller uns bekannter ›Unemployed Leagues‹, mit Ausnahme der ›Arbeitslosenräte‹ der Kommunistischen Partei«, ein (Seymour, Dezember 1937, 7). Das Ergebnis der Konferenz war die Gründung der »Federation of Unemployed Workers' Leagues of America«, die den nächsten Präsidenten und Kongreß aufforderte, ein ganzes Gesetzgebungspaket zu verabschieden: direkte Sozialfürsorge, öffentliche Arbeitsprogramme und Beseitigung der Slums, Arbeitslosen- und Rentenversicherung, Verkürzung der Arbeitszeit und Abschaffung der Kinderarbeit. Die »Federation« selbst war nur von kurzem Bestand, doch der Glaube an die mächtige politische Kraft einer nationalen Organisation lebte fort, und so vereinten sich die sozialistischen Gruppen 1934 zu »Federations« auf einzelstaatlicher Ebene.

In der Zwischenzeit waren im Juli 1933 800 Delegierte aus dreizehn Bundesstaaten in Columbus, Ohio, zusammengekommen, um die erste nationale Konferenz der »Unemployed Leagues« abzuhalten. Zu diesem Zeitpunkt waren die radikalen, intellektuellen Führer der »Conference for Progressive Labor Action«, von denen die Leagues organisiert worden waren, bereits zu überzeugten Verfechtern einer »Massenpartei der Arbeiter« geworden, deren

Ziel die »vollständige Abschaffung des planlosen, nach Profit strebenden Kapitalismus und der Aufbau einer Arbeiter-Republik« sein sollte (Karsh und Garman, 91).[38]

Die Bemühungen, eine nationale Organisation zusammenzuschweißen, hielten während des ganzen Jahres 1934 an. Im März hoben die Anführer von sozialistisch orientierten Organisationen aus Baltimore, New York, Westchester, Pittsburgh, Reading und Hartford die »Eastern Federation of Unemployed and Emergency Workers« aus der Taufe. Im Laufe des Sommers und Herbstes 1934 trafen die Gruppen der »Eastern Federation« mit den sozialistisch geführten Federations der Bundesstaaten Illinois, Wisconsin und Florida sowie mit den Muste-Gruppen zusammen, um eine Demonstration vorzubereiten. Aus diesem Treffen ging ein vorläufiger Nationalausschuß hervor, der Pläne zur Gründung einer nationalen Organisation der Arbeitslosen entwickeln sollte.[39]

Im Frühjahr 1935 war es endlich so weit: aus einer Konferenz in Washington wurde ein »permanenter, parteipolitisch ungebundener Verband« der meisten großen Arbeitslosenorganisationen der Vereinigten Staaten – die »Workers' Alliance of America« – geboren. Delegierte von Arbeitslosenorganisationen aus 16 Staaten waren anwesend.[40] Eine Satzung wurde verabschiedet, ein Beitragssystem geschaffen und ein Nationales Exekutivkomitee ernannt, das den Auftrag erhielt, mit den kommunistischen Arbeitslosenräten Verhandlungen über einen Zusammenschluß aufzunehmen. Ein zweiter Nationalkongreß der »Workers' Alliance« im April 1936 zog Delegierte von Organisationen aus 36 Bundesstaaten an, darunter auch die Arbeitslosenräte. Ende des Jahres hatte die »Alliance« eigenen Angaben zufolge 1600 Ortsverbände mit insgesamt 600 000 Mitgliedern in dreiundvierzig Bundesstaaten.[41] Auf dem letztgenannten Kongreß wurde der Zusammenschluß der meisten bedeutenden Arbeitslosengruppen eingeleitet: der »Workers' Alliance«, der Arbeitslosenräte, der »National Unemployment League«, der »American Workers Union« und mehrerer unabhängiger einzelstaatlicher Verbände. Der Sozialist David Lasser, der an der Spitze der »New Yorker Workers' Committee on Unemployment« stand und bereits Vorsitzender der ersten Alliance gewesen war, wurde wiederum zum Vorsitzenden gewählt; der Kommunist Herbert Benjamin, der nationaler Sekretär der Arbeitslosenräte gewesen war, wurde Organisationssekretär. Die Kommunisten der Arbeitslosenräte – inzwischen voll in ihrer Volksfront-Phase – ordneten sich den Sozialisten weitgehend unter und gaben sich mit nur halb so vielen Sitzen im neuen Exekutivausschuß zufrieden. Nach Lösung dieser Fragen wurde ein Hauptquartier in Washington eingerichtet und der Mitarbeiterstab vor Ort erweitert. »Vereinigungs-Kongresse« auf einzelstaatlicher Ebene folgten dem nationalen Treffen, und neue lokale Organisationen begannen, sich um Aufnahme in die Allianz zu bemühen. Allem Anschein nach war eine Menge erreicht worden: eine nationale Organisation der Armen war geboren.

Der Niedergang der Protestbewegung

Als Lasser damit begann, den Aufbau einer nationalen Organisation zu betreiben, hatte er argumentiert, eine solche Vereinigung würde nicht nur die Bildung weiterer lokaler Gruppen stimulieren, sondern ihnen auch Dauerhaftigkeit verleihen (*New Leader*, 22. Dezember 1934, 1). Tatsächlich aber ging die Zahl der lokalen Gruppen im Land zu der gleichen Zeit zurück, als die Vertreter der Arbeitslosenorganisationen sich darauf konzentrierten, eine nationale Organisation – komplett mit Satzung und bürokratischer Struktur – aus der Taufe zu heben. Dieser Rückgang war zum großen Teil Folge der liberaleren Wohlfahrtspraxis der Roosevelt-Administration, der es gelang, lokale Gruppen von ihren Störaktionen abzubringen und lokale Anführer in bürokratische Funktionen einzubinden. Sobald die Bewegung aber an Stärke verlor und die Instabilität, deren Ausdruck sie war, zurückging, wurden auch die Fürsorgeleistungen wieder eingeschränkt. Daß dies geschah, spricht hauptsächlich für die Fähigkeit des amerikanischen politischen Systems, immer wieder auf die Füße zu fallen. Daß es allerdings so schnell geschah, und dazu noch zu einem so niedrigen Preis, sagt einiges über die Rolle aus, die die Führer der Arbeitslosen selbst spielten. Denn bei dem Versuch, durch organisierten und wahltaktischen Druck wesentlichere Reformen durchzusetzen, verzichteten sie auf lokale Störaktionen und wurden unbeabsichtigt zu Kollaborateuren in einem Prozeß, der der Bewegung letztlich die Spitze abbrach.

Die Fähigkeit der lokalen Gruppen, Anhänger anzuziehen, war von ihren konkreten Erfolgen in den Sozialämtern abhängig gewesen. Doch der vergrößerte Verwaltungsapparat, die Mittelausweitung und die wohlwollender gewordene Atmosphäre unter der

Roosevelt-Administration erlaubten es den Fürsorgeverwaltungen, ihre Arbeit zu normalisieren und wieder volle Kontrolle über die Gewährung der Sozialhilfe zu erlangen. Die Fürsorgebeamten behaupteten häufig, daß es in Wahrheit keine Interessengegensätze zwischen ihnen und den Arbeitslosen gebe, sondern daß Konflikte von bestimmten Anführern geschaffen worden seien, die sich Unzulänglichkeiten des Systems zunutze gemacht hätten, um künstliche Gegensätze zu schaffen, die Arbeitslosen zu manipulieren und sie für ihre politischen Zwecke auszunutzen. Es seien standardisierte Vergaberichtlinien notwendig, um Ansprüche entsprechend ihrer »Berechtigung« und nicht »unter Druck« behandeln zu können. (Druck, so argumentierten sie, sollte auf den Gesetzgeber ausgeübt werden und nicht auf wohlmeinende Fürsorgebeamten.) Nach diesen Erwägungen machten sie sich daran, präzise Kriterien auszuarbeiten, wer wieviel Unterstützung bekommen solle. Gleichzeitig entwickelten sie komplizierte, formalisierte Verfahren für Verhandlungen mit organisierten Arbeitslosengruppen. In der Stadt New York zum Beispiel besagten die Verhandlungsrichtlinien, daß die Delegationen der Arbeitslosen maximal drei bis fünf Personen umfassen dürften; Treffen dürften nur alle zwei Wochen stattfinden und auch nur mit dem dazu vorgesehenen Verwaltungsbeamten; Delegationsmitglieder und die von ihnen vertretenen Arbeitslosen durften niemals gemeinsam angehört werden; schriftliche Antworten waren verboten; und schließlich *durfte Unterstützung keinesfalls gewährt werden, solange die Delegation sich noch in den Amtsräumen aufhielt* (Hervorhebung v. Verf. – Brophy und Hallowitz, 50–53). Ähnliche Regelungen wurden im ganzen Land getroffen, häufig sogar durch Verhandlungen mit den Arbeitslosengruppen selbst. Auszüge aus einem dieser Vorschriftenkataloge, der von dem Amt des »Consultant on Community Contracts« in Pennsylvania (einer Dienststelle, die Lokalverwaltungen bei der Abfassung von Verträgen beriet – d. Ü.) ausgearbeitet worden war, illustrierten die Komplexität dieser neuen Verfahrensweisen ebenso wie die wohlwollende Sprache, in die sie sich kleideten:

»Verfahrensrichtlinien für die Anerkennung von Arbeitslosen- und Arbeiterorganisationen und die Behandlung ihrer Beschwerden
Den Vertretern der Arbeitslosenorganisationen eines jeden Distrikts werden vom Fürsorgeamt Formulare zur Verfügung gestellt, auf denen jede Anfrage deutlich dargestellt werden muß. (Pro Formular jeweils nur eine

Anfrage.) Die Formulare müssen in zweifacher Ausfertigung vorgelegt werden. ...

Wenn der Klient nach Antragstellung nicht erhält, was er seiner Meinung nach *braucht* und worauf er einen Anspruch zu haben glaubt, kann er, wenn er möchte, nach Besprechung des Falls mit dem zuständigen Sachbearbeiter einem gewählten Vertreter seiner Organisation den Fall vortragen, woraufhin dieser auf dem dafür vorgesehenen Formular des Amtes die notwendigen Informationen klar und gut leserlich niederlegen wird. Anfragen werden nicht bearbeitet, wenn der Antragsteller die Angelegenheit nicht vorher mit dem zuständigen Sachbearbeiter besprochen hat. ... Der gewählte Vertreter wird ... sich darum bemühen, den Klienten davon zu überzeugen, *unmögliche Forderungen fallen zu lassen,* ebenso wie Forderungen, die eine Änderung der Regeln und Vorschriften über die Vergabe von Unterstützung betreffen und außerhalb des Kompetenzbereiches des örtlichen Fürsorgeamtes liegen.

Jede Beschwerde wird in zweifacher Ausfertigung auf dem dafür vorgesehenen Formular dem Vorsteher des Bezirksamts bei regelmäßigen, zu diesem Zweck angesetzten Treffen vorgelegt. ... Die Treffen mit einem aus nicht mehr als fünf Mitgliedern bestehenden Ausschuß der Arbeitslosenorganisation finden in jedem Fürsorgebezirk einmal pro Woche statt.

Fälle, die nach Auffassung des Arbeitslosenausschusses nicht befriedigend behandelt worden sind, können dem Bezirksausschuß der Arbeitslosenorganisation unterbreitet werden; wenn der Bezirksausschuß nach Prüfung des Sachverhaltes der Meinung ist, daß weitere Maßnahmen zu ergreifen sind, legt er den Fall dem ›Executive Director‹ zur endgültigen Beschlußfassung vor. ... *Der ›Executive Director‹ nimmt nur Beschwerden entgegen, die diesen Anforderungen entsprechen.*

Die Vertreter der Arbeitslosenorganisiation ... haben sich ernsthaft darum zu bemühen, eine gründliche Kenntnis der Verfahrensweisen und Vorschriften zu erwerben, und zur Erklärung dieser Sachverhalte gegenüber ihrer Mitgliedschaft beizutragen.« (Hervorhebungen im Original – zitiert bei Seymour, Dezember 1937, Anhang)

Innerhalb kurzer Zeit hatte in Pennsylvania die Vorlage von Beschwerden durch Arbeitslosenausschüsse die bisherigen Massendemonstrationen ersetzt. Ein Artikel im *Survey* vom September 1936 gab die Ansichten eines typischen Fürsorgebeamten über die Vorzüge dieser Regelungen wieder:

»Früher mußten wir Gruppen empfangen, die so groß waren, wie ihre Führer es wollten, selten unter 25 Mann. Das Ergebnis waren ständige Massenversammlungen, auf denen der eine noch mehr redete als der andere. Spezifische Beschwerden und Probleme gingen bei den langen Tiraden gegen die allgemeine Organisation der Gesellschaft völlig unter. Manchmal hatten wir uns mit einem halben Dutzend Delegationen pro Tag auseinanderzusetzen, und das Büro war in ständigem Aufruhr. Es war einfach nicht genug Zeit, um unsere Arbeit zu machen und dazu noch bei diesem ständigen Gerede präsent zu sein. Also bestanden wir darauf, daß die Größe der Delegationen beschränkt wird. Jetzt ... können wir endlich was schaffen.« (zitiert bei Seymour, Dezember 1937, 16)

Einige Fürsorgeämter formalisierten nicht nur ihre Beziehungen zu den Arbeitslosenorganisationen, sondern verlegten die Verhandlungen darüber hinaus in separate Beschwerdestellen oder Public-Relations-Büros, die man weit entfernt von den eigentlichen Ämtern eröffnete. Chicago war eine der ersten Städte, die ein solches System einführten. Es gab dort eine Vielzahl von Arbeitslosengruppen; allein das »Workers Committee on Unemployment« hatte nach eigenen Angaben im Jahr 1933 36 Stadtteilgruppen (Karsh und Garman, 89). Wiederholte lokale Demonstrationen, die mehrere Verletzte forderten, veranlaßten das Sozialamt des Regierungsbezirkes, im Januar 1933 ein Public-Relations-Büro einzurichten und gleichzeitig den Arbeitslosengruppen den Zutritt zu den lokalen Fürsorgestellen zu verwehren. Anfangs boykottierten die Chicagoer Gruppen das neue Büro, beklagten dessen Abgelegenheit und erklärten, daß es ohnehin nur eingerichtet worden sei, um sich dem Druck der Arbeitslosen zu entziehen. Das Amt blieb jedoch fest und so gaben die Gruppen schließlich nach. Der Direktor konnte anschließend berichten, daß das neue Büro

»in dieser Beziehung ein voller Erfolg ist; es hat einem der ärgerlichsten Probleme bei der Verwaltung der Sozialfürsorge im Regierungsbezirk ein Ende bereitet. Individuelle Eingaben, sowohl von den zu Recht Verärgerten als auch von den notorischen Nörglern, werden auch weiterhin im lokalen Büro entgegengenommen, Delegationen dort jedoch nicht mehr empfangen. Insofern, als einige dieser Komitees zuvor durch ihr aufsässiges Verhalten eine geordnete Abwicklung unmöglich gemacht haben, hat sich die Situation entscheidend verbessert.« (zitiert bei Seymour, Dezember 1937, 22)

Die Eröffnung eines zentralen Beschwerdebüros beraubte die Arbeitslosengruppen von Chicago ihrer wichtigsten Waffe in der Auseinandersetzung mit den Fürsorgeämtern. In der Folge gingen ihre Mitgliederzahlen zurück, und interne Differenzen unter den Gruppen nahmen zu (Seymour, August 1937, 81). Zur gleichen Zeit nahmen die beiden führenden Vertreter des »Chicago Workers Committee on Unemployment« Positionen in der »Federal Emergency Relief Administration« (FERA) an (Rosenzweig, 1974, 35).

Mancherorts gingen die Wohlfahrtsverwaltungen so weit, Vertreter der Arbeitslosen in den bürokratischen Apparat aufzunehmen. Begründet wurde dies damit, daß »organisierte Klientengruppen einem Bedürfnis entsprechen«, und deshalb »Wege gefunden werden sollten, die es diesen Gruppen erlauben, sich zu ›artikulieren‹. Faire Anhörungen und ähnliche Mittel zur Vertretung der Klientengruppen im Beratungsausschuß dürften sich bei der Bewältigung spezieller Probleme als nützlich erweisen.« (zitiert bei Seymour, Dezember 1937, 20) Ein von der »Family Welfare Association« verbreiteter Bericht beschreibt die ungewohnte Einfühlungsgabe der Fürsorgebeamten: »Nur wenn unsere Mitbürger Verständnis für unsere Arbeit aufbringen und ihren Teil dazu beitragen, können die Bedürfnisse der Klienten zufriedenstellend erfüllt werden.« (Seymour, August 1937, 66)[42] Und tatsächlich: je stärker die Arbeitslosengruppen auf diese Weise integriert wurden, um so »reifer« und »vernünftiger« wurden sie. Sie fungierten dann als eine Art Hilfsstab, der sogar Untersuchungen durchführte, die das Amt selbst nicht leisten konnte (Seymour, August 1937, 68). Unbestreitbar stellten die Arbeitslosen, nachdem sie einmal in die neuen Verfahren eingewilligt hatten, für die lokalen Verwaltungen kein größeres Problem mehr dar. Ein Fürsorgebeamter aus Chicago konnte dann auch einem Reporter erzählen, daß die Arbeitslosengruppen eine gute Sache seien, denn: »Sie haben den Männern die Möglichkeit gegeben, mal richtig Dampf abzulassen.« (Rosenzweig, 1976a)

Im Rahmen des Arbeitsbeschaffungsprogrammes wurden ähnliche Verfahrensweisen entwickelt, die sich dort ebenfalls als Stabilisierungsfaktor herausstellten. Zunächst noch unter der »Civil Works Administration« (CWA) von 1933 und später unter der »Works Progress Administration« (WPA) bildeten die Arbeitslosen Vereinigungen nach dem Vorbild der Gewerkschaften. Anfangs führten sie – häufig erfolgreiche – Streiks für höhere Löhne und bessere Arbeitsbedingungen durch. In West Virginia beispielsweise erreichten streikende CWA-Arbeiter eine Lohnerhöhung von 35 auf 45 Cents in der Stunde; in Illinois setzten sie eine Anhebung von 40 auf 50 Cents durch. Aber die Streiks hatten zum Teil auch schwere Strafen zur Folge. Häufig wurden die Männer, die an einem Ausstand teilgenommen hatten, für »freiwillig ausgeschieden« erklärt. Doch mit der starken Ausweitung der Arbeitsbeschaffungsmaßnahmen des Bundes im Jahre 1935 begann sich eine neue, konziliantere Politik der Bundesregierung herauszubilden. Man gestand den Arbeitern jetzt das Recht zu, sich zu organisieren und Vertreter für Verhandlungen mit der Fürsorgeverwaltung zu bestimmen; Beschwerdeverfahren und Appellations-Ausschüsse wurden eingerichtet, und die ausführenden Behörden dazu angehalten, faire und freundliche Beziehungen mit den Arbeitern zu unterhalten. Nachdem diese Regelungen erlassen waren, erklärte der Präsident persönliche Streiks bei Arbeitsbeschaffungsprojekten für illegal und ermächtigte die Verwaltungen, streikende Mitarbeiter zu ersetzen.

Es soll hier nicht unterschlagen werden, daß einige Vertreter der Arbeitslosen die Verstrickung in die Mechanismen der Wohlfahrtsbürokratien fürchteten und Widerstand propagierten. Besonders die von der Militanz der frühen dreißiger Jahre geschulten »organizers« der Kommunistischen Partei neigten zumindest anfangs dazu, die Beschwerdesysteme zu ignorieren.[43] (Die Sozialisten hatten aufruhrähnliche Taktiken niemals ausdrücklich befürwortet.) Wenn aber die Fürsorgeverwaltungen nicht nachgaben, mußten die kommunistischen Sprecher gelegentlich erfahren, daß ihr Drängen auf aggressiveres Vorgehen ihrem Ansehen bei den Mitgliedern schadete (Brophy und Hallowitz, 8). Die meisten Organisationsvertreter priesen die bürokratischen Reformen aber und verzichteten auf Konfrontation, weil sie glaubten, durch bereitwillige Zusammenarbeit einen wesentlichen Einfluß auf die Politik der Fürsorgeverwaltungen gewinnen zu können. Sie willigten in die Schaffung der neuen Beschwerdesysteme ein, stimmten den umständlichen Regeln über die Verhandlungsführung zu und ließen sich selbst zu »mitbestimmenden Klienten« oder »Beratern« der Verwaltungen umfunktionieren (um sich dann gelegentlich Belehrungen über die sinnvollere Nutzung ihrer Freizeit anhören zu müssen). Die gesamte Entwicklung schien zukunftsweisend zu sein, jedenfalls in den Augen der Fürsorgebeamten, von denen sich die progressiveren rühmten, mit der Führung der Bewegung zusammenzuarbeiten, um den Armen begreiflich zu machen, nicht länger in primitive »Gewalttaktiken« zurückzufallen, sondern zu intelligenteren Formen politischer Aktion überzugehen – womit sie Lobbyismus in Parlamenten und Verhandlungen mit Behörden anstelle von Tumulten in Fürsorgebüros meinten.

Die Ironie bestand nun nicht darin, daß die Fürsorgebeamten diese Auffassung vertraten, sondern daß auch viele der Arbeitslosenführer sie teilten. Die frühen Erfolge der Arbeitslosenbewegung im Kampf um öffentliche Unterstützung waren nicht in den Lobbys der Parlamente oder in Verhandlungen gewonnen worden, oder etwa weil man sich nach standardisierten Beschwerdeverfahren gerichtet hatte. (Wenn es eine wirksame parlamentarische Lobby gab, dann bestand sie aus Lokalpolitikern, die aufgrund steigender kommunaler Wohlfahrtsausgaben unter Druck standen. Die »United States Conference of Mayors« war zum Beispiel in dieser Zeit ausdrücklich zu dem Zweck gegründet worden, auf die Bundesregierung einzuwirken, damit sie den Kommunen finanzielle Hilfe bei deren Wohlfahrtsprogrammen leistete.) Das ganze politische Gewicht dieser Gruppen, ihr Einfluß auf die lokalen Fürsorgeverwaltungen war doch das Resultat der Erschütterungen gewesen, die sie mit eben den »Gewalttaktiken« hervorgerufen hatten, die später von den eigenen Anführern wie auch den Behördenvertretern als primitiv gescholten wurden. Erfolge im Kampf um Unterstützung waren dadurch errungen worden, daß man aggressive Protestdemonstrationen organisiert und die sofortige Gewährung von Beihilfen für Hunderte von Menschen gefordert hatte. Durch die Preisgabe rebellischer Taktiken zugunsten bürokratischer Prozeduren verlor die Bewegung die Möglichkeit, Entscheidungen der lokalen Fürsorgeverwaltungen zu beeinflussen. Nicht länger fähig, greifbare Erfolge zu produzieren, verlor die Allianz auch ihre große Anziehungskraft, durch die sie eine so große Zahl von Menschen hatte aktivieren können. Am Ende hatte sie keine massenhafte Gefolgschaft mehr – so instabil diese auch gewesen sein mag –, in deren Namen und mit deren Unterstützung sie verhandeln konnte. Die Kraft der Bewegung war gebrochen, ihre lokalen Anführer tanzten auf dem glatten Parkett der Bürokratie, während die nationale Führung sich auf legislative Reformen konzentrierte – so hatten die Fürsorgebeamten ihre Büros bald wieder fest im Griff, und die nationale Administration gewann die Kontrolle über die Wohlfahrtspolitik zurück.

Die Einschränkung der Sozialfürsorge

Schon als die radikalen Führer sich noch bemühten, eine nationale Organisation aus dem Boden zu stampfen, hatten sich dramatische Veränderungen in der Wohlfahrtspolitik vollzogen. Im Oktober 1934 erklärte Roosevelt, daß die direkten Fürsorgeleistungen eingestellt werden sollten. Seine Botschaft klang vertraut, wie das Echo uralter Überzeugungen:

»Die fortwährende Abhängigkeit von der Sozialfürsorge führt nur allzu leicht zu einem geistigen und moralischen Verfall, der einen grundlegend destruktiven Einfluß auf unseren nationalen Charakter hat. ... Wir müssen nicht nur die Körper unserer Arbeitslosen vor Verfall bewahren, sondern auch ihre Selbstachtung, ihre Unabhängigkeit, ihren Mut und ihre Entschlossenheit.«

Folglich: »Die Bundesregierung muß mit dieser Praxis der [direkten] Fürsorge Schluß machen.« (Schlesinger, 1960, 267–268)

Anstelle von direkter Sozialfürsorge forderte der Präsident die Schaffung von öffentlichen Arbeitsprogrammen, um jeder arbeitsfähigen Person einen Arbeitsplatz anbieten zu können. Zu diesem Zweck ersuchte er den Kongreß, einen beispiellosen Etat von vier Milliarden Dollar zu bewilligen, zu dem noch 880 Millionen Dollar kommen sollten, die unter dem vorherigen Nothilfeprogramm noch nicht ausgegeben worden waren. Wer nicht arbeiten konnte – dazu gehörten etwa 1,5 Millionen Familien oder Einzelpersonen, die zu jenem Zeitpunkt Gelder aus dem Nothilfeprogramm erhielten –, sollte wieder, wie vor dem New Deal, den Bundesstaaten und Kommunen überantwortet werden. Nach Verabschiedung des »Social Security Act« von 1935 übernahm der Bund allerdings einen Teil der den Bundesstaaten und Kommunen durch das Gesetz entstehenden Sozialausgaben.

Auf den ersten Blick schien das neue Programm des Präsidenten eine kühne Reform – weit kühner als das bisherige Fürsorgeprogramm – und einen Erfolg für die Arbeitslosen zu bedeuten. Die Beschäftigungslosen im Lande würden nicht länger darauf angewiesen sein, von der entwürdigenden Wohlfahrt zu leben. Die Regierung würde ihnen Arbeit geben, Arbeit beim Wiederaufbau Amerikas.[44]

Zur gleichen Zeit würden die Bundesstaaten und Kommunen für alle diejenigen sorgen, die nicht mehr arbeiten konnten – ganz in der alten amerikanischen Tradition der lokalen Verantwortung für die Bedürftigen. Doch während die neuen Bundesprogramme zwar den Vorstellungen von Reformern nahekamen, die sich von den Versprechungen auf massive Unterstützung für die Arbeitslosen überzeugen ließen, stellte sich bald heraus, daß sie bei weitem nicht ausreichten, um der real existierenden Not gewachsen zu sein, oder auch nur die großartigen Versprechungen des Präsidenten in die Tat umzusetzen. Statt 3,5 Millionen Arbeitsplätzen stellte die »Works Progress Administration« während der ersten fünf Jahre ihrer Tätigkeit nur durchschnittlich etwa zwei Millionen Arbeitsplätze zur Verfügung. Darüber hinaus schwankte das Angebot heftig von Monat zu Monat ohne ersichtlichen Zusammenhang zur realen Arbeitslosigkeit, so daß die Beschäftigten nie wußten, wann sie wieder entlassen werden würden. Es war ohnehin mehr oder weniger Glückssache, ob man in das Programm hineinkam oder nicht. Zu ihrer besten Zeit konnte die WPA gerade ungefähr jedem vierten Arbeitslosen einen Arbeitsplatz zuweisen (Howard, 854–857).[45] So waren im Jahr 1936, als die WPA rund 2,5 Millionen Arbeitsplätze anbot, trotzdem noch immer fast 10 Millionen ohne Arbeit.

Nach der Einstellung der direkten Fürsorgeleistungen des Bundes war die große Masse der Arbeitslosen – und mit ihnen die Alten, die Schwachen und die Waisen – gezwungen, sich wieder an die einzelstaatlichen und lokalen Fürsorgeämter zu wenden, die einerseits praktisch gar nicht in der Lage waren, das Problem zu bewältigen, die dies aber andererseits in politischer Hinsicht auch gar nicht mehr zu tun brauchten. Einige Kommunen reduzierten ihre Leistungen, andere stellten sie einfach ganz ein. Die Not war in bestimmten Industriestaaten wie Ohio, Pennsylvania und Illinois besonders groß. In New Jersey verfiel man auf die Idee, statt Sozialfürsorge Bettelgenehmigungen zu erteilen (Seymour, Dezember 1937, 9). Texas stellte einfach jede Unterstützung an arbeitsfähige Personen ein (*Washington Post*, 6. Februar 1936). Anfang 1936 ließen die FERA und die WPA in mehreren Orten Umfragen durchführen, um festzustellen, was aus ehemaligen Empfängern bundesstaatlicher Sozialfürsorge, die anschließend nicht vom WPA-Programm erfaßt wurden, geworden war. Überall fanden sie große Zahlen von Menschen in bitterer Not, ohne Nahrung und Heizung. Einige versuchten, sich mit den jämmerlichen Unterstützungszahlungen lokaler Fürsorgestellen durchzuschlagen; die weniger Glücklichen bettelten oder durchsuchten die Mülltonnen nach Eßbarem.[46] Und im Februar 1936 berichtete Dr. Harry Ward, Professor am Union Theological Seminary, nach einer Rundreise der Presse, daß viele Menschen aufgrund der Sozialfürsorgekürzungen langsam dem Hungertod entgegengingen (*New York Post*, 13. Februar 1936).

Diese Härten provozierten eine Reihe neuer Proteste. In Fall River, Massachusetts, stürmten Männer, die von der WPA entlassen worden waren, das Rathaus (*Boston Globe*, 26. Januar 1936). In New York demonstrierten rund 200 Fürsorgeempfänger vor der Stadtverwaltung (*New York Times*, 27. Juni 1936). Im Mai 1936, einen Monat nach dem Kongreß der »Workers' Alliance«, veranstaltete die Organisation in New Jersey einen Marsch mit 5 000 Teilnehmern zum Staatsparlament, als die Fürsorgegelder auszulaufen drohten. Im Sommer desselben Jahres fand ein ähnlicher Marsch zum Regierungsgebäude von Pennsylvania statt. Im Herbst des Jahres 1936 organisierten Vertreter der »Alliance« Arbeitsniederlegungen und Demonstrationen bei WPA-Projekten, um angemessene Löhne zu fordern und gegen Entlassungen zu protestieren (Karsh und Garman, 93–94).

Zwar wurden den Demonstranten in einigen Ländern und Gemeinden Versprechungen gemacht, doch Washington zeigte sich von den Vorfällen unbewegt. Ein Grund dafür war, daß die fast einhellige Unterstützung für Wohlfahrtsmaßnahmen aus dem Jahre 1933 sich inzwischen verflüchtigt hatte. Die Geschäfte gingen wieder besser (obwohl die Arbeitslosigkeit noch kaum zurückgegangen war); die lokalen Finanzen hatten sich einigermaßen erholt; und wer noch immer für öffentliche Unterstützung eintrat, war durch das kühne neue Programm von 1935 zufriedengestellt worden. Gleichzeitig stieg, nachdem der Höhepunkt der Wirtschaftskrise offensichtlich überschritten war, die Opposition gegen alle Formen der Sozialfürsorge vor allem in der Geschäftswelt wieder an. Eine Auswahl von Pressestimmen aus der Zeit gibt einen ungefähren Eindruck von dieser Opposition – und von den aus der Geschichte vertrauten Argumenten, auf die sie sich berief. Am 23. November 1935 brachte die *Chicago Tribune* einen Artikel mit der Überschrift: »Fürsorgeempfänger verweigern Arbeit als Erntehelfer.« Es folgte ein Bericht über eine Umfrage in neun Landkreisen und die Entschuldigungen, mit denen sich Fürsorgeempfänger vor der Arbeit auf den Maisfeldern gedrückt hatten. Am 5. November 1935 erklärte der *Los Angeles Examiner* seinen Lesern unter der Überschrift »Farm-Verluste in Millionenhöhe« ebenfalls, daß Fürsorgeempfänger die Arbeitsaufnahme verweigert hätten. Der *New Mexican* führte am 6. März 1936 ähnliche Klage, als er seinen Lesern berichtete, Schafzüchter könnten keine Hirten mehr bekommen, weil diese von der Wohlfahrt 40 Dollar im Monat erhielten. Am nächsten Tag druckte die *Indianapolis News* einen Leitartikel über die Verschwendung von Fürsorgegeldern, wobei besonders darauf hingewiesen wurde, daß es den privaten Arbeitgebern unmöglich sei, mit den von der WPA gebotenen Löhnen und Arbeitsbedingungen zu konkurrieren. Am 30. März faßte die *New York Times* die Pressemeinung mit einem Leitartikel zusammen, der erklärte, wie wichtig es sei, die Kosten des Arbeitsbeschaffungsprogramms zu senken. Es gebe kein Recht auf Arbeit, verkündeten die Redakteure; die Protestaktionen seien nur Symptome einer »Demoralisierung, hervorgerufen durch fehlgeleitete Sozialprogramme«.

Doch nicht nur das politische Klima war umgeschlagen. Die Arbeitslosen selbst stellten nur noch eine geringere Bedrohung dar, und so brauchte auch weniger für sie getan zu werden. Sie waren zum Teil deshalb zu einer geringeren Gefahr geworden, weil ihre Reihen gespalten waren. Viele ihrer fähigsten und kompetentesten Vertreter waren von den neuen Arbeitsbeschaffungsprogrammen aufgesaugt, einige sogar von den Fürsorgeämtern eingestellt worden. Viele andere waren in die Obhut der übriggebliebenen Programme für direkte Unterstützung seitens der Bundesstaaten und Kommunen abgeschoben worden. Der Rest wurde sich selbst überlassen, doch ihre Zahl war nun geringer und ihre Empörung durch die Reformen des New Deal gedämpft worden. All dies war durch den Kurs, den die Ortsverbände der »Workers' Alliance« in der Auseinandersetzung mit den lokalen Fürsorgeämtern eingeschlagen hatten, erleichtert worden. Nun blieb noch abzuwarten, welche Erfolge die »Alliance« als nationale Lobby würde vorweisen können.

Organisation und parlamentarischer Einfluß

Die »Workers' Alliance of America«, die von Beginn an darauf festgelegt war, Reformen durch Lobbying zu erreichen, reagierte auf die neuen Regierungsprogramme mit heftigen Angriffen gegen das Weiße Haus, das nur leere Versprechungen gemacht habe, sowie mit dem Entwurf eines eigenen Wohlfahrtsgesetzes. Der Entwurf ließ keinen Raum für Kompromisse. Er verlangte Sozialausgaben in Höhe von sechs Milliarden Dollar für den Zeitraum vom 1. Februar 1936 bis zum 30. Juni 1937 sowie angemessene Standards öffentlicher Unterstützung und ein Lohnniveau bei Arbeitsbeschaffungsprojekten, das gewerkschaftlichen Tariflöhnen entsprechen sollte. Die »Alliance« nutzte ihren weitläufigen Organisationsapparat, um das Weiße Haus mit Postkarten, Telegrammen und Petitionen zu überschwemmen. Doch der Gesetzentwurf wurde mit überwältigender Mehrheit im Kongreß abgelehnt.

Diese Erfahrung brachte die Führer der »Alliance« nicht von ihrer bündnispolitischen Strategie und beständigen Überzeugungsarbeit ab. Zudem hatten Roosevelts Initiativen von 1935 auf anderen Gebieten – wie z. B. der »Wagner Act«, der »Wealth Tax Act« und der »Social Security Act« – zur Folge, daß auch die letzten Reste ihrer aggressiven Rhetorik gemildert wurden. Der zweite Kongreß der »Alliance« fand im Auditorium des Arbeitsministeriums statt; Roosevelt selbst war eingeladen worden, zu den Delegierten zu sprechen (Rosenzweig, 1974, 35). Roosevelt lehnte ab, doch Nels Anderson, der Direktor für Arbeitsbeziehungen bei der WPA, sprach an seiner Statt zu der freundlich gesonnenen Versammlung. David Lasser bezeichnete sich später als der linke Stachel des New Deal: »Wir hatten eine Vereinbarung mit Harry Hopkins, daß wir immer nach mehr verlangen sollten.« (Rosenzweig, 1974, 33)

Die Vereinbarung sah allerdings nur vor, mehr zu verlangen, nicht zu bekommen. Hopkins Stellvertreter, Aubrey Williams, rügte eine Delegation der »Alliance«, die eine Erhöhung der WPA-Löhne forderte, und wies sie an: »Tragt Eure Probleme dem Kongreß vor, wenn er wieder zusammentritt, aber bringt doch Eure Freunde nicht in Verlegenheit.« (Rosenzweig, 1974, 34) Als sich dann im April 1937 die Führung der »Alliance« mit Harry Hopkins traf, um wiederum höhere WPA-Löhne zu fordern, wies Hopkins sie ohne Umschweife ab.

Als hätte sie sich die Ermahnung der New-Deal-Politiker zu Herzen genommen, begann die »Alliance«, inzwischen mit Sitz in Washington, im Frühjahr 1937 Beziehungen zu mehreren wohlgesonnenen Senatoren und Kongreßabgeordneten aufzubauen und ihr herzliches Verhältnis zur WPA-Führung zu vertiefen. Die »Alliance« war als offizielle Tariforganisation der WPA-Beschäftigten anerkannt worden, und ihre Vertreter korrespondierten nun regelmäßig mit der WPA-Führung. Sie übermittelten eine Vielzahl von Beschwerden und diskutierten über ungezählte Verfahrensfragen und Verwaltungsvorschriften. Einige der Beschwerden waren von größerer Bedeutung, betrafen Lohnkürzungen und willkürliche Entlassungen. Ein großer Teil der Korrespondenz ging jedoch um unbedeutende Verfahrensfragen, vor allem um die Frage, ob es den WPA-Beschäftigten erlaubt sein sollte, die Zeit, die sie wegen »Alliance«-Sitzungen versäumten, nachzuarbeiten.

»Alliance«-Vertreter schrieben auch regelmäßig an den Präsidenten: Sie kommentierten die ökonomische Lage, beklagten Kürzungen im WPA-Haushalt und verlangten eine Ausweitung des Arbeitsbeschaffungsprogramms (vgl. die Korrespondenz zwischen David Lasser, Herbert A. Benjamin, Aubrey Williams, David Niles, Colonel F. C. Harrington und Franklin Delano Roosevelt; WPA-Archiv).

Im Juni 1937 forderte der dritte Jahreskongreß der »Workers' Alliance« in Milwaukee die Bereitstellung von drei Milliarden Dollar für Arbeitsbeschaffungsmaßnahmen und eine Milliarde Dollar für direkte Unterstützung. Ferner verlangte er die Ernennung einer nationalen Planungskommission, die die Bildung eines dauerhaften Arbeitsbeschaffungsprogramms vorbereiten sollte. Außerdem unterstützte die »Alliance« die Schwellenbach-Allen-Resolution, die vorsah, daß kein WPA-Beschäftigter entlassen werden dürfe, der nicht eine angemessene Anstellung bei einem privaten Arbeitgeber finden könne. Die Resolution ist im Kongreß nie zur Abstimmung gekommen. Der Kongreß vertagte sich sogar für zwei Tage, bevor ein von der »Alliance« unterstützter nationaler Demonstrationszug Washington erreichte, um sich dort für die Resolution einzusetzen; dabei war eine Vorhut von mehreren hundert Personen bereits eingetroffen (Benjamin).[47] Statt dessen willigte Harry Hopkins ein, in einem gemeinsamen Ausschuß mit der »Alliance« Pläne für den Aufbau eines »labor relations board« der WPA zu entwickeln.

Als im Winter 1937/1938 eine weitere ernsthafte Rezession hereinbrach, kam es zu einer Welle kleinerer Arbeitslosendemonstrationen im Land. Es gibt allerdings keinerlei Hinweise dafür, daß sie von der Zentralorganisation der »Alliance« gewünscht oder von ihren lokalen »organizers« vorbereitet wurden. Die Proteste scheinen in Städten ausgebrochen zu sein, in denen die Arbeitslosen noch nicht organisiert waren; in New York oder Chicago zum Beispiel, früheren Hochburgen der »Alliance«, blieb es ziemlich ruhig.[48] Nur in Detroit fand eine größere Protestdemonstration statt, zu der allerdings die erst kurz zuvor gegründete Gewerkschaft der Automobilarbeiter aufgerufen hatte, um gegen die ungenügende Unterstützung entlassener Automobilarbeiter zu protestieren (*State Journal*, Lansing, Michigan, 5. Februar 1938).[49]

Trotz ihrer parlamentarischen Mißerfolge schlug die »Alliance« unbeirrbar weitere legislative Programme vor und festigte ihre Beziehungen zur Administration. Im März 1938 berief die »Alliance« eine »National Conference on Work and Security« ein, um »ein echtes Programm« des sozialen Wiederaufbaus »zu schmieden« (Rodman). Um sicherzustellen, daß ihr Programm auch Gehör fand, mobilisierte die »Alliance« ihre Kräfte zur Unterstützung der Kandidaten der Demokratischen Partei bei den Wahlen im Herbst. Die Titelgeschichte der Ausgabe ihrer Zeitung *Work* vom 22. 10. 1938 – geschmückt mit der Überschrift: »Die ›Alliance‹ zieht mit voller Kraft in den Wahlkampf« – liefert uns eine Beschreibung dieser Bemühungen:

»Das von 500 Delegierten auf dem vierten Jahreskongreß der ›Workers' Alliance‹ in Cleveland verabschiedete politische Aktionsprogramm wird umgehend in die Tat umgesetzt. Lokale und einzelstaatliche Verbände der ›Alliance‹ aus dem ganzen Land berichten von ihren fieberhaften Aktivitäten zur Unterstützung von fortschrittlichen, New-Deal- und gewerkschaftsorientierten Kandidaten, die sich um Gouverneursposten, Staatsparlaments- und Kongreßsitze bewerben.

Flugblätter, auf denen umrissen wird, was für die Arbeitslosen und WPA-Beschäftigten bei den Wahlen im November auf dem Spiel steht; Massenversammlungen, zu denen von der ›Alliance‹ und progressiven Gewerkschaften gemeinsam aufgerufen wurde und auf denen gewerkschaftsfreundliche Kandidaten ihr Programm vorstellen; Hausbesuche; Radioprogramme – durch jedes Medium ruft die ›Workers' Alliance‹, im Namen von 400 000 organisierten arbeitslosen Männern und Frauen im ganzen Land, ihre Mitglieder auf, am 8. November an die Urnen zu strömen und ihre Stimmen für den Fortschritt abzugeben.

Die ›New York City Alliance‹ wird die Monate rastloser politischer Aktivität mit einer großen und neuartigen Parade krönen, mit der sie der Öffentlichkeit demonstrieren wird, welch große Bedeutung die WPA für die 175 000 Arbeiter und ihre Familien hat, die im Rahmen des dortigen Arbeitsbeschaffungsprogramms ihren Lebensunterhalt verdienen.

Die ›Pennsylvania Workers' Alliance‹ hat die gesamte Organisation des Staates mobilisiert, um im Wahlkampf den falschen ›Liberalismus‹, mit dem sich die Republikaner bei den Vorwahlen maskieren, zu entlarven und um die arbeitslosen Sozialhilfeempfänger und die WPA-Beschäftigten dazu aufzurufen, bis auf den letzten Mann für die New-Deal-Liste von Gouverneur Earle zu stimmen.

Die ›Minnesota Alliance‹ hat eine entschlossene Kampagne für die Wiederwahl von Gouverneur Benson und die Wahl progressiver Kandidaten der ›Farmer-Labor Party‹ eingeleitet...

Und draußen im Westen, in Montana, hat die ›Workers' Alliance‹ das ganze Gewicht ihrer mächtigen Organisation hinter die Kampagne zur Wiederwahl eines der hervorragendsten progressiven Männer im Kongreß, Jerry O'Connell, geworfen ...«

Schon bald sollten die Ereignisse beweisen, wie es um die Machtfülle der Organisation bestellt war. Der Einsatz der »Alliance« im Wahlkampf reichte nicht einmal aus, um auch nur symbolische Zugeständnisse der Bundesregierung zu erreichen. Als die »Alliance« Aubrey Williams, den stellvertretenden Leiter der WPA, einlud, auf ihrem Kongreß im September 1938 zu sprechen, lehnte er ab. Als man Father Francis J. Haas, einen wichtigen New-Deal-Vertreter, als Ersatzredner verpflichtete, sagte auch der in letzter Minute ab, nachdem bereits 100 000 Flugblätter mit seinem Namen verteilt worden waren.

Von größerer Bedeutung war allerdings, daß 1939 der WPA-Haushalt gekürzt wurde, nachdem der Kongreß eine Reduzierung der WPA-Löhne durchgesetzt und überdies bestimmt hatte, daß die maximale Beschäftigungsdauer im WPA-Programm 18 Monate nicht überschreiten dürfe. Die Führung der »Alliance« berief, wie vorherzusehen war, einen nationalen Kongreß für das Recht auf Arbeit ein, und am 13. Juni unterbreiteten Lasser und Benjamin dem Präsidenten voller Respekt die Meinung der versammelten Delegierten der Arbeitslosen. Die Arbeitslosen, meinten sie, hätten sich für öffentliche Arbeitsprogramme und Regierungsmaßnahmen zur Ankurbelung der Wirtschaft ausgesprochen, versicherten dem Präsidenten aber gleichzeitig: »Es ist die Überzeugung der auf unserem Kongreß vertretenen Delegierten, daß es nicht Ihrer Regierung angelastet werden kann, wenn der wirtschaftliche Aufschwung auch bis zum heutigen Tage noch nicht herbeigeführt werden konnte.« Sie schlossen mit diesem milden Vorwurf:

»Der Kongreß hat uns ferner aufgetragen, Ihnen die Enttäuschung der Delegierten über die unzureichenden Mittel, die Sie im Parlament für die kommenden zwölf Monate für Arbeitsbeschaffungsprogramme beantragt haben, zu übermitteln. Diese Enttäuschung war besonders groß, weil es den Delegierten unmöglich schien, die Mittelanträge mit Ihren generösen und vernünftigen Grundsatzerklärungen in dieser Frage, die wir so enthusiastisch begrüßt haben, in Einklang zu bringen ... somit wird der Hoffnung Ausdruck verliehen, daß Ihre Regierung, solange noch Zeit dafür ist, den von ihr veranschlagten Etat noch einmal im Licht der gegenwärtigen ökonomischen Bedingungen und Geschäftslage überdenken wird. ... Die Delegierten haben uns gebeten, Ihnen die herzliche Dankbarkeit zu vermitteln, die sie für Ihre weise und mutige Führung empfinden, und unserer Hoffnung auf ein Programm Ausdruck zu verleihen, das es ihnen erlauben wird, ihren Beitrag als amerikanische Bürger dazu zu leisten, unserem Land und seinen Menschen wieder Aufschwung, Sicherheit und Wohlstand zu bringen.«

Ein paar Wochen später ließ Lasser diesem Brief ein Telegramm folgen. Der Ton war nachdrücklicher, und das Telegramm schloß mit der Bitte, es der Presse zugänglich machen zu dürfen. Das Weiße Haus teilte Lasser mit, er könne tun, was er für richtig halte (WPA-Archiv).

Die »Alliance« hatte sich als politisch bedeutungslos erwiesen. Das Ende war bereits gekommen und schon beim vierten Jahreskongreß im September 1938, zu dem nur noch fünfhundert Delegierte erschienen waren, offenkundig geworden. Die lange Reihe parlamentarischer Niederlagen und der Prozeß fortschreitender Bürokratisierung, der einen Rückgang der Basisaktivitäten zur Folge hatte, waren nicht ohne Konsequenz geblieben. Mitgliederzahlen und Militanz waren zurückgegangen. Die Differenzen zwischen den verschiedenen Fraktionen verschärften sich; verbittert und frustriert begannen die übriggebliebenen heterogenen Gruppen sich abzuwenden. 1940 trat David Lasser von seinem Amt zurück, um einen Posten bei der WPA zu übernehmen, und ein Jahr darauf wurde die »Workers' Alliance of America« in aller Stille begraben. Die »Workers' Alliance of America« hatte hochfliegende Ziele verfolgt. Bis zum Jahr 1937 forderte ihre Satzung »die Abschaffung des Profitsystems«, wenn auch die Sprache infolge der wachsenden Verpflichtung auf den New Deal verbindlicher wurde. Ihre Gesetzesvorschläge schlossen u.a. eine umfassende, von Arbeitern und Farmer selbstverwaltete und durch Einkommens- und Umsatzsteuern finanzierte Arbeitslosenversicherung ein. Über die Notwendigkeit, eine nationale Organisation aufzubauen, die genügend wahlpolitischen Druck ausüben müsse, um diese Reformen durchzusetzen, waren sich fast alle einig: Kommunisten wie Sozialisten, Muste-Anhänger, Trotzkisten und andere, unabhängige Radikale.[51] Doch als die Führung der »Alliance« noch stolz auf ihre Organisationsstruktur und ihre beitragszahlende Mitgliedschaft verwies, während sie noch weitreichende legislative Reformen ausarbeitete, da wurden die lokalen Gruppen bereits von dem Gewirr bürokratischer Prozeduren stranguliert und verloren an Bedeutung. Die Führung erkannte nicht, daß die Regierung nicht gezwungen ist, die Forderungen einer organisierten Avantgarde zu erfüllen, um Massenunruhen zu ersticken, wenn sie sich auch mit den Unruhen selbst sehr wohl auseinandersetzen muß. Indem der New Deal ein politisches Klima schuf, das den Glauben der Menschen stärkte, durch Wahlen politischen Einfluß nehmen zu können, schwächte er die Bereitschaft der Arbeitslosenführer, Aufruhr zu schüren.[52] Ihre Fähigkeit dazu unterminierte er überdies mit Hilfe der Etablierung vorgeschriebener Verfahren bei den lokalen Behörden, die aggressiveren Taktiken die Grundlage entzog. Als dieser Prozeß einmal abgeschlossen war, spielte die »Workers' Alliance of America« keinerlei Rolle mehr. Die besondere Tragödie der »Workers' Alliance« besteht nicht darin, daß es ihr nicht gelang, die fundamentalen Reformen, denen sie sich verschrieben hatte, durchzusetzen. Errungenschaften dieser Größenordnung sind das Resultat von Kräften, die größer sind als alles, was politische Führer allein auf die Beine stellen können, und die »Alliance« war weder der erste, der es versucht hat, noch der letzte, der daran gescheitert ist. Die Tragödie – wenn man es so nennen kann – besteht vielmehr darin, welche Rolle die »Alliance« während der kurzen, stürmischen Zeit spielte, als die Menschen bereit waren, sich gegen die Autoritäten und Normen, die normalerweise ihr Leben bestimmen, aufzulehnen. Anstatt die Möglichkeiten, die diese Zeit bot, voll auszunutzen und den Aufruhr bis an seine äußeren Grenzen zu treiben, gingen die Sprecher der Arbeitslosen daran, eine Organisation aufzubauen und nach gesetzlichen Reformen zu rufen – und indem sie das taten, fügten sie sich im Grunde den Gesetzen des Bürokratismus.

Für eine kurze Zeit lebten 20 Millionen Menschen von der Sozialfürsorge, doch noch weitere Millionen hätten Unterstützung gebraucht und haben sie nie bekommen. Als die »Alliance« sich dann von dem Kampf in den Fürsorgeämtern abwandte, um auf der großen politischen Bühne für hochfliegende Pläne auf grundlegende Veränderungen zu werben, wandte sie sich praktisch auch von den Millionen Fürsorgeempfängern ab. Als Resultat wurden die Leistungen wieder eingeschränkt und Millionen von Menschen, die noch immer ohne Arbeit waren, mit ihrer Not alleingelassen. Um es zusammenfassend zu sagen: Die Tragödie der »Alliance« war, daß sie nicht soviel erreicht hat, wie sie hätte erreichen können, als sie die Gelegenheit dazu hatte.

III. Die Industriearbeiterbewegung

Es sind die Erfahrungen der Gewerkschaften in den Vereinigten Staaten, die dem Glaubensbekenntnis amerikanischer »organizers« die Grundlage geliefert haben. Wie »organizers« die Geschichte überliefern, organisierten sich die Fabrikarbeiter nach vielen blutigen Kämpfen schließlich in großen, stabilen Organisationen und waren nun in der Lage, in den Fabriken endlich ein Wort mitzureden. Mehr noch: ihre Organisierung, so hieß es, habe den Arbeitern auch in der Politik Einfluß verschafft. Die große Zahl von Wählerstimmen und die finanziellen Mittel, über die die Gewerkschaften verfügten, hätten den Arbeitern ein erhebliches Maß politischer Macht beschert. Zugegeben: einige Anhänger dieses Kredos sind enttäuscht, wie die Gewerkschaften ihre Macht seitdem gebraucht haben: Sie werfen einer oligarchischen Führungsclique vor, sich primär mit Löhnen und Arbeitszeitproblemen beschäftigt zu haben, anstatt sich grundlegenderen ökonomischen und politischen Fragen zuzuwenden. Die Überzeugung jedoch, die Arbeiterschaft hätte durch die Schaffung ihrer großen Organisationen sowohl ökonomische als auch politische Macht errungen, bleibt ungebrochen. Aufgrund dieser Überzeugung empfehlen »organizers« anderen machtlosen Gruppen immer wieder, diesem Modell zu folgen.

Bei genauerer historischer Überprüfung aber erweist sich als unsicherer Grund, was als unerschütterliche historische Wahrheit gilt. In Wirklichkeit verfügten die Fabrikarbeiter über ihren größten Einfluß, erzwangen sie die wesentlichsten Konzessionen der Regierung während der ersten Jahre der Großen Depression – *bevor sie sich in Gewerkschaften organisiert hatten*. Ihre Macht beruhte nicht auf Organisation, sondern auf ihrer Fähigkeit, die Wirtschaft zu erschüttern. Streiks, Demonstrationen und Fabrikbesetzungen breiteten sich Mitte der dreißiger Jahre vorwiegend trotz der bestehenden Gewerkschaften aus, und nicht weil es sie gab. Da diese Unruhen in einer Zeit verbreiteter politischer Instabilität auftraten, waren die bedrohten Politiker gezwungen, mit demonstrativen Konzessionen zu reagieren. Eine dieser Konzessionen war der Schutz des Koalitionsrechtes durch die Regierung. In der Folge stieg die Zahl der Gewerkschaftsmitglieder stark an, nicht zuletzt, weil die Regierung gewerkschaftliche Organisierung unterstützte. Doch sobald die Arbeiter organisiert waren, nahm ihr politischer Einfluß ab. Nicht nur, daß der Regierung fortan keine Zugeständnisse mehr abgerungen werden konnten, die den großen Erfolgen der unorganisierten Arbeiter in den dreißiger Jahren vergleichbar gewesen wären – sogar der schon gewonnene Spielraum wurde langsam wieder eingeengt. Bevor wir im folgenden unsere Erklärung vorstellen, warum die Industriearbeiter während der Depression zu einem politischen Machtfaktor wurden, müssen wir kurz auf ihre vorherige Machtlosigkeit eingehen.

Der Staat gegen die Arbeiter

Wenn Industriearbeiter sich zusammenschließen, verfügen sie in der Auseinandersetzung mit dem Kapital über größere Macht – zumindest scheint es so. Ihre Macht, das ist natürlich die sprengende Kraft des Streiks. Wenn Arbeiter ihre Arbeitskraft verweigern, dann stoppt die Produktion, schmelzen die Profite dahin, sehen sich die Unternehmer zu Zugeständnissen gezwungen. Zudem sollte man meinen, daß, bei zunehmender Kapitalkonzentration, wenn die Gesellschaften immer größer werden und ihre gegenseitige Verflechtung zunimmt, auch die Macht der Gewerkschaften wächst. Nicht nur erleichtern große Industrieunternehmen die kollektive Aktion der Arbeiter; auch sind die Auswirkungen von Streiks in einer eng verflochtenen und konzentrierten Ökonomie sehr viel weitreichender.

Dies mag im Prinzip richtig sein; doch sprechen die historischen Fakten eine andere Sprache. Vom Beginn der rasanten Industrialisierung am Ende des 19. Jahrhunderts bis zur Großen Depression war die Geschichte der Streiks in den Massenindustrien zum großen Teil eine Geschichte des Scheiterns.[1] Die Suche nach den Gründen für dieses Scheitern hat Gewerkschaftshistoriker ausgiebig beschäftigt. Die vorgelegten Interpretationen kreisen um die vielfältige Spaltung der amerikanischen Arbeiterklasse, die die Solidarität unter den Arbeitern, ohne die ein effektiver Arbeitskampf nicht möglich ist, verhindert habe[2]; den zerstörerischen Effekt der Konjunkturzyklen auf die Einheit der Arbeiterschaft; massive Statuskonflikte und ethnische Rivalitäten unter den Arbeitern; die spalterischen Effekte der Hoffnung auf sozialen Aufstieg (die für manche Wirklichkeit wurde); und den oligarchischen und exklusiven Charakter der bereits bestehenden Gewerkschaften.

Wir werden jeden dieser Erklärungsansätze kurz behandeln, weil wir glauben, daß sie zum Verständnis der geringen Wirksamkeit des Streiks beitragen. Es kann keinen Zweifel daran geben, daß Solidarität eine wesentliche Voraussetzung für die Effektivität von Streiks gewesen ist, denn ohne sie ließ sich eine streikende Belegschaft mühelos ersetzen und die Produktion schnell wieder aufnehmen. Ebensowenig kann ein Zweifel darüber bestehen, daß die amerikanische Arbeiterschaft gespalten war. Die Zersplitterung hatte ihre Wurzeln in den Eigenheiten der amerikanischen Wirtschaft und in den spezifischen Merkmalen der arbeitenden Bevölkerung, aber auch in bewußten Praktiken der Unternehmer, die darauf abzielten, Spaltungen zu vertiefen, und die verschiedenen Gruppen gegeneinander auszuspielen. Dies zugestanden, wollen wir jedoch im weiteren behaupten, daß die Gespaltenheit der amerikanischen Arbeiterklasse die Niederlagen in den Arbeitskämpfen nicht adäquat erklären kann. In unzähligen Fällen brachen Arbeiterkämpfe nicht aufgrund mangelnder innerer Geschlossenheit zusammen, sondern wurden durch den gnadenlosen Einsatz der Staatsgewalt niedergeschlagen.

Zunächst – und am offensichtlichsten – wurde die Solidarität der Arbeiter durch Marktbedingungen beeinflußt. Arbeitsniederlegungen und Bummelstreiks waren einfacher durchzuführen, wenn die Geschäfte gut gingen und die Nachfrage nach Arbeitskraft groß war. Doch in Krisenzeiten wurden Männer und Frauen entlassen, Löhne gekürzt und die Arbeitszeit verlängert. Manchmal brachen im Verlauf der Krisen Defensivstreiks und Unruhen aus, die aber gewöhnlich weitgehend wirkungslos blieben. Denn einerseits konnten die Unternehmen bei ohnehin bestehenden Absatzproblemen Produktionseinbußen leicht verschmerzen, andererseits waren die Arbeiter gezwungen, ihre Arbeitskraft zu immer niedrigeren Preisen anzubieten, um einen der knappen Arbeitsplätze zu ergattern. Arbeiterorganisationen, die in Zeiten der Hochkonjunktur entstanden waren, standen diesen Bedingungen meist hilflos gegenüber und wurden in der Regel einfach hinweggefegt, wenn die Wirtschaft in eine Krise geriet.[3]

Zweitens war Solidarität so schwer, weil die amerikanische Arbeiterschaft aufgrund von Status-, Rassen- und ethnischen Unterschieden fragmentiert war. Entsprechend gering war die Einsicht in die Identität von Klasseninteressen. Die Spaltung war zu einem gewissen Grad das natürliche und unvermeidbare Produkt der heterogenen Herkunft der amerikanischen Arbeiterschaft. Doch die Unternehmer nutzten diese Verschiedenheiten auch in ihrem eigenen Interesse aus und vertieften sie so gut es ging, um damit die Solidarität der Arbeiterklasse zu schwächen.

So ist es beispielsweise bestens bekannt, daß die statusbewußten Handwerker des 19. Jahrhunderts auf die wachsende Schicht der ungelernten Arbeiter, die ihre Existenz der Industrialisierung verdankte, herabblickten. Ihr Gefühl, eine Klasse für sich zu sein, wurde noch verstärkt, als die Industriellen einwilligten, bei Massenstreiks ausschließlich mit den Facharbeitern zu verhandeln. Gegen Ende des 19. Jahrhunderts, als die fortschreitende Mechanisierung viele Facharbeiter in die Reihen der Ungelernten hinabstieß und eine Serie von großen Industriestreiks mit Niederlagen endete, führten Statusängste und einfache Furcht zusammen dazu, daß die übriggebliebenen Facharbeiter ihr Handwerk noch weiter gegen die Außenwelt abschotteten.[4] Selbst als dieser Einebnungsprozeß weiter fortschritt, schienen den Industriellen die Vorzüge der Differenzierung ihrer Beschäftigten nach Beruf und Status bewußt zu bleiben. Unter dem Banner des »wissenschaftlichen Management« wurden in einigen Industrien sorgfältige Arbeitsplatzdifferenzierungen – und zwar sowohl hierarchisch als auch horizontal – vorgenommen, wodurch die Gräben zwischen den einzelnen Arbeitergruppen noch vertieft wurden.[5]

Status- und Arbeitsplatzdifferenzierungen wurden oft durch Rassenunterschiede und ethnische Besonderheiten vertieft. Rassische und ethnische Zugehörigkeit wurden auch zum Vehikel für Unternehmer, Gräben zwischen Arbeitergruppen, die sich in ähnlicher ökonomischer Lage befanden, aufzureißen. Der wachsende Bedarf an ungelernten Arbeitskräften wurde durch einen immer stärker werdenden Einwandererstrom gedeckt – zunächst aus Irland und Nord-Europa, später aus Süd- und Ost-Europa (sowie im Westen der USA aus Ostasien). Die Einwanderer stellten ein buchstäblich unerschöpfliches Reservoir von hilflosen und verarmten Arbeitern dar, auf das die Unternehmer jederzeit zurückgreifen konnten. Daß der gleichmäßige Zustrom von Immigranten nicht nachließ, wurde von mächtigen Industrielobbies sichergestellt, die jegliche Einschränkung des »freien Arbeitsmarkts« ablehnten (gleichzeitig aber entschlossen für die Erhaltung der Zollschranken zur Begrenzung des Freihandels kämpften).⁶ Zwischen 1860 und 1920 kamen 28,5 Millionen Einwanderer in die Vereinigten Staaten (Brecher, 10). Die Löhne der Ausländer waren niedrig, und so verdrängten sie die höherbezahlten einheimischen Arbeiter langsam aus vielen Berufen. Damit wuchs auch die Feindschaft gegen ethnische Minderheiten, gesellte sie sich zum Gegensatz zwischen gelernten und ungelernten Arbeitern; auf diese Weise wurde jegliches Bewußtsein gemeinsamen Schicksals weiter geschwächt. Die Unternehmer taten das Ihre, um diesen Effekt zu verstärken. Regelmäßig hetzten sie verschiedene Einwanderergruppen gegeneinander auf, indem sie die eine Gruppe dazu benutzten, die Löhne der anderen zu drücken. Commons beschreibt einen Besuch, den er 1904 einem Arbeitsvermittlungsbüro in Chicago abstattete:

»Ich sah eine Gruppe blonder, kräftiger Nordeuropäer auf Bänken an den Bürowänden sitzen. Ich fragte den Arbeitsvermittler: ›Wie kommt es, daß Sie nur Schweden einstellen?‹ Er antwortete: ›Das ist nur diese Woche so. Letzte Woche haben wir Slowaken eingestellt. Wir wechseln immer zwischen den verschiedenen Nationalitäten und Sprachen ab. Damit wird verhindert, daß sie zusammenkommen. Wir haben das richtig systematisiert.‹« (Leschoier und Brandeis, xxv)

Brecher zitiert einen Betriebsleiter von Carnegie, der 1875 schrieb: »Ich habe festgestellt, daß eine vernünftige Mischung von Deutschen, Iren, Schweden und amerikanischen Bauernjungen die effektivste und gefügigste Belegschaft ergibt, die sich finden läßt.« (111) Noch 1937 hielt der Stahlkonzern Jones und McLaughlin die verschiedenen Nationalitätengruppen strikt voneinander getrennt und spielte sie kunstvoll gegeneinander aus (Bernstein, 1971, 475).⁷ Zu solchen Praktiken wurde natürlich am häufigsten bei Streiks gegriffen, wenn Einwanderer und amerikanische Schwarze als Streikbrecher eingesetzt wurden.⁸

Drittens hatten amerikanische Arbeiter im Vergleich zu Europa weit größere Chancen zu sozialer wie geographischer Mobilität – zumindest bis zum Ende des 19. Jahrhunderts. Die Löhne in dem neuen Land waren höher; und als die Industrieproduktion sich ausdehnte, schienen die Möglichkeiten unbegrenzt, jedenfalls für die Glücklichen, die Facharbeiter, die Ehrgeizigen, und zumindest in Zeiten der Hochkonjunktur.⁹ Darüber hinaus gab es für jeden, der nicht vollkommen mittellos war, noch die Möglichkeit, sein Glück im Westen, wo es freies Land und freien Bergbau gab, zu versuchen.¹⁰ Commons berichtet davon, daß die Anführer gescheiterter

Arbeitskämpfe im Osten später oft auf dem freien Land im Westen zu finden waren (Lescohier und Brandeis, xiii). In der Tat wird der »Homestead Act«, der den öffentlichen Boden im Westen zur Besiedelung freigab, allgemein als eine Konzession an die Arbeiterschaft angesehen. Das Los der Fabrikarbeiter wurde dadurch zwar nicht verbessert, doch bot das Gesetz einigen wenigen die Alternative, nicht länger Fabrikarbeiter sein zu müssen. So ließen Aufstiegschancen und der Zugang zu einem eigenen Stück Land einige der Unzufriedeneren und vielleicht auch der Fähigeren ihr individuelles Glück finden. Gleichzeitig trugen die Beispiele von Aufstieg und Erfolg dazu bei, die Hoffnungen der Zurückgebliebenen zu nähren – Hoffnungen, daß auch sie den Sprung nach oben schaffen würden, daß ihre Zukunft nicht in den Kämpfen der Gegenwart, sondern den individuellen Chancen kommender Tage liege.

Ein weiterer Faktor, der Arbeitskämpfe erschwerte und abschwächte, war der statusbewußte und oligarchische Charakter jener Arbeiterorganisationen, die sich in der Praxis herausbildeten. Meist waren dies lokale Gewerkschaften von Handwerkern, deren Organisierung zum großen Teil ihrer Tradition der Brüderlichkeit und dem Stolz auf ihre Zunft zu danken war. Zudem konnten die organisierten Handwerker in den Industrien, wo sie den Zugang zu ihrem Berufsstand kontrollierten, einigen Einfluß ausüben. Doch ihre relative Machtposition bestärkte sie darin, die wachsende Masse der ungelernten Arbeiter zu ignorieren, ja zu verachten. Darüber hinaus scheint die unvermeidbare Tendenz zur Oligarchie, die Michels in Europa feststellte, bei den berufsständischen Gewerkschaften der Vereinigten Staaten noch stärker ausgeprägt gewesen zu sein – vielleicht weil das Klassenbewußtsein geringer und das Streben nach sozialem Aufstieg verbreiteter war, und weil die Arbeiter und ihre Führer stärker an die Verheißungen der Marktwirtschaft glaubten.[11] Im Laufe der Zeit entwickelten sich die Funktionäre der Berufsgewerkschaften zunehmend von Arbeiterführern zu Arbeitsvermittlern, die sich zur Behauptung ihrer Führungspositionen mehr auf geheime Vereinbarungen mit den Unternehmern als auf eine vereinte und militante Gefolgschaft verließen.[12] So ließen sich die Gewerkschaftsfunktionäre immer seltener auf Streiks und Agitation ein und schienen immer weniger daran interessiert, eine Massengefolgschaft zu rekrutieren. Kam es gelegentlich doch zu Massenstreiks, dann oft gegen die Opposition der etablierten Gewerkschaftsführer, von denen einige während der großen Streiks gegen Ende des 19. und zu Beginn des 20. Jahrhunderts sogar so weit gingen, ihre Mitglieder zum Streikbrechen aufzufordern.

In den vorhergehenden Abschnitten haben wir versucht, die vorherrschenden Erklärungen für die Unfähigkeit der amerikanischen Gewerkschaften, vor der Großen Depression relevante Fortschritte zu machen, zusammenzufassen. Wir sind jedoch der Ansicht, daß Erklärungsansätze, die auf die Spaltung der Industriearbeiterschaft verweisen, am Kernpunkt vorbeigehen. Es hat Massenstreiks gegeben, und die Streikenden sind häufig, auch angesichts überwältigender ökonomischer Zwänge, standhaft geblieben. Daß die Arbeiter letztlich zu schwach waren, lag nicht nur an mangelnder Solidarität und einem daraus resultierenden Mangel an ökonomischer Stärke, sondern an der fehlenden politischen Macht. Auch wenn sie ihren Bossen mit noch so viel Entschlossenheit entgegentraten, auch wenn sie alle ihre Kräfte gesammelt und ihre Reihen geschlossen hatten: der geballten Macht des Staates, seinen Gerichten und seiner militärischen Stärke, hatten sie nur wenig entgegenzusetzen. Und diese Macht bekamen die Arbeiter regelmäßig zu spüren. Während der Kolonialzeit legten Arbeitsverordnungen Maximallöhne fest, erklärten Arbeit zur Pflicht und verboten jegliche Vereinigung von Arbeitern zum Zweck der Lohnerhöhung (Rayback, 12). Noch bis 1842 sahen die Gerichte Gewerkschaften als kriminelle Verschwörungen an (Fleming, 123). Im Laufe der Zeit wurden zwar die Arbeitsgesetze liberaler, die Praktiken der jeweiligen Regierungen jedoch nicht. Bis zur Großen Depression sahen sich streikende Arbeiter regelmäßig mit gerichtlichen Verfügungen und strafrechtlichen Sanktionen konfrontiert.[13]

Wenn die rechtlichen Mittel nicht ausreichten, wurde zu militärischer Gewalt gegriffen. Privatarmeen der Unternehmer, die, wenn nötig, vom örtlichen Polizeichef zu Hilfssheriffs ernannt wurden, Staatsmilizen und Bundestruppen wurden wieder und wieder eingesetzt, um streikende Arbeiter anzugreifen und Streikbrecher zu beschützen. Diesem Widerstand ausgesetzt, mußten Streiks zwangsläufig scheitern, ob die Arbeiter nun einig waren oder nicht.

Einige der bittersten Beispiele für den Einsatz der staatlichen Gewalt gegen streikende Arbeiter trugen sich während der schweren Depressionen im späten 19. Jahrhundert zu, als Arbeitslosigkeit und Lohnkürzungen die Menschen zur Verzweiflung trieben, das Ausmaß der Not die Arbeiter so fest zusammenschweißte, daß sie das Land mit Protesten überzogen. Nach vier Jahren schwerer Wirtschaftskrise, die zu erheblichen Lohnkürzungen geführt und vielleicht eine Million Industriearbeiter arbeitslos gemacht hatte, mündete 1877 ein Eisenbahner-Streik in Pennsylvania, Baltimore und Ohio in schwere Unruhen, die sich auf ein Dutzend wichtiger Eisenbahnzentren ausbreiteten und schließlich zu offenem Kampf zwischen Arbeitern und Bundestruppen eskalierten. Als örtliche Polizei und Staatsmiliz den Aufruhr nicht mehr unter Kontrolle halten konnten – oder sogar offen mit den Streikenden sympathisierten, wie in Pittsburgh, wo die Menge Eigentum der Eisenbahngesellschaft niederbrannte – entsandte das Kriegsministerium 3000 Soldaten der Bundesarmee, um in den betroffenen Städten die Ordnung wiederherzustellen. In Pittsburgh leistete die rebellische Menge offenen Widerstand, was 26 Menschen mit dem Leben bezahlen mußten; in Reading, Pennsylvania, wurden 13 Menschen getötet und 43 verletzt; Chicago beklagte 19 Tote und mehr als 100 Verletzte (Brecher, 13–36). Der Sachschaden betrug ca. fünf Millionen Dollar (Walsh, 20). Als Folge der Aufstände wurden im Herzen der amerikanischen Großstädte Quartiere und Waffenlager der Nationalgarde errichtet (Josephson, 365). Ein Jahrzehnt später löste eine weitere Depression erneute Arbeiterunruhen aus, die diesmal noch massiver ausfielen. Wieder wurden die Streiks mit Hilfe von Polizei und Miliz niedergeschlagen, was diesmal mit dem Bombenattentat auf dem Haymarket in Chicago gerechtfertigt wurde.

Während der Depression in den neunziger Jahren des vorigen Jahrhunderts wiederholte sich das Szenario. Auf Lohnkürzungen und steigende Arbeitslosigkeit in der verarbeitenden Industrie und im Transportwesen waren Streiks gefolgt, an denen etwa 750 000 Arbeiter, vor allem Stahlarbeiter, Bergleute und Eisenbahner, teilnahmen. In Pennsylvania machte der Gouverneur 7000 Soldaten mobil, um die Stahlarbeiter von Homestead zur Räson zu bringen; in Idaho trieben in der Cœur d'Alene-Region Nationalgardisten und Bundestruppen alle gewerkschaftlich organisierten Bergarbeiter zusammen und sperrten sie in ein Lager, wo sie monatelang ohne Anklageerhebung festgehalten wurden. Der Pullman-Eisenbahnstreik von 1894 brachte mehrere tausend Armeesoldaten nach Chicago, mit dem Resultat, daß wahrscheinlich 34 Menschen getötet wurden. Unter den Verurteilten befand sich auch Eugene Debs (einer der Führer des Streiks und mehrfacher Präsidentschaftskandidat der »Socialist Party« – d. Ü.) In der Folgezeit stationierte die Bundesregierung Polizeitruppen in zahlreichen Eisenbahnzentren, um für den Schutz des Eigentums der Eisenbahngesellschaften zu sorgen. Die Kosten für diese Maßnahmen beliefen sich auf wenigstens 400 000 Dollar (Taft und Ross, 290–299; Greenstone, 21).[14]

Diese Statistiken können uns das wahre Ausmaß der Gewalt, mit der die Regierung in dieser Periode gegen die Arbeiter vorging, wohl kaum vor Augen führen. Ein zeitgenössischer Autor schätzte beispielsweise, daß allein in den Jahren zwischen 1902 und 1904 198 Personen getötet und 1 986 verletzt worden sind (zitiert bei Taft und Ross, 380). Insgesamt ist es Taft und Ross gelungen, 160 Fälle zu identifizieren, in denen Staats- oder Bundestruppen eingesetzt wurden, um Arbeiterunruhen zu beenden. Nachdem 1894 der Streik seiner »American Railway Union« von der Bundesregierung zerschlagen worden war, schrieb Eugene Debs:

»Unsere Organisation besteht aus einer begrenzten Zahl schlecht bezahlter Leute. Wenn sie keinen Lohn mehr erhalten, müssen sie verhungern. Wir haben die Macht der Regierung nicht hinter uns. Wir haben keinen anerkannten Einfluß auf gesellschaftliche Vorgänge. ... Die Konzerne dagegen verfügen über solide Bündnispartner. Ihnen fehlt nichts, was man mit Geld kaufen kann. Sie fördern die Presse, kontrollieren sie, beeinflussen die öffentliche Meinung und verbreiten falsche Nachrichten. Die Kirche steht fast einhellig hinter ihnen. Vergessen wir nicht die Gerichtshöfe, die Miliz, die Regierungstruppen. Jeder und alles vertritt die Sache der Konzerne.« (zitiert bei Brecher, 92)

Nachdem die United States Steel Corporation den Streik von 1919 gebrochen hatte, wiederholte die »Interchurch Commission« in einem Bericht die Einschätzungen, die Eugene Debs 25 Jahre zuvor niedergeschrieben hatte.

»Die United States Steel Corporation war zu groß, um von 300 000 arbeitenden Menschen besiegt zu werden. Sie verfügte über zuviel Geld, zu viele Verbündete in anderen Unternehmen, zu große Unterstützung von seiten der lokalen wie nationalen Regierung, zuviel Einfluß bei den gesellschaftlichen Institutionen wie Presse und Kirche; sie umfaßte einen zu großen Teil dieser Erde – wobei sie dennoch alles unter zentraler Kontrolle behielt –, um von weit verstreuten Arbeitern mit vielen Meinungen und vielen Ängsten, mit unterschiedlich dicken Geldbeuteln und einer vergleichsweise improvisierten Führung besiegt werden zu können.« (zitiert bei Walsh, 56)

In einer Handvoll Fällen verhielt sich die Regierung neutral oder hilfsbereit, und das entschied über den Erfolg oder Mißerfolg von Streiks. Als z.B. während der Unruhen in den neunziger Jahren anderswo Bundes- und Staatstruppen eingesetzt wurden, um die Streiks zu brechen, riefen die »United Mine Workers« (UMW) einen bundesweiten Streik aus, um die Organisation der wichtigsten Bergwerke durchzusetzen. Als zwei Unternehmen in Illinois Streikbrecher heranschaffen ließen, die von den Streikenden am Betreten der Minen gehindert wurden, ließ Gouverneur John B. Tanner zwar Nationalgardisten anrücken, um drohende Gewaltausbrüche zu verhindern, wies sie jedoch an, den Minenbesitzern nicht zu helfen. Beide Unternehmen erkannten die UMW schließlich an und unterschrieben Tarifverträge (Taft und Ross, 300–302).

Es wird oft gesagt, die Unternehmer in den Vereinigten Staaten seien in ihrer Opposition zu den Forderungen der Arbeiter außergewöhnlich unerbittlich gewesen.[15] Ihre Abwehr ist nicht schwer zu verstehen. Aber wer will behaupten, daß sie angesichts der umfassenden Streikbewegungen auch dann erfolgreich gewesen wären, wenn ihnen die Regierungen nicht auf allen Ebenen regelmäßig zu Hilfe gekommen wären?[16] Mit anderen Worten: ohne die Macht, den Präsidenten, Gouverneur und häufig auch den Bürgermeister[17] davon abhalten zu können, Truppen gegen sie einzusetzen, blieben die Arbeiter hilflos, waren sie durch die repressive Gewalt der Regierung um ihr ökonomisches Machtmittel des Streiks gebracht.[18]

Im 19. Jahrhundert lag das sicher teilweise daran, daß die politische Macht der Unternehmer, die in ihrer ökonomischen Macht begründet war, noch nicht von den erforderlichen Massen einer umfangreichen Industriearbeiterschaft in Frage gestellt wurde. Bis zum Bürgerkrieg blieben die USA überwiegend ein Land unabhängiger Farmer und Grundbesitzer. Und sogar nachdem der Vormarsch der Industrialisierung bereits begonnen und das Heer der Lohnarbeiter schon stattliche Ausmaße erreicht hatte, wurde die politische Kultur noch immer durch die Sichtweise des ländlichen Kleineigentümers vom amerikanischen Leben und von der Rolle des Privateigentums darin bestimmt. Schon 1880 machten die Lohn- und Gehaltsempfänger 62% der arbeitenden Bevölkerung aus, die Farmer und kleinen Selbständigen dagegen nur noch 37% (Reich, Tabelle 4-J, 175). Doch diese Zahlen wurden noch von einer politischen Ideologie übertönt, die durch Leugnung der ökonomischen Realitäten die politische Artikulation städtischer Arbeiterinteressen zumindest auf bundes- und einzelstaatlicher Ebene durchkreuzt haben mag.

Entscheidender für das Fehlen klassenorientierter Politik als die amerikanische politische Kultur war vielleicht die Herausbildung politischer Institutionen, die die Illusion breiter Mitbestimmung der Bevölkerung schufen. Lange vor Entstehung einer industriellen Arbeiterklasse – in den meisten Bundesstaaten vor 1820 – hatten die amerikanischen Arbeiter das Wahlrecht erhalten. Das hatte unter anderem zur Folge, daß die politische Entfremdung, der Bendix die europäischen Arbeiterbewegungen des 19. Jahrhunderts zuschreibt, in den USA nicht so deutlich hervortrat, war es doch den Arbeitern zumindest erlaubt, ihre Stimme – das Symbol politischen Einflusses – abzugeben und an den Ritualen politischer Partizipation teilzunehmen. So reagierten Handwerker auf die Depression zwischen 1828 und 1831 mit der Gründung von Parteien der Arbeit, vornehmlich in New York und Philadelphia.[19] Sie schürten damit genügend Unruhe, um wenigstens einige Konzessionen zu erzwingen, wie die Abschaffung von Haftstrafen bei Verschuldung und die Gründung freier öffentlicher Schulen. Nach kurzer Zeit wurden die Parteiführer in New York vom Demokratischen Parteiapparat geschluckt (Pelling, 32–33). Dieses Beispiel wiederholte sich in größerem Maßstab, als die Arbeiterklasse an Umfang zunahm. Die Parteiapparate der großen Städte konnten die Unterstützung der Arbeiter gewinnen und auch behaupten, indem sie deren Führer absorbierten und den Arbeitern auf individueller, regionaler und ethnischer Basis Vorteile verschafften und symbolische Gefälligkeiten erwiesen, um ihre Loyalität zu erhalten. Dies verhinderte nicht nur die Herausbildung der Industriearbeiterschaft als einer politischen, auf ihre Klasseninteressen orientierten Kraft, sondern erlaubte der politischen Führung auf allen Ebenen des Staatsapparats sogar, Polizei, Miliz und Truppen gegen streikende Arbeiter einzusetzen, ohne die Unterstützung der Arbeiterklasse an den Wahlurnen aufs Spiel setzen zu müssen.

In den dreißiger Jahren des 20. Jahrhunderts aber zerfiel dieses Politikmodell, und die Industriearbeiter zwangen die Regierung, ihnen als Klasse entgegenzukommen. Staughton Lynd hat den Wandel auf einen knappen Nenner gebracht: »Nicht nur vor der Jahrhundertwende, sondern gleichermaßen in der Zeit nach dem Ersten Weltkrieg hat der Staatsapparat aufkommende Industriegewerkschaften zerschlagen. In den dreißiger Jahren hat er sie dann gefördert.« (Lynd, 1974, 30)

Die strukturellen Veränderungen, die diese neue entgegenkommendere Politik vorbereiten halfen, hatten sich mit großer Schnelligkeit vollzogen, als die Industrialisierung in zunehmendem Maße das öffentliche Leben in den USA bestimmte. Die Transformation erfolgte rasch und vollständig. Im Jahre 1860 rangierten die Vereinigten Staaten bei der Industrieproduktion hinter England, Frankreich und Deutschland; 1894 hatten die USA nicht nur die Führung übernommen, sondern ihre Industrieproduktion war inzwischen fast so groß wie die Englands, Deutschlands und Frankreichs zusammengenommen (Gutman, 33). In den folgenden Jahren ging der Konzentrationsprozeß schnell voran. Im Zuge von Übernahmen und Zusammenschlüssen entstanden Konzerne, deren Vermögenswerte sich auf Milliarden von Dollar beliefen. Im Jahre 1904 produzierten nur 4% der amerikanischen Konzerne 57% des Gesamtwerts aller Industriegüter (Weinstein, 1). Im Jahre 1910 waren die Gesamtinvestitionen in der verarbeitenden Industrie schließlich zwölfmal so hoch wie im Jahr 1860 (Brecher, 8).

Parallel zu dieser Entwicklung stieg der Anteil der Industriebeschäftigten an der gesamten Erwerbsbevölkerung auf 40% (Reich, Tabelle 4-L, 178); auch waren diese Arbeitskräfte in immer größeren Industrieimperien konzentriert.[20] Die genannten Veränderungen bereiteten zusammen den Boden für die erfolgreichen Kämpfe der dreißiger Jahre. Der fortgeschrittene Stand der Industrialisierung bedeutete, daß kein Bereich der Ökonomie verschont und kein Teil der Bevölkerung ausgespart blieb, als es zum ökonomischen Zusammenbruch der dreißiger Jahre kam. Die Unzufriedenheit, die die Arbeiter in Bewegung setzte, wurde praktisch von der gesamten Bevölkerung geteilt, was zur Folge hatte, daß die Agitation der Arbeiter die politische Führung nun stärker bedrohte. Außerdem war die Industriearbeiterschaft inzwischen soviel größer und ihre Bedeutung für die Wirtschaft soviel zentraler geworden, daß auch die Arbeiter selbst gefährlicher erschienen, wenn sie rebellierten. Zweifellos schufen diese strukturellen Veränderungen die Bedingungen, unter denen die Regierung den Industriearbeitern schließlich politisch entgegenkam; der entscheidende Wandel aber vollzog sich erst, als sich die Arbeiter selbst auflehnten und dabei so schwere Erschütterungen hervorriefen, daß sie den Staat zum Nachgeben zwangen.

Wirtschaftskrise und Vorbedingungen des Aufruhrs

Die öffentlichen Reaktionen des Weißen Hauses auf den Zusammenbruch von 1929 und auf die rasch wachsende Arbeitslosigkeit beschränkten sich im wesentlichen auf einen ständigen Strom aufmunternder Erklärungen, wonach die Wirtschaft im Kern gesund sei und die Beschäftigungszahlen wieder anstiegen. Privat allerdings war Hoover allem Anschein nach weniger optimistisch. Ende November berief er eine Konferenz führender Industrieller ein, auf der er die Lage als ernst beschrieb und die Industrie drängte, das bestehende Lohnniveau zu halten, um die Panik so gering wie möglich zu halten. Zumindest im ersten Jahr zeigten sich die meisten großen Konzerne kooperationsbereit, so daß die Löhne der noch Beschäftigten relativ stabil blieben.

Doch die Krise verschärfte sich rasch bis zu dem Punkt, an dem die Industrie sich dem völligen Zusammenbruch näherte. Bis 1932 mußte die Hälfte der Produktionsanlagen geschlossen werden; die Produktion sank um 48%; die Unternehmenserträge gingen von 11 auf 2 Milliarden Dollar zurück; der Wert der Industrie- und Eisenbahnaktien sank um 80%; und das Heer der Arbeitslosen wurde immer größer.[21] Im Frühjahr 1931 waren schätzungsweise 8 Millionen Menschen arbeitslos, Ende 1932 rund 13,5 Millionen und 1933 über 15 Millionen, ein Drittel der arbeitenden Bevölkerung.

Bei sinkender Produktion und weitverbreiteter Arbeitslosigkeit war der Versuch, das bestehende Lohnniveau zu halten, zum Scheitern verurteilt. Als erste senkten kleinere Unternehmen die Löhne. Im Herbst 1931, nachdem die Nettoerträge der 550 größten Industrieunternehmen des Landes um 68% gefallen waren, kündigte dann United States Steel eine zehnprozentige Lohnkürzung an – das Startzeichen zu allgemeinen Lohnsenkungen war gegeben. Das durchschnittliche Wocheneinkommen der im Sommer 1932 noch Beschäftigten sank von 25,03 Dollar auf 16,73 Dollar.[22] Dabei kam es in der verarbeitenden Industrie und im Bergbau, wo auch die Arbeitslosigkeit größer war, zu den umfangreicheren Lohnsenkungen, während die Eisenbahner weniger starke Einbußen erlitten; insgesamt bedeutete der Rückgang von Löhnen und Gehältern, zusammen mit der Arbeitslosigkeit und der Ausweitung der Teilzeit-Beschäftigung, daß das Gesamteinkommen der arbeitenden Bevölkerung sich um die Hälfte verringert hatte: von 51 Milliarden

Dollar im Jahr 1929 auf 26 Milliarden Dollar im Jahr 1933 (Rayback, 321).[23]

Während dieser ersten Krisenjahre blieb die Not, die durch die rasch sinkenden Löhne erzeugt wurde, meist noch in der Privatsphäre verborgen. Die meisten Arbeiter erduldeten ihr Schicksal still; vielleicht flößte ihnen der Anblick der arbeitslosen Massen vor den Fabriktoren Angst ein. Auch die fehlende Bereitschaft der Eliten, überhaupt zur Kenntnis zu nehmen, daß einiges im argen lag, trug dazu bei, daß die Menschen ihre Verzweiflung nach innen kehrten und das Chaos in ihrem Privatleben nicht zum öffentlichen Thema wurde. Doch als sich die Wirtschaftslage weiter verschlechterte, als die Arbeitslosigkeit immer mehr um sich griff und die lokalen Fürsorgebemühungen zusammenbrachen, setzte ein Wandel ein. Mitte 1931 wurde die Depression schließlich allgemein zur Kenntnis genommen, wodurch die privaten Sorgen der Menschen öffentliche Bedeutung gewannen und sich Zorn und Empörung breit machten. Im September 1931 verkündete der Verband der Kriegsveteranen (die American Legion), daß »der Krise ... mit den gängigen politischen Methoden nicht mehr schnell und wirksam beigekommen werden kann«. Theodore Bilbo erzählte einem Reporter: »Die Leute sind aufgebracht. Der Kommunismus gewinnt an Einfluß. Hier bei uns in Mississippi sind einige Leute inzwischen bereit, einen Mob anzuführen. Sogar ich werde langsam ein bißchen rosa.« (Schlesinger, 1957, 204–205) (Bilbo galt als extrem reaktionärer und rassistischer Politiker – d. Ü.) Der Republikanische Gouverneur des Staates Washington erklärte: »Noch einen solchen Winter der Entbehrungen, wie wir ihn im Moment durchmachen, können wir nicht durchstehen.« (Rees, 224) Edward F. McGrady von der AFL sagte dem »Senate Subcommittee on Manufactures«: »Meine Herren, ich muß Ihnen diesen Rat geben: Wenn nicht bald etwas geschieht ... werden die Tore der Rebellion in diesem Land aufgerissen werden.« (Bernstein, 1970, 354) Einige Zeit später, im Februar 1933, berichtete der Vorstandsvorsitzende der »National Steel Corporation«, Ernest T. Weir, dem »Senate Finance Committee«: »Praktisch jeder Amerikaner hat große Not erfahren, und die Menschen verlieren nicht nur ihren Lebensunterhalt, sie verlieren auch die Geduld.« John L. Lewis ging noch weiter: »Die politische Stabilität der Republik ist in Gefahr.« (Bernstein, 1971, 15)

Erste Zeichen einer bevorstehenden Arbeiterrevolte wurden sichtbar. Aus der Verzweiflung geborene Streiks gegen Lohnkürzungen brachen in den Textilfabriken in Massachusetts, New Jersey und Pennsylvania aus. In Harlan County revoltierten die Bergarbeiter gegen die sich kontinuierlich verschlechternden Lebensbedingungen. Schießereien zwischen Streikenden und Wachmännern kosteten dort mehrere Menschen das Leben. In den Bergbaugebieten von Arkansas, Ohio, Indiana und West Virginia folgten ähnliche gewaltsame Auseinandersetzungen. Im April 1932 traten im südlichen Teil des Staates Illinois 150000 Bergleute in den Streik. Bis zum Sommer verwandelten sich die dortigen Kohlereviere in ein Schlachtfeld, auf dem sich ganze Armeen von Bergleuten und Hilfspolizisten gegenüberstanden, als Tausende von Kumpels zu den noch nicht bestreikten Minen zogen, um sie stillzulegen.[24] Nach dem Ausbruch von Streiks gewerkschaftlich nicht organisierter Textilarbeiter schrieb Gouverneur O. Max Gardner von North Carolina im Sommer 1932 an einen Freund:

»Diese Explosion in High Point und Thomasville war weitgehend spontan und verbreitete sich wie die Pest. Das bestärkt nur mein allgemeines Gefühl, daß der Geist der Revolte schon weit um sich gegriffen hat. ... Bei dieser Sache hat sich die nervöse Anspannung der Menschen Luft gemacht, die mehr und mehr verloren haben und für die es in diesem Kampf ums bare Überleben geht.« (zitiert bei Bernstein, 1970, 421–422)

In demselben Sommer bewaffneten sich notleidende Farmer in North Dakota, Michigan, Indiana, Ohio, New York und Tennessee mit Knüppeln und Heugabeln, um die Auslieferung landwirtschaftlicher Erzeugnisse, deren Preise häufig nicht einmal die Unkosten deckten, zu verhindern. Diese Ereignisse waren ernstzunehmende Warnsignale.

Und dennoch: gemessen am Ausmaß der Bedrängnis, in die sie geraten waren, waren die meisten Arbeiter relativ ruhig geblieben. Sie gaben ihrer Unzufriedenheit zum ersten Mal auch nicht auf der Straße, sondern an den Wahlurnen massenhaften Ausdruck, mit jenem dramatischen Erdrutsch bei den Wahlen von 1932, als sich große Mengen von Wählern aus der städtischen Arbeiterschaft gegen die Republikaner wandten, um einen Präsidenten »des vergessenen Mannes« zu wählen.

Als Roosevelt im Frühjahr 1933 sein Amt antrat, war das Ausmaß der Katastrophe für jeden erkennbar. Die Industrieproduktion hatte einen neuen Tiefpunkt erreicht, und als der Tag der Amtseinführung gekommen war, hatten sämtliche Banken in den USA ihre Schalter schließen müssen. Einmal im Amt, ergriff die neue Regierung sofort die Initiative, und in ihrer Verblüffung legten ihr die Nation und der Kongreß kaum Hemmnisse in den Weg. Die Wähler hatten der Regierung das deutliche Mandat gegeben, den Wiederaufschwung in Angriff zu nehmen, zudem hatte Roosevelt aufgrund der ökonomischen Panikstimmung und der Eindeutigkeit seines Wahlsieges jetzt relativ freie Hand bei der Gestaltung seiner ersten Gesetzesinitiativen. Jede einzelne seiner nun eingeleiteten Maßnahmen war auf einen speziellen Aspekt der Krise gerichtet, und jede zielte darauf ab, eine andere Wählergruppe zu gewinnen oder in ihrer Loyalität zu bestärken: Farmer und Arbeiter, Bankiers und Geschäftsleute. Für die Farmer gab es den »Agricultural Adjustment Act« als Lohn ihres fünfzigjährigen Kampfes um staatliche Garantie der Erzeugerpreise, billige Kredite und erhöhten Geldumlauf. Die Arbeitslosen erhielten den »Emergency Relief Act«. Wirtschaft und Gewerkschaften bekamen den »National Industrial Recovery Act« (NIRA). Der Wirtschaft gab der NIRA das Recht, die Produktion zu begrenzen und Festpreise festzusetzen. Den Arbeitern bescherte der NIRA Lohnleitlinien, Arbeitszeitbegrenzung und das Koalitionsrecht. Diese Bestimmungen sollten für die gewerkschaftlich nicht organisierten Arbeiter eine beispiellose Bedeutung gewinnen – nicht so sehr, weil sie ihnen materiell viel eingebracht hätten, sondern aufgrund dessen, was sie versprachen. Die Versprechen wurden nicht eingelöst, jedenfalls nicht zu Anfang. Aber allein die Tatsache, daß die Bundesregierung in einer solchen Zeit derartige Versprechen gemacht hatte, verlieh den Kämpfen der unorganisierten Arbeiter neuen Elan und Rechtfertigung – und sie wies ihnen eine neue Richtung.

Das Aufkommen von Protest

Franklin Delano Roosevelt war kein Hasardeur; wo immer es möglich war, versuchte er Unterstützung zu gewinnen und auszubauen. Der NIRA zielte darauf ab, die Wirtschaft wieder in Schwung zu bringen: ein ebenso politisches wie ökonomisches Ziel, denn wenn die Krise anhielt, bedeutete das auch anhaltende politische Entfremdung und Ungewißheit. Zudem war auch die Methode, mit der der Aufschwung herbeigeführt werden sollte, eine politische. Der NIRA schuf einen Mechanismus, der es den Unternehmen erlaubte, Produktion und Preise zu regulieren, ohne dabei von der

Kartellgesetzgebung eingeengt zu werden. Genau das hatten führende Vertreter der Wirtschaft schon immer verlangt. So hatte Bernard Baruch bereits im November 1930 eine Änderung der Kartellgesetze und die Beseitigung »unwirtschaftlicher Konkurrenz« durch Selbstregulierung der Wirtschaft unter administrativer Aufsicht gefordert. Und so hatte im Oktober 1931 das »Committee on Continuity of Business and Employment« der Handelskammer Vorschläge unterstützt, die eine weitgehende Planung der Industrieproduktion unter Aufsicht der Regierung vorsahen.[25] Sogar die »National Association of Manufacturers« hatte dem zugestimmt.

Die Verheißung des NIRA

Der NIRA war zwar entworfen und in Kraft gesetzt worden, um die Wirtschaft zu gewinnen, doch sollte er andererseits auch niemanden verprellen. Daher wurden drei Passagen eingefügt, die zur Beruhigung der Gewerkschaften dienen sollten. Absatz 7(a), der nach eingehender Beratung mit der »American Federation of Labor« formuliert worden war, schrieb verbindlich vor, daß alle unter dem Gesetz getroffenen Regeln und Abkommen folgende Klausel enthielten: »... Arbeitnehmer sollen das Recht haben, sich zu organisieren und durch Vertreter ihrer Wahl Tarifverhandlungen zu führen, und sie sollen frei sein von Einmischung, Behinderung oder Zwang durch Arbeitgeber...« Die Unternehmen waren alles andere als glücklich über diesen Paragraphen; die »National Association of Manufacturers« und das »Iron and Steel Institute« bekundeten von Anfang an ihre Opposition. Die Handelskammer schlug jedoch einen anderen Kurs ein und einigte sich hinter verschlossenen Türen mit der AFL auf gegenseitige Unterstützung (Bernstein, 1971, 31). Mit anderen Worten: einige Wirtschaftsführer waren, wenn auch widerstrebend, dazu bereit, im Austausch gegen die großen Vorteile, die der NIRA ihnen bot, das Recht der Arbeiter, »sich zu organisieren und ... Tarifverhandlungen zu führen«, anzuerkennen. Zusätzlich wurden den Gewerkschaften die Klauseln 7(b) und 7(c) zugebilligt, die die Festsetzung von Mindestlöhnen und Maximalarbeitszeiten vorsahen (die entweder durch Tarifverträge oder – wo diese nicht existierten – durch Industriestatute erfolgen sollte) und Kinderarbeit verboten.[26]

Die im NIRA formulierten Prinzipien waren im übrigen schon

seit geraumer Zeit in der öffentlichen Diskussion gewesen. So hatten alle im zwanzigsten Jahrhundert amtierenden Präsidenten der Vereinigten Staaten betont, daß es wünschenswert sei, die Beziehungen zwischen Unternehmern und Arbeitern tarifvertraglich zu regeln (Taft und Ross, 387). Schon im Jahre 1900 hatten die Bergarbeiter und Minenbesitzer in den Pechkohlerevieren ein Tarifabkommen geschlossen, dem zwei Jahre später ein Abkommen für den Steinkohlebergbau gefolgt war, für das sich sowohl die Finanziers der Minenbesitzer als auch Präsident Theodore Roosevelt stark gemacht hatten (Leschoier und Brandeis, xiv-xv). Ähnliche Rechte hatte der »Railway Labor Act« den Eisenbahngewerkschaften schon 1926 zugestanden. Diese früheren Erfolge hatten sich jedoch als flüchtig erwiesen: Tarifverhandlungen im Kohlebergbau waren nicht von Dauer, und auch der »Railway Labor Act« erwies sich angesichts des Widerstandes der Eisenbahngesellschaften als nicht durchsetzbar.

Als jedoch Anfang der dreißiger Jahre die Arbeitslosigkeit anstieg und die Notlage der Arbeiter der Öffentlichkeit zunehmend zu Bewußtsein kam, schien auch die Zeit für eine umfassendere und dauerhaftere Reform der Arbeitsgesetzgebung gekommen: der Oberste Gerichtshof fällte eine Entscheidung, die der jahrzehntelangen gewerkschaftsfeindlichen Rechtssprechung ein Ende setzte; der Senat lehnte die Ernennung von John J. Parker zum Richter am Obersten Gerichtshof ab, weil er den Abschluß von »gelben« Tarifverträgen befürwortet hatte; der »Norris-LaGuardia Act« wurde verabschiedet, der das Recht der Gerichte einschränkte, mit Verfügungen in Arbeitskonflikte einzugreifen.

Die Bestimmungen des NIRA schienen diese Fortschritte zu vervollständigen, und William Green, der Präsident der »American Federation of Labor«, verkündete, Millionen von Arbeitern im ganzen Land sei das »verbriefte Recht auf industrielle Freiheit« verliehen worden (Rayback, 328). Doch verbriefte Rechte sind eine Sache, praktische Unterstützung ist eine ganz andere, und nichts deutet darauf hin, daß die Roosevelt-Administration mehr im Sinn gehabt hätte, als ein verbrieftes Recht zu gewähren. »Dies ist kein Gesetz, das Zwietracht säen soll«, erklärte Roosevelt der Öffentlichkeit; vielmehr biete es die Gelegenheit »zu gegenseitigem Vertrauen und Hilfestellung« (zitiert bei Bernstein, 1971, 172). In den wirren Zeiten der Depression säte das Gesetz aber nicht nur Zwietracht – es löste einen industriellen Krieg aus.

Der Drang nach gewerkschaftlicher Organisierung

Schon vor der Amtseinführung Franklin Delano Roosevelts gab es deutliche Anzeichen dafür, daß einschneidende Lohnkürzungen und die Verlängerung der Arbeitszeit Proteste der Arbeiter hervorrufen würden, wie es schon so oft zuvor geschehen war. Die wachsende Streikbewegung in der Textilindustrie und im Bergbau – beides Branchen, die schon während der zwanziger Jahre in der Krise gesteckt hatten und bei Ausbruch der Depression weiter abgerutscht waren – waren die ersten Vorboten gewesen. Die Amtsübernahme eines Präsidenten, der versprach, sich für den Mann auf der Straße, den »forgotten man«, einzusetzen, und die Verabschiedung von Gesetzen, die dem vergessenen Industriearbeiter Schutz versprachen, verliehen den Unzufriedenen schließlich einen Elan, den sie vorher nicht gekannt hatten, und gaben ihnen die Rechtfertigung für ihr Handeln.

Die Wirkung auf die Arbeiter war elektrisierend. Es war, als seien die nun einsetzenden Kämpfe mit einer Aura der – wie Rudé es genannt hat – »natürlichen Gerechtigkeit« umgeben. Die eigenen Probleme wurden zu öffentlichen Problemen, denn hatte nicht die Bundesregierung selbst die Sache der Arbeit zu einer gerechten Sache erklärt? Nehmen wir die Geschichte einer Gruppe von Arbeitern in der Philco-Radio-Fabrik. Erst organisierten sie einen Wander-, Jagd- und Angelclub und machten den 21jährigen James Carey zu ihrem Anführer. Daraufhin gingen sie zum Präsidenten von Philco und forderten den Abschluß eines Tarifvertrages. Der NIRA habe Tarifverhandlungen zu einem nationalen Anliegen gemacht, insistierten sie, und als der Unternehmensvertreter ablehnte, setzten sich die Arbeiter in zwei alte Autos und fuhren nach Washington, in dem vollen Bewußtsein, ihre Auffassung dort bestätigt zu bekommen.[28] In Unternehmen, die bereits gewerkschaftlich organisiert waren, erwachten verschlafene Gewerkschaften zu neuem Leben. Die Reihen der »United Mine Workers« (UMW) hatten sich in den zwanziger Jahren infolge der zehnjährigen Kohlekrise stark gelichtet und waren dann während der Depression fast vollständig dezimiert worden. Nach Verabschiedung des NIRA wurde auch John L. Lewis, der Vorsitzende der UMW, aktiv: unter Einsatz aller finanziellen Mittel der Gewerkschaft und einer Hundertschaft von »organizers« blies er zum Sturm. Lautsprecherwagen wurden in die Kohlereviere geschickt, wo sie verkündeten: »Der Präsident möchte, daß *Ihr* Euch gewerkschaftlich organisiert.« Bernstein zitiert den Bericht eines UMW-»organizers« vom Juni 1933: »Diese Leute sind so ausgehungert, daß sie zu Tausenden in die Gewerkschaft strömen... Ich hab allein Dienstag neun Ortsverbände gegründet« (1971, 37, 41–42). Innerhalb von zwei Monaten schnellte die Zahl der UMW-Mitglieder von 60 000 auf 300 000 hoch (Thomas Brooks, 163; Levinson, 20–21), und im Juli 1934 erreichte die Zahl der beitragszahlenden Mitglieder sogar 528,685 (Derber, 8); die »International Ladies Garment Workers Union« vervierfachte ihre Mitgliedschaft auf 200 000 im Jahre 1934 (Derber, 9); die »Amalgamated Clothing Workers«, die 1932 mit 7000 beitragszahlenden Mitgliedern ihren tiefsten Stand erreicht hatte, erhielt Zulauf von 125 000 Arbeitern (Bernstein, 1970, 335). Schließlich konnte die »Oil Field, Gas Well and Refinery Workers Union«, die 1933 ganze 300 Mitglieder in einer Branche mit 275 000 Beschäftigten hatte melden können, im Mai 1934 auf die Gründung von 125 neuen Ortsverbänden in den vorangegangenen Monaten verweisen (Bernstein, 1971, 109–111).

In zuvor nicht-organisierten Industrien »gab es im wahrsten Sinne des Wortes einen Arbeiteraufstand für gewerkschaftliche Organisierung«, berichtete der AFL-Vorstand auf dem Gewerkschaftskongreß von 1934; »die Arbeiter hielten Massenversammlungen ab und verkündeten, daß sie in die Gewerkschaften eintreten wollen« (Levinson, 52). Und so schossen in der Autoindustrie 200 Ortsverbände mit 100 000 Mitgliedern aus dem Boden; ungefähr 70 000 Arbeiter der Gummifabriken in Akron wurden Gewerkschaftsmitglieder; ca. 300 000 Textilarbeiter schlossen sich der »United Textile Workers of America« an; und schätzungsweise 50 000 verkündeten lautstark ihre Absicht, sich der Stahlarbeitergewerkschaft anzuschließen, und organisierten sich in Logen, die sie nach dem großen Versprechen benannten: »New Deal«, »National Recovery Administration« (NRA) oder »Blue Eagle« (das Wappentier der USA – d. Ü.) (Levinson, 51–78; Bernstein, 1971, 92–94). Harvey O'Connor, ein Gewerkschaftsjournalist und ehemaliger Wobbly (so nannten sich die Mitglieder der radikalen Gewerkschaft »Industrial Workers of the World« (IWW), die in der Zeit vor dem Ersten Weltkrieg eine gewisse Bedeutung erlangt hatte), berichtet von den Ereignissen in den Stahlwerken:

»1933 kam dann der New Deal, danach der NRA, und überall in der Gegend war die Wirkung enorm. Die Stahlwerke nahmen die Produktion teilweise wieder auf, und die Stahlarbeiter lasen in den Zeitungen über diesen NRA-Paragraphen 7(a), der einem das Recht garantierte, sich zu organisieren. Das stimmte schon, aber das war's zunächst auch: man hatte das Recht auf gewerkliche Organisierung, aber was danach geschah, das war eine ganz andere Sache. Im ganzen Land schossen spontan Ortsverbände der Stahlarbeitergewerkschaft aus dem Boden. ... Diese Ortsverbände entstanden in Duquesne, Homestead und Braddock. Wo es ein Stahlwerk gab, da gab es auch einen Ortsverband, mit Namen wie ›Blue Eagle‹ oder ›New Deal‹. ... Ich glaube, es gab sogar einen ›FDR‹-Ortsverband. Diese Leute hatten überhaupt keine Erfahrung mit Gewerkschaften. Alles was sie wußten, war: By golly, die Zeit war gekommen, sich zu organisieren, und die Regierung garantierte ihnen das Recht dazu.« (Lynd, 1969, 58)

Diese Garantie sollte sich allerdings als wenig wirksam erweisen. Interessanterweise wurden die ersten Hindernisse von den existierenden Gewerkschaften selbst errichtet. Ihre Rolle bestand in dieser Phase im wesentlichen darin, den Ansturm der unorganisierten Industriearbeiter auf die Gewerkschaften abzublocken.

Gewerkschaften behindern die gewerkschaftliche Organisierung

Als die Depression über das Land hereinbrach, war die AFL fast ein halbes Jahrhundert alt. Sie war in den achtziger Jahren des 19. Jahrhunderts als Dachverband nationaler Berufsgewerkschaften gegründet worden, und ihre führenden Vertreter waren (mit Ausnahme von William Green, einem ehemaligen UMW-Funktionär) alle Präsidenten großer Berufsverbände: Bill Hutcheson, Boss von 300000 Zimmermännern, der einst Streikbrecher angeheuert hatte, um seine Führungsposition zu behaupten; Dan Tobin, Präsident der Teamsters, mit einem Jahresgehalt von 20000 Dollar[29]; John Frey, alternder Vorsitzender der ebenso alternden Formengießer; Matthew Woll von den Lithographen. Die AFL erreichte ihren höchsten Mitgliederstand von fünf Millionen im Jahr 1920, als die Gewerkschaften 17% der arbeitenden Bevölkerung repräsentierten (Mills, 53), verlor dann aber Mitglieder in der Wirtschaftskrise von 1921 und stagnierte in den scheinbar »goldenen« zwanziger Jahren. Die Oligarchen auf ihren gesicherten Posten waren deshalb kaum beunruhigt. Um die Jahrhundertwende hatte sich die AFL eng mit der »National Civic Federation« verbündet, einer Gruppe von einflußreichen Bankiers und Geschäftsleuten, die eine »vernünftige« Kooperation von Kapital und Arbeit anstrebten. In den zwanziger Jahren wurde diese Verbrüderung mit der Wirtschaft fast vollkommen. Matthew Woll, einer der Vizepräsidenten der AFL, wurde amtierender Präsident der »National Civic Federation«, woraufhin die AFL ihre historische Gegnerschaft gegen das wissenschaftliche Management beendete, der Verknüpfung von Lohnerhöhungen mit Produktivitätszuwächsen zustimmte und der Zusammenarbeit von Gewerkschaft und Management größeres Gewicht verlieh.[30] Auch leitete sie eine Säuberungsaktion ein, um ihre Mitgliedsgewerkschaften von kommunistischen Einflüssen zu befreien. Streiks gab es so gut wie gar nicht mehr, und die Masse der Industriearbeiter blieb weiter unorganisiert.

Die Depression ließ die Zahl der Gewerkschaftsmitglieder dann auf den neuen Tiefpunkt von 2 126 000 fallen, was 9% der arbeitenden Bevölkerung entsprach.[31] Zunächst schienen die flehenden Rufe nach gewerkschaftlicher Vertretung, die aus den Reihen der Industriearbeiter erschollen, bei der AFL-Führung auf offene Ohren zu treffen. Präsident William Green nannte Absatz 7(a) eine »Magna Charta« für die Arbeiterschaft und prahlte, bald werde die Zahl der Gewerkschaftsmitglieder 10 Millionen, später sogar 25 Millionen erreichen. Motto der AFL, so proklamierte er, werde sein: »Organisiert die Unorganisierten in den Massenindustrien!«

Dem sollte aber nicht so sein, und dafür gab es mehrere Gründe. Ein Grund lag in der Vorherrschaft der großen Berufsverbände in der AFL, für die es nichts Wichtigeres gab als die Behauptung ihres eigenen Einflußbereichs, ihrer »jurisdiction«. Die Arbeiter, die in gutem Glauben und voller Enthusiasmus auf die Gewerkschaften zuströmten, schickte man in sogenannte Bundesverbände (»federal locals«) innerhalb der AFL. Im zweiten Halbjahr 1933, nach Verabschiedung des NIRA, gingen bei der AFL 1 205 Anträge auf Gründung von »federal locals« ein, von denen 1 006 bewilligt wurden (Bernstein, 1971, 355). Mit Rücksicht auf die Hoheitsansprüche der Berufsgewerkschaften billigte man diesen Verbänden nur einen provisorischen Status zu und verweigerte ihnen das Stimmrecht in den Gremien der AFL (obwohl das Beitragsaufkommen der »federal locals« wesentlich zur Finanzierung der zentralen AFL-Organe beitrug, da die großen Mitgliedsgewerkschaften daraus keine Anteile erhielten. Darüber hinaus ging man offensichtlich davon aus, daß die Mitglieder der »federal locals« im Laufe der Zeit vollständig auf die bestehenden Berufsgewerkschaften aufgeteilt werden würden, da sie ja auf Fabrikbasis und nicht nach Berufsgruppen organisiert waren.[32] Die Gewerkschaften machten also ihre Ansprüche geltend und verteilten in einigen Fällen die neuen Gewerkschaftsmitglieder eines Betriebes auf nicht weniger als 15 oder 20 verschiedene Gewerkschaften, was dazu führte, daß die Arbeiter hoffnungslos in konkurrierende Lager gespalten und handlungsunfähig wurden.

Mochten die Bestrebungen der großen Berufsverbände, die neuen Gewerkschafter in ihre Reihen einzugliedern, auch noch so viele Schwierigkeiten verursachen – sie waren nur allzu natürlich. Doch wurden auch sie nur halbherzig verfolgt, denn den Führern der AFL brachten die neuen Mitglieder auch eine Menge Probleme. Diese Funktionäre behaupteten ihre Machtpositionen auf der Grundlage von Mitgliedern, deren Ergebenheit sie beanspruchten und auf deren Apathie sie zählen konnten. Große Sprüche über die Organisierung von zehn Millionen neuer Mitglieder zu machen war eine Sache; Massen von ruhelosen Neulingen in existierende Organisationen, die statisch und saturiert waren, oder, noch schlimmer, in neue Konkurrenzorganisationen innerhalb der AFL-Struktur aufzunehmen, eine ganz andere Sache. Im Oktober 1933 verurteilte ein Kongreß des »AFL Metal Trades Department« die Führung des Dachverbands wegen der Zulassung von »federal locals« und behauptete: »Dieser Zustand wird, wenn wir zulassen, daß er erhalten bleibt, die verbrieften Rechte und Einflußbereiche der einzelnen Mitgliedsgewerkschaften untergraben, wenn nicht sogar zerstören.« (Levinson, 54)

Zudem waren die oligarchischen Gewerkschaftsführer nicht allein an interne Stabilität gewöhnt, sondern auch an eine Politik der Konzilianz nach außen. Die Anzeichen der Militanz unter den Unorganisierten ließen Formen der Auseinandersetzung befürchten, die vielen AFL-Funktionären schlichtweg widerwärtig geworden waren. Bill Collins, ein Vertreter der AFL, der damit beauftragt worden war, die drohende Gefahr unabhängiger Gewerkschaften in der Automobilindustrie zu bannen und die Automobilarbeiter für die »Federation« zu gewinnen, erzählte den Autoherstellern: »Ich habe in meinem ganzen Leben noch nie für einen Streik gestimmt.« (Fine, 69) Und schließlich war da noch die uralte Verachtung für die Ungelernten, die als Rechtfertigung für die Engstirnigkeit der AFL-Führung in der Organisierungsfrage diente. Collins soll einmal Norman Thomas anvertraut haben: »Meine Frau erkennt immer schon am Geruch meiner Kleidung, mit welcher

Sorte von Ausländern ich zusammen gewesen bin.« (Levinson, 60)[33] Teamster-Präsident Tobin schrieb auf dem Höhepunkt der NIRA-Agitation: »Das Gerangel um die Aufnahme in die Gewerkschaft ist in vollem Gange. Die Penner und Nichtsnutze wollen wir bei uns nicht haben, auch nicht diejenigen, für die man unmöglich gute Löhne und Arbeitsbedingungen herausholen kann. ... Wir wollen die Männer heute nicht, wenn sie morgen in den Streik treten.« (Levinson, 13–14)

Das Verhalten von Michael F. Tighe, dem Präsidenten der »Amalgamated Association of Iron, Steel, and Tin Workers«, die 1933 ca. 50 000 Facharbeiter in der Stahlindustrie – einer Branche mit rund einer halben Million Beschäftigten – repräsentierten, ist exemplarisch. Tighe hatte 1919 dazu beigetragen, den großen Stahlarbeiterstreik zu brechen, indem er einen Tarifvertrag für seine kleine Schar von Facharbeitern abschloß, während die Masse der Stahlarbeiter noch immer im Ausstand war. Als jetzt der Andrang auf Mitgliedschaft in der Gewerkschaft einsetzte, schien er zunächst nur verwirrt, doch dann verurteilte er Arbeitsniederlegungen von neuen Gewerkschaftsmitgliedern in zwei Stahlwerken, rügte ein von der Basis eingerichtetes Komitee zur Weiterentwicklung von Streiktaktiken und schloß zuletzt einfach 75% der neuen Mitglieder wieder aus. In der Zwischenzeit hatte er zur Demonstration seiner guten Absichten einen Brief an die Fabrikbesitzer geschickt, in dem er sie bat, den Arbeitern, die die Anerkennung ihrer Ortsverbände als Tarifpartner forderten, Gehör zu schenken, und in dem er ferner versicherte, ihm liege »nur eines am Herzen: den Interessen sowohl der Arbeitgeber als auch der Arbeitnehmer zu dienen«. Der Brief blieb unbeantwortet (Levinson, 68–72). Im Sommer 1935 konnte Tighe nur noch eine Gesamtmitgliedschaft von 8 600 in der ganzen Stahlindustrie melden. Die in Akron konzentrierten neuen Gewerkschaftsgruppen der Gummiarbeiter fanden ihre Mitgliedschaft bald auf 19 verschiedene Berufsgewerkschaften aufgeteilt (Schlesinger, 1958, 355). Demoralisiert schrumpfte ihre Mitgliedschaft von 70 000 im Jahr 1934 auf 22 000. Die Zahl der organisierten Automobilarbeiter sank von geschätzten 100 000 auf 20 000; das waren 5% der mehr als 400 000 Beschäftigten in der Branche. Die »United Textile Workers of America«, deren Reihen bis zum Sommer 1934 auf 300 000 angeschwollen waren, verfügten im August 1935 nur noch über 79 200 Mitglieder. Die »Union of Mine, Mill, and Smelter Workers«, ein Abkömmling der militanten »Western

Federation of Miners«, hatte unter einer neuen, jungen Führung 49 000 neue Mitglieder gewonnen. Ohne die Hilfe von AFL-»organizers« riefen sie im Mai 1934 zum Streik auf, woraufhin 6600 Männer der »Anaconda Copper Mine Company« in Butte und Great Falls die Arbeit niederlegten. Da tauchte das »AFL Buildings and Metal Trades Department« am Ort der Auseinandersetzung auf und handelte einen Tarifvertrag für die 600 beteiligten Facharbeiter aus, die bald auf 16 Berufsgewerkschaften verteilt werden sollten; damit war der Streik unterlaufen (Bernstein, 1971, 106–109). Im Sommer 1935 war die Mitgliedschaft der »Mine, Mill, and Smelter Workers« auf 14 000 gefallen (Levinson, 78).

Nach einer schweren Niederlage beim AFL-Kongreß vom Herbst 1935 in der Auseinandersetzung über das Industriegewerkschaftsprinzip zogen sich John L. Lewis und eine Reihe anderer Gewerkschaftsführer zurück, um das »Committee for Industrial Organization« aus der Taufe zu heben. Das »Committee« spaltete sich später von der AFL ab und erklärte sich zum »Congress of Industrial Organizations« (CIO), zum Dachverband der Industriegewerkschaften. Zum CIO gehörten auch die kleinen »federal locals« der Auto- und der Gummiarbeiter, die 1934 nur widerwillig (und auch nur mit erheblichen Einschränkungen ihrer Handlungsfreiheit, um die Ansprüche der Berufsgewerkschaften und die Autorität der AFL-Führung zu schützen) in die AFL aufgenommen worden waren. Wie schon die AFL, so verkündeten nun auch die Führer des CIO, sie würden »die Organisierung der Arbeiter in den Massenindustrien und in den noch nicht organisierten Branchen ermutigen und fördern« (Levinson, 119). Was sie tatsächlich tun würden, blieb abzuwarten.

Männer und Frauen waren in die Gewerkschaften geströmt, angelockt von der Verheißung auf Arbeitermacht durch Organisierung. Sie hatten die hohen Beiträge gezahlt, die die AFL von ihren »federal locals« verlangte, um dann durch das Gewirr einzelgewerkschaftlicher Hoheitsansprüche verunsichert und von den Forderungen ihrer Funktionäre nach Mäßigung und Versöhnungsbereitschaft demoralisiert zu werden. In diesem Stadium scheiterte die Organisierung der Arbeiter, und vielleicht war das der Grund, warum ihre Bewegung wuchs.

Die Industrie leistet Widerstand

Mochte die AFL-Führung auch noch so viel Widerwillen gezeigt haben, sich der Massen unorganisierter Industriearbeiter anzunehmen – sie hatte den Versprechungen des NIRA an die Arbeiter immerhin applaudiert. Die Unternehmer waren anderer Ansicht. Sie hatten nur murrend zugelassen, daß die Versprechungen gemacht wurden – im Austausch für die Zugeständnisse, die der NIRA der Wirtschaft machte –, und waren keinesfalls gewillt zu erleben, wie die Verheißung sich erfüllte.

Weniger umstritten waren die Bestimmungen des Gesetzes über Mindestlöhne und maximale Arbeitszeiten gewesen; da die Unternehmer die Gremien beherrschten, die die Industriestatuten für die einzelnen Branchen festsetzten, konnten diese Bestimmungen in der Praxis auch leichter unterlaufen werden. In manchen Statuten blieben die Mindestlohnsätze einfach unerwähnt. Wo Mindestlöhne und Arbeitszeit festgelegt waren, wurden bestimmte Unternehmen ohne große Probleme von der Einhaltung der Vorschriften befreit, wenn sie auf die besonderen Bedingungen, die in ihrer Branche oder ihrem Unternehmen herrschten, verwiesen, während andere die Statuten durch Arbeitsintensivierung (»stretch-out«) umgingen.

Trotz allem erbrachte das neue Gesetz und die anschließende Bildung der »National Recovery Administration« im großen und ganzen eine Verbesserung[34]; die durchschnittliche Zahl der wöchentlichen Arbeitsstunden sank von 43,3 auf 37,8, und das durchschnittliche Jahreseinkommen der Beschäftigten in der verarbeitenden Industrie, im Bergbau und im Baugewerbe stieg von 874 Dollar im Jahre 1933 auf 1068 Dollar zwei Jahre später (Rayback, 332).

Absatz 7(a), der den Arbeitern das mutmaßliche Recht gab, sich in Gewerkschaften zu organisieren und Tarifverhandlungen zu führen, war von der Industrie von Anfang an als die ernstere Bedrohung angesehen worden, und so zögerten die Wirtschaftsführer nicht lange, die Bestimmungen zu mißachten und offen zu verletzen. Einige Konzerne verboten die Gründung von Gewerkschaftsgruppen einfach; eine größere Zahl anderer Unternehmen etablierten sogenannte »employee representation«-Programme. Diese Programme – auch »company unions« oder gelbe Gewerkschaften genannt – waren schon in den zwanziger Jahren zu einem beliebten

Instrument geworden: 1928 schlossen sie 1,5 Millionen Beschäftigte ein (Pelling, 146). Zwischen 1933 und 1935 schossen viele neue gelbe Gewerkschaften aus dem Boden.[35] Als die Forderung nach gewerkschaftlicher Organisierung trotzdem immer lauter wurde, begannen die Unternehmen schwarze Listen zu führen und bekannte Gewerkschafter zu Tausenden zu entlassen, ungeachtet des demonstrativen Schutzes durch Absatz 7(a). Als die Militanz der Arbeiter zunahm, griffen die Unternehmen verstärkt auf Gewaltmethoden und Bespitzelung zurück, auf Stacheldrahtzäune und Sandsackbefestigungen, auf gut bewaffnete und gut finanzierte »Bürgervereinigungen«, auf Hilfspolizisten und den massiven Einsatz von Spitzeln in den Gewerkschaften.[36] Spätere Aussagen vor einem Unterausschuß des »Senate Committee on Education and Labor«, dem Senator LaFollette vorsaß, lassen darauf schließen, daß die amerikanischen Unternehmen zwischen 1933 und 1937 3781 Spitzel in die Gewerkschaften eingeschleust hatten (Rayback, 344)[37]; allein 1936 betrugen die Ausgaben für die Anti-Gewerkschafts-Agenten 80 Millionen Dollar (Thomas Brooks, 164).

Der Konflikt verschärft sich

Ebensowenig wie die Unternehmer waren die Arbeiter an der Basis mit den Kompromissen des New Deal zufrieden. Das Koalitionsrecht hatte den Arbeitern Hoffnung gegeben und ihre Unzufriedenheit angestachelt.[38] Doch die Organisierungsversuche hatten sich bisher als Mißerfolge erwiesen: von Unternehmern bekämpft, von den AFL-Führern unterlaufen und in endlosen bürokratischen Scharmützeln ausgelaugt. Die Zahl der gewerkschaftlich organisierten Beschäftigten fiel bis 1935 auf einen neuen historischen Tiefpunkt, als sie nur noch 9,5% der arbeitenden Bevölkerung ausmachten (Mills, 53). Während aber der Organisationsgrad der Arbeiter sank, nahm ihre Militanz zu. Im Frühjahr und Sommer 1934 stieg die Zahl der Streiks, und je mehr etablierte Gewerkschaftsfunktionäre die Kontrolle über sie verloren, um so unberechenbarer wurden sie. Nach Verabschiedung des NIRA streikten 1933 dreimal so viele Arbeiter als 1932; die Zahl der Arbeitskonflikte in der Industrie stieg nach den Statistiken des »U.S. Bureau of Labor Statistics« von 841 im Jahr 1932 auf 1 695 1933[39] und dann auf 1 856 1934, als einundeinhalb Millionen Arbeiter in Streiks verwickelt waren (Millis und Montgomery, 692, 700–701). Da auch der

Widerstand der Unternehmen heftiger wurde, eskalierten viele der Streiks zu umfangreichen Straßenschlachten.

Die erste war die »Schlacht von Toledo«. Toledo war von der Wirtschaftskrise arg mitgenommen worden. Das Hauptwerk in der Stadt war Willys-Overland, wo im März 1929 42 000 Autos produziert worden waren und 28 000 Menschen gearbeitet hatten. Innerhalb weniger Monate wurde die Produktion erheblich reduziert, bis Willys im Frühjahr 1932 nur noch 3 000 Personen beschäftigte (Keerah, 63). Auch die Zuliefererindustrie in Toledo war nicht von der Krise verschont geblieben. So war die Arbeitslosigkeit überdurchschnittlich hoch und die Löhne der noch Beschäftigten lagen unter den NIRA-Mindestnormen. Anfang 1934 hatten die »Electric Auto-Lite Company« und eine Reihe kleinerer Firmen die Anerkennung von Gewerkschaften verweigert. 4 000 Arbeiter legten daraufhin die Arbeit nieder. Nachdem Regierungsvertreter von den Unternehmen die Zusicherung erwirkt hatten, »einen Apparat (für Tarifverhandlungen) zu errichten«, kehrten die Streikenden an ihre Arbeitsplätze zurück. Da sich Auto-Lite jedoch anschließend weigerte, Verhandlungen aufzunehmen, wurde am 11. April ein zweiter Streik ausgerufen. Diesmal beteiligte sich jedoch nur eine Minderheit an dem Ausstand, woraufhin die Gesellschaft entschied, die Produktion aufrechtzuerhalten, und Streikbrecher anheuerte, um auf vollen Touren weiterproduzieren zu können.

Toledo war eine Hochburg von A. J. Mustes radikalen »Unemployed Leagues«, denen es gelang, innerhalb kurzer Zeit große Mengen von Arbeitslosen zu mobilisieren, um die Streikposten zu verstärken. Am 17. April erwirkte das Unternehmen eine gerichtliche Verfügung, die die Zahl der Streikposten begrenzte und den Mitgliedern der »Unemployed Leagues« gänzlich untersagte, Posten zu stehen. Die Muste-Anhänger beschlossen jedoch, das Urteil zu ignorieren; ihnen schlossen sich einige Kommunisten unter der Parole an: »Zerschlagt den Gerichtsbeschluß durch massenhaftes Postenstehen.« (Keeran, 168) Eine Handvoll dieser militanten Arbeitslosen bezog daraufhin Streikposten. Sie wurden bald festgenommen, kehrten aber nach ihrer Freilassung vor das Werk zurück, wo sie von einer immer größer werdenden Zahl von Arbeitern unterstützt wurden, die sich von ihrem Beispiel anspornen ließen. Weitere Festnahmen und neue Gerichtsbeschlüsse schienen die Streikenden nur weiter anzustacheln, und die Zahl der Streikposten stieg von Tag zu Tag. Die Arbeiter genossen so viel Sympathie in der Bevölkerung von Toledo, daß es dem Polizeichef unmöglich war, die lokale Polizei zum Schutz der Streikbrecher einzusetzen. Statt dessen vereidigte er von Auto-Lite bezahlte Männer als Hilfspolizisten.

Bis zum 23. Mai war die Menge vor dem Werk auf rund 10000 Menschen angeschwollen, wodurch ca. 1500 Streikbrecher praktisch im Werk gefangen waren. Der Polizeichef entschloß sich daraufhin, die Initiative zu ergreifen, und ließ seine Hilfstruppen vorrücken. Doch die Menge leistete Widerstand, und mehrere Menschen wurden schwer verletzt, woraufhin die Nationalgarde von Ohio in Marsch gesetzt wurde. Mit Maschinengewehren und aufgepflanzten Bajonetten marschierten die Nationalgardisten in der Stille des Morgengrauens in die Auto-Lite-Fabrik ein und evakuierten die Streikbrecher. Doch am nächsten Tag versammelte sich die Menge wieder, ging auf die Nationalgardisten los und deckte sie mit einem Hagel von Pflastersteinen und Flaschen ein. Beim dritten Angriff feuerte die Garde in die Menge. Zwei Menschen wurden getötet und viele andere verletzt. Noch immer löste sich die Menge nicht auf. Vier weitere Einheiten der Nationalgarde wurden mobilisiert, und schließlich willigte Auto-Lite ein, das Werk zu schließen. Erst jetzt, als ein drohender Generalstreik vor der Tür stand, stimmten die Unternehmer einem staatlichen Schlichtungsverfahren zu, das zu einer 22%igen Lohnerhöhung und eingeschränkter Anerkennung der Gewerkschaft führte.[40]

Minneapolis wurde zum Schauplatz der nächsten Schlacht. Die Stadt war immer eine Hochburg des »open shop«, der gewerkschaftsfreien Betriebe, gewesen. Daß es so blieb, darüber wachte eine 1908 von Unternehmern gegründete »Citizens' Alliance«, die ihre Umwelt mit Hilfe von Spitzeln, Schlägern, Schnüffelei und Propaganda gewerkschaftsfrei hielt. Im Laufe des Jahres 1933, als ein Drittel der Beschäftigten in Minneapolis arbeitslos war, und die Löhne der übrigen um zwei Drittel gekürzt worden waren, gewann eine Handvoll örtlicher Trotzkisten – Mitglieder der »Socialist Workers Party« – Kontrolle über den Ortsverband 574 der Teamsters und schickte sich an, neue Arbeiter für die Gewerkschaft zu gewinnen. Nach einem ersten Erfolg in den Kohlelagern, begann der Ortsverband, Lastwagenfahrer und deren Hilfskräfte zu organisieren. Doch die Geschäftsleute von Minneapolis waren durch die Unruhe unter den Arbeitern in anderen Landesteilen gewarnt und auf eine Konfrontation vorbereitet. Als der Ortsverband 574 den Transportunternehmern seine Forderungen präsentierte, meldete sich die »Citizens' Alliance« zu Wort und versprach, den Streik zu zerschlagen. Die Forderungen der Gewerkschaft wurden sämtlich zurückgewiesen.

Vermittlungsversuche des »Regional Labor Board« blieben fruchtlos und am 15. Mai 1934 begann der Streik. Die Alliance ließ umgehend 155 »special officers« als Sonderpolizei vereidigen, was die Arbeiter von Minneapolis dazu veranlaßte, sich voll hinter die streikenden Lastwagenfahrer zu stellen; viele von ihnen traten auch selbst in den Ausstand. Beide Seiten errichteten militärische Hauptquartiere und bewaffneten ihre Männer. Streikposten patrouillierten in Gruppen – teilweise auf Motorrädern – durch die Stadt und sorgten dafür, daß kein Lastwagen unterwegs war. Am 21. Mai, nachdem die Polizei angedroht hatte, die Laster abschleppen zu lassen, brach die erste Schlacht zwischen den beiden Armeen aus. Dreißig der zahlenmäßig weit unterlegenen Polizisten wurden bei den Kämpfen Mann-gegen-Mann verletzt. Am folgenden Tag versammelte sich eine 20000köpfige Menge; neue Straßenschlachten brachen aus, in deren Verlauf zwei Hilfspolizisten getötet und rund 50 Personen verletzt wurden. Die Stadt war praktisch in der Hand der Arbeiter; in den »besseren Kreisen« brach Panik aus, und in der ganzen Stadt machte sich das Gefühl eines bevorstehenden Klassenkrieges breit.

An diesem Punkt gelang es Gouverneur Olson, einen vorübergehenden Waffenstillstand durchzusetzen. Verhandlungen begannen, doch die mehrdeutig formulierte Vereinbarung, auf die man sich einigte, platzte bald wieder, und beide Seiten rüsteten erneut zum Kampf. Nachdem die Unternehmer einen Schlichtungsversuch aus Washington zurückgewiesen hatten – offenbar in der Hoffnung, der Gouverneur werde die Nationalgarde einsetzen, um den Streik zu brechen –, traten die Arbeiter wieder in den Ausstand. Bei der nächsten Konfrontation der beiden Lager verletzte die Polizei 67 Arbeiter und tötete zwei. Gouverneur Olson griff jetzt entschlossen ein, verhängte das Kriegsrecht und ließ die Hauptquartiere beider Lager ausheben. Jetzt endlich akzeptierten die Transportunternehmer einen Vorschlag der Bundesregierung, der innerhalb von zwei Jahren zu Tarifabkommen mit 500 Unternehmern in Minneapolis führte (Bernstein, 1971, 229–252; Schlesinger, 1958, 385–389). Die ganze Zeit über hatte sich Daniel Tobin, der Vorsitzende der Teamsters, geweigert, die Arbeiter zu unterstützen, und die Streikführer als »Rote« gebrandmarkt (Karsh und Garman, 99).[41]

In San Francisco strömten die von Absatz 7(a) ermutigten Hafenarbeiter in die »International Longshoremen's Association« (ILA). Sie klagten besonders über das »shape-up«-Einstellungssystem, das sie völlig den Vorarbeitern auslieferte: nie konnten sie sicher sein, auch am nächsten Tag wieder arbeiten zu dürfen. Doch die ILA-Führer machten keine Anzeichen, gegen das »shape-up« vorzugehen, und so entstand eine Basisbewegung, die von einer kleinen Gruppe von Kommunisten und anderen Radikalen, unter ihnen Harry Bridges, angeführt wurde.[42] Auf einer Versammlung im Februar 1934 zwang die Gewerkschaftsbasis die Funktionäre, die Einrichtung eines gewerkschaftlich kontrollierten Vermittlungsbüros (»union hiring hall«) zu verlangen oder binnen zwei Wochen in den Streik zu treten. Roosevelt war gewarnt worden, daß die Hafen-Bosse es auf eine Konfrontation abgesehen hätten und daß die Verluste, die ihnen durch einen Streik drohten, sich für sie bei einer Zerschlagung der Gewerkschaft allemal bezahlt machen würden (Schlesinger, 1958, 390). Ein Schlichtungsausschuß der Bundesregierung erarbeitete einen Kompromißvorschlag, der die teilweise Anerkennung der Gewerkschaft vorsah, ihr aber die Kontrolle über die Arbeitsvermittlung verweigerte. Joseph Ryan, der Präsident der ILA, akzeptierte. Doch die lokalen Führer, von der Basis unter Druck gesetzt, wiesen das Abkommen zurück – der Streik war da.

Die Unternehmer karrten große Mengen von Streikbrechern heran, doch organisierte Lastwagenfahrer weigerten sich, die Güter von und zu den Docks zu transportieren, und einige schlossen sich sogar den Streikposten an. Am 10. Mai trat auch die von Kommunisten geführte »Maritime Workers Industrial Union« in den Streik. Daraufhin folgten weitere in der AFL organisierte Gewerkschaften, so daß der Streik sich ausweitete und bald die meisten im Hafen- und Schiffahrtsbereich Beschäftigten einschloß (Weinstein, 64–67). Vom ersten Tag an versuchte die Polizei, den Streik mit Gewalt zu brechen, doch hatten sich die Streikenden bislang mit Erfolg gewehrt. Nach 45 Tagen entschieden die Geschäftsleute von San Francisco, der Hafen müsse wieder geöffnet werden, und 700 Polizisten machten sich zum Angriff auf die Streikposten bereit. Als die Schlacht vorüber war, lagen 25 Personen im Krankenhaus. Mehrere Tage später, am 5. Juli, führte die Polizei den nächsten

Angriff auf Streikposten, die gerade versuchten, Streikbrecher vom Betreten der Docks abzuhalten. Diesmal landeten 115 Personen im Krankenhaus, zwei Streikende wurden getötet; 1700 Nationalgardisten marschierten schließlich in San Francisco ein, um Ruhe und Ordnung wiederherzustellen. Den Trauerzug für die ermordeten Gewerkschafter verwandelte die arbeitende Bevölkerung von San Francisco in eine gewaltige politische Demonstration. Ein Schriftsteller, der den Zug beobachtete, hat ihn beschrieben:

»In geschlossenen Reihen, acht bis zehn Seite an Seite, Tausende von Sympathisanten des Streiks. Der Hall der Schritte, sonst kein Geräusch. Die Kapelle mit ihren dumpfen Trommeln, der ernsten Musik. ... Da zogen sie vorüber – Stunde um Stunde – zehn-, zwanzig-, dreißigtausend. ... Ein fester Strom von Männern und Frauen, die von der Rechtmäßigkeit ihrer Forderungen überzeugt waren und ihre Empörung in dieser gigantischen Demonstration ausdrückten.« (Charles G. Norris, zitiert bei Bernstein, 1971, 281–282)

In dem Aufwallen von Wut und Solidarität verstärkte sich die Stimmung für einen Generalstreik. Bis zum 12. Juli stimmten rund zwanzig Gewerkschaften für den Streik, und Hugh Johnson (Vorsitzender der »National Recovery Administration«) meldete einen »Bürgerkrieg« in San Francisco. Doch der Streik wurde vom »San Francisco Central Labor Council« – dem Zentralausschuß der lokalen AFL-Gewerkschaften, der zur Führung eines Generalstreiks gezwungen worden war, von dem er nichts hatte wissen wollen – unterminiert und brach nach vier Tagen zusammen. Nach dem Zusammenbruch blieb den Hafenarbeitern keine andere Wahl mehr, als dem Schlichtungsverfahren zuzustimmen. Das Ergebnis war die Einrichtung einer gemeinsam von Gewerkschaft und Unternehmern betriebenen Arbeitsvermittlung. In der Zwischenzeit hatte AFL-Vorsitzender William Green den Generalstreik von San Francisco persönlich verurteilt (Brecher, 144).

Der Textilarbeiterstreik, der im Sommer 1934 überall im Land ausbrach, nahm den Charakter eines Kreuzzuges an, als »fliegende Schwadronen« von Männern und Frauen von einer südlichen Textilstadt zur anderen zogen, um die Arbeiter in den Fabriken aufzurufen, sich der Streikbewegung anzuschließen. Im September befanden sich dann 375 000 Textilarbeiter im Streik. Die Unternehmer stellten bewaffnete Wachmannschaften auf, die zusammen mit der Nationalgarde dafür sorgten, daß die Fabriken in Alabama, Mississippi, Georgia und den Carolinas offen blieben. Bevor alles vorüber war, waren ein lokaler Gewerkschafts-Vorsitzender erschossen und seine Mitarbeiter verprügelt worden, hatte Gouverneur Talmadge von Georgia das Kriegsrecht verkündet und ein Internierungslager für etwa 2000 Streikende errichtet. Fünfzehn Streikende wurden insgesamt getötet, sechs von ihnen, als Hilfssheriffs in Honea Path (South Carolina) auf eine der »fliegenden Schwadronen« trafen. Auch in Rhode Island, Connecticut und Massachusetts kam es zu schweren Unruhen und in ganz Neu-England standen die Nationalgardisten in Bereitschaft; das Journal der Textilbranche *Fibre and Fabric* ließ verlauten, »ein paar hundert Beerdigungen werden einen beruhigenden Einfluß haben«.[43]

In demselben Sommer töteten Hilfspolizisten zwei Streikende und verletzten 35 weitere, als die »Kohler Company« sich weigerte, in der unternehmenseigenen »Modell-Stadt« Kohler Village in Wisconsin mit der Gewerkschaft in Tarifverhandlungen einzutreten (Taft und Ross, 352). Alles in allem mußten 1933 mindestens 15 streikende Arbeiter und 1934 mindestens 40 weitere ihr Leben lassen. In einem Zeitraum von 15 Monaten waren in 16 Bundesstaaten Truppen eingesetzt worden (Levinson, 56–57).

Der Staat am Scheideweg

Je entschlossener die Arbeiter ihre Forderungen vorbrachten, um so entschlossener schlugen die Unternehmen zurück, und beide Seiten ersuchten die Bundesbehörden wiederholt um Vermittlung. Zunächst lief die vorherrschende Politik der Bundesregierung auf Anpassung an die Unternehmensinteressen hinaus, doch wurde dies zusehends schwieriger, je militanter die Arbeiter auftraten.

Die Automobilindustrie ist dafür exemplarisch. Vor Verabschiedung des NIRA waren die Automobilarbeiter so gut wie unorganisiert.[44] Nach Verabschiedung des Gesetzes schlossen sich die Arbeiter den »federal locals« der AFL an, aber auch unabhängige Gewerkschaften entstanden, und im Sommer 1933 kam es zu einer Serie von Streiks. Die »National Recovery Administration« hatte in der Zwischenzeit den Automobilunternehmen – wie auch in anderen Branchen – die Initiative bei der Festsetzung der Industriestatute überlassen.[45] In der Praxis wurde die Handelskammer der Automobilbranche zur eigentlichen Autorität bei der Normensetzung (Levinson, 57). Das Löhne und Arbeitszeiten regelnde Statut, das von den Autounternehmen vorgelegt und vom Präsidenten unterzeichnet wurde, setzte einen Lohnrahmen von 41 bis 43 Cents in der Stunde und erlaubte eine wöchentliche Arbeitszeit von 35 bis 48 Stunden, doch die Gewerkschaftsführer behaupteten, daß diese Standards vielfach verletzt würden. Der Paragraph, der die Einhaltung von Absatz 7(a) durch die Autoindustrie demonstrieren sollte, wurde als »Verdienst-Klausel« bekannt. Darin hieß es: »Die Arbeitgeber in dieser Branche haben das Recht, Arbeitnehmer entsprechend ihrem persönlichen Verdienst auszuwählen, zu beschäftigen oder zu befördern, ungeachtet ihrer Mitgliedschaft oder Nicht-Mitgliedschaft in einer Organisation.« (Levinson, 57–58) Auf der Grundlage dieser Klausel begannen die Unternehmen im Herbst 1933, Gewerkschafter zu entlassen. Zur selben Zeit ließ General Motors in schneller Folge eine Reihe gelber Gewerkschaften wählen und gab bekannt, man werde keine unabhängigen Gewerkschaften anerkennen oder einen Tarifvertrag mit einer solchen Gewerkschaft unterzeichnen. Bei jeder Verlängerung der Laufzeit der Statute – im Dezember 1933, im September 1934 und im Februar 1935 – protestierten die Gewerkschaftsführer vehement, aber ohne großen Erfolg, sieht man einmal davon ab, daß der Präsident einen Beratungsausschuß (»labor advisory board«) ernannte und eine Untersuchung über Lohnniveau und Arbeitslosigkeit in der Automobilindustrie anordnete.

Die Unruhe unter den Automobilarbeitern hielt an. Als im März 1934 die Beschäftigten mehrerer GM-Fabriken mit einem Streik drohten, rief Präsident Roosevelt Vertreter der Konzerne und der Gewerkschaften zu einer Konferenz ins Weiße Haus. Man schloß einen Friedensvertrag, in dem das Prinzip der proportionalen Repräsentation aufgestellt wurde. Die Beschäftigten eines Werkes sollten zum Zweck von Tarifverhandlungen auf »company unions« und verschiedene unabhängige Gewerkschaften verteilt werden. Roosevelt nannte den Plan »das Gerüst für eine neue Struktur der industriellen Beziehungen«; der Präsident von General Motors, Alfred P. Sloan, meinte: »Ende gut, alles gut«; und William Green stimmte ein und verkündete einen großen Sieg der Gewerkschaftsbewegung. Die Erfahrung ließ jedoch vermuten, daß es sich um einen Plan zur Spaltung der Arbeiter handelte. Der Korrespondent der *New York Times* schrieb: »Die Bemühungen der organisierten Arbeiterbewegung um größere Gleichheit der Verhandlungsstärke sind zunichte gemacht worden.«[46]

Die Textilunternehmer verfolgten ähnliche Strategien. Lohn- und

Arbeitszeit-Normen wurden durch »stretch-outs«, die eine erhebliche Intensivierung der Arbeit bewirkten, unterlaufen. Trotz des vermeintlichen Schutzes durch Absatz 7(a) wurden Tausende von Gewerkschaftern entlassen, und das Amt zur Überwachung der Arbeitsbestimmungen (das »Cotton National Textile Industrial Relations Board«) verwies Beschwerden der Arbeiter schlichtweg an das »Textile Institute«, die Vereinigung der Textilunternehmer. Zudem sanktionierte die NRA eine branchenweite Einschränkung der Produktion, was zu weiterer Lohnkürzung und Verringerung der Beschäftigtenzahlen führte. Der unvermeidbare Streik wurde vorübergehend abgewendet, als die NRA eine Untersuchung versprach und der Textilarbeitergewerkschaft einen Sitz im »Textile Board« zusagte. Als es im Sommer 1934 dann doch zum Streik kam, intervenierte der Präsident, indem er ein neues »Textile Labor Relations Board« ernannte, das die Arbeitsbelastung in der Textilindustrie untersuchen sollte, während das Arbeitsministerium das Lohnniveau erheben und die »Federal Trade Commission« die Fähigkeit der Textilunternehmen einschätzen sollte, Produktionsvolumen und Beschäftigung wieder zu erhöhen (Brecher, 158). Daraufhin bliesen die Führer der Textilarbeitergewerkschaft den Streik ab und erklärten sich zum Sieger.[47] Als jedoch die Streikenden an ihre Arbeitsplätze zurückkehren wollten, verweigerten die Fabrikbesitzer Tausenden von ihnen die Weiterbeschäftigung und warfen sie aus den werkseigenen Häusern.[48]

In der Stahlindustrie ordnete das »National Labor Board« – unter dem Druck von Streiks in Weirton und Clairton – schließlich die Durchführung von Repräsentationswahlen der dortigen Belegschaften an, doch die Unternehmer wollten die Anordnung nicht akzeptieren. Als der Fall dem Justizministerium übergeben wurde, weigerte es sich, irgend etwas dagegen zu unternehmen. Später, als die Unternehmen Lager mit Tränengasbomben, Munition und Schnellfeuerwaffen anlegten, um sich gegen die Gewerkschaften zu verteidigen, suchten Basisgewerkschafter den Präsidenten in Washington auf, der jedoch auf einer Seereise war. Diesmal lehnten die Arbeiter das Angebot des NRA-Vorsitzenden, General Hugh Johnson (der vorgeschlagen hatte, einen Ausschuß zur Untersuchung ihrer Beschwerden einzusetzen) ab und schrieben statt dessen an den Präsidenten, sie hielten es für »nutzlos, noch mehr Zeit in Washington zu vergeuden und sich von Pontius zu Pilatus schikken zu lassen« (Levinson, 70).

Während aber die Bundesregierung in dieser Periode die Geschäftswelt zu gewinnen suchte, zeigte sie auch ein ungekanntes Interesse an der Arbeiterschaft. »In dieser Zeit«, schreibt Bernstein, »blickten die Werktätigen in den Vereinigten Staaten in außergewöhnlichem Maße auf die Bundesregierung und besonders auf Präsident Roosevelt in der Hoffnung auf Führung und Beistand« (1971, 170). Und doch war in dem herrschenden Klima der Unsicherheit die Unterstützung durch die Arbeiter keineswegs gesichert. Dementsprechend zeigte sich Roosevelt bemüht, Forderungen der Arbeiterschaft entgegenzukommen; sogar die unerfüllten Versprechungen und ausweichenden Studien der NRA zeugten von diesem Bemühen und standen in scharfem Gegensatz zu den gerichtlichen Verfügungen und Truppeneinsätzen früherer Zeiten. Als die Klagen von Gewerkschaftsführern über Verletzungen von Absatz 7(a) heftiger wurden, wurde das »National Labor Board« (NLB) eingerichtet, das Auseinandersetzungen zwischen Beschäftigten und Unternehmern schlichten sollte. Senator Robert F. Wagner, ein Freund der Gewerkschaften, wurde zum Vorsitzenden ernannt; unter ihm entwickelte sich das NLB zu einem Verteidiger des Koalitionsrechtes und des Tarifverhandlungsprinzips. Doch fehlte dem NLB die rechtliche Autorität; somit war es, trotz einiger Anfangserfolge, machtlos, wenn Unternehmer seine Entscheidungen schlichtweg ignorierten, wie es in mehreren wichtigen Fällen Ende 1933 geschah. Im Februar 1934 erhielt das NLB, das zunächst nur dazu autorisiert war, Schlichtungsgespräche zu führen, das Recht, Repräsentationswahlen durchzuführen; ein paar Monate später wurde es dann aufgrund einer von Wagner eingebrachten Resolution in das »National Labor Relations Board« (NLRB) (Nationaler Ausschuß für Arbeitsbeziehungen) umgewandelt. Aber keine dieser Veränderungen erwies sich angesichts des Widerstandes der Unternehmer als besonders effektiv, vor allem da das Justizministerium die ihm vom »Board« vorgelegten Fälle nur sehr zögernd verfolgte. Sogar in Fällen, bei denen es um die Durchführung von Repräsentationswahlen in den Betrieben ging und das NLRB eindeutige Befugnisse hatte, verzögerten die Unternehmen die Inkraftsetzung von NLRB-Beschlüssen und prozessierten hinhaltend. Bis zum März 1935 hatte noch keiner der dem Justizministerium übergebenen Fälle zu einem Urteil geführt (Bernstein, 1971, 320–322).

Angesichts der Eskalation des Klassenkrieges war jedoch eine

Politik des Ausgleichs zwischen Unternehmer- und Gewerkschaftsinteressen zum Scheitern verurteilt. Die Regierung konnte die Schlachten, die zwischen Unternehmen und Arbeitern tobten, nicht ignorieren, und wenn nur aus dem einen Grund, daß Arbeitsfrieden eine unabdingbare Voraussetzung für den Wiederaufschwung war. Einmal verwickelt, konnte sie nicht Partei ergreifen, ohne es sich mit der jeweils anderen Seite zu verderben. Als im Sommer 1933 in den von den Stahlkonzernen abhängigen Bergwerken (»captive mines«) Streiks und Unruhen ausbrachen, erzwang Hugh Johnson ein Abkommen, dem zwar (UMW-Vorsitzender) Lewis zustimmte, das die Bergleute selbst jedoch zurückwiesen. Stahlindustrie und UMW befanden sich bald in einem verbissenen Konflikt: die *New York Times* meldete schon 100000 streikende Bergleute, und die Verhandlungen unter Aufsicht der NRA führten zu nichts. Da die Koksvorräte bedrohlich zusammengeschmolzen waren, bestanden die Stahlmanager schließlich auf der Intervention des Präsidenten. Doch was immer sie sich von der Intervention versprochen hatten, das resultierende Abkommen kann ihnen kaum gefallen haben. In der Tat hielt sich keiner der Stahlkonzerne an die Abmachungen, bis die Streitfälle vor das NLB gebracht wurden, was dazu führte, daß für viele der »captive mines« modifizierte Tarifabkommen abgeschlossen wurden (Bernstein, 1971, 49–61).

Auch gelang es der Regierung nicht, sich 1934 aus den Auseinandersetzungen in Toledo, Minneapolis und San Francisco herauszuhalten, wo die Unternehmer sich den Forderungen der Arbeiter ebenso energisch widersetzten wie den Vermittlungsvorschlägen der Bundesregierung. Mit beispiellosen Arbeiterrevolten konfrontiert, schlugen sich die Schlichter, waren sie erst einmal tätig geworden, zwar nicht auf die Seite der Arbeiter, aber sie ergriffen auch nicht Partei für die Unternehmer. Das reichte aus, um zu erkennen, daß die Politik der ausschließlichen Anpassung an Wirtschaftsinteressen zu einem Ende gekommen war.

Obwohl die meisten Geschäftsleute bei den Wahlen von 1932 Hoover unterstützt hatten, waren doch ein paar prominente Industrielle für die Wahl Roosevelts eingetreten; andere schlugen sich schnell auf seine Seite, als der Präsident schon im ersten Monat seiner Amtszeit die Banken wieder öffnen ließ, die Regierungsausgaben senkte und Bier legalisierte. Was den NIRA betraf, hatte sich vor der Wahl selbst die U.S.-Handelskammer für »die Philosophie einer geplanten Wirtschaft« ausgesprochen, und 1933 bereiteten ihre Delegierten Roosevelt eine stehende Ovation. Gleichzeitig verbesserte sich die allgemeine Wirtschaftslage – zumindest teilweise dank der Privilegien, die der Industrie unter den NIRA-Statuten, zugestanden wurden. Bis zum Frühjahr 1934 war der Index der Industrieproduktion, besonders in den Branchen mit NIRA-Statuten erheblich gestiegen. Die Industriellen gewannen ihre Zuversicht zurück, doch gleichzeitig wuchs ihre Verstimmung über den Aufruhr, den die Arbeitspolitik des New Deal in ihrem eigenen Haus hervorgerufen hatte. Kurz vor den Kongreßwahlen von 1934 schloß sich eine Gruppe von führenden Vertretern der Wirtschaft, unter ihnen Alfred P. Sloan und William S. Knudsen von General Motors, Edward F. Hutton und Colby M. Chester von General Foods, J. Howard Pew von Sun Oil, Sewell L. Avery von Montgomery Ward und die Du Ponts mit mehreren Politikern, die der New Deal entthront hatte, zusammen, um die »American Liberty League« aus der Taufe zu heben, eine Organisation, die sich aufgerufen sah, das Recht auf Eigentum vor dem »Radikalismus« des New Deal zu schützen (Schlesinger, 1958, 486). Ungerührt von Roosevelts Ausgleichspolitik, hatte die Wirtschaft ihm den Fehdehandschuh hingeworfen. Doch die Zwischenwahlen von 1934 brachten einen glänzenden Sieg des New Deal und bescherten den Demokraten eine Mehrheit von 45 Sitzen im Senat und von 219 Sitzen im Repräsentantenhaus – »der überwältigendste Sieg in der Geschichte amerikanischer Politik«, wie die *New York Times* erklärte.

Staatliche Konzessionen an die Arbeitermacht

In diesem Stadium machte die unbeugsame Opposition der Privatwirtschaft die Regierung weit empfänglicher für die Forderungen anderer gesellschaftlicher Gruppen. Erst kürzlich schrieb Raymond Moley, der zu Roosevelts Brain-Trust gehörte, über Roosevelt:

»Keiner war in seiner Herangehensweise an wichtige nationale Probleme so wenig an Ideologien gebunden wie er. Die Strategie, die er irgendwann 1935 einschlug und die er zusammen mit Edward J. Flynn entworfen hatte, zielte darauf ab, viele Minderheitengruppen, einschließlich der Gewerkschaften, mit Hilfe von Maßnahmen, die die städtischen Massen gewinnen sollten, in der Demokratischen Partei zu sammeln, während er die Farmer mit Subventionen bei der Stange hielt.« (559)

Ursprünglich hatten sich Roosevelt und seine Berater Zugeständnisse an die Arbeiterschaft nur im Rahmen von Arbeitslosenunterstützung und -versicherung, Renten, Mindestlöhnen und Arbeitszeitregelungen vorgestellt (Bernstein, 1971, 11). Aber die Unruhe unter den Arbeitern hatte die Rahmenbedingungen verändert, und auf diese galt es sich einzustellen, wollte Roosevelt die Lohnabhängigen »bei der Stange halten«.

Der »Wagner Act«

Im Jahr 1935 – bei wachsenden Auseinandersetzungen zwischen Kapital und Arbeit – war endgültig klar, daß die Politik des Ausgleichs gescheitert war. Die Regierung hatte die Unterstützung der Wirtschaft verloren; wenn überdies die Forderungen der Arbeiter unerfüllt blieben, wäre sie Gefahr gelaufen, auch noch in der Arbeiterschaft an Boden zu verlieren. Im Frühjahr 1935 wurden der NIRA und der Präsident von allen Seiten angegriffen. »Franklin Delano Roosevelt ist die Nummer eins unter den Feinden der Gewerkschaft«, meinte Heywood Broun. Der Oberste Gerichtshof spitzte die Lage vollends zu, als er am 27. Mai 1935 den NIRA für verfassungswidrig erklärte und damit dem Kernstück der Wirtschaftspolitik des New Deal den Boden entzog. Ohne diesen ohnehin schwachen Schutz nahm die Arbeitslosigkeit wieder zu, fielen die Löhne und wurden die Arbeitszeiten länger (Rayback, 341). Dabei standen am Horizont schon die Wahlen von 1936.

Anfang 1934 hatte Senator Robert Wagner einen Gesetzentwurf vorgelegt, der die Schaffung eines neuen »Labor Relations Board« vorsah, das im Gegensatz zu seinen Vorgängern auch über eine Implementationsmaschinerie verfügen sollte. Die neue Behörde sollte dazu ermächtigt sein, Repräsentationswahlen in den Betrieben durchzuführen, Unternehmen davon abzuhalten, ihren Beschäftigten zu drohen oder sie an der Ausübung ihrer Rechte zu hindern, und die Betriebsleitungen zu verpflichten, Tarifverhandlungen mit von einer Mehrheit der Belegschaft in einer Tarifeinheit bestimmten Vertretern aufzunehmen. Die Vorlage räumte dem »Board« das Recht ein, die Unterlassung ungesetzlicher Praktiken zu verfügen (»cease and desist«) und sah bei Mißachtung seiner Entscheidungen die Anrufung eines ordentlichen Gerichtes vor.[49] Die Privatwirtschaft legte heftigen Widerspruch ein, und Wagner fand für seinen Entwurf nur wenig Unterstützung im Kongreß.

Auch der Präsident verweigerte seine Unterstützung und sprach sich statt dessen für die Resolution Nr. 44 aus, mit der das »National Labor Relations Board« geschaffen wurde. Edelman schreibt über Roosevelt:

»Er versäumte es regelmäßig, Arbeitsgesetze zu unterstützen, solange er nicht überzeugt war, daß die Vorlage über ausreichenden politischen Rückhalt verfügte; gelegentlich sabotierte er bereits gesetzlich verankerte arbeiterfreundliche Bestimmungen sogar, weil die Wirtschaft ihn unter Druck setzte. ... Er konnte sich verhältnismäßig sicher sein, daß das Land seine Wohlfahrts- und Wirtschaftspolitik unterstützte, aber er scheute immer lange vor langfristigen Reformen zurück, weil die Unternehmer und Mittelschichten ihnen ablehnend gegenüberstanden. Da er ganz bewußt den Kontakt zum gesamten Spektrum gesellschaftlicher Gruppen hielt, wußte er besser als seine Vorgänger, was politisch vorteilhaft war und welches Timing angebracht schien.« (182)

Ein Jahr später war das Timing richtig, und die Unruhe der Arbeiter hatte dazu beigetragen. Als Wagner eine veränderte Fassung des Gesetzes vorlegte, das dann der »National Labor Relations Act« werden sollte, fand er schnell Unterstützung. Da das Recht der Arbeiter auf gewerkschaftliche Organisierung ohnehin schon seit langem prinzipiell anerkannt worden war, fiel es den Befürwortern der Vorlage nicht schwer, Argumente für sie zu finden. Neu waren nur die Argumente, daß das Gesetz, indem es die Kaufkraft erhalte, dem ökonomischen Gleichgewicht diene, und daß es ein Bollwerk gegen den Kommunismus darstelle. Mit wenigen Ausnahmen lehnten die Unternehmer die Vorlage weiterhin vehement ab; die »National Association of Manufactureres« führte sogar eine ihrer bisher größten Kampagnen durch, um den Entwurf zu Fall zu bringen. Das *Commercial and Financial Chronicle* nannte ihn »eines der anstößigsten wie revolutionärsten Gesetzeswerke, das dem Kongreß jemals vorgelegt worden ist« (Schlesinger, 1958, 404). Die AFL hielt sich weitgehend abseits, wie auch die Regierung. Arbeitsminister Perkins, der einzige Regierungsvertreter, der vor dem zuständigen Senatsausschuß eine Stellungnahme abgab, legte sich nicht eindeutig fest (Bernstein, 1971, 331). Am 2. Mai 1935 stimmte der Arbeitspolitische Ausschuß im Senat einstimmig für den Entwurf; das Abstimmungsergebnis im Senat war 63 zu 12. Mehrere Wochen später schloß sich das Repräsentantenhaus mit der überwältigenden Mehrheit von 132 zu 42 Stimmen an. Schließlich sprach sich auch Roosevelt, der bis dahin geschwiegen hatte, für die Vorlage aus und unterschrieb das Gesetz am 5. Juli 1935.

Noch war der Kampf allerdings nicht vorüber. Zwei Wochen nachdem das Gesetz in Kraft getreten war, veröffentlichte die »American Liberty League« eine von 58 Juristen unterzeichnete Erklärung, in der der »Wagner Act« für verfassungswidrig erklärt wurde. Die Industrie verhielt sich daraufhin so, als ob das Gesetz nicht befolgt zu werden brauche. U.S. Steel, General Motors und Goodyear Tire and Rubber wandten sich umgehend an die Bundesgerichte und erreichten einstweilige Verfügungen, die dem neuen »National Labor Relations Board« die Hände banden; bis zum 30. Juni 1936 war das »Board« in 83 derartige Verfahren verwickelt (Bernstein, 1971, 646). Darüber hinaus gab es Grund zu der Annahme, daß die Einwände der Unternehmer vom Obersten Gerichtshof bestätigt würden. Seit 1935 hatte das Gericht schon andere wichtige Elemente des New Deal für ungültig erklärt, darunter den »National Industrial Recovery Act«. 1936 fegte das Gericht auch den »Guffey-Snyder Act« vom Tisch, der Bestimmungen für die Kohleindustrie enthalten hatte, die denen des »Wagner Act« sehr ähnlich waren. Die amerikanische Industrie hatte allen Grund zum Optimismus.

Der Widerstand der Industrie wird gebrochen

Auch die amerikanischen Arbeiter waren voller Optimismus. Die Verabschiedung des »Wagner Act« zu einer Zeit, als sich die Arbeitsbedingungen nach der vorübergehenden Erholung von 1934 wieder verschlechterten, bestätigte ihnen nur, daß ihr Kampf gerecht und der Sieg möglich war. Der Kongreß hatte sich auch von den Drohungen und eindringlichen Mahnungen früherer Industrieller nicht abhalten lassen. Darüber hinaus wiederholte sich die 1934 erfolgte Wahlniederlage vieler Kapitalvertreter bei den Wahlen von 1936, als der New Deal trotz der entschlossenen Opposition der Industrie einen überwältigenden Sieg davontrug. Die Arbeiter begriffen wahrscheinlich, daß die Wirtschaft, zumindest für den Moment, die Kontrolle über den Staat verloren hatte. Folglich nahm die Militanz der Arbeiter in den Jahren 1936 und 1937, insbesondere in den Massenindustrien, weiter zu. Die Zahl der Streiks stieg kontinuierlich an: von 2014 im Jahre 1935 auf 2172 1936 und 4740 1937. Mehr als die Hälfte von ihnen hatte die Anerkennung der gewerkschaftlichen Rechte, wie im »Wagner Act« formuliert, zum Ziel (Millis und Montgomery, 692, 701). Zum ersten großen Streik nach Verabschiedung des »Wagner Act« kam es in Akron. Der Hintergrund des Streiks war vertraut. Akron war eine einseitig auf die Gummiindustrie orientierte Stadt, in der die Beschäftigung nach dem Börsenkrach um die Hälfte geschrumpft war. Bis zum Frühjahr 1933 hatten viele der Gummifabriken die Produktion eingestellt; Goodyear produzierte nur noch zwei Tage in der Woche, die Hauptbank hatte schließen müssen, die Stadt war bankrott und mußte eine große Zahl ihrer Bediensteten entlassen (Bernstein, 1971, 98-99). Dann kam Absatz 7(a) und brachte Bewegung in die Gummiarbeiterschaft. »Federal locals« wurden gegründet und 40000 bis 50000 Arbeiter traten bei. Die AFL-Führung versuchte wie stets, die neuen Mitglieder auf die bestehenden Berufsgewerkschaften zu verteilen. Ende 1934 ordnete das NLRB die Durchführung von Repräsentationswahlen in den Goodyear- und Firestone-Fabriken an, doch die Unternehmen gingen vor Gericht und die Angelegenheit wurde auf unbestimmte Zeit verschoben (Brecher, 161). Die Arbeiter drängten auf einen Streik, doch ihre Gewerkschaftsführer unterzeichneten ein durch Bundesschlichtung zustandegekommenes Abkommen, in dem sie versicherten, die Gerichtsentscheidung abwarten zu wollen. Goodyear erklärte, daß durch die Vereinbarung »die Beziehungen zu den Arbeitnehmern in keiner Weise verändert werden, da die Bestimmungen sich völlig mit der Politik decken, die Goodyear schon immer vertreten hat« (Brecher, 161). Entmutigt durch die Manöver der AFL und der Regierung verließen viele die Gewerkschaft wieder.

Doch die Unzufriedenheit der Arbeiter schwand nicht, vor allem dann nicht, als Goodyear Tire and Rubber im November 1935 und nochmals im Januar 1936 die Löhne kürzte. Am 10. Februar entließ die Gesellschaft dann eine große Anzahl von Beschäftigten, ohne die übliche vorherige Ankündigung. Einige Nächte später stellten 137 Arbeiter, von denen fast keiner in der Gewerkschaft war, ihre Maschinen ab und setzten sich einfach auf den Boden. Lokale Funktionäre der Gummiarbeitergewerkschaft überredeten die Sitzstreikenden zum Verlassen der Fabrik, aber 1500 Goodyear-Arbeiter beriefen ein Treffen und stimmten für Streik (Brecher, 165-166). Die Nachricht verbreitete sich rasch, die Arbeiter versammelten sich in der bitteren Kälte, und als der Morgen hereinbrach, umringte ein elf Meilen langer Kreis von Streikposten das

Werksgelände. Nur wenige der 10 000 bis 15 000 Streikenden waren Mitglieder der Gewerkschaft[50], aber die Arbeit in der Fabrik stand still. Draußen machten sich die Streikposten an die Arbeit und bauten über 300 Hütten, um sich gegen den kalten Winterwind zu schützen. Auf den Hütten hißten sie amerikanische Flaggen und wieder benannten sie sie nach der Verheißung: »Camp Roosevelt«, »Camp John L. Lewis«, »Camp Senator Wagner«.

Es gelang Goodyear zwar, beim Gericht in Summit County eine Verfügung gegen die Streikposten zu erwirken, doch konnte sie nicht durchgesetzt werden. Als der Sheriff androhte, er werde den Zugang zum Werk mit 150 Hilfspolizisten freimachen, bewaffneten sich Tausende von Arbeitern mit Knüppeln und Stöcken und blockierten die Werkstore. Die Polizisten zogen sich zurück. Später verbreitete sich das Gerücht, eine »Liga für Recht und Ordnung« wolle die Streikposten angreifen, doch wieder bewaffneten sich die Gummiarbeiter und verhinderten, daß die Drohung wahrgemacht werden konnte. Goodyear wandte sich jetzt an Gouverneur Davey und bat um den Einsatz von Truppen, aber in Ohio standen Wahlen vor der Tür und die öffentliche Meinung sympathisierte mit den Streikenden. Zudem erklärte der Zentralausschuß der Gewerkschaften in Akron, der Einsatz von Gewalt würde einen Generalstreik zur Folge haben. Der Gouverneur entschied daraufhin, es gebe keine Rechtfertigung für den Einsatz der Miliz.

Ende Februar erschien der Stellvertretende Arbeitsminister McGrady auf der Szene, um zu vermitteln. Er empfahl den Streikenden, wieder an die Arbeit zurückzukehren und die Angelegenheit von einem Schlichter klären zu lassen. Etwa 4000 Arbeiter kamen vor dem Waffendepot der Nationalgarde zusammen und schrien den Vorschlag nieder, singend: »Nein, nein und tausendmal nein« (Bernstein, 1971, 595). In der vierten Streikwoche stimmte Goodyear Tire und Rabber einer Vereinbarung zu: die entlassenen Arbeiter wurden wieder eingestellt, die Arbeitswoche verkürzt und Betriebsausschüsse der Gewerkschaft anerkannt (Levinson, 143–146; Thomas Brooks, 181–182).[51]

Als nächstes krachte es in der Autoindustrie, im gigantischen Industrieimperium von General Motors, das von den DuPonts und J. P. Morgan regiert wurde.[52] GM hatte sich immer entschieden und erfolgreich gegen gewerkschaftliche Organisierung gewehrt, zum Teil dank eines ausgeklügelten Programms des »Wohlfahrtskapitalismus«, das in einer Zeit zunehmender gewerkschaftlicher Aktivitäten nach dem Ersten Weltkrieg geschaffen worden war. Mit Beginn der Großen Depression zerfiel das Wohlfahrtsprogramm, und nach 1933 verließ sich GM mehr auf ein ausgedehntes Netz von Spitzeln in ihren Fabriken, um gewerkschaftliche Aktivitäten zu unterbinden. Nach Ermittlungen des LaFollette-Untersuchungsausschusses war GM der beste Kunde der professionellen Gewerkschaftsbespitzelungs-Agenturen, und die Ausgaben des Unternehmens für Spitzeldienste stiegen parallel zur Zunahme der gewerkschaftlichen Aktivitäten (Fine, 37) – insgesamt auf mindestens eine Million Dollar für den Zeitraum von Januar 1934 bis Juni 1936 (Walsh, 109).

Die Unternehmensspitzel machten den Männern zwar angst, brachten sie aber auch in Wut, was angesichts der ohnehin gereizten Stimmung nicht verwundert. Es gab noch andere Gründe zum Klagen. Die Stundenlöhne in der Autoindustrie waren zwar relativ hoch, aber die Beschäftigung schwankte extrem stark, so daß die Arbeiter in ständiger wirtschaftlicher Unsicherheit lebten. In der Zeit von September 1933 bis September 1934 waren zum Beispiel 40% der GM-Arbeiter weniger als 29 Wochen beschäftigt, und 60% verdienten weniger als 1000 Dollar. Noch wütender aber machten die Arbeiter das erhöhte Arbeitstempo (»speed-ups«) und die Modelländerungen, die sie auslaugten und die nach ihrer Einschätzung der Gesellschaft höhere Profite bei weniger Beschäftigten einbrachten (Fine, 55–61). 1933 setzte eine Welle von spontanen Streiks in der Autoindustrie ein. John Anderson, ein Basisgewerkschafter aus jener Zeit, schildert eine solche Arbeitsniederlegung:

»Ich bekam bei der Briggs Manufacturing Company einen Job in der Metallverarbeitung für 52 Cents in der Stunde, aber dann haben sie mir doch nicht soviel ausgezahlt. In der ersten Woche kriegte ich 45 Cents in der Stunde. In der zweiten Woche wurde der Lohn auf 40 Cents gekürzt und in der dritten Woche sogar auf 35 Cents. Diese Lohnkürzungen haben ausgereicht, um die Leute zum Streik zu provozieren. Nachdem sie am Sonntag zur Arbeit bestellt worden waren, legten sie mittags die Arbeit nieder, ohne dem Vorarbeiter Bescheid zu sagen. Montag gingen wir wieder zur Arbeit, aber bevor wir anfingen, sagten wir zu dem Vorarbeiter: ›Wir wollen erst wissen, wie hoch unser Lohn ist. Wir sind mit 52 Cents die Stunde eingestellt worden und bekommen nur 35 Cents.‹ Der Vorarbeiter sagte: ›Seht ihr die Schlange von Leuten da draußen, die nach Arbeit suchen? Wenn ihr nicht arbeiten wollt, dann zieht euch um und macht euch aus dem Staub. Da sind genug Männer, die eure Plätze einnehmen werden.‹

Diese Äußerung hat die Männer dann dazu veranlaßt, als geschlossene

Gruppe, nicht als Individuen, die Arbeit niederzulegen. Sie waren nicht organisiert; sie hatten niemanden, der für sie sprach. Es waren mehrere hundert Männer, die da auf der Straße rumliefen und nicht wußten, was sie tun sollten. ... Ich stieg auf ein Auto und schlug vor, daß wir die 52 Cents verlangen sollten, die auf unseren Einstellungsbescheiden standen. ... Wegen des Streiks bin ich auf die schwarze Liste gesetzt worden. ... (aber) ich erfuhr, daß die Löhne in der Metallverarbeitung aufgrund des Streiks auf 60 Cents die Stunde erhöht worden waren. ...« (Lynd, 1969, 62–63)

Nach Verabschiedung von Absatz 7(a) hatten die Automobilarbeiter begonnen, in Gewerkschaften einzutreten. Viele waren der von der AFL eingerichteten »federal union« beigetreten (aus der später die »United Automobile Workers« wurden, die sich dem CIO anschlossen.[53] Doch aufgrund der zurückhaltenden Politik der AFL und der Regierungskonzessionen an die Autokonzerne war die Mitgliedschaft schnell wieder gesunken, so daß Anfang 1935 nur 5% der Automobilarbeiter organisiert waren. Doch ob mit oder ohne Gewerkschaften: nach der Verabschiedung des »Wagner Act«, dem überwältigenden Sieg des New Deal bei den Wahlen von 1936 und den Erfolgen der Gummiarbeiter von Akron wuchs der Mut der Automobilarbeiter und mit ihm die Unruhe. Im Herbst und Winter des Jahres 1936 wirkte jede kleine Unkorrektheit des Managements wie ein Peitschenhieb auf die Rücken von empörten Männern, die ungeduldig auf den Moment des Losschlagens warteten. Nehmen wir aus der Geschichte der frühen Streikbewegung einen Sitzstreik in Flint, der ausgelöst wurde, als ein Gewerkschafter, der gegen die Entlassung eines Arbeiters protestiert hatte, vom Vorarbeiter durch die Fabrik geführt wurde, um offensichtlich seine Entlassungspapiere zu holen. Als er am Fließband entlangging, konnten die Arbeiter an seinem Gesicht ablesen, worum es ging, und wandten sich nach und nach vom Fließband ab, bis schließlich 700 Männer aufgehört hatten zu arbeiten. Das Unternehmen mußte die Entlassung rückgängig machen, bevor die Arbeit wieder aufgenommen wurde (Levinson, 175).[54] Kurze Arbeitsniederlegungen und Sitzstreiks bei Chrysler, im Bendix-Werk in South Bend und in den Midland Steel- und Kelsey-Hayes-Werken in Detroit endeten mit teilweiser Anerkennung der Gewerkschaft. Bei dieser Stimmung war es nur noch eine Frage der Zeit, wann der Kampf bei General Motors ausbrechen würde.

Obwohl die noch unerfahrene Automobilarbeitergewerkschaft, die sich inzwischen dem CIO angeschlossen hatte, Wyndham Mortimer, einen kommunistischen Basisgruppenvertreter aus Cleveland, einige Monate später nach Flint geschickt hatte, um dort eine Rekrutierungskampagne einzuleiten, brach der GM-Streik relativ spontan aus, an mehreren Orten fast gleichzeitig.[55] Mehrere Zusammenstöße in der GM-Fabrik in Atlanta führten am 18. November 1936 zu einem Streik, als sich das Gerücht verbreitete, das Management wolle mehrere Männer entlassen, weil sie Gewerkschaftsabzeichen trügen. Ein paar Wochen darauf legten die Arbeiter einer GM-Chevrolet-Fabrik in Kansas City die Arbeit nieder, als die Betriebsleitung angeblich einen Mann entließ, weil er eine Vorschrift verletzt hatte, die es untersagte, über das Fließband zu springen. Am 28. Dezember trat eine kleine Gruppe von Fließbandarbeitern in der GM-Fisher-Karosseriefabrik in Cleveland in den Sitzstreik, woraufhin 7000 weitere Beschäftigte die Arbeit niederlegten. Am 30. Dezember gab es dann in der Fisher-Karosseriefabrik in Flint einen Sitzstreik von etwa 50 Arbeitern, vermutlich wegen einer Entscheidung des Managements, drei Kontrolleure zu versetzen, die sich geweigert hatten, aus der Gewerkschaft auszutreten. In derselben Nacht traten Arbeiter in einer zweiten und größeren Karosseriefabrik in Flint ebenfalls in einen Sitzstreik – der Flint-Sitzstreik hatte begonnen, und das zu einer Zeit, als nur eine kleine Minderheit der Arbeiter in Flint gewerkschaftlich organisiert war.[56] Der Streik dehnte sich auf andere Städte aus. Streikende besetzten das Fleetwood- und das Cadillac-Werk von GM in Detroit und eine Scheinwerferfabrik in Indiana; Arbeitsniederlegungen wurden in St. Louis, Janesville, Norwood, Kansas City und Toledo ausgerufen. Am 1. Januar 1937 befanden sich 112000 Produktionsarbeiter bei General Motors im Ausstand.

Flint, das Hauptschlachtfeld des Arbeitskampfes, war als Zentrum des GM-Imperiums auch eine GM-Stadt. Das Unternehmen kontrollierte rund 80% der Arbeitsplätze. Die Spitzen von General Motors waren auch die Spitzen der Gesellschaft, und die meisten politischen Ämter in Flint waren von ehemaligen Konzernangehörigen oder GM-Aktionären besetzt. So war es auch keine Frage, daß der Werkschutz sofort von der Polizei unterstützt wurde, als er Sympathisanten der Streikenden daran hindern wollte, die Männer in der Fabrik mit Lebensmitteln zu versorgen. Es kam zu einer regelrechten Schlacht, in der die Polizisten Tränengas einsetzten und auf die Streikenden feuerten; diese antworteten mit Wasserstrahlen aus Schläuchen der Werksfeuerwehr und einem Bombardement mit Türangeln, Flaschen und Steinen. Rund zwei Dutzend Streikende und Polizisten wurden bei dieser Auseinandersetzung verletzt, die als »Battle of the Running Bulls« (Die Schlacht der rennenden Bullen) bekannt werden sollte.

Die Unruhen bechleunigten die Intervention des Gouverneurs von Michigan, Frank Murphy, der im Zuge des Roosevelt-Wahlsieges im November des vorigen Jahres ins Amt gekommen war. Er war von der gesamten Arbeiterbewegung von Michigan unterstützt worden, obwohl er auch mit den Magnaten der Autoindustrie auf gutem Fuß stand. Später sollte sich herausstellen, daß er sogar ein beachtliches Paket von GM-Anteilen besaß (Brecher, 176). Gouverneur Murphy ließ das GM-Management wissen, es möge den Streikenden im Interesse der öffentlichen Gesundheit nicht die Versorgung mit Lebensmitteln verweigern und das Werk außerdem beheizen. Dann begab er sich persönlich zum Ort der Auseinandersetzung, begleitet von rund 2000 Nationalgardisten, die er allerdings angewiesen hatte, sich neutral zu verhalten.[57] Der Gouverneur übernahm die Rolle des Friedensstifters und brachte Gewerkschaftsvertreter und Unternehmensleitung an den Verhandlungstisch. Die Verhandlungen erwiesen sich jedoch als fruchtlos: die Arbeiter beendeten die Besetzung von drei kleineren Fabriken, nur um festzustellen, daß GM auch mit der »Flint Alliance«, einer von GM beherrschten Selbstschutzorganisation, Verhandlungen aufgenommen hatte. Mitte Januar beschwor Arbeitsminister Frances Perkins die Unternehmensleitung, sich mit den Vertretern der Gewerkschaft an einen Tisch zu setzen. Der Konzern mußte täglich Verluste von ungefähr zwei Millionen Dollar hinnehmen, verweigerte aber trotzdem auch weiterhin standhaft jedes Treffen mit der Gewerkschaft, bevor die besetzten Werke nicht geräumt seien. Am 27. Januar gab GM seine Absicht bekannt, die Produktion wieder aufzunehmen, und wandte sich an das Gericht, um eine einstweilige Verfügung gegen die Besetzer zu erwirken.[58] Die Streikenden antworteten mit der Besetzung einer weiteren Fabrik im Zuge eines dramatischen, verdeckten Manövers. Präsident Roosevelt rief daraufhin John L. Lewis an und teilte ihm mit, er unterstütze einen Plan, der die Anerkennung der UAW durch GM für einen Monat vorsehe. Lewis soll ihm geantwortet haben: »Meine Leute sagen mir, es müßten mindestens sechs Monate sein«, und der Sitzstreik ging weiter.

Am 2. Februar entschied das Gericht. Die von Richter Paul

Gadola erlassene Verfügung besagte, die Arbeiter hätten die Fabriken bis spätestens drei Uhr am 3. Februar zu verlassen. Der Druck auf den Gouverneur, die Fabriken mit Gewalt räumen zu lassen, nahm jetzt zu. Aber auch der Druck der Arbeiter verstärkte sich. Am Abend des 2. Februar schickten die Streikenden eines der besetzten Werke eine Botschaft an den Gouverneur. Ihre Worte zeugten davon, wie stark sie von der Rechtmäßigkeit ihres Handelns überzeugt waren; die Verantwortung für den Ausbruch von Gewalt lastete auf ihren Gegnern:

»Wir führen diesen Besetzungsstreik jetzt schon seit einem Monat, weil wir die General Motors Corporation dazu bringen wollen, dem Gesetz zu gehorchen und Tarifverhandlungen aufzunehmen. ... Unbewaffnet wie wir sind, wird der Einsatz von Miliz, Sheriffs oder Polizei mit ihren mörderischen Waffen ein Blutbad unter unbewaffneten Arbeitern bedeuten. ... Wir haben beschlossen, in der Fabrik auszuharren. Wir haben keine Illusionen über die Opfer, die diese Entscheidung uns abverlangen wird. Wir erwarten durchaus, daß viele von uns ihr Leben lassen werden, wenn der gewaltsame Versuch unternommen werden sollte, uns zu räumen. Und so wenden wir uns auf diesem Wege an unsere Frauen und Kinder und an die Bürger von Michigan, um sie wissen zu lassen, daß *Sie* es sind, der für unseren Tod zur Verantwortung zu ziehen sein wird.« (Levinson, 164–165)

Der Geist dieser Botschaft von den Fabrikbesetzern beflügelte auch viele Arbeiter außerhalb der Fabriken. Am Morgen des 3. Februar, als die Nationalgarde ihre Maschinengewehre und Haubitzen in Stellung brachte, waren die Straßen nach Flint von Tausenden von Lastwagen und Automobilen verstopft; viele Sympathisanten waren aus umliegenden Städten gekommen, um die Streikposten zu verstärken. Gummiarbeiter kamen aus Akron; Automobilarbeiter aus Lansing, Toledo und Pontiac; Walter Reuther kam mit mehreren hundert Männern seines West Side-Ortsverbandes in Detroit; Arbeiter aus dem Kelsey-Hayes-Werk in Detroit kamen mit einem Transparent, auf dem stand: »Kelsey-Hayes-Arbeiter vergessen ihre Freunde nie.« Als die im Gerichtsbeschluß genannte Stunde nahte, zogen vielleicht 10 000 Arbeiter, die von sogenannten »Frauen-Notbrigaden« mit der amerikanischen Nationalflagge angeführt wurden, einen Kreis um das bedrohte Werk. Die Demonstranten trugen Knüppel und Stöcke, Eisenrohre und Garderobenständer, um für die erwartete Schlacht gerüstet zu sein. So lief die Frist ab.[60]

Die Krise war an einem Punkt angelangt, an dem das Weiße Haus gezwungen war, mit der gebotenen Entschlossenheit einzuschreiten. Auf Ersuchen Roosevelts und nach Aufwendung aller Überredungskünste des Arbeitsministers setzten sich die Vertreter des Konzerns mit den Führern des CIO und der Automobilarbeitergewerkschaft an einen Tisch. Man einigte sich schließlich darauf, daß das Unternehmen die Gewerkschaft sechs Monate lang als ausschließlichen Vertreter der Arbeiter in den 17 besetzten Fabriken anerkennen werde.[61]

Eine ähnliche Abfolge von Ereignissen gab es nur wenige Wochen nach Beilegung des GM-Streiks in den Werken der Chrysler Corporation. (Nur zwei Jahre zuvor hatte die überwältigende Mehrheit der Chrysler-Arbeiter noch für eine gelbe Gewerkschaft gestimmt.) Nachdem die Diskussionen zwischen Chrysler und der UAW ergebnislos geblieben waren, traten 60000 Arbeiter in den Ausstand, zwei Drittel von ihnen in Form von Sitzstreiks in den Fabriken. Die Streikenden hielten die Fabriken dreißig Tage lang besetzt und wurden draußen von unzähligen Streikposten verteidigt. Der Versuch des örtlichen Polizeichefs, nach einer gerichtlichen Verfügung die Fabriken räumen zu lassen, brachte 30000 bis 50000 Menschen auf die Beine, die sich schützend um die Fabriken stellten. Anfang April wurde schließlich ein Abkommen mit Chrysler unterzeichnet. Im Laufe des folgenden Jahres wuchs die Mitgliedschaft der UAW (nach eigenen Angaben) auf 350000 (Walsh, 126–133).

Auch die Stahlarbeiter waren in Bewegung. Die Löhne in der Stahlindustrie waren von einem Wochendurchschnitt von 32,60 Dollar im Jahr 1929 auf 13,20 Dollar im Jahr 1932 gefallen – für die Glücklichen, die überhaupt noch Arbeit hatten. In den Jahren 1933 und 1934 waren die Unternehmen den Forderungen der Arbeiter damit begegnet, daß sie 90% der 500000 Stahlarbeiter in Betriebsgewerkschaften aufnahmen (Robert Brooks, 79). Ironischerweise wurden ausgerechnet diese »company unions« als erste zum Vehikel kollektiver Aktion.[62] Ein Stahlarbeiter berichtet:

»Also, wir fingen an, uns für die Gewerkschaft zu interessieren ..., als die Leute vom Stahlwerk so um 1933 ins Werk kamen und jedem ein Blatt Papier gaben. Wir guckten es uns an, und es hieß ›Ein Programm zur Vertretung der Belegschaft‹. ... Ich war noch ein junger Bursche, aber als ich mir das Papier ansah, wußte ich schon damals, daß die Sache gar nicht funktionieren konnte, denn gleich zu Anfang hieß es da, fünf Vertreter des Managements sollten zusammen mit fünf Vertretern der Gewerkschaft – der

›company union‹ – einen Ausschuß bilden. Ich fragte mich, wer denn wohl entscheiden sollte, wenn es ein Patt gab, und ich fand heraus, daß es natürlich das Management sein sollte. ... Wir haben versucht, die ›company union‹ abzuschaffen und haben eine Gruppe gegründet, die wir die ›Vereinigten Beschäftigten‹ nannten. Das waren alles nur Arbeiter so wie ich, die versuchten, etwas zu tun, indem sie eine richtige Gewerkschaft aufmachten. ... Eines Tages haben wir dann in der Zeitung gelesen, daß sie unten in Pittsburgh versuchten, dasselbe zu machen.« (Lynd, 55–57)

Anfang 1935 wurden die ersten Anzeichen von Unzufriedenheit in den Betriebsgewerkschaften (»company unions«) deutlich. In den Werken um Pittsburgh und Chicago begannen Belegschaftsvertreter für Lohnerhöhungen zu agitieren; für Lohnfragen aber galten sie nicht als zuständig, ebensowenig wie die einzelnen Werksleiter, die darauf verwiesen, daß die Löhne von der Konzernspitze festgesetzt würden. In der Folge begannen sich die Vertreter der Betriebsgewerkschaften verschiedener Werke zu treffen, um über gemeinsame Aktionen zu beraten (Brooks, Robert, 85–89). Im Januar 1936 gründeten 13 der 25 Belegschaftsvertreter im Carnegie-Illinois-Stahlwerk von Gary, Indiana, eine Gewerkschafts-Loge. In Pittsburgh (wo die Arbeiter besonders wütend waren, weil Carnegie-Illinois ihnen 10% ihrer Löhne als Rückzahlung früherer Fürsorgeleistungen abgezogen hatte) kamen etwa 25 Belegschaftsvertreter zusammen und hoben einen Pittsburgher Zentralrat aus der Taufe, um über die Betriebsgewerkschaften gemeinsame Forderungen zu Lohn- und Arbeitszeitfragen zu stellen.

Im Sommer 1936 brodelte es dann so sehr in den Betrieben, daß spontane Streiks unvermeidlich wurden. In der angespannten Stimmung konnte jedes Problem zum auslösenden Faktor eines Spontanstreiks werden – wie im Fall der Youngstown-Sheet-and-Tube-Werke, den Jessie Reese schildert:

»Sie feuerten unseren Vorarbeiter, einen netten Kerl, und setzten uns einen Sklaventreiber, den sie aus Gary holten, vor die Nase. Ein weißer Kollege meinte, er wäre ein ›organizer‹ für den Ku Klux Klan, und sagte: ›Wollt ihr alle euch das etwa gefallen lassen, daß die den Kerl hierherbringen?‹ Also ging ich zu den Männern rüber, die die Beizmaschinen bedienten, und sagte ihnen, sie sollten abschalten, was sie auch taten. Dann ging ich zu Long, dem früheren Vorarbeiter, und sagte ihm: ›Long, du hast deinen Job verloren ... gib mir fünf Minuten, und wir werden sie dazu bringen, dir eine neue Arbeit zu geben ...‹ Ich fuhr zu den Walzanlagen rüber, wo die weißen Burschen heißen Stahl walzten, und sagte: ›Hey, Kumpels, hört doch mal einen Augenblick auf zu arbeiten. Wir haben da drüben die Arbeit niedergelegt.

Wir kämpfen für zehn Cents in der Stunde und daß wir unseren alten Vorarbeiter wiederkriegen.‹ (Es hätte blöd ausgesehen, nur für deinen Vorarbeiter zu kämpfen und nicht für dich selbst.) Und sie sagten: ›Oh, habt ihr das auch gut organisiert?‹ Worauf ich sagte: ›Ja, die Räder stehen still. Seht nur rüber, alles steht, bei uns rührt sich nichts ...‹ Da meinten die weißen Kumpel: ›Wir machen mit.‹« (Lynd, 1969, 60–67)

Am 5. Juli 1936 versammelten sich Stahlarbeiter in Homestead im Bundesstaat Pennsylvania, um der Märtyrer des Homestead-Streiks zu gedenken und der Verlesung einer »Unabhängigkeitserklärung der Stahlarbeiter« durch einen vormaligen »company union«-Funktionär beizuwohnen. Der stellvertretende Gouverneur von Pennsylvania, Kennedy, ein ehemaliger Bergmann und Funktionär der UMW, sagte der Menge, die Stahlindustrie sei nun für gewerkschaftliche Agitation offen, und die Stahlarbeiter könnten im Falle eines Streiks mit Unterstützung aus dem Wohlfahrtsetat der Regierung rechnen – welch ein Unterschied zu der Behandlung, die streikende Arbeiter in früheren Kämpfen in Homestead erfahren hatten (Walsh, 49). Noch im selben Sommer sagte Gouverneur Earle einer Menge von 200000 Menschen, die sich anläßlich des Tages der Arbeit (in den USA jeweils am ersten Montag im September – d. Ü.) in Pittsburgh versammelt hatten, daß während seiner Amtszeit Staatstruppen niemals dazu mißbraucht werden würden, einen Streik zu brechen, und »der Beifall der Menge ließ den Himmel erzittern« (Walsh, 171).

Vor diesem Hintergrund startete der CIO das »Steel Workers Organizing Committee« (SWOC); 433 »organizers« wurden ausgesandt und die üblichen Beiträge und Beitrittsgebühren vorübergehend abgeschafft, um die Arbeiter schneller rekrutieren zu können (Bernstein, 1971, 452–453). Im November 1936, als das SWOC meldete, daß 82 315 Personen Beitrittserklärungen unterzeichnet hätten, konterte U.S. Steel mit der Bekanntgabe einer zehnprozentigen Lohnerhöhung und mit dem Angebot, Tarifabkommen abzuschließen – allerdings nur mit den Betriebsgewerkschaften. Viele Vertreter von »company unions« waren jedoch inzwischen zum SWOC gekommen und weigerten sich zu unterschreiben. Auch Arbeitsminister Perkins erklärte, Vertreter arbeitgeberorientierter Betriebsgewerkschaften hätten »kein Recht, Tarifverträge zu unterzeichnen«. Im März 1937, als das SWOC inzwischen 150 Ortsverbände mit 100000 Mitgliedern aufgebaut hatte (Rayback, 351) und die »company unions« am Ende waren, unterschrieb

U.S. Steel einen Tarifvertrag mit den Stahlarbeitern, ohne jeden Streik.

Der leichte Sieg hatte wahrscheinlich mehrere Gründe. GM hatte nur wenige Wochen zuvor kapituliert, nachdem die Produktion zu einem totalen Stillstand gekommen war[63], und U.S. Steel muß ernstlich besorgt gewesen sein, im Falle eines Streiks hohe Verluste zu erleiden, da die Aussicht auf einen bevorstehenden Krieg in Europa die Nachfrage nach Stahl außerordentlich erhöht hatte. Die Unruhe in den Betrieben störte die Produktion gerade zu einem Zeitpunkt, als U.S. Steel mitten in Verhandlungen über riesige Rüstungsaufträge aus Großbritannien stand, und die Briten bestanden auf einer Garantie, daß es keine Produktionsunterbrechungen geben werde. Die Anerkennung der Gewerkschaft bot die Möglichkeit, eine solche Garantie geben zu können; diese Erfahrung hatte U.S. Steel-Chef Myron Taylor schon gemacht, nachdem 1933 der Tarifvertrag für die »captive mines« abgeschlossen worden war (Walsh, 73). Außerdem war klar, daß U.S. Steel im Falle einer offenen Konfrontation nur geringe politische Unterstützung erhalten hätte. Gouverneur Earle von Pennsylvania, der von einer Koalition aus Arbeitern und Liberalen gewählt worden war, hatte den Stahlarbeitern seinen Beistand versprochen. Auch im Kongreß wuchs die Kritik an den Stahlkonzernen wegen ihrer Spitzelaktivitäten und Preisabsprachepraxis. Schließlich war Myron Taylor, anders als die Vorsitzenden der übrigen Stahlunternehmen, nicht aus der Branche selbst hervorgegangen, sondern von den Bankiers, die den Konzernvorstand beherrschten, eingesetzt worden; er schien flexibel und intelligent genug zu sein, um auf neue Bedingungen mit neuen Methoden zu reagieren.[64] Die Gewerkschaft faßte auch in den Tochtergesellschaften der U.S. Steel schnell Fuß, ebenso in einigen unabhängigen Stahlunternehmen. Im Mai 1937 erreichte die SWOC-Mitgliedschaft 300000, und über hundert Tarifverträge waren geschlossen worden (Rayback, 351).

»Little Steel«, die kleineren Stahlgesellschaften – unter ihnen National Steel Corporation, Republic, Bethlehem, Inland Steel und die Youngstown Sheet and Tube Corporation –, unterzeichnete nicht. Ende Mai 1937 rief das SWOC 70000 Männer zum Streik auf, der letztlich aber von örtlicher Polizei und feindseligen Staatstruppen gebrochen wurde. Die Lokalverwaltungen von Johnstown in Pennsylvania, von Canton und Youngstown in Ohio, sowie von Chicago kooperierten offen mit den Stahlunternehmen.[65] In Chicago ging die Polizei von Anfang an gegen friedliche Streikposten vor; als die Streikenden am Memorial Day einen ungeordneten Demonstrationszug durchführten, um gegen eine gerichtliche Verfügung gegen das Postenstehen und die anschließende Verhaftung von Streikposten zu protestieren, wurden sie von der Polizei niedergeschossen: es gab zehn Tote und 90 Verwundete (Taft und Ross, 358–359).[66] In Ohio erklärte Gouverneur Martin L. Davey, er werde Truppen einsetzen, um die Stahlwerke wieder öffnen zu lassen. Die Nationalgarde zog daraufhin systematisch durch den Bundesstaat, ging gegen Streikposten vor und verhaftete örtliche Streikführer. Nach Angaben von Senator LaFollette wurden im Verlauf des Little-Steel-Streiks 16 Personen getötet und 307 verletzt. Der Bericht des LaFollette-Untersuchungsausschusses faßt das Aufgebot zusammen, mit dem der Streik in den Fabriken der Republic Steel Corporation gebrochen wurde[67]:

»... es sind in einem Maße Männer, Geld und Waffen aufgeboten worden, wie es in der jüngeren Geschichte der Arbeitskonflikte bisher unbekannt war. Die von uns gesammelten Daten, obwohl bekanntermaßen unvollständig, besagen, daß insgesamt 7 000 Männer direkt in dem Konflikt eingesetzt worden sind – als Wachen, Staatspolizisten, Hilfssheriffs, Nationalgardisten, Stadtpolizei und Werkschutz. Über vier Millionen Dollar sind direkt für die Niederschlagung des Streiks ausgegeben worden. Munition im Werte von insgesamt 141 000 Dollar wurde für den Einsatz bereitgestellt.«

Wie schon während der Sitzstreiks von Flint erwarteten die Arbeiter auch diesmal Hilfe vom Präsidenten, doch am 30. Juni 1937 stand Roosevelts Antwort in der Presse. »Der Teufel soll beide Seiten holen.« Mitte Juli war der Streik verloren. Die letzte große Schlacht der Depression war geschlagen; eine Ära war zu Ende gegangen. Aber während der Little-Steel-Streik selbst mit einer Niederlage geendet hatte, erreichte die Bewegung, deren Teil er war, die politischen Konzessionen, die später die Anerkennung der gewerkschaftlichen Rechte mit Hilfe staatlicher Intervention erzwangen.[68]

Das gesamte Jahr 1937 hindurch kam es zu unzähligen Sitzstreiks und Arbeitsniederlegungen in allen Bereichen der Wirtschaft. 1936 noch hatte es nur 48 Sitzstreiks gegeben, 1937 waren es rund 500 mit einer Dauer von mehr als einem Tag und mit einer Beteiligung von insgesamt etwa 400 000 Arbeitern. Ihren Höhepunkt erreichte die Bewegung im März, als 170 Sitzstreiks im Gange waren, an denen sich ungefähr 170 000 Arbeiter beteiligten (Fine, 331). Es hat wahrscheinlich noch sehr viel mehr Sitzstreiks von kürzerer Dauer gegeben, denn diese Kampfform hatte sich zu einer Art Allzweckwaffe der Arbeiter entwickelt. Die Hymne der Bewegung deutet es an:

»When they tie the can to a union man, sit down! Sit down!
When they give him the sack, they'll take him back, sit down! Sit down!
When the speed up comes, just twiddle your thumbs, sit down! Sit down!
When the boss won't talk, don't take a walk, sit down! Sit down!«
(Häng'n sie 'nem Gewerkschaftsmann irgendwas Übles an, Sitzstreik! Sitzstreik!
Wird er gar noch rausgefeuert, er wird schon wieder angeheuert, Sitzstreik! Sitzstreik!
Wenn die Räder zu schnell sich dreh'n, dein Däumchen dreht sich auch sehr schön, Sitzstreik! Sitzstreik!
Und wenn der Boss nicht reden will, da bleiben wir noch lang nicht still, Sitzstreik! Sitzstreik!)

Der Sitzstreik war die ideale Kampfform für die unorganisierten Arbeiter Mitte der dreißiger Jahre. Schon eine kleine Zahl von Arbeitern konnte durch einen Sitzstreik am Band die Produktion stoppen, ohne langfristige Vorausplanung und ohne vorherige Verpflichtung. Und solange die Arbeiter die Fabrik besetzt hielten, konnten die Unternehmen auch keine Streikbrecher einsetzen. In Unternehmen wie General Motors, wo viele spezialisierte Fabriken voneinander abhängig waren, konnten wenige Sitzstreiks einen ganzen Konzern lahmlegen. So konnten verhältnismäßig kleine, spontane Aktionen das Management auf die Knie zwingen. Die meisten Sitzstreiks endeten mit Erfolgen der Arbeiter.[69] Darüber hinaus führte ein Sitzstreik, der ja ein gewaltloses Kampfmittel war, bei dem in der damaligen Zeit herrschenden politischen Klima in der Regel nicht zum Einsatz der Polizei.[70] So griff die Taktik um sich: von den Fabrikarbeitern auf Verkäuferinnen, Krankenhausbedienstete, Müllmänner und Uhrmacher, auf Seeleute, Farmarbeiter, Optiker und Hotelangestellte. Ein für die Hotel- und Restaurantangestellten zuständiger AFL-Funktionär erinnert sich:

»An irgendeinem Tag im März 1937 sitzt du im Büro, das Telefon klingelt, und die Stimme am anderen Ende sagt: ›Mein Name ist Mary Jones, ich arbeite bei Liggett's am Erfrischungsstand. Wir haben den Manager rausgeworfen und haben den Schlüssel. Was sollen wir jetzt machen?‹ Und dann ist man so schnell wie möglich rüber zu dem Laden, um zu verhandeln, und wenn du ankommst, sagen die Besitzer: ›Es ist doch wohl in höchstem Maße verantwortungslos, in den Streik zu treten, bevor man überhaupt einen Tarifvertrag verlangt hat.‹ Und alles, was man dann antworten konnte, war: ›Sie haben ja so recht.‹« (Thomas Brooks, 180)

Im Herbst 1937 gab es sogar Fälle, in denen sich Filmvorführer in den Vorführungsraum einschlossen und den Film so lange anhielten, bis ihre Forderungen erfüllt waren (Levinson, 173–175). Noch mehr Arbeiter beteiligten sich an Arbeitsniederlegungen traditioneller Art. Bevor das Jahr 1937 vorüber war, hatten sich allein in dem einen Jahr fast zwei Millionen Arbeiter in Arbeitskämpfen engagiert (Millis und Montgomery, 692), mehr als die Hälfte davon, um die Anerkennung ihrer Gewerkschaft durchzusetzen.

Die Streiks, die 1936 und 1937 das ganze Land erfaßten, waren als ökonomische Kämpfe überaus erfolgreich, konnten aber nur deshalb Erfolg haben, weil die jahrzehntelange Allianz zwischen der Regierung und den ökonomischen Eliten zerbrochen war. Die Arbeiterbewegung hatte genügend politischen Einfluß gewonnen, um ihr ökonomisches Instrument, den Streik, wirksam schützen zu können. Die Gummiarbeiter von Akron, die Automobilarbeiter von Flint, die Stahlarbeiter von Pennsylvania – sie alle hatten den Widerstand der Unternehmen nur brechen können, weil Gouverneure, die auf die politische Unterstützung der aufgebrachten Arbeiter angewiesen waren, darauf verzichteten, Truppen gegen Streikende einzusetzen. Wohingegen in Youngstown und Chicago, wo Staatsregierung und Lokalverwaltung eine feindselige Haltung einnahmen, der Little-Steel-Streik verlorenging, die ökonomische Stärke der Arbeiter wieder einmal im Kugelhagel der Regierungstruppen vernichtet wurde.

Obwohl sich die wirtschaftliche Lage 1937 erneut verschlechterte, lagen die Löhne der Gummiarbeiter, wie das Arbeitsministerium bekanntgab, um ein Drittel über dem Niveau von 1934, wobei die Erhöhungen in den unteren Lohngruppen am größten waren. In vielen Gummiwerken wurde der 6-Stunden-Tag eingeführt. Das SWOC erkämpfte Lohnerhöhungen in der Stahlindustrie, die zu einer Anhebung des Mindestlohns auf fünf Dollar pro Tag führten; die Lohnausgaben der Stahluntnernehmen stiegen gegenüber 1929 um ein Drittel. In der Autoindustrie erkämpften die Arbeiter einen Mindeststundenlohn von 75 Cents sowie die 40-Stunden-Woche. Seeleute bekamen einen Höchstlohn von 72,50 Dollar im Monat. Alles in allem, so schätzte Philip Murray im Oktober 1937, sei das Lohnvolumen um eine Milliarde Dollar gestiegen: um 250 Millionen Dollar in der Stahlindustrie, um 100 Millionen Dollar in der

Autoindustrie, um ca. 60 Millionen Dollar in der Textilindustrie, um 6 Millionen Dollar in der Transportbranche und um 12 Millionen Dollar in der Elektroindustrie.[71] Nahezu eine Million Arbeiter hatte eine 35- oder 36-Stunden-Woche erkämpft (Levinson, 260–277).

Die politische Wirkung der wachsenden Unruhe in der Arbeiterschaft ließ sich auch an den Zugeständnissen erkennen, die der Regierung direkt abgerungen wurden. Die staatliche Regulierung von Löhnen und Arbeitszeiten war seit den fruchtlosen NIRA-Statuten Gegenstand von Diskussionen gewesen, vor allem auch im Wahlkampf von 1936. Ende 1937, nach einer erneuten Rezession, machte sich Roosevelt zunehmend für ein Gesetz zur Regulierung von Löhnen und Arbeitszeiten stark (das die AFL auch weiterhin ablehnte). Nachdem das »Rules Committee« im Repräsentantenhaus, das von Abgeordneten aus dem Süden dominiert wurde, die aus gutem Grund über die ökonomischen Auswirkungen eines gesetzlichen Mindestlohns auf die Wirtschaft in den Südstaaten besorgt waren, verhindert hatte, daß das Gesetz noch während der regulären Sitzungsperiode zur Abstimmung kam, berief Roosevelt den Kongreß zu einer Sondersitzung. Im Januar 1938 trat dann endlich der »Fair Labor Standards Act« in Kraft; er betraf rund 300 000 Arbeiter, die weniger als den neuen Mindestlohn von 25 Cents in der Stunde verdienten, und rund 1 300 000 Arbeiter, deren offizielle Arbeitswoche über dem 44-Stunden-Standard lag, den das Gesetz bestimmte (Rayback, 360). Die erneute Depression von 1937/38 verhalf mehreren anderen Maßnahmen zugunsten der Arbeiterschaft zum Durchbruch; die wichtigsten davon waren: die Ausdehnung der öffentlichen Arbeitsbeschaffungsmaßnahmen, die Erweiterung des Personenkreises, der in den Genuß dieser Programme kam, die Initiierung eines Bundesprogrammes zum sozialen Wohnungsbau und die Vorverlegung der ersten Rentenauszahlungen von 1942 auf 1939.

Doch von allen Maßnahmen waren der »Wagner Act« und die Unterstützung gewerkschaftlicher Organisation durch die Bundesregierung für die politische Zukunft der Arbeiter bei weitem am bedeutendsten. Nachdem die Wirtschaft 1935 mit Roosevelt gebrochen hatte, verlieh der Präsident nicht nur dem Gesetz seine Unterstützung, sondern ernannte auch eine Reihe den Gewerkschaften nahestehender NLRB-Mitglieder. Im April 1937, mehrere Monate vor dem Debakel im Little-Steel-Streik, erging dann das Urteil des

Obersten Gerichtshofs im Fall »National Labor Relations Board gegen John and Laughlin Steel Company«, das den »Wagner Act« verfassungsrechtlich bestätigte. Mit dieser Entscheidung wurde die staatliche Garantie des Rechtes der Arbeiter, sich zu organisieren und Tarifverhandlungen zu führen, bekräftigt.

Vom Aufruhr zur Organisation

Der »Wagner Act« garantierte nicht nur das Koalitionsrecht mit der ganzen Autorität des Staates, sondern schuf auch eine Reihe von Mechanismen zur faktischen Durchsetzung dieser Garantie. Durch die Verabschiedung des Gesetzes war die Organisierung der Arbeiter dem Staat in nicht geringerem Maße als den Gewerkschaften zu verdanken; auf diesen Punkt werden wir noch zurückkommen. Darüber hinaus konnten die Gewerkschaften kaum für sich in Anspruch nehmen, großen Anteil an den Revolten gehabt zu haben, durch die die Regierung gezwungen worden war, sich schützend vor die Organisierungsbemühungen der Arbeiter zu stellen – dies dürften unsere bisherigen Schilderungen deutlich gemacht haben.

Wer entfesselte die Revolten?

In der Vorstellung der meisten Menschen sind Arbeiterkämpfe gewöhnlich mit gewerkschaftlicher Organisation verknüpft. Schon lange vor den dreißiger Jahren hatte das Recht auf gewerkschaftliche Organisierung und Tarifverhandlungen häufig zu den zentralen Forderungen in Arbeiterrevolten gehört. Das bedeutet jedoch nicht, daß etablierte Gewerkschaften auch eine zentrale Rolle in diesen Revolten spielten. Eher im Gegenteil: einige der bittersten Kämpfe im 19. und frühen 20. Jahrhundert tobten zu Zeiten, als die Gewerkschaften am schwächsten waren, und manchmal erhoben sich die Arbeiter sogar gegen den Widerstand etablierter Gewerkschaftsführer.[72] Aber auch wenn die großen Arbeiterrevolten früherer Jahre nur selten das Verdienst existierender Gewerkschaften waren, gab es doch Führer in diesen Kämpfen. Einige von ihnen waren Arbeiter von der Basis, andere waren »organizers« aus der Linken, denen die Vision einer besseren Zukunft außergewöhnlichen Mut verlieh. Doch woher diese Führer auch gekommen sein mögen, ihre Visionen halfen, Arbeiter zum Widerstand zu bewegen, und ihre Tapferkeit gab den Protestierenden Mut und Entschlossenheit.

Die Kämpfe der dreißiger Jahre verliefen nach einem ähnlichen Muster. Zwar hatten viele der Auseinandersetzungen die Anerkennung gewerkschaftlicher Rechte zum Ziel. Doch weder die Kämpfe noch die Erfolge waren das Ergebnis schon vorhandener gewerkschaftlicher Organisation oder das Verdienst von Gewerkschaftsführern. Im Gegenteil: der Anstieg der Streikaktivitäten nach 1934 verlief parallel zum Rückgang des gewerkschaftlichen Organisierungsgrades, als die AFL ihren eigenen »federal unions« das Wasser abgrub. So kam es zu den gewalttätigen Auseinandersetzungen von Toledo, Minneapolis und San Francisco entweder nach dem Scheitern gewerkschaftlicher Organisierungskampagnen oder bevor die Gewerkschaften überhaupt hatten Fuß fassen können. Der Textilarbeiterstreik von 1934 brach in der Gewerkschaftsbasis aus, nachdem die Führung sich mit den Unternehmern geeinigt hatte; später lehnte die Textilarbeitergewerkschaft jede Verantwortung für die »fliegenden Schwadronen« ab, durch die sich der Streik ausgeweitet hatte (Brecher, 153). Der große Streik der Goodyear-Arbeiter von 1936 brach zu einem Zeitpunkt aus, als die »United Rubber Workers« zu einer schwachen, unbedeutenden Gewerkschaft geschrumpft war. Noch vier Tage nach Streikbeginn beharrten die URW-Funktionäre darauf, mit dem Ausstand nichts zu schaffen zu haben (Brecher, 166). Als dann später 15 000 Männer im Streik waren, schickte das CIO schließlich »organizers«, Geld und Verhandlungsführer. Bernstein schreibt, diese erfahrenen Gewerkschafter hätten die Verhandlungen angeleitet und »die natürliche Tendenz der Leute aus den Bergen, Gewalt anzuwenden«, gezügelt (1971, 595). Es war aber gerade die Bereitschaft der Leute aus den Bergen, der Gewalt mit Gewalt zu begegnen, die dem Streik zum Erfolg verhalf.

Nach den fruchtlosen Erfahrungen mit der AFL in den Jahren 1933 und 1934[73] war nur ein kleiner Prozentsatz der Automobilarbeiter der neu benannten »United Automobile Workers« beigetreten. Als 1936[74] die Sitzstreiks begannen, hatten die Funktionäre der Gewerkschaft die Streikwelle, die durch die Autofabriken flutete, alles andere als unter Kontrolle. Homer Martin, der Präsident der UAW, soll ziemlich perplex gewesen sein, als ihm klar wurde, daß der Streik im GM-Werk in Atlanta sich ausweitete und die Gewerkschaft vor einem umfassenden Streik bei General Motors stand. John L. Lewis, der zu der Zeit schon mit der AFL gebrochen und das »Committee for Industrial Organization« ins Leben gerufen hatte, soll versucht haben, die Sitzstreiks zu unterbinden; und der CIO-Sprecher Charles Howard erklärte dem UAW-Kongreß von 1936, das CIO »erwägt nicht einmal die Möglichkeit eines Streiks in der Automobilindustrie, denn wir predigen den Arbeitsfrieden« (Keeran, 126). Laut J. Raymond Walsh, dem späteren Leiter der Forschungs- und Bildungsabteilung des CIO, versuchte »das Oberkommando des CIO, das vollauf mit der Kampagne in der Stahlindustrie beschäftigt war, ... vergeblich, den Streik zu verhindern ...« (112).[75] Als die Sitzstreiks erst einmal begonnen hatten, sprangen auch die CIO-Führer auf den fahrenden Zug auf, um die spontanen Aktionen der aufgebrachten Arbeiter und ihrer lokalen Anführer in den Griff zu bekommen. Seine ungeheuren Ambitionen und sein scharfer Instinkt – Eigenschaften, die Lewis bewegt hatten, die Gelegenheit zur Organisierung der Industriearbeiter am Schopf zu packen – ließen ihn auch die Sitzstreiks unterstützen, nachdem sie einmal ausgebrochen waren, und die Verhandlungsführung mit General Motors übernehmen.

Als das CIO daranging, die Arbeiter der Stahlindustrie zu rekrutieren, waren diese schon längst darauf vorbereitet zu handeln, und traten oft von sich aus an Lewis und das SWOC heran:

»Ich wurde Präsident der ›Vereinigten Beschäftigten‹, und dann hörten wir von einem Mann namens John Lewis, der sehr interessiert daran war, die Unorganisierten zu organisieren. Ich schrieb ihm einen Brief und sagte ihm, wir hätten eine unabhängige Gewerkschaft, die sich gern anschließen würde. Er schrieb zurück, wenn wir am Ball blieben, würde er in naher Zukunft zu uns kommen, vorher aber schon einen Mann namens Philip Murray vorbeischicken.« (Lynd, 1969, 57–58)

John Sargent, ein anderer »organizer«, schildert die Situation bei Inland Steel:

»Ohne einen Tarifvertrag, ohne überhaupt irgendein Abkommen mit dem Unternehmen, ohne irgendwelche Regelungen betreffs Arbeitszeit, Arbeitsbedingungen oder Löhne, brach ein ungeheurer Sturm los. Wir reden hier von einer Basisbewegung: der Anfang gewerkschaftlicher Organisierung war die beste Art von Basisbewegung, die man sich denken konnte. John L. Lewis hat zwar ein paar ›organizers‹ losgeschickt, aber bei Youngstown Sheet and Tube gab es keinen einzigen. Die die Gewerkschaft aufbauten, waren im wesentlichen Arbeiter aus dem Werk, die die Nase so voll hatten von ihren Arbeitsbedingungen und die so entschlossen waren, etwas zu ändern, daß sie die Gewerkschaftsarbeit in die eigene Hand genommen haben.... Der Enthusiasmus der Leute im Werk führte zu einer ganzen Reihe von Streiks, zu wilden Streiks, Produktionsunterbrechungen, Bummelaktionen – alles mögliche, was den Arbeitern nur einfiel, um das zu bekommen, was sie nun einmal haben wollten.« (Lynd, 1969, 74)

Len De Caux vermittelt einen Eindruck von der Stimmung in der Bewegung:

»Die Arbeiter warteten auf das CIO, hämmerten schon an seiner Tür, lange bevor das CIO bereit war, sich ihnen zu widmen. Ich hörte das Hämmern vom ersten Moment an, als ich 1935 zum CIO kam – von Delegationen, am Telefon, in der Post, in den Nachrichten. Es kam von innerhalb der AFL und aus allen unorganisierten Industrien. ... Wir hörten von Auto- und Gummiarbeitern; von Seeleuten; von Radio-, Elektrik-, Werft-, Möbel-, Textil-, Stahl-, Sägewerkarbeitern; von Arbeitern in Gas- und Kokswerken, in Glasbläsereien und in Steinbrüchen; von Landpächtern, Zeitungsleuten. ... Alle sagten: ›CIO, los geht's‹!« (226)

Wer war es also, der die Männer und Frauen in den Fabriken, auf den Werften und in den Handwerksbetrieben mobilisierte, sie anspornte, »CIO, los geht's!« zu fordern? In vielen Betrieben kamen die Anführer von der Basis, wurden wie selbstverständlich von der bloßen Kraft der Bewegung in Führungspositionen katapultiert. In vielen Unternehmen waren diese Basisvertreter ideologisch radikal, Sozialisten der einen oder anderen Art. Ihre leidenschaftliche Militanz rührte nicht zuletzt aus ihrer Überzeugung, die Gesellschaft als ganzes bedürfe der Veränderung, sowie aus der moralischen und praktischen Unterstützung, die sie von gleichgesinnten Radikalen erfuhren. Bei vielen Streiks schlossen sich Radikale, die selbst keine Arbeiter waren, den Streikenden an und leisteten ihnen auf vielfache Art Unterstützung. So wurden Mitglieder der »Industrial Workers of the World« bei einigen der frühen Automobilarbeiterstreiks des Jahres 1933 aktiv. Muste-Anhänger und Kommunisten übernahmen 1934 in Toledo die Führung und ermutigten die Streikenden, Gerichtsentscheidungen zu mißachten. Trotzkisten leiteten die Mobilisierung streikender Transportarbeiter in Minneapolis; auch waren Kommunisten und andere radikale Hafenarbeiter die treibenden Kräfte im Hafenstreik von San Francisco, während die von Kommunisten geführte »Maritime Workers Industrial Union« dazu beitrug, den Streik auszuweiten.

Es besteht allgemeine Übereinstimmung, daß die Kommunisten von allen radikalen Gruppen am einflußreichsten waren[76]; sie waren ganz eindeutig eine treibende Kraft in der Automobilindustrie und bei den Hafenarbeitern, wo kleine kommunistische Zellen eine Schlüsselrolle bei der Agitation und Mobilisierung spielten. Deshalb scheint es uns nützlich, sich zunächst einmal mit der Rolle der Kommunisten zu befassen und zu prüfen, wie sie dazu kamen, diese Rolle zu spielen.

Als die Depression ausbrach, hatten die Kommunisten ein Jahrzehnt der Isolation und des Niedergangs hinter sich.[77] Anfang der zwanziger Jahre hatte die Partei die »Trade Union Educational League« gegründet, deren Aufgabe es war, innerhalb der AFL-Gewerkschaften auf den Aufbau von Industriegewerkschaftsorganisationen hinzuarbeiten. In dieser Periode waren die Kommunisten praktisch die einzigen, die mehrere aus der Verzweiflung geborene Streiks in der Textilindustrie und im Bergbau unterstützten. »Während der schmerzlichen Isolation der zwanziger Jahre«, schreibt Paul Buhle, »hatten die Kommunisten ein Rezept nach dem anderen ausprobiert, wie sie die Massen erreichen könnten« (193). Gegen Ende des Jahrzehnts fielen eine Reihe von Mißerfolgen und eine Kampagne zur Säuberung der AFL von Kommunisten mit einer Änderung der Komintern-Politik zusammen, was dazu führte, daß die Partei eine neue Strategie einschlug: man strebte nun die Schaffung unabhängiger Gewerkschaften (»dual unions«) an. Aus der »Trade Union Educational League« wurde 1928 die »Trade Union Unity League«, und einige der bitterer Streiks zu Anfang der Depression wurden von den Kommunisten der TUUL angeführt.

Schon 1928 begann die kleine Schar von Kommunisten in der Autoindustrie – vielleicht nur zwei oder drei in einer Fabrik – Werkszeitungen wie den *Ford Worker*, *Packard Worker*, *Hudson Worker* und den *Fisher Body Worker* herauszugeben (Prickett, 110), und den Ausbau einer »Auto Workers Union« voranzutreiben, die der TUUL angeschlossen war.

»Es war eine langwierige, schwierige und wenig glanzvolle Aufgabe. Zu einer Versammlung, die nach den Lohnkürzungen in der Briggs-Waterloo-Fabrik einberufen worden war, kamen nur zwei Arbeiter. Eine Woche darauf wurde eine zweite Versammlung abgehalten, zu der nur vier Arbeiter erschienen. Man beschloß, bei der betrieblichen Agitation zunächst an einem einzigen Problem anzusetzen: an der Praxis, einen Mann zwei Drehbänke bedienen zu lassen. ... Die kleine Gruppe von Arbeitern traf sich kontinuierlich und verteilte regelmäßig kleinere Flugblätter, die in der Fabrik von Hand zu Hand gingen.« (Prickett, 122)

Die Kommunisten beteiligten sich zwar an den hauptsächlich defensiven Automobilarbeiterstreiks dieser Periode, führten sie aber nicht an. Überhaupt gelang es ihnen nicht, sich »wirklich in den Fabriken (zu) verankern«, wie ein Parteiführer damals feststellte.

Der zunehmende Widerstand der Arbeiter nach Verabschiedung des NIRA eröffnete den Kommunisten neue Möglichkeiten. Die Arbeiter waren aufgebracht, hoffnungsvoll und voller Tatendurst, und die Kommunisten in den Fabriken halfen ihnen, diesen Durst zu stillen. Als 1934 und 1935 der Ansturm auf die Gewerkschaften einsetzte, gab die Partei, die Teil der Gewerkschaftsbewegung bleiben wollte, ihre unabhängigen Gewerkschaften auf und mäßigte ihre Kritik an der AFL; die kommunistischen Fabrikarbeiter betonten weniger die Parteilinie als die Klagen der Kollegen über Mißstände am Arbeitsplatz, die es abzustellen gelte.[78] In diesem Stadium betrieben die Kommunisten ihre Gewerkschaftsarbeit mit Agitation von unten; sie versuchten, die Arbeiter voranzutreiben, indem sie die Kompromisse des New Deal[79] und der AFL-Führung entlarvten und immer wieder betonten, die Arbeiter müßten, wollten sie Zugeständnisse gewinnen, »auf Massenaktionen und nicht auf die Versprechungen der NRA und hochbezahlter [Gewerkschafts-]Funktionäre« setzen (zit. bei Keeran, 124). Während dieser Periode arbeiteten die Kommunisten kurz gesagt daran, die Bewegung aufzubauen, Wut zu entfachen und Widerstand zu ermutigen. Weil sie dabei halfen, die Bewegung aufzubauen, gewannen sie einigen Einfluß in ihr, zumindest solange die Auflehnung der Massen anhielt. Keeran berichtet beispielsweise, eine Zelle in der Fisher-Karosserie-Fabrik in Cleveland habe vor dem GM-Streik vielleicht ein Dutzend Mitglieder gehabt, sei dann aber auf fünfzig angewachsen (244). Die Ausdauer und Entschlossenheit der Kommunisten in den Jahren der Isolation und des Niedergangs vor der Wirtschaftskrise zahlten sich nun aus.

Die Arbeiter, einschließlich der Kommunisten, aber kämpften für die gewerkschaftliche Organisierung, und so war es der CIO, der als Sieger aus dem Kampf hervorging. Es machte den Genius des John L. Lewis' aus, die Unruhe in jenen Tagen gespürt, sich ihrer bemächtigt und sie schließlich angeführt zu haben. Bewußt bezog er die kommunistischen »organizers« ein, nutzte ihre Disziplin und ihren Schwung, um seine Organisation aufzubauen. John L. Lewis und der »Congress of Industrial Organizations« haben die Streikbewegung nicht geschaffen; es war die Streikbewegung, die den CIO geschaffen hat. Sie tat dies hauptsächlich dadurch, daß sie die Bundesregierung dazu zwang, das gewerkschaftliche Koalitionsrecht gesetzlich zu schützen und diesen Schutz auch administrativ durchzusetzen.

Der Staat organisiert die Arbeiterschaft

Es war weitgehend der unter dem »Wagner Act« eingerichtete »National Labor Relations Board«, das die Mitgliedsgewerkschaften des CIO organisierte. Überdies hielt das NLRB die CIO-Gewerkschaften auch angesichts einer gesellschaftlichen Kräftekonstellation zusammen, die in früheren Perioden zu einem Abbau der Mitgliedschaft geführt hatte. Das NLRB gestaltete und beschützte die gewerkschaftlichen Organisationen auf mehrfache Weise. Es nahm den Unternehmern ihre bekannten Waffen wie »gelbe« Tarifverträge, Spitzel und sogar anti-gewerkschaftliche Propaganda wirksam aus der Hand. Es *verpflichtete* die Unternehmer, mit den von einer Mehrheit der Belegschaft gewählten Vertretern Tarifverhandlungen zu führen. Es bot schließlich sogar einen staatlichen Mechanismus für die Abhaltung dieser Wahlen.

In früheren Zeiten war der Bestand einer Gewerkschaft von den unablässigen Bemühungen ihrer »organizers«, die Mitgliedschaft zu erhalten, abhängig gewesen. Diese immer schon schwierigen Bemühungen waren stets dann zum Scheitern verurteilt, wenn ein Unternehmen seine Angestellten problemlos austauschen konnte. Das NLRB änderte das, indem es »den Beschäftigten die Möglichkeit an die Hand gab, mit Hilfe der staatlichen Gewalt ihre Arbeitgeber zur Anerkennung der Gewerkschaft zu zwingen« (Greenstone, 47).[80] So hob das Amt 1938 die Niederlage im Little-Steel-Streik praktisch auf, indem es die Wiedereinstellung von Streikenden und Auflösung der Betriebsgewerkschaften verfügte sowie anti-gewerkschaftliche Aktivitäten der Stahl-Unternehmen untersagte (Bernstein, 1971, 727–728). Insgesamt behandelte das NLRB in den ersten fünf Jahren seiner Existenz nahezu 30 000 Fälle; es intervenierte in 2 161 Streiks und führte 5 954 Wahlen durch, in denen zwei Millionen Arbeiter ihre Stimmen abgaben (Bernstein, 1971, 652–653). Bis 1945 behandelte das »Board« 74 000 Fälle, insbesondere zu arbeitsrechtlichen Verstößen (»unfair labor practices«) und Fragen der gewerkschaftlichen Repräsentation, und hielt 24 000 Repräsentationswahlen ab, um die tariflichen Vertreter von sechs Millionen Arbeitern bestimmen zu lassen (Rayback, 345).

Als Resultat stiegen die Mitgliederzahlen der Gewerkschaften beträchtlich. Ende 1937 konnte das CIO auf 32 angeschlossene nationale und internationale (wegen der Mitgliedschaft von kanadischen und puertorikanischen Verbänden – d. Ü.) Gewerkschaften verweisen, darunter die gigantischen Gewerkschaften der Massenindustrien Stahl, Auto, Kohle und Gummi. Zusätzlich gehörten noch 600 lokale Verbände sowie 80 regionale Gewerkschaftszentren (»central labor councils«) auf einzelstaatlicher oder kommunaler Ebene zum CIO-Dachverband. Die Mitgliedschaft war von weniger als einer Million im Dezember 1936 auf 3 700 000 gewachsen. Aber auch die AFL blühte auf – zum Teil, weil manche Unternehmen lieber rasch einen Tarifvertrag mit einer AFL-Gewerkschaft unterzeichneten, als sich mit dem militanteren CIO auseinandersetzen zu müssen[81] – und die Mitgliedschaft der AFL-Gewerkschaften stieg auf ungefähr die gleiche Höhe wie die des CIO.[82] Der organisatorische Apparat der Gewerkschaften blähte sich genauso schnell auf: 1937 verfügte das CIO über ein Netz von 48 Regionalbüros, in denen mehrere hundert Funktionäre beschäftigt waren (Levinson, 275; Bernstein, 1971, 684).

Folgen der Organisierung

Das Feuer und die Entschlossenheit der Massenstreiks hatten dazu beigetragen, die Industriegewerkschaften aufzubauen. Die politische Kraft der Streiks, die das System in seinen Grundfesten erschütterte, hatte die Bundesregierung gezwungen, einen institutionellen Rahmen zu schaffen, der den Gewerkschaften dauerhaften Schutz bieten würde. Doch einmal etabliert, schürten die Gewerkschaften die Rebellion nicht weiter, weder in der ökonomischen noch in der politischen Arena.

Organisierung und ökonomische Macht

Im Gegenteil: von Anfang an unternahmen es die Gewerkschaften, im Austausch für ihre Anerkennung die Fabrikdisziplin aufrechtzuerhalten. Zu einer Zeit, da spontane Arbeitsniederlegungen die Industrie plagten, war dies sogar ihre Trumpfkarte im Verhandlungspoker mit dem Management. So beklagte sich der Hauptverhandlungsführer von General Motors am Ende der Flint-Sitzstreiks bitter, daß es in den vorhergehenden 20 Tagen 18 Sitzstreiks in GM-Fabriken gegeben hatte. Der Tarifvertrag mit GM verpflichtete die UAW, sicherzustellen, daß es zu keinen Arbeitsniederlegungen komme, bevor nicht ein ausgeklügeltes Beschwerdesystem erschöpft und die Zustimmung der UAW-Führung eingeholt worden sei (Fine, 305, 325).[83]

Der CIO hatte Sitzstreiks niemals wirklich propagiert, doch nach seiner Anerkennung rückte er ausdrücklich von ihnen ab. Die Kommunisten, die inzwischen schon weit in die Volksfrontphase und teilweise auch in die Gewerkschaftsbürokratie vorgedrungen waren, unterstützten die Forderung nach Gewerkschaftsdisziplin. Anfang 1937 gab Wyndham Mortimer eine Stellungnahme heraus, in der es hieß: »Sitzstreiks sollten nur dann durchgeführt werden, wenn es absolut notwendig ist.« (Keeran, 294) Auch der *Flint Auto Worker*, der von dem Kommunisten Henry Kraus herausgegeben wurde, leitartikelte: »Das Problem besteht nicht darin, Streiks und Unruhen in der Fabrik anzuzetteln. Die Gewerkschaft kann nur auf der Grundlage von etablierten Verfahren und Tarifverhandlungen gedeihen.« (Keeran, 294) Entsprechend untersagte sowohl der GM- als auch der U.S. Steel-Tarifvertrag, die beide gegen Ende des Jahres 1937 unterzeichnet wurden, die Durchführung lokaler Streiks (De Caux, xv).

Matles und Higgins geben eine ähnliche Erklärung für die frühzeitigen Erfolge der »United Electrical Workers« bei den Vertragsverhandlungen mit General Electric und Westinghouse.

Bei General Electric:

»Unter den Fabrikarbeitern herrschte eine ungeheure Unruhe. Die Beschwerden häuften sich. Spontane Arbeitsniederlegungen waren mehr die Regel als die Ausnahme: schlechte Zeiten für ein Unternehmen, das stets das Prinzip verkündet hatte, eine ›zufriedene‹ Belegschaft bedeute ungestörte Produktion und einen gleichmäßigen Strom von Profiten. Swope und GE mußten erkennen, daß das alte System des Paternalismus zusammengebrochen war, und daß ein Ersatz gefunden werden mußte, der Produktion und Profite sicherstellen könne – besonders unter den Bedingungen der Depression.« (83)

Bei Westinghouse:

»... permanente Arbeitsniederlegungen, Sitz- und Bummelstreiks und jede Menge Beschwerden störten die Produktion, als die Arbeiter immer militanter und aggressiver wurden. Das nahm solche Ausmaße an, daß der Konzernleitung von unzufriedenen Betriebsleitern geraten wurde, sich mit der

Gewerkschaft zu einigen, damit man endlich wieder ungestört produzieren könne. Die Topmanager von Westinghouse hatten sich verkalkuliert. Während der von Swope mit der Gewerkschaft geschlossene GE-Tarifvertrag ein geordnetes Beschwerdesystem etabliert hatte, steckten die Vorarbeiter und Betriebsleiter bei Westinghouse bis zum Hals in Reibereien.« (122)

»Es war durchaus einleuchtend«, schreibt Bernstein, »mit verantwortungsbewußten Gewerkschaftsfunktionären wie John L. Lewis zu verhandeln, anstatt mit verzweifelten und zu allem entschlossenen lokalen Gruppen.« (1971, 468)

Erkannten einige Industrielle die Vorteile gewerkschaftlicher Organisierung auch nur in extremer Bedrängnis, so sicherte die Bundesregierung mit der Verabschiedung des »Wagner Act« doch bald die breite Anwendung dieser Alternative. »Aus unseren Erfahrungen wissen wir«, sagte William M. Leiserson, als er sich vor dem Kongreßausschuß für die Gesetzesvorlage aussprach, »daß der einzige Weg, der uns jemals Frieden bescheren wird ... darin liegt, zuzugeben, daß ... die Beschäftigten dasselbe Recht haben, sich zu organisieren und durch eine Organisation vertreten zu lassen, wie die Investoren ...« (Bernstein, 1971, 333). Taft und Ross fassen die Gewerkschaftspolitik der Bundesregierung in diesem Sinne zusammen:

»Es war eines der fundamentalen Ziele der nationalen Gewerkschaftspolitik – erstmals formuliert durch den ›Wagner Act‹ und durch die späteren Zustände des ›Taft-Hartley‹ und des ›Landrum-Griffin Act‹ bestätigt –, an die Stelle von Kampfgetümmel geordnete Verfahren zu setzen. Doch nach Abwägung des öffentlichen Interesses an einer friedlichen Beilegung industrieller Dispute gegen die Freiheit von Kapital und Arbeit, ihre Probleme im Licht ihrer Bedürfnisse und Erfahrungen zu lösen, hat das Gesetz die Anwendung ökonomischer Macht nicht ausgeschlossen. ... Diese Billigung von Streik, Streikposten und des autonomen Verfolgens auch starrer Verhandlungspositionen durch Unternehmer und Gewerkschaften ist jedoch durch spezifische Verhaltensmaßregeln, die für alle Seiten gelten, eingeschränkt worden.« (378–379)

Die Gewerkschaften haben ihren Teil des Handels erfüllt. Während der Laufzeiten von Tarifverträgen haben die Gewerkschaften sich darum bemüht, Arbeitsniederlegungen zu verhindern und die Produktion aufrechtzuerhalten. Mit der Zeit nahmen die Laufzeiten und damit die Dauer des Arbeitsfriedens zu, bis 1950 die UAW einen fünfjährigen Streikverzicht mit General Motors unterschrieb, ohne selbst einen Schutz vor Erhöhungen des Arbeitstempos zu erhalten. 1956 rühmte sich George Meany, Präsident der inzwischen vereinigten AFL-CIO, vor dem amerikanischen Unternehmerverband:

»Ich war nie in meinem Leben im Streik; ich habe nie in meinem Leben jemand anderem befohlen, einen Streik zu führen; ich habe nie etwas mit Streikposten zu tun gehabt. ... Wenn man es genau betrachtet, dann unterscheiden sich meine Überzeugungen und die Überzeugungen des Unternehmerverbandes gar nicht so besonders.« (zitiert bei Georgakas und Surkin, 39)

Im Jahre 1973 machte die US-amerikanische Stahlarbeitergewerkschaft einen weiteren Schritt in Richtung auf die Zusammenarbeit von Gewerkschaft und Management und unterzeichnete ein Abkommen mit zehn führenden Stahlunternehmen, das sie dazu verpflichtete, auf Streiks zu verzichten und sich statt dessen einem bindenden Schlichtungsverfahren zu unterwerfen (*New York Times*, 5. Juni 1973). Als das Abkommen unterzeichnet wurde, hatten die Stahlarbeiter ohnehin seit vierzehn Jahren nicht mehr gestreikt. In derselben Zeit waren sie aber auch vom ersten Platz auf der Lohnskala der Industriegewerkschaften auf Platz vierzehn zurückgefallen (Bogdanich, 172).[84] Andere Gewerkschaften, darunter die Seeleute, folgten dem Beispiel und unterschrieben Tarifverträge, nach denen Streiks untersagt waren und statt dessen im Konfliktfall neutrale Schlichtungsinstanzen entscheiden sollten.

Daß die Gewerkschaften allerdings durch das Zugeständnis, während der Laufzeit eines Vertrages auf Streiks zu verzichten, Störungen der Produktion auch wirklich eindämmen konnten, liegt nicht unmittelbar auf der Hand.[85] Denn zu Arbeitsniederlegungen kam es trotzdem. Aber die Gewerkschaften hatten nun die Aufgabe übernommen, ihre Basis unter Kontrolle zu halten, gewissermaßen als Puffer zwischen den Arbeitern und dem Management zu stehen. Zum Teil taten sie dies, indem sie einige Rituale der repräsentativen Demokratie in die Produktion einführten – Rituale, die einem Aufbegehren von Arbeitern weitgehend die Legitimität raubten. Zum Teil erhielten die Gewerkschaften ihre Funktion als Ordnungsfaktor durch ausgeklügelte Beschwerdesysteme, die an die Stelle direkter Aktion traten. Die Beschwerdesysteme dienten mehr dazu, Unmut abzuschwächen und abzulenken, als Probleme aus der Welt zu schaffen. Auch die Disziplinarverfahren der Gewerkschaften reflektierten ihre Rolle als Ordnungsfaktor, denn entweder sanktionierten die Gewerkschaften jetzt die Strafmaßnahmen des Managements gegen die Arbeiter, oder übernahmen es

– seit dem Zweiten Weltkrieg – selbst, die Anführer örtlicher Spontanstreiks zu bestrafen.[86]

Was war geschehen? Die Organisationen, die ein Produkt der Arbeiterproteste gewesen waren, wurden mit der Zeit immer weniger von den Arbeitern, und immer mehr von der Erhaltung ordentlicher Beziehungen zur Betriebsleitung abhängig. Diese Bewegung von den abhängig Beschäftigten hin zum Management war teilweise die natürliche Folge der Tendenz zur Oligarchie in formellen Organisationen. So schreiben Matles und Higgins über die Führung des CIO während der Kriegsjahre: »Die Funktionäre der Industriegewerkschaften, die auf der schwindelerregenden Washingtoner Szene mit den Vertretern der ›großen Politik‹ und des ›Big Business‹ auf du und du standen, verwandelten sich langsam – ohne daß die meisten von ihnen sich dessen wirklich bewußt waren – in ›Gewerkschafts-Staatsmänner‹.« (164)[87] Zum Teil rührte dies daher, daß die organisatorische Stabilität der Gewerkschaften vom Wohlergehen der Industrie abhing. B. J. Widick schreibt dazu:

»Mit geringen Ausnahmen haben sich die Gewerkschaften den Wünschen der Unternehmer nach Steuervorteilen und Befreiung von Verwaltungsvorschriften oder ihren Bitten an den Kongreß um Unterstützung anderer Natur – seien es Schutzzölle, Geld oder was immer – angeschlossen. Die Eisenbahnergewerkschaften haben den Kongreß bedrängt, den Eisenbahngesellschaften höhere Kredite zu gewähren; die Gewerkschaft der Kommunikationsarbeiter sorgt sich wegen der Kartellklage gegen AT&T; die Stahlarbeiter fordern im Gleichklang mit den Unternehmen die Errichtung von Schutzzöllen und Festsetzung von Importquoten; die Automobilarbeitergewerkschaft unterstützt die Argumente der Großen Drei (GM, Ford und Chrysler – d. Ü.) für eine Verlängerung der Fristen zur Abgaskontrolle; in der Transportbranche arbeiten die Lobbyisten der Teamsters erfolgreich auf Bundes- und Länderebene, um die Höchstlastbegrenzungen im Fernverkehr zu lockern oder um den Treibstoff für Transportunternehmer zu verbilligen; die Bekleidungs- und Textilarbeitergewerkschaften bemühen sich darum, ihre Beschäftigten vor der Konkurrenz durch ›billige, ausländische Waren‹ zu schützen.« (170)

Schließlich wurde die Orientierung der Gewerkschaften auf das Management durch die Lösung der Gewerkschaftsführung aus ihrer Abhängigkeit von der Basis erleichtert – zunächst, weil sie sich für den Mitgliederzuwachs auf die Unterstützung der Bundesregierung verließen, und später durch die automatische Einbehaltung der Gewerkschaftsbeiträge vom Lohn (»dues check-off«).[88] 1970 schrieb ein schwarzer Automobilarbeiter dazu:

»Das automatische Einziehen der Beiträge hat die Gewerkschaft vollständig aus ihrer Abhängigkeit von der Mitgliedschaft befreit. Ihre großen Vermögen, die ursprünglich als Rücklagen für den Klassenkrieg gedacht waren, haben die Gewerkschaften zu Investoren im Banken-, Makler- und Versicherungsgeschäft gemacht.« (zitiert bei Georgakas und Surkin, 45)

Die logische Konsequenz aus dem Handel, den die Gewerkschaften abgeschlossen hatten, wurde von John Laslett in einem Band über eine frühere Periode amerikanischer Gewerkschaftsgeschichte auf den Punkt gebracht:

»Die Idee des Vertrages impliziert, daß die Gewerkschaft ihre Verantwortung für die Einhaltung des Abkommens anerkennt, was zuweilen sogar eine radikale Gewerkschaftsführung in die scheinbar abnorme Lage brachte, gegen die eigene Mitgliedschaft vorgehen zu müssen, wenn der Vertrag von Mitgliedern ihrer Basis verletzt wurde. So war denn der Preis, den die Gewerkschaft für ihre Privilegien zahlen mußte, daß sie selbst zu einem Teil des Produktionssystems wurde. ...« (297 ff.)[89]

Auch die kommunistischen Gewerkschaftsführer waren gegenüber diesen Einflüssen nicht immun; in dem Maße, wie sich ihre organisatorische Rolle im CIO herausbildete, wurde ihre Politik zusehends verschwommen. Radikale Ideologie war kein Schutz gegen die Sachzwänge organisatorischer Behauptung.[90]

Organisierung und politische Macht

Die Gewerkschaften minderten nicht nur die Fähigkeit der Arbeiter, das Fabriksystem zu erschüttern, sie begrenzten auch ihre Wirkung im politischen Wahlsystem. Bevor wir aber diesen Punkt näher ausführen, müssen wir zunächst über die Bemühungen der Gewerkschaften berichten, im politischen Wahlsystem größeren Einfluß zu erringen. Bis zum Ende des Jahres 1937 war die Zahl der Gewerkschaftsmitglieder auf fast acht Millionen angewachsen, und auch während der Kriegsjahre hielt der Zustrom an. Wenn die Organisierung großer Zahlen für die Bestimmung von Macht in der politisch-parlamentarischen Arena entscheidend wäre, dann müßten die Gewerkschaften von Beginn an ein bedeutender Machtfaktor gewesen sein; je mehr ihre Mitgliedschaft wuchs, um so größer hätte ihr Einfluß werden müssen. Doch dem war nicht so.

Die Organisationsphase der Industriearbeiterbewegung begann, als der Aufruhr gerade seinen Höhepunkt erreicht hatte. Zwar konnte das CIO 1936 noch nicht auf das Millionenheer von Mitgliedern blicken, über das es schon bald darauf verfügen sollte, doch begann es seine Existenz immerhin mit der nicht unbedeutenden Mitgliedschaft der Bergarbeiter- und der Bekleidungsarbeiter-Gewerkschaft. Auch versuchte das CIO von Anfang an, seinen organisatorischen Apparat und seine Mitgliedschaft einzusetzen, um in Washington auch auf der politisch-parlamentarischen Bühne eine Rolle zu spielen. Angespornt von der wachsenden Opposition der Wirtschaft gegen den New Deal und dem erheblichen Rückgang von Wahlkampfspenden der Unternehmer, startete das CIO eine massive Kampagne zur Wiederwahl des Präsidenten im Jahr 1936. Als Vehikel gewerkschaftlicher Aktivitäten wurde die »Non-Partisan League« ins Leben gerufen, die begann, Wähler in den industrialisierten Bundesstaaten New York, Pennsylvania, Illinois und Ohio anzusprechen, und sich dabei im wesentlichen der Methoden bediente, mit denen auch die Wahlkampforganisationen der Parteien operierten: Radiosendungen, Wahlversammlungen und Flugblattaktionen. Ihr Kostenaufwand betrug annähernd eine Million Dollar (Schlesinger, 1960, 594; Greenstone, 49). In der Stadt New York verließen führende Gewerkschafter aus der Textilbranche die »Socialist Party«, um gemeinsam mit Kommunisten die »American Labor Party« (ALP) zu gründen, womit es den Linken, die nicht für die Demokraten stimmen wollten, leichter gemacht wurde, mit ihrer Stimme den New Deal zu unterstützen. Auf dem Umweg über die ALP erhielt Roosevelt 270 000 Stimmen in New York. Später führte die ALP auch die Kampagne zur Wiederwahl von Bürgermeister Fiorello LaGuardia an (Rayback, 357; Schlesinger, 1960, 594). Unterdessen hatten die CIO-Gewerkschaften Roosevelts Wahlkampffonds um 770 000 Dollar aufgebessert, größtenteils aus der Kasse der Bergarbeiter. Das wahre Ausmaß dieser Spenden wird deutlich, wenn man sie mit den 95 000 Dollar vergleicht, die in den vorangegangenen dreißig Jahren von der AFL für Präsidentschaftswahlkämpfe gespendet worden waren (Pelling, 166).

Der Wahlkampf von 1936 war natürlich nur der erste Schritt auf dem neuen Weg, der das CIO zu politischem Einfluß führen sollte. 1938 stellte sich die CIO-Lobby hinter Roosevelts Vorschläge zur Reform des Verfassungsgerichts und unterstützte eine Reihe anderer Gesetzgebungsvorhaben des New Deal; während des Wahlkampfes verteilte der Verband eine Broschüre mit dem Titel »Wie organisiere ich eine Wahlkampagne?« (Greenstone, 49). In der Zwischenzeit war Walter Reuther aus der »Socialist Party« ausgetreten, um den Demokratischen Kandidaten für den Gouverneurs-Posten von Michigan, Frank Murphy, zu unterstützen (Bernstein, 1971, 780). Im Jahre 1940 stellte sich John L. Lewis zwar gegen Roosevelt[91], der CIO gab ihm dennoch seine überwältigende Unterstützung: Gewerkschaftsdelegierte nahmen am Parteikonvent der Demokraten teil, und Roosevelt erhielt in Wahlkreisen mit einer hohen Konzentration von CIO-Mitgliedern die höchsten Stimmenanteile.[92] Die Bindung des CIO an die Politik der Demokraten war zu diesem Zeitpunkt schon so fest geworden, daß Lewis bei der Gewerkschaftsführung für seinen Bruch mit Roosevelt keinerlei Unterstützung fand, und er daher als Präsident des CIO zurücktreten mußte. 1943 erweiterte der CIO seine Investition in die Demokratische Parteipolitik[93] und gründete das »Political Action Committee« (PAC), das eine äußerst funktionstüchtige und gut finanzierte Organisation aufbaute. In manchen Gebieten war PAC in der Lage, mit Hilfe einer gut organisierten Basisarbeit die Wählerschaft ganzer Städte zu erreichen; das galt für Vorwahlen ebenso wie für die eigentlichen Wahlkampagnen. Loyalität war dabei Trumpf: PAC hielt seine regionalen Organisationen nach Möglichkeit von Auseinandersetzungen mit Demokratischen Parteiverbänden ab, um »alle Kräfte, die den Oberbefehlshaber (Präsident Roosevelt – d. Ü.) unterstützen, hinter einem einzigen progressiven ›win-the-war‹-Kandidaten für jedes Amt zu konzentrieren« (zitiert bei Lichtenstein, 61).[94] PAC kann für sich in Anspruch nehmen, entscheidenden Anteil am Wahlsieg der Demokraten von 1944 gehabt zu haben. Jede einzelne der CIO-Gewerkschaften hatte im Wahlkampf Roosevelt unterstützt, und der CIO selbst gab rund 1 328 000 Dollar aus (Pelling, 180). 1948 folgte die AFL dann dem Beispiel des CIO und hob die »League for Political Education« aus der Taufe, die bei Wahlkämpfen mit PAC zusammenarbeitete. Nach dem Zusammenschluß von AFL und CIO im Jahre 1955 wurde das »Committee on Political Education« (COPE) gebildet; das Engagement der Gewerkschaft in Wahlkämpfen und Demokratischer Parteipolitik nahm auch weiterhin zu (Greenstone, 52-60).[95] Die Gewerkschaften waren, mit anderen Worten, dem traditionellen amerikanischen Modell politischer Einflußnahme gefolgt: sie hatten immer neue Mitglieder hinzugewonnen, und sich des Geldes und der Stimmen ihre Mitglieder bedient, um über die Kanäle des politischen Wahlsystems Einfluß auszuüben. Bleibt zu fragen, was ihnen ihre Mühe eingebracht hat?

Es war in der Tat sehr wenig, was die organisierte Arbeiterbewegung bekam, und das von Anfang an. Lewis hatte gedacht, seine eindrucksvollen Gesten der Unterstützung bei den Wahlen von 1936, nicht zuletzt die gewaltigen Zuschüsse zu den Wahlkampfausgaben, würden Roosevelt dazu bewegen, die Kämpfe in der Auto- und Stahlindustrie zu unterstützen. Während der Flint-Sitzstreiks formulierte Lewis das von ihm erwartete quid pro quo:

»Sechs Monate lang investierten die Wirtschaftsmagnaten, mit General Motors an der Spitze, ihr Geld und ihre Energie, um diese Administration aus dem Amt zu jagen. Die Regierung bat die Gewerkschaften um Hilfe, und die Gewerkschaften gaben sie ihr. Dieselben Wirtschaftsmagnaten haben jetzt ihre Krallen in die Gewerkschaften gebohrt. Die Arbeiter dieses Landes erwarten von der Regierung, ihnen auf jede legale Art und Weise zu helfen und den Beschäftigten in den General-Motors-Fabriken ihre Unterstützung zu gewähren.« (zitiert bei Rayback, 368)

Lewis' Einschätzung war korrekt: die GM-Führung gehörte zu Roosevelts aktivsten Gegnern bei der Wahl von 1936. Doch seine Erwartungen waren falsch. Als Roosevelt endlich im GM-Streik intervenierte, tat er es zögernd und vorsichtig. Er tat es nicht, weil er sich der Gewerkschaftsführung politisch verpflichtet fühlte, sondern weil die sich eskalierende Krise in Flint ihn dazu zwang. Auch im Little-Steel-Streik – nachdem Roosevelt angeblich geäußert hatte, der Teufel solle beide Seiten holen – schrie Lewis Verrat:

»Einen Mann, der sich am Tisch der Gewerkschaft den Bauch vollgeschlagen hat und dem im Hause der Gewerkschaft Schutz gewährt worden ist, geziemt es wahrlich nicht, mit gleicher Intensität und vornehmer Neutralität sowohl die Gewerkschaften wie ihre Gegenspieler zu verfluchen, wenn sie sich in tödlichem Zweikampf gegenüberstehen.« (zitiert bei Rayback, 368)

Gleichwohl: die Lehren, die zu ziehen es gegolten hätte, blieben den CIO-Führern (abgesehen vielleicht von John L. Lewis selbst) verschlossen. Obwohl die Gewerkschaften immer mehr Ressourcen in die Parteipolitik steckten, nahm ihre Fähigkeit, die in den dreißiger Jahren erzielten Gewinne zu verteidigen, rapide ab. Die Streikwelle war 1938 verebbt, ihre Kraft durch die bittere Niederlage im Little-Steel-Streik gebrochen. Unterdessen hatte die Privatwirtschaft zusammen mit der Regierung einen Zangenangriff auf die Industriegewerkschaften eingeleitet, der ein Jahrzehnt später in der Verabschiedung des »Taft-Hartley Act« gipfeln sollte. Zum einen war eine Anti-Kommunismus-Kampagne eingeleitet worden, die zu einer erheblichen inneren Schwächung der Gewerkschaften führte, indem sie heftige Fraktionskämpfe auslöste, die schließlich im Ausschluß der militanteren kommunistischen Elemente resultierten. Eine zweite Kampagne zielte auf die Einschränkung der gerade erst durch den »Wagner Act« gewonnenen gewerkschaftlichen Rechte ab.

Die Kommunistenhatz im CIO, die gewöhnlich der McCarthy-Ära in der Nachkriegszeit zugeordnet wird, begann in Wahrheit schon 1938. Sie wurde durch die Kriegsjahre nur unterbrochen, um dann Ende der vierziger Jahre mit großem Eifer wieder aufgenommen zu werden. Den Beginn des Feldzuges signalisierten 1938 die Hearings des »Un-American Activities Committee« (Ausschuß über unamerikanische Aktivitäten) im Repräsentantenhaus unter Vorsitz von Martin Dies, die eine breite Öffentlichkeit fanden. John Frey sagte vor dem Ausschuß aus, und die *New York Times* veröffentlichte seine Botschaft am nächsten Tag mit der Überschrift: »Kommunisten regieren den CIO. Frey von der AFL sagt aus: Er nennt die Namen von 248 Roten« (Matles und Higgins, 104–105; Prickett, 374). Zur selben Zeit sah sich der CIO ungünstigen Zeitungs- und Radiokommentaren ausgesetzt, in denen die Gewerkschaften als gewalttätig und kommunistisch – zumindest aber als »verantwortungslos« – porträtiert wurden (De Caux, 291–292), während der amerikanische Unternehmerverband den Druck von zwei Millionen Exemplaren eines Pamphlets finanzierte, das John L. Lewis als Streikposten mit einem Schild zeigte, auf dem stand: »Tretet dem CIO bei und schafft ein Sowjet-Amerika«. (Matles und Higgins, 118)

1939 war nicht mehr zu übersehen, daß der politische Wind sich gedreht hatte. Eine Reihe von Maßnahmen wurden ergriffen, um die Konzessionen, die den Gewerkschaften gemacht worden waren, wieder auszuhöhlen. Unter dem Druck südstaatlicher Demokraten und Republikanischer Kongreßabgeordneter wurde das NLRB umbesetzt und seiner progewerkschaftlichen Mitglieder beraubt[96]; der Oberste Gerichtshof erklärte Sitzstreiks für illegal, und die Parlamente einiger Bundesstaaten verabschiedeten Gesetze, die bestimmte Streikformen und sekundäre Boykotts*

---

* Heute sind »secondery boycotts«, d. h. Boykottaufrufe, die sich gegen »unbeteiligte Dritte« richten, in den USA generell verboten. (Anm. d. Übers.)

untersagten, das Aufstellen von Streikposten einschränkten, die Registrierung von Gewerkschaften vorschrieben, Zwangsmitgliedschaft (den sog. »closed shop«) verboten, Gewerkschaftsbeiträge nach oben begrenzten, und schließlich bei Verstößen gegen die neuen Gesetze hohe Gefängnisstrafen androhten. Bis 1947 hatten fast alle Bundesstaaten Gesetze verabschiedet, die zumindest einige dieser Beschränkungen beinhalteten.

Der Zweite Weltkrieg unterbrach die Kampagne gegen die Gewerkschaften nicht, bewirkte aber, daß die Probleme weitgehend verwischt wurden, erlaubte er doch der Regierung und Industrie, ihre anti-gewerkschaftliche Politik mit dem Mantel des Patriotismus zu tarnen. Die Haltung der Roosevelt-Administration während des Krieges gegenüber den – ihr so treu ergebenen – Gewerkschaften offenbarte deutlich, wie sehr der Einfluß der Basis geschwunden war. Als nach der Wahl von 1940 die Kriegsvorbereitungen ernsthaft begannen, stieg die Nachfrage nach Arbeitskräften schlagartig an. Es war ein Boom, wie ihn die amerikanischen Arbeiter schon lange nicht mehr gekannt hatten: Innerhalb weniger Monate sank die Zahl der Arbeitslosen von zehn auf vier Millionen, und auch die Löhne nahmen wieder zu – von durchschnittlich 29,88 Dollar in der Woche im Jahre 1940 auf 38,62 Dollar im Dezember 1941 (Rayback, 371). Eine neue Streikwelle erfaßte das Land, als die Gewerkschaften die frisch eingestellten Beschäftigten rekrutierten und die steigende Nachfrage nach Arbeitskräften dazu ausnutzten, um auf Lohnerhöhungen zu drängen.

Doch die Roosevelt-Administration handelte schnell, um die Streiks zu unterdrücken. Als zwei Wochen nach den Präsidentschaftswahlen von 1940 UAW-Arbeiter im Vultee-Flugzeugwerk von Los Angeles die Arbeit niederlegten, wurde der Streik von FBI und Justizministerium als »rot« gebrandmarkt, und Regierungsagenten fielen über die Streikenden her. Dennoch konnten die Arbeiter die meisten ihrer Forderungen durchsetzen (Green, 8–9; Keeran, 333).[97] Kurz darauf ließen UAW-Streikende die Räder in der Allis-Chalmers-Fabrik in der Nähe von Milwaukee stillstehen, woraufhin lokale Polizei und Staatsmiliz anrückten, und Roosevelt drohte, das Werk unter Regierungsaufsicht zu stellen (Thomas Brooks, 195; Green, 9; Keeran, 334–336). Als 20000 im »Congress of Industrial Organizations« organisierte Arbeiter der holzverarbeitenden Industrie im Nordwesten der USA in den Streik traten und beschlossen, die Arbeit unter den von der Regierung diktierten

Bedingungen nicht wieder aufzunehmen, drückte die Presse dem Ausstand den Stempel »kommunistisch« auf (De Caux, 396–397). Als 12000 UAW-Arbeiter die North American Aviation in Los Angeles bestreikten, gab Roosevelt rund 3000 Soldaten den Befehl, das Werk zu besetzen: der Streik brach zusammen (Green, 10; De Caux, 398–399). Im Herbst 1941 rief John L. Lewis, der Roosevelt voller Bitterkeit verurteilt hatte, weil dieser Truppen eingesetzt und damit »den Arbeitern einen Dolch in den Rücken gestoßen« hatte, zum Streik in den Kohlebergwerken der großen Stahlkonzerne auf. Ein Schlichtungsausschuß des Bundes entschied gegen die Arbeiter, woraufhin Lewis 250000 Bergleute aus anderen Minen in den Streik treten ließ und damit den Arbeitskampf für sich entschied.

Nach dem Angriff auf Pearl Harbor begegnete Roosevelt der gewachsenen Militanz der Arbeiterschaft, indem er sich die aufwallenden patriotischen Gefühle zunutze machte, um sich von CIO und AFL den Verzicht auf Streiks versprechen zu lassen. Arbeitskonflikte sollten fortan von einem »War Labor Board« beigelegt, und die Löhne nach dem Vorbild der »Little-Steel«-Formel im Rahmen eines Programms festgesetzt werden, das von Unternehmern, Verbrauchern und Arbeitern »gleichwertige Opfer« forderte. Tatsächlich aber schossen die Profite in die Höhe und stiegen die Preise; nur die Löhne blieben zurück.[98] 1943 war die Unruhe in der Arbeiterschaft nur noch mühsam unter Kontrolle zu halten, und die Zahl der wilden Streiks nahm rasch zu.[99] Dennoch beharrten die Gewerkschaftsführer im großen und ganzen auch weiterhin auf dem Streikverzicht, und der Vorsitzende des »War Labor Board« nannte die Regelung einen außergewöhnlichen Erfolg. Das war sie auch, denn nun verurteilten und unterdrückten die Gewerkschaftsführer selbst die wilden Streiks.[100]

Lewis und seine Bergarbeiter stemmten sich gegen den Trend. Nach einer Reihe von Spontanstreiks verlangte Lewis 1943 eine Lohnerhöhung von zwei Dollar pro Tag, ohne Arbeitsintensivierung oder Erhöhung des Arbeitstempos, und die Bezahlung von Anfahrtszeiten unter Tage. Die Bergwerksbesitzer lehnten jede Verhandlung ab, die Presse schrie »Verräter«, Roosevelt drohte mit dem Einsatz von Truppen, die Bergarbeiter aber traten trotzdem in den Streik. Auf den Streikverzicht hingewiesen, sagte Lewis, es handele sich nicht um einen Streik, die Bergleute wollten nur nicht unbefugt das Werksgelände betreten, solange sie keinen Tarifvertrag hätten. Roosevelt stellte die Bergwerke unter Regierungsaufsicht, doch die Bergarbeiter streikten weiter. Der Präsident verlangte daraufhin nach einem Gesetz, das es der Bundesregierung ermöglichen sollte, Streikende zum Militär einzuziehen, während der Kongreß den »Smith-Connally Act« verabschiedete, der das Streikrecht einschränkte.[101] Als die Bergleute schließlich an die Arbeit zurückkehrten, hatten sie die meisten ihrer Forderungen durchgesetzt. Doch was sie durchgesetzt hatten, das hatten sie durch ihre Kampfbereitschaft in den Minen, nicht durch ihren Einfluß im Weißen Haus oder in den Lobbies des Kongresses durchgesetzt. Von den 219 Demokratischen Abgeordneten, die für den »Smith-Connally Act« stimmten, waren 191 von PAC unterstützt worden.

Zur gleichen Zeit, als versucht wurde, den Gewerkschaften während des Krieges die Streikwaffe aus der Hand zu schlagen, wurden ihre führenden Funktionäre von Regierung und Privatwirtschaft weiter umworben. Auch schützte die Bundesregierung weiterhin die Fähigkeit der Gewerkschaften, ihre Mitgliedschaft zu erhalten und zu vergrößern. Das konnte nicht überraschen, leisteten die Gewerkschaften doch einen wertvollen Dienst. Ein Mitglied des »War Labor Board« meinte dazu: »Im großen und ganzen gewährleisten eine stabile Mitgliedschaft und eine verantwortungsbewußte Gewerkschaftsdisziplin die gewissenhafte Erfüllung der Vertragsbestimmungen, und sie bilden eine solide Grundlage für die Zusammenarbeit von Kapital und Arbeit im Dienste höherer und effizienter Produktion.« (zitiert bei Thomas Brooks, 203) Infolge der Politik des »War Labor Board« zur Sicherung der Mitgliedschaft nahm die Zahl der Gewerkschaftsmitglieder weiter zu[102]: Nach eigenen Angaben kletterte die Mitgliedschaft des CIO bis 1945 auf sechs Millionen, die der AFL auf fast sieben Millionen. Sollte überhaupt jemals die Zeit reif dafür sein, die Macht organisierter Wähler im politischen Prozeß zu demonstrieren, so war sie nach Kriegsende gekommen – jetzt, da die Gewerkschaften über so viele Stimmen verfügten wie noch nie, da weder die Sachzwänge der Kriegszeit noch patriotischer Überschwang ihre Macht mehr einschränkten. Und doch sollte sich ihr Einfluß als zu gering erweisen, um selbst den »Taft-Hartley Act« abzuwehren.

Das Kriegsende im Sommer 1945 bedeutete die Stornierung von Kriegsaufträgen und Demobilisierung von Soldaten; es bedeutete steigende Arbeitslosenzahlen und fallende Löhne, da die Überstunden gestrichen wurden. Die Preise aber stiegen weiter, und so sanken die Reallöhne unter das Vorkriegsniveau. Es folgte eine beispiellose Streikwelle, die diesmal unter offizieller Gewerkschaftsführung stand. In so gut wie jeder wichtigen Industrie standen irgendwann im Jahre 1946 die Räder still. Präsident Truman reagierte mit der Anwendung von Kriegsrecht – Monate nach dem Ende des Krieges –, das ihm erlaubte, Öl-Raffinerien, Eisenbahnen, Bergwerke und Schlachthöfe unter Regierungskontrolle zu stellen. Als Eisenbahner trotzdem streikten, drohte der Präsident, sie zur Armee einzuziehen, und die Eisenbahnen vom Militär betreiben zu lassen.[103] Als die Bergarbeiter streikten, erwirkte die Regierung eine gerichtliche Verfügung; da die UMW sie ignorierte, wurde ihr eine Strafe in Höhe von 3,5 Millionen Dollar auferlegt. »Wir benutzten die Waffen, die uns zur Verfügung standen«, sagte Truman später, »um eine Rebellion gegen die Regierung niederzuschlagen...« (zitiert bei Brecher, 203). Truman hatte Gesetze vorgeschlagen, die es erlaubt hätten, Streikende zum Militär einzuziehen, doch der Kongreß anwortete mit seinem eigenen Plan: dem »Taft-Hartley Act«, der den »Wagner Act« erheblich modifizierte, indem er die Rechte des Kapitals bei Arbeitskonflikten spezifizierte und die Rechte der Gewerkschaften einschränkte. Nach detaillierten Vorschriften mußten die Gewerkschaften fortan Rechenschaft über innere Angelegenheiten ablegen; Gewerkschaftsfunktionären wurde die eidesstattliche Erklärung abverlangt, daß sie keiner kommunistischen Partei angehörten, wollten sie nicht den Schutz des NLRB verlieren[104]; der »closed shop« wurde verboten, ebenso der »union shop« (der den Zwangseintritt in die Gewerkschaft innerhalb einer bestimmten Frist nach Einstellung vorschreibt – d. Ü.), es sei denn, eine Mehrheit der Arbeiter befürwortete in einer besonderen Abstimmung die Aufnahme einer entsprechenden Klausel in den Tarifvertrag – soweit nicht auch dieses Verfahren durch einzelstaatliche Gesetzgebung (die sogenannten »right-to-work«-Gesetze) untersagt war. Die automatische Einziehung der Gewerkschaftsbeiträge durfte fortan nur noch erfolgen, wenn eine schriftliche Erlaubnis der betroffenen Beschäftigten vorlag; und verschiedene Formen des sekundären Boykotts wurden verboten. Schließlich wurde noch die Möglichkeit einer 60tägigen »Abkühlungsphase« bei bestimmten Streiks geschaffen; Streiks gegen die Bundesregierung wurden überhaupt verboten; und dem Präsidenten wurde das Recht eingeräumt, die Aussetzung eines Streiks für 80 Tage anzuordnen, wenn er die »nationale Wohlfahrt oder Sicherheit« für gefährdet hielt (Pelling, 189-191). Truman legte sein Veto gegen das Gesetz ein, da die Wahlen von 1948 vor der Tür standen.[105] Der Kongreß wies das Veto mit einer Mehrheit von 331 zu 83 im Repräsentantenhaus und 68 zu 25 im Senat zurück. So hatte Truman freie Hand, das Gesetz im ersten Jahr nach seiner Verabschiedung zwölfmal zu benutzen, um Streiks zu unterdrücken (Green, 34).[106] Während über den »Taft-Hartley Act« im Kongreß debattiert wurde, erklärte das Weiße Haus den Kalten Krieg, gab damit die Hexenjagd auf die Linke frei und schuf die Grundlage für die Säuberungen, die den CIO in der Nachkriegszeit noch tiefer spalten und weiter schwächen sollten.

Taft-Hartley war um einiges weitreichender als die Maßnahmen der Regierung während des Krieges. Es entschärfte nicht allein die Streikwaffe, es schränkte zudem die Fähigkeit der Gewerkschaften, neue Mitglieder zu organisieren, ein. In den Jahren unmittelbar nach Verabschiedung des Gesetzes nahm die Mitgliedschaft ab und stieg in den folgenden Jahren nur langsam wieder an – bis auf 18,9 Millionen im Jahre 1968. Der Organisierungsgrad jedoch – der Anteil der Gewerkschaftsmitglieder an der gesamten arbeitenden Bevölkerung – war 1968 niedriger als 1947. In den 19 Bundesstaaten mit »right-to-work«-Gesetzen, wo jede Zwangsmitgliedschaft verboten ist, liegt der durchschnittliche Organisierungsgrad nur etwa halb so hoch wie in den übrigen Bundesstaaten. Gegen all diese Restriktionen haben die Gewerkschaften damals erbittert gekämpft, und sie haben diesen Kampf seitdem nicht aufgegeben. Allein: der Erfolg blieb aus.

Unsere Diskussion kreiste bisher um die Niederlagen, die den Gewerkschaften auf dem Gebiet staatlicher Arbeitspolitik beigebracht wurden. In anderen Bereichen der Innenpolitik, die die Lebensbedingungen der Arbeiterschaft berühren, erging es ihnen allerdings nicht besser: es gelang den Gewerkschaften nicht, die der Regierung in den dreißiger Jahren abgerungenen Gewinne auszubauen, zum Teil gelang es ihnen nicht einmal, die Gewinne zu behaupten. Die Liste der Niederlagen ist lang, und ohne Zweifel stehen darauf: eine zunehmend regressive Steuerpolitik, die Gewinne am Verhandlungstisch teilweise wieder zunichte macht; die Wohnungsbaupolitik des Bundes, die den Arbeitern Mietsteigerungen und der Bauindustrie saftige Profite eingebracht hat; die durch den Bund festgesetzten Mindestlohnstandards, die mit der

Entwicklung der Reallöhne nicht Schritt halten; die negative Bilanz auf dem Gebiet der Sicherheit am Arbeitsplatz; und ein Sozialversicherungssystem, das aufgrund der extrem regressiven Art der Finanzierung zu einer immer schwereren Last auf dem Rücken der Arbeiter wird.

Diese betrübliche Gesamtbilanz auf der politisch-parlamentarischen Bühne geht auf das Konto der größten organisierten Interessengruppe im Land, die zudem über den größten Wählerblock verfügte. In dem Jahrzehnt zwischen dem »Wagner Act«, der die politische Stärke der Arbeiter ausdrückte, und dem »Taft-Hartley Act«, der nur noch ihre Schwäche aufzeigte, waren die Reihen der Gewerkschaft so dicht geworden, daß schließlich ein Drittel der Bevölkerung von ihr erfaßt wurde. Auch der organisatorische Apparat der Gewerkschaften war in diesen Jahren umfangreicher und versierter geworden und hatte sich immer mehr dem politischen Prozeß in seiner ganzen Komplexität verschrieben. Aber weder der gewaltige Wählerblock noch der ausgeklügelte organisatorische Apparat hatten auch nur genügend Einfluß aufbieten können, um wenigstens die Gewinne aus den Tagen vor der großen Organisierungswelle zu verteidigen.

Warum? Die Antwort hat zwei Aspekte. Zum Teil lag es daran, daß die Gewerkschaften in Ermangelung einer Bewegung faktisch gar nicht in der Lage waren, den Wählerblock, den sie zu repräsentieren vorgaben, auch zu kontrollieren. Die Streikbewegung der dreißiger Jahre hatte demgegenüber gedroht, Arbeiter in einer Weise als Wähler zu mobilisieren, die ihre bisherigen Bezugspunkte wie Parteizugehörigkeit, regionale Herkunft und Ethnizität in den Hintergrund drängte. Zwar war die Arbeiterschaft bei der Wahl von 1932 vom Republikanischen ins Demokratische Lager umgeschwenkt, sicher waren den Demokraten diese Stimmen jedoch nicht, und die Arbeitskämpfe erhöhten diese Unsicherheit noch, indem sie wahlpolitische Erschütterungen auszulösen drohten. Nachdem die Bewegung einmal verebbt war, gewann jedoch die Demokratische Partei – und nicht die Gewerkschaften – die Loyalität der proletarischen Wähler, und die Partei bestimmte die politischen Themen, die sie im Gegenzug anbot. Ohne die Leidenschaft der Massenbewegung spielten die Gewerkschaften bestenfalls eine untergeordnete Rolle bei der Disziplinierung des proletarischen Wählerblocks.[107]

Darüber hinaus weist vieles darauf hin, daß die Gewerkschaften nicht einmal ernstlich versucht haben, das Druckpotential ihrer wählenden Mitglieder auch einzusetzen, um von den Regierenden massive Zugeständnisse zu erzwingen. Die Gewerkschaftsfunktionäre wurden weitaus abhängiger von der Demokratischen Partei (weil sie ihnen Prominenz verlieh, nicht weil sie ihnen Zugeständnisse machte), als die Partei von ihnen. Entsprechend handelten sie auch, förderten die parteipolitische Loyalität und legten damit der wahlpolitischen Stoßkraft, die in den Arbeiterunruhen lag, Fesseln an. Die Gewerkschaften avancierten zum anerkannten politischen Sprachrohr der Industriearbeiter, und dieses Sprachrohr wandte sich wiederholt gegen streikende Arbeiter und unterstützte die Demokratischen Parteiführer.

So wurde die Unzufriedenheit in der Arbeiterschaft während der Kriegsjahre nicht geringer. Die Streikwelle in der Hochkonjunktur von 1941 wurde noch von den wilden Streiks des Jahres 1943 übertroffen, und beide waren größer als die Streikwelle von 1937. Doch die aufgebrachten Arbeiter übten nur geringen politischen Einfluß aus, um so weniger, als ihre eigenen Führer sich hinter die Politik der Regierung stellten. Als 1941 die Arbeiter der Holzindustrie streikten, verurteilte Philip Murray, der Nachfolger von John Lewis als CIO-Vorsitzender, die Streikführer, wiederholte Pressevorwürfe, wonach es sich um Kommunisten handle, und verlangte die Einstellung des Streiks (De Caux, 397). Als im selben Jahr die UAW-Arbeiter von North American Aviation die Arbeit niederlegten, nannte der für den Flugzeugbau zuständige UAW-Direktor, Richard Frankensteen, den Streik in einer im ganzen Land ausgestrahlten Radiosendung »kommunistisch inspiriert«, und als er später vor den Streikenden sprach, befahl er ihnen, an die Arbeit zurückzukehren. Nachdem die Arbeiter Frankensteen ausgebuht und seinen Befehl ignoriert hatten, ließ Roosevelt offenbar mit Zustimmung Sidney Hillmans (Keeran, 340) Truppen einsetzen (Green, 10).[108] Als Roosevelt 1943 die Bergwerke besetzen ließ, um den Streik der UMW gegen die »Little Steel«-Formel zu zerschlagen, verstieß der Exekutivausschuß des CIO Lewis und die UMW und beglückwünschte Roosevelt zu seinem Veto des »Smith-Connally Act«, ungeachtet der Tatsache, daß der Gesetzentwurf sich an Roosevelts eigene öffentlichen Vorschläge anlehnte. Mit anderen Worten: wenn auch die Gewerkschaften wirtschaftliche Erschütterungen durch streikende Arbeiter nicht abwenden konnten, gelang es ihnen doch, die politischen Auswirkungen dieser Erschütterungen erheblich abzuschwächen.

Schlußfolgerung

Die Bedingungsfaktoren, die zu den Erhebungen der Industriearbeiter führten und ihnen Kraft gaben, entsprangen den ökonomischen und sozialen Verschiebungen der Depression. Katastrophale Arbeitslosigkeit und übermäßige Lohnkürzungen führten zu den ersten Anzeichen von Unruhe in der Arbeiterschaft; die anfänglichen Maßnahmen der politischen Eliten zur Überwindung der Wirtschaftskrise und der von ihr hervorgerufenen politischen Instabilität verliehen der Unzufriedenheit der Arbeiter nur Legitimität und trugen zur Eskalation der Kämpfe bei. Noch versuchte die Regierung sich durchzulavieren und sowohl die Privatwirtschaft als auch die Arbeiterschaft zu beschwichtigen. Doch die vom Elan der Bewegung erfaßten Industriearbeiter ließen sich nicht beschwichtigen und stürzten die Industrie in immer größeres Chaos; damit war die Politik der Bundesregierung gescheitert. Die verärgerte Geschäftswelt kehrte der Demokratischen Partei den Rücken und ebnete damit den Weg für staatliche Zugeständnisse an die Arbeiterschaft. Dann, als die Arbeiterbewegung ungebrochen blieb und die Unternehmer ihr immer offenere Gewalt entgegensetzten, schlugen sich die verunsicherten politischen Führer schließlich auf die Seite der Beschäftigten und unterstützten ihre Forderungen. Die Rebellion der Arbeiterbewegung hatte ihnen keine andere Wahl gelassen. Erschütterungen solchen Ausmaßes, die nicht nur den ökonomischen Wiederaufschwung, sondern auch die politische Stabilität bedrohten, konnten sie nicht ignorieren. Auch konnten sie die Arbeitskämpfe nicht einfach unterdrücken, denn zwar wurden die Streikenden nicht von der Mehrheit, aber doch von einem wesentlichen Anteil der Wähler unterstützt, und die Reaktion vieler anderer auf das Blutbad, das bei einer Repression unausweichlich gewesen wäre, war unberechenbar. So gab die Regierung der Hauptforderung der Streikenden nach – der Forderung nach dem Recht auf Organisierung.

Es ist nicht sehr wahrscheinlich, daß die Arbeiterunruhen der dreißiger Jahre auch unter stabileren ökonomischen Bedingungen ausgebrochen wären, und es ist ebensowenig wahrscheinlich, daß sie unter stabileren politischen Bedingungen dieselbe Durchschlagskraft gehabt hätten. Es erforderte, mit anderen Worten, die weitreichenden sozialen Verschiebungen einer schweren Wirtschaftskrise, damit die Arbeiterbewegung hervorbrechen und die

Kraft zur Erschütterung der politischen Arena gewinnen konnte. Solche Zeiten sind selten, und können auf keinen Fall bewußt produziert werden. Zudem ist eine Strategie des politischen Aufruhrs, selbst in den seltenen Perioden, in denen sie möglich wird, unberechenbar und kostspielig. Die Arbeiter der dreißiger Jahre hatten keine Richtlinien, denen sie hätten folgen und die ihnen hätten Schutz gewähren können: Ihre Kämpfe trotzten den Konventionen des politischen Spiels um Einfluß und Macht und verschmähten daher auch den Schutz, den diese Konventionen zu bieten haben. Die Arbeiter zahlten einen hohen Preis für ihren Widerstand: Tausende wurden festgenommen, Hunderte verletzt und viele getötet. Und doch haben sie auch Erfolge erzielt.

Daß die Industriearbeiter tatsächlich in den dreißiger Jahren Erfolge erreicht und diese nur durch massive Kämpfe errungen haben, wird in einigen radikalen Interpretationen heruntergespielt. Diese Interpretationen betonen die Vorteile, die das Management letztlich aus der gewerkschaftlichen Organisierung zog, und scheinen damit zu implizieren, das System der Tarifverhandlungen sei das Produkt einer Verschwörung der Unternehmer. Ohne Zweifel fanden Manager mit der Zeit Gewerkschaften nützlich, vielleicht weil diese halfen, die Arbeiter zu disziplinieren und die Produktion aufrechtzuerhalten, ganz sicher aber, weil sie dazu beitrugen, das Aufmurren der Arbeiter zu entpolitisieren, wenn es einmal laut wurde. In einigen Branchen – wie beispielsweise in der Elektroindustrie – versprach die gewerkschaftliche Organisierung, daß Löhne stabilisiert und damit die unsicheren Folgen unternehmerischer Konkurrenz vermindert würden (Schatz, 188–189).[110] Doch größtenteils erkannten die Unternehmer selbst diese Vorteile nur langsam und unter extremem Druck. Sie erkannten die Gewerkschaften erst nach erbittertem Widerstand an und gaben erst nach, als sie sich mit Massenstreiks konfrontiert und von der Regierung dazu genötigt sahen. Die Gewerkschaften zu benutzen, lernten sie erst, nachdem die Arbeiter für sie gekämpft und sie durchgesetzt hatten. Die Organisierung der Industriearbeiter war nicht eine Strategie des Managements – es war ein Sieg der Arbeiter.

Und der Sieg war es wert, errungen zu werden. Die unmittelbaren Konzessionen, die Lohnerhöhungen, kürzeren Arbeitszeiten und staatlichen Sozialleistungen, die auf dem Höhepunkt der Rebellion in den dreißiger Jahren gewährt wurden, waren den Kampf wert. Nicht so eindeutig war die Erringung des Koalitionsrechtes selbst, doch muß alles in allem auch die gewerkschaftliche Organisierung als ein Gewinn für die Industriearbeiter angesehen werden – aus dem einfachen Grund, daß sie mit der Organisation besser fahren als ohne sie. In den siebziger Jahren geht es ihnen ohne Zweifel besser als in den zwanziger Jahren. Es geht ihnen besser, weil die Gewerkschaften noch immer Streiks führen, noch immer die Regeln brechen. Weil sie dies tun, haben die meisten Arbeiter in den Massenindustrien ihre Stellung auf wirtschaftlichem Gebiet behaupten können. Die Löhne haben mit steigender Produktivität und Profiten mitgehalten.[111] Darüber hinaus haben die Arbeiter aufgrund ihrer gewerkschaftlichen Organisierung eine gewisse Arbeitsplatzsicherung gewonnen. Insbesondere sind sie heute vor Repressalien der Betriebsleitung bei gewerkschaftlich geführten Streiks geschützt.

Andererseits ritualisiert und isoliert die gewerkschaftliche Organisierung das Kampfinstrument des Streiks und schränkt dadurch seine Fähigkeit zur Störung der Produktion ebenso wie deren potentielle Auswirkungen im politischen System weitgehend ein. Die Gewerkschaften selbst haben zu keiner Zeit in der politischen Arena einen unmittelbaren Einfluß ausüben können, der mit dem wahlpolitischen Druck der Arbeiterbewegung in den dreißiger Jahren vergleichbar gewesen wäre.

Die Industriearbeiter sind in jeder Hinsicht *das* exemplarische Beispiel für eine dauerhafte Massenorganisation. Kein anderer Teil der Unterschicht verfügt über vergleichbare Möglichkeiten groß angelegter Organisation. Der Hauptgrund dafür ist, daß keine andere Gruppe über eine vergleichbare Fähigkeit zur Erschütterung verfügt. Eben weil diese Fähigkeit des Streiks, soziale Erschütterungen gewaltigen Ausmaßes hervorzurufen, eingedämmt werden mußte, konnte die Gewerkschaft den Eliten die Ressourcen abringen, die für die Aufrechterhaltung von Massenorganisierung unabdingbar sind. Mit dem Koalitionsrecht ausgestattet – einschließlich der gesetzlichen Möglichkeit, Arbeiter zur Mitgliedschaft zu zwingen – konnten die Gewerkschaften ihr Problem einer dauerhaft organisierten Massenbasis erfolgreich lösen. Aber welche andere Gruppierung der Unterschicht hat schon die Fähigkeit zur sozialen Erschütterung, die sie in die Lage versetzen könnte, vergleichbare Ressourcen zur Erhaltung ihrer Organisation zu gewinnen?

Die Industriearbeiter sind außerdem das exemplarische Beispiel, um den Glauben an die Effektivität von Organisationen mit Massenbasis in der wahlpolitischen Arena zu überprüfen. Durch die Organisierung verfügen die Gewerkschaften über beträchtliche Mittel zur politischen Einflußnahme: über Millionen organisierter Wähler, ständig fließende Mitgliedsbeiträge und finanzielle Rücklagen in Millionenhöhe. Und doch haben ihnen diese Mittel im politischen Prozeß nur wenig eingebracht. Wie aber steht es dann um die Möglichkeiten politischer Einflußnahme der typischeren Unterschichtsorganisationen, die vielleicht über ein paar hundert oder ein paar tausend Mitglieder verfügen und meist am Rande des finanziellen Zusammenbruchs stehen?

Die politische Lehre aus der Erfahrung der Gewerkschaften scheint uns auf der Hand zu liegen, obwohl sie sich erheblich von der Lehre, die »organizers« gewöhnlich aus ihr ziehen, unterscheidet. Sie ist einfach zu formulieren: die Erschütterungen durch die unorganisierten Industriearbeiter in den dreißiger Jahren brachten politische Erfolge – die organisierten wahlpolitischen Aktivitäten der Gewerkschaften konnten sie jedoch nicht verteidigen. Neue Erfolge bedürfen einer neuen Protestbewegung, eines erneuten Ausbruchs massenhafter Auflehnung – der Auflehnung gegen Herrschaft und Kontrolle am Arbeitsplatz und in der Politik, der Auflehnung aber auch gegen Herrschaft und Kontrolle des Gewerkschaftssystems.

IV. Die Bürgerrechtsbewegung

Der Zweite Weltkrieg brachte die Große Depression zu einem schnellen Ende. Der florierenden Kriegsproduktion folgte in den Nachkriegsjahren eine rasche ökonomische Expansion, die zusammen mit einer keynesianisch orientierten Wirtschaftspolitik vielen amerikanischen Arbeitern zu Stabilität und Wohlstand verhalf. Ihre verbesserte wirtschaftliche Lage, im Verein mit dem wachsenden Einfluß der Gewerkschaften, dämpfte die Unzufriedenheit unter der Industriearbeiterschaft. Die nächsten großen gesellschaftlichen Konflikte sollten von den Schwarzen ausgefochten werden, von denen viele sich außerhalb der Industriearbeiterklasse oder allenfalls in ihrer untersten Schicht befanden.

Die Bewegung der Schwarzen hatte zwei Ziele: zum einen, formelle politische Rechte im Süden zu gewinnen, vor allem das Wahlrecht; zum anderen, die eigene ökonomische Lage zu verbessern. Rückblickend betrachtet ist eindeutig, daß ihr hauptsächlicher Erfolg in der Ausdehnung der politischen Rechte auf die schwarze Bevölkerung der Südstaaten lag (zusammen mit einem höheren Grad politischer Repräsentation in den nördlichen Großstädten).

Seit den vierziger Jahren hatten die Bundesgerichte historisch begründete Rechtsdoktrinen umgestoßen und begonnen, die Legalität des südstaatlichen Kastenwesens zu untergraben – eine Entwicklung, die 1954 schließlich in der Entscheidung des Obersten Gerichtshofs gipfelte, die Rassentrennung im Schulwesen für verfassungswidrig zu erklären, weil die Aufspaltung in weiße und schwarze Schulen keine Chancengleichheit bot. Zwischen 1957 und 1965 traten dann vier Bürgerrechtsgesetze in Kraft, die den Schwarzen endlich ein breites Spektrum politischer Rechte zusicherten und die Mechanismen schufen, um diese Rechte auch durchzusetzen. In der Folge wurde die Rassentrennung in öffentlichen Einrichtungen aufgehoben, fanden Schwarze Zugang zu den Geschworenengerichten, die den weißen Südstaatlern so lange Immunität bei ihren Terrorakten gegen Schwarze verliehen hatten, und wurde auch das Wahlrecht endlich gewährt. Historisch betrachtet, war ein großer Sprung nach vorn gemacht worden.

Im Süden findet die Erringung demokratischer politischer Rechte ihre größte Bedeutung in der Tatsache, daß das historische Primat des Terrors als Mittel sozialer Kontrolle wesentlich geschwächt worden ist.[1] Der Abbau von Terror im Alltag eines Volkes ist schon für sich ein wichtiger Fortschritt. Myrdal hat betont, daß »Drohungen, Auspeitschungen und selbst schwerwiegendere Gewaltformen ... gebräuchliche Repressionsmittel waren, um strikte Disziplin unter den Negerarbeitern zu erhalten« (229). Doch seit der Erringung formeller politischer Rechte hat der Terror – Polizeibrutalität, Lynchmorde, willkürliche Verhaftungen – als Methode zur Kontrolle der Schwarzen weitgehend an Bedeutung verloren. Warum diese historische Veränderung stattgefunden und welche Rolle die Bürgerrechtsbewegung dabei gespielt hat, ist Gegenstand dieses Kapitels.

Die ökonomischen Fortschritte waren demgegenüber gering. Zwar stiegen viele Schwarze in die Mittelschicht auf und profitierten von den liberalen Einstellungspraktiken im öffentlichen Sektor wie auch in der Privatwirtschaft, die ein Produkt der politischen Turbulenzen waren. Für die meisten armen Schwarzen aber haben sich die Beschäftigungsbedingungen kaum verbessert. Der größte Fortschritt für sie bestand darin, daß eine liberalere Wohlfahrtspolitik ihr Überleben fortan sicherstellte, obwohl Arbeitslosigkeit und Unterbeschäftigung weiterhin grassierten. Dieser Erfolg und die Bewegung, die ihn ermöglichte, werden Gegenstand des nächsten Kapitels sein.

Im weitesten Sinne folgte die politische Modernisierung im Süden aus der vorhergehenden ökonomischen Modernisierung. Während des gesamten 20. Jahrhunderts war in den sogenannten Südstaaten und in einigen Städten des tiefen Südens[2] die Industrialisierung vorangeschritten. Zur selben Zeit hielten die Mechanisierung und neue landwirtschaftliche Technologien ihren Einzug in den Agrargebieten des tiefen Südens und überrollten, vor allem in der Zeit nach dem Zweiten Weltkrieg, das traditionelle Plantagensystem. Durch diese ökonomischen Umwälzungen wurde die noch immer in großen Teilen des Südens vorherrschende, halbfeudale politische Ordnung zu einem Anachronismus, zum Überbleibsel eines arbeitsintensiven Plantagensystems, dessen Stunde geschlagen hatte.

Die ökonomischen Veränderungen, die traditionelle Herrschaftsmuster obsolet machten, brachten aber auch die Kräfte hervor, die neuen politischen Verhältnissen zum Durchbruch verhelfen sollten. Die veränderten wirtschaftlichen Verhältnisse sowie ihre demographischen und sozialen Folgen, die nicht lange auf sich warten ließen, lösten wachsende Unruhe unter den schwarzen Massen aus, die letztlich in einen Kampf gegen das südstaatliche Kastensystem mündete. Mitte der sechziger Jahre reagierte schließlich auch die nationale politische Führung auf die Woge des schwarzen Protests und zwang dem Süden die politische Modernisierung auf. Daß sie dies tun konnte, ist ein Anzeichen sowohl für das Ausmaß der ökonomischen Umwälzungen, die sich vollzogen hatten, als auch für die Kraft der schwarzen Rebellion.

In der nun folgenden Analyse haben wir uns auf das Verhältnis zwischen ökonomischem Wandel, Massenunruhen und dem politischen Wahlsystem konzentriert. Wenn auch die politischen Reformen im Süden durch ökonomischen Wandel ermöglicht wurden, und wenn auch dieser ökonomische Wandel, indem er Massenunruhen erzeugte, Reformen unumgänglich machte, so war es doch das politische Wahlsystem, das den Druck registrierte und vermittelte, und das die Reformen zugestand. Die Schwarzen im Süden trotzten ihre politische Gleichberechtigung einer nationalen Demokratischen Partei ab, die sich jahrzehntelang eisern geweigert hatte, sich in die Kastenverhältnisse des Südens einzumischen. In einer Serie von Maßnahmen, die Mitte der sechziger Jahre ihren Höhepunkt fand, zwangen dann Demokratische Präsidenten und ein von den Demokraten beherrschter Kongreß dem Südstaaten-Flügel ihrer eigenen Partei politische Reformen auf.

Wir sind der Ansicht, daß die Bürgerrechtsbewegung aufgrund der Auswirkungen, die ihre explosiven Taktiken auf das politische Wahlsystem hatten, eine entscheidende Kraft in diesem Prozeß darstellte. Indem sie sich gegen die Vorherrschaft einer Kaste auflehnte und damit Südstaaten-Weiße zur Anwendung terroristischer Methoden provozierte, die ihre Legitimation verloren hatten, gelang es der Bürgerrechtsbewegung, die politische Instabilität, die die ökonomische Modernisierung im Süden hervorgerufen hatte, noch weiter zu verschärfen. Die nationale Demokratische Partei war der Leidtragende dieser politischen Konflikte und abnehmenden Parteiloyalität. In den Nachkriegsjahren waren ihre Wählermehrheiten in dem Maße geschrumpft, wie die Polarisierung zwischen den weißen Südstaatlern einerseits und den Schwarzen sowie liberalen Weißen aus dem Norden andererseits zunahm. Als dann in den fünfziger Jahren der schwarze Angriff auf das Kastensystem Gestalt annahm und die Gefühle in Nord und Süd noch weiter polarisierte, versuchte die Parteiführung der Demokraten, den Wählerschwund dadurch in Grenzen zu halten, daß sie dem Süden politische Reformen aufzwang. Zu dieser Zeit gab es keinen anderen Weg mehr, die grundlegenden Konflikte, die den nördlichen und südlichen Flügel der Partei trennten, zu entschärfen. Auch gab es nur einen Weg für die Demokraten, wie sie ihre Stärke im Süden zurückgewinnen konnten: den Schwarzen das Wahlrecht zu geben und sie in die Südstaatenorganisation der Partei zu integrieren.[3] Wir wollen nun beginnen, diese Punkte im einzelnen anzuführen.

Die Schwarzen in der politischen Ökonomie des Südens

Keine andere Gruppe in der amerikanischen Gesellschaft ist den Extremen wirtschaftlicher Ausbeutung in demselben Maße unterworfen worden wie die Schwarzen. Jede Änderung ihrer Stellung im ökonomischen System bedeutete in der Regel nur die Ablösung einer Form äußerster Unterdrückung durch eine andere: vom Sklaven zum Pachtbauern; vom Pächter zur untersten Schicht einer sich herausbildenden »freien« Landarbeiterklasse; und schließlich zum städtischen Proletarier, dessen Status von niedrigen Löhnen und hoher Arbeitslosigkeit gekennzeichnet war. Kurzum: der »Fortschritt« führte die schwarzen Armen von der Sklavenarbeit zu niedrigbezahlter Lohnarbeit und (für viele) zu Arbeitslosigkeit.

In allen Perioden der amerikanischen Geschichte hat es Konflikte zwischen den herrschenden Weißen um die Kontrolle der sich verändernden Formen ökonomischer Ausbeutung der Schwarzen gegeben: angefangen bei der Debatte der Väter der Verfassung, ob Schwarze als Menschen oder Eigentum anzusehen seien; über den Streit um die territoriale Ausdehnung der Sklaverei (»free soil«), aus dem der Bürgerkrieg entstand; die unentschiedene Präsidentschaftswahl zwischen Hayes und Tilden und den »Kompromiß von 1877«, der die Hegemonie der Weißen und der Demokratischen Partei im Süden wiederherstellte; bis zu den Jahren des »massiven Widerstandes«, den die südstaatlichen Eliten nach dem Zweiten Weltkrieg der Bundesregierung entgegensetzten.

In jeder dieser Epochen benutzten aufsteigende Eliten die nationalen wie lokalen Staatsapparate, um die Unterdrückung der Schwarzen sicherzustellen. Der gesamte Staatsapparat – Legislative, Judikative wie Exekutive – wurde mobilisiert, um die Kastenordnung des Südens und die Segregation und Diskriminierung im Norden zu erhalten. Parlamente verabschiedeten Gesetze, die den Schwarzen politische Rechte vorenthielten, und weigerten sich, private Institutionen daran zu hindern, den Schwarzen ökonomische und soziale Rechte zu versagen; die Gerichte knüpften ein feines Netz von Entscheidungen, die das Vorgehen der beiden anderen staatlichen Gewalten und der privaten Institutionen legitimierte; die staatliche Exekutive schließlich bediente sich ihrer Machtmittel, vor allem ihres Gewaltapparates, um die Interessen privater Eliten an der Ausbeutung der schwarzen Arbeitskraft zu schützen.

Die speziellen Arrangements, mit denen der Staatsapparat während der vergangenen hundert Jahre die ökonomische Unterjochung der Schwarzen stützte, hatten ihren Ursprung in der Zeit nach der Rekonstruktionsperiode (»Reconstruction« wird die Zeit der politischen Reorganisierung der Südstaaten nach dem Bürgerkrieg genannt; sie dauerte von 1867 bis 1877 – d. Ü.). Die Erfolge des Bürgerkrieges und der Rekonstruktionsphase waren im Prinzip erheblich gewesen. Die Schwarzen waren mit der Verkündung der Emanzipation aus der Sklaverei befreit worden; zudem war 1868 der vierzehnte Verfassungszusatz verabschiedet worden, der den Anspruch auf rechtsstaatliche Behandlung und gleichen Schutz durch das Gesetz gewährleistete. Zwei Jahre später garantierte der fünfzehnte Verfassungszusatz allen Bürgern das Wahlrecht, ungeachtet ihrer Rasse oder anderer Merkmale. Im Jahre 1875 wurde das Bürgerrechtsgesetz verabschiedet, das den »gleichen Genuß« öffentlicher Einrichtungen gewährleistete. Um die Jahrhundertwende waren die meisten dieser Gewinne jedoch wieder verloren, und nach dem ersten Jahrzehnt des 20. Jahrhunderts waren sie vollständig vom Tisch.

»Der Rassismus«, hat Arnold Rose gesagt, »entstand als amerikanische Ideologie teilweise in Reaktion auf die Notwendigkeit, ein verläßliches und dauerhaftes Arbeitskräftereservoir für das schwierige Geschäft des Baumwollanbaus zu unterhalten ...« (xviii) Diese wirtschaftliche Notwendigkeit bestand auch nach der Sklavenemanzipation unvermindert fort. Die Ökonomie der Südstaaten lag in Scherben; die Restauration des Plantagensystems hing davon ab, ob wieder ein verläßliches und dauerhaftes Arbeitskräftereservoir gesichert werden konnte: Arbeiter, die unter Bedingungen arbeiten würden, welche sich von denen der Sklaverei nur wenig unterschieden. Legale Sklaverei war zwar nicht mehr möglich, ein relativ ähnlicher Status ökonomischer Leibeigenschaft aber war es sehr wohl. Im letzten Drittel des 19. und in den ersten Jahren des 20. Jahrhunderts schufen die südstaatlichen Eliten bei stillschweigender Billigung durch ihre nördlichen Partner das politische Herrschaftssystem, mit dessen Hilfe sie die Schwarzen in faktische Leibeigenschaft zwingen konnten. Diese Bestimmung der ökonomischen Rolle der Schwarzen war auch entscheidend für den Platz, den die armen Weißen in der Südstaatenökonomie zugewiesen bekamen.

Der Rückzug der Bundestruppen im Jahre 1877 erlaubte dem Süden, die alten Kastenverhältnisse zwischen Schwarzen und Weißen weitgehend wiederherzustellen. Diese gesellschaftliche Transformation wurde auf einzelstaatlicher wie lokaler Ebene durch die Gewalt des Mobs und der Polizei, durch legislative Maßnahmen und Gerichtsentscheidungen vollzogen – ein Vorgang, der im gesamten Norden und auch von der Bundesregierung stillschweigend oder sogar ausdrücklich gebilligt wurde.

Zum Symbol weißer Gewalt gegen die Schwarzen wurde der Lynchmob. Die Gewalt des Mobs war das elementarste Mittel, mit dem die Schwarzen nach der Rekonstruktionsphase wieder zur Leibeigenschaft gezwungen wurden. »... es gibt eine Unzahl von Belegen für die Rassenkonflikte dieser Zeit, für die Gewalt, die Brutalität, die Ausbeutung. In den achtziger und neunziger Jahren erreichten die Lynchmorde das größte Ausmaß in der Geschichte dieses Verbrechens.« (Woodward, 1974, 43) (In den folgenden 70 Jahren registrierte die »National Association for the Advancement of Colored People« [NAACP] nahezu 5000 bekanntgewordene Fälle von Lynchmord.) Die Mobs setzten sich natürlich hauptsächlich aus armen Weißen zusammen, was Cox zu der Schlußfolgerung führte, »die armen Weißen selbst können als das Hauptinstrument der herrschenden Klasse zur Unterdrückung der Neger angesehen werden« (536).[4] Aber auch die Polizei der Südstaaten erwarb sich landesweite Berühmtheit durch ihre Terrorakte gegen die Schwarzen. Zuweilen standen sie an der Spitze der Lynchmobs. Noch häufiger gaben sie einfach deutlich zu erkennen, daß sie Ausschreitungen weißer Mobs nicht unterbinden würden. (Und der Kongreß lehnte es bis nach dem Zweiten Weltkrieg ab, Lynchmord zu einem Verbrechen zu erklären, das gegen Bundesgesetze verstößt.)

Ende des 19. Jahrhunderts waren in vielen Bundesstaaten Gesetze erlassen worden, die die Schwarzen isolierten, stigmatisierten und damit ihre ökonomische Ausbeutung rechtfertigten.[5] Schon bald überzog die Rassentrennung jeden einzelnen Lebensbereich, von den Schulen bis zu den Friedhöfen. Die Gesetzgebung fand die Unterstützung des Obersten Gerichtshofs, der 1883 das Bürgerrechtsgesetz von 1875 für verfassungswidrig erklärte; im Jahre 1896 schuf er dann mit einer Entscheidung, die die Rassentrennung für ein halbes Jahrhundert festschreiben sollte, die rechtliche Fiktion, daß Rassentrennung nicht in Widerspruch zum vierzehnten Verfassungszusatz stehe, solange die Einrichtungen für die Schwarzen denen der Weißen gleichwertig seien. Schließlich wurde auch noch das Wahlrecht der Schwarzen durch eine Reihe von Maßnahmen zunehmend eingeschränkt, z. B. durch Überprüfung von Bildungsstand und Eigentumsverhältnissen, durch Wahlsteuern und »Großvater-Klauseln« (die nur denjenigen erlaubten zu wählen, deren Vorfahren auch schon gewählt hatten). All diese Maßnahmen wurden vom Obersten Gericht ermuntert, das 1898 eine Verordnung des Staates Mississippi, die den Schwarzen das Wahlrecht entzog, für verfassungskonform erklärte.

Um 1910 hatte die Bewegung zur Wiederherstellung der alten Kastenordnung auf der ganzen Linie gesiegt. Die Bewegung hatte in praktisch jedem Bereich des öffentlichen Lebens Unterstützung gefunden: von den desillusionierten agrarischen Radikalen bis hin zu den konservativsten Vertretern der Plantagenbesitzer. Doch am wichtigsten war, daß die Bewegung auch die Masse der armen Weißen für sich gewinnen konnte, die sich von ihren verschiedenen Führern dazu verleiten ließen, Maßnahmen gegen das Wahlrecht der Schwarzen – wie Wahlsteuern und Bildungstests – zu unterstützen, obwohl viele von ihnen selbst davon betroffen waren. Ermöglicht wurde dies durch den großen Erfolg, mit dem die herrschende Klasse des Südens die ökonomische Konkurrenz zwischen Schwarzen und Weißen für sich ausnutzte. Denn: »Die Südstaaten->Aristokratie<... könnte ohne den Haß, den sie zwischen den weißen und schwarzen Massen schürt, nicht existieren, und sie [ist] sich dieser Tatsache durchaus bewußt.« (Cox, 577) Die armen Weißen mußten ihren Haß teuer bezahlen, denn viele von ihnen verloren nicht nur mancherlei politische Rechte, sondern gerieten außerdem in einen Zustand ökonomischer Leibeigenschaft, der sich nicht sehr von der Lage der Schwarzen unterschied. So schreibt Perlo:

»Obwohl die Pflanzer im Bürgerkrieg viel verloren, erhielten sie doch gewisse Kompensationen. ... Das neue Ausbeutungssystem, das auf der ›freien‹ Lohnarbeit aufbaute, ließ sich auch auf die armen Weißen ausdehnen. Mit der zunehmenden Konzentration in der Landwirtschaft der Südstaaten verloren Hunderttausende kleiner, weißer Farmer ihr Land. Viele zogen in die Stadt, um dort Arbeit zu finden; doch viele andere wurden zu Lohnarbeitern oder Landpächtern auf den Plantagen. Sie wurden dort derselben extremen Ausbeutung unterworfen wie die farbige Landbevölkerung.« (71)

Der »Kompromiß von 1877« markierte den Beginn nördlicher Tolerierung der politischen Praxis der Südstaaten; eine Toleranz, die auch durch die erneute Unterdrückung der Schwarzen gegen Ende des 19. Jahrhunderts nicht erschüttert wurde. Dies lag zum Teil daran, daß der US-Kapitalismus in eine neue Phase eingetreten war – den Imperialismus –, und die Ideologie des Rassismus jetzt auch im Norden wichtiger wurde:

»... im Jahre 1898 stürzten sich die Vereinigten Staaten unter der Führung der Republikanischen Partei in imperialistische Abenteuer in Übersee. Diese Abenteuer im Pazifik und in der Karibik brachten plötzlich etwa acht Millionen Menschen farbiger Rassen unter die Hoheit der USA. ... Nun, da Amerika sich ›des weißen Mannes Last‹ auf die Schultern lud, eignete es sich auch viele der südstaatlichen Einstellungen in der Rassenfrage an. ... Als das neue Jahrhundert am Horizont aufzog, wurde der Rassismus des Südens von einer wachsenden Woge nationalistischer Stimmung getragen, und er war nicht zuletzt selbst Teil dieser Stimmung.« (Woodward, 1974, 72–74)

Ohne Land, ohne Bildung und ohne Schutz durch Gesetz oder Politik fanden sich die Schwarzen zu Beginn des Jahrhunderts wieder zur Knechtschaft verurteilt. Ermöglicht worden war all dies durch die stillschweigende nationale Billigung des gesamten Spektrums von Mechanismen, die das Kastensystem des Südens ausmachten. Die Bundesregierung intervenierte weder, um die harsche Ausbeutung der schwarzen Arbeitskraft zu mildern, noch um die sozialen und politischen Strukturen, die die Ausbeutung ermöglichten, zu verändern. Das Resultat war die Konsolidierung einer herrschenden Klasse im Süden, die die Lebensverhältnisse der Bevölkerung fest im Griff hatte und sich bis in die Zeit nach dem Zweiten Weltkrieg nur schwacher Opposition ausgesetzt sah. »Das Einparteiensystem des Südens ... und die nur geringe politische Partizipation sogar der weißen Bürger begünstigen ein de facto oligarchisches Regime«, betont Mydral. »Diese Oligarchie besteht aus den Großgrundbesitzern, den Industriellen, Bankiers und Kaufleuten. Konzerne aus dem Norden, die in der Region investieren, haben Anteil an der von dieser Gruppe ausgeübten politischen Kontrolle.« (453)

Unter den totalitären Bedingungen im Süden, die bis zum Zweiten Weltkrieg herrschten, konnte eine Widerstandsbewegung weder entstehen noch gar Konzessionen erzwingen. Die ökonomischen Interessengruppen konnten willkürlich Arbeitskräfte entlassen, Familien auf die Straße setzen und Kredite vorenthalten; weiße Mobs konnten willkürlich lynchen und niederbrennen; die Polizei konnte prügeln, verstümmeln und töten; Politiker konnten die Miliz in Marsch setzen und die Gerichte willkürliche Gefängnisstrafen verhängen. Alle den öffentlichen und privaten Eliten zur Verfügung stehenden Zwangsmaßnahmen wurden in ihren ungezügeltsten und offensten Formen durchgeführt, um die Schwarzen gefügig zu machen. Die »Welt der Farbigen war«, wie Lomax es formulierte, »ein Getto der Angst« (55). Dabei waren Anlässe, da Gewalt angewendet werden mußte, nicht einmal häufig. Offene Auflehnung wurde schon von vornherein durch die Sozialisationsmechanismen der Südstaatengesellschaft unterbunden – durch das Bildungssystem, die religiösen Institutionen, die Medien und eine Kultur, die von den Symbolen weißer Vorherrschaft geprägt war. Alles war darauf abgerichtet, den Schwarzen die Überzeugung zu vermitteln, ihr Schicksal sei das einzig rechtmäßige oder zumindest das einzig mögliche. Die Unterdrückungs- und Sozialisationsmechanismen waren so perfekt, daß Auflehnung einfach unvorstellbar schien.

Selbst wenn die Schwarzen sich in irgendeiner Form erhoben hätten, wären sie blutig niedergeschlagen worden, solange die Bundesregierung diese regionalen Verhältnisse deckte. Gegen die Allianz zwischen Bundesregierung und südlichen Länderregierungen und Lokalverwaltungen war nicht anzukommen. Um diese Komplizenschaft zu zerstören, bedurfte es grundlegender Veränderungen, einer großen Transformation. Die ökonomische Modernisierung im Süden war schließlich diese umwälzende Kraft, eine Kraft, die allmählichen Einfluß auf die nationale Politik gewann und damit den Boden für eine schwarze Widerstandsbewegung bereitete.

Die ökonomische Modernisierung des Südens

Als sich zu Beginn des 20. Jahrhunderts die Kastenordnung im Süden konsolidierte, waren schon weitreichende ökonomische Kräfte am Werk, die diese Ordnung mit der Zeit zerstören sollten. Für unsere Analyse besteht die wichtigste Auswirkung dieser ökonomischen Entwicklung in einer dramatischen Veränderung schwarzer Erwerbstätigkeit in Verbindung mit ihrer massenhaften Abwanderung aus dem Süden in die Städte des Nordens. Was den ersten Punkt betrifft: »Während der Sklaverei waren praktisch alle Schwarzen in der Landwirtschaft oder als Domestiken beschäftigt. Das galt auch 1900 noch für 87% und 1910 für 80% der Schwarzen. Im Jahre 1960 aber waren nur noch 10% in der Landwirtschaft und 15% im Haushalt tätig.« (Ross, 31) Was die Migrationsbewegung betrifft, lebten zu Beginn des 20. Jahrhunderts mehr als 90% der Schwarzen im Süden; 1960 lebte die Hälfte von ihnen im Norden. Im Verlauf von etwa mehr als einem halben Jahrhundert hatte sich die Beschäftigungssituation der Schwarzen grundlegend verändert, waren große Teile der schwarzen Bevölkerung vom agrarischen Süden in den industriellen Norden abgewandert.

Diese Verschiebungen wurden in groben Umrissen durch die folgenden Faktoren verursacht: durch die industrielle Expansion des Nordens zu Beginn des 20. Jahrhunderts; durch den Verfall der Agrarmärkte nach dem Ersten Weltkrieg, in Verbindung mit einer seit den dreißiger Jahren verfolgten Landwirtschaftspolitik des Bundes, die eine starke Einschränkung der Anbaufläche zur Folge hatte; und durch das schnelle Tempo landwirtschaftlicher und industrieller Modernisierung der Südstaaten während und nach dem Zweiten Weltkrieg. Die industrielle Expansion des Nordens begann der Landwirtschaft und dem gesamte Süden zu Beginn des Jahrhunderts viele Schwarze zu entziehen. »Nach der Jahrhundertwende«, schreibt Ross, »blühte die amerikanische Industrie voll auf. Von durchschnittlich 13 Milliarden Dollar pro Jahr im letzten Jahrzehnt des 19. Jahrhunderts stieg das Bruttosozialprodukt ... auf 40 Milliarden in der Periode zwischen 1909 und 1918. Die Gesamtbeschäftigung stieg von einem Jahresdurchschnitt von 27 Millionen zwischen 1889 und 1898 auf 39 Millionen zwischen 1908 und 1918.« (11) Mit dem Ausbruch des Krieges in Europa ging die Einwanderung, die als Hauptlieferant der Arbeitskräfte für die expandierende Industrie gedient hatte, stark zurück. Die nördliche

Industrie wandte sich bei ihrer Suche nach Arbeitskräften nun nach Süden. Die erste große Abwanderungswelle von Schwarzen aus dem Süden der USA setzte ein: zwischen 1910 und 1920 zogen rund eine halbe Million Schwarze in nördliche und westliche Bundesstaaten.[6]

Unmittelbar nach dem Ersten Weltkrieg ging die Nachfrage nach landwirtschaftlichen Produkten aufgrund der gekürzten Kriegsexporte und Einwanderungsbeschränkungen stark zurück. Für die Landarbeiter brachen damit extrem harte Zeiten an. Die Not erreichte während der Großen Depression katastrophale Ausmaße. Der Zusammenbruch des Agrarmarktes sowie die Politik des New Deal, landwirtschaftliche Überschüsse durch Produktionseinschränkungen abzubauen, vertrieben überall in den USA Millionen Menschen vom Land. Im Süden, wo noch immer die überwältigende Mehrheit der Schwarzen lebte, ging »die tatsächlich kultivierte Anbaufläche für Baumwolle ... von 17,4 Millionen Hektar im Jahre 1929 auf 9,3 Millionen Hektar im Jahre 1939 zurück. Neger aller Schichten – Landbesitzer, Pächter und Landarbeiter – wurden in großer Zahl entwurzelt ...« (Ross, 14) Unter den herrschenden Bedingungen war Abwanderung für viele die einzige Wahl. 1940 lebte dann schon fast ein Viertel (nämlich 23%) der Schwarzen außerhalb des Südens.

Der Zweite Weltkrieg setzte dem Niedergang der Landwirtschaft zwar ein Ende, gab aber gleichzeitig den Anstoß zu Modernisierung in großem Stil[7]:

»Der Boom durch die Kriegsvorbereitungen im Zweiten Weltkrieg gab den südstaatlichen Gutsherren noch einmal neue Lebenskraft – die Baumwollpreise stiegen, ebenso die Profite, die sich mit der Arbeit der Pächter und Lohnarbeiter erzielen ließen. Gleichzeitig beschleunigte die Hochkonjunktur die Technisierung der südlichen Landwirtschaft. Mit der Ausdehnung rein kapitalistischer Produktionsmethoden in der Landwirtschaft, die sich mit einem im Süden bislang unbekannten Tempo vollzog, ... wurde um so deutlicher, welch Anachronismus die Quasi-Sklavenarbeit der Landpächter war, die die Felder noch immer in harter Handarbeit und mit Mauleseln beackerten.« (Perlo, 113)

Die Modernisierung der südstaatlichen Agrarwirtschaft leitete außerdem einen verstärkten Konzentrationsprozeß ein. Obwohl die landwirtschaftlich genutzte Fläche zwichen 1940 und 1960 nur wenig schrumpfte, verringerte sich die Zahl der Farmen fast um die Hälfte; die durchschnittliche Farmgröße stieg von knapp 50 Hektar auf 88 Hektar.⁸ Gemeinsam bewirkten die Mechanisierung, die neuen Agrartechnologien, die Maßnahmen der Bundesregierung zur Verknappung der Anbaufläche und die Konzentration des Grundbesitzes eine dramatische Veränderung der landwirtschaftlichen Beschäftigung in den Südstaaten.

Das Heer der traditionellen Kleinpächter des Südens wurde zunehmend obsolet und sah sich gezwungen, seinen Lebensunterhalt woanders zu verdienen. Die freigesetzte weiße Landbevölkerung fand in der sich entwickelnden Textilindustrie und verwandten Branchen Beschäftigung. Die Schwarzen aber blieben von der Fabrikarbeit weiterhin ausgeschlossen. Diese diskriminierenden Beschäftigungspraktiken leisteten den Unternehmern im Süden (wie im Norden) gute Dienste. Die schwarze industrielle Reservearmee diente als beständige Drohung, mit der Forderungen weißer Arbeiter nach höheren Löhnen und gewerkschaftlicher Organisierung leicht abgewiesen werden konnten. Indem sie die Schwarzen ausschlossen, ließen die Industrieunternehmer »die unterbezahlten weißen Arbeiter mit ihrem ›überlegenen‹ Status zufrieden« sein, und »drohten implizit damit, die Weißen durch Neger zu ersetzen, sollten sie ›Schwierigkeiten‹ machen« (Perlo, 99). Niedrige Löhne und eine gefügige Arbeiterschaft wiederum förderten die industrielle Expansion, denn die verfügbare billige Arbeitskraft im Süden veranlaßte Kapital aus dem Norden, zunehmend in großem Stil, in der Region zu investieren.

Für unsere Analyse hatte der relative Ausschluß der Schwarzen von der Beschäftigung in der Südstaatenindustrie eine weitere Konsequenz von großer Bedeutung: vielen Schwarzen blieb kaum eine andere Wahl, als nach Norden zu wandern. Es darf allerdings nicht übersehen werden, daß eine ganze Reihe von Schwarzen auch in die Städte des Südens zog, was dazu führte, daß 1960 nur noch ca. 40% der Schwarzen im Süden in ländlichen Gebieten lebten. Ihr Leben in den Städten war jedoch von großem wirtschaftlichen Elend geprägt: sie bildeten die unterste Schicht des urbanen Proletariats und fanden Arbeit meist nur in Bereichen, die als für Weiße »nicht geeignet« galten (wie beispielsweise Hausarbeit und andere ungelernte Dienstleistungsarbeiten). So übten die Lebensverhältnisse auf dem Land wie in der Stadt unerbittlichen Druck auf die Schwarzen aus, nach Norden zu entfliehen. Die Folge war der größte Exodus schwarzer Landarbeiter in der amerikanischen Geschichte: »In den zehn Jahren zwischen 1940 und 1950 verließen über 1,5 Millionen Neger den Süden, und weitere eineinhalb Millionen folgten im nächsten Jahrzehnt ... Die Netto-Abwanderung der Weißen betrug dagegen in den vierziger Jahren nur 0,1% und in den fünfziger Jahren 1,7%.« (Henderson, 83)[9] Dieser Trend hielt weiter unvermindert an, und so stieg der Anteil der Schwarzen außerhalb des Südens von 23% im Jahre 1940 auf fast 50% Mitte der sechziger Jahre. Der Süden hatte jetzt einen großen Teil seines überschüssigen Arbeitskräftereservoirs auf andere Regionen des Landes verteilt.

All diese Veränderungen produzierten ein erstaunliches Resultat: »1910 lebten 75% der schwarzen Bevölkerung Amerikas auf dem Lande und 90% lebten im Süden. [Mitte der sechziger Jahre] lebten dann drei Viertel in Städten und die Hälfte außerhalb der Südstaaten.« (Foner, 325) Im Laufe weniger Jahrzehnte war eine unterdrückte südstaatliche Landbevölkerung in ein verelendetes städtisches Proletariat verwandelt worden.

Im Zuge der massiven Veränderungen in Landwirtschaft und Industrie verlor auch das auf Terror und politischer Entmündigung aufgebaute Herrschaftssystem des Südens an Bedeutung: es war für die profitable Deckung des Arbeitskräftebedarfs der herrschenden Klasse nicht mehr wesentlich. Die ökonomische Modernisierung hatte den Süden, mit anderen Worten, für die politische Modernisierung zugänglich gemacht. In der großflächig mechanisierten Landwirtschaft, die sich im Süden entwickelte, wurde das tradierte System faktischer Leibeigenschaft langsam von Marktanreizen abgelöst. Die Nachfrage nach Lohnarbeitern stieg, vor allem nach qualifizierten Arbeitskräften, die mit Maschinen umzugehen wußten. Der Übergang zur Lohnarbeit wurde zum großen Teil vom Mechanisierungsprozeß in der Landwirtschaft selbst begünstigt, da er beständig für die Freisetzung neuer Arbeitskräfte sorgte. Die ständig drohende Arbeitslosigkeit war zugleich ein zwingendes Argument für die Landarbeiter, Lohnarbeit auf der von den Pflanzern diktierten Basis zu akzeptieren.

In den sich entwickelnden Industriegebieten des Südens bildete sich, besonders während und nach dem Zweiten Weltkrieg, eine neue kapitalistische Klasse heraus. Sie war mit den Großkonzernen des Nordens eng verbunden, denn ein erheblicher Teil der Industrieunternehmen des Südens wurde von nördlichem Kapital initiiert und kontrolliert. Diese neue, städtische industrielle Klasse verließ sich hauptsächlich auf die Mechanismen des Marktes, um ihren

Bedarf an Arbeitskräften zu befriedigen. Das bedeutet nicht, daß der untergeordnete Status der Schwarzen nicht auch weiterhin als nützliches Instrument zur Sicherung maximaler Profite diente. Die gezielte Verschärfung der Konkurrenz der Rassen auf dem Arbeitsmarkt war aber eine Strategie, die schon seit langem von Arbeitgebern im Süden wie im Norden benutzt wurde, um die Arbeiter unter Kontrolle zu halten, und keineswegs mit einem Kastensystem gleichzusetzen. Kurzum: die Kastenordnung des Südens wurde mit der Zeit als ein System zur Beschaffung und Kontrolle von Arbeitskräften obsolet.

Zudem hatte der weiße Südstaatler, ungeachtet seiner Klassenlage, in den Jahren nach dem Zweiten Weltkrieg weniger Grund, die Ausweitung der politischen Rechte, einschließlich des Wahlrechts, auf die Schwarzen zu fürchten, nahm doch deren Anteil an der Gesamtbevölkerung des Südens aufgrund der schwarzen Migrationsbewegung nach Norden kontinuierlich ab. Wie groß die wahlpolitische Bedrohung durch die Schwarzen auch immer gewesen sein mag, durch die Umsiedlung wurde sie erheblich verringert.

Während im Süden die ökonomische Modernisierung voranschritt, fanden im Norden andere Veränderungen statt, die ebenfalls zu einer Schwächung der Opposition gegen die Ausweitung formeller Rechte auf die Schwarzen führten. Wie wir schon angemerkt haben, waren die imperialistischen Abenteuer des amerikanischen Kapitalismus zu Anfang des 20. Jahrhunderts zum Teil durch eine rassistische Ideologie gerechtfertigt worden, die weitgehend aus dem Süden geborgt worden war. Der Aufstieg des Kommunismus drängte die USA jedoch in eine heftige Konkurrenz um die Vorherrschaft in der Welt; um diesen Kampf erfolgreich bestehen zu können, bedurfte es einer Ideologie von »Demokratie« und »Freiheit«. Als in der Nachkriegszeit der »Kalte Krieg« ausbrach, kam diese Ideologie in den internationalen Beziehungen zu voller Blüte. Die Zustände in den Südstaaten waren dabei für die Nation als ganze zunehmend peinlich, und so schwand die Unterstützung der ökonomischen Eliten für diese Ordnung langsam dahin. Die Erfordernisse des Imperialismus, die einst bei der erneuten Knechtung der Schwarzen mitgewirkt hatten, trugen in einer anderen Epoche zu ihrer Befreiung aus der Knechtschaft bei.

Außerdem sank nach dem Zweiten Weltkrieg die Bedeutung des heimischen Rassismus für den Kapitalismus der Nordstaaten. Als

Anfang des Jahrhunderts die Zahl der Schwarzen in den Industriezentren wuchs, hatten die Unternehmer beständig Schwarze gegen Weiße ausgespielt und die Rassenprobleme verschärft, um die Solidarität der Arbeiterklasse zu schwächen. Wie erfolgreich diese Strategie war, läßt sich am Ausbruch von Gewaltaktionen weißer Mobs gegen Schwarze nach dem Ersten Weltkrieg ablesen: »In den letzten sechs Monaten des Jahres 1919 brachen in amerikanischen Städten rund 25 Rassenunruhen aus« – Folge der Arbeitslosigkeit nach Drosselung der Kriegsproduktion und der Rückkehr der Soldaten. »Mobs kontrollierten tagelang die Städte, prügelten, legten Brände, schossen und folterten, soviel sie wollten. ... Im ersten Jahr nach Kriegsende wurden mehr als siebzig Neger gelyncht, einige von ihnen waren heimkehrende Soldaten, die noch ihre Uniform trugen.« (Woodward, 1974, 114) Allmählich wurden die Schwarzen wieder aus vielen Industriezweigen, in denen sie während des Krieges Beschäftigung gefunden hatten, herausgedrängt und überdies von den Gewerkschaften ausgeschlossen. Um überleben zu können, waren die Schwarzen um so stärker darauf angewiesen, mit gewerkschaftsfeindlichen Arbeitgebern gegen weiße Arbeiter zu kooperieren. Das Problem nahm solche Ausmaße an, daß die »National Urban League« sich 1919 genötigt sah, politische Leitlinien zu erlassen, die vage genug waren, »um ihren autonomen Ortsgruppen zu erlauben, nach eigener Beurteilung der Lage zu handeln – entweder Gewerkschaften zu unterstützen und mit ihnen zusammenzuarbeiten, oder Neger als Streikbrecher abzustellen oder aber neutral zu bleiben«, wenn es zu Auseinandersetzungen kam (Meier, 1967, 175).

Als der Zweite Weltkrieg hereinbrach, hatten sich die Kapitalisten des Nordens jedoch weitgehend mit der gewerkschaftlichen Organisierung der Industriearbeiter abgefunden; dementsprechend hatte die Ausbeutung von Rassenkonflikten ihre alte Nützlichkeit verloren. Dieser Wandel – zusammen mit der Notwendigkeit, der kommunistischen Herausforderung auf internationaler Bühne mit einer liberaleren Rassenideologie zu begegnen – untergrub die Unterstützung, die das südstaatliche Kastenwesen bei den herrschenden ökonomischen Gruppen des Nordens genossen hatte. Zu Beginn der fünfziger Jahre hatte das Kapital in Nord und Süd dann keine entscheidenden Gründe mehr, dem Trend zur politischen Modernisierung der Südstaaten entgegenzuwirken. Arnold Rose ging sicherlich zu weit, als er bemerkte, die Kastenordnung sei

»nur noch Ausdruck traditioneller psychologischer Strukturen« gewesen, dennoch hatte die Bemerkung einen großen Wahrheitsgehalt (xxvi).

Ökonomische Modernisierung und parteipolitische Instabilität

Indem der ökonomische Wandel das Interesse der Eliten aus Industrie und Landwirtschaft an der Erhaltung der Kastenordnung schwächte, erlaubte er der nationalen politischen Führung, gegen diese Ordnung vorzugehen. In den vierziger und fünfziger Jahren des 20. Jahrhunderts war die Fortdauer der Kastenordnung nur noch eine Frage der öffentlichen Meinung. In Abwesenheit signifikanter Opposition von ökonomischen Machtgruppen ging es nur darum, ob Loyalitätsverschiebungen großer Teile der Wählerschaft genügend Druck erzeugen würden, um führende Politiker auf Bundesebene zum Handeln zu zwingen. Die Arena, in der dieses Drama allmählich zunehmender wahlpolitischer Konflikte und Loyalitätsverschiebungen ausgetragen wurde, war die Demokratische Partei.

Seit den Jahren nach der Rekonstruktionsphase war der Süden mit seinem Einparteiensystem das regionale Fundament der nationalen Demokratischen Partei. Wiederholte Versuche der Republikaner, ihre politischen Chancen zu verbessern, indem sie eine »südliche Strategie« entwickelten – die entweder eine Koalition von weißen und schwarzen Südstaatlern schmieden, oder nur die Stimmen der konservativen Weißen auf sich ziehen wollte –, zerschellten regelmäßig an dem haßerfüllten Rassismus, den die Demokratischen Politiker des Südens und die ökonomischen Eliten, denen sie dienten, verbreiteten. Die armen Weißen im Süden wurden – ungeachtet ihrer populistischen Neigungen – auch im 20. Jahrhundert von einer tiefverwurzelten Angst vor den Schwarzen geleitet und orientierten sich nach wie vor an den geringen ökonomischen Vorteilen und dem höheren sozialen Status, die sie aufgrund der Kastenordnung genossen. Folglich schlugen sich die armen Weißen auch weiterhin auf die Seite der herrschenden Klasse im Süden und ordneten ihre eigenen Klasseninteressen dem übergreifenden Bündnis gegen die Schwarzen unter.

Die politische Neuordnung der Demokratischen Partei im Jahre

1932 hatte keinerlei Einfluß auf die südstaatliche Politik, denn in der nationalen Koalition fanden sich die Industriearbeiter des Nordens und der Einparteien-Süden zusammen. Doch schon früh entwickelten sich zwei Spannungsherde in dieser Allianz.

Zum einen schlossen sich 1936 die städtischen Schwarzen aus dem Norden der Koalition an. Durch diese Entwicklung wurde das »amerikanische Dilemma« zu einem Dilemma der Demokraten, nachdem es für mehr als ein halbes Jahrhundert ein Republikanisches Dilemma gewesen war. So wie die Rassenfrage die Partei Lincolns geplagt hatte (vor allem die Präsidentschaftsanwärter der Partei, die sich auf den Nominierungskonventen mit Delegationen nördlicher und südlicher Schwarzer herumzuschlagen hatten), sollte sie nun die Partei des New Deal heimsuchen – und schließlich entlang regionaler Grenzen spalten.

Doch bevor es soweit war, vergingen mehrere Jahrzehnte. In der Zwischenzeit erhielten die Schwarzen als politische Interessengruppe für ihre Partizipation in der Demokratischen Partei nur geringen Lohn: ein paar Brocken aus dem Patronagetopf der kommunalen Parteiorganisationen, ein paar symbolische Gesten von Demokratischen Präsidenten. 1936 hob die Demokratische Partei die Regel auf, daß Nominierungen mit einer Zwei-Drittel-Mehrheit zu erfolgen hatten, was bedeutete, daß der Süden sein Veto bei der Bestimmung der Demokratischen Kandidaten verlor. In den frühen vierziger Jahren erklärte das Roosevelt nahestehende Oberste Gericht rein weiße Vorwahlen für verfassungswidrig, und Roosevelt berief eine »Fair Employment Practices Commission« (FEPC) zur Bekämpfung diskriminierender Beschäftigungspraktiken (nachdem von A. Phillip Randolph geführte Schwarze gedroht hatten, einen Marsch auf Washington durchzuführen). Selbst diese kleinen Zugeständnisse deuteten auf eine veränderte Haltung der Demokratischen Parteiführung in der Rassenfrage hin, was schwere Spannungen zwischen dem Nordstaaten- und dem Südstaatenflügel der Partei hervorrief.

Der zweite Spannungsherd entwickelte sich aus den sozial- und wirtschaftspolitischen Maßnahmen des New Deal. Die New Deal-Programme zur Wiederbelebung der Industrie und Erhaltung der Massenloyalität provozierten einen offenen Konflikt mit den traditionellen Eliten des Südens, deren Macht auf der Plantagenwirtschaft fußte. Diese aus Bankiers, Kaufleuten, Farmern, Anwälten, Ärzten und Politikern bestehende Klasse betrachtete den New

Deal als eine Bedrohung ihrer umfassenden Kontrolle über die Lebensverhältnisse in den Dörfern und Kleinstädten:

»Für diese Leute bedrohte der New Deal eine Machtposition, die auf der Kontrolle des Eigentums, der Arbeitskraft, des Kreditwesens und der Lokalverwaltungen beruhte. Sozialfürsorge verminderte die Abhängigkeit [vom Arbeitgeber]; staatlich festgesetzte Arbeitsnormen erhöhten die Löhne; Agrarprogramme brachten das Pflanzer-Pächter-Verhältnis durcheinander; Regierungskredite umgingen die Bankiers; Bundesprogramme entzogen sich dem Einfluß der Bezirksämter und manchmal sogar der Länderbehörden.« (Tindall, 31)

Die ökonomischen Interessengruppen des Südens verschmähten natürlich nicht diejenigen New Deal-Programme, von denen sie direkt profitierten; sie opponierten nur gegen solche Programme, deren Auswirkungen ihre Macht schmälern würden. So wurden die Plantagenbesitzer zum Beispiel im Rahmen der Landwirtschaftsprogramme des New Deal fürstlich dafür belohnt, daß sie ihre Anbauflächen verringerten. Für diese Subventionen waren die Grundbesitzer dankbar, lehnten aber gleichzeitig besondere Fürsorgeleistungen des Bundes für die aufgrund der reduzierten Anbauflächen freigesetzten Arbeitskräfte ab:

»Die kleinen Pächter befinden sich in einer unglaublichen Zwickmühle: einerseits werden sie durch die Unzulänglichkeiten des gegenwärtigen Systems gezwungen, öffentliche Unterstützung zu suchen, um überhaupt zu überleben; andererseits aber müssen sie erfahren, daß die Plantagenbesitzer gegen diese Unterstützung opponieren, weil sie dadurch als Pächter verdorben sein könnten, falls und wenn sie wieder einmal gebraucht werden sollten. Hinter der Haltung der Gutsbesitzer stehen noch andere Ängste: die Angst, der Pächter könnte ihrem Einfluß entzogen werden und womöglich lernen, daß er nicht mit Haut und Haaren von ihnen abhängig ist; und die Angst, die Sozialfürsorge könnte den Lebensstandard so weit erhöhen, daß das Aushandeln von Arbeit und Lohn schwieriger werden würde. Es ist unschwer zu erkennen, daß vom Standpunkt des Grundbesitzers staatliche Sozialfürsorge einen demoralisierenden Einfluß hat.« (Johnson, Embree und Alexander, 52)

Infolge dieser beiden Konfliktpunkte erschienen in mehreren Südstaaten bei den Wahlen von 1936 unabhängige Kandidaten auf den Stimmzetteln. Obwohl noch ein Jahrzehnt vergehen sollte, bevor die Praxis um sich griff, parteiunabhängige oder nicht auf einen Präsidentschaftsbewerber festgelegte Wahlmänner zu nominieren, war die Wahl von 1936 ein Vorbote für die schweren Konflikte, die später über die Nominierung des Präsidentschaftskandidaten in der Demokratischen Partei ausbrechen und sie schließlich spalten sollten.

Aber bei aller Opposition gegen einige der New Deal-Programme besaßen die südstaatlichen Parteiführer nicht die Fähigkeit zur Spaltung der Partei, bestanden doch kaum Aussichten, daß die Parteibasis ihnen gefolgt wäre. Roosevelts Politik des wirtschaftlichen Aufschwungs und der sozialen Reformen entsprach einer langen Tradition des ökonomischen Populismus unter der weißen Südstaatenbevölkerung und festigte somit seinen Wählerstamm in der gesamten Region. Die in der New Deal-Periode entstandenen Spannungen veranlaßten jedoch viele Kongreßabgeordnete aus dem Süden, Bündnisse mit den Republikanern einzugehen; dafür, daß Südstaaten-Demokraten progressiven Wirtschaftsmaßnahmen und Sozialprogrammen der Demokratischen Führung Widerstand entgegenbrachten (Maßnahmen, denen die konservativen Südstaatler allerdings ohnehin nichts hatten abgewinnen können), versagten die Republikaner als Gegenleistung den Bürgerrechtsvorschlägen, die für den Süden so unannehmbar waren, ihre Unterstützung.

Um mit diesen Spannungen in der Partei fertig zu werden, vermied Roosevelt frontale Konfrontationen mit dem Süden in der Rassenfrage (zum Beispiel durch die Weigerung, Anti-Lynch-Gesetzgebung zu unterstützen). Statt dessen argumentierte er, den Schwarzen sei am meisten damit gedient, sich dem New Deal gegenüber loyal zu verhalten und so in den Genuß des ganzen Arsenals der Sozial- und Wirtschaftsgesetzgebung des New Deal zu kommen. Ohne Zweifel profitierten die Schwarzen von vielen dieser Programme (obwohl einige Maßnahmen, besonders im Rahmen der Agrarpolitik, ihnen auch schwer schadeten). Doch in ihrer Eigenschaft als ausgeschlossene und ausgebeutete rassische Minderheit bekamen sie so gut wie gar nichts. Faktisch wurde das Bürgerrechtsproblem unterdrückt, um die Einheit der Partei zu wahren.

Um 1940 begannen die Schwarzen, den Süden in großer Zahl zu verlassen. Die Auswirkungen dieser demographischen Umwälzung auf die politischen Verhältnisse im Norden waren immens, denn die Schwarzen konzentrierten sich in den Städten der bevölkerungsreichsten und am stärksten industrialisierten Bundesstaaten. Sie konzentrierten sich, mit anderen Worten, in den Hochburgen der Demokratischen Partei. Und je größer die Zahl der schwarzen Wählerstimmen wurde, um so näher kamen die Führer des nördlichen Parteiflügels der Erkenntnis, daß Konzessionen an die schwarze Bevölkerung unumgänglich würden.

1948 wurde die Rassenfrage zum Wahlkampfthema. Sie wäre vermutlich nicht schon zu diesem Zeitpunkt zum Thema eines Präsidentschaftswahlkampfes geworden, hätte nicht Henry Wallace mit seiner neugegründeten »Progressive Party« einen Wahlkampf geführt, der vor allem auf die Stimmen der Liberalen aus dem Norden und der Schwarzen abzielte. Trumans Wahlkampfberater Clark Clifford sorgte sich um den Rückhalt des Präsidenten in der schwarzen Wählerschaft, allerdings nicht allein wegen Wallace. Auch die Republikaner machten den schwarzen Wählern symbolische Angebote. So warnte Clifford den Präsidenten, daß

»die Republikaner alles nur mögliche unternehmen, um diese Wähler zurückzugewinnen. Er sagte voraus, die Republikaner würden in der nächsten Legislaturperiode ›einen Anti-Diskriminierungsausschuß, ein Gesetz gegen die Wahlsteuer und ein Anti-Lynch-Gesetz einbringen‹. Um dem etwas entgegenzusetzen, müsse sich der Präsident für jede von ihm für notwendig befundene Maßnahme ›zum Schutz der Minderheitenrechte‹ stark machen. Auch wenn der Süden das nicht gern sehe, sei es doch das ›geringere von zwei Übeln‹.« (Yarnell, 44)[10]

Zur selben Zeit erklärte Clifford Truman, daß »der Süden wie immer als sicheres Demokratisches Territorium angesehen werden kann. Bei der Formulierung nationaler Politik kann er daher ohne Gefahr ignoriert werden.« (Cochran, 1973, 230)

Also hängte Truman sich den Mantel eines Kämpfers für die Bürgerrechte um. »Obwohl er viel weiter ging als alle Präsidenten vor ihm ... reichten seine konkreten Bemühungen nie an seine Rhetorik heran.« (Hartmann, 150–151) So forderte Truman in einer Botschaft an den Kongreß vom 7. Januar 1948 ein breites Spektrum von Bürgerrechtsmaßnahmen und richtete am 2. Februar eine spezielle Bürgerrechts-Botschaft an den Kongreß, in der er ein 10-Punkte-Programm entwickelte, das die Abschaffung der Wahlsteuern, die Einrichtung eines permanenten FEPC und die Verfolgung von Lynchmorden durch die Bundesgerichte einschloß. Obwohl er jedoch versprochen hatte, Exekutivverordnungen zu erlassen, um die Rassentrennung in den Streitkräften aufzuheben und diskriminierende Beschäftigungspraktiken durch Bundesbehörden zu beseitigen – beides Dinge, die in seiner unmittelbaren Macht standen –, unternahm er nichts dergleichen (jedenfalls nicht vor dem unerwartet turbulenten Nominierungskonvent im Sommer).

Der Wahlparteitag ließ Trumans im wesentlichen rhetorische Bürgerrechtsstrategie auflaufen. Die Führer des liberalen Flügels erhielten bei ihrem Versuch, gegen Trumans Widerstand die Forderung nach umfassender Bürgerrechtsgesetzgebung im Wahlprogramm der Partei zu verankern, die Unterstützung einflußreicher Vertreter des Parteiapparates im Norden, die glaubten, Truman werden die Wahl verlieren. Sie

»waren nicht so sehr besorgt, irgendwelche Querköpfe aus dem Süden könnten die Partei spalten; ihnen ging es vielmehr darum, die schwarze Wählerschaft hinter ihre lokalen und bundesstaatlichen Kandidaten zu bringen. Henry Wallace war für diese Wähler in einigen wichtigen Städten sehr attraktiv geworden. So war jede spektakuläre Vorführung der Demokraten als resolute Verteidiger der farbigen Interessen willkommen, wenn dadurch nur die Wallace-Kandidatur abgewehrt werden könnte.« (Cochran, 1973, 230)

Somit wurde auf dem Parteikongreß ein umfangreiches Bürgerrechtsprogramm verabschiedet, was die Delegationen aus Alabama und Mississippi zum Auszug veranlaßte. Die Dixiecrats (zusammengesetzt aus »*Dixie*«, wie der Süden genannt wird, und »*Democrats*« – d. Ü.), die Dissidentengruppen aus dem ganzen Süden um sich scharten, versammelten sich zwei Tage später in Birmingham, um eine »States' Rights Party« zu gründen und Senator Strom Thurmond aus South Carolina zu ihrem Präsidentschaftskandidaten zu küren. Durch diese Ereignisse wurde Truman in der Rassenfrage immer weiter nach links gedrängt, und erließ nun umgehend die Exekutivverordnungen, die er schon Monate zuvor versprochen hatte. »So fand sich ein Grenzstaat-Politiker, der bemüht gewesen war, eine möglichst vieldeutige Rassenpolitik zu verfolgen, unvermutet als Fackelträger der Bürgerrechte wieder.« (Cochran, 1973, 231) Truman gewann die darauffolgenden Wahlen (mit Hilfe der schwarzen Stimmen), obwohl er vier Staaten des tiefen Südens – Louisiana, South Carolina, Alabama und Mississippi – an die »States' Rights Party« verlor.

Das militante Vorgehen der Südstaatenpolitiker im Jahre 1948 widerspiegelte das fortdauernde, wenn auch rasch abnehmende politische und ökonomische Interesse an der Ausbeutung der Schwarzen, besonders im tiefen Süden. Darüber hinaus bot ihnen das Aufziehen des States'-Rights-Banners eine Gelegenheit, die Opposition gegen die verhaßten sozial- und wirtschaftspolitischen Programme des New Deal und des Fair Deal zu mobilisieren.

Lubell nennt dies »eine doppelte Erhebung: eine ökonomische Revolte, die darauf abzielte, die Staatsausgaben und die Macht der Gewerkschaften einzuschränken, und Widerstand in der Rassenfrage als Gegengewicht zum wachsenden schwarzen Wählerpotential im Norden« (1966, 186).[11]

So kann nicht behauptet werden, daß der Sache der Bürgerrechte durch diese Ereignisse unmittelbar gedient wurde. Die Verluste im Süden bei der Wahl von 1948 waren Vorboten eines möglichen Zerfalls dieser regionalen Basis; damit wurden Konzessionen an den Süden – nämlich die Aufrechterhaltung des Status quo in der Rassenfrage – zum Gebot des Tages. Stevensons Haltung bei seiner Kampagne für die Nominierung zum Demokratischen Präsidentschaftskandidaten im Jahre 1952 machte das ganz deutlich; so erklärte er in einer Rede noch vor dem Wahlparteitag: »Ich weise die rücksichtslose Behauptung, der Süden sei ein Gefängnis, in dem die eine Hälfte der Menschen Gefangene und die andere Hälfte Wärter sind, als verachtungswürdig zurück.« (Cochran, 1969, 222) Während des Parteitags verlieh er seiner großen Sorge Ausdruck, der Kampf um die Bürgerrechte »könnte den Süden aus der Partei treiben – die Partei brauchte die Einheit« (Martin, 1976, 589). Mit seiner stillschweigenden Billigung stimmte die Delegation aus Illinois dafür, die Dixiecrat-Delegationen ohne »Loyalitätseid« zuzulassen – eine Position, die viele Bürgerrechtsverfechter aus dem Norden auf die Barrikaden brachte. Aufgrund seiner persönlichen Überzeugung und Sorge, daß der Süden im Schoße der Demokratischen Partei verbleiben müsse, ging Stevenson nach mehreren Wahlgängen, in denen er Kefauver und Harriman aus dem Feld schlug, als Kompromißkandidat aus dem Parteitag hervor. Daraufhin wählte er Senator John Sparkman aus Alabama zu seinem Vizepräsidentschafts-Kandidaten.

Während des gesamten Wahlkampfes bemühte sich Stevenson, den Süden zu beschwichtigen, und schenkte den schwarzen Wählern in den nördlichen Industriestädten relativ geringe Aufmerksamkeit (Cochran, 1969, 221–222). »Er deutete wiederholt seine Sorge an, er könne den Süden verlieren« (Martin, 1976, 597), und versicherte immer wieder, die Lösung des Rassenproblems falle allein in den Zuständigkeitsbereich der einzelnen Bundesstaaten:

»Er griff auf einen alten Vorschlag zurück, daß der Anti-Diskriminierungsausschuß (FEPC) des Bundes seine Vollmachten an die Staaten abtreten solle, die über eigene FEPC's verfügten. Was hielt er vom Filibuster (ein parlamentarischer Geschäftsordnungstrick, mit dem damals vor allem Abgeordneten aus den Südstaaten Abstimmungen über unliebsame Gesetzesentwürfe verhinderten – d. Ü.). ›Ich denke, der Präsident sollte die Geschäftsordnung des Senats beachten. ... Ich würde sie ganz sicher studieren wollen. ... Man sagt mir, sie habe Vorzüge, aber auch Nachteile. Bezüglich der ungehinderten und freien Debatte sind auch andere Überlegungen von Bedeutung, die wir in unserem Eifer, auf einem einzigen Gebiet Fortschritte erzielen zu wollen, nicht übersehen dürfen.‹« (Martin, 1976, 611)[12]

Wie es sich herausstellte, konnte diese Beschwichtigungspolitik die Flut der Abtrünnigen bei den Wahlen von 1952 nicht eindämmen, denn es war außerdem noch eine völlig andere Kraft am Werk. Zwar kehrten die »Dixiecrat«-Staaten wieder in den Schoß der Demokratischen Partei zurück, wenn auch im Fall von South Carolina und Louisiana mit nur sehr knappen Mehrheiten. In den äußeren Südstaaten jedoch konnten die Republikaner große Gewinne erzielen: Virginia, Florida, Tennessee und Texas ließen ihre Stimmen Eisenhower zugute kommen. Die Republikaner gewannen hier insbesondere in der wachsenden weißen Mittelschicht der Großstädte dazu, während die Stärke der Demokraten vor allem bei den Weißen in den an Bedeutung verlierenden Kleinstädten und ländlichen Gebieten des tiefen Südens lag (Lubell, 1956, 179 ff.).

Die Wahlen von 1952 offenbarten also die politischen Auswirkungen einer zweiten Form des ökonomischen Wandels, der sich im Süden vollzog: der industriellen Modernisierung. Dieser Modernisierungstrend schuf eine neue weiße Mittelschicht in den Städten und Vororten (besonders in den Grenzstaaten), deren politische Sympathien sich den Republikanern zuneigten. Die Veränderungen in der Klassenstruktur wurden bei den Wahlen von 1952 offensichtlich und

»markierten einen Wendepunkt im Schicksal der Republikaner, den Beginn einer südstaatlichen Basis der Republikanischen Partei, die fortan bei Wahlen eine Rolle spielen sollte – zunächst auf der Ebene der Präsidentschaftswahlen, später auf einzelstaatlicher und kommunaler Ebene. Langsam entwickelten sich die Republikaner überall zu einer ernstzunehmenden Oppositionspartei, außer vielleicht im Kern des tiefen Südens, und sporadisch sogar dort.« (Tindall, 49)

Der Bruch zwischen dem nördlichen und südlichen Flügel der Demokratischen Partei, der sich 1948 vollzogen hatte, war, mit anderen Worten, kein vorübergehendes Phänomen. Agrarische wie industrielle Modernisierung schufen einen immer tieferen Riß. Jede dieser ökonomischen Kräfte unterhöhlte die Demokratische Basis im Süden auf andere Weise. Einige politische Beobachter kamen damals sogar zu dem Schluß, die Demokratische Partei werde womöglich nicht überleben. Zu ihnen gehörte Lubell:

»Die Bezirke mit den größten Demokratischen Mehrheiten im Norden ... werden jene, die wirtschaftlich am schwächsten sind und den größten schwarzen Bevölkerungsanteil haben – zwei Charakteristika, die die politischen Repräsentanten dieser Gebiete auf die alten Positionen des New Deal zurückfallen lassen. Sollte dieser Trend anhalten, was wahrscheinlich ist, werden die Kongreßabgeordneten dieser Bezirke in wachsende Auseinandersetzungen mit den südstaatlichen Wahlkreisen verwickelt werden: sowohl mit denen, die vom Rassenantagonismus des ländlichen Südens geprägt, als auch mit denen, die vom ökonomischen Konservativismus der aufstrebenden Mittelschichtsangehörigen in den südlichen Städten gekennzeichnet sind. ... Die grundlegenden Spannungen zwischen diesen beiden Flügeln ›sicherer‹ Demokratischer Wahlkreise sind von ausreichender Intensität, um das Auseinanderbrechen der Demokratischen Partei als Möglichkeit einzustufen.« (1956, 215–216)

Mit dieser Vorhersage hatte Lubell natürlich unrecht. Sein Fehler lag zum Teil darin, daß er nicht berücksichtigte, welch großes Interesse die politische Führung des Südens, einschließlich seiner parlamentarischen Vertreter in Washington, am Erhalt der Demokratischen Partei hatten. Schon als sich 1948 die ersten Gruppen abspalteten, hielten sich die südstaatlichen Kongreßabgeordneten von jedem Abenteuer mit einer dritten Partei fern. »Die fortdauernde Agitation für eine unabhängige politische Bewegung kam überwiegend von den ›Citizens' Councils‹ und alternden ›Dixiecrat‹-Kräften« auf einzelstaatlicher und kommunaler Ebene (Bartley, 290). Aufgrund ihrer langjährigen Zugehörigkeit zum Kongreß genossen die Parlamentarier aus dem Süden ungeheuren Einfluß auf die Bundespolitik; sie beanspruchten einen guten Teil des staatlichen Patronagesystems und besaßen ein gewichtiges Mitspracherecht bei der Vergabe von Mitteln aus dem Verteidigungsetat für den Bau von Rüstungsbetrieben und militärischen Anlagen, von denen viele im Süden angesiedelt wurden. Zudem war ein Wechsel der Parteizugehörigkeit nicht ohne Risiko für die Amtsinhaber. Denn trotz aller Spannungen wegen der Rassenfrage hatte die Demokratische Partei südlich der Mason-Dixon-Linie ihre geradezu mystische Anziehungskraft nicht verloren. Folglich beschränkten sich die Südstaatenpolitiker darauf, Republikanische Präsidentschaftsambitionen zu ermutigen, ungebundene Wahlmänner zu unterstützen und die Bundespartei mit ähnlichen Manövern unter Druck zu setzen, aber sie spalteten sich nicht ab. Ihre Politik lief faktisch darauf hinaus, daß sie der weißen Widerstandsbewegung des Südens Grenzen setzten und sie damit schwächten. Innerhalb dieser Grenzen jedoch taten sie das Ihre, um den Nord-Süd-Konflikt zu verschärfen.

Aufgrund dieser Tatsache profitierten die Schwarzen in diesem Stadium nur wenig von ihrer wachsenden Wählerstärke im Norden. Die Loyalität der Schwarzen zur Demokratischen Partei stand außer Frage; sie war sogar noch stärker geworden. Zum Wahlverhalten der Schwarzen im Kontext ihrer anhaltenden Nordwanderung stellte Lubell fest, daß »ihre Loyalität zur Demokratischen Partei ... um so mehr zugenommen hat, je größer ihre Zahl geworden ist. ... Truman erhielt einen größeren Anteil der schwarzen Stimmen als Roosevelt, während Stevenson [bei der Wahl von 1952] sogar noch mehr Stimmen aus der Negerbevölkerung erhielt als Truman« (1956, 214). Die Treue der schwarzen Wähler ermutigte die Strategen der Demokratischen Partei zu der Entscheidung, die Wählerverluste im Süden als das Hauptproblem der Partei zu definieren. So wurde die Bürgerrechtsfrage auch weiterhin dem Ziel der Parteieinheit geopfert. Zunächst war es also der Süden, der von der wahlpolitischen Instabilität profitierte. Das aber sollte sich ändern, denn nicht nur die weißen Südstaatler wurden durch die Rassenfrage aufgewühlt und auf die Barrikaden getrieben – es rumorte auch in der schwarzen Bevölkerung.

Ökonomische Modernisierung und schwarzer Aufruhr

Als die ökonomische Modernisierung die Schwarzen aus einem sozio-ökonomischen System in ein anderes schleuderte, wurde ihre Fähigkeit, sich den Kontrollen der Kastengesellschaft zu entziehen, erheblich vergrößert. Die Kontrollmechanismen, die in der ländlichen Gesellschaft mit ihrer geringen Bevölkerungsdichte und den unmittelbaren zwischenmenschlichen Beziehungen so vorzüglich griffen, verloren in der Großstadt, wo Gettoisierung zu räumlicher Trennung und Konzentration führte, ihre alte Effektivität. Daraus folgte, daß die Schwarzen »hinter den Mauern von Segregation und Isolation ... eher dazu in der Lage waren, Widerstand gegen ihre Unterdrückung aufzubauen« (Rose, xviii).

Der historische Prozeß der Mobilisierung von Widerstand gegen rassische Unterdrückung hatte seinen Ausgangspunkt im Norden, wo es keine alteingesessene Kastenordnung und keine gesellschaftlich sanktionierte Tradition des Terrors gegen Schwarze gab. Da die Industriellen die Binnenwanderung gefördert hatten, um der Arbeitskräfteknappheit zu begegnen und Arbeiterrebellionen zu unterdrücken, standen sie gewissermaßen in einer Allianz mit den Schwarzen, die diesen bis zu einem bestimmten Grad Schutz bieten konnte. Auch wurden Politiker durch den beginnenden wahlpolitischen Einfluß der Schwarzen von den extremeren Formen rassistischer Demagogie abgehalten. Die städtische Umwelt des Nordens war rauh, zweifellos, schloß aber Proteste nicht aus.

Parallel zur Massenzuwanderung brachen die ersten Proteste hervor. Befreit von der feudalen Kontrolle, begannen die Schwarzen gegen die Unterdrückung, der sie schon immer ausgesetzt waren, zu protestieren. Darüber hinaus gewährte die Segregation in den nördlichen Gettos eine gewisse Sicherheit, und die räumliche Zusammenballung verlieh den Anwohnern ein Gefühl der Stärke. So konnte Marcus Garvey während der ersten großen Migrationswelle im Ersten Weltkrieg mit seinen Appellen, die »die stigmatisierte Identität amerikanischer Schwarzer in eine Quelle persönlichen Selbstwertgefühls« (Michael Lewis, 158)[13] verwandelten, eine Million Schwarzer aus dem Norden für seine »Universal Negro Improvement Association« gewinnen. Er konnte dies tun, weil ein Volk, das gerade erst dem Joch erzwungener Minderwertigkeit entflohen war, eine Bestätigung seines Selbstwertgefühls benötigte. Zur selben Zeit und in denselben Gettos zeigten »Schwarze ... eine neue Kampf- und Verteidigungsbereitschaft« gegen die weißen Mobs, die bei Kriegsende in mehreren Dutzend amerikanischer Städte die Schwarzen terrorisierten (Woodward, 1974, 114). Zur Rolle des Streikbrechers verdammt, kämpften die Schwarzen wiederholt gegen weiße Arbeiter für das Recht auf Arbeit. Während der Depression schlugen sie sich mit der Polizei bei Wohnungsräumungen und schlossen sich dem Kampf der Arbeitslosen gegen das Fürsorgesystem an. In den Massenstreiks, die zur Gründung des »Congress of Industrial Organizations« führten, standen sie Seite an Seite mit den weißen Arbeitern gegen die Konzerne der Massenindustrie, zu denen sie Zugang als Arbeiter gefunden hatten. Im

Zweiten Weltkrieg schlossen sie sich zusammen, um Roosevelts Kriegsregiment mit einer massenhaften »Marsch-auf-Washington-Bewegung«, die sich gegen die Diskriminierung in der Rüstungsindustrie und die Segregation in den Streitkräften richtete, herauszufordern. In den Militärlagern des Südens und den umliegenden Gemeinden griffen sie zu den Waffen, um sich gegen Angriffe von Weißen zu verteidigen. Mit anderen Worten: Sobald die Möglichkeit gegeben war, sprengten die Schwarzen mit ihren Protesten »die Grenzen institutionalisierter Politik« (Michael Lewis, 151).

Die räumliche Trennung und Konzentration in den großen Städten schufen darüber hinaus eine schwarze wirtschaftliche Basis, trotz der Armut, in der die meisten schwarzen Lohnarbeiter lebten. Besonders hervorzuheben ist die allmähliche Herausbildung einer schwarzen Berufsgruppe, die sich von der Macht der Weißen relativ unabhängig machte, einer Gruppe von Priestern, Kleinunternehmern, Ärzten, Anwälten und Gewerkschaftsführern. Früher, und vor allem in den ländlichen Regionen des Südens, gehörten – wenn überhaupt – nur sehr wenige Schwarze diesen Berufsgruppen an, und diese waren meist von Weißen abhängig. Die Herausbildung einer unabhängigen Führungsschicht wurde von einer Expansion und Diversifizierung schwarzer Institutionen sowie von größerer institutioneller Unabhängigkeit von der weißen Gesellschaft begleitet. Auch diese Entwicklung wurde durch die ökonomische Basis, die aus der Konzentration und Segregation resultierte, ermöglicht. Die Kirchen hatten massenhaften Zulauf, Brüderschaften und andere Vereinigungen schossen aus dem Boden, kleine Unternehmen konnten existieren, schwarze Gewerkschaftsverbände wurden gegründet und die schwarze Presse florierte. Diese Institutionen dienten als Vehikel zur Erzeugung von Solidarität, zur Formulierung gemeinsamer Ziele und Mobilisierung kollektiver Aktion.

In der Geschichte schwarzer Proteste sollten diese beruflichen und institutionellen Ressourcen entscheidende Bedeutung gewinnen. Die »Marsch-auf-Washington-Bewegung« unter A. Phillip Randolph, dem Präsidenten der Gewerkschaft der schwarzen Schlafwagenschaffner, ist dafür ein herausragendes Beispiel. Als Führer eines segregierten Gewerkschaftsverbands genoß Randolph bei seinen Aktionen weitgehende Immunität gegen weiße Sanktionen; zudem verfügte die Gewerkschaft über die notwendigen finanziellen Mittel und beträchtliches Organisationstalent. In den Städten des Nordostens und mittleren Westens, wo ihre Züge Station machten, organisierten die Schlafwagenschaffner, jeder auch ein Kurier und »organizer«, Protestversammlungen und Demonstrationen, um Roosevelt zu zwingen, durch die Bildung einer »Fair Employment Practices Commission« (FEPC) den Schwarzen Zugang zur Rüstungsindustrie zu verschaffen. Entscheidende Bedeutung kam auch der schwarzen Presse zu, die fast einhellig hinter Randolph stand und ununterbrochen über die Aktivitäten der Bewegung berichtete. Die zunehmende Mobilisierung ließ die Solidarität schließlich Klassengrenzen überspringen:

»[Die schwarzen Mittelschichten] waren außerstande, sich der militanten Stimmung der aufbegehrenden Menge, die sie anführen wollten, zu entziehen. Mit einiger Verzögerung wurde die Organisierung der schwarzen Massen [durch Randolph] für eine bundesweite Protestdemonstration allgemein als notwendig anerkannt. Man betrachtete dies als letzten Ausweg, als dramatische Geste, um die weiße Mehrheit zu zwingen, von der bitteren Not ihrer schwarzen Brüder Kenntnis zu nehmen.« (Garfinkel, 42)

Fassen wir zusammen: Die ökonomische Modernisierung, in Verbindung mit der Isolation und Konzentration in den großen Städten, befreite die Schwarzen einerseits von ihren feudalen Fesseln und ermöglichte ihnen andererseits, das berufliche und institutionelle Fundament zu errichten, von dem aus sie den Widerstand gegen die weiße Unterdrückung aufnehmen konnten.

Die Urbanisierung hatte einen weiteren wichtigen Effekt: die auf der untersten Stufe der städtischen Sozialordnung stehenden Schwarzen waren nicht nur der rassistischen Kontrolle weitgehend entzogen, auch die mehr allgemeinen sozialen Kontrollmechanismen hatten an Wirkung eingebüßt. Eine rasche Modernisierung der Landwirtschaft geht gewöhnlich mit sozialen Auflösungserscheinungen einher; die Modernisierung im Süden machte da keine Ausnahme. Die grundlegende Ursache dafür waren Arbeitslosigkeit und Unterbeschäftigung. Im ländlichen Süden mögen die Menschen zwar nahe am Existenzminimum gelebt haben, sie waren aber doch fest in ein ökonomisches System eingebunden. Ebenso fest waren sie in ein semifeudales System sozialer Beziehungen verstrickt. Die Modernisierung aber brachte Arbeitslosigkeit mit sich, die die Menschen in die Städte trieb, wo Arbeitslosigkeit und Unterbeschäftigung für viele ein mehr oder weniger chronischer Zustand wurde.[14] Die dauerhafte Arbeitslosigkeit wiederum zersetzte das soziale Gefüge. Mit welcher Gewalt dies geschah, läßt sich anhand des wachsenden Anteils von Familien mit weiblichem Haushaltsvorstand ermessen, denn Männer, die keine Arbeit hatten, waren nicht imstande, Familien zu gründen und zu erhalten. Die Männer selbst verloren durch die Arbeitslosigkeit jede Vorstellung von der Bedeutung der Arbeit und damit auch ihre Arbeitsdisziplin. Auf diese Weise produzierte die Modernisierung der Landwirtschaft eine entmutigte, zerrüttete und daher unberechenbare Klasse, aus deren Reihen jederzeit Revolten hervorbrechen konnten. Eine der Formen, die sie annahmen, waren Gettounruhen: schon 1935 kam es in Harlem zu schweren Unruhen, die sich während des Zweiten Weltkrieges wiederholten.

Als die Zahl der Schwarzen in den Städten zunahm, gelang es ihnen, durch Proteste Konzessionen der politischen Führung zu erzwingen. Jedes dieser Zugeständnisse, waren sie auch noch so symbolisch, verlieh den Forderungen ein weiteres Stück Legitimität und gab Anlaß zu der Hoffnung, daß die Ziele erreicht werden konnten – mit dem Resultat, daß die Proteste noch weiter zunahmen. Die Zugeständnisse kamen von Politikern der nördlichen Bundesstaaten, insbesondere aus der Demokratischen Partei, und von den Bundesgerichten. Wahrscheinlich markierte die Große Depression den Anfang dieser neuen Politik. Obwohl Roosevelt nach Möglichkeit das Bürgerrechtsproblem vermied, weil er befürchtete, den Süden zu verprellen, gab er den Schwarzen doch »ein gewisses Gefühl der nationalen Anerkennung – wenn auch eher im Hinblick auf ihr Interesse an wirtschaftlicher und sozialer Gerechtigkeit als auf ihren Anspruch auf Gleichberechtigung. Immerhin stieß er das Tor der Hoffnung auf.« (Schlesinger, 806) Die Zahl der Schwarzen im Norden stieg immerfort an, und der Protest wurde intensiver. Während des Zweiten Weltkrieges waren Konzessionen unausweichlich geworden. Zwar war Roosevelt besorgt wegen der Auswirkungen, die ein FEPC auf die Rüstungsproduktion im Süden haben würde, und auch wegen der Gefahr, die Kongreßmitglieder aus dem Süden gegen sich aufzubringen; auf der anderen Seite aber war er mit der Drohung eines Marsches auf Washington konfrontiert, der ein Land, das gerade antrat, für »die Freiheit in Übersee« zu kämpfen, in erhebliche nationale wie internationale Verlegenheit gestürzt hätte. Als der geplante Beginn des Marsches nur noch wenige Tage entfernt war, lenkte Roosevelt ein und unterschrieb am 25. Juni 1941 eine Exekutivverordnung über die Einrichtung eines FEPC.

Im Präsidentschaftswahlkampf von 1948 stieß die Frage der Gewährung grundlegender Rechte für die Schwarzen mit Macht ins Zentrum der Bundespolitik. Mit Truman und Wallace, die Rassentrennung und Diskriminierung einhellig ablehnten, auf der einen, und den das Kastensystem verteidigenden Südstaatenpolitikern auf der anderen Seite, erhielt die Diskussion über die Rassenfrage eine Schärfe, wie seit dem Bürgerkrieg nicht mehr.

In dieser Periode reagierten auch andere Gruppen der nationalen politischen Führungsschicht. Nirgendwo schlug sich dies exemplarischer nieder als in den Entscheidungen des Obersten Gerichts der USA. Nach 1940 bestätigte das Gericht das Recht der Schwarzen, in Zügen, die über Bundesstaatsgrenzen hinaus verkehrten, in rassisch integrierten Speisewagen zu essen; zudem garantierte es ihnen das Recht, sich bei weißen Vorwahlen im Süden in die Wählerlisten eintragen zu lassen und zu wählen, und sich in staatlich finanzierten höheren Bildungseinrichtungen immatrikulieren zu können. Diesem Angriff auf den Rassismus waren jahrelange Bemühungen der NAACP vorangegangen; nun, in einem Klima wachsender schwarzer Proteste, machten die Gerichte endlich Zugeständnisse. Anfang der fünfziger Jahre hatte

»der Rechtsausschuß der ›National Association for the Advancement of Colored People‹ ... einen nahezu lückenlosen Argumentationsstrang gegen das Prinzip des ›getrennt, aber gleichwertig‹ entwickelt und zusätzlich einen Stab von qualifizierten und gewitzten Anwälten aufgebaut, um ihre Sache zu vertreten. In den Fällen Sipuel, Sweatt und McLaurin, die in den ersten fünf Jahren nach dem Kriege entschieden wurden, hatten sie den Obersten Gerichtshof dazu bewegt, die Definition der Gleichwertigkeit enger zu fassen, so daß allein das Prinzip, die Trennung der Rassen sei verfassungsgemäß, solange es echte Gleichheit gebe, Bestand hatte. Jetzt war die NAACP bereit, auch dieses Prinzip anzugreifen.« (Killian, 39)

Der gerichtliche Angriff auf den Rassismus der Südstaaten erreichte 1954 seinen Höhepunkt, als (durch das Urteil im Fall »Brown v. Board of Education«) die »getrennt aber gleichwertig«-Doktrin für den öffentlichen Ausbildungssektor vom Tisch gefegt wurde. Es war ein rauschender Sieg, der jedoch im ganzen Süden die Kräfte der Reaktion entfesseln und eine von Südstaatenpolitikern getragene massive Widerstandskampagne gegen die Bundesprärogative auslösen sollte. Doch sollte er auch unter den Schwarzen selbst bedeutende Auswirkungen haben, war doch das höchste

Gericht des Landes dazu gezwungen worden, dem Kampf gegen den Rassismus neue Legitimität zu verleihen.[15]

Die den Politikern und Gerichten im Norden abgerungenen Zugeständnisse schlugen Wellen auch in den Gettos des Südens. Um 1950 quollen auch dort die Gettos von der freigesetzten ländlichen Armutsbevölkerung über. Protest und Erfolg hatten sich als möglich erwiesen. Abgesehen von der fortdauernden Kastenordnung waren alle strukturellen Voraussetzungen für das Entstehen einer Protestbewegung, die in den nördlichen Gettos existierten, auch im Süden gegeben: eine von Lohnarbeitern gebildete ökonomische Basis; die daraus folgende berufliche und institutionelle Expansion und Diversifizierung; die unberechenbare Unterschicht der Arbeitslosen und Unterbeschäftigten. Zusammengeballt, abgesondert, von weißer Beeinflussung unabhängiger als jemals zuvor und mit den größten Hoffnungen ausgestattet, brach unter den schwarzen Bewohnern der südlichen Großstädte ein Sturm des Protestes hervor.[16]

Der dramatischste der ersten Proteste erschütterte Montgomery im Bundesstaat Alabama.[17] Am Donnerstag, den 1. Dezember 1935 weigerte sich Rosa Parks, eine Näherin in einem örtlichen Kaufhaus, in dem für Schwarze vorgeschriebenen Teil eines Busses zu sitzen, und wurde aufgrund der lokalen Rassentrennungs-Verordnung festgenommen. Sie war in jenem Jahr die fünfte Person, die wegen Verletzung der Sitzordnung in den Bussen von Montgomery verhaftet wurde. Allgemein war der Haß auf die Segregation gewachsen, und die Busgesellschaft zum speziellen Ziel der Empörung geworden. Nicht allein hatten die Schwarzen die Demütigung einer nach Rassen getrennten Sitzordnung zu erleiden – die bewaffneten Fahrer waren außerdem wegen der Mißhandlung schwarzer Fahrgäste berüchtigt, von denen sie sogar mehrere getötet hatten. Es war schon seit einer Weile über einen Boykott geredet worden; der »Women's Political Council«, eine Organisation schwarzer Frauen aus der Mittelschicht (die gegründet worden war, nachdem die lokale »League of Woman Voters« sich geweigert hatte, Schwarze aufzunehmen), hatte sogar schon – nach dem Beispiel einer erfolgreichen Boykottaktion in Baton Rouge ein Jahr zuvor – konkrete Schritte geplant. Eine Reihe von Treffen mit Vertretern der Busgesellschaft, in denen sie die Klagen der Schwarzen vorbrachten, waren ergebnislos geblieben.

Als sich die Nachricht von der Verhaftung herumsprach, kam es unter dem Einfluß der Vorsitzenden des »Women's Political Council« und von E. D. Nixon, einem bekannten Aktivisten aus Montgomery, der auch einflußreiches Mitglied der Gewerkschaft der Schlafwagenschaffner war, zu einer äußerst raschen Mobilisierung der schwarzen Führung. Die schwarzen Pfarrer der Stadt schlossen sich an, und die Vorbereitungen machten schnelle Fortschritte. Am Freitagnachmittag wurden in der schwarzen Gemeinde, die 50 000 Köpfe zählte, 40 000 Flugblätter verteilt, auf denen für den folgenden Montag zum Boykott aufgerufen wurde. Ein Großteil der Flugblätter wurde von den Fahrern eines schwarzen Taxiunternehmens verteilt, das sich außerdem bereit erklärte, Passagiere zum Bustarif zu befördern. Ein Zeitungsreporter, der mit den Schwarzen sympathisierte, brachte es fertig, eine Geschichte über den geplanten Boykott auf der Titelseite der Sonntagsausgabe einer lokalen weißen Zeitung zu plazieren; und schwarze Pfarrer forderten überall von der Kanzel dazu auf, sich dem Boykott anzuschließen.

Am Montagmorgen, nur vier Tage nach der Festnahme, die alles ausgelöst hatte, war der Boykott ein fast hundertprozentiger Erfolg. Am Nachmittag wurde Martin Luther King, der neu nach Montgomery gezogen und daher von etwaigen Fraktionskämpfen noch unverbraucht war, zum Führer eines ständigen Boykottkomitees, der »Montgomery Improvement Association« (MIA), gewählt. Am Montagabend versammelten sich 4 000 Schwarze – 8% der schwarzen Bevölkerung von Montgomery, in einer Kirche, um zu bestaunen und zu feiern, was sie getan hatten.

Der Kampf von Montgomery hatte begonnen. In dem Jahr, das er andauerte, wurden alle Elemente der großen Umwälzung deutlich, die den Süden in den folgenden zehn Jahren verändern sollten. Die Busgesellschaft und die Stadtverwaltung verweigerten starrköpfig jedes Zugeständnis, und die schwarze Bevölkerung stellte sich auf einen langen Kampf ein. Eine Mitfahreraktion mit 48 Ausstiegs- und 42 Einstiegsstellen wurde organisiert, die ein Jahr lang mit bemerkenswertem Erfolg operierte. Mitglieder der Stadtverwaltung und Gruppen weißer Bürger versuchten, so gut es ging, die Boykotteilnehmer einzuschüchtern: Fahrgäste, die an den Haltestellen warteten, wurden wegen Stadtstreicherei, wegen Trampens oder irgendwelcher anderer »Vergehen« verhaftet; Kraftfahrzeugversicherungen wurden gekündigt; die Führer der Boykottbewegung waren ständigen telefonischen Morddrohungen ausgesetzt.

Das Bombenattentat auf das Wohnhaus von Martin Luther King Ende Januar führte fast zu schweren Rassenunruhen. Als King dann wegen zu schnellen Fahrens verhaftet wurde, ließ man ihn so lange nicht auf Kaution frei, bis sich eine Menge von mehreren hundert Personen vor dem Gefängnis versammelte. Die Stadtverwaltung versuchte die MIA daran zu hindern, ein Büro zur Koordination des Boykotts einzurichten. Mit ständigen Verweisen auf örtliche Bau- und Feuervorschriften der einen oder anderen Art zwangen sie die MIA wiederholt umzuziehen, bis sie endlich Zuflucht in einem Gebäude fand, das einem lokalen Gewerkschaftsverband schwarzer Maurer gehörte.

Gemäßigte Kräfte in Montgomery wurden während dieser Ereignisse erfolgreich mundtot gemacht. Sogar die Kaufleute in der Innenstadt, die wegen des Boykotts schwere finanzielle Einbußen hinnehmen mußten, übten nur halbherzigen Druck für eine Beilegung aus, weil sie durch den offen zur Schau getragenen Haß der weißen Bevölkerung in ihrer Handlungsfreiheit eingeschränkt waren. Als das »White Citizens' Council« Mitte Februar Senator Eastland einlud, in Montgomery zu sprechen, kamen 12 000 Menschen, um ihn zu hören. Auch waren die führenden weißen Geschäftsleute gewarnt worden, daß sie jede Geste der Verständigung an die schwarze Bewegung mit einem Boykott ihrer Geschäfte durch die Weißen würden bezahlen müssen.

Wenn aber die Fronten in Montgomery derart verhärtet waren, so bewegte sich außerhalb Montgomerys doch allerhand. Im ganzen Land und um die ganze Welt erregte der Konflikt große Aufmerksamkeit. Spenden begannen zu fließen: von der NAACP, von den »United Automobile Workers« (die eine erhebliche Zahl schwarzer Mitglieder hatte) und von Tausenden von Einzelpersonen, vor allem aus dem Norden. Die öffentliche Meinung geriet um so stärker in Wallung, als die Führer der Boykottbewegung Ende Februar wegen einer Verschwörung zur Störung des Geschäftslebens angeklagt wurden. Der Prozeß selbst zog die weltweite Aufmerksamkeit der Presse auf sich und bot Dutzenden von schwarzen Zeugen die Gelegenheit, die Kastenordnung der Südstaaten vor einer internationalen Zuhörerschaft anzuklagen. In Alabama wurden die Angeklagten – natürlich – für schuldig befunden, doch das Urteil brachte ihnen Einladungen zu Vorträgen in vielen nördlichen Städten ein, und damit die Möglichkeit, im Norden weitere Unterstützung zu sammeln.

Der Kampf zog sich so lange hin, bis im November ein örtliches Gericht die Mitfahreraktion untersagte. Wäre es früher zu dieser Maßnahme gekommen, wäre der Boykott vielleicht zusammengebrochen (die Boykottführer waren der Auffassung, sie dürften Gerichtsentscheidungen nicht zuwiderhandeln, um vor der Öffentlichkeit nicht ihren Anspruch auf moralische Legitimität zu mindern). Doch mitten im Prozeß – die MIA-Führer waren auf den unvermeidbar negativen Ausgang gefaßt – kam die Nachricht, der Oberste Gerichtshof habe die Gesetze des Staates Alabama sowie entsprechende lokale Verordnungen über die Rassentrennung in Bussen für verfassungswidrig erklärt.

Angesichts dieses Erfolges kam es zu grausamen Vergeltungsmaßnahmen: vier Kirchen und mehrere Häuser wurden zerbombt, viele Schwarze zusammengeschlagen und beschossen. Das Klima der Gewalt alarmierte die Geschäftsleute, deren Umsatzverluste bis dahin ein erhebliches Ausmaß erreicht hatten, nun doch so sehr, daß sie schließlich erheblichen Druck auf die Stadtverwaltung ausübten, woraufhin sieben Weiße wegen der Terrorakte verhaftet wurden. Die Flut der Gewalt ebbte ab. Die schwarze Bewegung der Nachkriegszeit hatte ihre erste große Schlacht geschlagen – und ihren ersten bedeutenden Sieg errungen.

Die Mobilisierung weißen Widerstands

Der Extremismus und Terror der Weißen, der für die Geschichte des Südens so charakteristisch war und bei dem Montgomery-Busboykott und anderen Protesten jener Zeit wieder so offensichtlich wurde, bedurfte kaum der Ermunterung durch die Eliten. Sie wurde dennoch gewährt, denn als die Kastenordnung unter Beschuß geriet, erhoben sich die alteingesessenen Südstaatenpolitiker voller Wut zu ihrer Verteidigung. Respektierte und einflußreiche Persönlichkeiten verurteilten die Gerichte, die Bundesregierung und die Bürgerrechtsaktivisten wegen ihrer Einmischung in Rechte der Bundesstaaten. Sie gingen noch weiter: Senator Harry Flood Byrd von Virginia rief die Südstaatenregierungen und Lokalverwaltungen zum »massiven Widerstand« auf, um die Macht der Gerichte zu brechen. Am dramatischsten wurde diese Elitenreaktion durch die »Deklaration der Verfassungsprinzipien« – das sogenannte »Manifest des Südens« – symbolisiert, die auf Senator Strom Thurmond von South Carolina zurückging. Als sie 1956 verkündet wurde, trug sie die Unterschrift von 82 Mitgliedern des Repräsentantenhauses und von 19 US-Senatoren – das waren 101 der insgesamt 128 nationalen parlamentarischen Vertreter derjenigen Staaten, die während des Bürgerkriegs die Konföderation gebildet hatten. Die Erklärung nannte das Brown-Urteil des Obersten Gerichts von 1954 eine »eindeutige Überschreitung der Befugnisse des Gerichts«, die von »auswärtigen Agitatoren« ausgeschlachtet werde. Die Obersten Richter, so hieß es, »haben sich angemaßt, nackte juristische Macht auszuüben und an die Stelle der rechtmäßigen Gesetze dieses Landes ihre persönlichen politischen und sozialen Vorstellungen zu setzen«. Das Dokument schloß mit der Selbstverpflichtung, »alle gesetzlichen Mittel anzuwenden, um die Zurücknahme dieser Entscheidung, die im Gegensatz zur Verfassung steht, herbeizuführen«. Diese und andere Erklärungen weißer Südstaatenpolitiker (Gouverneur Herman Talmadge von Georgia verkündete, die Entscheidung des Obersten Gerichts sei »nationaler Selbstmord«) blieben nicht ohne Wirkung: so gut wie jeder Staat der ehemaligen Konföderation verabschiedete zum Beispiel Gesetze und Verordnungen gegen eine wirksame Implementation des Brown-Urteils, bis hin zur Schließung und Absperrung öffentlicher Schulen.

Die Legitimität, die die Führer des Südens damit der Mißachtung von Bundesgerichtsurteilen verliehen, ermutigte die Entstehung einer massiven weißen Widerstandsbewegung. Im gesamten Süden schossen neue Organisationen, die sich dem Erhalt der Rassentrennung zum Ziel setzten, wie Pilze aus dem Boden (nach einigen Schätzungen waren es bis zu fünfzig). Ihre Mitgliedschaft rekrutierte sich hauptsächlich aus den Kleinstädten und ländlichen Gebieten des »black belt«. Die meisten dieser Gruppen gingen irgendwann in den besser organisierten und finanzierten »White-Citizens'-Councils« auf, die auf ihrem Höhepunkt im Jahre 1956 über 250 000 Mitglieder verfügte. Doch diese

»organisierten Rassentrennungsfanatiker übten einen noch viel weitgehenderen Einfluß aus, als ihre Mitgliederzahlen vermuten ließen. Zu ihren Reihen zählten die ... Kader des massiven Widerstands. Effektive Führung und Organisation [ermöglichten es] ... den Vertretern der ›Citizens' Councils‹, als Sprecher der weißen Bevölkerung aufzutreten. Eine etwas gespannte, aber funktionsfähige Allianz mit mächtigen politischen Persönlichkeiten verlieh ihren Anführern Einfluß auf den höchsten politischen Ebenen.« (Bartley, 84)[18]

Auf der lokalen Ebene produzierten die »Citizens' Councils« riesige Mengen von Propagandamaterial gegen die Rassenintegration. Sie verunglimpften und bedrohten Weiße, die sich dafür aussprachen, die Gerichtsentscheidungen zu befolgen, und zettelten systematische Vergeltungsaktionen gegen schwarze Aktivisten an. Auf den Boykott von Montgomery war im Juni 1956 eine ähnlich erfolgreiche Kampagne in Tallahassee gefolgt, und Boykotts weißer Geschäfte verbreiteten sich auch auf andere Teile des Südens. Die »Citizens' Councils« reagierten mit der Organisierung oder Unterstützung ökonomischer Sanktionen gegen Schwarze. Unliebsame Schwarze und Sympathisanten der Bürgerrechtsbewegung wurden aus ihren Farmhäusern geworfen, verloren ihre Arbeitsplätze, und mußten zusehen, wie ihnen Kredite verweigert und Hypotheken vorzeitig gekündigt wurden. Für die zweite Hälfte der fünfziger Jahre, als die schwarze Boykottbewegung um sich griff und die ökonomischen Vergeltungsmaßnahmen der Weißen sich verschärften, läßt sich im Süden durchaus von einem Wirtschaftskrieg sprechen.

Im Präsidentschaftswahlkampf von 1956 versuchten die führenden Politiker des Landes, das explosive Rassenproblem herunterzuspielen; vor allem vermieden sie klare Äußerungen zur brisanten Brown-Entscheidung des Obersten Gerichts. Das Republikanische Wahlprogramm verkündete, die Partei »akzeptiert die [Brown-]Entscheidung«; die Demokraten führten aus, die Entscheidung habe zu »Konsequenzen von ungeheurem Ausmaß geführt«.[19] Während des Wahlkampfes erklärte Eisenhower: »Ich glaube nicht, daß man die Herzen der Menschen durch Gesetze oder Gerichtsentscheidungen verändern kann«, und Stevenson meinte auf die Frage, ob er Bundestruppen einsetzen würde, um die Entscheidungen des Gerichts durchzusetzen: »Ich hielte das für einen großen Fehler. Genau dadurch ist ja schon der Bürgerkrieg ausgelöst worden. So etwas schafft man nicht mit Soldaten oder Bajonetten. Wir müssen Schritt für Schritt vorgehen, ohne dabei Gebräuche und Traditionen zu verletzen, die älter sind als unsere Republik.« (Anthony Lewis, 1964, 108) Die Position, die die Demokraten 1956 in der Bürgerrechtsfrage einnahmen, zielte, mit anderen Worten, darauf ab, den rebellischen Süden wieder zurückzugewinnen.

Obwohl beide Parteien die Frage der Schulintegration mieden, sahen die Republikaner Chancen für ihre Partei in den Schwierigkeiten, die die Demokraten mit der Rassenfrage hatten. Es bot sich damit eine gute Gelegenheit, das Thema zu nutzen, um entweder weitere Gewinne bei den weißen Südstaatlern zu erzielen[20], oder ebenso bedeutsame Gewinne in den schwarzen Gettos des Nordens zu verbuchen. Zu einem gewissen Grad waren die Strategen der Republikanischen Partei darüber uneins, welcher Kurs der richtige wäre:

»Wie die Demokraten, waren auch die Republikaner zwischen zwei konträren Strategien hin- und hergerissen. Einige Vertreter der ›Grand Old Party‹ blickten sehnsüchtig auf die Stimmen der Schwarzen in den Nordstaaten und empfahlen eine entschlossene Bürgerrechtspolitik. Andere Parteistrategen, die den Einfluß der Demokratischen Parteiführung im Süden beobachteten, stellten sich weitere Republikanische Stimmengewinne unter den weißen Wählern südlich des Potomac vor und rieten zu einer vorsichtigen Behandlung des Problems der Desegregation.« (Anthony Lewis, 1964, 62)

Schließlich entschieden sich die Republikaner, auf die potentiellen Stimmengewinne bei den Schwarzen im Norden zu setzen, kamen doch die Republikanischen Kongreßmitglieder alle aus Nordstaaten mit hohem schwarzen Bevölkerungsanteil. Auf Drängen von Justizminister Herbert Brownell und anderen Republikanern, übermittelte Eisenhower dem Kongreß 1956 eine Bürgerrechtsvorlage, für die sich die Abgeordneten der Partei besonders stark einsetzten; der Präsident forderte von ihnen »die Unterstützung der Partei für ein Bürgerrechtsgesetz, von dem man annehmen konnte, daß es die Politik der Schwarzen revolutionieren und ihre Stimmen wieder der Partei Lincolns zuführen würde« (Evans und Novak, 115).[21] Die Nordstaaten-Demokraten gerieten durch diesen Vorstoß der Republikaner in ein erhebliches Dilemma, zumal in einem Wahljahr. Viele waren der Meinung, man müsse unbedingt entschlossen für die Bürgerrechte eintreten; andere fürchteten die Auswirkungen, die ein solches Vorgehen auf die Wählerschaft der Südstaaten haben könnte. Es endete damit, daß Lyndon B. Johnson, der Vorsitzende der Demokratischen Mehrheitsfraktion im Senat, mit anderen Abgeordneten aus dem Süden konspirierte, um den Entwurf scheitern zu lassen; bevor über das Gesetz abgestimmt werden konnte, war die Sitzungsperiode des Kongreß vorüber.

Die Wahlen von 1956 ließen erkennen, daß die Demokratische Strategie, die Bürgerrechtsfrage nach Möglichkeit zu umgehen, alles andere als erfolgreich war. Die Basis der Demokratischen

Nord-Süd-Koalition wurde ständig schwächer. Auf der einen Seite verließen immer mehr Südstaatler die Partei. Als die Stimmen ausgezählt waren, stand fest, daß Stevenson etwas schlechter als bei den Wahlen von 1952 abgeschnitten hatte. Vier Staaten des äußeren Südens – Florida, Virginia, Tennessee und Texas – blieben in Republikanischer Hand, was deutlich machte, daß sich infolge der industriellen Modernisierung teilweise ein Zweiparteiensystem entwickelt hatte. Im tiefen Süden ging zudem Louisiana verloren. Obwohl die Demokraten eine Beschwichtigungspolitik in der Rassenfrage verfolgt hatten, mußten sie damit gegenüber den Wahlen von 1952 den Verlust eines weiteren Südstaates hinnehmen. In der Folge begannen politische Beobachter Spekulationen anzustellen, daß das Zweiparteiensystem im Süden eine Wiedergeburt erleben könnte.

Auf der anderen Seite offenbarte die Wahl von 1956, daß auch die schwarze Loyalität zur Demokratischen Partei schwächer geworden war.

»Parteigebundene wie überparteiliche Sprecher der Schwarzen hatten [vor der Wahl] davor gewarnt, daß das Wiederaufleben der rassistischen Bigotterie im Süden das bisherige Bündnis gefährdete. Umfragen deuteten an, daß die Demokraten nicht mit den überwältigenden Mehrheiten in den Bezirken der Schwarzen rechnen konnten, wie sie sie regelmäßig in den vorangegangenen zwanzig Jahren erzielt hatten.« (Moon, 1957, 219)

Als die Stimmen ausgezählt waren, stellte eine Gallup-Untersuchung fest, daß »von allen größeren Bevölkerungsgruppen ... die Schwarzen ... den größten Umschwung zu Eisenhower und Nixon verzeichneten«. 1952 hatte Stevenson rund 80% der schwarzen Wählerstimmen gewonnen, 1956 nur noch rund 60%. Der Trend zunehmender Unterstützung der Schwarzen für die Demokratische Partei, der mit der Wahl von 1936 eingesetzt hatte, war jäh gebrochen.

Beobachter der Wahl von 1956 schreiben den Rückgang der schwarzen Stimmen für die Demokraten übereinstimmend Stevensons Bemühungen zu, auf Kosten der Bürgerrechtsfrage die Einheit der Partei zu erhalten. Matthews und Prothro stellen fest: »Der erhebliche Umschwung zu Eisenhower im Jahre 1956 wurde durch die Überzeugung verursacht, daß vom Standpunkt der Schwarzen aus weder Stevenson noch die Demokratische Partei in der Rassenfrage vertrauenswürdig waren.« (391–392) Diese These wird vor allem durch die Analyse der regionalen Verteilung der

Stimmenverluste gestützt: »Bezeichnenderweise war die Abwanderung der schwarzen Wähler um so stärker, je enger sie mit dem wiederauflebenden Terror in Berührung kamen.« (Moon, 1957, 226) In vielen südlichen Wahlkreisen war der Rückgang der schwarzen Stimmen für die Demokraten bestürzend. Zum Beispiel hatte »im Jahre 1952 ... der Gouverneur von Illinois (Stevenson) die farbigen Wahlkreise von Atlanta mit einer Mehrheit von über zwei zu eins gewonnen. Vier Jahre später erhielt er in denselben Wahlkreisen weniger als 15% der Stimmen.« (Moon, 1957, 221)[22]

Zwar waren die größten Verluste unter den schwarzen Wählerstimmen im Süden zu verzeichnen, aber auch im Norden signalisierten viele Schwarze ihre Unzufriedenheit mit der Demokratischen Partei, wenn auch auf andere Weise:

»In vielen schwarzen Distrikten im ganzen Land ging die Wahlbeteiligung stark zurück, besonders aber in den Industriezentren des Nordens, in denen die Demokraten in den vorhergehenden Jahren große Mehrheiten errungen hatten. Und das trotz einer Zunahme der farbigen Bevölkerung in den meisten dieser Städte. ...
In Philadelphia wurden 27 000 Stimmen weniger abgegeben als 1956, ein Rückgang um 14,7%. In den farbigen Stadtteilen von Kansas City im Bundesstaat Missouri ging die Wahlbeteiligung um ein Fünftel zurück: 5 900 weniger Wähler gaben dort ihre Stimme ab. Der prozentuale Rückgang war in Boston mit 28,5% sogar noch höher. In Atlantic City ging die Stimmenzahl der Schwarzen um 19% zurück, in Toledo um 15,6%, in Pittsburgh um 15,4%, in Chicago um 12%, in Brooklyn um 9,3%, in Youngstown (Ohio) um 9,1%, in Cleveland um 6,4% und in Harlem um 5,9%.« (Moon, 1957, 228)

Zusätzlich zur Unzufriedenheit mit der Bürgerrechtspolitik der Demokratischen Partei gingen die Stimmenverluste und verminderte Wahlbeteiligung wahrscheinlich noch auf eine weitere Tatsache zurück, daß nämlich die Demokratischen Parteiapparate in den nördlichen Großstädten nur wenig taten, um die Loyalität der Schwarzen zu erhalten. Die Schwarzen fanden in diesen Städten nur langsam Zugang zu den politischen Apparaten, die sich hauptsächlich auf weiße Arbeiter und Mittelschichtsgruppen stützten und kaum darauf vorbereitet waren, ihrer wachsenden schwarzen Anhängerschaft in größerem Umfang entgegenzukommen. Das lag zum Teil daran, daß sich die feindselige Haltung vieler Weißer gegenüber den Schwarzen intensivierte, als deren Zahl zunahm. Zum Teil lag es auch daran, daß viele große Städte fest in Demokratischer Hand waren und die Partei auf schwarze Stimmen nicht angewiesen war, so daß sich nur wenige Demokratische Parteipolitiker veranlaßt sahen, etwa Kampagnen zur Wählerregistrierung in den Gettos durchzuführen, Schwarze in Parteigremien aufzunehmen oder ihre politische Partizipation durch Patronage zu ermutigen bzw. zu belohnen.[23] So lockerte sich, als die Zahl der Schwarzen im Norden anschwoll, die Kontrolle der Demokratischen Kommunalpolitiker über die bisher ausschließlich auf ihre Partei ausgerichtete Gettobevölkerung.

Die Abwanderung schwarzer Wähler im Jahr 1956 war ein Alarmzeichen für die nationale politische Führung der Demokraten. Bis zur Mitte der fünfziger Jahre hatte die Wanderbewegung eine große Zahl von Schwarzen in den Norden gebracht; zudem ließen sich 90% von ihnen in den Innenstädten der zehn am stärksten bevölkerten Industriestaaten nieder, in Bundesstaaten also, die bei Präsidentschaftswahlen von entscheidender Bedeutung waren. In einer Reihe dieser Städte waren die Schwarzen zum größten »ethnischen« Block geworden. Von ihrer potentiellen Bedeutung für den Ausgang von Präsidentschaftswahlen her gesehen, waren sie strategisch ausgezeichnet konzentriert. Darüber hinaus wurde die Demokratische Partei von den Stimmen im Norden um so abhängiger, je deutlicher die Verluste im Süden bei den Wahlen von 1948 und 1952 wurden.

Trotz der wachsenden Bedeutung schwarzer Wähler lehnten es die Demokratischen Parteiführer auch weiterhin ab, in der Frage der Bürgerrechte Konzessionen zu machen. »Die Demokratischen Parteiführer im Norden gaben zwar zu, daß historische Ungerechtigkeiten abgestellt werden müßten«, meint Schlesinger, »glauben aber, daß stetige und solide Fortschritte über eine Reihe von Jahren hin ausreichen würden, um die Opfer der Ungerechtigkeit zufriedenzustellen und ihre beginnende Revolution einzudämmen.« (807) Wahrscheinlicher ist, daß die Demokratische Parteiführung die Loyalität der Südstaatenwähler einfach nicht noch weiter aufs Spiel setzen wollte, zumal sie damit bis 1956 nicht einmal ein Risiko einging, da doch die Loyalität der Schwarzen ungebrochen schien. Sobald aber die schwarzen Wähler genauso unberechenbar wurden wie die weißen Südstaatler, konnte die Demokratische Strategie – sich vorsichtig vorwärts zu tasten, um nicht den Süden gegen sich aufzubringen – nicht länger von Erfolg sein. Der Weg zu Konzessionen in der Bürgerrechtsfrage ist mit anderen Worten nicht, wie einige

Beobachter glauben, durch die Entstehung eines größeren schwarzen Wählerblocks in den Nordstaaten, sondern erst durch den zunehmenden Verlust schwarzer Wählerstimmen geebnet worden.

Eine dieser Konzessionen wurde bereits in dem unmittelbar auf die Präsidentschaftswahl folgenden Jahr gemacht, als der Kongreß das erste Bürgerrechtsgesetz seit 1875 verabschiedete. Das unbeständige Wählerverhalten spielte bei der Bildung der Kongreßkoalition, die das Gesetz durchbrachte, eine bedeutende Rolle. Die Demokraten hatten kaum eine andere Wahl, als die Maßnahme zu unterstützen: die Partei hätte vielleicht den Verlust weißer Südstaatler verkraften können, vielleicht auch die Abwanderung schwarzer Wähler, den Verlust beider Lager jedoch nicht. Die Republikaner fühlten sich durch das schwarze Wählerverhalten in ihrer bisher verfolgten gemäßigten Bürgerrechtspolitik bestätigt. Folglich waren es auch wieder die Republikaner, die die Initiative ergriffen und das zuvor gescheiterte Bürgerrechtsgesetz erneut vorlegten. Damit überwarfen sie sich aufs neue mit den Südstaaten-Demokraten. Die Auflösung dieser Allianz, die bisher jegliche Bürgerrechtsgesetzgebung verhindert hatte, war eine direkte Folge des veränderten schwarzen Wählerverhaltens in den nördlichen Industriestaaten.

Da nun dem Kongreß erneut ein Bürgerrechtsgesetz vorlag, riß Johnson rasch die Kontrolle an sich und setzte die notwendigen Kompromisse durch, um einen Filibuster der Südstaaten-Senatoren zu verhindern. Johnsons eigene politische Evolution in der Bürgerrechtsfrage spiegelte die Auswirkungen der erschütterten Wählerbasis der Demokratischen Partei wider – bis zur Mitte der fünfziger Jahre noch hatte sich Johnson regelmäßig geweigert, Bürgerrechtsgesetzgebung zu unterstützen:

»Seit 1937, als er zuerst in das Repräsentantenhaus kam, hatte Johnson in der Bürgerrechtsfrage stets mit *Nein* gestimmt: *Nein* zu einem Anti-Lynch-Gesetz im Jahre 1940, *Nein* zu einer Vorlage gegen die Rassentrennung beim Militär im Jahre 1950, *Nein* zu Gesetzen gegen die Wahlsteuer in den Jahren 1942, 1943 und 1945, *Nein* zu einem Anti-Diskriminierungs-Zusatz zu dem bundesstaatlichen Schulspeisungsprogramm, den der Abgeordnete Adam Clayton Powell von Harlem 1946 einbrachte. *Ja* zu einem von Senator James Eastland von Mississippi 1949 eingebrachten, gegen die Schwarzen gerichteten Zusatz zu dem ewigen Gesetzesvorschlag über die Selbstverwaltung des District of Columbia. Die Liste war lang und lückenlos.« (Evans und Novak, 109)

Johnson geriet durch den Bedeutungszuwachs der Bürgerrechtsfrage, sowie durch die Republikanischen Versuche, daraus Vorteile zu erzielen, in ein qualvolles Dilemma. Obwohl seine Macht im Senat auf der Gruppe der Südstaaten-Senatoren basierte, hatte er starke Präsidentschaftsambitionen. Um diese befriedigen zu können, mußte er sich entscheiden, ob er, der Texaner, »als Mann aus dem Westen und *nationaler* Demokrat« oder »als Südstaatler und *regionaler* Demokrat« gelten wollte (Evans und Novak, 110). Den Oppositionskurs gegen die Bürgerrechte fortzusetzen, hätte bedeutet, alle Hoffnung auf eine größere Karriere in der Bundespolitik aufgeben zu müssen.

»Die Entwicklung Johnsons zum scheinbaren Vorkämpfer für die Bürgerrechte begann nach der Zerstörung seiner Hoffnungen im Jahre 1956 [als er die Nominierung zum Vizepräsidentschafts-Kandidaten hauptsächlich aufgrund der Opposition aus dem Norden verlor]. Er hatte verstanden: der Sieg wurde in den Städten errungen, durch die Unterstützung der Gewerkschaften, der Großstadtbosse, der Schwarzen, Einwanderer, unabhängigen Wähler und wenn möglich auch der Farmer, obwohl man sich um die erst ganz zum Schluß zu kümmern brauchte. Johnson erkannte, daß wer den Süden gewinnt, nichts gewinnt. ... LBJ erkannte, daß er sich seine Magnolienblüte aus dem Knopfloch pflücken mußte, also tat er es. Also würde *er* ein Bürgerrechtsgesetz verabschieden. Und wenn nötig, auch zwei.« (Sherrill, 193)

Das Hauptproblem, dem Johnson sich gegenüber sah, war die Aussicht auf einen Filibuster der Südstaatenabgeordneten – dem mußte vorgebeugt werden. Der Entwurf enthielt Klauseln (und einen Zusatz), die dem Süden nicht gefielen; auf der anderen Seite waren die Republikaner und Demokraten aus dem Norden bereit, auf eine Änderung der Geschäftsordnung des Senats zu drängen, um das Instrument des Filibuster zu schwächen, falls der Süden die Verabschiedung des Gesetzes blockieren wollte. Da jedes der beiden Lager die Stärke der anderen Seite fürchtete, war Johnson in der Lage, Unterstützung für einen Kompromißentwurf zu sammeln, der im wesentlichen symbolischer Natur war und ohne Filibuster mit überwältigender Mehrheit (72 zu 18, wobei Johnson und vier weitere Südstaatler mit der Mehrheit stimmten) verabschiedet wurde.

Die Demokratische Partei hatte wieder einmal die tiefe Kluft in ihren Reihen umschifft. Doch es gab einen Unterschied: das Manöver war *nur* gelungen, *weil* man ein Bürgerrechtsgesetz verabschiedet hatte, so schwach es auch gewesen sein mag. Aus diesem Grund war der »Civil Rights Act« von 1957 von großer Bedeutung, läutete er doch das Ende der althergebrachten Strategie ein, regionale Gegensätze durch Vermeidung des Bürgerrechtsthemas zu überbrücken. Die wachsende Zahl und Unberechenbarkeit der schwarzen Wähler hatten es erforderlich gemacht, diesen Gegensätzen auf neue Art zu begegnen – auf eine Art, die Zugeständnisse an die Schwarzen einschloß. Fortan würde der Kampf über das Wesen dieser Konzessionen geführt werden.

Als das Bürgerrechtsgesetz von 1957 noch diskutiert und verabschiedet wurde, intensivierten die weißen Südstaatler ihren Widerstand. Es war eindeutig die Absicht der »politischen Führung des tiefen Südens ... alle zögernden Kommunen in unüberbrückbare Opposition zum Obersten Gerichtshof [zu] zwingen« (Lubell, 1956, 196). Angesichts der ungeschminkten Mißachtung der Bundesgerichte, die aus dieser Haltung folgte, war eine schwere Krise unvermeidlich. Little Rock im Bundesstaat Arkansas gehörte zu diesen zögernden Kommunen und wurde ein wichtiger Schauplatz der bevorstehenden Krise.

Als die Ideologie massiven Widerstandes vom Süden Besitz ergriff, verlor Gouverneur Faubus, selbst in der Rassenfrage eher gemäßigt, nach und nach die Kontrolle über die weiße Bevölkerung von Arkansas. Angesichts überdeutlicher Hinweise, daß es zu Gewaltaktionen von Weißen kommen würde, falls die Schulbehörde von Little Rock einer gerichtlichen Anordnung zur Integration der öffentlichen Schulen folgen sollte, bat Faubus Eisenhower um Unterstützung durch die Bundesregierung.[24] Als seine Bitte zurückgewiesen wurde, mobilisierte er am 2. September 1957 die Nationalgarde, um die Desegregation zu verhindern. Die belagerte Schulbehörde wandte sich an die Bundesgerichte und bat um Instruktionen; sie wurde umgehend angewiesen, den Plan zur Schulintegration durchzuführen. Daraufhin traten neun schwarze Schüler mutig dem gewalttätigen weißen Mob entgegen, um in die »Central High School« zu gelangen, wurden jedoch von den Nationalgardisten zurückgewiesen. Noch einmal baten Vertreter der Schulbehörde die Bundesgerichte um eine zeitweise Aussetzung des Integrationsprogramms, doch wieder wurden sie abgewiesen. Außerdem wies das Gericht das US-Justizministerium an, eine Verfügung gegen Gouverneur Faubus und die Befehlshaber der Nationalgarde zu beantragen. Am 20. September wurde der Antrag verhandelt. Noch am selben Tag untersagte das Gericht Gouverneur Faubus und der Nationalgarde, die Aufhebung der Rassentrennung weiterhin zu verhindern, woraufhin der Gouverneur die Nationalgarde umgehend abrücken ließ. Die Stadtverwaltung von Little Rock sah mit Entsetzen den Gewaltaktionen des Mob, die mit Sicherheit folgen würden, entgegen und bat die Bundesregierung um Polizeitruppen, doch wieder weigerte sich Eisenhower einzugreifen. Als während der folgenden Tage die Ausschreitungen eskalierten, mußte Eisenhower aber schließlich doch die Nationalgarde von Arkansas unter seinen Befehl stellen und Fallschirmtruppen entsenden, um die Ruhe wiederherzustellen.

Die Episode von Little Rock trug erheblich zur weiteren Polarisierung des Landes in der Rassenfrage bei. Wahrscheinlich fühlten sich beide Seiten des Konflikts durch die Ereignisse bestärkt. In den Augen der Schwarzen und ihrer Verbündeten war die Intervention der Bundesregierung ein Triumph zentralstaatlicher Macht über regionalen Rassismus. Andererseits konnte den Südstaatenpolitikern nicht entgangen sein, mit welcher Abneigung sich die Bundesregierung erst unter äußerst extremen Bedingungen in die Kontroverse hatte hineinziehen lassen, was darauf hindeutete, daß weitere Versuche zur Umgehung der Gerichte in Zukunft durchaus erfolgreich sein könnten.

Ein solcher Widerstand konnte viele Formen annehmen. 1958 erreichte zum Beispiel ein koordinierter Angriff auf das Oberste Gericht »seinen Höhepunkt ... als das Repräsentantenhaus fünf Gesetze verabschiedete, die die Autorität des Gerichtes einschränken sollten. Sie scheiterten zwar im Senat, doch die Allianz gegen das Verfassungsgericht bewies auch in der oberen Kammer eine beachtliche Stärke.« (Bartley, 291) Der militante Widerstand der Südstaaten gegen die Aufhebung der Rassentrennung, die Verabschiedung von Anti-Integrationsgesetzen in einer wachsenden Reihe von Bundesstaaten (die die Schließung öffentlicher Schulen einschlossen) und die Initiativen im Kongreß brachten zusammen »den Obersten Gerichtshof unter den schwersten Beschuß seit [Roosevelts Reformversuchen] 1937« (Bartley, 291). Ein Resultat war, daß das Gericht seine Ansichten mäßigte: zwar unterstrich es auch weiterhin das allgemeine Prinzip der Gleichheit vor dem Gesetz, wie es in der Brown-Entscheidung niedergelegt war, doch bestätigte es das Recht der Schulbehörden, Schüler nach ihrem Ermessen auf die Schulen zu verteilen, was den südstaatlichen

Behörden erlaube, eher symbolische Maßnahmen zur Schulintegration zu treffen. Kurzum: der massive Widerstand war noch lange nicht gebrochen.

Nichtsdestoweniger begannen sich die zunehmenden regionalen Spannungen, einschließlich der zögernden und tapsigen Versuche der Republikaner, sie zu ihrem Vorteil zu nutzen, für die Schwarzen auszuzahlen. Ein, wenn auch bescheidener Erfolg wurde 1960 mit der Verabschiedung eines zweiten Bürgerrechtsgesetzes erzielt:

»Johnson war sich von Beginn des 86. Kongresses an darüber klar, daß die 1958 gewählten massiven demokratischen Mehrheiten ein zweites Bürgerrechtsgesetz verlangen würden, um die bei der Sicherung des Negerwahlrechts verbliebenen Lücken zu schließen. Er hoffte, so schnell wie möglich noch 1959 und jedenfalls lange vor den Wahlen von 1960, wiederum ohne südstaatlichen Filibuster, ein Mindestgesetz verabschieden zu können. Am 20. Januar 1959 legte er seinen ersten Entwurf vor. Er enthielt in vier Teilen Bestimmungen über die Einrichtung eines Rassenschlichtungsamtes, die er schon 1957 erwogen, aber dann aufgegeben hatte. Der Entwurf wurde von Freunden und Feinden der Bürgerrechtsgesetzgebung gleichermaßen ungünstig aufgenommen. Statt dessen bildete ein von Präsident Eisenhower geförderter, viel umfassender angelegter Gesetzentwurf die Grundlage der Debatte.« (Evans und Novak, 204)

Eisenhowers Gesetzentwurf wurde Anfang 1960 debattiert. Es war ausgeschlossen, daß es Johnson gelingen würde, die Südstaatenabgeordneten zu einer Annahme des Gesetzes zu überreden; ebenso ausgeschlossen, daß er die liberalen Senatoren zu Änderungen hätte veranlassen können. Im Ergebnis kam es zu einem Filibuster, der sich monatelang hinzog und nicht gebrochen werden konnte. »Um den triumphierenden Südstaatlern entgegenzukommen, erklärten sich Johnson und Eisenhowers Justizminister William Rogers [schließlich] bereit, die beiden schärfsten Abschnitte des Entwurfs (die sich auf die Desegregation in Schulen und Berufen bezogen) zu streichen.« (Evans und Novak, 205) Damit war die Verabschiedung des Gesetzes gesichert. Übrig blieben Strafvorschriften gegen Bombenattentate, Attentatsdrohungen und die Verhinderung gerichtlicher Anordnungen, besonders Anordnungen zur Desegregierung von Schulen, sowie eine ineffektive Bestimmung über von Gerichten zu ernennende Wahlbeobachter. Die Republikanischen Senatoren stimmten geschlossen für das Gesetz, das Eisenhower am 6. Mai unterzeichnete.

Das Wiederaufleben schwarzen und weißen Widerstands

Gerade als die Demokraten sich anschickten, 1960 die Präsidentschaft zurückzuerobern, flammte der schwarze Protest wieder auf und nahm immer massivere Formen an. Jetzt provozierten nicht mehr hauptsächlich weiße Südstaatenpolitiker Konfrontationen mit der Bundesregierung – in dieser Phase begannen Bürgerrechtsaktivisten »eine Strategie des zivilen Ungehorsams [einzuschlagen], um Lokalverwaltungen in Konflikte mit den Bundesautoritäten hinein zu zwingen« (Killian, 63). Die Weißen reagierten mit zunehmender Gewalt, die von Südstaatenpolitikern, insbesondere den Gouverneuren, angestachelt wurde und sich in Form von Polizeiterror und Ausschreitungen weißer Mobs äußerte.

Am 1. Februar 1960 betraten vier Studenten des »Negro Agricultural and Technical College« in Greensboro (North Carolina) ein kleines Warenhaus, wo sie sich – unter Verletzung der Kastenordnung – demonstrativ an die Imbißbar setzten. Bedient wurden sie nicht. Von der »Diskrepanz zwischen den Versprechungen auf Integration und der scheinheiligen Wirklichkeit« (Killian, 59) beflügelt, breitete sich die Sit-in-Bewegung wie ein Steppenbrand von einem Schauplatz zum andern aus. In der zweiten und dritten Woche im Februar fanden überall im Staat schon ähnliche Aktionen statt, die von Studenten der Duke University und des North Carolina College organisiert wurden. Trotz Verhaftungen und gewalttätiger Repressalien übernahmen Studenten der Fisk University in Tennessee die Taktik, ebenso Studenten verschiedener Hochschulen in Atlanta. Innerhalb weniger Wochen »dehnten sich die sit-ins auf fünfzehn Städte in fünf Südstaaten aus« (Zinn, 6).[25]

Das Übergreifen der Sit-in-Bewegung auf Atlanta war von besonderer Bedeutung, hatte doch Martin Luther King nach einer Reihe von Vorbereitungstreffen im Anschluß an den Montgomery-Bus-Boykott die »Southern Christian Leadership Conference« (SCLC) gegründet und die Büros der Organisation in Atlanta, wo er selbst ein neues Pfarramt übernommen hatte, eröffnet. Die SCLC-Führung erkannte rasch die Bedeutung der von den Studenten initiierten Sit-in-Bewegung und bot moralische und finanzielle Unterstützung an (allerdings, wie anzumerken ist, gegen den Widerstand von Funktionären mehrerer etablierter Bürgerrechtsorganisationen). Im April versammelten sich dann, unterstützt von der SCLC, studentische Delegationen von Dutzenden von Universitäten an der

Shaw University in Raleigh (North Carolina), um das »Student Nonviolent Coordinating Committee« (SNCC) zu gründen.

Die Studenten im SNCC waren inspiriert von dem Glauben an die Wirksamkeit zivilen Ungehorsams. Zinn beschrieb sie so: »[Sie hatten] ungeheure Hochachtung vor der Durchschlagskraft von Demonstrationen, sie waren entschlossen, aus dem Labyrinth des Parlamentarismus auszubrechen und die Politiker mit einer Kraft zu konfrontieren, die den Rahmen orthodoxer Politik sprengte – mit der Kraft großer Menschenmengen auf den Straßen und bei Protestdemonstrationen.« (13) Und Kenneth Clark meinte: »Das SNCC scheint die Nase voll zu haben von den langwierigen Verhandlungen und Überzeugungsversuchen, wie die ›Urban League‹ sie praktiziert, und geht davon aus, daß der legislative und juristische Ansatz der NAACP« an seine Grenzen gestoßen war (259).

Im Sommer und Herbst 1960 kam es überall zu militanten Aktionen des SNCC. Keiner wußte genau, was eigentlich geschah oder wer beteiligt war. Es gab keine Organisation, die die Protestaktionen koordinierte[26], und einer der Teilnehmer sagte, warum: »Weil die Studenten viel zu beschäftigt waren mit Protestieren ... ›Organisation‹ brauchte eigentlich keiner, denn damals hatten wir eine Bewegung.« (Zinn, 36) Nach der Gründungsversammlung trafen sich im Oktober mehrere Hundert Delegierte in Atlanta, offensichtlich um der Bewegung, die sie geschaffen hatten, so etwas wie eine Struktur zu geben. Doch sogar jetzt gab es kaum Ansätze zu einer festgefügten Organisationsstruktur. Das SNCC »war keine ... Mitgliederorganisation. So blieb die Bindung der einzelnen Individuen an die Gruppe fließend und funktional, der Zusammenhalt ergab sich aus den Aktivitäten. ... Bog man den Zweig in eine Richtung, dann wuchs der Baum eben so.« (Zinn, 37–38)

Ähnlich bemerkte Clark: »Anstelle eines einzigen Vorsitzenden hat SNCC viele ›Sprecher‹.« (259–260) (Die bekanntesten dieser Sprecher waren vielleicht Bob Moses, Jim Forman, Stokely Carmichael und John Lewis.)

In der Tat kannten all die Organisationen der Bürgerrechtsbewegung, die sich an direkten Aktionen beteiligten, weder eine besonders entwickelte Organisationsstruktur, noch waren sie sehr erpicht darauf, eine formelle Mitgliedschaft aufzubauen. Das traf ebenfalls auf den »Congress of Racial Equality« (CORE) zu. Obwohl seine beitragszahlenden Mitglieder von wenigen Tausend im Jahre 1959 auf 80 000 im Jahre 1964 anstiegen, überstieg die aktive Mitgliedschaft nie 3 000 bis 5 000 Personen, die sich auf über einhundert Ortsgruppen verteilten (Rich, 124; Meier und Rudwick, 227). Der wichtigste Punkt dabei ist, daß die »direkte Aktion ... nur kleine Gruppen von Leuten erfordert, die allerdings so hoch motiviert sein müssen, daß sie bereit sind, das große Risiko, das bei direkten Aktionen unvermeidbar ist, zu tragen. ... CORE in den Südstaaten war ein typisches Beispiel dafür.« (Bell, 90) Kurz gesagt, die Organisationen der direkten Aktion, die sich im Verlauf der Bürgerrechtsbewegung herausbildeten, waren Kaderorganisationen.[27]

Die Kader – ob im SNCC, CORE oder in der SCLC – führten zunächst exemplarische Aktionen durch. »Das entscheidende Merkmal der SNCC-Führung scheint diese Bereitschaft zu sein, ein persönliches Risiko einzugehen, sich selbst dem Gefängnis und der Brutalität auszusetzen. Seine Mitglieder spielen die wichtige Rolle von Stoßtrupps an der vordersten und gefährlichsten Front des Rassenkampfes.« (Clark, 260) Häufig in Gruppen von nur zwei oder drei, oder einem halben Dutzend agierend, waren die Kader die aktivsten Demonstranten. Zum Beispiel waren »die ersten Sit-in-Studenten, die in den sechziger Jahren tatsächlich ihre volle Gefängnisstrafe absitzen mußten, ... Mitglieder der CORE-Gruppe von Tallahassee. Die ersten ›freedom riders‹, die ihre Strafen voll verbüßten, anstatt in die Berufung zu gehen, waren Mitglieder der CORE-Gruppe von New Orleans.« (Rich, 116) Die SNCC-Aktivisten nannten diese Taktik »Jail-no-bail« (etwa: »Knast-statt-Kaution«):

»Nachdem in Rock Hill (South Carolina) im Februar 1961 zehn Studenten verhaftet worden waren, fällte der Leitungsausschuß des SNCC auf einer Sitzung in Atlanta seine bis dahin kühnste Entscheidung. Vier Leute, so einigte man sich, sollten nach Rock Hill fahren und dort ein sit-in veranstalten, sich verhaften lassen und sich dann weigern, die Kaution zu stellen, wie es bereits die ersten zehn Studenten getan hatten, alles um der Öffentlichkeit die Ungerechtigkeit vor Augen zu halten. ... ›Jail-no-bail‹ breitete sich aus. Im Februar 1961 gingen in Atlanta achtzig Studenten der schwarzen Colleges ins Gefängnis und weigerten sich, auf Kaution freizukommen.« (Zinn, 38–39)

Derartige exemplarische Aktionen inspirierten wiederum die Mobilisierung der Massen. »Überall schnellte die Zahl der Teilnehmer an [CORE-]Demonstrationen in die Höhe«, doch nur wenige von ihnen waren auch CORE-Mitglieder (Meier und Rudwick,

227). Und obwohl die SCLC 65 Ortsgruppen im ganzen Süden hatte, war ihre formelle Struktur »amorph und symbolisch«, waren die Menschen, die in großer Zahl an ihren Demonstrationen teilnahmen, keine Mitglieder (Clark, 255–256). Die Mobilisierung erfolgte hauptsächlich über die segregierten Institutionen, in denen die Menschen bereits »organisiert« waren: die schwarzen Colleges, Kirchen und Gettoviertel. In den Jahren 1960 und 1961 mobilisierten die Aktivisten von SNCC, CORE und SCLC mit großem Erfolg schwarze Collegestudenten im ganzen Süden. Matthews und Prothro geben an, daß während des ersten Jahres 25% der schwarzen Studenten an überwiegend schwarzen Hochschulen in den elf südlichen Bundesstaaten an der Sit-in-Bewegung teilnahmen. Sie taten dies trotz permanenter Repressalien. Von diesen aktiven Studenten wurde »jeder sechste ... festgenommen, jeder zwanzigste ins Gefängnis geworfen. Ungefähr jeder zehnte berichtete, er sei gestoßen, angerempelt oder bespuckt worden, etwa derselbe Prozentsatz kam mit Prügel, Schlagstockeinsatz, Tränengas oder Brandstiftung in Berührung; weitere 8% wurden aus der Stadt gejagt. Nur 11% der Demonstranten berichteten, daß ihnen nichts zugestoßen sei.« (412–415) Den Aktivisten gelang es außerdem, die schwarze Unter- und Mittelschicht in großer Zahl für Aktionen zivilen Ungehorsams zu mobilisieren. Im ersten Jahr der sit-ins nahmen insgesamt »über 50000 Menschen – die meisten von ihnen Schwarze, aber auch einige Weiße – ... an der einen oder anderen Demonstration in einhundert Städten teil, und über 3600 Demonstranten waren eine Zeitlang im Gefängnis« (Zinn, 16).

Versuche zur Überwindung der politischen Instabilität

Durch die Verhaftungen, gewalttätigen Ausschreitungen und Brutalität der Polizei geriet die nationale politische Führung rasch in ein größeres Dilemma. Zum Beispiel wurde King am 25. Oktober – nur ein paar Tage vor der Präsidentschaftswahl von 1960 – verhaftet und verurteilt, weil er seine Bewährungsauflagen innerhalb der vom Gericht festgesetzten zwölfmonatigen Frist verletzt habe. Verurteilt worden war er wegen eines unbedeutenden Verkehrsdeliktes, der Verstoß gegen die Bewährungsfrist bestand in der Teilnahme an einem studentischen sit-in; das Urteil dafür lautete auf vier Monate Zwangsarbeit im Staatsgefängnis von Reidsville, einem Straflager im ländlichen Georgia. Über Nacht wurde das Weiße Haus mit Telegrammen und Briefen von Gouverneuren, Kongreßabgeordneten, einfachen Bürgern und ausländischen Würdenträgern überschwemmt, die alle um Kings Sicherheit in den Händen südstaatlicher Gefängniswärter aus der tiefen Provinz fürchteten.

Präsident Eisenhower und Präsidentschaftskandidat Richard Nixon wogen die potentiellen Stimmenverluste und -gewinne im Fall einer Intervention gegeneinander ab und entschieden dagegen. Kennedy entschied sich anders, und einige Beobachter behaupten seitdem, daß diese Entscheidung ihm letztlich den knappen Sieg eingebracht habe (Schlesinger, 810–811). Sein Anruf bei Kings Frau und der Anruf Robert Kennedys bei dem Richter, der King verurteilt hatte, lösten unter den Schwarzen im ganzen Land unbeschreibliche Begeisterung aus. Binnen weniger Tage nach Kings prompter Entlassung aus dem Gefängnis kursierten in den Gettos zwei Millionen Exemplare einer Broschüre, in der die Inaktivität der Republikanischen Partei verurteilt und Kennedys Vorgehen gepriesen wurde.

Im allgemeinen war die Demokratische Wahlkampagne jedoch von einer eher ambivalenten Haltung in der Rassenfrage gekennzeichnet. In Kennedys bisheriger Karriere hatte nichts darauf hingedeutet, daß seine Überzeugungen in der Rassenfrage besonders ausgeprägt gewesen wären:

»Da die Bürgerrechte eine so wichtige und dramatische Rolle während seiner Präsidentschaft spielten, werden Historiker immer an Kennedys früherem Standpunkt in der Bürgerrechtsfrage interessiert sein. Bis zum Präsidentschaftswahlkampf von 1960 setzte sich Kennedy nicht besonders stark für die Schwarzen ein. Während seiner Bewerbung um die Vizepräsidentschaftskandidatur im 1956 umwarb er die Delegation aus dem Süden und betonte seine gemäßigte Haltung. Nach 1956 bemühte er sich, das Wohlwollen, das ihm aus dem Süden entgegenschlug, am Leben zu erhalten, und seine dortigen Reden – in die er wenig schmeichelhafte Bemerkungen über ›Carpetbaggers‹ wie Gouverneur Alcorn aus Mississippi und Lob für L. Q. C. Lamar und andere Verfechter südstaatlicher Interessen nach dem Bürgerkrieg einflocht – klangen ein wenig nach Claude Bowers' *Tragic Era*. 1957 schlug er sich während der Debatte über das Bürgerrechtsgesetz auf die Seite der Befürworter des O'Mahoney-Zusatzes, der vorsah, Geschworenengerichte über die Mißachtung von Gerichtsentscheidungen urteilen zu lassen. Militante Bürgerrechtler betrachteten den Zusatz als eine Kastration des Gesetzes, da Angeklagte, die Schwarze an der Ausübung ihres Wahlrechts behindert hätten, vor Geschworenenjuries im Süden eher Gnade finden würden als vor Bundesrichtern.« (Carleton, 279)[28]

Auf dem Nominierungsparteitag wurde eine größere Auseinandersetzung mit den Südstaatenextremisten vorsichtig vermieden. »Die Kennedy-Leute taten alles, um die Südstaatler nicht durch irgendwelche Aktionen, die über eine klare Bürgerrechtsaussage im Wahlprogramm hinausgingen, gegen sich aufzubringen.« (Tindall, 42)[29] Der Wahlkampf der Republikaner war von ähnlicher Ambivalenz gekennzeichnet. Obwohl Nixon einem Abschnitt im Parteiprogramm, in dem mit starken Worten nach Bürgerrechten verlangt wurde, zugestimmt hatte, führte er eine heftige Wahlkampagne in der weißen Südstaatenbevölkerung, vermutlich in der Hoffnung, aufgrund der Kontroverse um Kennedys Katholizismus weitere Stimmenzuwächse erzielen zu können, und warb unterschwellig um die Stimmen der Segregationisten.[30] In dieser unklaren Situation liefen Florida, Tennessee und Virginia zu den Republikanern über, während aus den Wahlen in Alabama und Mississippi ungebundene Wahlmänner hervorgingen. Die Schwarzen aber kehrten zur Demokratischen Partei zurück. Kennedy erhielt 68% ihrer Stimmen, das waren 8% mehr als Stevenson 1956.

Darüber hinaus muß betont werden, daß die Rückkehr der schwarzen Wählerstimmen exakt an den richtigen Stellen erfolgte. Überwältigende Mehrheiten in einigen der größten Gettos verhalfen Kennedy zum Gewinn wahlentscheidender Bundesstaaten, und das mit hauchdünnen Mehrheiten:

»Kennedys Stärke in den großen Städten des Nordens, wohin die Schwarzen aus dem Süden gezogen waren, war entscheidend für den hauchdünnen Sieg der Demokraten in den acht Bundesstaaten, die von Experten bei knappem Wahlausgang für ausschlaggebend über Sieg oder Niederlage gehalten werden: New York, Illinois, Pennsylvania, Michigan, Maryland, Missouri, Minnesota und New Jersey. Alle von ihnen – bis auf Missouri – waren 1956 an Eisenhower gefallen; 1960 gingen alle acht an Kennedy aufgrund seiner Überlegenheit in den großen Städten. Am Beispiel Philadelphias ließ das ›Republican National Committee‹ Wahlkreis für Wahlkreis untersuchen, welches die Gründe dafür waren. Die Studie zeigte unter anderem, daß ihr Kandidat nur 18% der schwarzen Stimmen hatte gewinnen können, Kennedy dagegen 82.« (Fuller, 113)

Wenn nach den Wahlen von 1960 eine Gruppe Grund hatte, Maßnahmen des Präsidenten zu ihrem Vorteil zu erwarten, waren es die Schwarzen. Ohne ihre massive Unterstützung in den wichtigsten

Industriezentren hätte Kennedy die Wahl nicht gewinnen können.[31] Dennoch sollten »fast zwei Jahre vergehen, bevor Kennedy wieder zum Telefon griff« (David Lewis, 1970, 130). Er war nur mit knapper Mehrheit ins Amt gekommen und hätte aufgrund der weißen Stimmenverluste im Süden die Wahl fast verloren. Noch immer schien daher eine Beschwichtigungspolitik gegenüber dem Süden ratsam.

Darüber hinaus fürchtete Kennedy (wie schon andere Demokratische Präsidenten vor ihm), durch eine Konfrontation mit dem Kongreß in der Bürgerrechtsfrage Unterstützung für andere innenpolitische Gesetzesvorhaben zu verlieren. »Der Grund lag in politischer Arithmetik. ...« (Sorenson 1965, 475) »Eine Zementierung der konservativen Koalition – indem man eine Streitfrage anschnitt, bei der die Südstaatler schon immer die Unterstützung der Republikaner im Austausch für die Opposition der Südstaatler gegen andere Vorlagen gesucht hatten – konnte sein ganzes Programm scheitern lassen.« (Sorenson 1967, 444; vgl. auch Schlesinger, 811) So entschied sich der Präsident, anstelle gesetzlicher Änderungen die Möglichkeiten der Exekutive voll auszuschöpfen:

»Kennedys Aufgabe bestand darin, auf dem Wege von Exekutivmaßnahmen soviel zu erreichen, daß Forderungen nach neuen Gesetzen unter Kontrolle gehalten werden konnten. Die Macht zur Durchsetzung der bestehenden Bürgerrechtsgesetze lag beim Justizministerium; die Handhabung der Macht oblag dem Justizminister. In dieser Lage konnte Kennedy nicht nur vermitteln, auf welcher Seite sich die präsidiale Autorität befand, sondern auch seine persönliche moralische Position deutlich machen. ... Wenn es dem Justizminister Kennedys gelang, das Vertrauen derjenigen, deren Hauptsorge die Bürgerrechte waren, zu gewinnen und den Eindruck zu vermitteln, daß sich auf diesem Gebiet etwas bewege, konnte der Präsident seine Unterstützung für neue Bürgerrechtsgesetze so lange hinauszögern, bis der Kongreß bewilligt hatte, wozu es der Stimmen aus dem Süden bedurfte.« (Fuller, 112, 116)[32]

So wurde das Justizministerium zum Hauptinstrument der Administration in der Bürgerrechtspolitik. Bürgerrechtsklagen erhielten im Ministerium eine höhere Priorität, und es wurden mehr Gerichtsverfahren als vorher, insbesondere auf den Gebieten Schulintegration und Wahlrecht eingeleitet. Gleichzeitig berief Kennedy jedoch Südstaatler ins Verfassungsgericht, die bei den Schwarzen großes Mißfallen hervorriefen. James Farmer gibt die Gefühle der Aktivisten wieder:

»Sicherlich leitete das Justizministerium mehr Verfahren wegen Verletzung der Vorschriften zur Wählerregistrierung ein als unter Eisenhower, doch hatte Kennedy, vermutlich mit der Zustimmung des Justizministeriums, drei bekannte Rassisten ins Oberste Gericht berufen: William Harold Cox aus Mississippi [der zweihundert Antragsteller auf Wahlzulassung ›einen Haufen Nigger ... Schimpansen, die eher in einen Film gehören als auf die Wählerlisten‹ genannt hatte], J. Robert Elliott aus Georgia [›Ich will nicht, daß diese Kommunistenfreunde, Radikalen und Schwarzen mehr Stimmen zusammenbringen als diejenigen Wähler, die unsere Segregationsgesetze und Traditionen bewahren wollen‹] und E. Gordon West aus Louisiana [der die Schulintegrationsentscheidung von 1954 ›eine der wahrlich bedauernswerten Entscheidungen in der Geschichte‹ nannte]. Rassistische Bundesrichter bilden heute vielleicht das größte Hindernis bei der Durchsetzung der Gleichberechtigung im Süden.« (40)

Im Beschäftigungsbereich erließ Kennedy eine Exekutivverordnung gegen diskriminierende Beschäftigungspraktiken bei Bundesbehörden und stellte mehr Schwarze ein als alle vorherigen Regierungen; unter anderem verhalf er einer Reihe von Schwarzen zu führenden Regierungspositionen. Ferner instruierte er alle Ministerien, Schwarze systematisch in höhere Posten aufzunehmen. So stieg die Zahl der Schwarzen in mittleren Beamtenpositionen von Juni 1961 bis Juni 1963 um 36,6% und im höheren Dienst um 88,2% (Schlesinger, 813). Ebenso versuchte der Präsident, über das von Vizepräsident Johnson geführte »President's Committee on Equal Employment Opportunity« die Diskriminierung im privaten Sektor einzuschränken, wenn auch im Zuge der Aktivitäten des Komitees keine Bundesaufträge an private Arbeitgeber gekündigt wurden.

Der Widerstand verstärkt sich

Allein: die Aktivitäten der Kennedy-Administration an der Bürgerrechtsfront gingen den Südstaatenpolitikern zu weit, den Bürgerrechtsaktivisten jedoch bei weitem nicht genug. Folglich eskalierten beide Seiten ihren Widerstand – die einen, um die Bemühungen der Bundesregierung um Gleichberechtigung zu schwächen, die anderen, um sie zu verstärken. Zu den dramatischsten Aktionen in diesem Zeitraum gehörten die »freedom rides« (»Freiheitsfahrten«, d.h. organisierte Bus- oder Zugfahrten in den amerikanischen Süden zur Aufhebung der Rassentrennung im Transportwesen – d.Ü.) von Bürgerrechtsaktivisten und die Konfrontationen um die Integration des Erziehungswesens, die von mehreren Südstaaten-Gouverneuren heraufbeschworen wurden.

Zu den herausragendsten Symbolen der Kastenordnung des Südens gehörte die Rassentrennung in Busstationen und Bahnhöfen – von Warteräumen über Bahnhofsrestaurants bis hin zu den Toiletten. Da diese öffentlichen Einrichtungen zum Zuständigkeitsbereich einer Bundesbehörde – der »Interstate Commerce Commission« (ICC) – gehörten, waren sie ein logischer Schauplatz für Konfrontationen über die Rassentrennung. Im Frühjahr 1961 beschloß der »Congress of Racial Equality« unter seinem neuen Vorsitzenden James Farmer[33], »freedom riders« in den Süden zu schicken.[34] Die »freedom rides« (denen sich später auch die SCLC, das SNCC und das »Nashville Student Movement« anschlossen) riefen einige der schlimmsten Gewalttaten weißer Mobs in dieser Zeit hervor. Insgesamt gab es ungefähr ein Dutzend verschiedener »freedom rides«, an denen sich rund 1000 Personen beteiligten (Lomax, 161; Schlesinger, 815). Nach jeder der gewalttätigen Konfrontationen und Massenverhaftungen stand die Bundesregierung vor der Frage, ob sie in den Konflikt eingreifen sollte. Eins stand jedenfalls fest: die Bürgerrechtsaktivisten würden auf keinen Fall aufgeben. James Farmer drückte den Geist der »freedom rides« aus, als er erklärte: »Für die Beteiligten waren die Gefängnisse nichts Neues, aber für die Gefängnisse von Mississippi waren die ›freedom riders‹ bestimmt etwas Neues.« (Zinn, 57) Viele der Teilnehmer an den verschiedenen Fahrten hatten in der Tat schon Erfahrungen mit Südstaatengefängnissen gemacht; sie waren Veteranen der sit-ins und der »jail-no-bail«-Proteste. Die Gefängnisse waren zu der Feuerprobe geworden, aus der die Kader des zivilen Ungehorsams hervorgingen.

Die Kennedy-Administration wurde fortwährend in den Konflikt der beiden aufeinanderprallenden Seiten hineingezogen. Mit ihren Reaktionen schüttete sie nur Öl ins Feuer: wenn die Bundesregierung sich hinter die Ziele der Bewegung stellte – entweder symbolisch oder durch verschiedene administrative Maßnahmen –, fühlten sich die Beteiligten ermutigt, wie frustriert sie auch sonst wegen der Verzögerung und Kompromisse aus Washington gewesen sein mögen. Als der Präsident beispielsweise bei einer Pressekonferenz nach den »freedom rides« gefragt wurde, antwortete er: »Der Justizminister hat unsere Auffassung klar und deutlich herausgestellt, daß jeder, der reist – ganz gleich aus welchem Grund (sic) –, den vollen Schutz der Gesetze und der Verfassung genießen muß.« (Schlesinger, 815/816) Schließlich griff der Justizminister ein, um die »freedom rides« in Montgomery zu beschützen, da dort die Gewalt ein Ausmaß erreichte, das sich nicht länger ignorieren ließ:

> »Die Gewalt nahm solche Ausmaße an und geschah so offen, daß Justizminister Robert Kennedy 400 Mann der Bundespolizei nach Montgomery beorderte, um die Ordnung aufrechtzuerhalten. Am Abend des 21. Mai hielt Dr. King eine Massenversammlung in Montgomerys First Baptist Church ab. Während die Veranstaltung ablief, rottete sich draußen vor der Kirche ein weißer Mob zusammen. Zwischen den tausend Schwarzen in der Kirche und dem Mob stand ein Trupp Bundespolizisten und Stadtpolizei von Montgomery. Irgend jemand aus der Menge rief: ›Wir wollen auch Integration. Laßt uns zu ihnen rein.‹ Danach hagelte es Flaschen und Pflastersteine auf die Kirche. Die Bundessheriffs schlugen mit Tränengas zurück. Die Schlacht wütete fast die ganze Nacht.
> In der Kirche hakten sich die Schwarzen gegenseitig ein und sangen die Hymne der Bürgerrechtsbewegung: ›We Shall Overcome‹.
> We are not afraid ... We are not afraid ... We are not afraid today ... Oh, deep in my heart, I do believe ... We shall overcome someday.
> (Wir fürchten uns nicht ... Wir fürchten uns nicht ... Auch heute fürchten wir uns nicht ... Oh, tief in meinem Herzen, da glaube ich ... Eines Tages werden wir siegen.)« (Bleiweiss, 84–85)

Innerhalb nur weniger Monate nach diesem Ereignis ordneten die Bundesgerichte und die ICC die Desegregation aller Bahnhofseinrichtungen an, sowohl für die Passagiere der Busse und Züge, die die Grenzen einzelner Bundesstaaten überquerten, als auch der innerstaatlichen Transportmittel.

Versuche zur Kanalisierung der Bürgerrechtsbewegung

Nach dem Beginn der studentischen sit-ins und »freedom rides« versuchte die Kennedy-Administration, die Bürgerrechtsbewegung von ihrer Konfrontationstaktik abzubringen und sie statt dessen zum Aufbau einer starken schwarzen Wählerschaft im Süden zu bewegen. Die Haltung der Regierung in dieser Frage ist nicht schwer zu verstehen. Die Taktik der Konfrontation führte – zusammen mit den Gewalttaten der Polizei und weißer Zivilisten, die sie provozierte – überall zu einer Polarisierung der öffentlichen Meinung. Die Gewaltexzesse stürzten die Kennedy-Administration immer wieder in ein qualvolles politisches Dilemma: Sollte sie intervenieren, um die Bürgerrechtler zu schützen und dem Gesetz zur Geltung zu verhelfen, oder sollte sie nicht? Jegliche Intervention würde die eine Seite im Kampf um die Bürgerrechte empören, passive Zurückhaltung die andere – so oder so mußte sich die Kluft in der Demokratischen Wählerschaft vertiefen.

Folglich unternahm die Regierung Schritte, um das Ausmaß des Konfliktes zu reduzieren, indem sie versuchte, die Bürgerrechtler von der offenen Konfrontation über die Aufhebung der Rassentrennung in Schulen, Wartesälen, Toiletten, Parks und Schwimmbädern, die die weißen Südstaatler so aufbrachte, abzubringen. Statt dessen schlug sie vor, die Bürgerrechtler sollten sich auf die Registrierung schwarzer Wähler konzentrieren, weil in den Worten von Schlesinger

»das Stimmrecht der Schwarzen ... keine sozialen oder sexuellen Ängste aus[löste], und die Weißen im Süden kaum mit dem gleichen moralischen Eifer gegen das Wahlrecht ihrer farbigen Mitbürger argumentieren [konnten] wie gegen die Rassenmischung in den Schulen. Kurz, die Konzentration auf das Wahlrecht schien das beste verfügbare Mittel, um den weißen Süden zu überzeugen.« (814)

(Diese Meinung ignorierte unerklärlicherweise das tiefverwurzelte Interesse weißer Südstaatenpolitiker an der weiteren Verweigerung des Wahlrechts für die Schwarzen; noch berücksichtigte sie das – zwar abnehmende, aber noch immer wichtige – Interesse der Plantagenbesitzer im »black belt« an der Unterdrückung der Schwarzen.)

Außerdem erkannte die Kennedy-Administration – wie sowohl Sorenson als auch Schlesinger verdeutlichen – allmählich, daß eine Ausdehnung des Wahlrechts auf die Schwarzen die Möglichkeit bot, verlorenes Terrain der Demokratischen Partei im Süden zurückzugewinnen. Die Schwarzen im Süden repräsentierten ein gewaltiges, noch gänzlich unberührtes Reservoir Demokratischer Wähler: ihre Zahl konnte die Verluste weißer Südstaatenwähler wieder wettmachen. Diese Erkenntnis machte es erforderlich, der Durchsetzung des Wahlrechts größere Aufmerksamkeit zu schenken. Auf diese Weise

»passierte die Abschaffung der Wahlsteuern bei Bundeswahlen, die schon seit zwanzig Jahren angestrebt wurde ... schließlich beide Häuser des Kongresses, wurde vom Präsidenten und vom Nationalen Demokratischen Komitee durch die Parlamente der Bundesstaaten gepeitscht und wurde damit zum vierundzwanzigsten Zusatz zur Verfassung. Der Präsident glaubte, daß allein die Zahl der Schwarzen und weniger begüterten Weißen, denen durch diese Maßnahme die Wahl ermöglicht wurde, beim Rennen um die Wiederwahl im Jahre 1964 in Texas und West Virginia ihm einen Stimmenzuwachs bringen könnte.« (Sorenson, 444)

In demselben Sinne schrieb Kennedy, als er die Berichte seines Justizministers über den Fortschritt in der Wahlrechtsfrage nach zwei Jahren durchsah: ›Treib die Sache weiter voran.« Schlesinger glaubte in diesen Ereignissen einer Parallele zu den frühen Jahren des New Deal zu erkennen: »Eine Generation zuvor hatte Roosevelt die Energien und Hoffnungen der Gewerkschaftsbewegung im New Deal aufgefangen. [Ebenso] versuchte Kennedy 1963, die Negerrevolution in die demokratische Koalition einzubeziehen und sie so für die Zukunft Amerikas in Freiheit nutzbar zu machen.« Lassen wir die Frage, ob der Zukunft amerikanischer Freiheit gedient worden ist, einmal beiseite, kann jedoch nur wenig Zweifel darüber bestehen, daß die Einbeziehung der schwarzen Südstaatenbevölkerung in die New-Deal-Koalition der Zukunft der Demokratischen Partei dienen würde.

In Übereinstimmung mit dieser politischen Strategie argumentierte die Kennedy-Administration bei ihren Verhandlungen mit Bürgerrechtsgruppen auch, das Wahlrecht sei das »Sesam-öffne-dich für alle anderen Rechte« (Navasky, 169; vgl. ebenfalls Sorenson, 447; Schlesinger, 814). Dementsprechend sei es die Aufgabe der Bundesregierung, das Wahlrecht auf dem Rechtsweg durchzusetzen, und die Aufgabe der Bürgerrechtsbewegung, für die Registrierung der Schwarzen als Wähler zu sorgen. Bei diesen Verhandlungen mit den Führern der Bürgerrechtsbewegung leistete die Kennedy-Administration jedoch mehr als reine Überzeugungsarbeit.

Sie operierte darüber hinaus in einer, wie Schlesinger es nennt, »Aktion hinter den Kulissen«, die in ihrer Dringlichkeit »an die Anstrengungen zur Befreiung der Schweinebucht-Gefangenen erinnerte« (814), mit umfangreichen finanziellen Anreizen. Im Juni 1961 »trafen Vertreter des SNCC, der SCLC, der ›National Student Association‹ und des CORE [auf dessen Einladung] mit dem Justizminister zusammen. Kennedy erklärte, daß seiner Meinung nach Projekte zur Wählerregistrierung weitaus konstruktiver wären als ›freedom rides‹ und andere Demonstrationen. Er versicherte den Konferenzteilnehmern, daß die notwendigen Geldmittel über private Stiftungen zur Verfügung gestellt werden und Beamte des Justizministeriums, einschließlich FBI-Agenten, jede

nur mögliche Unterstützung und Kooperation gewähren würden.«
(Meier und Rudwick, 173; Zinn, 58)[35]

Innerhalb der Bürgerrechtsbewegung riefen diese Kanalisierungsversuche sowohl Bestürzung als auch Enthusiasmus hervor.

»Während viele CORE-, SNCC- und SCLC-Aktivisten Kennedys Vorschlägen skeptisch gegenüberstanden und sie als einen bewußten Versuch, sie von direkten Aktionen abzubringen, ansahen, waren andere ohnehin schon zu dem Schluß gekommen, daß direkte Aktionen kein Allheilmittel seien und daß die Wählerregistrierung die notwendige Basis für weiteren Fortschritt bilden würde.« (Meier und Rudwick, 172)

Wieder andere, unter ihnen King, meinten, beide Herangehensweisen seien notwendig:

»Immer wieder stimmten wir zu, daß zwar das Recht, an Wahlen teilnehmen zu können, sehr wichtig sei, aber wir erklärten auch immer wieder mit Geduld, daß die Neger nicht alle anderen Rechte vernachlässigen wollten, um sich nur auf das eine zu beschränken, das besonders ins Scheinwerferlicht gestellt wurde.« (1965, 19)

Über dieser Frage brach SNCC fast auseinander. Die eine Fraktion, die die Bedeutung direkter Aktionen hervorhob, war davon überzeugt, das Interesse der Kennedy-Administration an der Wählerregistrierung sei ein getarnter Versuch, »die Militanz der Studentenbewegung zu dämpfen«, während die andere Fraktion davon ausging, daß Wählerregistrierung den Schlüssel zum Sturz des südlichen Kastensystems darstellte (Zinn, 59). Die Spaltung wurde schließlich dadurch vermieden, daß für jede der beiden Strategien eine eigene Abteilung innerhalb der Organisation geschaffen wurde: eine Fraktion verfolgte auch weiterhin eine Konfrontationsstrategie (die sich vor allem gegen die Rassentrennung in Hotels und Gaststätten richtete), die andere führte Kampagnen zur Wählerregistrierung durch. Da alle Bürgerrechtsorganisationen auf die eine oder andere Weise der Verlockung des Urnenganges erlagen und die Bundesregierung ihre finanzielle Unterstützung und ihren Schutz zugesichert hatte, kam es zwangsläufig zu einer Kampagne zur Registrierung schwarzer Wähler in den Südstaaten. Zum Frühjahr 1962

»lief das Voter Education Project schließlich an. ... Es war für einen Zeitraum von zweieinhalb Jahren geplant und kostete 870000 Dollar, die fast vollständig von der Taconic und der Field Foundation sowie vom Stern Family Fund aufgebracht wurden. Da bei Beginn des Projekts nur 25% der Schwarzen im Süden registriert waren, wurde erwartet, daß die Kampagne noch rechtzeitig zur Präsidentschaftswahl von 1964 wesentliche Veränderungen hervorbringen werde.« (Meier und Rudwick, 175)

Obwohl es der Kennedy-Administration gelang, viele Mitglieder des SNCC und anderer Bürgerrechtsorganisationen in die Kampagnen zur Wählerregistrierung einzubeziehen, sollte sich bald herausstellen, daß ihr Versuch, sie von ihrer Konfrontationsstrategie abzubringen, keinen Erfolg hatte. Mochte ihre Auffassung vom politischen Wahlsystem auch noch so traditionell sein, ließen sich die Aktivisten, die nun ausschwärmten, um die schwarze Armutsbevölkerung zu registrieren, dennoch vom Elan der sit-ins, »freedom rides« und der übrigen Konfrontationstaktiken mitreißen. Da sie beabsichtigte, Macht durch den Stimmzettel zu gewinnen, war es darüber hinaus nur natürlich, daß sie sich auf die Wahlbezirke im »black belt«, wo es potentielle schwarze Mehrheiten gab, konzentrierten. Aus eben diesem Grund aber standen sie auch den erbittertsten und sich am stärksten bedroht fühlenden Lokalpolitikern gegenüber, denen eine Polizei zur Seite stand, die wie nirgendwo sonst in den USA zu zügellosem Terror fähig war. Zudem griffen diese Politiker zu allen möglichen Formen ökonomischen Drucks auf die schwarze Armutsbevölkerung, um deren Wählerregistrierung zu verhindern. So wurden Schwarze entlassen, zwangsgeräumt oder von der Lebensmittelhilfe des Bundes abgeschnitten:

»Als die Flut der Wähleranträge in Greenwood [Mississippi] anschwoll [obwohl während der ersten sechs Monate der SNCC-Aktivitäten dort nur ganze fünf Schwarze offiziell den Test, den das Wahlamt ihnen vorlegte, bestanden hatten], wurde die ökonomische Schraube gegen die farbige Bevölkerung angezogen. Die Winter waren in den Landgemeinden von Mississippi schon immer karg gewesen, und die Leute waren auf die Lebensmittellieferungen der Regierung angewiesen. Im Oktober 1962 stoppte das ›Board of Supervisors‹ von Leflore County die Verteilung der Lebensmittellieferungen, wovon 22000 Menschen – hauptsächlich Schwarze –, die von ihnen abhängig waren, betroffen wurden.« (Zinn, 86)

Es kam vor, daß Bürgerrechtler in ländlichen Wahlkreisen nach einem Jahr Arbeit zwar auf zahllose Verhaftungen, Prügel und sogar einige Todesopfer zurückblicken konnten, nicht aber auf registrierte schwarze Wähler.

Angesichts dieser Fehlkalkulation wollte die Regierung von ihren Versprechungen, die Wahlrechtsaktivisten zu schützen, nichts mehr wissen. Die Regierung hatte zwar gehofft, im Süden Stimmen dazuzugewinnen, aber nicht zum Preis einer verschärften Rebellion weißer Südstaatler (besonders im Kongreß) gegen die nationale Demokratische Partei. Vor diese Alternative gestellt, wurden die Bürgerrechtler geopfert. Trotz extensiver Dokumentierung von Wahlrechtsverletzungen und trotz extensiver Dokumentierung von Gewalttaten gegen Bürgerrechtsaktivisten, weigerte sich die Kennedy-Regierung immer wieder einzugreifen.

Zur Rechtfertigung ihrer fortgesetzten Beschwichtigungspolitik gegenüber dem Süden argumentierte die Kennedy-Administration, es mangele der Bundesregierung an Autorität, um gegen Gouverneure, Polizeichefs und andere Südstaatenpolitiker vorzugehen (Navasky, 221). Am Ende blieben sogar die juristischen Vorstöße der Kennedy-Administration stecken, denn die zuständigen Bundesrichter im Süden (und nicht zuletzt die von Kennedy selbst berufenen) gehörten oft zu den kompromißlosesten Rassisten:

»Der nachweisbare Schaden, den diese Richter anrichteten, war dreifacher Natur: Erstens schoben sie die Gerechtigkeit gnadenlos auf die lange Bank – womit sie die Durchsetzung der verfassungsmäßigen Rechte, die schon seit über hundert Jahren überfällig gewesen war, weiter verzögerten. Zweitens versetzten sie der Bürgerrechtsbewegung schwere Nackenschläge, so daß diese zusehends frustrierter, fragmentierter und radikalisierter wurde – eine direkte Folge der offen ungerechten Entscheidungen, der Bundesgerichtsbarkeit. ... Drittens unterminierten sie durch Täuschung, Verschleppung und unmittelbare Angriffe auf die Bundesgewalt die Strategie des Justizministeriums, Fortschritte durch Rechtssprechung anstelle von Gesetzesgebung zu erzielen.« (Navasky, 247–248)

Als Resultat genoß die massive weiße Widerstandsbewegung im Süden auch weiterhin großen Handlungsspielraum bei ihrer Bekämpfung der Bürgerrechte.

Wie es sich herausstellte, hatte sich auch die Bürgerrechtsbewegung verkalkuliert. Die Aktivitäten zur Wählerregistrierung waren geographisch weit gestreut, und häufig mußten Bürgerrechtler in kleinen Gruppen von nur zwei oder drei Personen in relativ isolierten ländlichen Gebieten arbeiten. Daraus resultierten zahlreiche kleinere Konfrontationen, die jedoch gewöhnlich nicht publiziert wurden und somit vom Weißen Haus ignoriert werden konnten. Auf diese unerwartete Weise waren die Kanalisierungsversuche der Kennedy-Administration doch noch erfolgreich.

So blieb der Bürgerrechtsbewegung nur, auch weiterhin massenhafte Unruhe zu provozieren, denn nur wenn massenhafte Unruhe in ihren extremsten Formen ausbrach (und manchmal nicht einmal dann), tat die Bundesregierung das, wozu sie angeblich nicht befugt war. »Wir erzeugen Druck und schaffen eine Krise«, sagte James Farmer, »und schon reagieren sie.« Zu einer wichtigen Krise kam es in Albany, Georgia, obwohl auch sie die Bundesregierung nicht zum Eingreifen veranlaßte.

Der Widerstand eskaliert

Die Vorfälle von Albany wurden durch eine Anordnung der »Interstate Commerce Commission« ausgelöst. Angesichts der Unruhe, die von den »freedom rides« ausgelöst worden waren, hatte Robert Kennedy bei der ICC beantragt, rassisch getrennte Bahnhofseinrichtungen im zwischenstaatlichen Reiseverkehr zu verbieten. Am 22. September 1961 hatte das ICC die notwendige Anordnung erlassen, die am 1. November in Kraft treten sollte. Doch viele Südstaatenkommunen ignorierten die Anordnung oder hoben zwar die Rassentrennung im zwischenstaatlichen, nicht aber im innerstaatlichen Reiseverkehr auf. In dem Monat, in dem die Anordnung hatte in Kraft treten sollen, bestiegen SNCC-Aktivisten aus Albany, die in der schwarzen Bevölkerung der Stadt weitreichende Verbindungen angeknüpft hatten, in Atlanta einen Bus nach Albany, um dort das Verbot der separaten Bahnhofseinrichtungen zu testen und zu erkunden, wie groß die Bereitschaft der schwarzen Bevölkerung zu direkter Aktion war.[36] Wie sie erwartet hatten, wurden sie verhaftet. Es folgte eine Reihe weiterer Tests, wobei das Justizministerium in jedem einzelnen Fall unterrichtet wurde. Doch in Washington regte sich nichts. Am 10. Dezember reisten wiederum SNCC-Mitglieder nach Albany, diesmal mit dem Zug, und Hunderte von Schwarzen versammelten sich zu ihrer Begrüßung. Acht der neun »freedom riders« wurden umgehend verhaftet, was unter der schwarzen Bevölkerung große Empörung auslöste. In den nächsten Tagen zogen Hunderte von Schwarzen mehrmals durch die Stadt, um gegen die Verhaftungen der Vorwochen zu protestieren. »Am 15. Dezember waren schon fast fünfhundert Leute im Gefängnis.« (David Lewis, 146)

Nachdem Verhandlungen mit der Stadtverwaltung gescheitert waren, wandten sich die Führer der »Albany Movement« (einer Vereinigung schwarzer Organisationen, die im Laufe der Bürgerrechtserhebung entstanden war) hilfesuchend an die SCLC. Zwei Tage später fanden unter Leitung von Martin Luther King erneut

Massenumzüge statt, denen sich größere Polizeikontingente entgegenstellten. Mehr als 1000 Demonstranten wurden in der Folge verhaftet und ins Gefängnis gesperrt, unter ihnen King, der sich weigerte, auf Kaution entlassen zu werden. Anschließend appellierte er an die Geistlichen im ganzen Land, nach Albany zu kommen und gemeinsame Nachtwachen abzuhalten, während er über Weihnachten im Gefängnis bleiben wollte. Aufgrund eines offensichtlichen Mißverständnisses akzeptierte King jedoch ein paar Tage später seine Freilassung, nur um zu erfahren, daß die Konzessionen örtlicher Geschäftsleute und Politiker, die er als sicher angenommen hatte, in Wahrheit nicht zugestanden worden waren. Trotz der Bitterkeit diese Niederlage und trotz des peinlichen Presseechos ging der Kampf in Albany im gesamten Frühjahr und Sommer 1962 weiter. Die Auseinandersetzung schloß alle Formen direkter Aktion ein: von Boykotts über sit-ins bis hin zu Märschen und Massendemonstrationen. In einer Woche im August 1962 wurden allein 1000 Demonstranten ins Gefängnis geworfen. Viele wurden von der Polizei verletzt; andere erlitten wirtschaftliche Repressalien unterschiedlicher Art. Und doch war alles umsonst, zumindest in dem Sinne, daß die Massendemonstrationen und Massenverhaftungen nicht zu Zugeständnissen der Stadtverwaltung führten. »Die Schwarzen gewannen nichts in Albany. ... Erst das Bürgerrechtsgesetz von 1964 brachte einen Hauch von Integration nach Albany in Georgia.« (Bleiweiss, 86)

Zwei Erklärungen für dieses Scheitern sind vorgebracht worden. Zum einen »herrscht unter führenden Vertretern der Bürgerrechtsbewegung die allgemeine Übereinstimmung, daß es ein Fehler war, alle Bollwerke der Rassentrennung in der Stadt gleichzeitig anzugreifen, anstatt sich auf ein oder zwei Ziele zu konzentrieren, etwa auf den Beschäftigungssektor oder die segregierten Busse, auf die Integration der Polizei oder den freien Zugang zu Freizeiteinrichtungen« (David Lewis, 1970, 169). Zum anderen waren einige Beobachter und Teilnehmer der Meinung, daß die Planung der Kampagne, zum Teil wegen geradezu selbstmörderischer Fraktionskämpfe, weitgehend dem Zufall überlassen wurde. King schien persönlich beide Erklärungsmomente für zutreffend zu halten: am Ende der Kampagne sagte er, die Bewegung sei »zu weit, zu schnell und ohne ausreichende Vorbereitung gesprungen« (Bleiweiss, 86).

Doch gleichgültig, aus welchen Gründen die »Albany Movement« der lokalen weißen Führung keine Zugeständnisse hatte abringen können, es gibt noch einen anderen Blickwinkel, von dem aus die Erfahrung von Albany einen außergewöhnlichen Erfolg darstellte. Albany hatte erwiesen, daß große Massen schwarzer Südstaatler für Märsche und Demonstrationen mobilisiert werden konnten; Albany »repräsentierte eine endgültige Abkehr von den Imbißbars und Busbahnhöfen und die Hinwendung zur Straße, von den kleinen, überfallartigen (›hit-and-run‹)Aktionen von Studenten und professionellen Bürgerrechtsaktivisten zu einer breiten Rebellion der schwarzen Unterschicht ... [und wurde so] zum Prototyp für die Demonstrationen, die später Birmingham und andere Städte überall im Land erschütterten« (Zinn, 123).

Die Vorgehensweise in Albany unterschied sich auch erheblich von den Taktiken, die in den späten fünfziger Jahren in Montgomery und bei ähnlichen Boykotts an anderen Orten angewandt worden waren. Ein Boykott erforderte es, daß Menschen auf die Benutzung öffentlicher Verkehrsmittel oder auf den Einkauf in weißen Geschäften verzichteten, was sicherlich zu Unbequemlichkeiten und einigen Härten führte. Darüber hinaus mußten sich die Beteiligten auf Repressalien gefaßt machen – wie den Verlust des Arbeitsplatzes –, die von solchen Boykotts provoziert wurden. Dagegen müssen sie gewöhnlich nicht auf übermäßige Polizeibrutalität und auf die Möglichkeit, verletzt oder gar getötet zu werden vorbereitet sein. Albany bewies, daß die Bewegung große Mengen von Schwarzen dazu bringen konnte, sich der Polizei entgegenzustellen und die Südstaatengefängnisse zu füllen. Das war die Hauptbedeutung der Ereignisse in Albany, so will es uns jedenfalls scheinen.

Die Kampagne von Albany bewies außerdem, daß weiße Südstaatler weitaus widerspenstiger waren, als allgemein angenommen, und daß gemäßigte Weiße – vorausgesetzt es gab sie – von der sich verschärfenden extremistischen Stimmung eingeschüchtert und zum Schweigen gebracht wurden. Der weiße Extremismus lebte unvermindert fort.

Erst als sie von diesem Extremismus ausreichend provoziert worden war, entschloß sich die Regierung schließlich zum Eingreifen. Einige der meistgefeierten Regierungsmaßnahmen in dieser Periode fanden im Bereich der höheren Bildung statt. Sie wurden aufgrund derselben Art von Gewalttaten weißer Mobs durchgeführt, die schon Eisenhower zum Eingreifen in Little Rock gezwungen hatten. So setzte Kennedy, als Gouverneur Barnett im September 1962 James Meredith entgegen dem Urteil des Obersten Gerichts daran hinderte, sich an der Universität von Mississippi zu immatrikulieren, Bundespolizei ein und stellte die Nationalgarde von Mississippi unter Bundesaufsicht, hauptsächlich um die öffentliche Ordnung aufrechtzuerhalten:

»In der an Schlachten reichen Geschichte der Negerrevolte seit der Entscheidung des Obersten Gerichts von 1954 war Oxford ein Alptraum. Zwei entsetzliche Tage lang – Sonntag, den 30. September und Montag, den 1. Oktober 1962 – wogte die Schlacht, in der mehr als 2 500 fanatisierte Weiße wiederholt auf die Bundespolizei, die unter Regierungsaufsicht stehende Nationalgarde von Mississippi und reguläre Armeesoldaten, die den brodelnden Campus schützten, losstürmten. ... Der Campus erzitterte jetzt unter den Explosionen der Tränengasbomben und den Schreien der Weißen: ›Gebt uns den Nigger!‹ Zwei Männer, ein französischer Journalist und ein Einwohner von Oxford, ließen in dem Holocaust ihr Leben und mindestens 375 wurden verletzt. Am Ende gab der rebellische Gouverneur Ross Barnett jedoch nach, und James Meredith wurde immatrikuliert.« (Brink und Harris, 1964, 40)

Ähnlich reagierte die Kennedy-Administration, als sich Gouverneur Wallace »auf den Treppenstufen der Universität« mit großer, theatralischer Geste weigerte, die Universität von Alabama für Schwarze zu öffnen. (Es war Wallace, der erklärte: »Ich ziehe die Grenze hier in den Sand, werfe den Fehdehandschuh vor die Füße der Tyrannei, und ich sage: Rassentrennung heute, Rassentrennung morgen, Rassentrennung für immer!«) Eine derartige Herausforderung der Bundesautorität durch einen Südstaatengouverneur ließ sich nicht ignorieren und wurde auch nicht ignoriert.

Die Erlangung politischer Rechte

In den Jahren von 1963 bis 1965 verschob sich das wahlpolitische Gewicht entscheidend zugunsten der Bürgerrechte. In dieser Periode bewies die Bürgerrechtsbewegung wie nie zuvor ihre Fähigkeit, die Schwarzen im Süden in großer Zahl zu mobilisieren; ihre Aktionen zogen überall im Land die öffentliche Meinung auf ihre Seite.

Die entscheidenden Faktoren bei der Verschiebung der politischen Gewichte waren folgende: Erstens ließ die Bürgerrechtsbewegung die Wut in den Gettos zunehmen, was für die Kennedy-Administration ein akutes Problem darstellte. Die Präsidentschaftswahlen waren nur noch weniger als zwei Jahre entfernt, und die potentielle Instabilität des schwarzen Wählerblocks bot Grund zur Sorge. Ja, die potentielle Instabilität der Gettos selbst war besorgniserregend. Regierungsvertreter fürchteten, daß »die Strategie des gewaltlosen Widerstandes ... in den Traditionen der Neger nicht fest verwurzelt war, und es gab Anzeichen dafür, daß sie schon bald einer gewalttätigeren, für die verantwortungsbewußten Führer nicht kontrollierbaren Strategie würde weichen müssen« (Sorenson 1965, 493 f.).

Die Vorgänge im Süden verhalfen den Forderungen der Bürgerrechtler zudem zu breiter Unterstützung unter den Weißen in den nördlichen Bundesstaaten. Zwar verschärfte sich in den nördlichen Großstädten der Konflikt zwischen den Schwarzen und Teilen der weißen Arbeiterschaft, doch war die mit größtem Nachdruck gestellte schwarze Forderung nach politischen Rechten im Süden keine Bedrohung für die weiße Arbeiterklasse des Nordens. Die große weiße Mittelschicht, die in den wohlhabenden Nachkriegsjahren entstanden war, gewährte ihre Unterstützung bereitwilliger, war sie doch aufgrund ihrer Abwanderung in die Vororte und ihrer privilegierten beruflichen Stellung weitgehend von den Schwarzen isoliert.

Zur selben Zeit brach der Widerstand in großen Teilen des Südens zusammen. Dies war vor allem in den Staaten des äußeren Südens der Fall. Neben den schon genannten Entwicklungen, die das ökonomische Interesse an der Kastenordnung geschwächt hatten, begann die Aufrechterhaltung dieser Ordnung zusätzliche Kosten zu verursachen. So bemühten sich zum Beispiel viele Gemeinden im Süden um die Ansiedlung von Industrieunternehmen aus dem Norden, doch die großen Konzerne scheuten vor Gebieten zurück, in denen weiße Kompromißlosigkeit und rassischer Unfriede herrschten. Die Unternehmensleitungen aus dem Norden erklärten, ihre Angestellten wünschten nicht in Kommunen zu ziehen, wo die Schulen geschlossen werden könnten oder fortwährender Aufruhr wahrscheinlich sei. Auf viele weiße Kommunalpolitiker machte diese Botschaft Eindruck. So übten denn führende Geschäftsleute Druck auf Südstaatenpolitiker aus, damit diese Konzessionen machten, die entweder Unruhen verhinderten oder die Ordnung wiederherstellten.

»In Charlotte ebenso wie in Memphis, Dallas, Atlanta und einem Dutzend anderer Kommunen im ganzen Süden erkannte die weiße Führungsschicht, daß die Revolution auf ihren Straßen voller Gefahren war. Sie fürchteten, Geld zu verlieren. Sie fürchteten, die Unternehmen aus dem Norden würden ihre Regionalbüros nicht in ihren Städten errichten. Auf einem Stück Papier konnten sie sich ausrechnen, wieviel Geld sie verlieren könnten, wenn keine Kongresse mehr bei ihnen stattfänden. Vielleicht gab es sogar Momente, in denen ihnen die moralischen Aspekte der Frage zu Bewußtsein kamen, wenn dies auch in ihren Handlungen nicht deutlich wurde. Letztlich lief alles darauf hinaus, daß diejenigen unter ihnen, die einigermaßen intelligent waren, die sich nicht von tyrannischen Gouverneuren und Abgeordneten unter Druck setzen ließen und sich nicht vor weißen ›vigilanten‹ Gruppen fürchteten, beschlossen, Abkommen zu erreichen, die der Stadt Frieden und ihnen Geld in die Taschen bringen würden.« (Powledge, 117)

Diese Gegensätze zwischen den verschiedenen Führungsschichten – vor allem auch zwischen Bundesstaaten des inneren und des äußeren Südens – hatten entscheidenden Anteil an der Schwächung der Fähigkeit des Südens, Angriffe auf seine traditionelle Sozialstruktur abzuwehren.

Der tiefe Süden war, kurz gesagt, von wichtigen Bestandteilen seiner Unterstützung abgeschnitten und, dermaßen isoliert, verwundbar geworden. Aber noch immer konnten die Südstaatenpolitiker keiner Veränderung der Rassenverhältnisse zustimmen, ohne ihre Posten zu riskieren. Innerhalb weniger Jahre würde eine gemäßigtere Führungsschicht auf der Bildfläche erscheinen; in der Zwischenzeit aber beharrte die alte Führung auf einer aussichtslosen Obstruktionspolitik. Gegen diese Politik richtete sich eine erneute Mobilisierung der schwarzen Massen: die Bürgerrechtsbewegung brachte zu ihren Demonstrationen immer größere Mengen auf die Beine, und sie beflügelte die Demonstraten zu immer größerer Militanz und immer mutigerem Vorgehen.

Die Massenmobilisierung der Schwarzen

Nach der Niederlage von Albany wandten sich die Führer der SCLC Birmingham zu. In der darauffolgenden Kampagne stellten sich die Schwarzen zu Hunderten der Polizei entgegen und ließen sich verhaften. Ob die Koordination und Zielrichtung der Kampagne von Birmingham gegenüber der in Albany nun besser war oder nicht, ihr herausragendes Merkmal und die Quelle ihres Einflusses auf die Bundesregierung lag in der Konfrontation zwischen den Demonstranten und der Polizei.

Vom Gesichtspunkt der SCLC-Führung war Birmingham ein idealer Schauplatz, um die Fronten mit der Kennedy-Administration zu klären, denn Birmingham gehörte zweifellos zu den in der Rassenfrage rückschrittlichsten Großstädten im Süden. Polizeichef Eugene »Bull« Connor war bereits als Bollwerk des Südstaaten-Rassismus bekannt. Die Stadtverwaltung hatte auf die Herausforderung der Bürgerrechtsbewegung mit Maßnahmen wie der Schließung öffentlicher Parks geantwortet, und die Stadt hatte eine wahre Epidemie von Bombenattentaten auf schwarze Kirchen erlebt – ein Omen für die Gewalt, die mit Sicherheit ausbrechen würde, wenn Birmingham zum Schlachtfeld für die Durchsetzung der Bürgerrechte werden sollte. Gerade aus diesem Grund glaubte die SCLC-Führung, daß eine Kampagne in Birmingham wie keine zuvor den Rassismus und Extremismus der Südstaaten provozieren und bloßstellen würde.

Das »Project C« für (confrontation) wurde mit äußerster Akribie geplant, wie noch keine Kampagne bisher: Hunderte von freiwilligen Kadern schulten große Mengen von Schwarzen in Philosophie und Taktik der gewaltlosen Offensive.[37] Unter den Geschäften wurden geeignete Zielobjekte für sit-ins, Demonstrationen und selektive Boykotts ausgewählt; einflußreiche Persönlichkeiten aus dem Norden wurden informiert, vor allem solche, die in der Lage waren, Geld für Kautionen zur Verfügung zu stellen.

Am Dienstag, den 2. April 1963 begann die Kampagne mit sit-ins an Imbißbars, selektiven Boykotts und anderen begrenzten Demonstrationen. Die Polizei, die eine gerichtliche Verfügung erwartete, nahm auf friedliche Weise Verhaftungen vor. Bis Freitag stieg die Zahl der Verhafteten auf 35 an. Nach einem Schweigemarsch zum Rathaus kamen am Samstag weitere 45 dazu. Die erwartete Gerichtsverfügung erging am Mittwoch, den 10. April, woraufhin 50 Freiwillige bestimmt wurden, die am Freitag unter Verletzung der Verfügung demonstrieren sollten. Sie wurden sämtlich verhaftet, unter ihnen King, der in Einzelhaft kam. Die SCLC-Führer entschieden, »ein historischer Telefonanruf verdiene es, nicht allein zu bleiben«, und so rief Coretta King am Sonntag den Präsidenten an (David Lewis, 1970, 186). Am Abend rief der Justizminister zurück und versicherte, für ihren Mann bestehe keine Gefahr. Am Montag traf das erste Geld für die Kaution ein, und das

Weiße Haus wurde mit einer Flut von Briefen und Telegrammen, die gegen die Ereignisse von Birmingham protestierten, überschwemmt. Aus dem Gefängnis sandte King seinen inzwischen berühmten »Brief aus einem Gefängnis in Birmingham«, den er vor allem an die Geistlichen aus dem Süden adressierte, die ihn, die SCLC und die Strategie der direkten Aktion angegriffen hatten. Es war ein Dokument, das die moralische und theologische Rechtfertigung für gewaltlosen Protest gegen ungerechte Gesetze und Praktiken lieferte, und große Auswirkungen auf Geistliche und die öffentliche Meinung der nördlichen Bundesstaaten hatte.

Am Donnerstag, dem 2. Mai, verschärfte sich die Auseinandersetzung, als »959 von rund 6000 Kindern ... im Alter von sechs bis sechzehn Jahren verhaftet wurden, als sie in Blöcken, singend von der Baptistenkirche in der 16. Straße in die Innenstadt marschierten. ... Hätte die Polizei mehr Wagen zur Verfügung gehabt, hätte sie noch mehr Kinder abtransportiert.« (David Lewis, 1970, 192) Am nächsten Tag ließ die Polizei auch die letzte Zurückhaltung fallen. Während sich in einer Kirche 1000 Demonstranten auf einen Demonstrationszug vorbereiteten, versperrte die Polizei die Ausgänge, mit dem Erfolg, daß nur die Hälfte der Demonstranten nach draußen gelangten, wo sie von losgelassenen Polizeihunden, Gummiknüppeln und dem harten Strahl der Wasserwerfer empfangen wurden. Nur eine Handvoll von ihnen erreichte ihr ursprüngliches Ziel, das Rathaus. Fernsehkameras hielten alles fest, und so stand die erhoffte Krise endlich vor der Tür.

Am Samstag erschien der stellvertretende Justizminister, Burke Marshall, in Birmingham, um die Ruhe wiederherzustellen, doch beide Seiten waren zu keinem Kompromiß bereit. Mehrere Tage lang gab es weitere Demonstrationszüge, denen die Polizei mit Brutalität begegnete; jüngere Schwarze hörten auf zu singen und zu beten und griffen statt dessen zu Pflastersteinen und Flaschen. Mehr als 2000 Menschen waren verhaftet worden; reguläre wie improvisierte Gefängnisse waren überfüllt. Und doch waren mehrere tausend Menschen bereit, weiterzumarschieren. Die Kennedy-Administration bemühte sich verzweifelt, eine offene Intervention mit all ihren politischen Folgen zu vermeiden, und arbeitete erfolglos hinter den Kulissen, um Bürgerrechtler und Lokalpolitiker von Birmingham zum Einlenken zu überreden und zu zwingen. Neben direktem Druck auf die Stadtverwaltung benutzte sie auch indirekte Kanäle, indem sie führende Persönlichkeiten des Nordens aus Finanzwelt und Industrie, aus Kirchen, Wohltätigkeitsorganisationen, der Justiz und anderen Bereichen des öffentlichen Lebens drängte, ihre Partner bzw. entsprechende Persönlichkeiten in Birmingham anzurufen und sie zum Eingreifen zu veranlassen.

Die Demonstrationen von Montag, dem 6. Mai, waren aufs neue von Polizeigewalt gekennzeichnet, und als am Dienstagmorgen die Märsche fortgeführt wurden, wurden einer Reihe von Demonstranten von dem harten Strahl der Wasserwerfer die Beine gebrochen und Brustkörbe eingedrückt. Am Nachmitag, als sich Massen von Demonstranten im Geschäftsviertel verteilt hatten und vor den verlassenen Geschäften sangen und beteten, begannen jüngere Teilnehmer, Steine und Flaschen zu werfen. Die Fähigkeit der schwarzen Gemeinde zu gewaltloser Disziplin war langsam erschöpft. Als die Ausschreitungen sich ausweiteten, boten führende Geschäftsleute einen Waffenstillstand an, den die SCLC akzeptierte.

Polizeichef Connor war außer sich, daß man ihm in den Rücken gefallen war; er forderte von Gouverneur Wallace 500 Staatspolizisten an und ließ King festnehmen. Die SCLC rief umgehend zu Demonstrationen auf, wohl wissend, daß die Polizei sie erwartete. Ein beispielloses Blutbad lag in der Luft. Um es zu verhindern, rief der Justizminister die Verantwortlichen vor Ort an, erklärte ihnen, die Toleranz der Bundesregierung sei erschöpft, und drohte mit einschneidenden Maßnahmen, falls es nicht zu einer schnellen Lösung komme. Am 10. Mai wurde eine Einigung erzielt: Schnellrestaurants, Toiletten und Trinkwasserfontänen sollten fortan jedermann gleichermaßen zugänglich sein, diskriminierende Beschäftigungs- und Beförderungspraktiken eingeschränkt und 3000 verhaftete Demonstranten umgehend freigelassen werden.

Dann begannen die Bombenattentate: zunächst auf das Haus von Kings Bruder, dann auf das Hotel, in dem die SCLC ihr Hauptquartier aufgeschlagen hatte. Es hatte zwar keine Todesopfer gegeben, aber die schwarzen Viertel explodierten jetzt förmlich, und am 11. Mai kam es zu schweren Ausschreitungen. Fünf Stunden lang »tobten die Schwarzen auf den Straßen, schwangen Messer, stürzten Autos um und schleuderten Steine und Ziegel nach allem, was sich bewegte, sogar nach anderen Schwarzen. Ein verletzter Schwarzer stöhnte: ›Sie waren wahnsinnig.‹« (Brink und Harris, 1964, 44)

Jetzt konnte auch der Präsident nicht länger zögern; er befahl den

Einsatz von Bundestruppen und zwang Gouverneur Wallace zum Einlenken, indem er drohte, die Nationalgarde von Alabama unter Bundesbefehl zu stellen. In öffentlichen Erklärungen lobte er die Bewegung wegen ihres Mutes und ihrer Zurückhaltung und versicherte, die Bundesregierung stehe voll hinter der Vereinbarung zwischen den Bürgerrechtlern und der Stadtverwaltung von Birmingham. (Ein paar Tage später verwies die Schulbehörde 1 100 Schüler wegen ihrer Beteiligung an den Demonstrationen von der Schule; sie wurden allerdings später auf Anordnung der Bundesgerichte wieder aufgenommen.) Nach diesen Ereignissen verbreiteten sich die Proteste über das ganze Land: »In der Woche des 18. Mai registrierte das Justizministerium 43 größere und kleinere Demonstrationen, davon zehn in Städten im Norden.« (Franklin, 631)

Die Bundesregierung handelt

Der endgültige Sieg der Birmingham-Kampagne kam am 11. Juni, als Präsident Kennedy in einer Fernsehansprache an die Nation verkündete, er werde den Kongreß auffordern, so schnell wie möglich ein umfassendes Bürgerrechtsgesetz zu verabschieden. Im Februar hatte er ein verhältnismäßig schwaches Gesetz vorgelegt und auch nur wenig getan, um dessen Verabschiedung sicherzustellen. James Farmer sagte zutreffend: »Es ist klar, daß ... der Präsident beabsichtigt hatte, die Bürgerrechtsgesetzgebung von der Liste der dringenden Tagesordnungspunkte zu streichen, um andere Teile seines Gesetzgebungsprogramms durchzusetzen. Doch hatte er seine Rechnung ohne Birmingham gemacht.« (40–41) Im Juni mußte er Führern der Bürgerrechtsbewegung in Privatgesprächen gestehen, »daß die Straßendemonstrationen zu Erfolgen geführt hätten; sie hätten die Exekutive zu schnellerem Handeln veranlaßt und zwängen den Kongreß, Maßnahmen zu erörtern, die noch vor ein paar Wochen keinerlei Aussicht gehabt hätten« (Schlesinger, 841). Massenproteste hatten den Bund zum Handeln gezwungen. Auch der Justizminister gab das zu: »Der Bürgerrechtsentwurf der Regierung ... zielt darauf ab, einige der Hauptursachen für die schwerwiegenden und beunruhigenden Rassenunruhen, die jetzt in vielen Bundesstaaten herrschen, zu beseitigen.« (Navasky, 205)

In seiner im ganzen Land übertragenen Fernsehansprache bezog sich der Präsident auf »die wachsende Unzufriedenheit, die die öffentliche Sicherheit gefährdet«, und meinte: »Sie läßt sich nicht durch repressive Polizeiaktionen zum Schweigen bringen. ... Sie läßt sich auch nicht durch symbolische Handlungen und Rhetorik abstellen. Die Zeit ist gekommen, daß im Kongreß gehandelt wird.« Laut einer Umfrage von *Newsweek* hatte »fast nichts, was den Schwarzen in den letzten zehn Jahren widerfahren war, ... sie so sehr ermutigt wie die Rede des Präsidenten. ... Endlich und unwiderruflich hatte der Führer ihres Landes der Nation erklärt, daß ihre Sache gerecht war und ihre Forderungen erfüllt werden sollten.« (Brink und Harris, 1964, 46)

Nur wenige Stunden, nachdem Kennedy gesprochen hatte, wurde Medgar Evers, der Sekretär der NAACP von Mississippi, vor seiner Garage erschossen. Seine Beerdigung am 15. Juni in Jackson mündete in Ausschreitungen. Die *New York Times* berichtete:

»Nachdem der letzte Teilnehmer des vier Häuserblocks langen Trauermarsches das Beerdigungsinstitut erreicht hatte ... beschlossen die jüngeren Schwarzen offensichtlich, den Versuch zu unternehmen, im weißen Geschäftsviertel zu demonstrieren. ... Vier Polizisten auf Motorrädern ließen sie über eine Kreuzung hinwegziehen; als sie jedoch die Hauptverkehrsstraße erreichten, [trafen sie auf] 20 Polizeibeamte. ... [Ihre Zahl war jetzt auf ungefähr eintausend angewachsen, und sie riefen:] ›Wir wollen den Killer! Wir wollen den Killer! Wir wollen Gleichheit! Wir wollen Freiheit!‹

Polizisten mit Hunden rückten an. ... Ein Demonstrant nach dem anderen wurde ergriffen und in die wartenden Polizeitransporter geschleppt. ... Sie fingen an, mit Steinen, Flaschen und anderen Wurfgeschossen nach den Polizisten zu werfen. ... Die Menge schrie. ... Das Knurren und Bellen der Polizeihunde, das Zersplittern der Flaschen auf dem Asphalt und die Flüche der Polizisten verstärkten den Lärm noch. ...

[Als alles vorbei war,] war die Stimmung der Schwarzen ... noch immer von Bitterkeit und Wut bestimmt. ›Die einzige Möglichkeit, das Übel hier auszurotten, ist eine Revolution‹, murrte ein junger Mann in einer Einfahrt. ›Irgend jemand muß sterben.‹« (Anthony Lewis, 1964, 227–228)

Im ganzen Land vervielfachte sich die Zahl der Demonstrationen:

»In einem Zeitraum von drei Monaten im Sommer 1963 zählte das US-Justizministerium 1 412 Demonstrationen. Die Zeitungsphotos, auf denen zu sehen war, wie Polizisten die schlaffen Körper der Schwarzen zu den Polizeiwagen schleppten, sie wurden die großen, historischen Wandteppiche dieser Zeit. Überall erklang das Echo der schwarzen Hymne: ›We Shall Overcome‹.« (Brink und Harris, 1964, 46)

Trotz Kennedys Ankündigung, er werde den Kongreß drängen, ein wesentlich erweitertes Bürgerrechtsprogramm zu verabschieden, gab es guten Grund zu der Annahme, daß es auf unabsehbare Zeit durch einen Filibuster verhindert werden würde. Angesichts der aggressiven Stimmung in der schwarzen Bevölkerung hatten die Bürgerrechtsführer bereits entschieden, daß eine nationale Demonstration zur Unterstützung der Bürgerrechtsgesetzgebung sowohl möglich als auch nötig war. Schon früher, im November 1962, hatte A. Philip Randolph vorgeschlagen, einen »Marsch auf Washington für Arbeitsplätze und Freiheit« durchzuführen. Viele Bürgerrechtler aus dem Norden waren von dem Vorschlag zunächst wenig begeistert, und die »National Urban League« war schlichtweg dagegen. Zum Teil blockierten sich die schwarzen Sprecher durch ihren chronischen Konkurrenzkampf um die Führung der schwarzen Bewegung gegenseitig; einige hatten mit Demonstrationen ohnehin nicht viel im Sinn, weil sie fürchteten, diese könnten ihre Verbindungen zu hohen Regierungsbeamten und privaten Eliten gefährden. Im späten Frühjahr 1963 änderten sie jedoch ihre Haltung aufgrund der veränderten Stimmung in der schwarzen Bevölkerung, des Erfolges von Birmingham sowie der Hinweise, daß die Kennedy-Administration endlich doch bereit war, auf dem Gebiet der Bürgerrechte entschiedener vorzugehen. Für Anfang Juli wurde eine Planungskonferenz angesetzt, die in vielen Lagern Unterstützung fand. Der Präsident war natürlich gegen einen Marsch auf Washington, weil er negative Auswirkungen auf den Kongreß befürchtete, falls der Marsch in Gewalt enden oder die Beteiligung gering sein sollte. Andererseits hatten »die Schwarzen ... entdeckt, daß sie mit Demonstrationen erreichen konnten, was sie mit anderen Methoden nicht erreicht hatten« (Franklin, 630). Die Vorsitzenden einiger großer Gewerkschaften sicherten ihre Unterstützung zu, und auch einige der bedeutendsten Kirchenführer aus dem Norden boten ihre Hilfe an. Es sollte die größte Demonstration in der Geschichte der Bürgerrechtsbewegung werden und die größte Demonstration überhaupt, die bis zu jener Zeit in Washington stattgefunden hatte. Als am 23. August die Sonne über dem Horizont aufzog, füllten sich schon die Straßen von Washington; bis zum Nachmittag waren 250000 zusammengeströmt, um sowohl die Verabschiedung neuer Bürgerrechtsgesetze als auch wirtschaftliche Maßnahmen gegen die Armut der Schwarzen zu fordern.

Am 15. September, nur drei Wochen nach dem Marsch, wurde ein Bombenattentat auf eine Kirche in Birmingham verübt, bei dem vier kleine Mädchen ums Leben kamen. Es war ein Akt des Südstaatenterrors, der die ganze Welt empörte und am folgenden Tag vom Präsidenten in einer bundesweit übertragenen Fernsehansprache verurteilt wurde. Nur zwei Monate später wurde Kennedy ermordet.

Lyndon Johnson hatte keine andere Wahl, als seine Regierung auf die Sache der Bürgerrechte zu verpflichten. Am 27. November 1963 erklärte er dem Kongreß: »Wir haben in diesem Land lange genug über Bürgerrechte nur geredet. Die Zeit ist gekommen, ein neues Kapitel zu schreiben – und es in dem Buch des Gesetzes zu schreiben.« Das Hauptproblem bestand darin, genügend Stimmen zu sammeln, um ein Ende der Debatte im Senat erzwingen zu können, da ein Filibuster (der 83 Tage dauerte) den Kongreß lahmlegte. Wieder gaben Republikaner aus den Nordstaaten den Ausschlag. Der Führer der Republikanischen Minderheitsfraktion im Senat, Everett Dirksen aus Illinois, ergriff das Wort und verkündete: »Dies ist eine Idee, deren Zeit gekommen ist. Sie wird nicht aufgehalten werden. Sie wird nicht abgewiesen werden.« Wie schon 1957 und 1960 reagierten die Nordstaaten-Republikaner auch diesmal wieder auf die Forderungen der erregten Massen schwarzer und weißer Nordstaatler. Als die Debatte endlich für beendet erklärt wurde und über das Gesetz abgestimmt werden konnte, stimmten 27 der 31 Republikanischen Senatoren dafür, und der Präsident unterzeichnete am 2. Juli das Bürgerrechtsgesetz von 1964.

Im Herbst siegte Lyndon Johnson über seinen Herausforderer Barry Goldwater mit überwältigender Mehrheit; die Wahl offenbarte, wie sehr der tiefe Süden in die Isolation geraten war. Johnson erhielt 61% der Stimmen. Abgesehen von Arizona verlor er nur die fünf Bundesstaaten des tiefen Südens, wo auch weiterhin der unbeugsamste und heftigste Widerstand gegen das schwarze Wahlrecht andauerte. In den schwarzen Gettos des Nordens errangen die Demokraten bis zu 95% der Stimmen. »Hinter der Wahlstatistik verbarg sich eine Revolution in der amerikanischen Politik. Der erste Präsident aus den Südstaaten seit dem Bürgerkrieg erhielt 90% der Negerstimmen und verlor den tiefen Süden mit großem Rückstand.« (Evans und Novak, 404) In den elf Bundesstaaten der alten Konföderation, in denen die Zahl der registrierten schwarzen Wähler zwischen 1962 und 1964 von 1,4 Millionen auf 2,2 Millionen gestiegen war, begannen sich die schwarzen Stimmen auf die Chancen der Demokraten auszuwirken:

»Von den sechs Südstaaten, die von den Demokraten gewonnen wurden, wären vier (Arkansas, Florida, Tennessee und Virginia) ohne die Stimmen der Schwarzen eindeutig an die Republikaner gefallen. Von allen elf Südstaaten konnte die Demokratische Partei nur in Präsident Johnsons Heimatstadt Texas die Mehrheit der weißen Stimmen für sich verbuchen.«[38]

Mit anderen Worten: es gab keinen Grund mehr, die Kompromißlosigkeit des tiefen Südens noch länger zu erdulden.

Das Bürgerrechtsgesetz von 1964 garantierte den Schwarzen nachdrücklich das Wahlrecht und verdeutlichte ebenso nachdrücklich den Willen der Bundesregierung, dieses Recht auch durchzusetzen. Doch schon vor Verabschiedung des Gesetzes waren einige Bürgerrechtler skeptisch gewesen, ob die Verantwortlichen im Süden das Gesetz auch befolgen würden, und ob die Bundesregierung bei Nichtbeachtung mit der notwendigen Entschiedenheit intervenieren würde. Wählerregistrierungskampagnen von CORE und SNCC hatten bereits einige Veranlassung für dieses Skepsis geliefert. Darüber hinaus war die »Mississippi Freedom Democratic Party«, die 1963 gebildet worden war, um die reguläre Demokratische Parteiorganisation von Mississippi herauszufordern, erfolglos geblieben; im Frühjahr 1964 wurden die Schwarzen von Vorwahlen ausgeschlossen, man verweigerte ihnen den Zutritt zu Parteiversammlungen und verhinderte ihre Aufnahme in Parteiämter.[39] Aus diesem Grund wurden im Frühjahr eine Reihe direkter Aktionen geplant, um Druck hinter die Wahlrechtsfrage zu setzen, obwohl die Verabschiedung des Bürgerrechtsgesetzes kurz bevorstand.

Unter einer gemeinsamen Dachorganisation, dem »Council of Confederated Organizations« (die bereits Wählerregistrierungskampagnen durchgeführt hatte), bereiteten das SNCC, CORE und die NAACP von Mississippi Hunderte von weißen Studenten aus dem Norden darauf vor, bei der Organisation von Demonstrationen vor Wahlämtern zu helfen, wo man erwartete, daß die Polizei den Schwarzen den Zutritt verweigern werde. Noch bevor die meisten der Studenten im Süden ankamen, verschwanden drei und wurden erst zwei Monate später ermordet und unter einem Erdwall vergraben aufgefunden.[40] Außerdem fand man die Leichen von zwei ermordeten Schwarzen in Mississippi. Zwischen Juni und Oktober wurden allein in Mississippi auf 24 schwarze Kirchen Bomben geworfen.

Zur selben Zeit, als im Süden gemordet und gebombt wurde, brachen in den Gettos des Nordens Unruhen aus. Im Juni 1964, kurz vor der Unterzeichnung des Bürgerrechtsgesetzes, kam es in Cambridge (Maryland) zu Rassenunruhen. Mitte Juli folgten Unruhen in Harlem und Bedford-Stuyvesant; im Laufe des Sommers breiteten sich die Unruhen auf Rochester, Jersey City, Paterson, Elizabeth, einen Vorort von Chicago, und Philadelphia aus. Das war der Anfang einer Serie von »heißen Sommern«, die in der amerikanischen Geschichte ohne Beispiel war. Die schwarzen Massen schlossen sich dem Protest auf ihre Weise an, so, wie es ihr institutionelles Umfeld zuließ. Wie King treffend bemerkte: »Unruhen sind die Sprache der Ungehörten.« (Killian, 109) Teilweise waren den Unruhen Bürgerrechtsdemonstrationen vorausgegangen, denn die Bürgerrechtler hatten ihren Kampf auch in die Städte des Nordens getragen.[41]

Die Wählerregistrierungskampagne im Süden lieferte also weiterhin den Beweis für südstaatliche Unnachgiebigkeit, selbst als der schwarze Protest in den nördlichen Gettos schon um sich griff. Folglich schien jetzt eine Lösung – die Registrierung von Bundesbeamten vornehmen zu lassen –, die ein Jahrzehnt lang von Präsidenten und vom Kongreß erwogen und immer wieder verworfen worden war, das einzige Mittel zu sein, mit dem das Wahlrecht sichergestellt werden konnte. Diese Lösung erforderte jedoch neue Gesetzgebung. Um den nötigen Druck auf den Präsidenten und Kongreß entwickeln zu können, beschlossen die Bürgerrechtsorganisationen, neue Demonstrationen im Stile von Albany und Birmingham durchzuführen.

Selma im Bundesstaat Alabama wurde zum Schauplatz der neuen Auseinandersetzung bestimmt. Eine Wählerregistrierungskampagne des SNCC hatte hier bereits zu Gewalttätigkeiten von Weißen geführt, die zum großen Teil auf das Konto der örtlichen Polizei unter Leitung von Sheriff James Clark gingen.

Die Kampagne begann Anfang Januar 1965 mit mehreren Demonstrationszügen zur Stadtverwaltung. Im Laufe der nächsten Wochen nahm die Zahl der Demonstrationsteilnehmer weiter zu, ebenso wie die Anzahl der Verhafteten. Am 1. Februar führte King eine Demonstration an, auf der über 700 Personen verhaftet wurden; am 2. Februar kam es zu weiteren 550 Festnahmen: »... die große Mehrheit waren, wie schon am Tag zuvor, Schulkinder. Trotzig sangen sie: ›Ain't Gonna Let Jim Clark Turn Me Around‹ (Ich laß mich von Jim Clark nicht kleinkriegen).« (David Lewis, 1970,

268) In den ersten vier Februartagen wurden über 3 000 Demonstranten festgenommen. »Jim Clark ist ein zweiter Bull Connor«, meinte ein Mitglied des SCLC-Stabes. »Wir sollten ihn auf unsere Gehaltsliste setzen.« (Bleiweiss, 125) Am 4. Februar erklärte ein Bundesgericht die Bildungstests und andere Methoden, mit denen Antragstellern die Wahlberechtigung abgesprochen wurde, für gesetzwidrig und bekräftigte damit noch einmal die Legitimität des Kampfes um das Wahlrecht. Die Südstaatenbeamten in den Wahlämtern zur Einhaltung der Gesetze zu zwingen, war allerdings eine andere Sache.

Am 9. Februar traf King in Washington mit Vizepräsident Humphrey und dem zukünftigen Justizminister Nicholas Katzenbach zusammen und »erhielt die feste Zusicherung, daß ›in naher Zukunft‹ ein starkes Wahlrechtsgesetz an den Kongreß gesandt werden würde« (David Lewis, 1970, 269). Die Demonstrationen in Selma dauerten an. Kongreßabgeordnete und andere Würdenträger kamen, um sich vor Ort über die Verweigerung des Wahlrechts zu informieren; einige beteiligten sich an den Demonstrationen. Am 18. Februar protestierten 400 Schwarze aus einem benachbarten Bezirk gegen die Verhaftung eines Bürgerrechtlers; dabei wurde einer von ihnen – ein Junge namens Jimmie Lee Jackson – in den Bauch geschossen. Er starb eine Woche später, woraufhin King zu einem Marsch von Selma nach Montgomery aufrief.

Gouverneur Wallace gab eine Erklärung heraus, in der er den Marsch untersagte. Der Justizminister der Vereinigten Staaten appellierte an die Führer der SCLC, den Marsch abzublasen. Doch am 7. März, einem Sonntag, machten sich 7 000 Demonstranten auf den Weg nach Montgomery. An der Pettus-Brücke in den Außenbezirken von Selma trafen sie auf »eine blaue Reihe von Soldaten des Staates Alabama«:

»Erst flogen Gasbomben, dann galoppierte ein Trupp Berittener in den Schwarm fliehender Schwarzer hinein und schlug mit Viehknüppeln und Schlagstöcken auf die Demonstranten ein. Die Bürgerrechtler wurden über die Brücke zurückgetrieben, zurück in ihre Häuser oder zu Freunden, die es wagten, ihre Türen zu öffnen, um den Gejagten Schutz zu bieten. ... Einmal schlugen einige Schwarze zurück, warfen Steine und Ziegelsteine auf die Polizei, für einen Moment konnten sie Clark und seine Männer sogar zum Rückzug zwingen. Doch es es war ein ungleicher Kampf. Während die weißen Zuschauer über die wilde Flucht in Jubel ausbrachen und den schrillen Schrei der Rebellenarmee (aus der Zeit des Bürgerkrieges – d. Ü.) ausstießen, brüllte Sheriff Clark: ›Schnappt diese gottverdammten Nigger!‹ Geschützt durch Gasmasken schleuderten Polizisten und Staatssoldaten Tränengaskannister in die in Panik geratene Menge ... ein Oberschüler erinnert sich, daß ›das Gas ... so dick war, daß man es fast anfassen konnte ...‹. Ein Zeitungsreporter aus dem Süden beobachtete, wie Clark wiederholt auf Demonstranten losstürzte, die sich zu einer Kirche zurückgezogen hatten, obwohl er von einem Stein getroffen worden war und blutete. Jetzt, da ihre Wut immer größer wurde und da sie sich in diesem Stadtviertel sicherer fühlten, wurden viele der Demonstranten kampfentschlossen und griffen nach jedem Gegenstand, der sich irgendwie als Waffe gebrauchen ließ.« (David Lewis, 1970, 274–275)

Nach diesen Ereignissen wuchs die Unterstützung durch die öffentliche Meinung im Norden enorm an; wahrscheinlich war sie jetzt größer als zu jeder anderen Zeit. In einer Stadt nach der anderen wurden Demonstrationen organisiert. Persönlichkeiten des öffentlichen Lebens – und wenn nicht sie selbst, so doch ihre Frauen, Söhne und Töchter – machten sich zu Hunderten auf den Weg nach Selma. Die Liste ihrer Namen glich einem *Who's Who* der nördlichen Bundesstaaten. Mitglieder der Bundesregierung verhandelten mit dem Gouverneur von Alabama, dem zuständigen Bundesgericht, der Polizeibehörde und Stadtverwaltung von Selma sowie mit den Bürgerrechtlern, und schließlich schien ein Kompromiß erreicht, der es den Demonstranten erlauben würde, noch einmal bis zur Brücke zu marschieren, wo sie dann umkehren sollten. Wer genau an dieser Vereinbarung beteiligt war, ist bis zum heutigen Tag nicht geklärt, und die Berichte sind widersprüchlich. Wie auch immer, viele der 1500 Menschen, die am Dienstag, dem 9. März, zusammenkamen, glaubten, sie würden geradewegs nach Montgomery marschieren, und King unternahm offensichtlich nichts, um sie aufzuklären. An der Brücke, an deren anderem Ende massierte Polizeikräfte aufgezogen waren, forderte er die Leute auf weiterzumarschieren, um sich nur Sekunden später anders zu entscheiden, sehr zur Enttäuschung und Empörung junger Aktivisten, vor allem von SNCC und CORE. Am Abend desselben Tages wurden drei weiße Geistliche aus dem Norden in Selma auf der Straße von einer weißen Gang überfallen; einer von ihnen, Reverend James Reeb, starb am Donnerstag an den Folgen seiner Verletzungen.

Im ganzen Land herrschte Empörung, und jetzt bat Wallace um eine Unterredung mit dem Präsidenten. Am Samstag, dem 13. März, versicherte er dem Präsidenten, der Staat Alabama könne die

Ordnung auch ohne Intervention von Bundestruppen wiederherstellen. Für den Augenblick akzeptierte Johnson diese Zusicherungen. Am Montag erschien er zu einer außerordentlichen Sitzung des Kongresses und forderte die Verabschiedung eines Wahlrechtsgesetzes: »Ihre Sache muß auch unsere Sache sein. Denn es geht nicht nur um die Schwarzen, wir alle müssen das schreckliche Erbe der Bigotterie und der Ungerechtigkeit überwinden. Und wir werden es überwinden.«

Der Präsident wurde mehrmals durch stehende Ovationen und über dreißigmal durch Beifall unterbrochen – ein unfehlbares Zeichen dafür, daß die Zustimmung des Parlaments zu einem Wahlrechtsgesetz schnell erfolgen würde. Am Donnerstag, den 18. März versuchte Gouverneur Wallace dem Weißen Haus die Last, mit dem Konflikt fertig zu werden, aufzubürden: er schickte ein Telegramm, in dem er mitteilte, er könne nicht für den Schutz der Teilnehmer des Marsches von Selma garantieren, und in dem er die Bundesregierung um »ausreichende und adäquate behördliche Unterstützung« ersuchte.

»Das war alles, was Johnson brauchte. Er begann seine Aktion mit einer Erklärung, in der er die Notwendigkeit einer Bundes-Intervention bedauerte. ›Es ist keine erfreuliche Pflicht für die Bundesregierung, die Verantwortung der Regierung eines US-Staates zum Schutz der Bürger bei der Ausübung ihrer verfassungsmäßigen Rechte zu übernehmen‹, betonte er. Zugleich unterstellte er die Nationalgarde von Alabama sofort den Bundesbehörden. 1862 Nationalgardisten sowie reguläre Soldaten und Bundessheriffs erhielten Order, die Marschstrecke von Selma nach Montgomery zu bewachen. Johnson war hocherfreut, daß Wallaces Fehler ihm die Möglichkeit gegeben hatte, zu intervenieren und damit die Bürgerrechtskämpfer zufriedenzustellen, und zugleich die Verantwortung unzweideutig dem Alabama-Gouverneur angelastet hatte, dem Vorkämpfer der unentwegten Rassenfanatiker ›bis zum bitteren Ende‹.« (Evans und Novak, 416)

Am 21. März begann der Marsch. Rund 8 000 Menschen, mit mächtigen und geachteten Persönlichkeiten in ihrer Mitte, zogen singend zur Pettus-Brücke, von wo eine kleinere Schar weiter nach Montgomery marschierte. »Es war ein Marsch-auf-Washington in Miniatur.« (David Lewis, 1970, 290) Als die Demonstranten fünf Tage später die Außenbezirke von Montgomery erreichten, schlossen sich ihnen 30 000 Sympathisanten an, und gemeinsam zogen sie in einem Triumphzug vor George Wallaces Amtssitz. In derselben Nacht wurde Viola Liuzzo, eine Hausfrau aus Detroit, die an dem

Marsch teilgenommen hatte, von Mitgliedern des Ku Klux Klan erschossen, als sie mit dem Wagen zurück nach Selma fuhr.

Im April, als der Kongreß über die Forderung des Präsidenten nach einem Wahlrechtsgesetz beriet, begannen in etwa 120 Wahlkreisen zwischen Virginia und Louisiana, in denen bis dahin nur wenige Schwarze zu Wahlen zugelassen worden waren, verstärkte Wählerregistrierungskampagnen. Sie lösten erhebliche Gewalt aus, wodurch die Notwendigkeit der bevorstehenden Gesetzesmaßnahmen noch weiter unterstrichen wurde. Der Kongreß handelte außergewöhnlich schnell: das Gesetz wurde am 17. März vorgelegt und am 6. August vom Präsidenten unterzeichnet. Alle Republikanischen Senatoren außer Strom Thurmond von South Carolina stimmten für das Gesetz, das in seinem Kern den Justizminister dazu ermächtigte, die Registrierungsbüros von Wahlkreisen, in denen Schwarzen nachweislich das Wahlrecht verweigert worden war, mit Bundesbeamten zu besetzen. Unter diese Bestimmung fielen Bundesstaaten und Landkreise, wenn es dort noch »nach dem 1. November 1964 Tests oder andere Vorbedingungen für die Registrierung oder Stimmenabgabe gab *und* wenn weniger als 50% der Bevölkerung im wahlberechtigten Alter bei der Präsidentschaftswahl von 1964 registriert waren oder tatsächlich gewählt hatten«. Dieses Kriterium traf zu auf die Bundesstaaten Alabama, Alaska, Georgia, Louisiana, Mississippi, South Carolina, Virginia und auf ungefähr 26 Wahlkreise in North Carolina.

Mit dieser Gesetzgebung zerschlug die Führung der Demokratischen Partei endlich den feudalen Apparat, den die Südstaaten nach Beendigung der Rekonstruktionsphase aufgebaut hatten. Als sie schließlich handelte, versprach sie sich davon spezifische politische Vorteile. Die Konzessionen in der Bürgerrechtsfrage banden nicht nur die bereits wahlberechtigten Schwarzen fester an die Demokratische Partei; die Bestimmungen, die das Wahlrecht auf fünf Millionen potentieller schwarzer Südstaatenwähler (mehr als zwei Millionen waren schon bei der Wahl von 1964 registriert gewesen) ausdehnten, schufen ein weiteres ausgedehntes Wählerpotential, mit dessen Loyalität zur Demokratischen Partei gerechnet werden konnte. Dieser Block würde wiederum dazu beitragen, die dauerhaften Stimmenverluste der in der Rassenfrage unbelehrbaren, weißen Südstaatler aus dem tiefen Süden aufzufangen und überdies den Trend zur Republikanischen Partei in den stärker industriell geprägten Staaten des äußeren Südens auszugleichen. Der Grundstein für eine neue Demokratische Mehrheit im Süden – bestehend aus gemäßigten Weißen, vielen armen Weißen, die trotz ihrer Rassenvorurteile entsprechend ihrer ökonomischen Lage wählen würden, und den frisch mit dem Wahlrecht ausgestatteten Schwarzen – war damit gelegt. Indem sie schließlich Bürgerrechtsmaßnahmen doch noch unterstützte und entschieden vorantrieb, schuf, mit anderen Worten, die nationale Demokratische Parteiführung das Mittel, um die Risse in der Partei zu kitten. Daß sie dies leisten konnte, zeigt, wie sehr die Bedeutung der Kastenordnung, zunächst für die gesamte Wirtschaftsordnung und später auch für die Südstaatenökonomie, gesunken war.

Die Bürgerrechtsbewegung war also nicht die grundlegende Ursache dieser politischen Transformation; die grundlegende Ursache waren der ökonomische Wandel und die politischen Kräfte, die durch ökonomischen Wandel in Bewegung gesetzt wurden. Dennoch bedurfte es eines langen, ausdauernden und mutigen Kampfes, um die politische Transformation zu erzwingen, die von den ökonomischen Bedingungen ermöglicht worden war.

Vom Aufruhr zur Organisation

Als diese Transformation im Gange war, begann die Koalition der Gruppen, die gemeinsam die Bürgerrechtsbewegung des Südens ausmachten, auseinanderzufallen. In den meisten Darstellungen dieser Periode wird der Zerfall den Gegensätzen innerhalb der Bewegung zugeschrieben, vor allem der wachsenden Frustration und Militanz jüngerer SNCC- und CORE-Mitglieder. Ein Vorfall, dem als auslösendem Moment vielfach besondere Bedeutung zugesprochen wird, ereignete sich am 6. Juni 1966: An diesem Tag wurde James Meredith, der sich auf einem Ein-Personen-Marsch durch den tiefen Süden befand, von einem Heckenschützen auf einer Landstraße in Mississippi nahe der Staatsgrenze niedergeschossen. Eine kleine Gruppe führender Bürgerrechtler versammelte sich daraufhin an dem Punkt des Attentats, um für Meredith den Marsch zu beenden; dabei schmähten die jüngeren, militanten Schwarzen (vor allem vom SNCC) die Gewaltlosigkeit und Kooperation der Rassen und erhoben die geballten Fäuste zum »Black Power«-Gruß. Für sie war ein Schuß zuviel gefallen, hatte es einen Verrat der Bundesregierung zuviel gegeben.

Gegensätze kommen in allen Bewegungen vor und haben immer einen schwächenden Effekt. Doch als Erklärung für den Niedergang der schwarzen Bewegung erscheinen sie uns mehr als unbefriedigend. Die allmähliche Auflösung der Bewegung war unvermeidbar, berücksichtigt man die integrative Kraft der gewonnenen Konzessionen. Wenn überhaupt, dann trug die »Black Power«-Ideologie nur zu der Transformation bei, indem sie der Führungsschicht (und, allgemeiner, einer wachsenden schwarzen Mittelschicht) die Rechtfertigung bot, um von den nun dargebotenen Chancen aggressiv Gebrauch zu machen. Zwar war »Black Power« zunächst mit schwarzem Nationalismus, »Extremismus« und politischem »Radikalismus« identifiziert worden, doch schon bald bekam der Begriff für die meisten Beteiligten eine weit gemäßigtere und konventionellere Bedeutung, wie bei Carmichael und Hamilton nachzulesen ist: »Das Programm von ›Black Power‹ geht von einer grundlegenden Voraussetzung aus: *Ehe eine Gruppe in die offene Gesellschaft eintreten kann, muß sie ›die Reihen aufschließen‹*... ein Zusammengehörigkeitsgefühl der Gruppe [ist notwendig], damit sie von einer starken Verhandlungsbasis aus wirksam in einer pluralistischen Gesellschaft operieren kann.« (45, Hervorhebung im Orig.) So definiert, war das Konzept wie geschaffen, um die ideologischen Bedürfnisse einer schwarzen Führungsschicht zu befriedigen, die es darauf abgesehen hatte, die neuen Möglichkeiten, politischen und bürokratischen Einfluß zu gewinnen, intensiv zu nutzen.

Von den verschiedenen Zugeständnissen, die der Bewegung gemacht worden waren, hatte das Wahlrecht die größte Integrationskraft: es führte die Aktivisten rasch auf die traditionellen Bahnen parlamentarischer Politik. Die Gewährung des Wahlrechts und die Garantie der Regierung zu seinem Schutz bargen die Verheißung, durch Teilnahme an politischen Wahlen wesentlichen Fortschritt auf dem Weg zur vollen Gleichberechtigung zu erzielen. Daraus folgte, daß Protest an Legitimität verlor und von der Kraft der amerikanischen politischen Überzeugungen und Traditionen allmählich untergraben wurde. Die Abkehr vom Protest wurde ferner von liberalen Kräften aus dem Norden unterstützt, die den intelligenten Gebrauch des Stimmrechts zum wahren Mittel zur Erlösung der Schwarzen erklärten und (über private Stiftungen, religiöse Institutionen und die Demokratische Partei) die notwendigen Mittel für weitere Registrierungskampagnen und andere wahlpolitische Aktivitäten bereitstellten. Darüber hinaus war für viele führende Bürgerrechtler die Versuchung, ein öffentliches Amt zu bekleiden, unwiderstehlich, und so wandten sie sich vom Protest ab, verurteilten ihn sogar. Ein Ereignis, das mit der wachsenden »Black Power«-Kontroverse in Zusammenhang steht, illustriert diesen Punkt. Nachdem einige Führer der Bürgerrechtsbewegung nach Mississippi gekommen waren, um den »Meredith-Marsch« zu Ende zu führen, wandte sich Charles Evers, der Direktor der NAACP von Mississippi, entschieden gegen diese Absicht und erklärte, er könne nicht verstehen, inwiefern »es helfen soll, wenn man eine heiße Landstraße rauf und runter rennt; ich bin dafür, von Tür zu Tür und von Zaun zu Zaun zu laufen, um Schwarze davon zu überzeugen, sich registrieren zu lassen« (David Lewis, 1970, 321). Die Anführer des Marsches stimmten zu und legten fortan besonderen Wert darauf, wo immer sie vorbeikamen, zur Registrierung aufzurufen. Evers wurde später zum Bürgermeister von Fayette, Mississippi, gewählt.

Entscheidend ist, daß schon zu dem Zeitpunkt, als die Kontroverse über »Black Power« ausbrach, der Widerstand gegen die politische Modernisierung im Süden zusammengebrochen war. Am 6. Juli 1967 – nur zwei Jahre nach der Verabschiedung des Wahlrechtsgesetzes – meldete das Justizministerium, daß in den fünf Bundesstaaten des tiefen Südens mehr als 50% aller wahlberechtigten Schwarzen registriert seien. Die Veränderung der politischen Lage im Süden schritt also immer schneller voran, obwohl sich die Fraktionskämpfe in der schwarzen Bewegung verschärften. Beim Parteikongreß der Demokraten von 1964 hatten nur die Delegationen aus drei Südstaaten – Tennessee, Georgia und North Carolina – schwarze Mitglieder; 1968 waren Schwarze in allen Südstaatendelegationen vertreten. Jetzt, da immer mehr Schwarze an die Urnen gingen, wurden auch häufiger in der Rassenfrage gemäßigte Demokraten zu Südstaatengouverneuren gewählt; die Republikanischen Gouverneure waren im allgemeinen ähnlich gemäßigt. 1972 waren im Süden schon über 900 Schwarze in politische Ämter gewählt worden; 1976, als bereits 3,5 Millionen Schwarze im Süden als Wähler registriert waren, gaben die schwarzen Stimmen den Ausschlag für den Sieg Jimmy Carters bei den Präsidentschaftswahlen: Carter gewann die Südstaaten (ohne die er nicht hätte gewinnen können), obwohl 55% der weißen Südstaatler für Ford stimmten. Die Reorganisation des südlichen Parteiflügels der Demokraten war erfolgreich abgeschlossen. Gewissermaßen über Nacht war die Bürgerrechtsbewegung in das politische Wahlsystem integriert worden. Ihre Führer kandidierten überall im Süden für politische Ämter, und ihre Anhängerschaft bemühte sich nach Kräfen, diesen Kandidaturen im Namen von »Black Power« zum Erfolg zu verhelfen.

Auch die sozio-ökonomischen Programme der Kennedy-Johnson-Ära trugen dazu bei, die Bürgerrechtsbewegung zu absorbieren und zu kanalisieren. Im nächsten Kapitel werden wir genauer auf diese Programme eingehen. An diesem Punkt soll nur angemerkt werden, daß die Kennedy-Administration versuchte, Forderungen nach neuen Bürgerrechtsgesetzen dadurch abzuwehren, daß sie die Notwendigkeit sozio-ökonomischer Reformen herausstrich, um dem Problem der schwarzen Armut zu begegnen. Die »Great Society«-Programme, vor allem das Programm gegen die Armut, waren die Folge, und Bürgerrechtsaktivisten besetzten in großer Zahl die neugeschaffenen, durch die Bundesregierung finanzierten Stellen, offenbar in der Absicht, dadurch »schwarze Macht« auszuüben. In ihrem Bericht über den Niedergang von CORE zeigen zum Beispiel Meier und Rudwick mit besonderer Sorgfalt, wie das Programm gegen die Armut Bürgerrechtler von direkten Aktionen abzog und die zerbrechliche Einheit von CORE-Ortsgruppen unterminierte:

»CORE-Mitglieder, die gutbezahlte Positionen im Rahmen der ›Community Action‹-Programme [CAP] angenommen hatten, hatten Schwierigkeiten, aktiven Kontakt zu ihren Ortsgruppen zu halten, und da sie meistens die erfahrensten Mitglieder waren, war der Verlust erheblich. ... Mitglieder [des ›National Action Committee‹ von CORE] begannen sogar zu klagen, das Programm gegen die Armut sei ›dazu benutzt worden, militante Bürgerrechtsführer zu kaufen‹. Von gleicher Bedeutung war die Tatsache, daß COREs Aktivitäten in den CAP-Projekten einen großen Teil der Energie absorbierte und so die Aktivität bei CORE-Projekten verringerte. ... Beide Sachverhalte erwiesen sich als wesentlicher Faktor beim Rückgang der Gruppenaktivitäten.« (363–364)

Das Programm gegen die Armut war nur eines von mehreren »Great Society«-Programmen, in denen Schwarzen eine Rolle spielen sollten. Der »Elementary und Secondary Education Act« (Gesetz über die Grund- und Sekundar-Schulbildung) war ein anderes, wie auch das »Model Cities«-Programm. Jedes einzelne trug dazu bei, die Führungsschicht der schwarzen Bewegung zu integrieren (zudem bot jedes einzelne Programm die Dienstleistungen und materiellen Vorteile, die zur Befriedung der schwarzen Massen beitrugen).

Die Bewegung wurde jedoch nicht allein durch das politische Wahlsystem und damit zusammenhängende Regierungsinstitutionen absorbiert. Auch viele andere Institutionen in der Gesellschaft begannen nun, Schwarze zu integrieren: Geschäftswelt und Industrie reagierten auf die Unruhen, indem sie Schwarze einstellten; Universitäten und Colleges, die ja selbst von den Kämpfen erschüttert worden waren, revidierten ihre Zulassungspraktiken, um mehr Studenten aus Minderheitengruppen, von denen einige in den vordersten Reihen der Bürgerrechtsbewegung gestanden hatten, zuzulassen. Nachdem sie Zugang zu diesen Institutionen gewonnen hatten, bildeten viele Schwarze ihre eigenen politischen Fraktionen (»caucuses«) oder gründeten andere schwarze Suborganisationen, um »black power« auszuüben. Kurzum: die Gesellschaft schluckte die Bewegung, saugte ihr das Mark aus den Knochen, indem sie die Kader der Bewegung integrierte und die Schwarzen in die bürokratische und parlamentarische Politik einband.

Wahlpolitische Organisation und ökonomischer Fortschritt

Die Schwächung der Kastenordnung im Süden hat einige wichtige Fortschritte mit sich gebracht. Am bedeutendsten ist dabei die Reduzierung des Terrors als Hauptinstrument sozialer Kontrolle. Zumindest in diesem Punkt stellt der erfolgreiche Kampf um die politische Modernisierung des Südens einen großen Sieg für die Masse der Schwarzen dar. (So beteiligten sich z. B. am 4. Mai 1966 mehr als 80% der registrierten schwarzen Wähler in Alabama an den Vorwahlen der Demokratischen Partei und verhinderten mit ihren Stimmen, daß die Sheriffs James Clark [Selma] und Al Lingo [Birmingham] wieder nominiert wurden.)

Doch viele Schwarze im Süden leiden auch weiterhin unter ökonomischer Ausbeutung und den vielfältigen Formen sozialer Unterdrückung, die sie der Ausbeutung ausliefern. Die entscheidende Frage bleibt, ob die Erringung formeller politischer Rechte die Schwarzen nun in die Lage versetzen wird, auch ökonomische Fortschritte zu machen. Diese Frage stellte schon John Lewis, der Vorsitzende des SNCC, als er zu den Zehntausenden von Demonstranten sprach, die sich 1963 beim Marsch auf Washington versammelt hatten: »Was finden wir in [Kennedys Bürgerrechtsgesetz], das die obdachlosen und hungernden Menschen dieses Landes beschützen wird? Was finden wir in diesem Gesetz, das die Gleichberechtigung einer Hausangestellten sicherstellt, die fünf Dollar in der Woche im Haus einer Familie mit einem Jahreseinkommen von 100 000 Dollar verdient?« Anders formuliert lautet die Frage, ob die Ausübung des Wahlrechts und die jetzt fast ausschließliche Betonung wahlpolitischer Strategien durch schwarze Südstaatenpolitiker zu einer entscheidenden Verbesserung der Lebensbedingungen der schwarzen Armutsbevölkerung im Süden führen wird. Wir meinen nicht.

Die Wahl einer bescheidenen Anzahl schwarzer Südstaatenpolitiker in öffentliche Ämter wird mit Sicherheit wieder die politische Macht schaffen, die notwendig wäre, um eine Vollbeschäftigungspolitik der Bundesregierung sicherzustellen, noch wird sie eine substantielle Änderung der Beschäftigungs-, Entlohnungs- und Beförderungspraxis in der Privatwirtschaft erreichen. Sie wird weder die Wohnungsbauprogramme durchsetzen, die nötig wären, um den verelendeten Minderheiten in den Städten des Südens menschenwürdige Unterkunft zu bieten, noch Maßnahmen – wie etwa eine von Regierungshilfen begleitete Landreform – durchführen, die es einigen der schwarzen (und weißen) Armen auf dem Lande gestatten würde, in der Ära des Agribusiness als unabhängige Farmer zu existieren. Weder wird es ihr gelingen, das Wohlfahrtssystem so zu reformieren, daß alle Arbeitslosen und Arbeitsunfähigen ein angemessenes Mindesteinkommen beziehen, noch all die anderen Reformen und Programme durchzuführen, die die Lebensbedingungen der schwarzen Armutsbevölkerung verbessern könnten.

Andere haben ähnlich argumentiert: So schrieb Sindler genau zu der Zeit, als der »Voting Rights Act« verabschiedet wurde: »Die Fähigkeit und Bereitschaft der Weißen, den politischen Prozeß dazu zu nutzen, den politischen Einfluß der Schwarzen abzuwehren und zu begrenzen, werden aus diesem Einfluß alles andere als den entscheidenden Hebel für den Fortschritt der Farbigen machen, der er angeblich sein soll.« (1965, 53) Selbst James Q. Wilson hat geschrieben:

»Die politischen Aktivitäten der Schwarzen müssen als eine Strategie mit begrenzten Zielen beurteilt werden. Wo sie wählen können und dies auch tun, liegt es in ihrer Macht, die Indifferenz und Feindseligkeit ihrer gewählten Vertreter abzustellen. Aber es liegt nicht in der Macht dieser politischen Repräsentanten, das Los der Schwarzen entscheidend zu verändern: mit dem Wahlrecht ... kann ... die Entfernung von Rassisten und erklärten Segregationisten aus ihren Ämtern erzwungen werden. [Aber] *es kann Einkommen, Wohnungssituation, berufliche Stellung oder Lebenschancen der Schwarzen nur marginal beeinflussen.*« (456, Hervorhebung von uns)

Neben einer generellen Bejahung des traditionellen amerikanischen Glaubens an die Effektivität politischer Wahlen führen die Verfechter einer wahlpolitischen schwarzen Strategie das Argument ins Feld, die Schwarzen könnten jetzt erfolgreiche »Pendel-Politik« betreiben, da sie einerseits in den Schlüsselstaaten im Norden konzentriert seien und andererseits im Süden über einen ständig wachsenden Anteil der Stimmen verfügten. Dieses Machtpotential ist unseres Erachtens jedoch weit weniger real als es den Anschein hat. Der Erfolg eines Pendelns zwischen den Parteien erfordert sowohl außergewöhnliche Einheit als auch außergewöhnliche Unabhängigkeit des betreffenden Wählerblocks. Die Wahlen seit 1936 (mit Ausnahme der Wahlen von 1956 und in geringem Maße von 1960) haben zwar demonstriert, daß die Einheit der Schwarzen sehr wohl möglich ist. Die Loyalität zur Demokratischen Partei hat seit dem New Deal kontinuierlich zugenommen und ist heute größer als zu irgendeiner Zeit in den letzten 30 Jahren. Bei den Wahlen von 1968 und 1972 stimmten die Schwarzen zu 87 bzw. 86% für die Demokratische Partei und bei der Wahl von 1976 entschieden sich von den rund 6,6 Millionen schwarzen Wählern sogar 94% für diese Partei.

Doch diese Daten über die politische Geschlossenheit der Schwarzen deuten keineswegs an, daß der schwarze Wählerblock auch unabhängig ist – ganz im Gegenteil. Zwar hatte die Loyalität zu den Demokraten bei den Wahlen von 1956 und 1960 Rückschläge erlitten, die Konzessionen der Bürgerrechts-Ära aber haben sie mehr als wieder aufgefangen. Die Schwarzen bilden heute unter jedem Gesichtspunkt den stabilsten Block in der Demokratischen Wählerschaft. Wie schwarze Politiker es bewerkstelligen wollen, diese Wähler regelmäßig zum Pendeln zwischen den Parteien zu bewegen, ist alles andere als einleuchtend.

Zudem ist keineswegs klar, ob die meisten Minderheitenpolitiker ein Pendeln schwarzer Wähler überhaupt fördern würden, selbst wenn sie die Gelegenheit dazu hätten. Schwarze Politiker sind selbst nicht unabhängig. Viele von ihnen verdanken ihre Stellung weniger dem Rückhalt, den die schwarze Bevölkerung ihnen gibt, als weißen Parteiführern. Darüber hinaus hängen die Mandate der meisten schwarzen Politiker von der Stärke der Demokratischen Partei ab, von ihrer Fähigkeit, die Mehrheit der Wählerstimmen auf sich zu vereinigen. In demselben Maße, in dem eine unberechenbare schwarze Wählerschaft die Machtposition der Demokratischen Partei in Gefahr bringen würde, müßten auch die schwarzen Amtsinhaber um ihre Posten fürchten.

Wir wollen nicht behaupten, daß schwarze Wähler nicht in Zukunft flexibler werden könnten, doch vermuten wir, daß eine solche Entwicklung dann nicht auf Drängen politischer Führer erfolgen wird, sondern aufgrund neuer sozialer und ökonomischer Veränderungen und des Anbruchs einer neuen Periode massenhafter Auflehnung.

V. Die Protestbewegung der Wohlfahrtsempfänger

In Einschätzungen der schwarzen Bewegung nach dem Zweiten Weltkrieg wird häufig hervorgehoben, daß Mittelschichtsangehörige (oder diejenigen, die aufgrund ihrer Ausbildung in die Mittelschicht aufrücken konnten) aus ihr den größten ökonomischen Nutzen gezogen hätten. Die schwarze Armutsbevölkerung hat jedoch auch ökonomische Fortschritte gemacht, nur geschah dies nicht innerhalb des Beschäftigungssystems. Ein wichtiges Merkmal der schwarzen Nachkriegsbewegung bestand in zunehmenden Forderungen nach Sozialfürsorge, die vor allem nach 1960 und speziell in den nördlichen Großstädten auftraten. Ein großer Teil der verarmten Schwarzen aus dem Süden, die in den vierziger und fünfziger Jahren ihre Existenzgrundlage in der Landwirtschaft verloren hatten, fanden in den Städten des Nordens keine Arbeit; extremes Elend wurde rasch zu einem Dauerzustand. Später wurde die Not allerdings durch zunehmende Wohlfahrtsleistungen, die der Aufruhr der sechziger Jahre produzierte, gemildert. Der Aufruhr der sechziger Jahre bescherte auch den armen Weißen in größerer Zahl öffentliche Unterstützung, so daß die amerikanische Unterschicht insgesamt von den schwarzen Protesten dieser Periode profitierte.

Die Größe des Erfolgs läßt sich an der Anzahl zusätzlicher Familien, die Unterstützung erhielten, und an den zusätzlichen Milliarden Dollar, die für Sozialfürsorge aufgewandt wurden, ablesen: 1960 erhielten nur 745 000 Familien Unterstützung im Rahmen des AFDC-Programms (»Aid to Families with Dependent Children« – Unterstützung von Familien mit abhängigen Kindern); die Höhe der Leistungen betrug insgesamt weniger als eine Milliarde Dollar. 1972 waren es dagegen drei Millionen Familien, und die Beihilfen beliefen sich auf insgesamt sechs Milliarden Dollar.

In diesem Punkt erweisen sich Darstellungen der Bürgerrechts-Ära als merkwürdig kurzsichtig – der Sachverhalt wird nicht einmal erwähnt. Hätte es nicht die Rassenunruhen gegeben, die eine Stadt nach der anderen erschütterten, man müßte aufgrund der vorliegenden Berichte zu dem Schluß kommen, die städtische schwarze Armutsbevölkerung sei untätig gewesen. Dies ist um so merkwürdiger, als viele Beobachter dahin tendieren, die Rassenunruhen als eine Form der Rebellion zu definieren. Mit gleichem Recht läßt sich aber auch die Erhebung der Wohlfahrtsempfänger als Rebellion der Armen gegen die Umstände, die ihnen sowohl Arbeit als auch Einkommen versagten, verstehen. Mehr noch, die Bewegung der Wohlfahrtsempfänger war in gewissem Sinne die authentischste Form der schwarzen Bewegung in der Nachkriegszeit. Ihre vielen hunderttausend Teilnehmer kamen aus der untersten Schicht der schwarzen Bevölkerung. Sie waren weder Integrationisten noch Nationalisten; sie kannten weder Sprecher noch Organisation. Diese Bewegung brach aus dem Innersten der nördlichen Gettos hervor, wo auf engstem Raum die Opfer der agrarischen Umwälzung und städtischen Arbeitslosigkeit lebten. Es war, kurz gesagt, ein Kampf der schwarzen Massen ums Überleben.

Als sich die weitverzweigte Bewegung der Fürsorgebedürftigen in den frühen sechziger Jahren entfaltete, schlossen sich einige Schwarze (und ein paar Weiße) zu einer Organisation zusammen, die sich zum Ziel setzte, das System der öffentlichen Wohlfahrt zu verändern. Wie schon während der Großen Depression Arbeitslosengruppen aus dem Boden schossen und schließlich die »Workers' Alliance of America« bildeten, begannen auch Mitte der sechziger Jahre Gruppen aufzutauchen, die das Recht auf Wohlfahrt auf ihr Banner geschrieben hatten und sich später zur »National Welfare Rights Organization« (NWRO) zusammenschlossen. Im folgenden Kapitel wollen wir untersuchen, wie bedeutend der Beitrag war, den die NWRO zur Wohlfahrtsbewegung leistete – welchen Anteil sie an der ungeheuren Zunahme der Forderungen nach Unterstützung und an der darauffolgenden explosiven Ausweitung der Empfängerlisten hatte.

Die NWRO ist noch aus einem weiteren Punkt von Interesse. Sie wurde zu einem Zeitpunkt gegründet, als die Bürgerrechtsbewegung im Süden so gut wie verebbt war und sich viele Aktivisten nach Norden wandten, angezogen von der wachsenden Unruhe der schwarzen städtischen Massen. Zusammen mit der Konzentration schwarzer Wähler im Norden bestärkte diese Unruhe die Überzeugung, politische Macht könne durch Massenorganisation gewonnen werden. Protestdemonstrationen und direkte Aktionen, die für die Bewegung im Süden charakteristisch gewesen waren, wurden daher rasch in den Hintergrund gedrängt; statt dessen betonte man die Notwendigkeit von »community organization« in den Gettos des Nordens. Die NWRO war ein Ausdruck dieser Veränderung. Ihre Protagonisten waren zwar vom Geist des Protestes inspiriert worden, sahen jedoch ihre Aufgabe primär darin, dauerhafte Massenorganisationen der städtischen Armutsbevölkerung aufzubauen. Neben ihr gab es noch eine Reihe weiterer Organisationsversuche in dieser Periode, von denen jedoch keiner die nationale Bedeutung der »National Welfare Rights Organization« erlangte.[1] Eine Analyse der Erfahrungen der NWRO stellt daher eine wichtige Grundlage für die Einschätzung der Tauglichkeit dieser politischen Strategie dar.

Es ist so gut wie nichts über die NWRO geschrieben worden. Während ihrer kurzen Existenz erhielt sie relativ geringe Unterstützung von Bürgerrechtsgruppen, und seitdem haben Historiker und Sozialwissenschaftler ihr kaum Beachtung geschenkt.[2] Die Analyse, die wir in diesem Kapitel leisten werden, basiert daher fast ausschließlich auf unseren eigenen Beobachtungen, die wir während unseres Engagements bei der NWRO sammeln konnten, als wir an Strategiediskussionen, Spendenkampagnen und Demonstrationen teilnahmen.[3] Wir waren entschiedene Verfechter einer bestimmten politischen Strategie, deren Hauptgewicht auf militanten Protesten anstelle von »community organization« lag, und die eine Quelle ständiger Auseinandersetzung unter der NWRO-Führung darstellte, wie wir im weiteren Verlauf des Kapitels darlegen werden. Es muß dem Leser überlassen bleiben zu beurteilen, inwieweit unser eigenes Engagement und unsere Parteilichkeit die folgende Analyse verzerrt haben mögen.

Die Entstehung einer Bewegung der Wohlfahrtsempfänger

Das AFDC-Unterstützungsprogramm wurde im Rahmen des »Social Security Act« von 1935 geschaffen.[4] Bis 1940 hatten alle Bundesstaaten die notwendigen Durchführungsgesetze verabschiedet, und immer mehr Menschen wurden auf die Fürsorgelisten gesetzt. Es ist allerdings entscheidend, darauf hinzuweisen, daß nur wenige der Armen von dieser allseits gepriesenen Reform profitierten. Wohlfahrtsstatuten und -praktiken sollten vor allem dazu dienen, Arbeitsnormen durchzusetzen und durch die Verknappung von Sozialfürsorge ein Reservoir billiger Arbeitskräfte verfügbar zu halten. Gesunde Erwachsene ohne Kinder wurden, ebenso wie alle Familien mit zwei Elternteilen, durch das Bundesgesetz einfach von der Fürsorge ausgeschlossen; Bestimmungen und Praktiken einzelner Bundesstaaten und Landkreise verweigerten auch vielen der übrigen Bedürftigen noch die Unterstützung. Ein weiterer Grund für die Begrenzung der Fürsorgeleistungen waren die Kosten. Einen Teil der Wohlfahrtsausgaben finanzierte der Bund; Bundesstaaten und Gemeinden brachten den Rest auf. Die lokalen Fürsorgeverwaltungen hatten folglich allen Grund, es so schwierig wie möglich zu machen, Unterstützung zu bekommen.

In den sechziger und siebziger Jahren schwoll dann die Zahl der Fürsorgeempfänger vor allem im Norden erheblich an.[5] Zurückzuführen ist diese Expansion auf die Entstehung einer Bewegung der Fürsorgebedürftigen.

Die Legitimität der Armut wird in Frage gestellt

Wie wir schon in Kapitel 4 gezeigt haben, nahm nach dem Zweiten Weltkrieg das Elend großer Teile der Armutsbevölkerung weiter zu. In der Landwirtschaft, vor allem im Süden, griff die Arbeitslosigkeit um sich und auch in den Städten lag sie auf hohem Niveau. Die Beschäftigungssituation verbesserte sich während des Koreakrieges vorübergehend, doch dann stieg die Zahl der Erwerbslosen wieder abrupt an. Schwarze wurden besonders hart betroffen. Während des letzten Kriegsjahres lag die offizielle Arbeitslosenquote in der nicht-weißen Bevölkerung bei 4,5 %; sie stieg in der Rezession von 1958 auf 13 % und blieb bis zur Eskalation des Vietnam-Krieges ständig über 10 %. In den Gettos der nördlichen Großstädte erreichte die Arbeitslosigkeit teilweise das Ausmaß der Depressionsjahre.

»Zum Beispiel waren 1960 41 % der männlichen Schwarzen in einem Zensus-Bezirk von Detroit, der ausschließlich von Schwarzen bewohnt wurde, arbeitslos; in bestimmten Zensus-Bezirken von Chicago, Los Angeles und Baltimore – in denen 90 % oder mehr der Bewohner Schwarze waren – bewegten sich die Arbeitslosenquoten zwischen 24 und 36 %.«[6]

Doch trotz des Elends beantragte nur ein kleiner Teil der Armen öffentliche Unterstützung. Das Ethos der Eigenverantwortlichkeit und die Verachtung des Almosenempfängers sind fürwahr machtvolle Kontrollmechanismen. Zudem reagierte die Regierung nicht auf die ökonomische Notlage: von den Familien, die Beihilfe beantragten, wurde etwa die Hälfte abgewiesen. Folglich stieg die Zahl der Fürsorgeempfänger nur unbedeutend an: von 635 000 Familien im Jahre 1950 auf 745 000 im Jahre 1960 – ein Anstieg von nur 110 000 Familien (oder 17%) in einem Jahrzehnt, das von der Abwanderung von Millionen entwurzelter Menschen vom Land in die Städte gekennzeichnet war. Diese Menschen nahmen ihr elendes Dasein einfach hin.

Das allerdings sollte sich bald ändern. Dies war zum Teil darauf zurückzuführen, daß Armut zu einem öffentlich debattierten Thema wurde. Die Rezessionen der späten fünfziger Jahre spielten im Präsidentschaftswahlkampf von 1960 eine prominente Rolle. Kennedy forderte wiederholt »einen wirtschaftlichen Feldzug gegen die Armut« (Schlesinger, 873), und als die Stimmen gezählt waren, machte ein verbitterter Nixon für seine Niederlage nicht zuletzt Eisenhowers Wirtschaftspolitik verantwortlich, der es nicht gelungen war, Rezessionen, besonders im Wahljahr selbst, zu verhindern.[7] Nur wenige Tage nach seiner Amtsübernahme leitete Kennedy Gesetzesvorlagen an den Kongreß, in denen er vorschlug, »dem Gesetz zur Arbeitslosenunterstützung eine zeitlich begrenzte Ergänzung über eine dreizehnwöchige Zahlung hinzuzufügen ... die Unterstützung für Kinder von Arbeitslosen auszudehnen ... die Zahlungen der Sozialversicherung zu verbessern und frühzeitige Pensionierung zu fördern ... [und] die Mindestlöhne auf breiter Basis zu erhöhen« (Sorensen, 387).

Kennedys Interesse an ökonomischen Problemen war zwar primär seiner breiten Gefolgschaft in der Arbeiterklasse geschuldet, war aber zu einem gewissen Grad auch eine Reaktion auf die Ansprüche seiner schwarzen Wähler. Vom Augenblick seiner Amtsübernahme an mußte er sich gegen die Kritik von Bürgerrechtlern verteidigen, die meinten, er wolle sich vor der Einlösung des Versprechens drücken, ein Bürgerrechtsgesetz vorzulegen:

»Als ihm [Kennedy] die Führer der Bürgerrechtsbewegung 1961 Vorwürfe machten, weil er sich nicht für die Gesetzgebung einsetzte, erklärte er ihnen, daß ein erhöhter Mindestlohn, Unterstützung des Bildungswesens durch den Bund und andere Sozial- und Wirtschaftsmaßnahmen auch Bürgerrechte seien.« (846–847)

Zu Anfang dienten die Aktivitäten der Kennedy-Administration im Kampf gegen die Armut also dazu, Bürgerrechtsforderungen zu umgehen, ohne die Unterstützung der Schwarzen zu verlieren.

Doch in dem Maße, wie sich die Auseinandersetzungen um die

Bürgerrechte verschärften, wuchs auch die Empörung der Schwarzen über ihre Lebensbedingungen – nicht allein als unterdrückte rassische Minderheit in einer weißen Gesellschaft, sondern auch als verarmter Bevölkerungsteil umgeben von Wohlstand. Von den Erfolgen der Bürgerrechtsbewegung im Süden profitierten nun einmal am stärksten und unmittelbarsten die schwarzen Südstaatler, vor allem jene, die schon zur Mittelschicht gehörten oder sich anschickten, in die Mittelschicht aufzusteigen. Als Anfang der sechziger Jahre die Schwarzen in Dutzenden von Landkreisen endlich das Recht erhielten, zu wählen oder sich auf jeden beliebigen Platz im Bus zu setzen, da lebten in diesen Gebieten gar nicht mehr so viele Schwarze, die die neuen Rechte in Anspruch nehmen konnten. Die Arbeitslosigkeit in der Landwirtschaft, zusammen mit einer repressiven Fürsorgepraxis der Südstaaten, die arbeitslosen Landarbeitern Unterstützung versagte, hatten eine Abwanderung erzwungen, die zwangsläufig die Reihen der schwarzen Landbewohner lichtete. In den Städten schufen Arbeitslosigkeit, Unterbeschäftigung, niedrige Löhne und Wohlfahrtsrestriktionen neue Härten. Eine Bürgerrechtsrevolution war im Gange, nur: die schwarze, städtische Armutsbevölkerung hatte kaum etwas davon.

In den Jahren 1962 und 1963 hatten viele Bürgerrechtsaktivisten begonnen, sich ökonomischen Problemen zuzuwenden. Sie organisierten Boykotts, Arbeitskämpfe und Protestdemonstrationen, um diskriminierende Beschäftigungspraktiken anzugreifen; sie organisierten Mietstreiks, um gegen unzumutbare Wohnbedingungen und Mietwucher zu protestieren, und wandten sich mit Massendemonstrationen gegen Häuserabriß und Stadtsanierung. Auf diese Weise gerieten wirtschaftliche Probleme in den Mittelpunkt der Proteste, und der Marsch auf Washington für Arbeit und Freiheit im August 1963 bot diesen Protesten eine nationale Bühne.

Während der Marsch auf Washington noch geplant wurde, starteten Regierungsvertreter eine rhetorische Kampagne über ökonomische Ungerechtigkeit, die sie mit Verlautbarungen über die Wichtigkeit neuer Programme zur Bekämpfung der Armut verbanden. Der Planungsprozeß begann in einer Kabinettssitzung im Juni, kurz nach der Bürgerrechtskrise in Birmingham und kurz vor dem Marsch auf Washington:

»Kennedy widmete einen großen Teil [dieser Sitzung] ... einer Diskussion über das Problem schwarzer Arbeitslosigkeit, und gab eine Reihe von Stabsanalysen zu dem Thema in Auftrag. Den gesamten Sommer 1963 über waren Experten der zuständigen Regierungsbehörden – des ›Council of Economic Advisors‹, des Bureau of the Budget, des Arbeits- und des Gesundheitsministeriums ... emsig dabei, eine wahre Flut von Referentenstudien zu produzieren. Im November informierte Präsident Kennedy [seine Berater] ... daß er beabsichtige, die Bekämpfung der Armut zu einem der Hauptziele seines Gesetzgebungsprogramms für 1964 zu machen.« (Donavan, 23)

Hatte Kennedy die rhetorische Welle über das Armutsproblem nur in Gang gesetzt, ließ Johnson nach dem Attentat die Welle zu einer Sturmflut anschwellen. In seinem Bericht zur Lage der Nation vom 8. Januar 1964 begann er mit der Erklärung eines »bedingungslosen Kriegs gegen die Armut in Amerika. [Wir] werden nicht eher ruhen, bevor dieser Krieg gewonnen ist.« Später im Januar unterbreitete er dem Kongreß die »Economic Opportunity Bill« von 1964 (das Programm gegen die Armut)[9], und setzte sich in den folgenden Monaten bei verschiedenen Interessengruppen – Gewerkschaftsvorsitzenden, Wirtschaftsvertretern, Kirchenführern und Bürgerrechtlern – mit großem Nachdruck für das Programm ein. Mit Reden und Pressemitteilungen mobilisierte Johnson die öffentliche Meinung für den Feldzug gegen die Armut. Das Ergebnis dieser Aktivitäten war durchschlagend: »Wenn die Öffentlichkeit sich der Armut in den Vereinigten Staaten vor einem Jahr praktisch überhaupt noch nicht bewußt geworden war, so war dieses Bewußtsein jetzt allgemein. Vor allem aber hatte Johnson den Krieg gegen die Armut zu einem Teil des nationalen Konsensus gemacht.« (Evans und Novak, 368) Der Kongreß reagierte außergewöhnlich schnell. Schon im August, nur einige Wochen vor den Präsidentschaftswahlen, konnte der Präsident das Gesetz unterzeichnen.

Programme gegen die Armut

Was das Programm gegen die Armut tatsächlich leistete, war, eine Reihe von Maßnahmen, die schon während der Kennedy-Jahre initiiert worden waren, erheblich auszuweiten. Dazu gehörte beispielsweise der »Juvenile Delinquency and Youth Offenses Control Act« von 1961 (Gesetz zur Bekämpfung der Jugendkriminalität), unter dem in 20 Städten »community action«-Programme eingerichtet worden waren. Zusätzlich war 1962 der »Manpower Development and Training Act« verabschiedet worden, dem 1963 der »Community Mental Health Centers Act« gefolgt war. 1966 trat noch der »Demonstration Cities and Metropolitan Development Act« hinzu.

Eine Zeitlang gelang es diesen Programmen weniger, die Unruhe zu dämpfen; statt dessen dienten sie als Vehikel für die Mobilisierung der schwarzen Gettobevölkerung, um weitere Regierungshilfen zu fordern.[10] Sie schufen eine neue Führungsstruktur in den Gettos und brachten zudem die Massen der schwarzen Armutsbevölkerung in Bewegung. Dies wurde möglich, weil ein Teil der Mittel aus diesen Programmen direkt in einzelne Gettoviertel floß – als eine Art direkter Zuwendung aus dem Patronagetopf des Bundes an Minderheitengruppen. Auch wurden die Schwarzen durch Regierungspolitiker dazu ermuntert, diese Mittel zur Gründung eigener Organisationen zu benutzen, um so gezielt ihre eigenen Interessen, vor allem in den Bereichen der Kommunalpolitik und städtischen Dienstleistungen vertreten zu können.

Die neuen Hilfsprogramme gaben entscheidenden Anstoß zu der Flut von Anträgen auf öffentliche Unterstützung, die nach 1965 einsetzte. Als Tausende von Sozialarbeitern und Nachbarschaftshelfern, die im ganzen Land von den »community action«-Büros angeheuert wurden, mit Bedürftigen in Kontakt kamen, waren sie gezwungen, sich mit den Fürsorgerichtlinien vertraut zu machen und zu lernen, wie sie am besten Unterstützung für ihre Klienten durchsetzen konnten. Hätten sie etwas anderes getan, hätten sie sich schnell als nutzlos erwiesen für die Menschen, deren Interessenvertreter sie ja sein sollten. Es war ganz einfach: die Armen brauchten Geld; Geldmangel war die Ursache der meisten Probleme, wegen derer Familien sich an die Sozialarbeiter in den Ladenbüros oder anderen »community action«-Büros im ganzen Land wandten.

Nach kurzer Zeit wurden auch Anwälte, die sich für die Rechte der Wohlfahrtsempfänger einsetzten, aktiv. Wenn einzelne Betreuer nicht in der Lage waren, die Ansprüche der von ihnen vertretenen Familien auf Unterstützung durchzusetzen, strengten die Anwälte Musterprozesse an und errangen zunächst in den Gerichten der Einzelstaaten, später auch in den Bundesgerichten, bis hinauf zum Obersten Gericht, verblüffende Erfolge. So wurden nach und nach eine Reihe von Restriktionen beseitigt: »Mann-im-Haus«-Klauseln; Wohnsitzbestimmungen; Vorschriften, nach denen beschäftigungsfähigen Müttern Unterstützung versagt werden konnte (employable mother); und ein Haufen anderer Bestimmungen,

Praktiken und Regelungen, die den Kreis der Fürsorgeempfänger einschränken sollten.[11] Infolge dieser Gerichtsentscheidungen wurden völlig neue Personengruppen antragsberechtigt, so daß vielen, die zuvor abgewiesen worden waren, jetzt Beihilfe gewährt werden mußte. Als nun die Sozialarbeiter feststellten, daß Tausende potentieller Fürsorgeempfänger die Slums und Gettos bevölkerten, begannen sie, Handbücher über das »Recht auf Wohlfahrt« zu erstellen und in Zehntausenden von Exemplaren zu verteilen, wodurch immer mehr Menschen von ihrem Anspruch auf öffentliche Unterstützung erfuhren. Kurzum: ab 1965 waren die Armen über ihr »Recht« auf Wohlfahrt informiert, wurden sie ermutigt, Fürsorge zu beantragen, und wurde ihnen geholfen, diese auch zu bekommen. Eine vielfältige Kampagne gegen restriktive Wohlfahrtspraktiken war in Gang gekommen, und die Bundesregierung stellte nicht nur den Hauptteil der finanziellen Mittel zur Verfügung, sondern verlieh der Kampagne außerdem noch Legitimität.[12]

Die Bedeutung der Unruhen

Die Massenunruhen, die zwischen 1964 und 1968 das Land überzogen, waren für die neuen Unterstützungsprogramme von erheblicher Bedeutung. Im Jahre 1966 gabe es 21 größere Bürgerunruhen, 1967 waren es 83. Der Juli 1967 war ein Monat des Aufruhrs. In Milwaukee starben vier Menschen; in Detroit 43. Überall im Land brachen Unruhen aus: in Cambridge (Maryland); in Lansing, Kalamazoo, Saginaw und Grand Rapids (Michigan); in Philadelphia; Providence; Phoenix; Portland; Wichita; South Bend und Memphis; in Wilmington (Delaware); San Francisco, San Bernardino, Long Beach, Fresno und Marin City im Bundesstaat Kalifornien; in Rochester, Mt. Vernon, Poughkeepsie, Peekskill und Nyack im Staat New York; in Hartford (Connecticut); in Englewood, Paterson, Elizabeth, New Brunswick, Jersey City, Palmyra und Passaic in New Jersey. Als der Monat zu Ende ging, richtete das Pentagon eine »Task Force« und der Präsident eine Untersuchungskommission zu den Bürgerunruhen ein. Nur knapp sieben Monate später (im Februar 1968) forderte die Kommission eine »massive und dauerhafte Verpflichtung«, um die Armut und Rassendiskriminierung aus der Welt zu schaffen. Nur ein paar Tage vorher hatte der Präsident in seinem Bericht zur Lage der Nation Gesetzesvorschläge über die Ausbildung und Beschäftigung langjähriger Arbeitsloser sowie Stadterneuerungsvorhaben angekündigt.

Angesichts dieser Situation – Massenproteste auf der einen, eine entgegenkommende Regierung auf der anderen Seite – blieb den Sozialarbeitern der »Great Society«-Programme kaum eine andere Wahl, als die Interessen ihrer Mandanten militant zu vertreten. Also verhandelten sie nicht länger mit ihrem jeweiligen Gegenüber in den Lokalverwaltungen (der Schulbehörde, der Stadtsanierungsverwaltung, dem Fürsorgeamt) – jetzt forderten sie positive Bescheide auf die Anträge ihrer Klienten. Auch scheuten sie nicht mehr vor Prozessen zurück, selbst wenn es Lokalpolitikern und Behördenleitern besonders gegen den Strich ging: sie klagten und gewann auch häufig. Schließlich zögerten sie nicht länger, Proteste der Armen gegen Politik und Praxis lokaler Wohlfahrtsempfänger zu organisieren. Dies war eine Ursache der Wohlfahrtsexplosion in den sechziger Jahren.

Eine Bewegung der Fürsorgeempfänger entsteht

Alle genannten Faktoren stiegen gleichzeitig an: die rhetorischen Kraftakte gegen die Armut, die Bewilligung neuer Mittel für die Anti-Armuts-Programme, die Gettounruhen ebenso wie die Anträge auf öffentliche Unterstützung. Offensichtlich waren viele Bedürftige zu der Überzeugung gelangt, daß eine Gesellschaft, die ihnen Arbeitsplätze und angemessene Löhne verweigerte, ihnen zumindest ein zum Überleben ausreichendes Einkommen schuldete. Die Zeit begann der Großen Depression zu ähneln: in beiden Perioden kam eine große Anzahl von Menschen zu dem Schluß, daß das »System« und nicht sie selbst die Verantwortung für ihr Schicksal trage – und so wandten sie sich in immer größerer Zahl an die Fürsorgeämter.

Im Jahre 1960 beantragten 588 000 Familien AFDC-Beihilfe; 1963, in dem Jahr, als führende Politiker den Kampf gegen die Armut erstmals zu einer öffentlichen Aufgabe erklärten, stellten 788 000 Familien Anträge – ein Anstieg von einem Drittel. Im Jahr 1966, dem ersten Jahr, in dem die Programme gegen die Armut in vollem Umfang wirksam waren, erreichte die Zahl der Anträge 903 000 – ein Zuwachs von mehr als 50% gegenüber 1960. Als 1968 die Gettounruhen ihren Höhepunkt erreichten, hatte sich die Zahl der Anträge gegenüber 1960 verdoppelt und 1 088 000 erreicht –

von da an lag sie jedes Jahr über einer Million.[13] Es war unverkennbar: eine Millionenbewegung der Wohlfahrtsempfänger war entstanden.

Staatliche Reaktionen auf die Bewegung der Fürsorgeempfänger

Ebenso steil wie die Kurve der Antragstellungen verlief die der Antragsbewilligungen. Je mehr Familien Anträge stellten, um so höher wurde auch die Bewilligungsquote. Im Jahre 1960 erhielten 55% der Antragsteller Unterstützung. Der Anteil stieg 1963 auf 57%, 1966 auf 64% und 1968 auf 70%. In manchen Städten im Norden lag die Bewilligungsquote sogar noch höher. Es ist kaum übertrieben zu sagen, daß praktisch jede Familie mit niedrigem Einkommen, die gegen Ende der sechziger Jahre ein Wohlfahrtsbüro aufsuchte, auch Unterstützung bekam.

Die Liberalisierung der Fürsorgepraxis läßt sich auf ein Zusammenwirken mehrerer Faktoren zurückführen. Die Wohlfahrtsbeamten der Bundesstaaten und Gemeinden wurden von der öffentlichen Diskussion über Armut und soziale Ungerechtigkeit beeinflußt und offen von dem Personal der neuen Bundesprogramme unter Druck gesetzt, die Vergaberichtlinien großzügiger zu handhaben. Darüber hinaus fürchteten die Beamten (und die Politiker, denen sie verantwortlich waren) den Ausbruch von Unruhen. Einige dieser Unruhen standen in der Tat in direkter Beziehung zu Fürsorgedemonstrationen oder wurden von Ungerechtigkeiten im Wohlfahrtssystem ausgelöst. Den schweren Unruhen von 1966 im Hough-Bezirk von Cleveland war die herabwürdigende Behandlung eines Fürsorgeempfängers durch die Polizei vorangegangen. Dieser hatte Geld beantragt, um einem anderen, gerade verstorbenen Fürsorgeempfänger die letzte Erniedrigung eines Armenbegräbnisses zu ersparen (Stein, 3–4). Im Frühjahr 1967 veranstaltete in Boston eine Gruppe von Wohlfahrtsempfängern ein sit-in auf dem Sozialamt. Als die Polizei mit Schlagstöcken gegen die Demonstranten vorging, schrien diese aus den Fenstern auf die Straße hinaus und lösten drei Tage anhaltende Unruhen aus – die ersten in diesem besonderes gewalttätigen Sommer.[14] Im allgemeinen operierten in diesen Jahren die Verwaltungen der nördlichen Großstädte aber äußerst vorsichtig: die Polizei wurde geschult, provozierendes Verhalten zu vermeiden; Stadtsanierungsbehörden waren vorsichtiger beim Einreißen von Slums und Gettovierteln;

und Fürsorgeverwaltungen verteilten Sozialunterstützung großzügiger.

Das Verhalten der Antragsteller in den Warteräumen der Fürsorgeämter hatte sich ebenfalls verändert. Sie waren nicht mehr so bescheiden, so untertänig, so flehend; sie waren empörter, wütender, fordernder. Die Wohlfahrtsbeamten blieben davon nicht unbeeinflußt; vor allem die Sachbearbeiter, die die Anträge entgegennahmen – gewissermaßen die Türsteher des Systems – nutzten ihren Ermessensspielraum jetzt viel freizügiger aus. Die traditionellen Mittel, mit denen die Berechtigung von Ansprüchen überprüft wurde, verschwanden langsam: Hausbesuche wurden seltener, Vorschriften, nach denen Formulare verschiedener Behörden einzuholen waren, um nachzuweisen, daß eine Familie nicht andere Beihilfen (wie Kriegsrenten etc.) erhielt oder beanspruchen konnte, wurden zusehends vernachlässigt. In der Praxis verloren Durchführungsvorschriften fast völlig an Bedeutung; um die Hunderttausende von Familien, die die Warteräume der Wohlfahrtsämter überfüllten, überhaupt abfertigen zu können, wurden die Bestimmungen einfach ignoriert.

Auch mit den einmal anerkannten Unterstützungsempfängern gingen die Fürsorgeämter weniger hart um. Die Zahl der Streichungen ging zurück, vor allem derjenigen, die mit »Verstoß gegen die Bestimmungen der Behörde« begründet wurden – einem Gummiparagraphen, der von der Weigerung, einen »verantwortlichen« Vater ausfindig zu machen, bis zur Nichtwahrnehmung von Gesprächsterminen so ziemlich alles umfaßte.

Aufgrund dieser Veränderungen wurden die Listen der Unterstützungsempfänger immer länger. 1960 bekamen 745 000 Familien Sozialbeihilfen, 1968 erreichte ihre Zahl 1,5 Millionen. Zwischen 1968 und 1972 schraubte sich die Zahl dann auf drei Millionen hoch – eine Steigerung von 300% gegenüber 1960. 1972 wurden insgesamt sechs Milliarden Dollar ausgezahlt; 1960 war es weniger als eine Milliarde gewesen. Ohne organisatorische Führung und ohne in der Öffentlichkeit überhaupt zur Kenntnis genommen zu werden, war eine Bewegung der Fürsorgeempfänger entstanden, die erhebliche Einkommensverbesserungen für ihre Mitglieder erzielen konnte.

Ein Vorschlag zur Entfesselung einer institutionellen Krise

Wir hatten 1965 eine Untersuchung abgeschlossen, die aufzeigte, daß auf jede Familie, die AFDC-Unterstützung erhielt, mindestens eine andere kam, die zwar den gesetzlichen Anforderungen entsprach, aber trotzdem nicht unterstützt wurde. Infolge der Migrationsbewegung und Arbeitslosigkeit war in den Städten ein riesiges Heer von Familien entstanden, deren Einkommen unter den Sozialfürsorgesätzen lag. Sollte es gelingen, Hunderttausende von Familien zu bewegen, Unterstützung zu fordern, so versprachen wir uns davon zweierlei: Erstens: Wenn diese in großer Zahl Fürsorge erhielten, wäre ein großer Teil der Armut in Amerika beseitigt. Zweitens: Aus Gründen, die noch zu erklären sind, glauben wir, daß eine gewaltige Zunahme der Wohlfahrtsausgaben sowohl fiskalische als auch politische Krisen in den Städten auslösen würden, deren Auswirkungen die Regierung dazu veranlassen könnten, das Wohlfahrtssystem in die Verantwortung des Bundes zu nehmen und ein nationales Mindesteinkommen einzuführen. Es war eine Strategie, die einerseits darauf abzielte, eine kurzfristige Besserung der ökonomischen Lage der Armen zu erreichen, und andererseits die Möglichkeit barg, langfristig ein nationales Einkommensminimum durchzusetzen.

Diese Ideen stellten wir in einem hektographierten Papier mit dem Titel »A Strategy to End Poverty«[15] vor, das wir Ende des Jahres 1965 unter »organizers« und Aktivisten zirkulieren ließen. Wir argumentierten darin, daß in einer Situation, die von wachsendem Aufruhr in den Städten und von einer immer geringeren Scheu vor öffentlicher Unterstützung gekennzeichnet war, und in der die Mittel der Programme gegen die Armut zur Verfügung standen, Aktivisten aller Couleur sich in einer massiven Kampagne zusammenschließen und die Bedürftigen dazu ermuntern sollten, durch Anträge auf öffentliche Unterstützung das Wohlfahrtssystem noch mehr zu erschüttern.

Zu den Personen, die sich der Idee aufgeschlossen zeigten, im Bereich der Sozialfürsorge politisch zu arbeiten, gehörte George A. Wiley, den wir von CORE her kannten. Er stand damals kurz davor, vom Posten des stellvertretenden nationalen Direktors von CORE zurückzutreten, hauptsächlich, weil er sich nicht mit dem zunehmenden schwarzen Nationalismus, der sich Anfang 1966 in der

Organisation auszubreiten begann, identifizieren konnte. George hatte bereits über die Möglichkeit nachgedacht, eine breitangelegte, programmatisch offene Organisation unter der städtischen Armutsbevölkerung aufzubauen, aber noch keine konkreten Pläne gefaßt. Zusammen mit der Tatsache, daß bereits eine Reihe von »welfare rights«-Gruppen (vor allem im Rahmen lokaler Projekte gegen die Armut und hauptsächlich in der Stadt New York) entstanden waren, bot unser Vorschlag eine Möglichkeit zu handeln.[16]

Gerade zu dieser Zeit lenkten eine Reihe von Bürgerrechtlern vor allem in den nördlichen Bundesstaaten ihre Aufmerksamkeit von den Problemen der Kastenordnung auf ökonomische Themen. Da gleichzeitig die Rassenunruhen auf das wachsende Aufstandspotential der schwarzen Stadtbevölkerung hindeuteten, bot sich die Chance, eine machtvolle Bewegung gegen das ökonomische Elend einzuleiten. Auch die Zugeständnisse der Bundesregierung in dieser Zeit deuteten darauf hin, daß Erfolge und Veränderungen möglich waren. Nur war nicht recht klar, wie Aktivisten auf der Ebene tagtäglicher politischer Arbeit die Armut bekämpfen konnten, wie sie vor allem deren Hauptursachen – Unterbeschäftigung und Arbeitslosigkeit – abstellen sollten. Deshalb schlugen wir mit unserem Plan vor, statt dessen den Mangel an Einkommen, der aus der Arbeitslosigkeit resultierte, anzugreifen. Aus diesem Grund war er für einige »organizers« attraktiv.

Für George war die nächstliegende Frage, ob tatsächlich das Wohlfahrtssystem einen vielversprechenden Ansatzpunkt für eine Organisierungskampagne darstellte, und nicht etwa die Wohnverhältnisse, das Erziehungswesen oder die Gesundheitsfürsorge. Um diese Frage zu diskutieren, rief er uns und ein paar Freunde aus der Bürgerrechtsbewegung zu einer Reihe kleinerer Treffen zusammen, die im Frühjahr 1966 in New York stattfanden. Die Diskussionen drehten sich zum großen Teil um die Praxis des Wohlfahrtssystems selbst und um die Schätzungen, die wir über die Zahl der bedürftigen und anspruchsberechtigten Familien in verschiedenen nördlichen Großstädten vorgelegt hatten. Wir hatten außerdem noch Daten gesammelt, die zeigten, daß nur eine geringe Zahl von Unterstützungsempfängern in den vollen Genuß der ihnen zustehenden Leistungen kamen.

Zunächst bestand einige Skepsis über unsere Behauptung, daß ein gewaltiges Reservoir anspruchsberechtigter, aber unversorgter Familien existiere. Als George versuchte, unsere Ergebnisse überprüfen zu lassen, indem er prominente Sozialexperten konsultierte, erklärten ihm einige von ihnen, unsere Zahlen seien nicht korrekt, und es ginge uns nur darum, einen Propagandafeldzug gegen das Wohlfahrtssystem zu führen. (Einige behaupteten sogar, die Daten seien gefälscht.) Es existierten auch keine Zahlen aus anderen Studien, die unsere Behauptungen gestützt hätten. Die herrschenden kulturellen Vorurteile über die schädlichen Konsequenzen der Gewährung von Sozialhilfe waren so festverwurzelt, daß Wissenschaftler dieser Frage einfach noch nicht nachgegangen waren. Um die Ungewißheit aus der Welt zu schaffen, bat George seinen Mitarbeiter Edwin Day, unsere Untersuchung zu wiederholen. Day kam schließlich zu dem Schluß, daß unsere Schätzungen insofern fehlerhaft gewesen seien, als sie die Zahl bedürftiger, aber unversorgter Familien noch viel zu niedrig angesetzt hätten. Daraufhin wurde Übereinstimmung erzielt, daß der Versuch, die Zahl der Fürsorgeempfänger zu erhöhen und eine Krise des Wohlfahrtssystems herbeizuführen, durchaus der Mühe wert war. In einer öffentlichen Debatte machte George dies im späten Frühjahr 1966 deutlich:

»Nun, ich muß sagen, daß das Erscheinen der von Cloward und Piven entwickelten Strategie für viele Bürgerrechtsaktivisten im ganzen Land eine wahre Aufmunterungsspritze bedeutet hat. Vielen von uns, die aus der Bürgerrechtsbewegung hervorgegangen sind, war seit jeher daran gelegen, daß sich in den Gettos im Norden eine signifikante Bewegung entwickelte, und eine Menge Leute, die in den Großstadtgettos politische Arbeit leisten, haben ja verzweifelt versucht, relevante Ansatzpunkte zu finden, um eine wesentliche Änderung der Lebensbedingungen der Menschen dort herbeizuführen.

Die Idee, erheblichen ökonomischen Druck zu entfesseln, indem die Menschen ermutigt werden, ihre Rechte im Wohlfahrtssystem geltend zu machen, diese Idee ist auf sofortiges Interesse gestoßen und ist gerade für Aktivisten in Stadtgebieten ungeheuer attraktiv. Ich kann sagen, daß viele von uns aufgrund unserer Herkunft aus der Mittelschicht nicht sofort in der Lage waren, dieses Potential richtig zu erkennen – und schließlich kommen, so glaube ich, die meisten Aktivisten wohl aus der Mittelschicht –, weil wir eben immer davon ausgegangen sind, daß die Leute Arbeit finden und so wenig wie möglich von öffentlicher Unterstützung abhängig sein sollten. Nun, ich glaube, die Idee, Millionen von Menschen – vor allem natürlich die Arbeitsunfähigen, Älteren und weiblichen Haushaltsvorstände – dazu zu ermutigen, ihre Rechte geltend zu machen, ist sehr attraktiv. Ich glaube, diese Strategie wird sich durchsetzen und in der kommenden Zeit sehr wichtig sein. Was mich in der Geschichte der Bürgerrechtsbewegung am meisten angezogen hat, ist die Tatsache, daß die wesentlichen Veränderungen, die sich vollzogen haben, wie der ›Civil Rights Act‹ von 1964 und der ›Voting Rights Act‹ von 1965, vor allem das Ergebnis von Kampagnen in einer oder in mehreren Städten waren, wo es zu erheblichen Zusammenstößen gekommen ist, die die Nation in eine akute Krise gestürzt haben. Und ich glaube, daß nur die Krisenstrategie wirklich zu größeren Erfolgen in der Bürgerrechtsfrage geführt hat« (aus: *Strategy of Crisis: A Dialogue*, nachgedruckt in: Cloward und Piven, 1974).

Kontroverse Strategien politischer Einflußnahme

Trotz dieser ersten Begeisterung tauchten im Laufe der Diskussionen einige Differenzen bezüglich der einzuschlagenden Strategie auf, die alle mehr oder weniger direkt auf die grundlegende Fragestellung zurückführten, wie die Armen politischen Einfluß auszuüben vermögen. In »A Strategy to End Poverty« waren wir von einem Ansatz ausgegangen, der der herkömmlichen Interpretation des amerikanischen politischen Systems offen widersprach; auch unsere Ansichten über »organizing« standen im Gegensatz zur traditionellen Lehre. Es stellte sich heraus, daß die Meinungsverschiedenheiten sich auf drei Gebiete konzentrierten.

Zum einen hinterfragten wir den traditionellen Organisierungsansatz, daß die Armen zu einer effektiven politischen Kraft werden können, indem sie sich in Massenorganisationen zusammenschließen. Wir bezweifelten, daß das politische System auf solche Organisationen positiv reagieren würde, selbst wenn es möglich wäre, die Armen in großer Zahl und auf Dauer in die Arbeit der Organisation einzubeziehen. Wir hatten frühere Bemühungen – die »Workers' Alliance of America«, die Bürgerrechtsbewegung im Süden, die Mieterstreiks im Norden Anfang der sechziger Jahre – untersucht und gefunden, daß organisierte politische Einflußnahme nicht allzu viel bewirkte, während militante Proteste zumindest gelegentlich Erfolg hatten.

Wir meinten, daß das Wohlfahrtssystem aufgrund der starken Konzentration antragsberechtigter Familien in den nördlichen Industriestaaten besonders leicht durch Proteste der Armen zu erschüttern war. In diesen Bundesstaaten und ihren Kommunen herrschte zudem die größte Unruhe und Unzufriedenheit unter der Gettobevölkerung. Dazu kam, daß eben diese Bundesstaaten aufgrund des Finanzierungsmodus für öffentliche Unterstützung (Staaten mit hohen Wohlfahrtsausgaben – das waren vor allem nördliche Industriestaaten – erhielten proportional geringere Bundeszuschüsse als Staaten mit niedrigem Fürsorgebudget) am ehesten in fiskalische Schwierigkeiten geraten würden, wenn Forderungen nach Unterstützung radikal anstiegen. Schließlich waren die nördlichen Industriestaaten für die Demokratische Partei von entscheidender Bedeutung; Störungen in diesen Bundesstaaten konnten also erhebliche Auswirkungen auf die Bundespolitik haben:

»Eine Serie von Fürsorgekampagnen in großen Städten würde, so glauben wir, die Bundesregierung zwingen, eine neue Politik zur Verteilung von Einkommen in Angriff zu nehmen. ... Breit angelegte Kampagnen mit dem Ziel, die Bedürftigen zur Stellung von Anträgen auf Unterstützung zu bewegen ... würden die Wohlfahrtsbürokratien in ihren Grundfesten erschüttern und die Finanzplanungen kommunaler und einzelstaatlicher Verwaltungen völlig über den Haufen werfen. In der Folge würden erhebliche politische Spannungen entstehen und bestehende Gegensätze zwischen einzelnen Gruppen der Demokratischen Koalition in den Großstädten verschärft werden: zwischen den verbliebenen weißen Mittelschichtsangehörigen, den weißen ethnischen Gruppen aus der Arbeiterklasse und den wachsenden armen Minoritätengruppen. Um eine weitere Schwächung dieser historischen Koalition zu verhindern, wäre eine Demokratische Bundesregierung gezwungen, eine nationale Lösung für das Problem der Armut zu verfolgen und dadurch den Kommunen aus ihrem fiskalischen Dilemma herauszuhelfen. Mit Hilfe der internen Erschütterung lokaler Fürsorgebürokratien, der öffentlichen Diskussion über staatliche Wohlfahrtspolitik und des Zusammenbruchs der bestehenden Finanzstruktur können bedeutende Antriebskräfte für größere ökonomische Reformen auf nationaler Ebene entfesselt werden.«

Um das Störpotential solcher Kampagnen zu maximieren, meinten wir, daß alle zur Verfügung stehenden Kräfte und Mittel auf die Organisierung von Antragstellern in nur wenigen Großstädten und in solchen Bundesstaaten (d. h. New York, Michigan, Illinois, Ohio, Kalifornien, Pennsylvania etc.) konzentriert werden sollten, die zentrale Bedeutung bei Bundeswahlen hatten. Damit wären die Chancen erhöht, daß eine politische Krise von ausreichendem Gewicht hervorgerufen werden könnte, um die Intervention der Bundesregierung zu garantieren.

Was die Armen selbst anging, hatten wir allen Grund zu der Annahme, daß sie sich einer solchen Kampagne anschließen würden, denn die Statistiken über steigende Antragsquoten bewiesen, daß sie bereits – getrennt, doch mit gemeinsamer Stoßrichtung –

das Szenario einer institutionellen Erschütterung befolgten. Für Aktivisten, so argumentierten wir, blieb allein die Aufgabe, das militante Verhalten, das von den Armen in großer Zahl bereits an den Tag gelegt wurde, zu verstärken und zu unterstützen.

Doch die »organizers« jener Zeit waren anderer Meinung. Sie hatten die politische Landschaft der USA inspiziert und festgestellt, daß andere Gruppen recht gut von Organisiationen vertreten wurden, die ihre Spezialinteressen vorbrachten. Hausbesitzer hatten Vereinigungen gegründet, um Maßnahmen der Regierung zu verhindern, die zu einer Wertminderung ihres Grundbesitzes hätten führen können; Arbeiter organisierten sich in Gewerkschaften, um bessere Arbeitsgesetze zu erreichen; die Industriellen hatten ihre Verbände, die sich für die wohlwollende Behandlung der Konzerne durch eine ganze Reihe von Regierungsbehörden stark machten. Zwar waren die Hausbesitzer lange nicht so einflußreich, wie das »American Petroleum Institute«, doch das schien damals weniger wichtig zu sein als die Tatsache, daß andere Interessengruppen sich organisiert hatten, die Armen dagegen nicht. Folglich wurde argumentiert, daß auch die Armen ihren Interessen besser dienen könnten, wenn sie sich organisierten.

Natürlich erkannte jeder, daß Organisationen der Armen nicht über die wesentlichen Mittel verfügten, die andere Organisationen einsetzen konnten, um politischen Druck auszuüben: Reichtum, wirtschaftliche Schlüsselpositionen, Medieneinsatz, etc. Dennoch wurde argumentiert, dieses Ressourcendefizit ließe sich durch die bloße Zahl der Armen kompensieren. Wenn es gelänge, einen hohen Anteil der Armutsbevölkerung zu organisieren, könne sie auch politischen Einfluß ausüben. Eine solche Betrachtungsweise beherrschte anfangs die Diskussionen.

Staatliche Reaktionen auf eine Krise des Wohlfahrtssystems

Eine zweite, mit der Organisationsfrage zusammenhängende Kontroverse drehte sich um das Problem, wie die Reaktion der Regierung auf eine Krise des Fürsorgesystems zu kontrollieren war. Dazu gab es zwei Meinungsverschiedenheiten. Die eine betraf die Möglichkeit, daß die Regierung mit repressiven Maßnahmen antworten würde. Alle Beteiligten sahen die Möglichkeit voraus, daß steigende Ausgaben für öffentliche Wohlfahrt große Teile der Öffentlichkeit alarmieren und zu der Forderung veranlassen würden, Bürgermeister, Kreisverwaltungen und Gouverneure sollten den Kreis der Fürsorgeempfänger begrenzen und das Unterstützungsniveau verringern. Wir glaubten dagegen nicht, daß Amtsinhaber solchen Forderungen nachgeben würden, solange sich die Gettos in Aufruhr befanden, denn betont repressive Wohlfahrtspraktiken bargen die Gefahr, daß die Unruhen sich verschärften. Zudem stellten die Schwarzen in den nördlichen Städten ein nicht unbeachtliches Wählerpotential dar; sowohl eine Verringerung der Empfängerzahlen als auch des Leistungsniveaus hätte wahrscheinlich erheblichen Unwillen unter diesen Wählern erzeugt.

Im wesentlichen aber argumentierten wir, daß sogar in dem Fall, daß der Kreis der Fürsorgeempfänger eingeschränkt würde, die Armen als Kollektiv nicht schlechter gestellt wären als zu dem Zeitpunkt, bevor die Empfängerzahlen anstiegen, als noch vielen Familien ohnehin jede Unterstützung versagt worden war. Wenn jetzt viele mit Erfolg Sozialfürsorge beantragten, dann hätten sie zumindest einen zeitweiligen Vorteil gehabt, auch wenn ihnen die Unterstützung später wieder entzogen würde.

In diesen anfänglichen Diskussionen stimmten »organizers« zwar unserer These zu, daß repressive Tendenzen vermutlich nicht voll durchschlagen würden, und ein zeitweiser Vorteil immer noch besser sei als gar keiner. Sie meinten aber auch, es sei ihre Pflicht, die Armen vor *jeder* möglichen Form der Repression zu schützen. Das, glauben sie, könne am besten durch den Aufbau einer festgefügten Organisation der Wohlfahrtsempfänger erreicht werden. Mit Hilfe einer solchen Organisation könne direkter Druck auf die Politiker ausgeübt werden, um dem Druck derjenigen, die eine restriktive Wohlfahrtspolitik befürworteten, entgegenzuwirken.

Die Verfechter einer Massenorganisation glauben auch, daß dem Kongreß ohne eine solche Organisation keine gesetzlichen Regelungen über ein Mindesteinkommen abgerungen werden könnten. Das führt uns zum zweiten kontroversen Punkt bei der Frage nach möglichen Reaktionsformen der Regierung. Wir legten dar, der beste Weg, Druck auf die Regierung auszuüben, sei die Erschütterung des Wohlfahrtssystems selbst, der aller Wahrscheinlichkeit nach eine wahlpolitische Krise folgen werde. Wir meinten, daß die Funktion der Krise als politisches Druckmittel der Armutsbevölkerung weder von Politikwissenschaftlern noch von »organizers« begriffen wurde. Unter politischer Krise verstanden wir Dissens in der Wählerschaft – die extreme Polarisierung bedeutender Wählerblöcke. Immer wenn akute Konflikte dieser Art ausbrechen, werden Politiker Maßnahmen treffen, um die Polarisierung zu überwinden und damit ihre Mehrheiten zu erhalten.

Da wir alle eine reine Repressionsstrategie für unwahrscheinlich hielten, was würden Bürgermeister und Gouverneure dann tun, um mit den von der Krise des Wohlfahrtssystems hervorgerufenen politischen Gegensätzen fertig zu werden? Wir glaubten, sie würden dem Problem dadurch begegnen, daß sie mit zunehmender Eindringlichkeit die Bundesregierung zur Übernahme der Fürsorgeleistungen aufforderten, wodurch ihre fiskalischen und politischen Probleme gelöst wären. Mit anderen Worten, wir meinten, eine Erschütterung des Wohlfahrtssystems würde andere, weit mächtigere Interessengruppen auf den Plan rufen, die mit ihrem ganzen Einfluß ein Ziel verfolgen würden, das für eine Lobby der Armen selbst unerreichbar wäre. (Diese Einschätzung entsprach ziemlich genau den tatsächlichen Ereignissen, als sich gegen Ende der sechziger Jahre führende Politiker aus wichtigen Nordstaaten zu engagierten Befürwortern von Bundesmaßnahmen im Wohlfahrtsbereich entwickelten.[17])

Welche Maßnahmen aber würde die Demokratische Parteiführung im einzelnen treffen? Das konnte nicht exakt vorausgesagt werden, doch gab es einige Anhaltspunkte für Spekulationen. Da sie sich ohnehin schon wachsenden Gegensätzen zwischen bedeutenden städtischen Wählergruppen in den Hochburgen der Partei gegenübersahen – Gegensätze, die sich durch eine Fürsorgekrise rasch verschärfen würden –, war es möglich, daß sich Demokratische Politiker für ein staatlich garantiertes Mindesteinkommen einsetzen würden, um die Konflikte in den Städten beizulegen (und die Migrationsbewegung, die die Konflikte nährte, zu verlangsamen):

»Zwischen den Gruppen, die die politische Koalition in den großen Städten – den historischen Hochburgen der Demokratischen Partei – bilden, haben sich schwere Spannungen entwickelt. Die Konsequenz daraus ist, daß die Stadtpolitiker nicht mehr mit unfehlbarer Regelmäßigkeit den Kandidaten der Demokratischen Partei die Wählerstimmen garantieren können. Die erheblichen Stimmenverluste, die bei den Wahlen in den fünfziger Jahren zutage getreten sind und erst 1964 beim Erdrutschsieg Johnsons gestoppt werden konnten, sind für die Parteiführung eine äußerst ernste Angelegenheit. Gerade aus diesem Grund ist von einer Strategie, die die Gegensätze innerhalb der Parteikoalition weiter verschärft (indem sie die Zahl der

Wohlfahrtsempfänger in die Höhe treibt) zu erwarten, daß sie bei den Bundespolitikern eine Reaktion hervorruft. Sollte diese Krisenstrategie die Gegensätze zwischen den Gruppen intensivieren, könnte die bundesweite Einführung eines garantierten Mindesteinkommens eine weitere Verschärfung verhindern.«

Doch diese Perspektive bereitete den »organizers« ernste Schwierigkeiten. Sagten wir nicht, die Armen könnten zwar Krisen hervorrufen, die Reaktionen darauf jedoch nicht kontrollieren? Die Armen konnten also nur hoffen, daß das politische Wechselspiel der Kräfte, das durch die Krisensituation in Gang gesetzt würde, letztlich zu Konzessionen und nicht zu Repression führte. In den Augen der »organizers« lief das darauf hinaus, die Armen aufzufordern, »eine Krise zu schaffen und zu beten«. Es erschien spekulativ und äußerst riskant. Sie waren deshalb der Meinung, die Strategie müsse modifiziert werden, um den Armen größere Kontrolle über den Ausgang einer Fürsorgekrise zu garantieren. Dies könne nur durch den Aufbau einer nationalen Massenorganisation erreicht werden. Denn dann müßten sich die Politiker, wenn sie die Alternativen zur Überwindung der Krise abwögen, mit einer mächtigen pressure group auseinandersetzen, die eigene Lösungsvorschläge vorzubringen hätte.

Wir mußten zugeben, daß unsere Vorschläge Risiken enthielten. Doch glaubten wir auch, daß es für die Armen ohne Risiken nichts zu gewinnen gäbe. In diesem Zusammenhang trug der Fall, den wir als Beleg für die Vorteile unserer Krisenstrategie anführten – die Bürgerrechtsbewegung –, tatsächlich zur Schwächung unseres Arguments bei. Einige Teilnehmer an diesen anfänglichen Diskussionen waren an der Bürgerrechtsbewegung im Süden beteiligt gewesen, und für sie hatten Taktiken der Massenmobilisierung und Konfrontation erheblich an Attraktivität verloren. Sie glaubten, diese Taktiken – Massenauflehnung gegen die Regeln der Kastengesellschaft, die Verhaftungen und Polizeibrutalität nach sich zog – seien falsch gewesen, weil es nicht gelungen sei, mit ihrer Hilfe lokale schwarze Organisationen in den Südstaatengemeinden aufzubauen. Wenn zum Beispiel die SCLC nach Beendigung einer Kampagne einen Ort verließ, um an anderer Stelle weitere Konfrontationen zu organisieren, blieb die lokale schwarze Bevölkerung unorganisiert zurück und war Repressalien der Weißen schutzlos ausgeliefert. Wie groß der Einfluß dieser Kritik an der Bürgerrechtsbewegung auf das Denken jener Aktivisten war, die später die Wohlfahrtsempfänger organisierten, ist von Whitaker angemerkt worden:

»In ihrem Bestreben, den Fehler, den sie für den schwersten der Bürgerrechtsbewegung hielten – nämlich keine starke, organisierte Basis geschaffen und keine internen finanziellen Quellen entwickelt zu haben –, zu vermeiden, konzentrierten sich die (NWRO-)Gründer erst einmal drei Jahre lang darauf, eine nationale Organisationsstruktur zu entwickeln und einen Mitgliederstamm aufzubauen.« (120–121)

Es ließ sich nicht bestreiten, daß die Strategie der SCLC von einem traditionellen politischen Ansatz her manipulativ gewesen war. Die SCLC baute keine lokalen Organisationen auf, um örtlich begrenzte Erfolge zu erringen; sie versuchte dagegen, ganz offensichtlich, eine Serie von Erschütterungen hervorzurufen, um die Bundesregierung zu einer Reaktion zu zwingen. Und ihre Strategie war erfolgreich gewesen. Wir waren überzeugt, daß lokale Organisationen der schwarzen Armutsbevölkerung (selbst wenn es möglich gewesen wäre, sie in großem Maßstab zu entwickeln) niemals den politischen Einfluß gewonnen hätten, der nötig gewesen war, um das Bürgerrechtsgesetz von 1964 oder das Wahlrechtsgesetz von 1965 durchzusetzen – wahrscheinlich hätten sie nicht einmal auf lokaler Ebene wesentliche Erfolge errungen. Es hatte einer größeren politischen Krise bedurft – der buchstäblichen Fragmentierung der regionalen Basis der nationalen Demokratischen Partei –, um die legislativen Zugeständnisse an die Schwarzen im Süden schließlich zu erzwingen. Entsprechend dieser Erkenntnis argumentierten wir, daß ein dichtes Netz lokaler »welfare rights«-Gruppen zwar einige Erfolge in Auseinandersetzungen mit örtlichen Fürsorgeverwaltungen herbeiführen könne, daß diese Gruppen aber keinesfalls in der Lage sein würden, den notwendigen politischen Druck zu erzeugen, um ein staatlich garantiertes Mindesteinkommen für alle Bedürftigen durchzusetzen. Ein solch bedeutendes Ergebnis sei nur zu erhoffen, wenn eine große politische Krise erzeugt werde – wenn eine so einschneidende Fürsorgeexplosion ausgelöst werde, daß sie die Demokratische Koalition in den nördlichen Großstädten zu sprengen drohe. Unsere Ansichten konnten jedoch nicht überzeugen.

Mobilisierung contra Organisierung

Anschließend argumentierten wir, politischer Einfluß der Armen entstehe durch Mobilisierung und nicht durch Organisierung. Eine Krisenstrategie erfordert nicht, daß die Beteiligten sich einer Organisation anschließen und regelmäßig an Sitzungen teilnehmen. Sie erfordert, daß große Menschenmassen für Aktionen mobilisiert werden, die bestehende Institutionen in ihren Grundfesten zu erschüttern vermögen. Für eine Erschütterung des Wohlfahrtssystems zu mobilisieren, hieße dementsprechend, bedürftige Familien aufzufordern, Unterstützung zu beantragen. Nur mit diesem Akt der Auflehnung können sie dazu beitragen, eine fiskalische und politische Krise herbeizuführen. Wenn man sie jedoch aufforderte, einen kontinuierlichen Beitrag in einer Organisation zu leisten, würden sie nach unserer Auffassung einer solchen Aufforderung nur in geringer Zahl nachkommen, da die Organisation ihnen keine dauerhaften Anreize bieten könnte.

Um auf eine Krise hin zu mobilisieren, hielten wir es für notwendig, ein umfassendes Netz von Kaderorganisationen zu entwickeln, anstatt eine nationale Föderation von Fürsorgeempfängergruppen aufzubauen. Eine solche *Organisation der »organizers«* – zusammengesetzt aus Studenten, Geistlichen, Bürgerrechtsaktivisten, Sozialarbeitern und militanten AFDC-Empfängern – sollte dann eine breite, nur lose koordinierte Bewegung verschiedenster Gruppen aktivieren, mit deren Hilfe Hunderttausende von Bedürftigen Sozialfürsorge beantragen würden. Anstelle langer Listen von Organisationsmitgliedern sollten lieber lange Listen von Wohlfahrtsempfängern geschrieben werden. Verschiedene Maßnahmen sollten helfen, das Ziel zu erreichen: großangelegte Informationskampagnen über »das Recht auf Wohlfahrt«; die Aktivierung einflußreicher Persönlichkeiten in den Slums und Gettos, vor allem von Geistlichen, die potentiellen Fürsorgeempfängern zuraten sollten, ihre rechtmäßigen Ansprüche geltend zu machen; und die Durchführung von Demonstrationen und Protestaktionen, um Empörung und Militanz unter den Armen zu fördern.

Unsere Betonung auf Massenmobilisierung mit Hilfe von Kaderorganisationen erschien den Aktivisten der Bewegung als extrem manipulativ. Ihre Auffassung von Organisierung war durchsetzt mit Wertvorstellungen, die sie für demokratisch hielten. Die Armen hätten ein Recht, ihre Organisationen selbst zu leiten, ein Recht, ihre politischen Strategien selbst zu bestimmen. Aus dieser Perspektive sahen »organizers« für sich als Außenseiter in einer Organisation der Armen zwei Funktionen: Erstens komme ihnen die Funktion von Personal zu, das sich den Führungsgremien der Armen, die ausschließlich von diesen selbst zu bilden seien, unterordnet. Als Personal würden sie ihre besonderen technischen Fähigkeiten in die Arbeit der Organisation einbringen. So würden sie zum Beispiel Informationen über bestimmte bürokratische Probleme, die sich der Organisation stellen, anbieten, in diesem Fall also über die komplizierten Regeln und Vorschriften des Wohlfahrtssystems. Ferner würden sie Schulungsprogramme durchführen, um den Bedürftigen beizubringen, wie mit der Wohlfahrtsbürokratie umzugehen sei: wie man mit den Wohlfahrtsbeamten verhandelt oder Demonstrationen organisiert. Ihre zweite Funktion bestehe darin, potentielle Funktionsträger zu fördern, ihnen Führungstechniken zu vermitteln, um sich selbst als »organizers« überflüssig zu machen. Dies war das Modell, das später von der NWRO und von den meisten lokalen »welfare rights«-Gruppen propagiert wurde. (Die Unterordnung der »organizers« ging so weit, daß sie auf Bundeskongressen von den Sitzungen der gewählten Vertreter von Empfängergruppen aus den einzelnen Bundesstaaten, auf denen die politischen Richtlinien der Organisation festgelegt wurden, ausgeschlossen blieben.)

Das Problem der Anreize

Unser Ansatz kollidierte also an mehreren Punkten mit dem der »organizers«. Sie waren zuversichtlicher als wir, daß es den Armen möglich wäre, über die regulären Kanäle des politischen Systems Einfluß auszuüben: sie meinten, die Armen könnten zu einem Machtfaktor werden, wenn sie sich nur zu einer nationalen Massenorganisation zusammenschlössen. Darüber hinaus vertraten sie die Ansicht, daß eine Mobilisierungsperspektive im Gegensatz zur Organisationsstrategie den Armen nur ungenügende Kontrolle über die Lösung einer – von der Bewegung der Wohlfahrtsempfänger herbeigeführten – Krise geben würde. Und schließlich lehnten sie die Idee, eine »Organisation der ›organizers‹« aufzubauen, ab, weil das eine manipulative Herangehensweise an die Armutsbevölkerung darstelle.

Ihr eigener Ansatz beinhaltete jedoch ein Problem von entscheidender Bedeutung. Wie konnten die Armen dazu veranlaßt werden, sich einer Organisation von Fürsorgebedürftigen anzuschließen und regelmäßig in ihr mitzuarbeiten? Welche Anreize konnten ihnen geboten werden? Trotz aller erwähnten Meinungsverschiedenheiten war das von uns verbreitete Strategiepapier für die Teilnehmer des anfänglichen Diskussionskreises und später für Aktivisten im Feld, die sich an der Bewegung der Wohlfahrtsempfänger beteiligten, von enormem Interesse, da es eine Antwort auf diese Frage zu bieten schien. Die Antwort befand sich in den Daten, die wir über die Situation im Fürsorgebereich vorgelegt hatten. Unser primäres Interesse hatte darin bestanden, aufzuzeigen, daß nur etwa die Hälfte der anspruchsberechtigten Personen auch tatsächlich Unterstützung erhielten. Doch hatten wir auch nachgewiesen, daß die meisten Fürsorgeempfänger nicht alle ihnen nach den gültigen Bestimmungen zustehenden Leistungen erhielten. Über diesen zweiten Aspekt hatten wir geschrieben:

»Die Empfänger öffentlicher Beihilfen in New York [und in vielen anderen Staaten] haben außerdem ein Anrecht auf einmalige Zuwendungen für Bekleidung, Haushaltsgegenstände und Möbel; dazu gehören Waschmaschinen, Kühlschränke, Betten und Zubehör, Tische und Stühle. Es muß wohl kaum erwähnt werden, daß die meisten verarmten Familien nur über äußerst unzureichende Bekleidung und Wohnungseinrichtungen verfügen... [doch] liegen die Ausgaben für diese Sonderzuwendungen in New York fast bei null. Im Oktober 1965, einem typischen Monat, gab das Sozialamt pro Empfänger nur 2,50 Dollar für Oberbekleidung und 1,30 Dollar für Haushalts- und Einrichtungsgegenstände aus. ... Zieht man die wahren Bedürfnisse der Familien in Betracht, könnten erfolgreiche Anträge auf Gewährung der vollen Leistungen die Ausgaben um das Zehnfache oder mehr erhöhen – und das würde in der Tat einen Etat von vielen Millionen Dollar erfordern.«

Hier lagen nach Auffassung der »organizers« die konkreten Anreize, die die Armen zur Bildung von Gruppen und zum Beitritt in eine nationale Organisation veranlassen könnten. Wenn die Fürsorgeämter unter dem Druck militanter Aktionen von Empfängergruppen gezwungen werden könnten, einer großen Zahl von Menschen diese »Sonderzuwendungen« zu bewilligen, dann schien das Problem, wie die Armen zum Beitritt in eine nationale Organisation animiert werden könnten, gelöst.

Wir müssen zugeben, daß diese Schlußfolgerung durch aktuelle Ereignisse eindeutig unterstützt wurde. Wie schon erwähnt, waren bereits Mitte der sechziger Jahre ein paar Gruppen von Wohlfahrtsempfängern entstanden, und zwar hauptsächlich im Rahmen von Programmen gegen die Armut. Diese Gruppen bestanden aus Personen, die bereits Unterstützung erhielten. Sie schienen sich gebildet zu haben, weil Sonderzuwendungen zur Verfügung standen und weil Proteste in den Wohlfahrtsämtern dazu führten, daß die Demonstranten die Beihilfen in bar erhielten. Die Summen beliefen sich zuweilen auf bis zu 1 000 Dollar pro Familie; einige Familien hatten schon seit Jahren von der Wohlfahrt gelebt, ohne jemals Sonderzuwendungen erhalten zu haben, so daß relativ hohe Summen nötig waren, um sie »auf das bestehende Niveau« zu heben. Der Erfolg dieser Proteste um die Sonderzuwendungen trug ganz entscheidend dazu bei, die Frage nach der Strategie, die die Bewegung schließlich verfolgte, zu klären. Es war eine Strategie, die auf die Formierung lokaler Gruppen abzielte, die wiederum das Fundament einer nationalen Organisation bilden sollten.

George Wiley stand außerdem vor dem unmittelbar praktischen Problem, wie mit den Gruppen von Wohlfahrtsempfängern, die sich schon gebildet hatten, umgegangen werden sollte. Wenn er eine Bewegung anführen wollte, so meinte er, müsse er auch das Recht haben, sich um die Führung bereits bestehender Gruppen zu bemühen. Dieses pragmatische Problem half, den Kurs zukünftiger Agitation unter den Wohlfahrtsempfängern zu bestimmen, bestanden die Gruppen doch aus bereits anerkannten Fürsorgeempfängern, die ihr Hauptaugenmerk auf die Sonderzuwendungen gerichtet hatten.

Wie sich zeigen sollte, wurde die Strategie der NWRO, nachdem sie einmal die politische Bühne betreten hatte, von dem Glauben der »organizers« an die politische Durchschlagskraft einer Organisation der Armutsbevölkerung diktiert. Dieser Glaube stützte sich auf die Tatsache, daß sich bereits eine Reihe von Wohlfahrtsempfängergruppen gebildet hatten, um ihrem Anspruch auf Sonderzuwendungen Nachdruck zu verleihen, und auf die Hoffnung, daß sich weitere Gruppen auf ähnlicher Grundlage formieren würden. Wenn diese Gruppen zu einer »nationalen Union von Wohlfahrtsempfängern« zusammengeschweißt würden, dann könnte diese Organisation der Armen, so meinten George und andere, auch ausreichenden Einfluß geltend machen, um dem Kongreß die Zusage eines garantierten Mindesteinkommens für alle Bedürftigen abzuringen.

So wurde denn der Entschluß gefaßt, den Aufbau einer nationalen

Organisation in Angriff zu nehmen. Den Anreiz zum Beitritt sollten Kampagnen schaffen, die auf die Verbesserung der Leistungen für bereits anerkannte Fürsorgeempfänger abzielten. Es war eine schicksalsschwere Entscheidung. Zulagenkampagnen für anerkannte Wohlfahrtsempfänger wurden zum einzigen Kampfmittel der NWRO. Schon bald sollte sich jedoch zeigen, daß die Strategie, Wohlfahrtsempfänger mit Hilfe von Anreizen wie Sonderzuschüssen in ein nationales Netzwerk zu integrieren, nicht aufrechtzuerhalten war. Zwar breiteten sich ein paar Jahre lang die Zulagenkampagnen wie ein Steppenbrand im ganzen Land aus – Hunderte von Gruppen wurden gebildet und den lokalen Wohlfahrtsämtern viele Millionen Dollar abgerungen –, doch genauso schnell, wie sie entstanden waren, verschwanden die Gruppen auch wieder von der Bildfläche: zuerst schrumpfte ihr Umfang, dann ihre Zahl, und schließlich waren sie ganz verschwunden. Warum das so war, liegt auf der Hand. Zum einen sahen die Leute keinen Grund mehr, in der Organisation zu bleiben, nachdem sie ihre Sonderzuschüsse kassiert hatten. Zum anderen schafften eine Reihe von Bundesstaaten die Sonderzuwendungsprogramme auch noch ab und unterminierten so die Organisationsstrategie, indem sie die Anreize zum Beitritt beseitigen. Mit anderen Worten: das zentrale Dilemma der Theorie dauerhafter Massenorganisation – nämlich, wie kontinuierliche Partizipation trotz fehlender Anreize über einen längeren Zeitraum gewährleistet werden kann – war bestehen geblieben. Er hatte ja auch eine lange Tradition.

Doch das sollte alles erst später so deutlich zutage treten. Damals schienen unsere Meinungsverschiedenheiten gar nicht so groß. George und andere waren zwar darauf orientiert, einen nationalen Verband der Wohlfahrtsempfänger zu entwickeln, doch lehnte George die »Krisen-Strategie« nicht rundweg ab: Mobilisierungskampagnen zur Verdoppelung und Verdreifachung der Empfängerzahlen könnten durchgeführt werden, erklärte er, sobald eine organisatorische Basis aus bereits anerkannten Wohlfahrtsempfängern geschaffen worden sei.

Wir stimmten zu, daß Kampagnen, die Wohlfahrtsempfängern alle ihnen rechtmäßig zustehenden Leistungen auch verschafften, ihre Berechtigung hatten. Zu der Zeit, als diese Diskussionen geführt wurden, waren wir in der Tat schon an der Organisierung solcher Kampagnen in New York beteiligt. Nur daß wir dabei unser Hauptaugenmerk auf die Millionen von Dollar richteten, die durch diese Aktivitäten aus dem Wohlfahrtssystem herausgeholt werden konnten und damit zur Schaffung einer Krise des Systems beitrugen, während andere Mitarbeiter die Zulagenkampagnen als Anreiz zur Bildung von Gruppen ansahen. Aber unabhängig von unseren Motiven konnten wir uns doch alle auf diese spezielle Taktik als Ausgangspunkt einigen. Und was am wichtigsten war: unsere Diskussionen wurden durch die Überzeugung belebt, daß eine Agitation unter den Armen über Probleme öffentlicher Unterstützung äußerst erfolgversprechend war, so daß Differenzen über Strategiefragen weniger wichtig erschienen als das Gebot zu handeln selbst. Die Zeichen standen günstig, und jeder von uns wollte sie nutzen.

So unternahmen wir die ersten Schritte in Richtung auf die Gründung einer nationalen Organisation. Wie sagte George doch immer: »Erst machst du einen Plan, und dann machst du ihn wahr.«

Eine Organisation der Armen entsteht

Der Plan bestand im wesentlichen aus drei Stufen: Geld aufzutreiben, um einen Stab mit mehreren Mitarbeitern einstellen und ein Büro in Washington einrichten zu können; die Bildung einer »National Welfare Rights Organization« bekanntzugeben; und eine organisatorische Struktur auf lokaler, einzelstaatlicher und Bundesebene aufzubauen.

In Anbetracht aller Umstände muß festgestellt werden, daß diese drei Stufen mit bemerkenswerter Leichtigkeit und Schnelligkeit erklommen wurden. Am 23. Mai 1966 eröffneten George und ein Stab von vier festen Mitarbeitern ein Büro in Washington: das »Poverty/Rights Action Center«. Rund 15 Monate später, im August 1967, fand der Gründungskongreß statt, auf dem die NWRO offiziell aus der Taufe gehoben und George Wiley zu ihrem ersten Vorsitzenden bestimmt wurde. In Wirklichkeit hatte die NWRO allerdings schon von dem Tag an existiert, an dem George ihre bevorstehende Gründung angekündigt hatte, d.h. vom Juni 1966 an. Die Monate zwischen diesem Tag und dem Gründungskongreß im August 1967 waren von einer Vielzahl von Aktivitäten ausgefüllt, die der Schaffung und Finanzierung eines komplexen nationalen Apparates dienten.

Der Aufbau der »National Welfare Rights Organization«

Von allen Problemen beim Aufbau der NWRO erwies sich als das schwierigste, Unterstützung zu gewinnen und Mittel aufzutreiben. Um Geld für Mitarbeiter und Büroräume beschaffen zu können, mußte der Idee einer Organisation der Fürsorgebedürftigen in den Augen potentieller Geldgeber und prominenter Persönlichkeiten, die auf Zuwendungsgeber einwirken konnten, erst zu einem bestimmten Grad an Legitimität verholfen werden.

Zunächst beabsichtigte George, die »Citizens' Crusade against Poverty« (CCAP) als Geldgeber zu gewinnen. Die CCAP ging auf eine Initiative Walter Reuthers von der Automobilarbeitergewerkschaft zurück. Sie umfaßte einflußreiche Persönlichkeiten aus dem Norden – hauptsächlich Gewerkschaftsfunktionäre und Kirchenführer – und war als Gegengewicht zu konservativen Gruppen gedacht, die versuchten, Bundesprogramme zur Linderung der Armut sowohl an Umfang als auch an Wirksamkeit einzuschränken. Als George seinen Posten als stellvertretender Direktor von CORE im Februar 1966 aufgab, nahm er eine Stelle bei der CCAP an. Seine erste Aufgabe bestand darin, eine Koalition zur Unterstützung von Mindestlohnregelungen im Kongreß zu schmieden. Als er im Laufe der nächsten Monate mit einer Reihe verschiedener Gruppen im ganzen Land Kontakt aufnahm, stellte er fest, daß in den nördlichen Gettos Gruppen auftauchten, die sich mit Problemen der Gesundheitsfürsorge, des Erziehungswesen, der Anti-Armuts-Programme und – natürlich – mit dem System der öffentlichen Wohlfahrt befaßten. Da es ihm schien, als seien diese Basisgruppen weit verstreut und unkoordiniert und als mangele es ihnen an Kommunikationsmöglichkeiten, schlug er vor, die CCAP solle eine Zentralstelle errichten und finanzieren, die diese Aufgaben übernehmen könne und dabei ihr besonderes Gewicht auf die Organisierung von Wohlfahrtsempfängern legen solle.

Nachdem dieser Vorschlag abgelehnt worden war, entschloß sich George, ein unabhängiges Büro einzurichten, um seine Vorstellungen zu realisieren und sich dabei zunächst auf die Rechte der Wohlfahrtsempfänger zu konzentrieren.[18] Ende Mai waren ungefähr 15000 Dollar zusammen. 5000 Dollar hatten wir von einer kleinen Familienstiftung erhalten, weitere 5000 Dollar erhielt George von einem reichen Förderer der Bürgerrechtsbewegung, den er von seiner Zeit bei CORE her kannte, und die letzten 5000 Dollar waren eigene Ersparnisse. Mit diesem Geld in der Tasche zogen George Wiley und Edwin Day mit ihren Familien nach Washington um und eröffneten das P/RAC. An die Presse gaben sie folgende Mitteilung:

»Viele Aktivisten haben die großen Organisationen verlassen und arbeiten im ganzen Land verstreut im Rahmen unzähliger lokaler Programme. Die feinen Kommunikationslinien, die sie einst miteinander verbanden, sind zerrissen. Wir sehen unsere Aufgabe darin, ihnen nach besten Kräften beim Aufbau einer Bewegung der Armen zu dienen und zu helfen.« (Bailis, 15)

Zu Anfang beabsichtigte George noch, das P/RAC zu einer nationalen Koordinierungsstelle für ein breites Spektrum von Organisationen der Armen zu machen, die versuchten, Bundesbehörden und Kongreßabgeordnete zu beeinflussen. Folgende Ziele wurden formuliert:

»Erstens: Bundesweite Unterstützung für den Kampf gegen die Armut und Bürgerrechtsmaßnahmen zu mobilisieren (z. B. auf ›größtmögliche Beteiligung‹ der Armen bei der Durchführung des Programms gegen die Armut zu dringen und Unterstützung für ein garantiertes Mindesteinkommen zu gewinnen).
  Zweitens: Bundesweite Unterstützung für lokale Initiativen gegen die Armut und Bürgerrechtsbewegungen zu mobilisieren.
  Drittens: Die Administration von Programmen zur Unterstützung der Armen durch Bundesbehörden zu überwachen und Druck auf die betreffenden Behörden auszuüben (z. B. die Aktivitäten des ›Office of Economic Opportunity‹ und der Ministerien für Landwirtschaft, Arbeit, Wohnungsbau, Gesundheit etc. zu beachten).
  Viertens: Lokalen Gruppen, die nach Washington kommen, um bei Bundesbehörden um Unterstützung ihrer Programme zu werben, mit Rat und Tat zur Seite zu stehen.« (Jackson und Johnson, 57)

Dies waren weitgesteckte Ziele, doch schon bald konzentrierte sich das P/RAC auf die Rechte der Wohlfahrtsempfänger, zum Teil infolge der Serie unserer Diskussionen, zum wichtigeren Teil aber, weil im Sommer 1966 Fürsorgeempfängergruppen wie Pilze aus dem Boden schossen und George deshalb die Idee entwickelte, sie zu einer bundesweiten Organisation zusammenzufügen.

Eine Reihe von Gruppen aus Ohio, die sich zum »Ohio Committee for Adequate Welfare« zusammengeschlossen hatten, schufen die erste größere Gelegenheit, die Bildung einer nationalen Organisation voranzutreiben. Im Februar 1966 hatten »organizers« aus Ohio beschlossen, einen 155 Meilen weiten »Marsch für adäquate

Wohlfahrt« von Cleveland bis zum Regierunsgebäude in Columbus, der Hauptstadt des Bundesstaates, durchzuführen. Sie hofften, auf diese Weise Unterstützung für die Erhöhung der Fürsorgesätze in Ohio zu gewinnen. George und ein paar andere arbeiteten in den Wochen vor dem Marsch fieberhaft, um die übrigen »welfare-rights«-Gruppen im Land von dem Vorhaben zu informieren und sie zur Durchführung von Solidaritätsdemonstrationen zu ermuntern. Für den 21. Mai wurde in Chicago ein Treffen von »organizers«, die bekanntermaßen mit Fürsorgeempfängern zusammenarbeiteten, einberufen. Die meisten dieser Leute kamen aus Detroit, Ann Arbor, Columbus, Cleveland, Syracuse und vor allem New York (wo bereits eine die ganze Stadt umfassende WRO gegründet worden war). Das Ergebnis des Treffens war ermutigend, und George konnte der Presse mitteilen, daß am 30. Juni, dem letzten Tag des Marsches, im ganzen Land Demonstrationen stattfinden würden.

Am 20. Juni führten Reverend Paul Younger und Edith Doering, die beide beim »Cleveland Council of Churches« angestellt waren, um im Wohlfahrtsbereich politisch zu arbeiten, rund 40 Fürsorgeempfänger und Sympathisanten von Cleveland aus auf die erste Etappe des 155-Meilen-Marsches nach Columbus, wo Gouverneur Rhodes ein Liste von Beschwerden über die öffentliche Wohlfahrt übergeben werden sollte. Auf der Strecke schlossen sich in vielen Städten und Gemeinden örtliche Fürsorgeempfänger, Geistliche, Sozialarbeiter und andere sympathisierende Bürger, manchmal zu Hunderten, für einen kurzen Teil des Weges an. Am Morgen des 30. Juni wurden die 40 Protestmarschierer bei ihrem Einzug in Columbus schließlich von ganzen Busladungen voller Fürsorgeempfänger aus ganz Ohio begleitet. Rund 2000 Demonstranten zogen mit George an der Spitze die Broad Street hinunter zum Regierungsgebäude, um dort ihre Beschwerden über das Wohlfahrtssystem im Staat Ohio vorzubringen.

An anderen Orten fanden gleichzeitig Solidaritätsdemonstrationen statt. In New York marschierten 2000 Personen, die meisten von ihnen Wohlfahrtsempfänger, in der glühenden Sommerhitze um den City Hall Park, in dem unterdessen ihre Kinder spielten. Und in 15 anderen Städten – darunter Baltimore, Washington, Los Angeles, Boston, Louisville, Chicago, Trenton und San Francisco – demonstrierten ca. 2500 Menschen in Gruppen von 25 bis 250 Teilnehmern gegen »die Wohlfahrt«.

Die Presse berichtete umfassend über die Demonstrationen und druckte auch ein von George herausgegebenes Statement ab, das »die Geburt einer Bewegung« verkündete. Kurz darauf rief George zu einem bundesweiten Treffen von Aktivisten und Vertretern von Empfängergruppen auf, auf dem die Grundlage für eine nationale Organisation gelegt werden sollte. Das Treffen fand am 6. und 7. August in Chicago statt; etwa 100 Personen, Wohlfahrtsempfänger wie »organizers«, nahmen teil. Die Wohlfahrtsempfänger kamen aus bereits bestehenden Gruppen, die von den »Mothers for Adequate Welfare« aus Boston bis zu den »Mothers of Watts«, von einer Gruppe der »West Side Organization« aus Chicago, die sich aus arbeitslosen schwarzen Männern zusammensetzte, bis zum »Committee to Save the Unemployed Fathers« aus dem östlichen Kentucky reichten. Die »organizers« waren Mitglieder der »Students for a Democratic Society« (SDS), Kirchenleute und insbesondere Mitarbeiter von VISTA* und anderer Anti-Armutsprojekte. Die Konferenzteilnehmer beschlossen, einen Nationalen Koordinierungsausschuß einzusetzen, dem jeweils ein Wohlfahrtsempfänger aus den elf Bundesstatten angehörte, in denen bereits Gruppen gegründet worden waren. Der Ausschuß wurde beauftragt, Richtlinien der Politik zu entwerfen, Empfehlungen für die weitere Entwicklung einer nationalen Organisationsstruktur auszuarbeiten und eine Serie von bundesweiten Fürsorgekampagnen im Herbst 1966 zu initiieren und zu koordinieren. Diese Kampagnen sollten

»den Anspruch [der ›welfare rights‹-Gruppen] demonstrieren, Wohlfahrtsempfänger gegenüber Sozialämtern und bei öffentlichen Anhörungen zu vertreten, Empfänger zu organisieren und für sie Verhandlungen zu führen, und... Beihilfen fordern, die Empfängern bisher gesetzwidrig verweigert werden. Die Kampagne wird kleinere Demonstrationen, sit-ins und Schulboykotts einschließen sowie Anhörungen und gerichtliche Verfügungen fordern. Sie wird Gesetzesverstöße von Wohlfahrtsbehörden wie die Ablehnung von berechtigten Ansprüchen, Eingriffe in die Privatsphäre von Empfängern und die Verweigerung fairer Anhörungen aufdecken.« (Jackson und Johnson, 59)

Unter dem Gesichtspunkt des Organisationsaufbaus war das Treffen ein gewaltiger Erfolg. George Wileys Führungsposition wurde anerkannt, sein Vorschlag, einen nationalen Koordinierungsaus-

---

* »Volunteers in Service to America«; eine Organisation, deren Mitglieder gegen eine geringe Entlohnung im Gesundheits-, Sozial- und Wohlfahrtssektor arbeiten. (Anm. d. Ü.)

schuß aus Vertretern lokaler Gruppen zu bilden, wurde von Repräsentaten der unterschiedlichsten Empfängergruppen und Aktivisten enthusiastisch akzeptiert, und die lokalen Organisationen willigten ein, sich an bundesweiten Aktionen zu beteiligen. Eine nationale Organisation der Armen schickte sich an, die politische Bühne zu betreten.

Dieses erste Treffen war, wie so viele in den folgenden drei Jahren, von Schwung, Militanz, Wut und Hoffnung gekennzeichnet und nahm einen recht chaotischen Verlauf. Arbeitsgruppenleiter konnten nur selten die Tagesordnung einhalten und für einen geordneten Ablauf der Diskussionen sorgen. Delegierte sprangen einfach von ihren Stühlen auf und bildeten – »organizers« ebenso wie Wohlfahrtsempfänger – lange Schlangen an den Mikrophonen, die manchmal von 20 oder 30 Leuten umlagert wurden. Einer nach dem anderen klagten sie »die Wohlfahrt« wegen ihrer Mißstände an: Fürsorgeleistungen, die so niedrig waren, daß nach der Mietzahlung nichts mehr übrig blieb; willkürliche Bestrafung durch Streichung der Sozialhilfe und Ablehnung von Anträgen; Eindringen in Wohnungen von Empfängern; Verletzungen der Menschenwürde. Die ersten Treffen ähnelten mehr Protestveranstaltungen, waren voller Empörung und voller Jubel darüber, daß endlich die Gelegenheit gekommen war, sich gegen die Quelle der Mißstände zu erheben.

Rasch bildeten sich neue Gruppen, vor allem in den dicht bevölkerten Großstadtgettos im mittleren Westen und Nordosten. In allen nördlichen Landesteilen hatte die Bürgerrechtsbewegung ein Umfeld geschaffen, das, wie der folgende persönliche Bericht offenbart, zur Gruppenbildung ermunterte:

»Als ich zuerst von der Wohlfahrt lebte, schämte ich mich, weil die Gesellschaft uns gelehrt hat, uns zu schämen... das wird einem von Kindheit an beigebracht. Wir hörten immer nur, Wohlfahrt ist Bettelei, Wohltätigkeit... also habe ich es verschwiegen. Durch eine Kusine von mir erfuhr ich von der ›Milwaukee Welfare Rights Organization‹. Sie hat andauernd versucht, mich mit zu den Sitzungen zu schleppen, aber ich sagte: ›Nein, zu so etwas würde ich niemals gehen. ...‹ Zur selben Zeit waren die Bürgerrechtsdemonstrationen in Milwaukee... und meine Kinder wurden langsam erwachsen... also erzählten sie mir, daß sie zu diesen Märschen für die Bürgerrechte hingehen wollten. Also, ich hatte vor solchen Sachen Angst ... aber als die Kinder beschlossen, dahin zu gehen... mußte ich mit ihnen mitgehen... Mir fiel auf, daß wir es waren, die während der Demonstration mit Steinen und Ziegelsteinen und Knüppeln beworfen wurden, daß es in den Nachrichten aber immer so hingestellt wurde, als ob wir mit den Provokationen angefangen hätten. Und darum habe ich begonnen, die schwarzen Zeitungen zu lesen. Langsam fing ich an, die Dinge mit anderen Augen zu lesen. ... Dann habe ich mich dieser [›welfare rights‹-]Organisation angeschlossen. ...« (Milwaukee Welfare Rights Organization, 25–26)

Die NWRO trieb diese Entwicklung voran, indem sie Tausende von Broschüren mit dem Titel »Baut eine Organisation!« druckte und verteilte. Die Sozialarbeiter aus den Anti-Armutsprojekten hatten besonders offene Ohren für diese Aufforderung. Vielleicht drei Viertel aller »welfare rights«-Aktivisten kamen aus solchen Projekten, viele von ihnen waren VISTA-Leute.

Je mehr sich die Erhebung der Fürsorgebedürftigen ausweitete, um so entschlossener ging man daran, die nationale Organisationsstruktur zu festigen. Im Dezember 1966 trat der Nationale Koordinierungsausschuß in Chicago zusammen und bestimmte das P/RAC zum Hauptquartier der »National Welfare Rights Organization«. Damit wurde George Wileys Führungsanspruch über die immer stärker werdende Bewegung noch einmal bekräftigt. Ferner wurde für den folgenden Februar zu einer Konferenz nach Washington geladen. Mehr als 350 Fürsorgeempfänger und Aktivisten kamen, die rund 200 WROs aus 70 Städten in 26 Bundesstaaten repräsentierten. Die Konferenz entwickelte ein nationales Gesetzgebungsprogramm, das dem Ministerium für Gesundheit, Bildung und Wohlfahrt und dem Kongreß vorgelegt werden sollte. Zu verschiedenen Themen wurden Arbeitsgruppen durchgeführt: »Wie man eine Gruppe gründet«; »Die Organisierung einer Demonstration«; »Woher das Geld nehmen?«; »Technik des Lobbying« und ähnliches. Man schmiedete Pläne für eine bundesweite Serie von »Sonderzuwendungskampagnen« (um Mittel für Bekleidung und Haushaltsgegenstände bewilligt zu bekommen), die im Frühjahr in allen Landesteilen durchgeführt werden und am 30. Juni 1967 in gleichzeitig stattfindenden lokalen Demonstrationen kulminieren sollten.

Mit Hilfe der Sonderzuwendungskampagnen konnten Fürsorgeempfänger in den folgenden Monaten Zuschüsse in Höhe von mehreren Millionen Dollar durchsetzen. Wie geplant, fanden am 30. Juni überall wie im Vorjahr Demonstrationen statt; jetzt ließ sich zu Recht davon sprechen, daß eine nationale Organisation entstanden war. Die wichtigste Rolle bei der Durchführung dieser bundesweiten Kampagnen fiel Tim Simpson zu, der später stellvertretender Direktor der NWRO wurde.

Unterdessen war im April der Nationale Koordinierungsausschuß wieder zusammengetreten, um Regelungen über Mitgliedschaft und die Entsendung von Delegationen zu Bundeskongressen zu beschließen. Damit sollte die Grundlage für eine formelle Organisationsstruktur geschaffen werden. (Man beschloß, daß jede Gruppe mit wenigstens 25 Mitgliedern, die pro Person mindestens einen Dollar Jahresbeitrag an die NWRO-Zentrale abführte, berechtigt sein sollte, einen Delegierten zu zukünftigen Bundeskongressen zu entsenden.)[20] Die offizielle Gründungsversammlung fand dann im August 1967 in Washington statt. Wie weit sich die lokalen Gruppen bereits den Mitgliedschafts-, Beitrags- und Delegiertenregeln angepaßt hatten, läßt sich an der Tatsache ablesen, daß 178 Delegierte und Nachrücker von rund 75 WROs aus 45 Städten in 21 Staaten an dem Kongreß teilnahmen, eine Satzung verabschiedeten, einen Vorstand wählten und einen Zielkatalog beschlossen: alles, um die »National Welfare Rights Organization« aus der Taufe zu heben – die erste nationale Organisation von Fürsorgeempfängern seit der Großen Depression. Es existierten damals noch viele andere »welfare rights«-Gruppen, und einige von ihnen entsandten ebenfalls Delegierte zu der Konferenz. Doch hatten sie sich noch nicht an die vom Koordinationskomitee erarbeiteten Bestimmungen angepaßt (offizielle Vertreter zu wählen, Beiträge zu zahlen etc.) und wurden deshalb von der offiziellen Teilnahme ausgeschlossen. Mit der Zeit paßten sich aber die meisten von ihnen an und wurden in den Verband aufgenommen.

Die Struktur der Organisation sah zunächst einen Bundeskongreß vor, der alle zwei Jahre zusammentreffen sollte; er bestimmte die allgemeinen Richtlinien der Politik und wählte neun Funktionäre für ein Exekutivkomitee. In den Jahren zwischen den Kongressen war eine Bundeskonferenz abzuhalten, um die Politik der Organisation festzulegen. Zwischen den Sitzungen dieser Gremien sollte die Politik vom Nationalen Koordinierungsausschuß bestimmt werden, der sich aus einem Delegierten und einem Nachrücker jedes in der NWRO vertretenen Bundesstaates sowie den Mitgliedern des Exekutivkomitees zusammensetzte. Im allgemeinen waren pro Jahr acht Sitzungen des Exekutivkomitees und vier des Koordinierungsausschusses vorgesehen. Die Satzung der

NWRO verlangte, daß alle lokalen Gruppen eines Bundesstaates zusammentrafen, um eine im Prinzip ähnliche Organisationsstruktur auf der Ebene des Bundesstaates zu schaffen und den Delegierten und Nachrücker für den Nationalen Koordinierungsausschuß zu bestimmen. In großen Städten wie New York wurden ähnliche Koordinierungs- und Delegiertengremien gebildet. Die NWRO hatte also in sehr kurzer Zeit Organisationsstrukturen auf der Ebene des Bundes, der Länder und einiger Gemeinden geschaffen.

Wie die Mitgliederzahlen in der Tabelle auf S. 325 offenbaren, war diese komplexe nationale Struktur geschaffen worden, bevor sich eine entsprechende Massenbasis herausgebildet hatte. Im Jahr 1967, als die Struktur in allen Einzelheiten fertiggestellt war, hatte die NWRO 5000 beitragszahlende Familien als Mitglieder. 1969 erreichte der Mitgliederstand seinen Höhepunkt, als etwa 22000 Personen Beiträge entrichteten:

»Die Bundesstaaten mit den größten Mitgliederzahlen waren, in dieser Reihenfolge: New York, Kalifornien, Pennsylvania, Michigan, Virginia, Massachusetts, Ohio, New Jersey und Illinois. Von den Städten hatte New York bei weitem die meisten Mitglieder zu vermelden; allein im Stadtteil Brooklyn gab es mehr Mitglieder als in jeder anderen Stadt im Land. Die Gruppen in Boston hatten die zweitgrößte Gesamtmitgliedschaft, und Detroit, Los Angeles und Chicago machten die Liste der fünf führenden Städte komplett.« (Bailis, 11)

Doch lassen wir die Verteilung der Mitgliedschaft einmal beiseite; entscheidend ist, daß die beitragszahlende Mitgliedschaft der NWRO zu keinem Zeitpunkt mehr als 22000 ausmachte; nach 1969 nahm die Zahl der Mitglieder dann rasch ab.

Zuallererst, und am dramatischsten, offenbarte sich die Unfähigkeit der NWRO, ihre bescheidene Basis auszubauen oder auch nur zu erhalten, in New York. 1967 kamen 51% der bundesweiten Mitgliedschaft aus New York; als sich die Zahl der NWRO-Mitglieder im Laufe des folgenden Jahres verdoppelte, fiel der Anteil der New Yorker auf 17%, was bedeutete, daß dort auch die absolute Mitgliederzahl zurückgegangen war. Im Frühjahr 1969 war die Organisation in New York schließlich völlig zusammengebrochen. Das war, milde formuliert, ein bedrohliches Omen. Die Entwicklung in New York machte nur allzu deutlich, daß die Organisierungsstrategie der NWRO nicht in der Lage war, das Problem der langfristigen Konsolidierung ihrer Mitgliedschaft zu meistern. Kurz nachdem das Problem in New York offenkundig geworden war, erfaßte es auch die Organisation des Staates Massachusetts, die bis 1970 ebenfalls zusammengebrochen war. Da New York und Boston (die Hauptstadt von Massachusetts) die bei weitem wichtigsten städtischen Hochburgen der Bewegung waren und ihre Organisationsstrategie im ganzen Land als Vorbild diente, werden wir uns im folgenden der Frage zuwenden, warum diese Organisationen nicht überlebten (und warum Dutzende anderer WROs, die eine ähnliche Strategie eingeschlagen hatten, im Laufe der Zeit ebenfalls scheiterten).

Ungefähre Mitgliedschaft der »National Welfare Rights Organization« (Zahl der beitragszahlenden Familienvorstände)

Ort	1967	1968	1969[21]
USA	5 000	10 000	22 500
New York City	2 550	5 870	4 030
Brooklyn	1 350	3 370	2 440
Queens	100	380	330
Manhattan	1 070	1 400	500
Bronx	30	720	760

Das Problem dauerhafter Mitgliedschaft

Unsere Analyse des Niedergangs der NWRO erfolgt in vier Schritten. In dem zunächst folgenden Abschnitt wollen wir uns dem Problem widmen, wie eine Massenmitgliedschaft auf Dauer erhalten werden kann. Anschließend wenden wir uns den Problemen zu, die sich aus der komplexen Führungsstruktur ergaben, auf die sich die Organisation zunehmend verließ; als drittes analysieren wir die Probleme, die aus externen Anreizen für die NWRO-Führung resultierten; und abschließend gehen wir auf die Implikationen des Niedergangs der Protestbewegungen in der amerikanischen Gesellschaft gegen Ende der sechziger Jahre ein. Zusammen haben diese Probleme die Organisation schließlich zerstört. Bevor es soweit war, hatte sich die Organisation jedoch selbst allmählich verwandelt: die politischen Überzeugungen waren konventioneller geworden, die Militanz war zurückgegangen und die Mitgliederbasis geschwunden.

Die Lösung individueller Probleme als Organisierungsstrategie

Die Organisierung der Fürsorgebedürftigen konzentrierte sich vor allem darauf, Beschwerden bereits anerkannter Wohlfahrtsempfänger anzuhören und abzustellen. Dieser Ansatz bei der Organisierung von Empfängergruppen war gewöhnlich erfolgreich, denn an Beschwerden mangelte es wahrlich nicht. Häufig wurden Familien bestimmte Leistungen willkürlich verweigert, sie erhielten ihre Schecks nicht, bekamen weniger ausgezahlt, als ihnen zustand, oder wurden von Bürokraten in den Fürsorgeämtern abgekanzelt und gedemütigt. Das Versprechen, daß derartige Mißstände abgestellt werden könnten, brachte die Wohlfahrtsempfänger in die Gruppen.

Man nahm sich der Mißstände auf mehrfache Art an. Zu Anfang wurden Beschwerden häufig von Organisationsvertretern selbst eingereicht, um zu demonstrieren, daß auch die komplizierten Fürsorgevorschriften nicht unentwirrbar waren und die Verwaltungen zum Nachgeben gezwungen werden konnten.[22] Nach und nach wurden einige der Wohlfahrtsempfänger in die Geheimnisse der Vorschriften eingeweiht und darin geschult, wie sie die Interessen anderer Wohlfahrtsempfänger vertreten konnten. Einige Gruppen brachten in den Warteräumen der Ämter oder auf der Straße Plakate an, auf denen sie allen Antragstellern, die Schwierigkeiten mit der Behörde hatten, ihre Hilfe anboten. Einige der besser organisierten Gruppen richteten »Beschwerde-Komitees« ein, an die sie besondere Problemfälle überwiesen.

Als effektivste Methode, um Beschwerden Nachdruck zu verleihen, erwiesen sich kollektive Aktionen. Eine Gruppe von Fürsorgeempfängern erschienen dann auf dem Sozialamt, hielt dort eine Protestdemonstration ab und verlangte, daß alle Beschwerden abgestellt werden müßten, bevor sie wieder abzögen. Sollte sich die Behörde weigern, drohten sie mit einem sit-in. Gewöhnlich waren diese Aktionen erfolgreich, denn angesichts der brodelnden Gettos fürchteten die Wohlfahrtsbeamten offene Konfrontationen. Aktivisten und einfache Empfänger erkannten diese Schwäche und zogen daraus Nutzen. Wenn die Beamten versuchten, der Lage Herr zu werden, indem sie erklärten, einige der Beschwerden könnten sofort, andere aber erst später behandelt werden, dann weigerten sich die Demonstranten häufig wieder abzuziehen. Sie hatten ein Gespür für die Notwendigkeit entwickelt, zusammenzuhalten, und waren sich der Gefahr bewußt geworden, die darin lag, einzeln in hinteren Büroräumen, weit weg vom Tumult in den Wartesälen, abgefertigt zu werden. Aktionsleiter und Aktivisten versuchten gewöhnlich, dieses Gespür zu verfestigen, indem sie vor Beginn der Aktionen mit den Teilnehmern vereinbarten, daß keiner gehen dürfe, bevor nicht alle Probleme gelöst seien. Bei der Aktion war der Zusammenhalt meist so stark, daß diese Vereinbarung auch eingehalten wurde. Dadurch verstärkte sich die Solidarität zwischen den Gruppenmitgliedern, und es entstand das Gefühl, daß das Wohlergehen des einzelnen von der Wohlfahrt aller abhänge. Dieses Gefühl ermunterte die Beteiligten dazu, altruistisch und notfalls auch auf Kosten unmittelbarer persönlicher Interessen zu handeln. Natürlich verstärkte die Betonung gemeinsamer Gruppenaktionen auch den Glauben an die Wirksamkeit dieses Vorgehens. Die genannten Beobachtungen werden durch Einzelstudien aus verschiedenen Regionen erhärtet, wie in dem folgenden Bericht aus Massachusetts:

»Wenn Mitarbeiter der Massachusett WRO, die sich mit Beschwerden befaßten, auf Fälle stießen, die nur geringe Aussicht auf Erfolg hatten, forderten sie die Mitglieder auf, sie zu ihrer nächsten Demonstration auf dem Sozialamt zu begleiten. In der Hitze der Konfrontationen auf den Ämtern halfen viele Mitglieder ihren Leidensgenossen bereitwilliger, als vorher angenommen werden konnte. ... Vielleicht erkannten sie, daß auch sie in Zukunft einmal in eine ähnliche Situaton geraten könnten und dann für die Hilfe anderer dankbar sein würden. Zum größten Teil aber schien die Entscheidung, noch zu bleiben und für andere zu kämpfen, auch wenn die eigenen Probleme gelöst waren, ein Gefühl der ›Gemeinschaft‹ auszudrücken, das durch die Aktionen entstand. In der Hitze der Konfrontation schien ein hoher Anteil der Fürsorgeempfänger aus ihrer Bezeugung der Solidarität mit anderen Bedürftigen, die mit dem ›gemeinsamen Feind‹ aneinandergeraten waren, ebenso wie aus der Erfahrung, daß sie Sachbearbeiter zum Nachgeben zwingen konnten, Befriedigung zu ziehen, ganz gleich, ob sie nun persönlich einen direkten Nutzen davon hatten oder nicht.« (Bailis, 64)

Für die meisten lokalen Aktivisten und Vertreter von Empfängergruppen – ebenso wie für die Mitarbeiter im Hauptquartier der Organisation – lag das Hauptziel dieser Aktivitäten darin, die Mitgliederbasis zu erweitern. Daher wurde darauf bestanden, daß Wohlfahrtsempfänger einer Gruppe beitraten, Beiträge zahlten und eine Mitgliedskarte in Empfang nahmen, bevor man sich ihren Problemen zuwendete. Hinter dieser Praxis stand die Überlegung, daß durch die Verknüpfung von Hilfe und Mitgliedschaft stabile Gruppen geschaffen werden könnten. Zum größten Teil folgten lokale Aktivisten dem folgenden Beispiel:

»Wer in die Büros der DMWRO (›Detroit Metropolitan Welfare Rights Organization‹) kommt und um Hilfe bittet, wird zunächst aufgefordert, der Organisation beizutreten. Neuzugänge werden bestehenden Gruppen je nach ihrer Wohngegend zugeteilt. Aber erst einmal müssen sie zwei Dollar auf den Tisch legen, und dann wird ihr Name an die zuständige Ortsgruppe weitergeleitet. Ein Dollar geht in die Beitragskasse der zuständigen Ortsgruppe, der andere Dollar geht an die DMWRO. Ferner wird ihnen mitgeteilt, wann und wo das nächste Treffen stattfinden wird. Und dann sehen wir, was wir tun können, um ihrem Problem abzuhelfen, falls sie eins haben.« (Martin, 158)

Dennoch hatten die WROs auf Dauer keinen Bestand. Auch gibt es keine Belege dafür, daß Gruppen, die strikt nach der Maxime »ohne Beitritt keine Hilfe« verfuhren, länger bestanden als Gruppen, die das nicht taten. Die meisten bestanden ein Jahr, bestenfalls zwei Jahre, unabhängig von den angewandten Organisierungstechniken. Für diese Entwicklung gibt es eine Reihe von Gründen.

Zum einen verließen die meisten Familien, die von einer Beschwerdeaktion profitiert hatten, die Gruppe danach wieder, weil sie ja nun keine Hilfe mehr brauchten. Zwar kehrten manche von Zeit zu Zeit in die Gruppe zurück, wenn sich neue Schwierigkeiten ergeben hatten, doch die meisten nahmen nicht auf kontinuierlicher Basis am Gruppenleben teil. »Das grundlegende Problem der Beschwerdearbeit bestand darin, daß ein gelöstes Problem, wie andere erfüllte Bedürfnisse auch, keinen weiteren Anreiz bot, etwas zur Arbeit der Gruppe beizutragen.« (Bailis, 65) Dazu kam, daß – nachdem die »welfare rights«-Organisationen eine größere Zahl von Fürsorgeempfängern hervorgebracht hatten, die mit dem Wohlfahrtssystem umzugehen wußten – viele dieser Leute meinten, keine Gruppe mehr zu benötigen, um ihre individuellen Probleme, oder auch die ihrer Freunde und Nachbarn, zu bewältigen. Sie handelten fortan einfach allein, ein Umstand, der mit der Zeit die Reihen der organisierten Gruppen zunehmend lichtete.

Zweitens erforderte die Beschwerdearbeit einen ungeheuren Aufwand an Zeit und Energie von Betreuern und Empfängern:

»Eine Frau rief im Büro (in Chicago) an und erzählte, ihre Sachbearbeiterin habe ihr die Unterstützung gestrichen. Ich rief die Sachbearbeiterin an, erklärte ihr, daß ihr Vorgehen illegal sei, und fragte sie, ob sie schon von dem

Gesetz vom Dezember 1969 gehört habe, wonach niemandem ohne vorherige Benachrichtigung die Unterstützung gestrichen werden könne. Es handelte sich um die Golliday-Entscheidung. Die Sachbearbeiterin sagte, sie wolle mit ihrem Abteilungsleiter sprechen. Ich ging zu der Wohlfahrtsempfängerin nach Haus, und wir gingen zusammen zum Fürsorgeamt, um offiziell Einspruch einzulegen und mit der Sachbearbeiterin zu sprechen. Die Sachbearbeiterin sagte, es tue ihr leid, aber sie könne nichts machen. Sie erklärte, sie habe die Unterstützung streichen müssen, weil die Mietquittungen der Frau unterschiedliche Unterschriften trügen. Am nächsten Tag veranlaßte ich einen VISTA-Anwalt, die Sachbearbeiterin über das neue Gesetz aufzuklären, aber die rührte sich noch immer nicht, woraufhin der Anwalt ihr mitteilte, daß er Klage einreichen werde. Jetzt bat die Sachbearbeiterin ihn, mit dem Leiter des Distriktbüros zu sprechen, was der Anwalt auch tat. Der Amtsleiter gab den Scheck der Frau frei.« (Martin, 156)

Solche Arbeit war zudem noch extrem eintönig. Es gab Erfolgserlebnisse, zweifelsohne, und es war befriedigend zu wissen, daß man anderen Menschen einen Dienst erwies; auch einige Wohlfahrtsempfänger konnten aus ihren Bemühungen große Genugtuung schöpfen. Doch im großen und ganzen war die Zahl der Empfänger, die Spaß an dieser Arbeit hatten, nicht allzu groß, und je länger sich die Monate und Jahre hinschleppten, um so schwieriger wurde es, die Beschwerdeaktivitäten aufrechtzuerhalten. Nur durch kontinuierliche Schulung neuer Kader, die an die Stelle ausgelaugter Mitarbeiter traten, konnte der schnellen Ausblutung Einhalt geboten werden.

Die Beschwerdeaktivitäten waren möglicherweise weniger eintönig, wenn die ganze Gruppe beteiligt war. Doch diese Methode absorbierte buchstäblich die gesamte Energie und die gesamten Mittel der Gruppe. Wie nützlich diese Strategie auch gewesen sein mag, um die Solidarität unter den Gruppenmitgliedern zu erhalten und positive Reaktionen des Wohlfahrtssystems zu erzwingen, hatte sie doch einen erheblichen Nachteil: sie schränkte den Umfang der Beschwerdearbeit und damit auch den Erfolg von Rekrutierungskampagnen erheblich ein. Folglich expandierten die Gruppen kaum noch, hatten sie erst einmal einen Mitgliederstand von fünfzig bis hundert erreicht.

Es sollte noch angemerkt werden, daß die Betreuung individueller Beschwerden eine natürliche Möglichkeit bot, in Führungspositionen zu gelangen, denn indem man anderen half, konnte man sich eine Hausmacht aufbauen. Doch sobald der Betreuer in ein Amt gewählt worden war, ging er gewöhnlich ganz in seinen neuen

Pflichten und Erfolgserlebnissen auf. Da aber die Führungsgruppen dieser Organisationen in der Regel ziemlich stabil waren, blieb neuen Betreuern kaum die Hoffnung, selbst einmal durch ihren Dienst am Mitmenschen in ein Amt zu gelangen – was die Plackerei der Beschwerdearbeit um so unattraktiver machte.

Schließlich hatte die Beschwerdestrategie zur Folge, daß sich mit der Zeit formelle Übereinkünfte mit den Wohlfahrtsbehörden zur Lösung anstehender Probleme herausbildeten. Wie genau diese Entwicklung verlief, soll in einem folgenden Abschnitt behandelt werden. An dieser Stelle genügt es zu sagen, daß, je ausgeprägter diese Übereinkünfte wurden, Empfängergruppen immer seltener auf kollektive Aktionen zurückgreifen mußten, um Zugeständnisse des Wohlfahrtssystems zu erreichen.

Als Resultat ging die Militanz zurück und bildete sich in den Empfängergruppen eine neue Führungsschicht heraus, die großes Interesse an der Erhaltung ihres privilegierten Verhältnisses zum Wohlfahrtssystem hatte, und daher weniger Energien für die Rekrutierung neuer Mitglieder aufwandte.

Zusammenfassend können wir sagen, daß sich zwischen 1966 und 1970 »welfare rights«-Gruppen dank der Strategie, individuelle Beschwerden zum Ansatzpunkt für die Organisierung von Fürsorgebedürftigen zu machen, rasch im ganzen Land verbreiteten, daß diese Gruppen aber selten mehr als 100 Mitglieder zählten. Zudem gab es in den Gruppen eine hohe Mitgliederfluktuation. Die Verfolgung individueller Beschwerden erwies sich daher nicht als taugliches Mittel, um eine Massenmitgliedschaft aufzubauen.

Die Lösung kollektiver Probleme als Organisierungsstrategie

Wenn die Lösung individueller Probleme nicht zum angestrebten Ziel führte, so schienen Aktionen zur Lösung kollektiver Probleme in die richtige Richtung zu weisen – zumindest eine Zeitlang. Diese Aktionen bauten auf den Bestimmungen einiger Sozialämter auf, wonach zusätzlich zu den regulären Beihilfen in Form von Lebensmittel- und Mietzuschüssen Sonderzuwendungen für Bekleidung und Haushaltsgegenstände gewährt werden konnten, wenn entsprechender Bedarf bestand. Nur wenige Fürsorgeempfänger wußten von dieser Möglichkeit, noch weniger stellten entsprechende Anträge, und selbst von diesen wurden nicht einmal alle bewilligt. Da es sich dabei um eine Art der Unterstützung handelte, auf die offensichtlich ein großer Teil der Fürsorgeempfänger Anspruch hatte, bot sich die Möglichkeit, durch kollektive Aktionen Hunderten und vielleicht Tausenden von Anspruchsberechtigten gleichzeitig zu ihrem Recht zu verhelfen und damit eine große Zahl von Familien mit einem Minimum von organisatorischem Aufwand in die lokalen WROs zu integrieren.

Die ersten Experimente mit dieser Form kollektiver Beschwerdeaktivität wurden 1965 von einigen Aktivisten in der Lower East Side von New York unternommen, die für »Mobilization for Youth« tätig waren.[24] Sie waren äußerst erfolgreich: als sich die Sozialämter in New York Gruppen von 50 oder 100 Wohlfahrtsempfängern, die Sonderzuwendungen forderten, gegenübersahen, kapitulierten die Behörden und gaben die Schecks heraus. Bis zum Frühjahr 1967 hatte die Taktik die meisten Mitarbeiter des Anti-Armutsprogramms sowie einige private Sozialhilfeeinrichtungen und Kirchen in der Stadt erfaßt. Es waren buchstäblich Tausende von Menschen, die sich an den Demonstrationen für Sonderzuwendungen beteiligten. Als die Aktionen immer zahlreicher wurden, wurde ein zentrales Büro eingerichtet, um die Bewegung weiter voranzutreiben, und ein ganz New York umfassendes Koordinierungskomitee der Wohlfahrtsgruppen gebildet.[25]

Die Aktivisten sahen derartige Kampagnen vor allem als Instrument an, um eine dauerhafte Organisation der Wohlfahrtsempfänger aufzubauen. Die Kampagnen zielten folglich darauf ab, »lokale Gruppen in die Lage zu versetzen, ihre Existenzberechtigung in den Augen von Fürsorgeempfängern nachzuweisen und ihre Rolle als Vertreter individueller Klienten gegenüber den lokalen Wohlfahrtsverwaltungen zu festigen...« (Birnbaum und Gilman, 1). Diese Überlegungen reflektierten zu einem gewissen Grad die Sorge, ob die Auswirkungen einer Krise des Wohlfahrtssystems auch zu beeinflussen waren. Ein »organizer« formulierte es so: »Ist das System einmal bankrott, wären wir ohne Verankerung in den Klienten allein von den Machthabern abhängig, wenn ein neues System geschaffen werden muß.« (zitiert bei Sardell, 47)

Die Sonderzuwendungskampagnen und die Gründung der New Yorker Koordinierungskomitees wurden von Aktivisten und AFDC-Empfängern mit Enthusiasmus begrüßt. Die wöchentlichen Treffen des Komitees zogen immer größere Zahlen von Empfängern, Betreuern und Anwälten aus den Rechtshilfebüros an. Auf diesen Versammlungen zeigte sich der Elan einer beginnenden politischen Bewegung; Schulungskurse über die detaillierte Planung von Sonderzuwendungskampagnen wurden durchgeführt und Pläne für Demonstrationen – entweder gleichzeitig auf Dutzenden von Distriktämtern oder konzentriert bei der zentralen Behörde – aufeinander abgestimmt. Außerdem wurden Zehntausende von Informationsmappen über die Sonderzuschüsse verteilt, deren wichtigster Bestandteil eine hektographierte Liste der Kleidungsstücke und Haushaltsgegenstände war, die allen Personen (laut Fürsorgebestimmungen) zustanden. Dieses Listen wurden von lokalen Aktivisten verteilt; die Leute kreuzten an, was ihnen fehlte, und gaben die Listen dann zurück. Die ausgefüllten Blätter wurden gebündelt und später bei einer der zahllosen Demonstrationen auf den Wohlfahrtsämtern den Behördenleitern übergeben.

Wenn Individuen oder Empfängergruppen von den Kampagnen erfuhren und sich nach dem (»City-wide« genannten) Koordinierungskomitee erkundigten, wurde ihnen gewöhnlich geraten, auf dieselbe Weise vorzugehen:

»Die Strategen von ›City-wide‹ entwickelten ein Rezept, das lokale Gruppen bei ihrer politischen Arbeit anwenden sollten. Gruppenmitglieder sollten vor den Wohlfahrtszentren Flugblätter verteilen und mit den Klienten über die ihnen zustehenden Wohlfahrtsleistungen sprechen. Fürsorgeempfänger sollten aufgefordert werden, sich lokalen Gruppen anzuschließen und an Versammlungen teilzunehmen, auf denen über ›welfare rights‹ und Sonderzuwendungen diskutiert wurde. Antragsformulare für Sonderzuschüsse sollten dann ausgefüllt werden, und die Gruppe würde mit den Formularen zum Wohlfahrtszentrum zurückkehren, wo sie in einer Demonstration die unmittelbare Bewilligung der Sonderzuschüsse verlangte.« (Sardell, 55)

In dieser Periode wurden Fürsorgeempfänger außerdem dazu ermutigt, zusammen mit ihren Anträgen auf Sonderzuwendungen auch Anträge auf Anhörung (»fair hearings«) einzureichen. Damit wurde der Wohlfahrtsbehörde erklärt, daß sie im Falle einer Ablehnung des Antrages ihre Entscheidung bei einer Anhörung vor Vertretern des Bundesstaates würde rechtfertigen müssen. 1964 hatten im ganzen Staat New York nur vierzehn »fair hearings« stattgefunden; 1965 waren es sechzehn und 1966 zwanzig gewesen. Im Jahre 1967 jedoch wurden infolge der Aktivitäten von »City-wide« 4233 Anträge auf Anhörung gestellt:

»1967 gab es eine buchstäbliche Explosion von Anträgen auf ›fair hearings‹. Diese Explosion hatte ihre Ursache vor allem in den Aktivitäten der organisierten Bewegung der Fürsorgeklienten. Die Anträge wurden fast alle in der Stadt New York gestellt. ... Dieser Antragszuwachs führte zur Ernennung von vier zusätzlichen Anhörungsbeamten und im Dezember 1967 dann zur Einrichtung des ›New York City Office of Fair Hearings‹. Die Klienten wurden bei den ›hearings‹ von Anwälten, Jurastudenten und einigen geschulten Laien vertreten. ... In der Zeit von September bis Januar wurden über 3 000 ›hearings‹ angesetzt. 90% davon fanden allerdings nie statt. Oftmals kontaktierten die lokalen Zentren die Antragsteller vor den festgesetzten Anhörungsterminen und bewilligten die Anträge auf Sonderzuwendungen. In der Hälfte der Fälle, in denen tatsächlich eine Anhörung stattfand, wurden den Klienten so gut wie alle Forderungen erfüllt; auch in den meisten der übrigen Fälle wurde zumindest ein Teil der Ansprüche gewährt.« (Jackson und Johnson, 114)

Bis zum Spätherbst 1967 hatte dieses Organisierungsrezept schließlich eine Massenbewegung der Wohlfahrtsempfänger in den Gettos und Barrios von New York hervorgebracht.

Die Auseinandersetzungen in dieser Zeit waren von hoher Militanz gekennzeichnet. AFDC-Empfängerinnen (häufig mit ihren Kindern an den Rockschößen) führten Hunderte von sit-ins in den regionalen Fürsorgeämtern von Brooklyn, Manhattan, Queens und der Bronx durch und provozierten offene Konfrontationen. An diesen lokalen Protesten beteiligten sich zwischen 25 und 500 Personen. Wenn zu Demonstrationen in den zentralen Wohlfahrtsämtern aufgerufen war, erschienen zwischen 500 und 2 000 Menschen. Manchmal schlossen sich auch Sozialarbeiter und andere Sympathisanten den Protestaktionen an. Sit-ins, die häufig die Proteste begleiteten, dauerten zuweilen mehrere Tage. Obwohl die Behörden in diesen turbulenten Zeiten gewöhnlich nicht dazu neigten, Fürsorgeempfänger festnehmen zu lassen, wurden doch Dutzende von Demonstranten verhaftet. Meist jedoch begegnete man den Protesten, indem man Schecks ausstellte. Als im Frühjahr und Sommer ›1968 die Sonderzuwendungskampagnen ihren Höhepunkt erreichten, hatte es die Wohlfahrtsbehörde für nötig befunden, in ihrer Zentrale einen mit unzähligen Telefonen angefüllten »Kriegsraum« einzurichten, wo Fürsorgebeamte versuchten, sich über die ständigen Demonstrationen in den Dutzenden von Bezirksämtern der Stadt auf dem laufenden zu halten.

George war so beeindruckt vom Organisierungspotential dieser Kampagnen, daß die nationale Organisation die Strategie übernahm und im ganzen Land propagierte. Im Frühjahr 1967 stellte die NWRO-Zentrale spezielle Informationsmappen mit farbig gedruckten Materialien (»VERTEIDIGE DEINE FAMILIE!«; »MEHR GELD JETZT!«) für die Ortsgruppen zusammen und arbeitete mit großem Eifer an der Planung neuer Kampagnen. Schon bald, im Spätsommer, waren nationale Kampagnen für Schulkleidung im Gange, im Herbst dann für Winterbekleidung und im Frühjahr für Oster- oder Schulabgangskleidung. Auch Kampagnen für Haushaltsgegenstände – zum Teil auf der Grundlage, daß nur wenige Wohlfahrtsempfänger adäquates Bettzeug und ähnliche Dinge besaßen – wurden überall in Angriff genommen.

Dennoch blieb Massachusetts neben New York der einzige Bundesstaat, in dem die Kampagnen wirklich große Ausmaße annahmen.[26] Die Aktivitäten in Massachusetts, die im Sommer 1968 aufgenommen wurden, erbrachten Zuschüsse in Millionenhöhe. »Nach Angaben der Wohlfahrtsverwaltung wurden allein in der Gegend um Boston im Juli 250000 Dollar ausgehändigt, im August 600000 Dollar und im September 3000000 Dollar.« (Fiske, 37, 96) Als der Behördenleiter Mitte August vor einen Parlamentsausschuß zitiert wurde, um den enormen Zuwachs an Fürsorgeleistungen zu rechtfertigen, antwortete er: »Wenn jemand im Juni 1967 in Roxbury Crossing gewesen wäre, als dort die Unruhen ausbrachen, hätte er einige derselben Elemente am 30. Juli 1968 hier im Wohlfahrtsamt wiedergesehen.« (zitiert bei Fiske, 34) Dennoch bestanden erhebliche Schwierigkeiten, Schecks ausgestellt zu bekommen. Ein Büro tat dies zwar, ließ die Schecks jedoch sofort wieder sperren; ein anderes ließ den Hauseingang durch Polizei blockieren und nur jeweils zehn Empfänger zur selben Zeit eintreten; andere Büros machten wegen der Tumulte einfach dicht. Auch die Demonstranten wurden immer militanter:

»So wurden ... als [im November] 50 Fürsorgeempfänger aufs Sozialamt in Roxbury Crossing kamen, ... zwölf Telefone aus der Wand gerissen, acht Büroräume ›auf den Kopf gestellt‹, Sozialarbeiter ›übel beschimpft‹ und einer gegen die Wand geschubst. Die Gewerkschaft forderte das Personal auf, das Amt unter Polizeischutz zu verlassen; 40 Sozialarbeiter machten sich umgehend auf den Weg zum Hauptquartier der Wohlfahrtsverwaltung, um gegen die Belästigungen zu protestieren; und die Polizei eskortierte den Direktor um 12.30 Uhr aus dem Sozialamt. Und so schloß ein weiteres Büro an diesem Tag vorzeitig seine Tore.« (Fiske, 56)

Von allen Demonstrationen im Land waren die von Massachusetts am durchgängigsten militant. In Springfield führte eine Demonstration zu schweren Ausschreitungen. Wieder zitiert Fiske den Bericht eines Aktivisten:

»Als der Direktor ankündigte, daß die Leute verhaftet würden, wenn sie das Zentrum nicht verließen, forderten die protestierenden Fürsorgeempfänger die Studenten auf, nach draußen zu gehen. Sie gingen auf die Straße, aber es waren keine Megaphone da, und keiner sagte ihnen, was sie tun sollten. Als der Polizeitransporter eintraf, dachten die Demonstranten auf der Straße, die Leute drinnen sollten verhaftet werden und fingen an, den Wagen hin und her zu schaukeln. Die Polizei stieß einige von ihnen in den Wagen hinein und fuhr dann mit einem irrsinnigen Tempo durch die Menge. Jetzt wurde die Menge richtig wütend und schmiß Steine und Flaschen nach dem Wagen.« (89)

In diesem Moment begannen die Unruhen von Springfield – und Bill Pastreich, der »chief organizer« der MWRO, wurde zum zwölftenmal in Haft genommen; seine Kaution wurde auf 3000 Dollar festgesetzt.

Die Abschaffung der Sonderzuwendungen

Als die Sonderzuwendungskampagnen sich im Lande verbreiteten, reagierten Lokalverwaltungen und staatliche Behörden immer häufiger mit der Einführung der »Pauschalzulage« (»flat grant«). Es war eine unvermeidbare Entwicklung. Mit diesem simplen Kniff konnten die Ausgaben für Sonderzuwendungen gestoppt und die »welfare rights«-Organisationen entscheidend getroffen werden. New York war der erste Bundesstaat, der diese »Reform« durchführte, denn dort gab es noch immer ein riesiges Reservoir potentieller Antragsteller, das – sollte es je erschlossen werden – eine »Bedrohung für den Etat« der Stadt New York darstellte, wie die *New York Times* in einem Leitartikel bemerkte. Um die Wohlfahrtsausgaben unter Kontrolle zu halten, schickte sich die Fürsorgeverwaltung in New York an, das Sonderzuwendungssystem umzugestalten. Sie schlug vor, es dadurch zu »reformieren«, daß man es durch »automatische Zulagen« von 100 Dollar im Jahr ersetzte, die jedem Fürsorgeempfänger in vierteljährlichen Raten von jeweils 25 Dollar auszuzahlen waren. Im Juni 1968 billigte das »State Board of Social Welfare« den Plan, der dann am 1. September in Kraft trat. Hugh R. Jones, der Vorsitzende des »Board«, machte aus den Gründen gar keinen Hehl, als er verkündete, die Fürsorgereform werde sowohl »den Ausgabenfluß stabilisieren« als auch die Organisationen der Wohlfahrtsempfänger »ganz entscheidend behindern«. Den ganzen Sommer und Herbst über diskutierten Sprecher und Berater des New Yorker Koordinierungskomitees, wie diesen Entwicklungen begegnet werden konnte. Drei verschiedene Strategien wurden erwogen: Eine Strategie bestand darin, auch weiterhin militante Demonstrationen in den lokalen Zentren durchzuführen, um das Wohlfahrtssystem nicht zur Ruhe kommen zu lassen, und damit zu drohen, das Chaos auch in die Gettos zu tragen, falls der Plan in Kraft treten sollte. Diese Strategie wurde jedoch nur halbherzig verfolgt. Die zweite Möglichkeit – die von uns vorgeschlagen wurde – war, eine »spend-the-rent«-Kampagne (»verbraucht das Geld für die Miete«) einzuleiten. Hinter unserem Vorschlag stand folgende Überlegung: Wenn die Fürsorgeempfänger ihr Mietgeld für andere Dinge ausgäben, könnten sie die Reduzierung ihrer Einkommen – und auf eine Reduzierung liefen die automatischen Zulagen hinaus – wieder ausgleichen. Was die Stadt und der Bundesstaat sparten, hätten sich die Bedürftigen auf diese Weise mehr als zurückgenommen. In der aufgeladenen Stimmung, die damals herrschte, wurde diese Strategie beschlossen, doch ließ die Organisation dem Beschluß keine Taten folgen. Der drohende Mietstreik diente zwar noch ein paar Wochen lang als verbales Druckmittel, das war aber auch alles.

Statt dessen entschied sich die Führung des Koordinierungskomitees, Druck auf Parlament und Regierung in Albany, der Hauptstadt des Staates New York, auszuüben. Diese Entscheidung war zum großen Teil darauf zurückzuführen, daß verschiedene Mittelschichtsorganisationen der Stadt ihre Unterstützung zugesichert hatten: einige Kirchenverbände, mehrere Frauengruppen aus der oberen Mittelschicht, Frauen-Friedensgruppen, eine Vereinigung privater Wohltätigkeitsorganisationen und ähnliche Gruppen. Den ganzen Herbst 1968 über mobilisierte »City-wide« für die Kampagne, die ihren Höhepunkt in einer »Bus-Karawane« nach Albany fand, wo Politiker es jedoch weitgehend vermieden, mit Delegationen von Fürsorgeempfängern zusammenzutreffen. Die Vorbereitung und Durchführung der Kampagne kostete viel Zeit und Geld und brauchte die Ressourcen des Komitees vollständig auf. Das Parlament antwortete auf seine Weise: es kürzte die Fürsorgesätze um 10%.

Die letzte bedeutende Protestdemonstration fand am 15. April 1969 statt. Ungefähr 5 000 Personen – die meisten von ihnen Sozialarbeiter, Mitarbeiter der Programme gegen die Armut, Studenten und andere Sympathisanten – versammelten sich zu einer Protestveranstaltung im Central Park und marschierten anschließend die Fifth Avenue hinunter. Auf der 42. Straße, zwischen der Fifth Avenue und der Madison Avenue, setzten sie sich nieder und sorgten für ein mehrstündiges Verkehrschaos. Hulbert James, der führende »welfare rights«-Aktivist in der Stadt, wurde von einem Laternenpfahl, von dem aus er eine Ansprache hielt, heruntergezogen und wegen Anstiftung zum Aufruhr unter Anklage gestellt. Diese Demonstration setzte den Schlußpunkt unter die Widerstandskampagne in New York. Damals waren die lokalen WROs bereits geschwächt und Aktionen in den Fürsorgezentren weitgehend aufgegeben worden. Nicht anders verliefen die Ereignisse in Massachusetts:

»In welcher Beziehung die Einführung der Pauschalzulage zu den Aktivitäten der ›welfare rights‹-Gruppen stand, wurde in Massachusetts ziemlich offen zugegeben. Den Aktionen der MWRO wurde in den Zeitungen, im Radio und im Fernsehen ziemlicher Platz eingeräumt. ... Viele Leute in Massachusetts assoziierten ›welfare rights‹-Demonstrationen offensichtlich mit steigenden Wohlfahrtsausgaben und nahmen an, erstere hätten letztere verursacht. All dies führte dazu, daß die Wohlfahrt zu einem zunehmend kontroversen Thema der öffentlichen Diskussion wurde. Einige Abgeordnete des Bundesstaates verschafften sich öffentliche Aufmerksamkeit, indem sie angebliche Wohlfahrtsschwindel untersuchten und Gesetze einbrachten, um die Wohlfahrtsausgaben zu kürzen. Der Gouverneur machte seine Opposition gegen demonstrierende Wohlfahrtsempfänger und die von ihm veranlaßte Einführung der Pauschalzulage 1970 zu einem Hauptthema im Kampf um seine Wiederwahl. Drei seiner Werbesendungen im Rundfunk erwähnten demonstrierende Wohlfahrtsempfänger; eine von ihnen war ausschließlich der Erläuterung der Pauschalzulage gewidmet.« (Bailis, 142)

Wie in New York vereinigten sich auch die »welfare rights«-Gruppen von Massachusetts mit ihnen nahestehenden liberalen Gruppierungen zur »Massachusetts Welfare Coalition«. Sie setzte sich hauptsächlich aus Kirchenverbänden und Wohltätigkeitsorganisationen zusammen und besaß nicht genügend Einfluß, um die Einführung der Pauschalzulage rückgängig machen zu können. Schon bald danach begann die Organisation in Massachusetts auseinanderzufallen. In dieser Zeit gingen auch andere Bundesstaaten zur Pauschalzulage über – sie waren ein einfaches, doch wirksames

Mittel, um gleichzeitig die Organisierung der Armen zu unterminieren und die Wohlfahrtsausgaben zu senken.

Mobilisierung contra Organisierung

In New York und Massachusetts wurden zwei verschiedene Ansätze für den Aufbau von »welfare rights«-Gruppen verfolgt – ein Unterschied, dem damals von »organizers« im ganzen Land große Bedeutung beigemessen wurde. In New York legte man nur wenig Wert darauf, Gruppen mit beitragszahlenden Mitgliedern aufzubauen (mit Ausnahme der Gruppen in Brooklyn unter Leitung von Rhoda Linton); in Massachusetts war es umgekehrt. George war entschieden für die letztere Methode. Das Thema kam 1967 zum erstenmal auf, nachdem die NWRO offiziell aus der Taufe gehoben und das Programm der bundesweiten Sonderzuwendungskampagnen verkündet worden war. George vertrat die Ansicht, Wohlfahrtsempfänger sollten nur dann Informationen, Formulare und Beistand zu den Anträgen auf Sonderzuschüsse erhalten, wenn sie sich vorher einer Gruppe angeschlossen und ihren Obolus entrichtet hätten. Einige von uns in New York waren gegen diese Bedingung, weil wir glaubten, daß die Auswirkungen auf das Wohlfahrtssystem sehr viel größer sein würden, wenn Informationen über die Verfügbarkeit von Sonderzuschüssen so weit wie möglich – über Büros der Anti-Armuts-Programme, Wohltätigkeitseinrichtungen, Kirchen und Bürgerrechtsgruppen – verbreitet würden. In New York setzte sich unsere Auffassung durch, und so hatten die dortigen Kampagnen einen weit lockereren Charakter als an den meisten anderen Orten.

In Massachusetts entwickelte sich jedoch ein anderes Organisierungsmodell. Unter »welfare rights«-Aktivisten wurde es unter dem Namen »Bostoner Modell« bekannt und überall im Land vielfach kopiert. Das Modell setzte die formelle Gruppenmitgliedschaft als Voraussetzung für jede Form von Beistand. Manchmal wurden Antragsformulare für Sonderzuschüsse zum Beispiel erst dann an die Wohlfahrtsempfänger verteilt, wenn sie sich an einer Demonstration auf dem Fürsorgeamt beteiligten. Man nahm an, daß auf diese Weise stabile, dauerhafte Gruppen entstehen würden. Detaillierte Untersuchungen von Bailis über die Ereignisse in Massachusetts ergaben jedoch, daß sich in Wahrheit keine stabilen

Gruppen entwickelten. Oft überlebten sie nicht einmal den Zeitraum zwischen zwei Sonderzuwendungskampagnen:

»Die Organisierungskampagnen nach dem Bostoner Modell brachten anfangs fast immer erfolgreiche Treffen und Konfrontationen hervor. Doch nur wenige der dadurch entstandenen Gruppen waren in der Lage, ihren Schwung – oder ihre Mitgliedschaft – über längere Zeit zu konservieren. Die Geburt dieser Gruppen war immer spektakulär; sie durchlebten dann eine aktive Jugendzeit voller gut besuchter Versammlungen und militanter Demonstrationen; dafür war das Erwachsenendasein der typischen MWRO-Gruppe um so trister und endete mit einem langsamen Tod. Die Lebensspanne war doch insgesamt recht kurz. ... Den größten Teil ihrer Existenz über gelang es der MWRO, ihre Unfähigkeit, starke lokale Gruppen am Leben zu erhalten, zu verbergen, indem sie immer neue Organisierungskampagnen nach dem Bostoner Modell in Angriff nahm und so ständig neue Gruppen bildete, die die dahingeschiedenen alten ersetzten. Diese Gruppen sorgten dafür, daß die MWRO ihre Mitgliederzahl stabil halten konnte; sie stellten die Masse der Demonstrationsteilnehmer und sicherten der Bewegung der Wohlfahrtsempfänger regelmäßig einen Platz auf der Titelseite.« (55)

Bailis behauptet darüber hinaus: »Die meisten MWRO-Gruppen waren schon dem Tod geweiht, als die Einführung der Pauschalzulage (in Massachusetts) noch in weiter Ferne lag.« (60)

Das »Bostoner Modell« erforderte weit größere organisatorische Ressourcen als das »Mobilisierungsmodell«, nach dem in New York verfahren wurde. Die MWRO zog eine große Zahl von Studenten an, denen sie organisatorische Aufgaben übertrug; außerdem hatte sie einen Vertrag mit VISTA und schulte deren Mitarbeiter in der Organisierung von Fürsorgebedürftigen. In New York verfügten wir über eine geringere Zahl von »organizers«. Doch wie auch immer: die WROs überlebten in keinem der beiden Staaten, und das ist der entscheidende Punkt.

Die Auswirkungen interner Führungsstrukturen

Der Zusammenbruch der »welfare rights«-Organisationen in New York und Massachusetts war ein kaum zu verdauender Schlag, und dies aus zwei Gründen: zum einen waren in beiden Bundesstaaten einige der liberalsten Politiker des Landes tätig, zum anderen war angesichts der großen Zahl organisierter Wohlfahrtsempfänger die Basis der NWRO nirgendwo so breit wie in New York und Massachusetts. Wenn also die Strategie, auf dem Wege von Sonderzuwendungskampagnen eine Massenmitgliedschaft aufzubauen, unter diesen Bedingungen fehlgeschlagen war, welches Schicksal würde Organisierungsversuche erst an Orten erwarten, an denen die Politiker konservativer und die Empfängerzahlen geringer waren?[27] Die noch verbliebenen Gruppen waren überall in den USA verstreut; nur wenige hatten fünfzig oder gar mehr Mitglieder. In der Tat war 1970 auch bei diesen Gruppen schon ein Ende abzusehen. Einer der Gründe dafür lag in der Entwicklung einer ausgeprägten Organisatonsstruktur und in dem einengenden Einfluß, den diese Struktur auf die NWRO-Führung ausübte.

Die Entwicklung einer festen Organisationsstruktur hatte für die »welfare rights«-Gruppen unmittelbare Konsequenzen. Die Leichtigkeit und das Tempo, mit dem die Organisation entstand, bestärkte den Glauben an die Doktrin der Massenorganisation und an die Möglichkeit, politischen Einfluß durch Organisierung zu gewinnen. Zwar hatten die meisten WROs nur wenige beitragszahlende Mitglieder – zwischen 25 und 75 –, doch gab es Ende der sechziger Jahre immerhin mehr als 500 einzelne Gruppen im Land, von denen jede wenigstens einen Delegierten und einen Nachrücker zu den Bundeskongressen und -konferenzen entsenden durfte. Folglich kamen bei diesen Zusammenkünften Hunderte von Vertretern der Wohlfahrtsempfänger zusammen, zu denen sich noch »organizers« in ebenso großer Zahl gesellten. All das vermittelte den Eindruck, als beteiligten sich an der Basis große Massen von Bedürftigen an dem Kampf zur Durchsetzung des Anspruchs auf öffentliche Wohlfahrt. (Außerdem wurde relativ ausführlich in der Presse über Demonstrationen von Fürsorgeempfängern berichtet, was den Glauben an die Wirksamkeit von Massenorganisation noch weiter bestärkte.) Daher wurde allgemein angenommen, der Kampf der Fürsorgebedürftigen dehne sich aus und mache Fortschritte – trotz der versickernden Zulagenkampagnen. Doch in Wahrheit wirkte der Aufbau einer komplexen Organisationsstruktur, die vom Stadtteil über die Stadt und den Bundesstaat bis zum Bund reichte, von Beginn an hemmend. Insbesondere behinderte sie die Verbreiterung der Mitgliederbasis.

Je komplexer die Organisationsstruktur wurde, desto ausgeprägter wurden auch die Führungspositionen, in den Stadtteilgruppen ebenso wie auf der Ebene der Städte und Bundesstaaten. Sobald eine Gruppe sich gebildet und der NWRO angeschlossen hatte und sobald offizielle Vertreter gewählt worden waren, entwickelten sich diese Führungspositionen zu einer ständigen Quelle von Auseinandersetzungen und Konkurrenzverhalten. Bedenkt man, wie hart und freudlos das Leben dieser Wohlfahrtsempfänger bis dahin war, dann läßt sich die enorme Bedeutung von Prestige und organisatorischem Einfluß, die Funktionsträgern plötzlich zufielen, ermessen. Die natürliche Folge davon war ein wachsender Stellenwert führungsorientierter Politik. Dieser Umstand behinderte aber eine Ausweitung der Mitgliedschaft, denn die Funktionäre entwickelten ein Interesse daran, die Mitgliederzahlen stagnieren zu lassen.

Vertreter der Fürsorgeempfänger mußten sich auf allen Ebenen regelmäßig zur Wiederwahl stellen; neue Mitglieder bedeuteten da eine Gefahr. Kämpfe um Führungspositionen könnten ausbrechen, etablierte Führungskader ihre Posten verlieren. Hatte sich in einer Gruppe einmal eine anerkannte Führungsgruppe herausgebildet, legte diese häufig ihr Hauptaugenmerk auf die Kultivierung und Festigung ihrer Position. Funktionäre der städtischen und einzelstaatlichen Organisationen verhielten sich da nicht viel anders: ihr primäres Interesse galt der Kultivierung und Festigung ihrer Beziehungen zu den örtlichen Führungskadern ihrer jeweiligen Stadt oder ihres Bundesstaates. Folglich wehrten sich Funktionäre gegen neue Rekrutierungskampagnen, wie das folgende Beispiel zeigt:

»Die Führung der ›Welfare Rights Organization‹ in Massachusetts beantragte, eine Klausel in die Satzung aufzunehmen, wonach sich die Zahl der stimmberechtigten Delegierten einer lokalen Gruppe auf dem Jahreskongreß nach der Zahl der beitragszahlenden Mitglieder richten sollte; sie hoffte, eine solche Regelung würde Ortsgruppenleitern, die nach höheren Positionen strebten, einen Anreiz geben, ihre Mitgliederbasis zu verbreitern. Unglücklicherweise gab es jedoch für die meisten Funktionäre – zumindest bis kurz vor dem nächsten Jahreskongreß – wenig Grund, sich der Erhaltung oder Vergrößerung der Mitgliedschaft ihrer Gruppen zu widmen, nachem sie einmal in das angestrebte Amt gelangt waren. Einige Vertreter aus dem Kreis der Wohlfahrtsempfänger wandten sich gerade deshalb gegen Versuche des Stabes, ihre Gruppen zu reaktivieren, weil sie fürchteten, daß sich unter den neuen Mitgliedern potentielle Herausforderer um die eigene Führungsposition befinden könnten. Manchmal stimmten die Führer dahinsiechender Gruppen zwar neuen Rekrutierungskampagnen zu, bestanden aber darauf, daß keine neuen Wahlen in der Gruppe abgehalten werden würden. In solchen Fällen passierte dann gar nichts, denn der

MWRO-Stab weigerte sich, unter diesen Bedingungen bei der Anwerbung neuer Mitglieder zu helfen.

Pläne des Stabes für großangelegte Rekrutierungskampagnen in Teilen des schwarzen Gettos von Boston, die noch nicht organisiert waren, trafen auf die Opposition der überwiegend schwarzen MWRO-Führung, die zum Teil die Entstehung neuer Machtzentren in der Organisation fürchteten. Eine dieser Kampagnen fand nur deshalb statt, weil sich die Vorstandsmitglieder der MWRO sicher fühlten, daß die zu wählenden Führer der neuen Gruppe ihre Seniorität respektieren würden. Eine andere Kampagne ließ die schlimmsten Befürchtungen des Vorstands wahr werden, als der Vertreter einer neueren Gruppe aus Roxbury auf dem MWRO-Kongreß von 1970 gegen den amtierenden Vorsitzenden antrat und ihn besiegte.« (Bailis, 72–73)

Sorge um die eigenen Führungspositionen war auch der Hauptgrund für den Widerstand unter WROs gegen die Organisierung von Beziehern anderer Fürsorgekategorien – wie z. B. von Altersversorgung und Einkommenszulagen für bedürftige Erwerbstätige. Im Jahre 1968 hatten wir einen Aufsatz mit dem Titel *Workers and Welfare*[28] veröffentlicht, in dem wir schätzten, daß mehrere hunderttausend bedürftige Arbeiterfamilien mit einem Einkommen unterhalb der Armutsgrenze zu Beihilfen aus der »general assistance«-Kategorie der Sozialfürsorge in den nördlichen Bundesstaaten berechtigt waren. In einigen dieser Bundesstaaten, zum Beispiel in New York, hatte eine große Familie mit einem Einkommen unterhalb des gesetzlichen Mindestlohnes Anrecht auf eine Beihilfe, die ihr Einkommen verdoppelte. Wir schlugen deshalb vor, Kampagnen durchzuführen, um die Zahl der »general assistance«-Empfänger zu vergrößern. In den Gesprächen mit George und anderen NWRO-Vertretern wurde jedoch deutlich, daß sie kein Interesse an einer nachhaltigen Erschütterung des Wohlfahrtssystems mehr hatten. Die alte Idee, daß eine Organisation der Wohlfahrtsempfänger auch als Vehikel zur Mobilisierung und Rekrutierung potentieller Empfänger dienen sollte, war so gut wie vergessen. Statt dessen hatte jetzt der Ausbau der bestehenden Organisation allererste Priorität, denn George und seine Mitarbeiter waren zu der Überzeugung gelangt, daß ein Nationalverband der Wohlfahrtsempfänger tatsächlich im Entstehen begriffen war. George hatte sich deshalb entschieden, »aggressive und aufsässige Taktiken, zumindest in der gegenwärtigen Situation, zurückzustellen und alle Kraft auf den Aufbau einer Organisation beitragszahlender Mitglieder« zu konzentrieren (Steiner, 290).[29]

Allerdings nahm George die Idee, auch die Bezieher anderer Fürsorgekategorien – wie bedürftige Arbeiterfamilien und Rentner – zu organisieren, begeistert auf. Er war allmählich zu der Überzeugung gekommen, daß die Mitgliederbasis der NWRO zu eng sei und daß eine Organisation, die sich ausschließlich aus AFDC-Empfängerinnen zusammensetzte, mit Sicherheit nicht genügend Unterstützung bei gesellschaftlichen Gruppen finden würde, die über Einfluß, Geld und andere Ressourcen verfügten. Mit Sicherheit würde auch der politische Einfluß einer solchen Organisation von dem Stigma, das den AFDC-Müttern anhaftete, behindert werden. George schwebte eine breitere Basis vor, die nicht allein die Empfänger anderer Wohlfahrtsleistungen, sondern auch die Arbeitslosen umfaßte. Außerdem wollte er das Betätigungsfeld der Organisation über den engen Bereich der Sozialfürsorge hinaus auf andere, für die Armen relevante Regierungsprogramme ausweiten (wie beispielsweise öffentliche Gesundheitsfürsorge). Zudem hatte George ein dichtes Netz von Kontakten und Sympathisanten geknüpft, das den Eindruck erweckte, viele verschiedene Gruppen (z. B. Organisationen von Rentnern, Mietern und Arbeitslosen) könnten unter seiner Leitung in einer einzigen, nationalen Dachorganisation zusammengeführt werden. Es war die Vision einer dauerhaften Massenorganisation, die eine Vielzahl verschiedener Gruppen umfaßte und sich einer Vielzahl von Fragen widmete. Doch das ist nicht der entscheidende Punkt. Entscheidend ist, daß er Vorstand und Mitarbeiterstab der NWRO davon überzeugen wollte, die Aufnahme neuer Gruppen in die Organisation zu unterstützen.

Primär aufgrund seines Drängens stimmten die Delegierten auf dem NWRO-Kongreß von 1969 einem Antrag zu, den Mitgliederkreis auf alle Personen auszudehnen, deren Einkommen unter dem von der NWRO propagierten angemessenen Einkommensstandard lag – damals 5 500 Dollar im Jahr für eine vierköpfige Familie. Bis dahin hatten nur AFDC-Empfänger Mitglied werden können. George frohlockte: »Das Großartige ist ... daß von jetzt an die Mitgliedschaft von der Höhe des Einkommens abhängen wird. Jede Familie, die weniger als 5 500 Dollar im Jahr hat, kann beitreten. Und ich glaube, sie werden beitreten. Wir wollen alle armen Leute erreichen; wir müssen wachsen. ...« (Martin, 129) Ein Jahr später wiederholte er diese Gedanken in seiner Eröffnungsrede auf dem Kongreß in Pittsburgh:

»Unsere politische Stärke ist bisher nicht richtig zur Geltung gekommen. Wir haben für das Ziel eines adäquaten Einkommens für alle Amerikaner – ob sie von der Wohlfahrt leben oder nicht – organisiert, aufgebaut und demonstriert, und wir tun hiermit kund, daß wir unsere Bemühungen noch verstärken werden. Wir werden in Zukunft noch mehr Leute in unsere Bewegung integrieren und noch mehr der wirklichen Probleme in diesem Land anpacken, wie das Fehlen einer adäquaten Gesundheitsfürsorge. Wir müssen uns von jetzt ab um Gesundheitsprobleme kümmern, um Erwerbstätige, die keine Sozialfürsorge bekommen, obwohl ihr Einkommen nicht ausreicht, um die Alten und Behinderten – um alle diejenigen, die ihre Rechte noch nicht kennen.« (Martin, 130)

Die Vertreter der Empfängergruppen und ein großer Teil des Mitarbeiterstabes nahmen die Satzungsänderungen und die neuen Töne, die jetzt angeschlagen wurden, zwar ohne Widerstand hin – soviel ist richtig –, machten aber keine Anstalten, nach ihnen zu handeln. Es bedurfte keines besonderen Scharfsinns, um vorherzusehen, daß eine diversifizierte Mitgliedschaft unweigerlich zu Führungskämpfen führen würde. Bezieher anderer Empfängerkategorien unterscheiden sich zum Beispiel im Alter oder durch das Geschlecht von AFDC-Empfängern, und ihr Interesse galt anderen Problemen aus verschiedenen Fürsorgeprogrammen. Wären sie in die Organisation integriert worden, hätten sie sicherlich auf die Ernennung von Funktionären gedrungen, deren Merkmale und Interessen den ihren ähnlich waren. Rekrutierungskampagnen unter diesen Gruppen hätten zwar durchaus zu einer Erweiterung und Diversifizierung der Mitgliederbasis geführt, doch die bloße Existenz einer ausgeprägten, formellen Führungsstruktur schlossen diese Möglichkeit von vornherein aus. Folglich trafen Vorschläge für neue Rekrutierungskampagnen auf allen Ebenen der Organisation auf Widerstand; ein Umstand, auf den George während eines Interviews im Jahre 1970 zu sprechen kam:

»Wir versuchen, auch über den Bereich der ADC[›Aid to Dependent Children‹]-Empfängerinnen hinaus tätig zu werden, aber bisher ohne viel Erfolg. ... Die ADC-Mütter sind – und das ist ja auch ganz natürlich – an ADC-Problemen interessiert, und sie kontrollieren die Organisation im Moment. Sie werden keine ernsthaften Anstrengungen unternehmen, um Erwerbstätige mit niedrigem Einkommen zu organisieren. Das läge ja nicht in ihrem unmittelbaren Interesse, obwohl es sicherlich ihr langfristiges Interesse wäre. Kein Mensch, und das gilt für die Armen genauso, gibt freiwillig Macht auf, die er sich erarbeitet hat und über die er noch verfügt. Das gilt für die Armen wohl sogar in besonderem Maße, denn das hier ist ja das einzige bißchen Macht, das sie haben – und viel ist es sowieso nicht.« (Martin, 32)

Eine Möglichkeit, diesem Dilemma zu entkommen, bestand darin, Aktivisten ohne die Unterstützung von Vertretern der Empfängergruppen die Bildung neuer Gruppen in Angriff nehmen zu lassen, um auf dieser Basis Konflikte um Führungspositionen auszutragen. George bezog sich in demselben Interview auch auf diese Möglichkeit:

»Themenschwerpunkte entwickeln sich, weil es Gruppen mit entsprechenden Problemen gibt. So entwickelte sich die Diskussion über Fürsorgeprobleme, weil es Fürsorgeempfänger gibt. Wir werden Kategorien wie die Älteren und Erwerbstätige mit niedrigem Einkommen organisieren und in die Bewegung bringen müssen, damit sie Anforderungen an die Organisation stellen, so wie die ADC-Mütter es heute tun. Wir müssen das wirklich selbst fördern. Unsere Mitarbeiter müssen Gruppen wie die erwerbstätigen Armen ohne große Hilfe von den Müttern organisieren und sie dann in die NWRO hineinbringen, damit sie die Mütter herausfordern. Durch einen solchen Angriff wird man dann zu irgendeiner Art von Regelung kommen.« (Martin, 132)

Doch George ergriff damals keine so drastischen Maßnahmen, sondern beschränkte sich darauf, seine Beziehungen zu anderen Organisationen zu pflegen. 1972 unternahm er dann einen Versuch, diese Beziehungen zu nutzen, indem er einen »Kindermarsch ums Überleben« (»Children's March for Survival«) ankündigte. Daran sollte sich eine breite Koalition von Gruppen, die sich Problemen von Kindern widmeten, beteiligen und in Washington als Lobby auftreten, wie aus dem Aufruf zur Unterstützung des Marsches hervorging:

»Kinder leiden unter Armut, und aufgrund der Armut leiden sie an Hunger. Kinder leiden unter Rassismus. Kinder leiden durch Krieg, durch die Ausbeutung der Umwelt, unter schlechten Schulen und Gesundheitsschäden. Wir kommen zusammen, um Politik und Programme der Nixon-Administration und des Kongresses, die zur Verewigung dieser Zustände, ja selbst auf vielfache Art zu ihrer Verschlechterung beitragen, zu verurteilen.

Wir verurteilen:
– das Veto gegen das ›Child Care‹-Gesetz
– Kürzungen und Einschränkungen der Lebensmittelspeisungen für Kinder

- Verzögerungen in den Gesundheits-, Wohnungs- und Ausbildungsprogrammen
- und vor allem: den sogenannten ›Familiy Assistance Plan‹, der an die Stelle einer echten Wohlfahrtsreform treten soll.

Wir rufen heute zu einem Kindermarsch ums Überleben auf, um die Aufmerksamkeit der Öffentlichkeit auf die Probleme der Kinder zu lenken und einen Aktionsplan zur Rettung der Kinder unseres Landes einzuleiten.«

Der Marsch fand am 25. März statt; ungefähr 40 000 Personen versammelten sich am Washington-Monument. Die Zusammensetzung der Teilnehmer an dem Marsch spiegelte die inneren Auseinandersetzungen der NWRO wider. Rund 80% der Demonstranten waren Kinder aus den Schulen in Washington. Sie waren von militanten schwarzen Mitgliedern der Schulbehörde von Washington, die auf der Woge der Gettounruhen der späten sechziger Jahre ins Amt getragen worden waren, zur Teilnahme ermuntert worden. Weitere 10% der Kinder kamen von Kindertagesstätten aus umliegenden Bundesstaaten und waren mit Bussen nach Washington gebracht worden. Der Rest waren Sympathisanten aus der Mittelschicht, die in Gruppen mitarbeiteten, die sich mit Hunger und anderen Problemen von Kindern sowie mit Friedensfragen befaßten. Es ist sehr zweifelhaft, ob Kinder von Fürsorgeempfängern auch nur 1% der Menge ausmachten. Die Vertreter der Empfängergruppen sahen, mit anderen Worten, diese Demonstration nicht als ihre eigene an; das gleiche galt für einen Teil des Organisationsstabs – somit erhielt die Demonstration von den noch funktionstüchtigen WROs nur geringe Unterstützung.

Letztlich mußte George seine Absicht, die Mitgliedsbasis durch Diversifizierung zu erweitern, aufgeben, nachdem er zu dem Schluß gekommen war, daß der Kampf nicht zu gewinnen war, ohne die NWRO selbst in Fraktionskämpfen aufzureiben. Statt dessen zog er sich im Dezember 1972 offiziell aus der NWRO zurück und kündigte mit seinem langjährigen Mitarbeiter Bert DeLeeuw die Gründung einer Organisation mit dem Namen »Movement for Economic Justice« an, die eine Vielzahl verschiedener Gruppen umfassen sollte. Sein Rücktritt war eine direkte Folge des Konfliktes mit der etablierten NWRO-Führung.[30]

Allerdings hatte Anfang der siebziger Jahre das Konzept der Mitgliedschaft selbst einen Bedeutungswandel durchgemacht. Für »organizers« bedeutet Mitgliedschaft mehr als nur die formelle Zugehörigkeit durch Zahlung von Beiträgen. Sie beinhaltet auch die aktive Teilhabe am Leben der Organisation – zum Beispiel an Demonstrationen. Offensichtlich dient Massenpartizipation als funktionales Äquivalent der politischen Ressourcen (wie Reichtum), über die Interessengruppen von höherem sozialen Status verfügen. Wie »organizers« es manchmal formulieren: kleine Leute haben große Zahlen. Kurz gesagt, Mitgliedschaft bedeutet die regelmäßige Partizipation einer großen Zahl von Menschen.

Die Geschichte der NWRO zeigt jedoch, daß Mitgliedschaft im Laufe der Zeit kaum mehr bedeutete als formelle Zugehörigkeit durch Zahlung von Beiträgen; am Ende wurde nicht einmal mehr viel Gewicht auf die Aufrechterhaltung des Beitragssystems gelegt. Was allein noch zählte, war, ein Amt zu gewinnen und zu bekleiden. Ein Beispiel kann diesen Punkt verdeutlichen: Im Sommer 1970 unternahm der Leiter einer Empfängergruppe aus New York, der damals auch in der nationalen Organisation ein Amt bekleidete, eine »Schulbekleidungskampagne«. Es war in jeder Hinsicht eine traurige Angelegenheit. Das New Yorker Koordinierungskomitee der »welfare rights«-Gruppen war schon seit einiger Zeit nichts als eine leere Hülle und bestand im wesentlichen nur noch aus einem Exekutivkomitee, das sich aus Vertretern einzelner Empfängergruppen aus den verschiedenen Stadtteilen zusammensetzte. Diese Funktionäre klammerten sich nur noch verbissen an die Positionen, in die sie einst gewählt worden waren, obwohl die meisten der Gruppenmitglieder, die ihnen ursprünglich ihre Ämter übertragen hatten, längst nicht mehr mitarbeiteten. Das Komitee trat in unregelmäßigen Abständen zusammen, und die Sitzungen bestanden meist aus endlosem Streit um die Verteilung der wenigen Mittel, die die Organisation noch auftreiben konnte.

Im Herbst 1970 wurde in New York über die nur noch dürftige Infrastruktur der Bewegung die Information verbreitet, Fürsorgebedürftige könnten aus Mitteln, die der Schulbehörde über den »Elementary and Secondary Education Act« von 1965 zur Verfügung stünden, Sonderzulagen für Schulkleidung erhalten. Etwa 14 000 Personen unterschrieben die Antragsformulare, nachdem sie zuvor der NWRO hatten beitreten und ihren Jahresbeitrag von einem Dollar entrichten müssen. Danach wurden jedoch kaum Anstrengungen unternommen, diese Tausende von Menschen in die wenigen übriggebliebenen Empfängergruppen zu integrieren oder neue Gruppen aufzubauen. Der genannte Funktionär aber, der die Kampagne eingeleitet hatte, konnte auf die 14 000 Beitrittserklärungen verweisen, und aufgrund dieses enormen Mitgliederzuwachses beim nächsten Bundeskongreß der NWRO im Sommer 1971 in der Führungshierarchie weiter aufsteigen, da die bei der Wahl von Funktionsträgern der Bundesorganisation abgegebenen Stimmen entsprechend der Zahl beitragzahlender Mitglieder in den jeweiligen Bundesstaaten gewichtet wurden. Dies war nur ein Beispiel dafür, in welchem Maße das Ziel der Massenmitgliedschaft dem Machtstreben von Individuen untergeordnet worden war. Auf diese Art also beschränkte die Vermehrung der Führungsstruktur die Expansion der Mitgliedschaft. Oder einfach gesagt: die Organisation verhinderte die Organisierung.

Die Auswirkungen externer Anreize

Gegen Ende der sechziger Jahre war endgültig klar, daß die NWRO in ernsten Schwierigkeiten steckte. Großangelegte Fürsorgekampagnen brachen in sich zusammen; Führungsstrukturen machten eine Expansion der Mitgliedschaft unmöglich. So war der nationale Mitarbeiterstab weitgehend paralysiert: keiner wußte, was zu tun war, um die Bewegung wieder in Schwung zu bringen. Der einzige Plan, der noch Aussichten bot, war die Ausdehnung der Organisation auf andere Gruppen wie bedürftige Erwerbstätige und Ältere, doch schilderten wir bereits, mit welcher Intensität sich die etablierte Führung gegen diesen Kurs stemmte. Die NWRO war im Grunde genommen bereits erlahmt.[31]

Dennoch expandierte der Organisationsapparat der NWRO zwischen 1969 und 1972 weiter. Der Bundesetat wuchs, der zentrale Mitarbeiterstab wurde vergrößert, und die nationale Reputation der NWRO nahm zu. Ermöglicht wurde diese Entwicklung durch eine Welle der Unterstützung von außerhalb der Organisation. Innerhalb von einem oder zwei Jahren nach Gründung der NWRO im Jahre 1967 begannen verschiedene Gruppen – Geistliche, Politiker, Wohltätigkeitsorganisationen, Gewerkschaften, Bürgerrechtsgruppen, Stiftungen, Vertreter der Medien – entweder von sich aus, Beziehungen zur NWRO aufzunehmen, oder auf Kontaktangebote zu reagieren. Auf diese Weise kam die Organisation in den Besitz der notwendigen organisatorischen Ressourcen: zu öffentlicher Anerkennung, Geld und offensichtlichem Einfluß.

Doch dieser anschwellende Zustrom von Ressourcen führte nicht zur Organisierung immer größerer Menschenmengen, er unterminierte sie sogar. Im Zuge ihrer allmählichen Verstrickung in ein Netz von Beziehungen zu Regierungsvertretern und privaten Interessengruppen wurde die NWRO von einer Protestorganisation in eine Verhandlungs- und Lobby-Organisation verwandelt. Die Transformation war total: sie vollzog sich auf nationaler wie lokaler Ebene und brachte letztlich eine Führung hervor, die mit viel Einsatz Verhandlungen führte und in den Parlamenten für die Sache der Armen warb; die Armen selbst aber hatten damit nichts mehr zu tun.

Quellen und Formen der Unterstützung

Die NWRO verdankte den Erfolg, mit dem sie Beziehungen zu einer Vielzahl verschiedener Gruppen anknüpfte, hauptsächlich zwei Faktoren. Der wichtigere war die schwarze Protestbewegung als ganze und die Zugeständnisse, die ihr gewährt wurden. Die NWRO konnte sich diesen Umstand leicht zunutze machen. Sie war eine nationale Organisation, an deren Bundeskongressen eine Vielzahl von Delegierten lokaler Gruppen teilnahmen, so daß sich die NWRO als Vertreter der Fürsorgebedürftigen präsentieren konnte. Zudem war die überwältigende Mehrheit der NWRO-Mitglieder schwarz; dies trug dazu bei, daß die NWRO als eine Ausdrucksform der schwarzen Bewegung identifiziert wurde, und erleichterte es ihren Vertretern, dieselben Leute um Hilfe anzugehen, die die schwarze Protestbewegung unterstützten.[32]

Die wachsende Unterstützung für die NWRO wurde ferner durch das Auftauchen einer sich gegen Ende der sechziger Jahre abzeichnenden »Wohlfahrtskrise« gefördert. Das Entgegenkommen der Regierung gegenüber der schwarzen Protestbewegung drückte sich u.a. in der Bereitschaft aus, die Sozialfürsorge auf immer mehr Menschen auszudehnen, was vor allem nach 1965 der Fall war. In unseren Begriffen bedeutete das, daß sich die Scheu vor der öffentlichen Wohlfahrt, zum Teil infolge der Aktivitäten des Anti-Armutsprogramms, zunehmend abbaute. In Zehntausenden von Broschüren wurden die Bedürftigen über ihre Rechte informiert; Tausende von VISTA-Freiwilligen und Mitarbeiter anderer Anti-Armutsprojekte unterstützten die Leute bei der Antragstellung. Dutzende von Anwälten aus den Rechtshilfebüros setzten die

Ansprüche der Bedürftigen vor Gericht durch. Es ist durchaus anzunehmen, daß Familien, deren Anträge auf Sozialfürsorge erfolgreich waren, andere dazu ermutigten, es ebenfalls zu versuchen. Allein die Dichte der fürsorgebedürftigen Bevölkerung, die sich zu diesem Zeitpunkt in den Städten herausgebildet hatte, legt die Wahrscheinlichkeit eines solchen kumulativen Effekts nahe. Eine Ende 1966 durchgeführte Untersuchung über Familien aus zehn innerstädtischen Slumgebieten zeigte, daß fast die Hälfte – 47% – der befragten Familien ein Einkommen aus Fürsorgemitteln und anderen Quellen bezogen, die nicht an ein Beschäftigungsverhältnis gebunden waren.[33] Ein Bericht der »Urban Coalition« aus dem Jahre 1969 faßte den Sachverhalt in folgende Worte: »Das Wohlfahrtssystem bleibt in den Slums und Gettos auch weiterhin die Industrie mit den größten Zuwachsraten. ...«

Gegen Ende des Jahres 1967 verabschiedete der Kongreß eine Reihe von Zusätzen zum »Social Security Act«, die den Anstieg der Empfängerzahlen abbremsen sollten. Die Bundesstaaten wurden darin verpflichtet, für die als beschäftigungsfähig geltenden Fürsorgeempfänger Fortbildungs- und Umschulungsprogramme einzurichten. Die Teilnahme an diesen Programmen wurde zur Voraussetzung für die weitere Beziehung von Beihilfen gemacht. (Die lokalen Fürsorgeverwaltungen führten diese neuen Maßnahmen jedoch nicht durch; sie hatten Angst vor den politischen Auswirkungen, die jeglicher Versuch, Müttern und Kindern in größerem Umfang die Unterstützung zu streichen, in den Gettos gehabt hätte.) Um sicherzustellen, daß die einzelnen Bundesstaaten auch tatsächlich äußerste Anstrengungen zur Senkung der Wohlfahrtsausgaben unternehmen würden, verfügte der Kongreß außerdem die »Einfrierung« der AFDC-Zuschüsse aus dem Bundeshaushalt. Die neue Regelung sah vor, daß für jeden Bundesstaat das Verhältnis zwischen der Zahl von AFDC-unterstützten Kindern zur Gesamtzahl der Kinder vom Januar 1967 zur Berechnungsgrundlage des Bundeszuschusses gemacht werden sollte. Ein Bundesstaat mit einem wachsenden Anteil von Kindern in bedürftigen Familien mit weiblichem Haushaltsvorstand – unabhängig von den jeweiligen Ursachen – würde, mit anderen Worten, in der Zukunft gezwungen sein, entweder neue Anträge abzulehnen, die Leistungen einzuschränken und dieselbe Menge Geld auf eine größere Zahl von Fällen zu verteilen oder aber neue Einnahmequellen zu erschließen, um die wachsenden Kosten tragen zu können. (Nachdem der Kongreß das Einfrieren der AFDC-Zuschüsse beschlossen hatte, protestierten die Fürsorgebehörden von Ländern und Gemeinden jedoch heftig gegen die Regelung, was dazu führte, daß die Johnson-Administration das Datum des Inkrafttretens verschob. Das gleiche tat anschließend auch die Nixon-Administration – bis die Maßnahme in Vergessenheit geraten war.)

Zur gleichen Zeit wurden noch mehrere umfassendere Vorschläge, wie der Fürsorgekrise beizukommen sei, vorgebracht. In seiner Botschaft zur Wirtschaftslage vom Januar 1967 versprach Präsident Johnson, eine »Commission on Income Maintenance Programs« einzurichten (was er später auch tat. In ihrem Abschlußbericht vom Herbst 1969 forderte die Kommission ein garantiertes Mindesteinkommen von 2 400 Dollar im Jahr für eine vierköpfige Familie). Im März 1967 lud Gouverneur Rockefeller anläßlich des hundertjährigen Bestehens der Wohlfahrtsbehörde des Staates New York die Spitzen der Privatwirtschaft zu einer Konferenz im Arden House, um über eine mögliche Lösung der Fürsorgekrise zu beraten. Die Teilnehmer diskutierten verschiedene Einkommensreformen – wie Kindergeld, die bundesweite Vereinheitlichung der AFDC-Leistungen und eine negative Einkommenssteuer – und fanden Vorteile in allen.

Auch in akademisch ausgebildeten Berufsgruppen wurden Forderungen nach einer Reform des Einkommenssystems immer lauter und mit größerem Nachdruck vorgetragen. Als der Kongreß 1967 eine Reihe von restriktiven Maßnahmen diskutierte und teilweise verabschiedete, finanzierte das »Office of Economic Opportunity« (OEO: eine 1964 gegründete, dem Präsidenten unterstehende Behörde, die zur Unterstützung der Minderheiten, insbesondere der Schwarzen, geschaffen wurde – d. Ü.) die experimentelle Erprobung der negativen Einkommenssteuer unter einer repräsentativen Auswahl von Bedürftigen in New Jersey, und nur wenige Monate später stellte der »Social and Rehabilitation Service« des HEW-Ministeriums Mittel für ähnliche Experimente bereit. Im Frühjahr 1968 unterzeichneten rund 1 200 prominente Ökonomen einen Aufruf an den Kongreß, »noch in diesem Jahr ein bundesweites System von Einkommensgarantien und Beihilfen zu schaffen«. Auch der Bericht der offiziellen Untersuchungskommission zu den Gettounruhen (»National Advisory Commission on Civil Disorders«), der im März 1968 erschien, verlangte nach einem »Nationalen System der Einkommensergänzung«, das allen fürsorgebedürftigen Familien ebenso wie allen Erwerbstätigen mit Einkommen unterhalb der Armutsgrenze ein Mindesteinkommen garantieren sollte.

Zudem wurde die Einkommensgarantie 1968 zum Thema im Präsidentschaftswahlkampf. Im Wahlprogramm der Demokraten hieß es: »In letzter Zeit sind eine Reihe von neuen Vorschlägen vorgelegt worden, die auf die Erhöhung der Einkommen der erwerbstätigen Armen abzielen. Die gründliche Einschätzung der jeweiligen Vorteile solcher Maßnahmenkataloge verdient die höchste Aufmerksamkeit der nächsten Regierung. Dies verpflichten wir uns zu tun.« Eugene McCarthy argumentierte im Verlauf des Vorwahlkampfes, die Bundesregierung habe die Verpflichtung, »ein Mindesteinkommen fest(zu)setzen, das sie allen Amerikanern garantieren« müsse. Und nur Tage vor seiner Wahl sprach sich Richard Nixon unter Verweis auf die erheblichen Unterschiede in den Wohlfahrtsleistungen der einzelnen Bundesstaaten, die offensichtlich die Abwanderung aus dem Süden in den Norden förderten, für die Schaffung eines »nationalen Standards« aus. Kurzum: die wachsende Zahl der Wohlfahrtsempfänger brachte die Reform der Sozialfürsorge unweigerlich auf die politische Tagesordnung.

Die NWRO konnte sich diese Entwicklung zunutze machen, weil viele Menschen – von Journalisten bis zu Politikern – zu dem falschen Schluß gekommen waren, »die NWRO [sei] größtenteils für das Anwachsen der Zahl der Wohlfahrtsempfänger [von weniger als einer Million Familien auf über drei Millionen] innerhalb von sechs Jahren und für die Vervierfachung der Ausgaben für die Unterstützung von Familien mit abhängigen Kindern verantwortlich. Ihre Freunde ebenso wie ihre Feinde schrieben der NWRO eine bedeutende Rolle bei dieser Explosion der Wohlfahrtsausgaben zu.« (Meier und Rudwick, x) Folglich erhielt die NWRO aus drei verschiedenen Quellen Unterstützung.

Erstens wurde dem Kampf um die Rechte der Wohlfahrtsempfänger selbst Legitimität verliehen. Das Aufkommen einer schwarzen Protestbewegung (vor allem die schweren Rassenunruhen) im Norden hatte dazu beigetragen, daß sich die Aufmerksamkeit auf die ökonomische Notlage der schwarzen Massen richtete. Unter den gegebenen Umständen – bei fortdauernder schwarzer Arbeitslosigkeit und Unterbeschäftigung – kamen eine Reihe von einigermaßen einflußreichen Interessengruppen zu dem Schluß, es sei Aufgabe der Regierung, für den Lebensunterhalt der Armen zu sorgen. Diese veränderte politische Einstellung schloß zunehmend die Auffassung ein, daß Menschen ein »Recht« auf Sozialfürsorge besitzen. In dem Maße, wie die NWRO in der Öffentlichkeit als führende Verfechterin dieses Rechtes angesehen wurde, wurde sie von diesen Gruppen zunehmend unterstützt. Zu ihnen gehörten kleinere Stiftungen, die die Bürgerrechtsbewegung seit jeher unterstützten; verschiedene Kirchenführer; Sozialarbeiter und Pädagogen; führende Vertreter der Bürgerrechtsbewegung; Politiker, die sich dem »Kampf gegen den Hunger« verschrieben hatten; und eine kleine Gruppe reicher Individuen.

Doch wenn man feststellt, daß der Kampf um die Rechte der Fürsorgebedürftigen einige Legitimität genoß, heißt das noch nicht, daß er besonders viel davon genoß. Das Recht auf Wohlfahrt wurde nie zu einer besonders ehrenwerten Angelegenheit. Von wenigen Ausnahmen abgesehen, nahmen mächtige und angesehene Persönlichkeiten – weiße wie schwarze – weder an Demonstrationen teil (wie sie es bei den Bürgerrechtsdemonstrationen im Süden getan hatten), noch spendeten sie Geld zur Finanzierung der politischen Arbeit, noch setzten sie ihren Einfluß ein, um dem Recht auf Wohlfahrt zum Durchbruch zu verhelfen. Es blieb eine Bewegung der Bedürftigen, einer Klasse von Parias. Die Bürgerrechtsbewegung war von vielen Seiten als eine Kraft gepriesen worden, die US-amerikanische Traditionen und Wertvorstellungen gestärkt und die höchsten demokratischen Ideale gefördert habe; die Bewegung der Wohlfahrtsempfänger wurde dagegen von vielen Seiten als eine Kraft denunziert, die den amerikanischen Charakter schwäche und das hochgehaltene Ideal der Eigenverantwortlichkeit unterminiere. Die bestenfalls dürftige Legitimität, die sie tatsächlich genoß, war weniger auf eine Anerkennung der Ungerechtigkeiten des ökonomischen Systems oder der Fürsorgepraxis zurückzuführen, als vielmehr auf die verbreitete Sympathie, die »der schwarzen Sache« ganz allgemein seit den sechziger Jahren in der amerikanischen Gesellschaft entgegenschlug. Wie dem auch sei, als die Krise des Fürsorgesystems sich verschärfte, erfuhr die NWRO ein gewisses Maß an Anerkennung, und das war wichtig, um die Organisation zumindest für eine kurze Zeit am Leben zu erhalten.[34]

Die zweite Form der Unterstützung war finanzieller Art. In dieser späten Periode begannen Bürgerrechtsgruppen, kirchliche Institutionen[35], Wohltätigkeitsorganisationen und eine Reihe von Stiftungen, der NWRO größere Spenden zukommen zu lassen. Während der ersten beiden Jahre ihres Bestehens hatte die NWRO nur mit Mühe die Mittel zur Fortführung ihrer Arbeit auftreiben können: die Defizite waren fünfstellig geworden, die festangestellten Mitarbeiter in der Bundeshauptstadt mußten zum Teil monatelang auf ihre Gehälter warten. Doch 1968 begannen die Spenden zu fließen, und 1969 betrug das Budget der Organisation dann über 250000 Dollar. Diese Gelder ermöglichten häufige regionale und bundesweite Treffen von Vertretern der Empfängergruppen und anderen Aktivisten, sowie eine erhebliche Ausweitung der festangestellten Mitarbeiter.

Wir sollten hinzufügen, daß ein Teil des Geldes direkt von der Regierung kam. Der größte finanzielle Beitrag wurde durch die Verabschiedung der Zusätze zum »Social Security Act« im Jahre 1967 ermöglicht. Diese Bestimmungen legten den Bundesstaaten Berufsausbildungs- und Arbeitsbeschaffungsmaßnahmen für AFDC-Empfängerinnen auf, in der Hoffnung, damit die Fürsorgekosten senken zu können. Da der Kongreß den Verdacht hegte, daß HEW dieses Programm nicht mit dem Eifer realisieren würde, den die Abgeordneten sich erhofften, wurde die Aufgabe dem Arbeitsministerium übertragen. Dieses befürchtete wiederum, daß in den Gettos erheblicher Aufruhr entstehen könnte, wenn Arbeitsämter der Einzelstaaten damit begannen, Frauen von der Sozialfürsorge auszuschließen und in großer Zahl auf den Arbeitsmarkt zu zwingen. Als die NWRO vorschlug, daß es selbst dazu bevollmächtigt werde, einen Stab von Leuten einzustellen, um die lokalen Arbeitsvermittlungsprogramme zu überwachen, stimmte das Arbeitsministerium bereitwillig zu, bot der Vorschlag doch die Möglichkeit, die freiwillige Teilnahme der Fürsorgeempfängerinnen sicherzustellen. In der Öffentlichkeit rechtfertigte die NWRO-Führung das Arrangement als einen Weg, um sicherzustellen, daß die Rechte der AFDC-Frauen respektiert würden, privat jedoch betrachtete sie es als eine Möglichkeit, ihren festen Mitarbeiterstab erheblich auszudehnen. Ein vergrößerter Stab, so meinte sie, würde – obwohl an Bundesbehörden gebunden – das Wachstum der lokalen Gruppen unterstützen und stimulieren. Und so akzeptierte man einen finanziellen Beitrag von über 400000 Dollar von der aus dem Amt scheidenden Johnson-Administration. Robert Michels hätte Gilbert Steiners Verteidigung dieses Arrangements sicher recht naiv gefunden:

»Wenn die Regierung die Unterstützung und Basisarbeit der Organisation der Wohlfahrtsempfänger für eine halbe Million Dollar kaufen kann, dann ist das ein großartiges Geschäft. Wenn Wiley seine Organisation mit einem großen Batzen Geld aus dem Bundeshaushalt am Leben erhalten kann, dann wird es ihm möglich sein, noch weitere Kämpfe auszufechten. ... Es gibt keinen Grund, warum Wiley das Gold der Bundesregierung zurückgewiesen haben sollte. Die Behauptung der Ortsgruppe in Philadelphia, das Abkommen bedeute den Ausverkauf an das Establishment, appelliert mehr an Emotionen als an den Verstand... Das Geld bedeutet für [Wiley] mehr als für das Arbeitsministerium, und die Anerkennung der NWRO auf höchster Ebene erleichtert die politische Arbeit.« (294)

Der dritte Faktor, der der NWRO den Rücken stärkte, war der politische Status, den verschiedene Gruppen ihr verschafften: der Anschein, konventionellen politischen Einfluß zu besitzen. Als sich die Krise der Sozialfürsorge zuspitzte, kamen Organisationen der unterschiedlichsten Art auf die NWRO zu, was dazu führte, daß die NWRO-Führung sich in ihrer Zuversicht bestärkt sah, Konzessionen für die Fürsorgebedürftigen mit Hilfe von Lobby-Aktivitäten erzielen zu können. Es gab in der Tat Hinweise für die Richtigkeit dieser Annahme. Die Fürsorgekrise führte zu einer erheblichen Zunahme von Hearings, Diskussionsrunden und Konferenzen über Probleme öffentlicher Unterstützung. Einige dieser Veranstaltungen wurden von privaten Gruppen durchgeführt, andere von Politikern und anderen Persönlichkeiten des öffentlichen Lebens, doch alle befaßten sich mit der Notwendigkeit einer Reform des Fürsorgesystems. Jedes der Treffen bot auch eine Gelegenheit, den Standpunkt der Wohlfahrtsempfänger darzulegen. Obwohl die NWRO häufig Versammlungen sprengte, zu denen sie nicht förmlich eingeladen worden war, erhielt die Führung in den späten sechziger Jahren doch in zunehmendem Maße förmliche Einladungen zur Teilnahme an Veranstaltungen. Stadtpolitiker mußten sich zwar häufig gegen zornige Steuerzahler wehren, bemühten sich aber dennoch, auch der NWRO Gehör zu schenken, da sie vor dem Problem standen, die öffentliche Ordnung in den Städten wiederherstellen zu müssen. Folglich nahmen sie auch mit den Fürsorgeempfängergruppen Kontakt auf und bemühten sich um einen Dialog. In der Tat wurden Vertreter der Empfängergruppen jetzt sogar zu internationalen Konferenzen eingeladen:

»Sprecher der Organisation sind als Teilnehmer von Konferenzen und Meetings so gefragt, daß die Termine manchmal sogar miteinander in Konflikt geraten. Mrs. Tillmon, die Bundesvorsitzende, konnte zum Beispiel nicht zur Bundeskonferenz der NWRO von 1968 in Lake Forest (Illinois) erscheinen, weil sie als Delegierte der Armen an der ›International Conference of Social Welfare‹ in Helsinki, die zur selben Zeit zusammentrat, teilnahm. In einer ›Mitteilung an alle angeschlossenen Gruppen‹ die bürokratisch genug klang, um für eine Verlautbarung des HEW-Ministeriums gehalten zu werden, delegierte Mrs. Tillmon ihre Autorität und ernannte die Diskussions- und Arbeitsgruppenleiter der Konferenz.« (Steiner, 289)

Die Teilnahme an solchen internationalen Konferenzen wurde der Mitgliedschaft gegenüber sogar damit begründet, eine »neue internationale ›welfare rights‹-Organisation« sei in der Diskussion:

»Ich bin dreimal im Ausland gewesen [um an Friedenskonferenzen teilzunehmen]: 1967 in Paris, 1968 in Stockholm und 1970 in Bogota. Ich bin gerade aus Bogota zurückgekehrt. ... Diese Veranstaltungen, an denen ich teilnehme, sind wichtig, und sie sind wichtig für die NWRO – für Euch, für alle von Euch, nicht für mich. In Bogota wurde darüber gesprochen, eine neue, internationale ›welfare rights‹-Organisation zu gründen. Das würde bedeuten, daß die NWRO in allen möglichen verschiedenen Ländern vertreten wäre und eine Menge mehr Macht hätte. Das sind die Dinge, die ich tue; ich arbeite für Euch und versuche, aus Eurer Organisation etwas zu machen.« (Martin, 109)

Oberflächlich deuteten diese Anzeichen weltweiter Anerkennung darauf hin, daß sich die NWRO zu einer politischen Kraft gemausert hatte. Gilbert Steiner zum Beispiel interpretierte die Zeichen so:

»Man kann objektiv feststellen, daß die Organisation der Wohlfahrtsklienten ihre theoretischen und praktischen Probleme bis zu dem Punkt bewältigt hat, daß ihr Direktor jetzt überall bekannt und angesehen ist und vom Minister für Gesundheit, Bildung und Wohlfahrt konsultiert, von anderen hohen Beamten des Ministeriums dagegen abgelehnt wird; ihre Vorsitzende, eine einfache AFDC-Empfängerin, sitzt mit Bürokraten, Wissenschaftlern und Lobbyisten in ganztägigen Konferenzen, um Veränderungen des Wohlfahrtssystems zu planen. ...« (285)

Die Wahrheit sah allerdings anders aus. Je enger die Verbindung der NWRO mit anderen Gruppen wurde, um so konventioneller wurden die politischen Ansichten der Mitglieder der Führungsschicht, um so stärker ging die Militanz der von ihnen propagierten Taktiken zurück und um so mehr rückte das proklamierte Ziel, die Mitgliedschaft auszuweiten, in den Hintergrund. Wir wollen diese Erscheinungen zunächst auf der Bundes- und dann auf der lokalen

Ebene beschreiben, denn beide wurden durch externe Anreize in ihrer politischen Ausrichtung auf unterschiedliche Weise beeinflußt.

Die Wirkung externer Anreize auf die nationale Organisation

Unter dem Einfluß ihrer Beziehungen mit Politikern und einflußreichen Interessengruppen veränderte sich die NWRO rasch. Versuche zur Beeinflussung von Behördenleitern, Abgeordneten, Politikern und privaten Gruppen überdeckten schon bald die Aktivitäten auf allen anderen Gebieten. Im Grunde genommen wurde die NWRO zu einer reinen Lobby-Organisation.

Das Gewicht, das auf Lobby-Aktivitäten gelegt wurde, nahm stufenweise zu. Zunächst betrat die NWRO die parlamentarische Bühne in Bund und Einzelstaaten; danach begann sie, aus einer Reihe nationaler Organisationen, die zur Wohlfahrtsreform ähnliche Auffassungen vertraten, eine »Wohlfahrts-Koalition« zusammenzufügen; und schließlich betrat sie die Bühne Demokratischer Parteipolitik. Dieser Prozeß setzte 1967 ein, als die NWRO sich gegen veränderte Fürsorgebestimmungen, mit denen sich der Kongreß damals befaßte, aussprach. Im September wurde eine kleinere Demonstration in Washington abgehalten, während führende Sprecher der NWRO vor dem Kongreß Stellung bezogen und im Sitzungsraum eines Kongreßausschusses ein sit-in veranstalteten (das erste in der Geschichte, wird behauptet). Dies war die in der Presse vielbeachtete Aktion, in deren Verlauf der Demokratische Abgeordnete aus Louisiana, Senator Long, der auch Vorsitzender des mächtigen Finanzausschusses des Senats war, AFDC-Empfängerinnen als »Zuchtstuten« bezeichnete.

Seit dieser Aktion bemühte sich die NWRO um Beziehungen zu einer Reihe verschiedener Organisationen, weil sie hoffte, auf diesem Wege Unterstützung für ihre Gesetzesvorschläge zu gewinnen. Die »Poor People's Campaign« der SCLC bot im Frühjahr und Sommer 1968 die Gelegenheit für eine der ersten gemeinsamen Aktionen. Die NWRO führte die einleitende Demonstration durch – einen Marsch der Mütter am 12. Mai, dem Muttertag. George Wiley und Coretta King marschierten an der Spitze eines fünftausendköpfigen Zuges durch die noch immer rußgeschwärzten Ruinen des Stadtteils von Washington, in dem nach der Ermordung Martin Luther Kings schwere Unruhen getobt hatten und viele Häuser in Flammen aufgegangen waren. Während der folgenden Monate – bis die »Poor People's Campaign« der SCLC schließlich im Sumpf der komplizierten Bundesbürokratien steckenblieb – koordinierte die NWRO ihrer eigenen Lobby-Aktivitäten mit denen der SCLC.

Eine weitere Gelegenheit, breitere Unterstützung von außen zu finden, bot sich vor aller Öffentlichkeit im Herbst 1968, als der Präsident eine Konferenz des Weißen Hauses über Hunger und Unterernährung einberief. Die NWRO-Führung präsentierte ihr Anliegen den Konferenzteilnehmern mit so großem Erfolg, daß eine Resolution verabschiedet wurde, die – sehr zum Mißfallen des Präsidenten – die Schaffung eines garantierten Jahreseinkommens für eine vierköpfige Familie von 5500 Dollar forderte.

Die Antikriegs-Bewegung bildete ein logisches Umfeld für den Aufbau von Koalitionen. Die NWRO wurde schnell zu einem maßgeblichen Teil der Bewegung, nicht weil sie in der Lage gewesen wäre, viele Demonstranten für nationale oder lokale Protestveranstaltungen auf die Beine zu bringen, sondern weil die Gegenwart der NWRO es den Antikriegs-Gruppen erlaubte, Fragen von Imperialismus und kriegerischer Intervention mit dem Versagen der Regierung im Kampf gegen Armut und Ungerechtigkeit im eigenen Land zu verknüpfen. Bei den meisten großen Protestkundgebungen gegen den Krieg standen auch einer oder mehrere Vertreter der NWRO auf der Rednerliste; auch einige lokale WROs stellten Delegierte ab.

Die Militanz der Bewegung ging, wie zu erwarten war, infolge der umfangreichen Lobby- und Bündnisaktivitäten zurück. Im Jahre 1970 konnten Vertreter der Wohlfahrtsempfänger, die ihre Karriere einst damit begonnen hatten, daß sie Fürsorgeämter stürmten, dann kaum noch mit ihren Terminkalendern Schritt halten, eilten sie nur noch von einer Orts-, Länder- oder Bundeskonferenz zur andern. Berühmte Leute waren aus ihnen geworden, und so benahmen sie sich auch. Hier ist ein krasses, doch nicht einmal atypisches Beispiel:

»Die ›Massachusetts Conference on Social Welfare‹, eine private Organisation, die sich der Sozialarbeit widmete, machte es sich zur Gewohnheit, den Vorsitzenden der MWRO in ihren Vorstand zu berufen. Als der Gouverneur von Massachusetts beschloß, in seinem Staat das System der ›Pauschalzulage‹ einzuführen, wählte er ein Treffen der ›Massachusetts Conference on Social Welfare‹, um seine Entscheidung bekanntzugeben. Die Vorsitzende der MWRO zog es vor, auf dem Podium, ganz in der Nähe des Rednerpultes, von dem aus der Gouverneur sprach, Platz zu nehmen, anstatt eine Gruppe ihrer Mitglieder anzuführen, die die Rede stören wollten.« (Bailis, 73)

Die Wirkung externer Anreize auf lokale Gruppen

Die Faktoren, die die politische Auswirkung der nationalen Führung bestimmten, wirkten auch auf der lokalen Ebene. Auch die Ortsgruppen erhielten Ressourcen, die ihre Überzeugungen und Taktiken beeinflußten. Der Bewegung nahestehende Individuen und Organisatonen identifizierten sich öffentlich mit dem Kampf um das Recht auf Wohlfahrt und verliehen ihm so ein gewisses Maß an Legitimität. Lokale Dienststellen des Anti-Armutsprogramms, Kirchengemeinden, private Wohltätigkeitsverbände und andere Organisationen, einschließlich einiger Gewerkschaften[36], stellten Versammlungsräume, Personal, Druckmöglichkeiten und Geld zur Verfügung.

Die größte integrative Kraft hatten auf der lokalen Ebene allerdings die Verbindungen zum Wohlfahrtssystem selbst. Diese Beziehung stellte einen entscheidenden Faktor bei der Transformation der WROs von Protest- in Lobby- und Dienstleistungsorganisationen dar. Die Wohlfahrtsverwaltung bemühte sich um die Protestierenden, weil sie hoffte, auf diese Weise wieder geordnete Zustände herstellen zu können; Vertreter der Empfängergruppen bemühten sich um die Verwaltung, weil sie hofften, so Reformen durchsetzen zu können. So kam es, daß sich Wohlfahrtsbeamte, als Gruppen von Fürsorgeempfängern wiederholt mit Protesten, sit-ins und Demonstrationen den geregelten Verwaltungsablauf in den Ämtern störten, direkt an die Organisationsvertreter wandten, um einen »Dialog« mit ihnen anzuregen; genauso häufig verlangten diese selbst den Dialog. Als Resultat wurden überall im Land regelmäßige Verfahren für Verhandlungen über Klagen und Beschwerden festgelegt. Viele Wohlfahrtsbehörden nahmen Wohlfahrtsempfänger in Beratergremien, in einigen Fällen sogar in Entscheidungsgremien auf.

Wo Ortsgruppen diesen Arrangements mißtrauisch gegenüberstanden (zumindest zu Anfang) und deshalb einen gewissen Abstand zu den Verwaltungen hielten, bildeten Wohlfahrtsbeamte manchmal unabhängige Empfängerorganisationen, für die sie die

Führung der WROs zu interessieren suchten. Der ausgeklügeltste Versuch dieser Art wurde in New York City unternommen. Die dortige Wohlfahrtsbehörde richtete eine Abteilung für »Bürgerbeziehungen« (»Community Relations«) ein und besetzte sie mit »community-coordinators« oder »community organizers« (die in der Regel junge schwarze oder lateinamerikanische Absolventen von Sozialarbeiterschulen waren). Diese bauten in den Slums, Gettos und Barrios »Beraterkomitees der Klienten« auf, die einmal im Monat zusammenkamen, um über Beschwerden und Mißstände zu diskutieren und den Wohlfahrtsverwaltungen Änderungen vorzuschlagen. Zudem versuchten sie emsig, die Leiter bestehender Empfängergruppen in der Stadt zur Mitarbeit zu bewegen, was ihnen mit der Zeit in einigen Fällen auch gelang. Die folgenden Bemerkungen eines Mitgliedes eines solchen Beraterkomitees, die in einem monatlich erscheinenden Informationsblatt abgedruckt wurden, werfen ein Licht auf die im Laufe dieses Prozesses erworbenen oder verstärkten politischen Einstellungen.

»Ich meine, daß es ganz offensichtlich zwei Möglichkeiten gibt vorzugehen: entweder man ist kompromißlos fordernd, stellt Ultimaten, gebraucht Opportunismus und vielleicht Übertreibung, um eine Sache durchzudrücken, oder man wählt den – zugegeben – langsameren, auf längere Sicht aber vielleicht effektiveren Weg, sich zusammenzusetzen, offen miteinander zu reden, Fragen zu stellen, zu kritisieren, zu diskutieren, zu lernen, einander zu vertrauen und aneinander zu glauben und in unsern Herzen die Hoffnung zu hegen, daß wir fair angehört werden – und daß unsere Empfehlungen und Vorschläge, wenn man sie für vernünftig erachtet, auch realisiert werden.«

Der Anbruch dieser neuen, von Vertrauen und Kompromiß geprägten Ära wurde durch Aufsätze in führenden Fachzeitschriften, die die Aufnahme freier und offener Kommunikation zwischen Geber und Empfänger priesen, angekündigt. Und genauso wie in den dreißiger Jahren handelte das »Commonwealth of Pennsylvania« auch diesmal wieder ein Modellabkommen mit Wohlfahrtsempfängern aus. Die Vereinbarung, die aus einem Hearing im Oktober 1968 hervorging, legte fest:[37]

»Der Exekutiv-Direktor einer jeden Kreisbehörde wird die Leiter aller Bezirksämter anweisen, auf Anfrage der ›Welfare Rights Organization‹ des Kreises folgendes zur Verfügung zu stellen:

a. Sofern vorhanden, Platz in der Empfangshalle oder dem Warteraum sowie einen Tisch und mehrere Stühle für eine angemessene Zahl von Mitgliedern der ›Welfare Rights Organization‹.

b. Ein Münztelefon in der Empfangshalle oder dem Warteraum, das für Antragsteller auf öffentliche Unterstützung und Mitglieder der ›Welfare Rights Organization‹ bequem zu benutzen und durch ein Hinweisschild deutlich als für diesen Zweck vorgesehen gekennzeichnet ist.

c. Eine vollständige Ausgabe des momentan gültigen Handbuches für öffentliche Unterstützung des Staates Pennsylvania für den speziellen Gebrauch durch Antragsteller und Empfänger öffentlicher Unterstützung sowie Mitglieder der ›Welfare Rights Organization‹.

d. Die Mitglieder der ›Welfare Rights Organization‹ des Kreises sind berechtigt, in angemessener Zahl das Bezirksamt zu betreten, einen Tisch zu besetzen, Schilder auf oder in der Nähe des Tisches aufzustellen, die sie identifizieren und die darauf hinweisen, daß sie Antragstellern und Empfängern für Hilfestellung zur Verfügung stehen; sie sind ferner berechtigt, im Empfangs- und Warteraum Flugblätter und Literatur zu verteilen, die ihre Funktion und Verfügbarkeit darlegen, und jeden Antragsteller und Empfänger, der um Unterstützung für Gespräche mit dem Amtspersonal bittet, zu begleiten.

e. Kein Angestellter des Fürsorgeamts wird Gespräche verweigern oder verzögern oder auf andere Weise einen Antragsteller oder Empfänger, der sich von Mitgliedern der ›Welfare Rights Organization‹ begleiten läßt, unterschiedlich behandeln; vielmehr werden alle Angestellten des Fürsorgeamts mit den Mitgliedern der ›Welfare Rights Organization‹ zusammenarbeiten und sie als Vertreter eines Klienten anerkennen, sofern der Klient dies wünscht.«

Derartige Vereinbarungen, ob schriftlich fixiert oder nicht, wurden fast überall getroffen.

Die Entwicklung dieser Beschwerdeverfahren hatte einen erheblichen Einfluß auf die in den Ortsgruppen vorherrschenden politischen Auffassungen, bestärkte sie doch Funktionäre und Aktivisten in ihrer Überzeugung, eine einflußreiche und mächtige Organisation zu vertreten. Es konnte keineswegs überraschen, daß Fürsorgebeamte den Protestierenden, die mit militanten Aktionen den reibungslosen Verwaltungsablauf störten, eine symbolische Funktion im Rahmen des Systems einräumten, war dies doch eine lang erprobte Methode, Ruhe und Ordnung wieder herzustellen. Bemerkenswert war allerdings, mit welcher Leichtigkeit diese Methode funktionierte. Nach jedem einzelnen dieser »Erfolge« klopften sich die gewählten Vertreter der Empfängergruppen auf die Schultern; immer wenn sie in der Presse von ihrer Aufnahme in Beraterkomitees lasen, wenn sie schriftliche Einladungen zu Verhandlungsrunden erhielten oder aufgefordert wurden, vor parlamentarischen Untersuchungsausschüssen zu erscheinen, verstärkte sich ihre Vision einer neuen Ära der Gerechtigkeit für alle Fürsorgebedürftigen. Von den Mächtigen angehört zu werden – das vermittelte ihnen das Gefühl, daß sie endlich Einfluß ausüben könnten, daß Fortschritte gemacht würden und Reformen vor der Tür stünden.

Eine weitere Folge dieser Vereinbarungen war ein Rückgang der Militanz. Wenn Regierungsvertreter sich auf die Zusammenarbeit mit Empfängergruppen einließen, forderte das seinen Preis. Gelegentlich war dieser Preis so subtil, daß es scheinen wollte, als würde gar keiner verlangt. Er lag dann vielleicht nur in dem stillschweigenden und von den Funktionären nur allzu bereitwillig akzeptierten Einvernehmen, daß der richtige Weg zu einer Reform des Wohlfahrtssystems in Verhandlungen auf Spitzenebene und nicht in Protesten eines aufgebrachten Mobs liege. Manchmal lagen die Bedingungen offener zutage und schlossen das Einverständnis ein, daß die »welfare rights«-Organisation auf militante Aktionen verzichte. Die weiter oben erwähnte Vereinbarung aus Pennsylvania ist dafür ein gutes Beispiel. Den Gruppen wurde dort nicht einfach freier Zugang zu Wohlfahrtsämtern und deren Mitarbeitern gewährt; ihnen wurde im Gegenzug die Versicherung abverlangt, die normalen Arbeitsabläufe nicht zu stören und das »Recht« der Klienten, in Ruhe gelassen zu werden, nicht zu beschneiden:

»*Höflichkeit und Benehmen.* Es wird vorgeschlagen, daß Vereinbarungen mit den ›welfare rights‹-Organisationen eine Verpflichtung auf bestimmte Verhaltensweisen beinhalten, die Angestellten der Fürsorgeämter und Vertretern der ›welfare rights‹-Organisationen angemessen sind. Von Organisationsvertretern wird erwartet, daß sie keinerlei Schritte unternehmen, die geeignet sind, das Amtspersonal einzuschüchtern, zu belästigen, bloßzustellen oder zu bedrohen. ... Als Repräsentanten der Klienten genießen sie gewisse Vorrechte, doch sind diese nicht unbegrenzt.

Anwerbung von Antragstellern und Empfängern. Es ist zweckmäßig, daß die Kreisbehörde Vereinbarungen über die Grenzen treffen, innerhalb derer Organisationsverteter an Antragsteller oder Klienten herantreten, sie stören oder bedrängen dürfen.

Beilegung von Konflikten. Es wird nahegelegt, daß Behördenleiter und Organisationsvertreter eine Vereinbarung über die unmittelbare Beilegung von Konflikten erzielen, die die Arbeit bis zu dem Punkt zu stören drohen oder bereits stören, an dem das Personal nicht sinnvoll weiterarbeiten kann.«[38]

Je weiter die WROs in derartige Abkommen einbezogen wurden, um so mehr ließen sie Demonstrationen, Protestaktionen und sit-ins, von denen ihre Aktivitäten in der Anfangsphase bestimmt worden waren, fallen. Sogar in ihrer Rhetorik wurden die Gruppen zunehmend weniger militant. Die enge Beziehung zu mit ihnen »sympathisierenden« und »vernünftigen« Behördenvertretern, die »den Problemen der Wohlfahrtsempfänger positiv gegenüberstanden«, bestärkte eine große Zahl von Funktionären und Aktivisten in ihrem Glauben an die Wirksamkeit von Verhandlung und Überzeugung. Im Frühjahr 1970 zum Beispiel beschloß eine Gruppe von Funktionären und Aktivisten, die direkte Aktion in New York wieder aufleben zu lassen. Den Anfang machten sie eines Morgens im überfüllten Warteraum eines Wohlfahrtszentrums in Harlem. Die bekannteste Person in der Gruppe war eine Fürsorgeempfängerin, die eine Position in der Bundesorganisation der NWRO bekleidete. Als der Amtsleiter von ihrer Anwesenheit erfuhr, bot er ihr an, sie persönlich in der gesamten Dienststelle herumzuführen. Daß sie das Angebot annahm und für mehrere Stunden verschwunden blieb, ist ein Maßstab dafür, wie weitgehend die Funktionäre inzwischen durch derartige Gesten kontrolliert werden konnten.

Integrative Beziehungen dieser Art untergruben nicht allein die Militanz der Fürsorgeempfänger, sie behinderten außerdem die Expansion der Mitgliedschaft und schwächten sogar die Bindungen der Mitglieder an die Gruppe. Die ständigen Verhandlungen absorbierten Zeit und Energie von Funktionären und Aktivisten. Je mehr Energien in die formalisierten Verfahren flossen, desto geringer war der Einsatz für Anwerbung neuer Mitglieder. Darüber hinaus hatten die formellen Beziehungen mit der Behörde den Effekt, daß Mitgliedschaft überflüssig wurde. Vor der Etablierung dieser Beziehungen war es nicht ungewöhnlich, daß 50 oder 100 Fürsorgeempfänger in ein Amt stürmten und verlangten, einen Mißstand auf der Stelle aus der Welt zu schaffen. Diese Taktik war häufig erfolgreich, und wenn sie erfolgreich war, dann war es die *Gruppe* gewesen, die ihre Stärke unter Beweis gestellt hatte; jeder war auf den anderen angewiesen. Doch sobald Beschwerden zum Gegenstand von Verhandlungen zwischen Funktionären und Fürsorgebeamten wurden, schienen Gruppenaktionen nicht länger notwendig zu sein, und so verflüchtigte sich das Gruppenbewußtsein. Das Gefühl, an etwas teilzuhaben, das größer war als sie selbst, das Gefühl, Teil einer Bewegung zu sein, ging langsam verloren.

Nun zu einem letzten, aber entscheidenden Punkt. Je weiter die

NWRO und ihre Ortsgruppen in den Bannkreis der parlamentarischen und bürokratischen Politik hineingezogen wurden, um so mehr wurde ihre Unfähigkeit, die gewonnene Basis in der Armutsbevölkerung zu erhalten, geschweige denn zu erweitern, verschleiert. Denn während zwar die Mitgliedschaft schrumpfte und an Militanz verlor, nahmen die der Organisation zufließenden Ressourcen weiterhin zu. Die NWRO war jetzt praktisch in der Lage, auch ohne Massenbasis, ohne breite Gefolgschaft zu operieren. Aufgrund der Sympathien und Ängste, die von der schwarzen Bewegung wachgerufen worden waren, sowie der fortschreitenden Krise des Wohlfahrtssystems konnte die NWRO sich den Eliten als Vertreter eines großen Teils der schwarzen Armutsbevölkerung präsentieren und somit die Legitimation und finanziellen Mittel erwerben, die zur Aufrechterhaltung der Organisationsstruktur notwendig waren. *Es war in der Tat so, daß die externen Ressourcen zum Ersatz für eine Massenbasis wurden.*[39]

Doch die Verfügbarkeit externer Ressourcen, von denen das Überleben der Organisation abhing, war nicht das Resultat von Organisierung; sie war das Resultat der Unruhe, die unter der schwarzen Bevölkerung herrschte. Sobald die Unruhe nachzulassen begann, wurden der NWRO auch die externen Ressourcen wieder entzogen. Die Folge war der organisatorische Zusammenbruch, wie wir gleich sehen werden.

Der Niedergang der schwarzen Protestbewegung

Hätten die bereits geschilderten Entwicklungen nicht den Abstieg der NWRO verursacht, dann hätte das Versiegen der schwarzen Unruhe dafür gesorgt. So wie die Dinge standen, gab der Niedergang der schwarzen Protestbewegung nur einer Organisation den Fangschuß, die ohnehin schon weitgehend geschwächt war.

Gegen Ende der sechziger Jahre löste sich die schwarze Bewegung, die Mitte der fünfziger Jahre im Süden entstanden war, langsam auf, und mit ihr die Organisationen, die der Bewegung ihre Existenz verdankten (soweit sie nicht schon längst zerfallen waren). Zum einen war (wie wir in Kapitel 4 gezeigt haben) die Führung der schwarzen Bewegung zum großen Teil in das politische Wahlsystem integriert oder von Regierungsbürokratien, Universitäten, Geschäftswelt und Industrie absorbiert worden;

gleichzeitig war die Protestideologie verworfen und die Effektivität parlamentarischer Politik herausgestellt worden. In der Folge lichteten sich die Reihen der Führungskader aufgrund der gewonnenen Konzessionen.

Obwohl es nicht möglich ist, den Zeitpunkt, an dem die Unruhe sich zu legen begann, exakt zu bestimmen, könnte man das Jahr 1968 als Wendepunkt ansehen. 1968 war das Jahr der letzten großen Rassenunruhen in den Städten (aus Anlaß der Ermordung Martin Luther Kings); es war außerdem das Jahr, in dem die Präsidentschaft von den Liberalen auf die Konservativen überging. Mit der Machtübernahme durch Richard Nixon mußten Rhetorik und Politik früherer Administrationen, die die Anerkennung klassen- und rassenbedingter Ungerechtigkeiten so sehr in den Vordergrund gerückt und die schwarze Armutsbevölkerung zum Protest ermutigt hatten, einer Rhetorik und Politik weichen, die von »law and order« und individueller Eigenverantwortung geprägt waren und bewirkten, daß sich unter den Schwarzen erneut Scham und Angst breitmachten. Eine Gegenreaktion der Weißen zu den Gewinnen der Schwarzen hatte sich herausgebildet, und konservative Politiker heizten diese Entwicklung weiter an, um ihre eigene politische Basis zu erweitern. Während des Wahlkampfes von 1972 erreichte diese Rhetorik einen Höhepunkt. Ihr spezielles Ziel war das letzte sichtbare Merkmal schwarzer Auflehnung: die weiterhin steigende Zahl der Wohlfahrtsempfänger. Während der Wahlkampagne warnten Republikanische Fernsehspots das amerikanische Volk, daß McGovern im Falle seines Sieges der Hälfte der amerikanischen Bevölkerung Sozialfürsorge zukommen lassen würde. In seiner Rede zur Amtseinführung forderte Nixon die Amerikaner auf, nicht zu fragen, was die Regierung für sie tun könne, sondern was sie selbst für sich tun könnten; später förderte er die rasche Verbreitung des Slogans »*Workfare*« statt »*Welfare*«. Das Land machte gegen die schwarzen Armen mobil, und die Wohlfahrtsempfänger waren das primäre Ziel.

Das Ende liberaler Wohlfahrtspolitik

Doch es war nicht nur Rhetorik. Über Ministerien und andere Regierungsstellen schnitt die Nixon-Administration den Gettoorganisationen die Mittel ab und bereitete den Zugeständnissen an die Armutsbevölkerung ein Ende. Das »Office of Economic Opportunity« geriet unter direkten Beschuß der Regierung. Innerhalb von ein oder zwei Jahren begann das Ministerium für Gesundheit, Bildung und Wohlfahrt, restriktivere Maßnahmen und Regelungen durchzusetzen, um formelle und materielle Rechte, die Wohlfahrtsempfänger durch ihren Protest und Anwälte der Armen auf dem Gerichtswege erkämpft hatten, wieder abzubauen. Eine der wichtigsten Maßnahmen, die das Ministerium im folgenden unternahm – ein

»Schritt, der ohne Zweifel das Ende einer Epoche des Wohlfahrtsliberalismus ankündigte – bestand in der Einführung hoher Geldstrafen gegen diejenigen Bundesstaaten, bei denen Untersuchungen unter der Rubrik ›Qualitätskontrolle‹ erwiesen, daß mehr als 3 % der Wohlfahrtsempfänger nicht unterstützungsberechtigt waren. Wie jeder weiß, der mit dem Labyrinth des Wohlfahrtssystems einigermaßen vertraut ist, läßt sich eine niedrige Quote unberechtigter Wohlfahrtsempfänger nur um den Preis errechnen, daß ein weit größerer Anteil unterstützungsberechtigter Familien vom Wohlfahrtsbezug ausgeschlossen wird. ...
Es überrascht nicht, daß politische Führer auf Länder- und Gemeindeebene sich der Kampagne gegen die öffentliche Unterstützung anschlossen; entweder waren neue Politiker an die Macht gekommen, deren Sozialphilosophie sich im Einklang mit dem ›Zeitgeist‹ befand, oder der Wunsch der bisherigen Amtsinhaber, politisch zu überleben, gebot die Anpassung an diesen ›Geist‹. Vielleicht hatte Gouverneur Rockefeller sie bereits alle mit seinem bizarren Vorschlag übertroffen, jedem zugewanderten Bürger des Staates New York, der keine annehmbare Wohnung oder Gesundheitsfürsorge nachweisen konnte, die Wohlfahrtsunterstützung zu verweigern; dieser Ankündigung folgten weithin publizierte Untersuchungen über ›Wohlfahrtsbetrug‹, die unter der Leitung eines neuernannten Generalinspekteurs (eines Millionenerben voll Verachtung für die Wohlfahrtsempfänger) angefertigt wurden. In Kalifornien erregte Gouverneur Reagan bundesweites Aufsehen mit der Einleitung ähnlicher Kampagnen gegen die öffentliche Wohlfahrt. (Man beachte dabei, daß mehr als die Hälfte der Wohlfahrtsempfänger des Landes in den beiden Bundesstaaten New York und Kalifornien ansässig waren.) Eine der gerühmtesten, gegen öffentliche Unterstützung gerichteten Aktionen ereignete sich damals in Nevada, wo die Wohlfahrtsbehörde eine massive Kampagne gegen ›Wohlfahrtsbetrüger‹ eröffnete. Zum 1. Januar 1972 wurden 21 % der bisherigen Fürsorgeempfänger Nevadas die Unterstützung gestrichen; weiteren 28 % wurden die monatlichen Geldzuwendungen gekürzt. Dies konnte geschehen, weil die Wohlfahrtsverwaltung beschloß, der ›Wohlfahrtskrise‹ durch eine amtliche Prüfung zu begegnen, in deren Verlauf praktisch das gesamte Behördenpersonal damit beschäftigt wurde, Arbeitgeber und Nachbarn der Fürsorgeempfänger zu befragen und die Akten der Sozialversicherungsträger durchzusehen – alles

auf der Suche nach ungemeldeten Einkünften aus den vorhergehenden fünf oder mehr Jahren. Die meisten Empfänger erfuhren von der Überprüfung erst dadurch, daß ihre Unterstützung ausblieb oder gekürzt wurde. In den darauffolgenden Mitteilungen an die Empfänger wurden zur Begründung schlicht ›falsche Berechnungen‹ oder ›mangelnde Unterstützungsberechtigung‹ angegeben. Von 1970 bis 1972 reduzierten auch andere Bundesstaaten, wenn auch in geringerem Ausmaß als Nevada, ihre Unterstützungssätze oder führten einschränkende Kriterien für die Unterstützungsberechtigung ein.« (Piven und Cloward, 1977, 409, 411 f.)

Die Veränderung des politischen Klimas hatte für die Empfängergruppen vor Ort eine unmittelbare Konsequenz: die materielle Unterstützung – vor allem seitens der Regierung –, von der sie abhängig gewesen waren, versiegte langsam. Als die Mittel für die »Great Society«-Programme gekürzt wurden (und im Zuge einer Steuerreform (»revenue sharing«) teilweise in die Einzelstaaten zurückflossen), wurde die Schar der aktiven Mitarbeiter arg dezimiert. Die verbliebenen Aktivisten der Bewegung mußten erfahren, daß die lokalen Dienststellen der »Great Society«-Programme zurückhaltender geworden waren und die weitere Organisierung von Fürsorgebedürftigen nicht länger unterstützen wollten.

Unter diesen Bedingungen verschwand die Militanz der Wohlfahrtsempfänger fast vollständig. Wie wir weiter oben schon erwähnt haben, waren die meisten Ortsgruppen durch die militante Durchsetzung von Forderungen und Beschwerden entstanden. Doch Anfang der siebziger Jahre stellten die wenigen übriggebliebenen Aktivisten fest, daß die Wohlfahrtsverwaltungen sich jetzt zunehmend den Forderungen der Empfängergruppen verschlossen. Die politische Wende in Washington verringerte ihre Konzessionsbereitschaft gegenüber der Armutsbevölkerung, und das Abflauen der Gettounruhen und anderer Formen des Massenprotestes verminderte ihre Angst vor den Armen. War die Wohlfahrtsbürokratie einst von dem Aufruhr auf der Straße, direkt vor den Türen ihrer Ämter, beeinflußt worden, so orientierte sie sich nun an den restriktiven Inhalten der neuen Erlasse aus Washington und den Hauptstädten der Einzelstaaten. Angesichts dieser Tatsachen konnten die lokalen Empfängergruppen immer weniger erreichen, und je seltener die Erfolge, um so schwieriger wurde es, selbst die kampfbereiten und loyalen Gruppenmitglieder bei der Stange zu halten. Monat für Monat wuchs die Überzeugung, daß der Kampf verloren sei – daß er den Einsatz vielleicht nicht einmal mehr wert war. Und so verließen immer mehr Führungskader und einfache Gruppenmitglieder das sinkende Schiff.

Darüber hinaus verloren viele Mitglieder der Ortsgruppen jegliche Neigung, die sie vielleicht einmal besessen hatten, anderen Bedürftigen zu helfen. Ihre besondere Beziehung zum Wohlfahrtssystem war ihnen zuweilen noch persönlich von Nutzen, half ihnen, ihre eigenen Probleme zu lösen und manchmal sogar, Sonderzuwendungen zu erhalten. In dem sich schnell verschlechternden politischen Klima – vor allem, da die Wohlfahrtsausgaben ins Kreuzfeuer der öffentlichen Kritik gerieten – wurden die noch in den Gruppen verbliebenen Mitglieder ängstlich und zogen sich auf ihre eigenen Interessen zurück, um möglichst den eigenen privilegierten Zugang zum Fürsorgesystem nicht zu verlieren. So wurden die wenigen fragmentierten Gruppen, die überlebten, nur noch vom engstmöglichen Eigeninteresse und dessen ideologischen Rechtfertigung geleitet.

Unter diesen Umständen hätte es rastloser und umfangreicher Anstrengungen, des Einsatzes aller Kräfte der Organisationsleitung bedurft, um die schwindende Moral der lokalen Gruppen wieder zu stärken. Doch sogar dann wäre kaum anzunehmen gewesen, daß die Anstrengungen Erfolg haben könnten. Das Feuer des Protestes war verloschen; keine Organisation hätte wohl vermocht, es wieder zu entfachen. Die endlosen Diskussionen über die beste Strategie beim Aufbau einer dauerhaften Massenorganisation waren unwichtig geworden: ob nun Organisierung auf der Basis eines einzigen oder mehrerer Problemkreise; ob Organisierung einer einzigen oder mehrerer Zielgruppen; ob mit einem dezentralisierten oder zentralen Mitarbeiterstab; ob Mitglieder durch Betonung materieller Anreize geworben oder die »Bewußtseinsbildung« und »Radikalisierung« der Mitgliedschaft hervorgehoben werden sollte. Tatsache war, daß eine Ära des Protests unweigerlich zu Ende gegangen war. Doch nicht die Analyse der Faktoren, die um 1970 die Aussichten auf lokale Organisierung weitgehend zerstört hatten, war dafür verantwortlich, daß sich die Organisationsleitung von der Mitgliederbasis entfernte. Es war die Aussicht auf eine »Wohlfahrtsreform« und auf die zu erwartende Anerkennung für die Organisation und ihre Führung, die sich im Laufe der Auseinandersetzung um eine Reform einstellen würde.

Kampf um die Reform der Sozialfürsorge

In einer im ganzen Land ausgestrahlten Rundfunk- und Fernsehansprache verkündete Präsident Nixon am 8. August 1969 eine Reihe von Vorschlägen zur Reorganisation der Sozialfürsorge. Die Nixon-Vorschläge – bekannt als »Familiy Assistance Plan« (FAP) – beinhalteten die Abschaffung des AFDC-Programms und seine Ersetzung durch ein gesetzliches Mindesteinkommen, das jeder Familie ein jährliches Einkommen von 1 600 Dollar (bei vier Familienmitgliedern) garantiert hätte und durch den Bund finanziert werden sollte. Darüber hinaus schloß das vorgeschlagene Programm auch die erwerbstätigen Armen (d. h. Familien mit zwei Elternteilen) mit ein, indem es die Berechnung von Lohnzuschüssen nach einer Formel vorsah, die die ersten 720 Dollar des verdienten Einkommens außer acht ließ und vom Rest nur die Hälfte auf die Unterstützung anrechnete, so lange, bis die vierköpfige Familie ein Gesamteinkommen von 3 920 Dollar aus Lohn und Sozialhilfe erreichte.[41]

Die Vorschläge schlugen erhebliche Wellen. Die Grundzüge des Programms erschienen liberal und waren es in bestimmter Hinsicht auch. Die Vorschläge für ein gesetzlich garantiertes Mindesteinkommen und Lohnzuschüsse hätten die allergrößte Armut im Süden gelindert. Die Vorschläge hätten außerdem den Bundesstaaten und Kommunen einen Teil ihrer fiskalischen Belastung durch die wachsenden Wohlfahrtsausgaben abgenommen.[42] Dies waren die Bestandteile des Gesamtprogramms, die von der Presse gewöhnlich am stärksten herausgestellt wurden, und aufgrund derer der FAP auch im liberalen Lager Unterstützung fand.

Andere Teile des Planes waren jedoch eher regressiv, nur waren die langfristigen Implikationen der regressiven Elemente für die meisten Beobachter weniger offensichtlich. Der Plan hätte die prozeduralen Rechte der Wohlfahrtsempfänger, die in den sechziger Jahren durch Proteste und Gerichtsentscheidungen gewonnen worden waren, wieder abgebaut – wie zum Beispiel das Recht auf Anhörung nach Streichung der Unterstützung. Er enthielt zudem Bestimmungen, die Fürsorgeempfänger, welche als »arbeitsfähig« galten, zu Arbeiten zwingen konnten, deren Bezahlung unter dem gesetzlichen Mindestlohn lag. Mit seinen Vorschlägen für eine Reform des Wohlfahrtssystems versuchte Nixon vor allem das überaus dringliche und einer Lösung harrende Problem aus der

Welt zu schaffen, das in den ständigen Klagen lokaler Regierungsvertreter über die fiskalischen Belastungen durch Sozialfürsorge lag. In der Tat stiegen die Fürsorgekosten in den Bundesstaaten, Landkreisen und Gemeinden ständig weiter an. Die Forderung nach Reform war eine direkte Folge der Tatsache, daß die amerikanische Armutsbevölkerung in den sechziger Jahren über das Wohlfahrtssystem eine bescheidene Verbesserung ihrer Einkommen hatte erreichen können. Als Reaktion auf die daraus resultierenden fiskalischen Belastungen hatte sich bei Ländern und Gemeinden ein enormer politischer Druck aufgestaut; so wies der Präsident in seiner Fernsehansprache denn auch ausdrücklich darauf hin, daß die steigende Zahl der Fürsorgeempfänger »Staaten und Kommunen an den Rand des finanziellen Zusammenbruchs« gebracht habe.

Zwei größere Lager hatten sich zu diesem Problemkreis herausgebildet: eine Seite wollte die Erfolge der Armen ganz einfach wieder zurückschrauben, die Zahl der Fürsorgeempfänger drastisch verringern und die gewährten Leistungen einschränken; die andere Seite zog es vor, die Last der Wohlfahrtsausgaben von den Schultern der Einzelstaaten und Kommunen auf den Bund zu verlagern. Die zweite Gruppe war weitaus mächtiger; zu ihr gehörten die meisten Bürgermeister, Bezirksverwaltungen und Gouverneure. Sie wollten vor allem der mühseligen und potentiell gefährlichen Notwendigkeit entgehen, Fürsorgeleistungen selbst einschränken zu müssen. So kam es, daß – in der Darstellung zweier Journalisten – »der explosionsartige Anstieg der Empfängerzahlen das Wohlfahrtssystem, das gewöhnlich vom Weißen Haus links liegengelassen wird, auf die Tagesordnung des vor seinem Amtsantritt stehenden Richard Nixon plazierte. ... Republikanische Gouverneure verlangten Hilfe aus Washington und erwarteten sie vom zukünftigen Präsidenten aus ihrer eigenen Partei.« (Burke und Burke, 41)

Über die darauffolgenden, intensiven parlamentarischen Auseinandersetzungen um die Vorschläge berichten dieselben Autoren:

»Die einzig feste und uneingeschränkte Unterstützung für H. R. 1 (unter dieser Bezeichnung lief die Gesetzesvorlage im Repräsentantenhaus – d. Ü.) kam von Politikern, die eine Veränderung des Wohlfahrtssystems nicht aus weltanschaulichen Gründen wünschten, sondern weil sie sich von ihr finanzielle Unterstützung durch den Bund versprachen. Zu ihnen gehörten viele Gouverneure und Bezirksverwaltungen im Land. Für diese Männer, denen die beständig steigenden Wohlfahrtsbudgets auf dem Magen lagen, waren die strukturellen Reformen von H. R. 1 relativ unwichtig. Was sie wollten, war Geld, und die in H. R. 1 vorgesehenen, vom Bund zu finanzierenden Mindestsätze konnten es liefern.« (179)

Der FAP hätte den Bundesstaaten und den Kommunen zwar fiskalische Erleichterung beschert, doch hätte dieses Ziel für sich genommen auch auf vielen anderen Wegen erreicht werden können. So hätte die Bundesregierung zum Beispiel einfach die Wohlfahrtsausgaben zu übernehmen brauchen und das System ansonsten unverändert lassen können. Wie sich herausstellen sollte, geschah dann auch so etwas Ähnliches. Als die Fürsorgereform scheiterte, verabschiedete der Kongreß statt dessen ein Programm, das die Umverteilung von mehreren Milliarden Dollar an Steuergeldern vom Bund auf die Einzelstaaten und Gemeinden vorsah. Die Klagen der Verantwortlichen in Ländern und Gemeinden hatte, mit anderen Worten, eindeutig eine Reaktion des Bundes auf die fiskalische Krise erzwungen, hatte aber nicht die spezifischen Veränderungen des Wohlfahrtssystems, die im FAP vorgesehen waren, durchsetzen können.

Die Vorschläge des FAP waren allerdings auch nicht primär dazu gedacht, fiskalische Belastungen zu lindern. In der Hauptsache ging es ihnen darum, das weitere Anschwellen des Heeres der Fürsorgeempfänger zu stoppen. Interne Gutachten für den Präsidenten sagten einen anhaltenden steilen Anstieg der Empfängerzahlen voraus, wenn das System nicht überarbeitet würde. Anders formuliert: die wachsende Abhängigkeit der amerikanischen Unterschicht wurde als Folge des bestehenden Wohlfahrtssystems definiert. Diese Situation, so glaubte man, sei durch die geltenden Fürsorgepraktiken auf zwei Wegen herbeigeführt worden.

Erstens, so wurde argumentiert, hätten die geltenden Fürsorgepraktiken den Anreiz zur Eigenverantwortlichkeit zerstört, da erwerbstätige Wohlfahrtsempfänger verpflichtet waren, ihren Verdienst anzugeben, der dann in vollem Umfang von den monatlichen Zahlungen abgezogen wurde. Allgemein herrschte die Überzeugung vor, daß diese »100-Prozent-Steuer« Fürsorgeempfänger vom Einsatz ihrer Arbeitskraft abhielt und deshalb ihre Abhängigkeit verfestige. Zweitens wurden wachsende Empfängerzahlen nicht nur deshalb für problematisch gehalten, weil sie den Arbeitsanreiz verringerten, sondern auch, weil die leichte Verfügbarkeit der Fürsorge angeblich das Familienleben der Armen unterminierte. Väter, so glaubte man, verließen ihre Familien, damit ihre Frauen und Kinder Sozialhilfe bekommen konnten. »Böswilliges Verlassen aus finanziellen Motiven« nannten es manche, und dem Präsidenten wurde erklärt, dieser Umstand produziere einen unaufhaltsamen Strom neuer Antragsteller.

Verschiedene »Pathologien« der Armen – vor allem Kriminalität und Aufruhr – schrieb man ebenfalls dem Wohlfahrtssystem zu. Daniel Patrick Moynihan, ein Berater des Präsidenten, spielte eine große Rolle bei der Verbreitung dieser Diagnose in der Öffentlichkeit und konnte offensichtlich auch den Präsidenten davon überzeugen. Der »Family Assistance Plan«, sagte er, »wurde geschaffen ... als Teil einer übergreifenden, kurzfristigen Strategie, um das Ausmaß der Gewalttätigkeit im Land zu verringern« (12). Die Argumentationskette war folgende: Kriminalität, öffentlicher Aufruhr und andere abnorme soziale Verhaltensweisen der Armen hätten ihre Ursachen in Beschäftigungslosigkeit und Familienzerrüttung, welche wiederum auf die allzu große Freizügigkeit des Wohlfahrtssystems zurückzuführen seien. Diese Argumentationskette wird besonders anschaulich in einer Zusammenfassung der Auffassungen einer Gruppe von »leitenden Beamten, Akademikern und Intellektuellen«, mit denen Moynihan die Krise der Sozialfürsorge in den großen Städten diskutierte (wobei New York besondere Aufmerksamkeit zuteil wurde).

»Das soziale Gefüge von New York City ist dabei, sich aufzulösen. Es ist nicht nur ›Spannungen ausgesetzt‹, und es ist nicht nur ›überstrapaziert‹ – es fängt an, wie ein Stück verrotteter Leinwand einzureißen, und es kann nicht mehr lange dauern, bis schon die geringste Belastung es in Fetzen reißen wird. ... In der großen und wachsenden Unterschicht schwinden Eigenverantwortlichkeit, Selbstdisziplin und Fleiß dahin; entsteht ein radikales Mißverhältnis zwischen Realität und Erwartungen bezüglich Arbeit und Lebensstandard; herrscht hohe Arbeitslosigkeit, während die lebhafte Nachfrage nach ungelernten Arbeitskräften dennoch unbefriedigt bleibt; steigt die Zahl der unehelichen Kinder; werden immer mehr Familien zerstört und von den Vätern verlassen; nehmen Kriminalität und Aufruhr radikal zu. Es gibt, kurz gesagt, eine fortschreitende Desorganisation der Gesellschaft, ein zunehmendes Gefühl der Frustration und des Mißtrauens. ... Dieses generelle Fehlverhalten scheint zudem nicht nur die Bezirke der Schwarzen erfaßt zu haben, sondern sich auch in den puertoricanischen Vierteln zu verbreiten. Ein großer Teil der Bevölkerung wird inkompetent und destruktiv. Wachsendes Parasitentum – legales wie illegales – und Gewalttätigkeit sind das Ergebnis. *(Das ist eine aufrüttelnde, aber gewöhn-*

lich nicht wahrgenommene Manifestation der Auswirkungen unseres Wohlfahrtsapparates.)« (Moynihan, 76; Hervorhebung von uns)

Was die Behauptung angeht, diese »aufrüttelnde... Manifestation der Auswirkungen unseres Wohlfahrtsapparates« sei »nicht wahrgenommen« worden, hatte Moynihan natürlich unrecht. Jedermann glaubte, öffentliche Unterstützung schade den Armen. Die Konservativen sagten es; die politische Mitte betonte es; die Liberalen behaupteten es ebenfalls. Die Wohlhabenden sagten es, und auch die Masse der Armen hätte es gesagt, wäre sie gefragt worden. In diesem Punkt bestand allgemeine Übereinstimmung.

Mit dieser Analyse ausgestattet, machten sich die Reformer daran, die Kultur der Armen zu rehabilitieren. Der Schlüssel zur Reduzierung des »Parasitentums« lag in der Umgestaltung der Sozialfürsorge, und zwar in einer Weise, daß Arbeit zur Pflicht gemacht würde. Mehr noch: durch Wiederherstellung der Arbeitsdisziplin würden auch die Stabilität der Familie erneuert und verschiedene Formen sozialer Pathologie eingeschränkt werden. Dies war das übergreifende Ziel des FAP, und wenn man die Analyse kennt, auf der das Programm basierte, fällt es nicht mehr schwer zu verstehen, warum ein durch und durch konservativer Präsident, der, wie Nixon bei seinem Amtsantritt, mit außergewöhnlichen Manifestationen sozialer Zerrüttung und politischer Unruhe konfrontiert war, zu der Entscheidung gelangen konnte, das System der öffentlichen Wohlfahrt zu reformieren.

Im übrigen ähnelten die Ziele, die diesem Reformversuch zugrunde lagen, auf verblüffende Weise den Zielen, die hinter früheren Reformen des Fürsorgesystems gestanden hatten.

Auch die grundlegenden Bedingungen des Reformversuchs waren aus der Geschichte vertraut. Die periodische Ausweitung der Sozialfürsorge in westlichen Industrienationen stand häufig in Zusammenhang mit Umwälzungen in der Landwirtschaft, durch die die Landbevölkerung entwurzelt und in die Städte verpflanzt wurde, wo viele dann ohne Arbeit dahinvegetierten. Von den traditionellen Kontrollmechanismen befreit, aber noch nicht in neue institutionelle Strukturen eingegliedert, begehrten viele von ihnen auf, bis die Unruhe schließlich weite Teile der Armutsbevölkerung erfaßt hatte und die Eliten zwang, Fürsorgeregelungen zu treffen oder bestehende Maßnahmen zu erweitern. Nachdem dann wieder Ruhe eingekehrt war, wurden die »Sozialpathologien« der Armen jedoch auf das allzu freizügige Wohlfahrtssystem, nicht etwa auf mangelhafte sozio-ökonomische Bedingungen zurückgeführt.

 Ein ums andere Mal hat diese Sozialtheorie dazu geführt, daß den Armen mit der Begründung, nur so könnten sie zur Aufgabe ihres Müßiggangs gezwungen werden, die Unterstützung entzogen wurde. Nixon hatte offenbar anderes im Sinn. Der FAP enthielt eine Reihe verschiedener Maßnahmen, die auf eine Stärkung der Arbeitsmotivation abzielten. Auf der einen Seite gab es, wie wir bereits erwähnten, einige Anreize: ein bescheidener Einkommensfreibetrag von 720 Dollar im Jahr, verbunden mit einer Steuerquote, die es gestattete, die Hälfte des zusätzlich verdienten Einkommens bis zu einem Maximum von 3920 Dollar für eine vierköpfige Familie zu behalten. Auf der anderen Seite gab es Sanktionen: die Verweigerung jeglicher Unterstützung für Personen, die sich zu arbeiten weigerten. Um ihre Eingliederung in die arbeitende Bevölkerung sicherzustellen, sah der Gesetzentwurf darüber hinaus vor, daß Fürsorgeempfänger auch zu Arbeiten verpflichtet werden konnten, deren Bezahlung erheblich unter dem gesetzlichen Mindestlohn lag. Mit diesen Maßnahmen hätte der Staat in den sekundären Arbeitsmarkt eingegriffen, Niedriglohn-Unternehmen subventioniert und ein ständiges Angebot an disziplinierten Arbeitskräften gewährleistet.

 Mit der Zeit hätten sich diese Regelungen durchaus zu einem Mittel entwickeln können, mit dem die Armen Arbeit zu jedem Lohn hätten annehmen müssen – ein sicherer Weg, um die prophezeiten Zuwachsraten im Wohlfahrtsbereich, die Nixon und seinen Ratgebern soviel Sorgen bereiteten, abzuwenden. Damit sind wir einer entscheidenden Frage gelangt: Wie rigide wäre die Arbeitsverpflichtung durchgesetzt worden, nachdem die Unruhen der sechziger Jahre und mit ihnen die Furcht vor den Armen einmal vorüber waren? Es gab gute Gründe, sich wegen dieser Frage Sorgen zu machen, insbesondere nach den ersten beiden Jahren der Amtszeit Nixons.

 Da war zunächst Nixons Haltung gegenüber dem bestehenden Wohlfahrtssystem. Als die parlamentarische Auseinandersetzung über die Reform der Sozialfürsorge gerade erst begann, gingen Nixons Leute im HEW-Ministerium bereits ohne viel Aufhebens daran, ein ganzes Bündel neuer Regelungen und Vorschriften einzuführen, die den Bezug von Fürsorgeleistungen erschweren sollten. Mit der Zeit wurden die Regelungen zusehends restriktiver, ohne Zweifel in der primären Absicht, die Zahl der Fürsorgeempfänger zu reduzieren.

Da war ferner Nixons allgemeine Wirtschaftspolitik. Eine Regierung, der das Schicksal der Armen am Herzen lag, hätte keine Politik verfolgt, die den Anstieg der Arbeitslosigkeit in Kauf nahm, um die Inflation zu dämpfen. Gegen Ende des Jahres 1970, nachdem schon ein Jahr über die Reform des Wohlfahrtssystems debattiert worden war, sah sich das Land der schwersten Rezession seit dem Zweiten Weltkrieg gegenüber. Und während die ökonomische Lage sich zuspitzte, schrieb Moynihan: »Es kann nicht oft genug wiederholt werden, daß es nicht die Kernfrage einer Reform des Wohlfahrtssystems sein kann, was sie diejenigen kostet, die Fürsorge gewähren, sondern welchen Preis diejenigen zahlen müssen, die sie erhalten.« (18) Das war schon eine merkwürdige Feststellung in einer Periode rasch zunehmender Arbeitslosigkeit; eher hätte gefordert werden müssen, die Fürsorgerestriktionen zu lockern, um den Armen zu ermöglichen, die Auswirkungen von Nixons Anti-Inflations-Politik zu überleben. Diese mit einer restriktiven Wohlfahrtspolitik gekoppelte allgemeine Gleichgültigkeit gegenüber der Arbeitslosigkeit legt die Vermutung nahe, daß Nixon die Reform des Wohlfahrtssystems in der Überzeugung betrieb, durch staatlichen Zwang die Empfängerzahlen reduzieren zu können.

Schließlich war da noch Nixons persönliches Verhalten während der ausgedehnten Debatte im Kongreß über die Fürsorgereform. Nachdem eine Weile vergangen war, gab er seinen ursprünglichen Vorschlag zur Kostendämmung auf und machte sich statt dessen eine politisch weit populärere Methode zu eigen: er heizte die Opposition gegen die Sozialfürsorge an und überließ es anderen (Gouverneuren, Bezirksverwaltungen und Bürgermeistern), auf die öffentliche Empörung mit drastischen Kürzungen zu reagieren. Nach diesem Positionswechsel entzog Nixon seinem eigenen Plan jede weitere Unterstützung, obwohl der Sieg im Kongreß inzwischen greifbar nahe war.

Natürlich war der FAP im Kongreß auf erhebliche Opposition gestoßen, doch wurde er nicht etwa abgelehnt, weil er zu restriktiv gewesen wäre, sondern weil er – insbesondere für die Verhältnisse im Süden – nicht restriktiv genug war. Der Vorschlag wurde vor allem von Abgeordneten aus den industriellen Bundesstaaten im Norden, die am stärksten unter den gestiegenen Fürsorgekosten gelitten hatten, unterstützt. Südstaatenabgeordnete bevorzugten eher eine radikale Verringerung der Empfängerzahlen, denn noch immer war die Südstaaten-Ökonomie auf dem billigsten Arbeitskräftereservoir im ganzen Land aufgebaut, trotz der Abwanderung großer Teile der entwurzelten schwarzen Landbevölkerung. Schon der vorgeschlagene niedrige Einkommensstandard von jährlich 1 600 Dollar für eine vierköpfige Familie hätte die Lohnstruktur im Süden unterminiert. Folglich spielten Südstaatler die Hauptrolle bei der Zurückweisung des Gesetzesvorschlags, indem sie ihre nicht unerhebliche Macht in den Kongreßausschüssen einsetzten, um den FAP zu Fall zu bringen.[43]

Dennoch hätte der Widerstand aus dem Süden gebrochen werden können, wenn der Präsident standhaft geblieben wäre. Er war es nicht; zwar schien Nixon in der Öffentlichkeit die Vorlage weiterhin zu unterstützen, bei der täglichen Zusammenarbeit zwischen Regierung und Kongreß wurde jedoch mit der Zeit immer klarer, daß sein Engagement für den Plan zurückging. An kritischen Punkten, wenn Kompromisse zwischen den Liberalen (unter Führung von Abraham Ribicoff, dem Demokratischen Senator von Connecticut) und den Konservativen möglich schienen – Kompromisse, die das garantierte jährliche Mindesteinkommen um ein paar hundert Dollar erhöht und die Arbeitsbestimmungen abgeschwächt hätten –, versagte der Präsident seine Zustimmung.

Das letzte und erhellendste dieser Ereignisse trug sich im Juni 1972 zu. Das »Office of Management and Budget«, das Arbeitsministerium und HEW sowie der Stab des »Domestic Council« hatten für den Präsidenten ein Papier verfaßt, das ihm die möglichen Entscheidungsvarianten aufzeigte: »Drei Möglichkeiten wurden analysiert: (A) Festhalten an H. R. 1; (B) Kompromiß mit Long; und (C) Kompromiß mit Ribicoff.« (Burke und Burke, 184) Das Strategiepapier fuhr dann fort mit der Feststellung, daß die Möglichkeit (C) »die einzig mögliche Strategie [ist], die zur Verabschiedung des Gesetzes führen kann«. Die meisten Beobachter sind sich einig, daß der Präsident an diesem Punkt hätte gewinnen können, wenn er auf den Kompromiß mit Ribicoff und den Liberalen eingegangen wäre. Doch der Präsident zog es vor, nicht zu gewinnen. »Präsident Nixon verkündete seine Entscheidung am 22. Juni 1972, fünf Tage nach dem Watergate-Einbruch. Nixon erklärte auf einer Pressekonferenz, er werde an seiner ›Position der Mitte‹ festhalten und den vom Repräsentantenhaus bereits verabschiedeten Entwurf

H. R. 1 weiterhin unterstützen«, obwohl das Strategiepapier für diesen Fall nur die Unterstützung durch 20 Senatoren vorhergesagt hatte (Burke und Burke, 185). Durch ein parlamentarisches Manöver gelangte der Ribicoff-Kompromiß am 4. Oktober 1972 zur Abstimmung im Senat, doch ohne die Unterstützung des Präsidenten wurde er mit 52 zu 34 Stimmen abgelehnt.

Mittlerweile hatte nämlich der Präsident herausgefunden, daß aus der Fürsorgeproblematik politisches Kapital zu schlagen war, wahrscheinlich sogar mehr aus der allgemeineren Problematik als aus dem von ihm selbst vorgeschlagenen Gesetz. Durch die unermüdliche Betonung des »pathologisierenden« Charakters der Sozialfürsorge hatten Nixon und Moynihan dem fürsorgefeindlichen Klima der Zeit entsprochen, wenn nicht sogar entscheidend zu seiner Auslösung beigetragen. So kam Nixon, als er seine bevorstehende Wahlkampagne von 1972 überdachte, zu dem Schluß, »daß es weiser wäre, ein Wahlkampfthema zu haben als einen verabschiedeten Plan« (Burke und Burke, 185).

Der Mangel an ehrlicher Unterstützung des Weißen Hauses für einen Kompromißentwurf zur Fürsorgereform, der mit der rhetorischen Ausbeutung des Themas durch Nixon zur Gewinnung von Wählerstimmen zusammenfiel, verärgerte und entmutigte viele Liberale, die eine Reformierung des Fürsorgesystems unterstützt hatten. Auch sie fingen nun an, Nixons Motiven zu mißtrauen. Einer von ihnen war Hyman Bookbinder, der Vertreter des »American Jewish Committee« in Washington, der am 14. November 1972 an Moynihan schrieb:

»Ich wußte schon vor sechs Monaten, daß H. R. 1 gestorben war. Es war klar, daß die Regierung der Auffassung war, sie könne sich in einem Wahljahr nicht mit einem Wohlfahrtsprogramm belasten... doch im Verlauf meiner weiteren Anstrengungen, den Entwurf durchzudrücken, wurde mir klar, daß das Gesetz *zu keinem Zeitpunkt* die *entschiedene* Unterstützung der Pennsylvania Avenue genoß, die es benötigt hätte. Die mehreren generellen Erklärungen des Präsidenten waren willkommen, doch wurden sie durch die Inflexibilität und Unnachgiebigkeit der Regierung bei den bescheidenen Verbesserungsvorschlägen mehr als unglaubwürdig gemacht.
...
Doch jetzt, Pat, komme ich zu dem wirklichen Grund für diesen Brief. Obwohl ich die Anbiederung an bestehende Vorurteile gegen öffentliche Unterstützung, die aus politischer Opportunität erfolgt, nicht billigen kann, kann ich sie doch immerhin verstehen. Jeder legislative Vorstoß erfordert subtile Überlegungen über Timing und Schwerpunktsetzung. Doch

was mir Sorge bereitet, ist die Tatsache, daß diese Vorurteile gegen die Sozialfürsorge so tiefe Wurzeln geschlagen haben und inzwischen so weit verbreitet sind, daß vielleicht kein echter Fortschritt mehr erzielt werden kann. Wichtiger noch, ich bin durch meine Interpretation [der Bemerkungen des Präsidenten] zu der Überzeugung gekommen, daß er selbst das Opfer einiger der übelsten Vorurteile und Fehlinformationen geworden ist.« (Hervorhebung im Original)[44]

Angesichts all dieser Tatsachen gibt es gute Gründe für die Vermutung, daß der FAP, wäre er verabschiedet worden, auf eine Art und Weise in die Praxis umgesetzt worden wäre, die sich in Einklang mit der übrigen Politik Nixons befunden hätte – und die war den Armen gegenüber durch und durch antagonistisch. Um es ganz einfach zu formulieren: es war die Wohlfahrtsexplosion der sechziger Jahre gewesen, die zu offiziellen Reformbemühungen geführt hatte. Infolge jener Explosion waren Millionen von Menschen in den Genuß der Sozialfürsorge gekommen. Die Armut in Amerika war beträchtlich reduziert worden, und es wurde sogar ein Schritt in Richtung auf eine Art garantiertes Mindesteinkommen für alle Amerikaner gemacht. Diese Erfolge waren es, die das Objekt der »Reform« bildeten.

Widerstand der »National Welfare Rights Organization« gegen die Fürsorge-»Reform«

In der Zeit zwischen der Vorlage des FAP im Jahr 1970 und seiner endgültigen Niederlage im Jahr 1972 stand die Reorganisation des Wohlfahrtssystems ganz oben auf der politischen Tagesordnung der Vereinigten Staaten. Trotz der hitzigen Debatten rieten wir George, die NWRO solle sich nicht kopfüber in die parlamentarischen Wildwasser stürzen. Wir glaubten, daß die NWRO ihre Effektivität als Lobby ständig überschätzte. Damals war die Mitgliederbasis der NWRO schon so gut wie zerstört, und der parlamentarische Kampf um die Vorschläge des Präsidenten bot auf keinen Fall eine Chance, diesen Umstand zu beheben (falls er sich überhaupt hätte beheben lassen). Es würde ganz sicher ein langer und ermüdender Kampf werden, und ebenso sicher war, daß er alle Ressourcen der NWRO von der Basis abziehen würde. Statt dessen meinten wir, die NWRO sollte sich wieder der Straße und den Wohlfahrtszentren zuwenden und sich um die Mobilisierung der Älteren und

Unterbeschäftigten bemühen. Die Publizität, die Nixons Vorschlag zur Bezuschussung niedriger Einkommen erzielt hatte, hätte Kampagnen zur Mobilisierung der unter der Armutsgrenze lebenden Erwerbstätigen mit dem Ziel, über die »general assistance«-Kategorie in den nördlichen Bundesstaaten Beihilfen zu erhalten, neue Legitimität verleihen können.

Wie schon zuvor, argumentierten wir mit dem Hinweis auf die anhaltende Auflehnung der *unorganisierten* Armen selbst. Während die schwarze Bewegung als Ganzes in dieser Periode zurückgefallen war, blieb die Zahl der Anträge auf Sozialhilfe gleichbleibend hoch, und auch die Bewilligungsquoten blieben auf hohem Niveau. Obwohl die *organisierten* Empfängergruppen damals aufgrund des veränderten politischen Klimas nach dem Wahlerfolg Nixons auf Widerstand von den Wohlfahrtsverwaltungen zu stoßen begannen, blieb doch der Bewilligungsprozeß noch relativ offen. Die Auswirkungen jahrelanger Proteste auf Fürsorgebestimmungen und -praktiken würden nicht so schnell wieder rückgängig gemacht werden können. In dieser Periode erreichten einige wichtige Fälle, in denen es um versuchte Einschränkungen der Anspruchsberechtigung ging, den Obersten Gerichtshof, und die Urteile fielen noch immer günstig aus. HEW konnte seine neuen restriktiven Richtlinien nicht alle auf einmal erlassen. Und durch die Folgen der Nixon-Rezession schwoll das Heer der Fürsorgeempfänger sogar noch rascher an als zuvor.

Doch George entschied sich anders. Sein Entscheidungsspielraum war durch eine Reihe organisatorischer Probleme eingeschränkt. Es war ihm natürlich nicht entgangen, wie schmal die Mitgliederbasis geworden und wie sehr die Militanz der lokalen Gruppen zurückgegangen war. Es war daher nur schwer abzuschätzen, ob überhaupt noch eine Infrastruktur bestand, über die Rekrutierungskampagnen unter neuen gesellschaftlichen Gruppen hätten entwickelt werden können; auch war nicht klar, ob noch eine genügend breite Basis unter den Wohlfahrtsempfängern existierte, um einer immer restriktiveren Fürsorgepraxis Widerstand entgegensetzen zu können. Derartige Kampagnen anzukündigen, nur um ihr Scheitern zu erleben, hätte einzig dazu geführt, der Öffentlichkeit die Schwäche der NWRO an der Basis zu demonstrieren. Und George konnte den Verband ohnehin nicht auf die Organisierung mehrerer verschiedener Gruppen der Unterschicht (in diesem Fall der Älteren und erwerbstätigen Armen) verpflichten, ohne mörderische Auseinandersetzungen mit etablierten Führern aus den Reihen der Wohlfahrtsempfänger zu riskieren, die eine solche Kursänderung schon bei früheren Gelegenheiten verhindert hatten.

Andererseits war die Verlockung groß, sich in das Kampfgetümmel um die Reform des Fürsorgesystems zu stürzen. Die NWRO verfügte damals über einen großen Mitarbeiterstab in ihrem nationalen Büro. Der ganze Apparat war äußerst kostspielig und ließ sich in einem politischen Klima, das es zunehmend schwieriger machte, die notwendigen Mittel aufzutreiben, nur mühsam aufrechterhalten. Die parlamentarische Auseinandersetzung um die Fürsorge versprach der NWRO breite Publizität, was dem Spendenaufkommen nur zugute kommen konnte. Schließlich versprach das Interesse vieler gesellschaftlicher Gruppen sowie der Medien an dem Thema auch den Vertretern einer Organisation der Wohlfahrtsempfänger, die sich an den Lobby-Aktivitäten beteiligten, einen Platz im Rampenlicht. Für die Spitzenfunktionäre der NWRO bot sich die Gelegenheit, ein großes Maß nationaler Anerkennung zu erfahren – eine in der Tat mächtige Verlockung. Die Entscheidung fiel daher zugunsten der Lobby-Aktivitäten.

Wie groß die Verlockung war, Anerkennung gewinnen und den organisatorischen Apparat wieder aufbessern zu können, läßt sich vielleicht daran erkennen, daß zu Beginn der Debatte über den »Family Assistance Plan« unter den Führern der NWRO erhebliche Unsicherheit bestand, ob man ihn nun eigentlich unterstützen oder ablehnen sollte. Doch spielte das keine so wichtige Rolle, solange sich nur die Möglichkeit bot, in der politischen Arena aufzutreten. Die NWRO war entschlossen, die Gelegenheit, sich endlich wieder bemerkbar machen zu können, auch zu nutzen; in Sachfragen würden sich im Laufe der Zeit schon die richtigen Positionen ergeben.

Zunächst gelangte man zu der etwas wackligen Entscheidung, das Gesetz zu unterstützen. Ziel war, es zu verbessern: das Niveau der Mindestzahlungen sollte angehoben (»UP THE NIXON PLAN!«), der Arbeitszwang eliminiert und eine Reihe materieller und prozeduraler Rechte in den Entwurf eingefügt werden. Im Sommer 1970 machte die NWRO jedoch eine Kehrtwendung und kämpfte fortan gegen die Verabschiedung des Gesetzes (»ZAP FAP!«).[45] In der Folgezeit arbeitete die NWRO mit großem Eifer an der Analyse des beachtlichen Potpourris alternativer Entwürfe und Zusätze, die dem Kongreß vorgelegt wurden, und verbreitete diese Analysen überall durch ihre Informationsblätter und andere Postsendungen. Sie bearbeitete unermüdlich einzelne Kongreßmitglieder und half dabei mit, Gruppen von Abgeordneten in Initiativgruppen gegen den FAP zu organisieren. Schließlich versuchte sie noch, WRO-Ortsgruppen im ganzen Land dazu zu bewegen, ihre jeweiligen Kongreßabgeordneten zu bearbeiten und an den verschiedenen Demonstrationen in der Bundeshauptstadt teilzunehmen. Kurzum: vom Herbst 1969 an verwandte die NWRO einen erheblichen Teil ihrer Energien und Mittel auf den Versuch, die Wohlfahrtsgesetzgebung im Kongreß zu beeinflussen.

Wie effektiv war die Kampagne der NWRO gegen die Reform des Wohlfahrtssystems? Die Antwort auf diese Frage ist offensichtlich von zentraler Bedeutung für die These dieses Buches. Die NWRO selbst rühmte sich, ganz entscheidend, wenn nicht gar allein für die Niederlage des Gesetzes verantwortlich gewesen zu sein. Die Tatsachen sprechen allerdings eine andere Sprache, denn faktisch war der Einfluß der NWRO unbedeutend.

Der einzige Punkt, an dem die NWRO einen gewissen, aber kaum entscheidenden Einfluß auf eine wichtige Entscheidung hatte, war die Abstimmung im »Senate Finance Committee« im November 1970, nachdem das Gesetz erstmals das Repräsentantenhaus passiert hatte. Der Senatsausschuß lehnte das Gesetz mit zehn gegen sechs Stimmen ab, und zu den Nein-Sagern zählten auch drei liberale Demokraten, von denen eine Unterstützung des Gesetzes zu erwarten gewesen war (Eugene McCarthy von Minnesota, Fred Harris von Oklahoma und Albert Gore von Tennessee). Die Lobbyisten der NWRO behaupten, sie hätten sowohl die Entscheidung von Harris als auch von McCarthy beeinflußt, und berücksichtigt man andere Formen der Unterstützung, die diese beiden Senatoren im Laufe der Zeit der NWRO hatten zukommen lassen, erscheint diese Behauptung auch glaubhaft. Gores Stimmabgabe hatte jedoch nichts mit der NWRO zu tun: Er war gerade nach 32 Jahren im Senat nicht wiedergewählt worden, zum Teil, weil er von den Wahlstrategen der Republikaner im Zwischenwahlkampf von 1970 besonders stark angegriffen worden war – seine Nein-Stimme war ein Akt der Vergeltung gegen die Nixon-Administration.[46] Ohne die Aktivitäten der NWRO hätte diese frühe und wichtige Abstimmung im Finanzausschuß durchaus acht zu acht ausgehen können. Allerdings hätte auch Stimmengleichheit laut Satzung die Ablehnung des Entwurfs bedeutet; er wäre also auch dann nicht weitergeleitet worden – im Endeffekt spielte es folglich keine Rolle, ob sich die NWRO nun engagiert hatte oder nicht.[47]

Im Juni 1971 passierte das Gesetz in einer Neufassung erneut das Repräsentantenhaus (aber mit kleinerer Mehrheit). Und wieder wurde die entscheidende Schlacht im Senat geschlagen, wo der von Senator Long geführte Ausschuß den Entwurf blockierte. Die Rolle der NWRO beschränkte sich im wesentlichen darauf, die Unterstützung der Liberalen für das Gesetz zu schwächen, indem sie die Abgeordneten auseinanderdividierte und verwirrte. Wenn Schwarze das Gesetz allem Anschein nach ablehnten, dann wurde es für einige weiße Liberale schwieriger, es zu unterstützen. Trotzdem formierte sich unter der Führung von Abraham Ribicoff, den die NWRO deshalb heftig angriff, eine liberale Koalition, die zu mehreren Punkten mit konservativen Abgeordneten und Regierungsvertretern Kompromisse zustande brachte. Doch zu dieser Zeit rückte der Präsident bereits von seinem eigenen Vorschlag ab und verweigerte den Kompromissen seine Zustimmung.

Darüber hinaus waren diese Einzelabmachungen – *für sich genommen* – von keiner großen Bedeutung. Der Ausschutzvorsitzende Long hatte, wie andere Senatoren auch, überdeutlich klar gemacht, daß das Gesetz durch einen Filibuster blockiert würde, sollte es jemals im Plenum behandelt werden. Nach Einschätzung verschiedener Experten dieses Gesetzgebungsverfahrens, wie beispielsweise Mitchell I. Ginsberg, wäre es unmöglich gewesen, genügend Stimmen zu sammeln, um ein Ende der Debatte zu erzwingen. Selbst wenn man von der äußerst unwahrscheinlichen Annahme ausgeht, daß das Ende der Debatte hätte durchgesetzt werden können, wären den Gegnern des Gesetzes viele andere Möglichkeiten offengeblieben, es später zu widerrufen oder durch verkrüppelnde Zusätze zu unterlaufen. Der entscheidende Punkt ist, daß sich der Erfolg einer Lobby-Strategie nicht an momentanen Erfolgen ablesen läßt, sondern an der Fähigkeit, über Jahre, trotz anhaltender und entschlossener Opposition, einflußreich zu bleiben.

Die Ineffektivität der NWRO auf der parlamentarischen Bühne wird noch durch einen weiteren Vorfall illustriert. Im Zuge der Debatte um die Reform der Sozialfürsorge verabschiedete der Kongreß einen extrem restriktiven Zusatz zum »Social Security

Act«. Erinnern wir uns, daß der Kongreß schon einige Jahre früher damit begonnen hatte, seiner Besorgnis über steigende Empfängerzahlen Ausdruck zu verleihen, wie etwa durch die Verabschiedung von Umschulungs- und Beschäftigungsprogrammen im Jahre 1967. Das ursprüngliche Programm zur Förderung von Arbeitsanreizen (»Work Incentives Now«) sah vor, daß die Akten der Wohlfahrtsämter nach Personen durchforstet wurden, die für Umschulung und Arbeit in Frage kamen, und dann als »beschäftigungsbereit« zu registrieren waren. In den späten sechziger Jahren führten die Sozialämter dieses Programm nur sehr zurückhaltend durch, weil sie mögliche Auswirkungen in den Gettos fürchteten. Doch gegen Ende 1971 beschloß der Kongreß, dem Gesetz mehr Biß zu verleihen. Er verabschiedete einen Zusatz, der spezifizierte, daß jeder Bundesstaat, der nicht mindestens 15% der im Verlauf eines Jahres durchschnittlich als »beschäftigungsbereit« registrierten Personen Arbeit zugeteilt hatte, dadurch zu bestrafen sei, daß ihm für jeden Prozentpunkt, den er unter dem geforderten Satz zu vermittelnder Personen blieb, 1% von den Bundeszuschüssen zu seinen Fürsorgekosten abgezogen wurden. Der Zusatz passierte den Senat *ohne eine einzige Gegenstimme*, obwohl die Präsenz der NWRO als Kongreßlobby in dieser Periode ihren Höhepunkt erreichte (Burke und Burke, 164).

Nun wollte die NWRO mit ihrer Lobby mehr, als nur in den Gesetzgebungsprozeß einzugreifen. Im Verlauf der Auseinandersetzungen um die Reorganisation der Sozialfürsorge erreichten die Organisation und ihre Sprecher einen enormen Bekanntheitsgrad, wodurch die Illusion möglicher politischer Einflußnahme neue Nahrung erhielt. Getreu dieser Illusion beschloß die Führung der NWRO, sich bei den Demokraten und Republikanern nachdrücklich in Erinnerung zu bringen, als die beiden Parteien im Frühjahr und Sommer 1972 ihre Wahlkampfprogramme für die anstehenden Präsidentschaftswahlen formulierten. Diese Tatsache weist darauf hin, wie weit die NWRO sich schon auf die parteipolitische Ebene begeben hatte und sich selbst als politischen Machtfaktor begriff. Den Kurswechsel hatte George bereits auf dem Kongreß von 1970 signalisiert, als er verkündete: »Wir müssen eine Lobby werden, eine richtige politische Organisation, und auch in Wahlkreisen und Stimmbezirken politisch tätig sein.« (Martin, 131) Und so rief eine Organisation von Wohlfahrtsempfängern, deren zusammengeschrumpfte Gefolgschaft nicht einmal mehr ein einzelnes Fürsorgeamt irgendwo im Land zu stürmen vermochte, im November 1971 durch ihr Informationsblatt dazu auf, das gesamte politische Wahlsystem der Vereinigten Staaten zu stürmen. Die folgende Äußerung von Beulah Sanders, die 1971 zur Vorsitzenden des Nationalen Koordinierungsausschusses gewählt wurde, verdient allein schon deshalb vollständig zitiert zu werden, weil sie das ganze Ausmaß des Realitätsverlustes, der die Organisation befallen hatte, vermittelt:

»Auf dem letzten NWRO-Kongreß gab es ein eindeutiges Mandat von der Mitgliedschaft, daß die NWRO eine wichtige Rolle in den politischen Arenen überall im Land übernehmen soll. Diesem Mandat entsprechend willigte eure Vorsitzende ein, sowohl in Boston als auch in New York bei den regionalen Programmdiskussionen der ›New Democratic Coalition‹ aufzutreten.

Die NWRO hat außerdem beim Aufbau des ›National Women's Political Caucus‹ eine bedeutende Rolle gespielt, und wir helfen mit, ähnliche Gruppen in mehreren Bundesstaaten zu formieren. Das kommende Jahr wird für das ganze Land bedeutende politische Aktivitäten mit sich bringen, und es wird von sehr großer (politischer) Bedeutung für die WROs im Land sein. So laßt uns alle Brüder und Schwestern unter der Parole ›Brot, Gerechtigkeit und Menschenwürde‹ in dem harten Kampf, der vor uns liegt, vereinen.

Denn es ist unsere Absicht, eine große ›welfare rights‹-Fraktion auf dem Demokratischen Parteikonvent zu bilden. Wir müssen vor Ort ansetzen, um sicherzustellen, daß unsere Mitglieder in den Wählerlisten registriert sind und daß wir so früh wie möglich anfangen, uns um die verschiedenen Delegiertensitze zu bewerben, indem wir gleiche Repräsentation für unsere Mitglieder verlangen. Wir müssen uns mit anderen Organisationen zusammentun und Kandidaten für die verschiedenen politischen Ämter in Bund, Ländern und Gemeinden aufstellen. Politik ist in diesem Land in der Vergangenheit ein sehr schmutziges und auf wenige Personen beschränktes Geschäft gewesen.

Wir müssen das ändern. Denn in der Vergangenheit haben wir erlebt, was mit Kandidaten geschehen ist, die die Unterstützung der einfachen Leute gewonnen haben und sich dann trotzdem den alteingesessenen Parteibonzen verpflichtet fühlen. So wird es also unsere Aufgabe sein, Kandidaten auszusuchen und zu unterstützen, denen wir vertrauen können.

Es wird von großer Bedeutung für uns sein zu wissen, was in euren Gemeinden vorgeht, damit wir von der Bundesebene aus daran arbeiten können, die Pläne für das nächste Jahr zu entwickeln. Fangt also schon jetzt an: Trefft euch mit anderen Gruppen, vor allem Frauengruppen, um eure Strategien zu diskutieren. Als Wohlfahrtsempfänger, die einen großen Teil der Armen in diesem Land repräsentieren, ist es unsere Aufgabe, die Forderung nach einem ›angemessenen Einkommen‹ als lebenswichtigste Frage in allen unseren Kampagnen ganz vornean zu stellen. Die ›Fürsorgereform‹ wird 1972 ein ganz wichtiges Thema sein, doch dürfen wir uns nicht in dieser Falle fangen lassen, wie es so vielen liberalen Kandidaten und Organisationen passiert ist, denn wir wollen mehr als nur eine ›Fürsorgereform‹. Uns geht es um ein ›garantiertes, angemessenes Einkommen‹ für alle Amerikaner – Männer wie Frauen, Kinder, Schwarze, Weiße und Rote, Beschäftigte oder Arbeitslose.«

Im Juni 1972 verkündete die Organisationsleitung ihren Mitgliedern: »Wir werden mit derselben Taktik zum Demokratischen Parteikonvent gehen, die wir bei allen Konfrontationen mit ungerechten Systemen angewandt haben: von innen repräsentiert sein, mit unserer wahren Stärke aber draußen auf der Straße.« Eine große Demonstration wurde geplant, und unter Einsatz enormer finanzieller Mittel der Bundesorganisation und Mitgliedsgruppen nahmen tatsächlich rund 500 Funktionäre, Mitglieder und »organizers« teil. Aufgrund der außergewöhnlichen Zusammensetzung der Delegierten auf diesem Demokratischen Wahlparteitag gelang es der NWRO, 1 000 Stimmen (rund 1 600 wären für einen Abstimmungssieg nötig gewesen) für einen Programmpunkt zu gewinnen, der ein garantiertes Mindesteinkommen von 6 500 Dollar für eine vierköpfige Familie forderte. Das stieg einigen ganz schön zu Kopf. »Wir haben verloren«, ließ die NWRO in einem Informationsblatt nach dem Parteitag wissen, »aber moralisch haben wir gesiegt.« (Wie groß der moralische Sieg tatsächlich gewesen war, wurde im November offenbar, als McGovern – zum Teil wegen seiner zumindest in den ersten Monaten des Wahlkampfes vorgebrachten Forderung eines garantierten Mindesteinkommens von 4 000 Dollar für eine vierköpfige Familie – von den Wählern hinweggefegt wurde.) Was den Republikanischen Parteikonvent betraf: dort gab es keinen moralischen Sieg zu feiern – dort war, so verkündete die NWRO: »Kein Platz für die Armen«.

Die Auflösung der »National Welfare Rights Organization«

Während dieser Periode war eine ganze Reihe lokaler Aktivisten zu dem Schluß gekommen, daß auch in der Bundesorganisation der NWRO »kein Platz für die Armen« sei. Auf dem Bundeskongreß von 1971 kam es dann zu einer Revolte, die von einigen älteren

Aktivisten angeführt wurde. Der Aufstand richtete sich gegen die Tatsache, daß den Mitarbeitern an der Basis kaum noch Hilfe durch die Bundesorganisation zuteil wurde, obwohl die politische Arbeit vor Ort vollends zusammenzubrechen drohte. Den Aktivisten ging es um eine Ausweitung der Mitgliedschaft, um vor den politischen Gremien der Bundesstaaten und Kommunen als ernstzunehmende Lobby gegen die vielfältigen Kürzungen in der Sozialfürsorge auftreten zu können; sie verlangten von der Zentrale die Bereitstellung von Mitteln, um diesen Prozeß vorantreiben zu können. In ihren Augen war der Aufbau lokaler Gruppen für die Bundesorganisation – aufgrund ihrer Fixierung auf die Lobby-Aktivitäten in der Bundeshauptstadt – zu einem Problem von zweitrangiger Bedeutung geworden. Ferner beklagten sie die negativen Auswirkungen, die die wiederholten Aufrufe der NWRO zu zentralen Demonstrationen in Washington (und später anläßlich der Nominierungskonvente der beiden großen Parteien) auf die politische Arbeit vor Ort hatten. Diese Demonstrationen lenkten die Empfängergruppen von lokalen Aktivitäten ab, und die Reisekosten rissen große Löcher in die ohnehin nicht besonders gefüllten Kassen der Ortsgruppen.

Schon der äußere Charakter des Bundeskongresses von 1971 löste Unmut unter den Aktivisten aus. Der Kongreß sollte die Rolle der NWRO als einflußreiche Lobby und potentieller Bündnispartner wirksam in Szene setzen. Zum Hauptredner hatte man Senator George McGovern auserkoren, der sich damals zwar schon auf seine Kandidatur für die Wahl zum Demokratischen Präsidentschaftskandidaten vorbereitete, aber noch nicht allzu häufig aufgefordert wurde, als Redner auf Kongressen aufzutreten. McGovern hatte sich bereit erklärt, einen Gesetzentwurf über ein garantiertes Mindesteinkommen, der von der NWRO entworfen worden war, im Kongreß einzubringen (nicht jedoch, ihn auch öffentlich zu unterstützen), und die Führung hoffte, dem Entwurf durch McGoverns Anwesenheit auf dem Bundeskongreß nationale Beachtung verschaffen zu können. Neben dem Senator verliehen noch andere bekannte Persönlichkeiten, wie Shirley Chisholm und Gloria Steinem, der Rednertribüne Glanz. Anwesende »organizers« machten jedoch darauf aufmerksam, daß niemand über die Rekrutierung neuer Mitglieder redete, was ihnen erhebliche Kopfschmerzen bereitete.

Zudem hatte die Struktur der NWRO und ihrer Bundeskongresse

zu dieser Zeit bereits zu einer effektiven Spaltung zwischen »organizers« und den Sprechern der Empfängergruppen geführt. Letztere trafen sich separat mit einigen Mitgliedern des nationalen Stabes in der offensichtlichen Absicht, die Richtlinien der Organisationspolitik festzulegen; »organizers« wurden dabei nicht konsultiert. In diesem Sinne war die NWRO wahrhaftig eine Organisation der Armen; die »organizers« hatten mittlerweile einiges Mißfallen über ihren Ausschluß geäußert (obwohl sie selbst diese Organisationsstruktur geschaffen hatten). In der Praxis fiel den Delegierten der lokalen Gruppen meist nur eine rein formelle Rolle im politischen Entscheidungsprozeß zu; die Macht hielten die gewählten Vertreter der einzelnen Bundesstaaten, die den Nationalen Koordinierungsausschuß und das Exekutivkomitee bildeten, in ihren Händen. Diese Frauen waren in der Regel für die Sprecher der Ortsgruppen so prominent und einschüchternd geworden, daß sie den Meinungsbildungsprozeß auf den Kongressen beliebig dominieren konnten. Den Delegierten überließ man nur noch die Ratifizierung der von der Führung vorgelegten Beschlüsse. Die Kongresse der siebziger Jahre dienten im Grunde genommen nur noch den Interessen der Organisationsleitung. »Organizers« und einfache Delegierte fühlten sich nicht berücksichtigt, an den Rand gedrängt durch die großen Gesetzgebungsvorhaben der NWRO, durch die Amtsträger, die ihren Besuch abstatteten, durch die Pressekonferenzen und die vorher festgelegten Tagesordnungen. Sie waren verwirrt und gelangweilt durch die endlosen Stunden, die damit verbracht wurden, Zusätze zum ausgefeilten Statut der NWRO zu verabschieden und Resolutionen zu erörtern, die sich mit Gesetzesvorschlägen auseinandersetzten, die vom Alltagsleben der Aktivisten weit entfernt schienen. Die Wut war verflogen, die Spontaneität, das Gefühl der Zusammengehörigkeit, Solidarität und Militanz waren ebenfalls verschwunden. Das alles hatte dem Focus auf Organisationsstruktur und politischer Einflußnahme weichen müssen.

Die Beschwerden der »organizers« prallten an den Mitgliedern des Nationalen Stabes und des Nationalen Koordinierungsausschusses jedoch weitgehend ungehört ab. Aus dem fortwährenden Streit um Ressourcen und Prioritätensetzung ging die Organisationsleitung in aller Regel als Sieger hervor, hauptsächlich aufgrund ihrer überlegenen Fähigkeit, Spenden zu werben und die öffentliche Aufmerksamkeit auf sich zu lenken, selbst wenn letztere durch die Aktivitäten lokaler »welfare rights«-Gruppen geweckt worden war. Folglich wandten sich nach dem Kongreß von 1971 viele »organizers«, besonders die erfahreneren, von der NWRO ab. Bis zu diesem Zeitpunkt hatten sie große Loyalität bewiesen; man konnte sich stets darauf verlassen, daß sie sich den Entscheidungen der Führung beugten. Doch das war nun vorbei. Die NWRO hatte zuerst ihre Mitgliederbasis eingebüßt; jetzt verlor sie die Treue vieler ihrer ältesten Aktivisten.

Wie gering man in diesen Jahren die Bedeutung der Basisarbeit tatsächlich schätzte, wird durch die Aufteilung des Bundeshaushalts der NWRO offenkundig. In den ersten Jahren war ein bescheidener Anteil dafür aufgewandt worden, die Gehälter und andere Ausgaben einiger lokaler »organizers« abzudecken; ein anderer Teil ging an den Mitarbeiterstab in der Bundeshauptstadt, dessen Hauptaufgabe damals noch darin bestanden hatte, die lokalen Gruppen mit bestimmten Dienstleistungen zu versorgen. In den siebziger Jahren floß jedoch fast das gesamte Spendenaufkommen in die Kanäle des nationalen Apparates. Die NWRO verfügte in jenen Jahren über ein recht beachtliches Budget, in der Regel weit über 250 000 Dollar pro Jahr. Doch nur ein verschwindend kleiner Teil davon fand den Weg in die lokalen Niederungen. Es war wie so oft: in Washington hatte sich eine große Bürokratie entwickelt; die Zahl der festangestellten Mitarbeiter schwankte zwischen 30 und 50. Die regelmäßigen Sitzungen des Vorstands und des Nationalen Koordinierungsausschusses waren kostspielig. Recherchen, die Herstellung von Artikeln, Broschüren usw. und das Drucken der Veröffentlichungen – alles Aktivitäten, auf die eine effektive Lobby nicht verzichten kann – verschlangen eine Menge Geld. Nationale Demonstrationen waren überaus teuer: die Planung und Durchführung des »Children's March for Survival« verschlang zum Beispiel laut Schätzungen mehr als 100 000 Dollar. Mit anderen Worten, die lokalen Gruppen wurden, trotz ihres weit geringeren Spendenaufkommens, weitgehend sich selbst überlassen.

Auf dem Kongreß von 1973 ließen die übriggebliebenen lokalen Aktivisten und Fürsorgeempfänger noch eine Menge mehr Dampf ab. Die damalige amtierende Vorsitzende der NWRO, Faith Evans, berichtete einem Reporter der *Washington Post* nach dem Kongreß:

»Die NWRO wandte ihr (1972er) Budget von 300 000 Dollar für den Kampf gegen Präsident Nixons Vorschlag zur Reform der Sozialfürsorge und für den Kampf um bessere politische Repräsentation der Armen auf den Parteikonventen der Demokraten und Republikaner auf. Auf dem NWRO-Kongreß haben die Leute mir ständig in den Ohren gelegen, daß der nationale Apparat in den letzten beiden Jahren alle Mittel an sich gerissen hätte und daß sie da draußen gekämpft, von dem Geld aber nichts gesehen hätten. Wenn wir in den nächsten sechs Monaten 100 000 Dollar reinbekommen sollten, dann, denke ich, werden 80% im Feld ausgegeben werden.«

In einem Informationsblatt kündigte die Organisationsleitung weiterhin an:

»Die Kongreßdelegierten haben das nationale Büro angewiesen, unsere Prioritäten neu zu überdenken und unsere Basisaktivitäten wiederzubeleben, so daß wir die lokalen Gruppen kontinuierlich bei ihren Aufbau- und Organisierungsaktivitäten unterstützen können. Es ist schon seit einiger Zeit, seit dem Ende der Auseinandersetzungen um den FAP, die Absicht des nationalen Büros gewesen, diesen Prozeß einzuleiten. Das nationale Büro hat sich nun verpflichtet, den größten Teil seiner Ressourcen in die Organisierungsarbeit in den Gemeinden zu stecken.«

Doch es war schon zu spät. Die Chance, die Basis zu organisieren, bestand nicht mehr – nicht zuletzt, weil sich die Unruhe unter den Schwarzen gelegt hatte. Und nach dem Niedergang der schwarzen Bewegung waren auch die Geldquellen versiegt, ohne die politische Arbeit nicht möglich war. Wie zuvor schon die Regierung, hatten auch private Eliten damit begonnen, Organisierungsbemühungen unter der städtischen, schwarzen Armutsbevölkerung ihre Unterstützung zu entziehen. Ein Geldgeber nach dem anderen ließ verlauten, man lege »das Schwergewicht nicht länger auf die Armut«. Infolge dieser Entwicklung baute die NWRO rasch einen gewaltigen Schuldenberg auf. Im Herbst 1974 gab Johnnie Tillmon (der erste Bundesvorsitzende der NWRO), der nach Wileys Rücktritt im Dezember 1972 dessen Posten als permanenter Exekutivdirektor übernommen hatte, einen »Gesamtplan für die Erhöhung des Spendenaufkommens der ›National Welfare Rights Organization‹« bekannt. Der Plan setzte das Ziel, sechs Jahre lang jährlich eine Million Dollar an Spenden – vor allem in Form kleiner Beträge von den Armen – aufzubringen. Doch die Reaktion blieb aus – weder die Armen noch sonst jemand rührte sich. Einige Monate später war die NWRO bankrott und das nationale Büro wurde geschlossen.

Die NWRO hat ihr selbstgestecktes Ziel nie erreicht: eine dauerhafte Massenorganisation aufzubauen, durch die die Armen Einfluß hätten ausüben können. Die NWRO hatte ein kurzes Leben – sechs oder sieben Jahre war sie erst alt, als sie unterging. Ebenso mißlang ihr Versuch, eine Massenbasis zu gewinnen: auf ihrem Höhepunkt zählte sie nicht mehr als 25 000 erwachsene Mitglieder. Auch glauben wir, daß ihre Bedeutung als Lobby relativ gering war, obwohl sie im Laufe der Zeit fast ihre gesamten Ressourcen in diese Aktivitäten steckte.

Doch letztlich war die NWRO nicht aus diesen Gründen ein Fehlschlag. Wir hatten ohnehin nicht erwartet, daß die NWRO auf Dauer bestehen bleiben, eine Massenbasis gewinnen oder zu einer einflußreichen Lobby heranreifen würde. Wir messen die NWRO vielmehr an einem anderen Kriterium, nämlich ob sie die momentane Unruhe unter den Armen ausnutzte, um ein Maximum an Konzessionen als Gegenleistung für die Wiederherstellung der Ruhe zu erringen. Es ist dieses Kriterium, das die NWRO zum Fehlschlag stempelt.

Die NWRO hatte einen Slogan – »Brot und Gerechtigkeit« –, und sie hatte begriffen, daß für die Menschen auf der unteren Stufe der gesellschaftlichen Hierarchie ein bißchen Brot ein bißchen Gerechtigkeit bedeutet. Hätte sie eine Mobilisierungsstrategie verfolgt und mehr und mehr der Bedürftigen dazu ermuntert, Sozialhilfe zu fordern, hätte die NWRO vielleicht einer weiteren Million Familien zu öffentlicher Unterstützung verholfen. Millionen anspruchsberechtigter Familien, vor allem aus dem Kreis der Älteren und der erwerbstätigen Armen, hatten noch keine Beihilfen beantragt, und Hunderttausenden potentieller AFDC-Empfänger wurde von den lokalen Fürsorgeämtern noch immer die Unterstützung versagt. Um diese Armen mobilisieren zu können, hätten sich die NWRO-Führer jedoch aus den Wandelhallen der Parlamentsgebäude und aus den Sitzungsräumen der Parteitage zurückziehen und statt dessen in die Fürsorgeämter zurückkehren müssen; sie hätten auf Stellungnahmen vor Parlamentsausschüssen und ähnliche Versuche politischer Einflußnahme verzichten und statt dessen wieder vor Ort agitieren müssen. Sie taten es nicht, und so wurde die Chance, für mehr Arme »Brot und Gerechtigkeit« zu erlangen, vertan.

Die Parallele zur Bewegung der Fürsorgeempfänger während der Großen Depression ist verblüffend. Die Armen übten nur so lange Einfluß aus, wie sie auf Sozialämtern demonstrierten und lautstark nach Unterstützung verlangten, wodurch sie einerseits prompte Zugeständnisse von seiten der Fürsorgeverwaltungen erhielten und andererseits Druck erzeugten, um auch vom Bund Konzessionen zu erzwingen. Wäre sie nicht mit verbreitetem Aufruhr und der sich verschärfenden Finanzkrise der Kommunen konfrontiert gewesen, die Roosevelt-Administration hätte sich wohl kaum zur Nothilfe für die Bedürftigen bereitgefunden. Doch auch damals wandten sich »organizers« schon bald der Aufgabe zu, ausgefeilte Organisationsstrukturen auf nationaler, regionaler und kommunaler Ebene zu entwickeln und feste Beziehungen zu verantwortlichen Politikern aufzubauen. Die Führer der Armen verwandelten sich allzu schnell von Agitatoren zu Lobbyisten, ihre Gefolgschaft wurde zunehmend inaktiv, und so ging die Fähigkeit verloren, die Instabilität zur Erzielung ökonomischer Zugeständnisse an die Armen zu nutzen. Schließlich, nachdem die Massenunruhen verebbt waren, brach die »Workers' Alliance« zusammen. Die Fürsorgebewegung der sechziger Jahre durchlief dieselben Prozesse und erlitt dasselbe Schicksal.

Abschließende Bemerkungen zur Bewegung der Schwarzen nach dem Zweiten Weltkrieg

Als die sechziger Jahre zu Ende gingen, hatte die Bewegung der Schwarzen, die in der Nachkriegszeit entstanden war, einige, wenn auch bescheidene, ökonomische Fortschritte erzielt. Ein großer Teil der arbeitslosen und verarmten Massen in den Städten erhielt Sozialfürsorge. Andere hatten vom wachsenden Umfang der städtischen Angestellten profitiert, der zum Teil durch die Bundesprogramme während der »Great Society«-Periode stimuliert worden war. Die Hochkonjunktur der späten sechziger Jahre hatte zudem mehr Schwarzen das Tor zur Beschäftigung im privaten Sektor geöffnet. Insgesamt hatte die Ausdehnung der Beschäftigung im öffentlichen und im privaten Sektor die Arbeitslosenrate der nichtweißen Bevölkerung etwas gesenkt.

Mitte der siebziger Jahre waren all diese Fortschritte schon wieder erheblich durchlöchert worden. Dafür gab es mehrere Gründe. Einmal wurden Konzessionen des Bundes wieder zurückgenommen, nachdem der schwarze Protest verstummt war. Mit dem Amtsantritt Richard Nixons wurde die Administration der Sozialfürsorge durch Bundesstaaten und Kommunen restriktiver gehandhabt, was teilweise auf rhetorische Drohungen und einschränkende Richtlinien der Bundesregierung zurückzuführen war.

Gleichzeitig wurden die Programme der »Great Society«, die dem schwarzen Protest als materielle Unterstützung und als Rechtfertigung gedient hatten, zurückgenommen, laufende Aktivitäten eingeschränkt und die finanziellen Mittel zugunsten von »revenue-sharing« oder Pauschalzuwendungen an die Einzelstaaten gekürzt bzw. gestrichen. Was immer die Formeln zur Neuverteilung des Steueraufkommens sonst noch bedeutet haben mögen, sie leiteten langsam die Geldströme von den älteren Städten zu reicheren Vororten, Städten und Gemeinden um; gleichzeitig wurde innerhalb der einzelnen Gemeinden ein Teil des Geldes, mit dem zuvor Arbeitsplätze und Dienstleistungen in den Gettogebieten geschaffen worden waren, dafür aufgewendet, den Polizeiapparat zu finanzieren oder die lokalen Steuersätze zu senken.

Während die Bundesregierung die Programme kürzte, die die Not der städtischen Armutsbevölkerung gelindert hatten, verursachte die anhaltende und wachsende Inflation der siebziger Jahre einen scharfen Rückgang des Lebensstandards bereits verelendeter Bevölkerungsteile. Die Arbeitslosenrate der Schwarzen war, wie üblich, bedeutend höher als die der Weißen; und die Inflation zerstörte zusehends die Kaufkraft der Sozialhilfezahlungen, die – aufgrund des feindseligen politischen Klimas der siebziger Jahre – nur selten erhöht wurden, mit Sicherheit nicht so weit, daß sie mit der Inflationsrate hätten Schritt halten können. Mitte der siebziger Jahre war in vielen Bundesstaaten das reale Einkommen der Wohlfahrtsempfänger schließlich um bis zu 50% zurückgegangen.

Diese Trends galten für die USA als ganze. Die Minderheiten waren dagegen überwiegend in den älteren Städten des Nordens konzentriert, wo die Auswirkungen der ökonomischen Trends der siebziger Jahre noch härter ausfielen und die Folgen von Inflation und Rezession durch bestimmte politische Entwicklungen verstärkt wurden. Die sogenannte »Finanzkrise der Städte« in den siebziger Jahren signalisierte eine konzentrierte Anstrengung der politischen und ökonomischen Eliten, das Realeinkommen der untersten Schicht der amerikanischen Arbeiterklasse durch weitgehende Einschränkung der Dienstleistungen, die dem öffentlichen Sektor abgerungen worden waren, zu reduzieren.

Die zugrundeliegenden Bedingungen der städtischen Finanzkrise hatten mindestens schon zwei Jahrzehnte früher eingesetzt. In den Jahren nach dem Zweiten Weltkrieg verloren viele ältere Städte einen Teil ihrer Industrie. Dieser Rückgang der innerstädtischen Produktion hatte eine Reihe von Gründen. Zum Teil resultierte er aus der Verlegung alter Fabriken in den Süden und ins Ausland sowie aus Neuinvestitionen zur Ausnutzung der dort billigeren Arbeitskraft. Zum Teil resultierte er auch aus der Verlagerung der Produktion in die Vorstädte, wo zwar die Arbeitskräfte nicht unbedingt billiger waren, wo aber der vom Bund finanzierte Ausbau des Straßennetzes, des Wohnungswesens und anderer Teile der Infrastruktur die Geschäftsunkosten auf mehrfache Art senkte. Zum Teil erfolgte er aufgrund der Tatsache, daß der Bund seine Verteidigungs- und Raumfahrtinvestitionen vor allem in den neueren Städten des Südens und Westens und nicht in den alten Industriestädten tätigte. Diese Trends der Produktionsverlagerung gingen Hand in Hand mit der Flucht von Handelsunternehmen und vielen wohlhabenden Bürgern aus den älteren Innenstadtbezirken in die vorgelagerten Gemeinden und den Süden der Vereinigten Staaten. (Inzwischen sind eine Reihe dieser Innenstädte mit Hilfe von Bundesmitteln zur Stadterneuerung durch den Bau von riesigen Bürotürmen und von Luxus-Appartement-Komplexen saniert worden. Hier residieren jetzt die zunehmend komplexen Verwaltungsapparate und das Management nationaler und internationaler Konzerne, deren Produktionsstätten ganz woanders angesiedelt worden sind.)

In der gleichen Periode hatten sich aber auch in großer Zahl Schwarze und hispanische Einwanderer in den Städten niedergelassen. Mitte der sechziger Jahre wurden diese entwurzelten und verelendeten Menschen schließlich rebellisch. Ihre Auflehnung trug wiederum dazu bei, daß auch andere Gruppen Forderungen stellten, so zum Beispiel die städtischen Angestellten. Da die Bürgermeister sich bemühten, diese aufsässigen Bevölkerungsteile durch Schaffung von Arbeitsplätzen, Hilfsprogrammen und Dienstleistungen zu besänftigen, schwollen die Haushalte der Städte schlagartig an. Doch solange die Städte noch in Aufruhr waren, mußte der politische Preis, den die Rebellen forderten, gezahlt werden, um die Ordnung wiederherzustellen. Folglich mußten die Kommunen trotz der fortwährenden Schwächung ihrer ökonomischen Basis die Steuern erhöhen und die Regierungen von Bund und Ländern immer weitere Zuschüsse gewähren. Mit diesen Mitteln konnten sich die Städte finanziell über Wasser halten – und auch politisch überleben. Alles in allem nahm der Anteil des amerikanischen Sozialprodukts, der in den öffentlichen Sektor floß, in den sechziger Jahren beträchtlich zu; der größte Teil dieses Anstiegs war auf wachsende Kommunal- und Staatshaushalte zurückzuführen.

Anfang der siebziger Jahre herrschte dann wieder Ruhe in den Städten, war die politische Stabilität weitgehend wiederhergestellt – nicht zuletzt ein Ergebnis der Zugeständnisse aus den sechziger Jahren. Zur selben Zeit aber wurde das Mißverhältnis zwischen Ausgaben und Einnahmen in den älteren Städten immer dramatischer, denn aufgrund der rezessiven Wirtschaftspolitik der Nixon- und Ford-Regierung verschärften sich die langfristigen ökonomischen Trends, die die industrielle Basis der Städte unterminierten. Während die Arbeitslosenraten in den Stadtzentren weiter zunahmen, wurde das Steueraufkommen der Städte immer geringer, zumal die städtischen Haushalte zu einem großen Teil durch Umsatz- und Einkommenssteuern gespeist wurden. Darüber hinaus schränkten Bund und Länder ihre Finanzhilfen an die Kommunen wieder ein, nachdem sich der Aufruhr der sechziger Jahre gelegt hatte – die Finanzlage der Städte wurde dadurch noch prekärer. So wurde die Zeit reif für die Mobilisierung nationaler und lokaler Wirtschaftsinteressen: immer stärker wurde der Druck, die kommunalen Haushalte durch Beschneidung der Kosten für populistische Sozialprogramme wieder auszugleichen.

Auslösefaktor für die Kapitalintervention war der drohende Bankrott der Stadt New York im Jahre 1975. Banken, in deren Besitz sich eine große Anzahl von Wertpapieren der Stadt befand, waren über die rapide Zunahme der kurzfristigen Anleihen, die New York vornahm, beunruhigt und weigerten sich, größere Darlehen zu gewähren, bevor die Stadt »ihr Haus in Ordnung gebracht« habe. Was die Bankiers auch immer beabsichtigt haben mochten, ihr Vorgehen machte die Gefahr eines spektakulären Bankrotts der Stadt New York deutlich. Am Ende brauchte die Stadt zwar keinen Konkurs anzumelden, aber das dramatische Geschehen hat den Einwohnern der amerikanischen Städte ganz neue Definitionen der städtischen Finanzsituation vermittelt. Es hieß nun schlicht, es stehe kein Geld zur Verfügung, und die städtischen Etats müßten ausgeglichen sein. Angesichts dieser Definition sind städtische Interessengruppen furchtsam, verwirrt und hilflos geworden; sie wurden zum Schweigen gebracht und übernahmen willig die Rolle des passiven Beobachters einer Lokalpolitik, an der sie sich noch vor kurzem aktiv beteiligt hatten.

Mit der Begründung, einen drohenden Bankrott abwenden zu wollen, sind lokale Kapitalinteressen, die in den Vereinigten Staaten oft im Gewand städtischer Reformgruppen operieren, auf die Bühne getreten, um die Lokalpolitik grundlegend zu modifizieren. Auf der einen Seite bestehen sie auf Kürzungen der Zahl der städtischen Bediensteten, ihrer Löhne und Zusatzleistungen sowie des Dienstleistungsangebots für die einzelnen Stadtviertel. Auf der anderen Seite argumentieren sie, Länder und Gemeinden müßten zur Aufbesserung der sinkenden städtischen Einkünfte neue und stärkere Konzessionen an die Unternehmen machen: niedrigere Steuern, verbesserte Dienstleistungen, mehr Subventionen und eine Lockerung der staatlichen Aufsicht in Bereichen wie Umweltschutz. Der Fall New York, dessen Not allenthalben auf den Titelseiten stand, dient dabei nur als Beispiel, als Lektion für die Arbeiterschaft und Armutsbevölkerung in anderen Städten und als Aufforderung, ähnlichen und noch drastischeren kostensenkenden Maßnahmen anderer lokaler Führungsgruppen keinen Widerstand entgegenzusetzen.

Entgegen allem Anschein blieb die Bundesregierung von den Finanzsorgen der Städte nicht unberührt. Die städtische Finanzkrise verlieh im Gegenteil einer nationalen Wirtschaftspolitik Legitimität, die die Ausgaben der öffentlichen Hand in den Vereinigten Staaten insgesamt senken will – eine Wirtschaftspolitik, an der die großen Kapitalgruppen des Landes ein hohes Interesse haben. Die allmähliche Kürzung der Zuschüsse des Bundes an die älteren Stadtzentren in den letzten Jahren führte zusammen mit der Weigerung der Bundesregierung, am Rande des Bankrotts stehende Städte zu unterstützen, zu einer Verschiebung des Gleichgewichts zwischen öffentlichem und privatem Sektor in den Vereinigten Staaten, wo die Haushalte der Länder und Gemeinden in der Tat zwei Drittel der gesamten Regierungsausgaben repräsentieren.

Wie auch immer man über das Ausmaß der Kapitalkrise in den Vereinigten Staaten denken mag, es besteht kein Zweifel, daß diese Methode der Kapitalbildung die unteren Einkommenskategorien der Bevölkerung am stärksten belastet (d. h. gerade diejenigen Gruppen, die aus einer Stärkung der Position des amerikanischen

Kapitals und aus einer nachfolgenden Prosperitätsperiode den geringsten Nutzen ziehen werden). Kurz gesagt, unter dem Deckmantel der städtischen Finanzkrise haben sich lokale und nationale Kapitalinteressen zusammengeschlossen, um ihre totale Kontrolle über den Staatsapparat auf der kommunalen Ebene wiederherzustellen – auf der Ebene nämlich, wo die Kämpfe von Teilen der Arbeiterschaft und der Armutsbevölkerung in den sechziger Jahren einige Konzessionen erzwungen hatten.

Die Auswirkungen dieser politischen Entwicklungen auf die in den Städten wohnenden Minderheiten traten von Anfang an deutlich zutage. Städtische Dienstleistungen für die einzelnen Stadtviertel wurden verringert, und zwar weitaus stärker in den ärmeren als in den gutsituierten Gegenden.

Städtische Angestellte wurden in großer Zahl auf die Straße gesetzt, und am weitaus stärksten wurden von diesen Entlassungen die Minderheiten betroffen, die während und nach den Unruhen der sechziger Jahre eingestellt worden waren. In New York zum Beispiel wurden zwei Fünftel der schwarzen (und die Hälfte der hispanischen) Stadtangestellten gerade zu der Zeit gefeuert, als die Arbeitslosigkeit infolge der Rezession nahezu das Ausmaß der Weltwirtschaftskrise erreichte. Vielen Arbeitslosen blieb schließlich nur noch der Weg zum Sozialamt – eine Tatsache, die dem zunehmend restriktiven Charakter des Wohlfahrtssystems in dieser Periode besondere Grausamkeit verlieh. Kurzum: die Stadtkrise diente als Begründung für eine Mobilmachung gegen die städtische Arbeiterschaft, vor allem gegen den wachsenden Teil, den die Minoritäten in ihr darstellten.

Schließlich sahen sich die Schwarzen noch einem weiteren Angriff ausgesetzt – und auch dieser Punkt stärkt die Kernthese unseres Buches: Die Auswirkungen der Finanzkrise beraubten sie sogar noch des begrenzten Einflusses, den sie normalerweise durch die Abgabe ihrer Stimmen besitzen. Als die Finanzkrise sich verschärfte, und anschließend Geschäftsleute und Bankiers faktisch die Kontrolle über die Finanzplanung der Städte an sich rissen, wurde die Schicht der gewählten politischen Repräsentanten in den älteren Städten des Nordens entmachtet. Die politischen Fortschritte, die die Schwarzen in den sechziger Jahren gemacht hatten – vor allem ihre verbesserte Repräsentation in den gewählten Körperschaften von Ländern und Gemeinden – blieben weitgehend folgenlos, als es darum ging, die Budgetkürzungen zu verhindern, wurden diese Entscheidungen doch im Grunde jetzt allein von Bankiers und Geschäftsleuten getroffen.

Die Chancen, diese Kampagne gegen die städtischen Armen mit Hilfe des traditionellen politischen Prozesses zu stoppen, wären unter keinen Umständen günstig gewesen. Als jetzt auch noch führende Vertreter der Finanz- und Geschäftswelt die Kontrolle an sich rissen, wurden die Bemühungen einiger Gruppen, mit den gewählten politischen Vertretern in Ländern und Gemeinden über die Erhaltung von Dienstleistungen und Arbeitsplätzen zu verhandeln, vollends illusorisch, weil die Ereignisse diesen Politikern längst jede Autorität, die sie einmal besessen haben mochten, genommen hatten. Länder und Gemeinden haben schon immer einen entscheidenden Teil ihrer Haushalte aus dem kommunalen Steueraufkommen gedeckt, dessen Höhe wiederum von der Konjunktur abhängig ist. Ferner sind sie zur Deckung der Defizite auf private Kreditinstitute angewiesen. In der Praxis bedeutet dies, daß die verantwortlichen Politiker letztlich gegenüber denjenigen Kräften, die die Entscheidungen über Investitionen und Kredite treffen, sich schon immer in einer schwachen Position befunden haben. Die wachsenden fiskalischen Belastungen kommunaler und einzelstaatlicher Haushalte ließen diese Schwäche akut und die Abhängigkeit der Volksvertreter unübersehbar werden. (In New York benutzten die Bankiers und Geschäftsleute die Krise in der Tat dazu, die politischen Strukturen in der Stadt formell zu verändern: den gewählten Vertretern wurden sogar ihre traditionellen Rechte auf Kontrolle des Budgets entzogen.)

Dennoch beharrten die neuen schwarzen Führer – unter ihnen die schwarzen Stadtpolitiker, die von der Finanzkrise betroffen waren – darauf, die Auswirkungen der Kürzungen in den Gettos mit Hilfe parlamentarischer Einflußnahme mildern zu können. Die Strategie konnte nur scheitern.

Damit wollen wir nicht behaupten, Massenproteste wären in der Mitte der siebziger Jahre eindeutig möglich gewesen. Niemand kann mit Sicherheit vorhersagen, wann das »Rumoren des sozialen Fundaments« massenhafte Auflehnung hevorbringen wird, obwohl zu der Zeit Veränderungen großen Ausmaßes vor sich gingen. Wer hätte schließlich vorhersehen können, daß 1955 die außergewöhnliche Mobilisierung der Schwarzen beginnen würde? Auch läßt sich nicht mit Sicherheit vorherbestimmen, wie die Eliten auf Massenunruhen reagieren werden. Untrügliche Wegweiser, nach denen sich Protestbewegungen der Armen richten könnten, existieren nicht. Doch wenn »organizers« und Aktivisten dazu beitragen wollen, daß solche Bewegungen entstehen, dann müssen sie immer so vorgehen, als seien Proteste möglich. Vielleicht scheitern sie. Vielleicht war es nicht der richtige Zeitpunkt. Aber dann: vielleicht sind sie manchmal erfolgreich.

Abkürzungsverzeichnis

ADC	Aid to Dependent Children
AFDC	Aid to Families with Dependent Children
AFL	American Federation of Labor
ALP	American Labor Party
AWU	Auto Workers Union
CAP	Community Action Program
CCAP	Citizen's Crusade Against Poverty
CIO	Congress of Industrial Organizations
COPE	Committee on Political Education
CORE	Congress of Racial Equality
CPLA	Conference for Progressive Labor
CWA	Civil Works Administration
DMWRO	Detroit Metropolitan Welfare Rights Organization
FAP	Family Assistance Plan
FBI	Federal Bureau of Investigation
FEPC	Federal Employment Practices Commission
FERA	Federal Emergency Relief Administration
GM	General Motors
HEW	Health, Education and Welfare Department
IAM	International Association of Machinists
ICC	Interstate Commerce Commission
ILA	International Longshoreman's Association
IWW	Industrial Workers of the World
MIA	Montgomery Improvement Association
MWIU	Maritime Workers Industrial Union
MWRO	Massachusetts Welfare Rights Organization
NAACP	National Association for the Advancement of Colored People
NIRA	National Industrial Recovery Act
NLB	National Labor Board
NLRB	National Labor Relations Board
NRA	National Recovery Administration
NWRO	National Welfare Rights Organization
OEO	Office of Economic Opportunity
PAC	Political Action Committee
P/RAC	Poverty/Rights Action Center
SCLC	Southern Christian Leadership Conference
SDS	Students for a Democratic Society

SNCC	Student Nonviolent Coordinating Committee
SSI	Supplemental Security Income
SWOC	Steel Workers Organizing Committee
TUUL	Trade Union Unity League
UAW	United Automobile Workers
UMW	United Mine Workers
VISTA	Volunteers in Service to America
WPA	Works Progress Administration
WRO	Welfare Rights Organization

Anmerkungen

I.

1 In diesem Zusammenhang schreibt Max Weber: »Der Grad, in welchem aus dem ›Massenhandeln‹ der Klassenzugehörigen ein ›Gemeinschaftshandeln‹ und eventuell ›Vergesellschaftungen‹ entstehen, ist an allgemeine Kulturbedingungen, besonders intellektueller Art, und an den Grad der entstandenen Kontraste, wie namentlich an die *Durchsichtigkeit* des Zusammenhangs zwischen den Gründen und den Folgen der ›Klassenlage‹, gebunden. Eine noch so starke Differenzierung der Lebenschancen an sich gebiert ein ›Klassenhandeln‹ (Gemeinschaftshandeln der Klassenzugehörigen) nach allen Erfahrungen keineswegs.« (533, Hervorhebung im Orginal)
2 So benutzen Zald und Ash auch den Begriff »Organisationen der sozialen Bewegungen«, der beide Formen sozialer Aktion subsumiert. In ihrer späteren Arbeit unterscheidet Roberta Ash zwar zwischen Bewegung und Organisationen der Bewegung, hält aber weiter daran fest, artikulierte Ziele zum definitorischen Merkmal einer Bewegung zu erklären.
3 Der vielleicht bekannteste Vertreter dieser verbreiteten Theorie »relativer Deprivation« als Ursache sozialer Unruhen ist Ted Robert Gurr (1968, 1972). Vgl. auch Feierabend, Feierabend und Nesvold. Eine exzellente Kritik der Theoretiker, die ihre Arbeit auf diese Theorie gründen, liefert Lupsha.
4 Sowohl de Tocqueville wie seine Schüler haben als weiteren möglichen Nährboden für öffentliche Unruhen Phasen politischer Liberalisierung und die sich daraus ergebenden steigenden politischen Erwartungen angesehen. Der wahrscheinlich bekannteste heutige Vertreter der Theorie »steigender Erwartungen« ist James C. Davies, der mit der sogenannten »J-Curve« allerdings eine spezifische Variante entwickelt hat. Nach Davies kommt es nur dann zu Unruhen, wenn eine Verschlechterung der wirtschaftlichen Lage oder politische Repressionen auf langanhaltende Phasen des Aufschwungs folgen (1962).
5 Der Ansatz von Marx und Engels ist jedoch historisch genauer und umfassender als die Theorie der relativen Deprivation und ließe sich besser als nicht im Widerspruch zu jener Theorie stehend beschreiben. Ökonomische Krisen und die damit verbundenen Härten führen danach nicht nur wegen der extremen Verelendung und der dann stattfindenden Aufblähung der industriellen Reservearmee zu proletarischen Kämpfen, sondern weil Krisenzeiten die dem Kapitalismus innewohnenden Widersprüche offenlegen, insbesondere den Widerspruch zwischen der Vergesellschaftung der Produktivkräfte und der Anarchie des Privatbesitzes und des Tausches. Mit Engels Worten: »Die Produk-

tionsweise rebelliert gegen die Austauschform. Die Bourgeoisie ist überführt der Unfähigkeit, ihre eigenen gesellschaftlichen Produktivkräfte fernerhin zu leiten.« (MEW 19, 282) Deprivation ist, mit anderen Worten, nur ein Symptom für einen weit tiefergreifenden Konflikt, der im Rahmen der bestehenden gesellschaftlichen Ordnung nicht gelöst werden kann.

6 Geschwender weist darauf hin, daß die Hypothesen der steigenden Erwartungen und relativen Deprivation (wie auch Status-Inkonsistenz-Hypothesen) theoretisch durchaus miteinander zu vereinbaren sind.

7 Barrington Moore behauptet unverblümt, daß die wichtigen städtischen revolutionären Bewegungen im 19. und 20. Jahrhundert »alle Revolutionen aus Verzweiflung und sicherlich nicht aus steigenden Erwartungen (waren), wie uns einige liberale Revolutionstheoretiker glauben machen wollen«. Snyder und Tilly scheinen dem jedoch zu widersprechen, wenn sie berichten, daß kollektive Gewaltaktionen im Frankreich des 19. und 20. Jahrhunderts zumindest nicht mit kurzfristigen Schwankungen der Preise und der industriellen Produktion korrelierten (1972).

8 Ebenso wie Theorien der relativen Deprivation der Marxistischen Interpretation über den Ursprung von Protesten der Arbeiterklasse und Unterschicht nicht widersprechen, ist auch die Theorie der sozialen Desorganisation durchaus mit der marxistischen Auffassung vereinbar (obwohl die meisten Verfechter dieser Theorie eindeutig keine Marxisten sind). Eine marxistische Interpretation würde also die Bedeutung sowohl der relativen Deprivation als auch der sozialen Desorganisation akzeptieren, diese jedoch nicht als historisch generalisierbare Ursachen von Aufruhr, sondern als Symptome spezifischer historischer Widersprüche in der kapitalistischen Gesellschaft behandeln. Bertell Ollmans Arbeit über die Bedeutung von Persönlichkeitsstrukturen für die Verhinderung von Klassenbewußtsein und Klassenhandeln verdeutlicht die Verbindung zwischen sozialer Desorganisation und Massenunruhen aus marxistischer Sicht. Ollman argumentiert, »die Furcht vor der Freiheit« und die Unterwürfigkeit des Proletariats vor Autoritäten ... bedeuten letztlich nur den Versuch, in der Zukunft zu wiederholen, was in der Vergangenheit geschehen ist« (42). Perioden größerer gesellschaftlicher Umwälzungen vermögen aber eindeutig Veränderungen der Persönlichkeitsstrukturen hervorzurufen, und sei es nur dadurch, daß sie die Möglichkeit ausschließen, in der Zukunft zu wiederholen, was in der Vergangenheit geschehen ist.

9 Hier soll angemerkt werden, daß Charles Tilly in seinem einflußreichen Werk über kollektive Gewalt im Frankreich des 19. Jahrhunderts die allgemein anerkannte Ansicht nicht bestätigt, daß eine Verbindung zwischen Kriminalität und kollektiver Gewalt oder zwischen einer dieser beiden Variablen und dem vermutlich zerrüttenden Einfluß städtischen

Wachstums bestehe. Es deutet jedoch vieles darauf hin, daß diese Zusammenhänge in den von uns untersuchten Perioden in den USA des 20. Jahrhunderts durchaus bestanden, und wir halten die Frage für keineswegs geklärt. Andererseits stimmen wir, wie noch zu sehen sein wird, in anderem Zusammenhang mit Tillys Betonung von Ressourcenverschiebungen als einer Vorbedingung für kollektive Kämpfe überein. Vgl. Tilly (1964) sowie Lodhi und Tilly (1973).

10 Hobsbawm schrieb: »Der klassische Mob begann seine Tumulte nicht nur aus Protest, sondern weil er dadurch etwas zu erreichen hoffte. Er nahm an, daß die Behörden seinen Schritten gegenüber empfindlich seien und ihm irgendwelche augenblicklichen *Konzessionen* machen würden ...« (142 f.) Rudés Darstellung der Lebensmittel-Unruhen unter den städtischen Armen im 18. Jahrhundert unterstreicht denselben Sachverhalt (1964).

11 Roberta Ash schreibt die Politisierung des Mobs in Boston während der revolutionären Zeit des Unabhängigkeitskrieges diesem Prozeß zu. Die unzufriedenen Reichen suchten damals Verbündete unter den Armen, und während dieses Prozesses wandelten sich Straßenbanden zu organisierten militanten Mitstreitern im politischen Kampf (70–73).

12 Hobsbawm und Rudé betonen denselben Sachverhalt, wenn sie auf die Proteste der englischen Landarbeiter gegen die »Enclosure« (Einhegung des Gemeindelandes) hinweisen: »Sie wollten einfach nicht wahrhaben ..., daß die Regierung des Königs und das Parlament gegen sie waren. Denn wie konnte die Verkörperung des Rechts gegen die Gerechtigkeit sein?« (65)

13 Rosa Luxemburgs Diskussion der tiefreichenden und komplexen sozialen Umwälzungen, die zu Massenstreiks führen, unterstreicht diese Feststellung: »... [es ist] für irgendein leitendes Organ der proletarischen Bewegung äußerst schwer, vorauszusehen und zu berechnen, welcher Anlaß und welche Momente zu Explosionen führen können und welche nicht ... weil bei jedem einzelnen Akt des Kampfes so viele unübersehbare ökonomische, politische und soziale, allgemeine und lokale, materielle und psychische Momente mitwirken, daß kein einziger Akt sich wie ein Rechenexempel bestimmen und abwickeln läßt. Die Revolution ist ... nicht ein Manöver des Proletariats im freien Felde, sondern sie ist ein Kampf mitten im unaufhörlichen Krachen, Zerbrökkeln, Verschieben aller sozialen Fundamente.« (132)

14 Die Tendenz, daß die öffentliche Unzufriedenheit gelegentlich zur Bildung dritter Parteien (neben den Republikanern und den Demokraten) führt, ist natürlich auch ein Beweis für die Stärke der traditionell auf Wahlen bezogenen politischen Normen. So fanden schon während der Depression von 1828 bis 1831 Arbeiterunruhen ihren Ausdruck im Aufstieg einer Unzahl von politischen Arbeiterparteien, und auch gegen Ende des 19. Jahrhunderts, als die Industriearbeiterschaft wuchs, wurde

ein Großteil ihrer Unzufriedenheit in sozialistische Parteien gelenkt, von denen einige auch bescheidene Erfolge auf der lokalen Ebene erreichen konnten. 1901 wurde die Sozialistische Partei als Zusammenschluß vieler dieser Gruppen gegründet, und bis 1912 waren 1 200 Parteimitglieder in 340 Städten unterschiedlicher Größe in lokale öffentliche Ämter gewählt worden, darunter in 73 Städten in das Amt des Bürgermeisters (Weinstein, 7). Auch die agrarischen Bewegungen Ende des 19. Jahrhunderts waren überwiegend wahlpolitisch ausgerichtet. Diese Tendenz ist zudem nicht nur in den USA offenkundig. In Europa z. B. verlegten sich die sozialistischen Parteien infolge der enttäuschten Hoffnungen der Revolution von 1848 und der allmählichen Ausdehnung des Wahlrechts auf die Arbeiterschaft zunehmend auf die parlamentarische Arbeit. Engels Vorwort zu den *Klassenkämpfen in Frankreich,* in dem er von den Erfolgen der deutschen Sozialdemokratie durch die parlamentarische Arbeit spricht, ist zur klassischen Rechtfertigung dieser Politik geworden: »Man fand, daß die Staatseinrichtungen, in denen die Herrschaft der Bourgeoisie sich organisiert, noch weitere Handhaben bieten, vermittelst deren die Arbeiterklasse diese selben Staatseinrichtungen bekämpfen kann. Man beteiligte sich an den Wahlen für Einzellandtage, Gemeinderäte, Gewerbegerichte, man machte der Bourgeoisie jeden Posten streitig, bei dessen Besetzung ein genügender Teil des Proletariats mitsprach. Und so geschah es, daß Bourgeoisie und Regierung dahin kamen, sich weit mehr zu fürchten vor der gesetzlichen als vor der ungesetzlichen Aktion der Arbeiterpartei, vor den Erfolgen der Wahl als vor denen der Rebellion.« (MEW 22, 519) Einige Jahre später veröffentlichte Kautsky einen Brief von Engels, in dem dieser von dem Vorwort abrückte und erklärte, er habe bei der Abfassung des Textes wegen der damaligen Umstände dem »ängstlichen Legalismus« der SPD-Führer, welche sich der parlamentarischen Arbeit, die der Partei tatsächlich große Gewinne bescherte, verschrieben hatten und außerdem die Verabschiedung angedrohter Sozialistengesetze durch den Reichstag befürchteten, Rechnung tragen müssen (vgl. Howard, 383; Michels, 516, Anm. 6).

15 Burnhams verbreitete Theorie der »kritischen Wahlen«, die aus den kumulativen Spannungen zwischen sozio-ökonomischen Entwicklungen und dem politischen System resultieren, ähnelt diesem Argument (1965, 1970). Amerikanische Politologen haben ausführliche empirische Studien über das Verhältnis von ökonomischen Bedingungen und Wählerverhalten angestellt. Diese Untersuchungen unterstützen im großen und ganzen die These, daß sich verschlechternde ökonomische Bedingungen zu Stimmenverlusten der Regierungspartei führen. Vgl. z. B. Bloom und Price; Kramer; Campbell, Converse, Miller und Stokes.

16 Edelmann schreibt den meinungsbildenden Einfluß von Politikern ihrem quasi uneingeschränkten Monopol über bestimmte Informatio-

nen, der nicht hinterfragten Legitimität des Regimes, als dessen Vertreter sie gelten, und der intensiven Identifikation der Menschen mit dem Staat zu (101-102).

17 Unsere Überzeugung, daß die Forderungen der Protestierenden, zumindest in den von uns untersuchten Perioden, genauso stark von ihrer Interaktion mit den Eliten bestimmt werden wie durch die strukturellen Tatsachen (oder Widersprüche), die die Bewegungen geschaffen haben, ist ein wichtiger Unterschied zwischen der hier vorgelegten Analyse und einigen marxistischen Interpretationen. Sieht man die Ursprünge von Protest nicht im Zusammenbruch sozialer Kontrolle oder in relativer Deprivation, sondern in den grundlegenden und unüberbrückbaren Widersprüchen des Kapitalismus, dann müßten die politischen Forderungen der Bewegungen diese grundlegenden und unüberbrückbaren Widersprüche auch widerspiegeln. Daraus würde dann also folgen, daß Bewegungen der Arbeiterklasse und Unterschicht in kapitalistischen Gesellschaften demokratisch und egalitär oder, in älterer Terminologie, progressiv und letztlich nicht kooptierbar sind. Manuel Castells zum Beispiel, der einige der besten Arbeiten aus marxistischer Sicht über soziale Bewegungen vorgelegt hat, definiert eine Bewegung als »einen bestimmten Organisationstypus sozialer Praktiken, deren Entfaltung im Widerspruch zur herrschenden institutionellen Logik steht« (93). Mit dieser Definition minimiert Castells ein ganzes Bündel von Problemen bei der Einschätzung der politischen Zielrichtung sozialer Bewegungen, das sich aufgrund historischer Erfahrung leider nicht minimieren läßt. Vgl. auch Useem (1975, 27–35). Um es noch einmal mit anderen Worten auszudrücken: wir halten es nicht für selbstverständlich, daß bewußte (oder subjektive) Handlungsorientierungen weitgehend objektiven Klasseninteressen entsprechen (vgl. Dahrendorf, 165–170, und Balbus für eine Diskussion dieser Unterscheidung).

18 Gamson argumentiert überzeugend, daß der Gewaltanwendung die rationale Abwägung von Erfolgsaussichten zugrundeliegt: »Gewaltanwendung sollte als instrumentelle Aktion zur Förderung von Gruppenzielen gesehen werden, die dann Anwendung findet, wenn die betreffende Gruppe Grund hat anzunehmen, daß sie ihrer Sache dient. ... (Sie) erwächst einer Ungeduld, die eher auf Selbstvertrauen und wachsende Durchschlagskraft als auf deren Mangel gegründet ist. Sie findet statt, wenn Feindschaft gegenüber dem Opfer sie zu einer relativ sicheren und kostengünstigen Strategie macht.« (81)

19 Dies mag der Grund dafür sein, warum die umfangreichen Daten, die nach den Gettoaufständen der sechziger Jahre über Beteiligte und Nichtbeteiligte gesammelt wurden, kaum Hinweise darauf gaben, daß der Anteil von erst kürzlich aus dem Süden Zugewanderten, von weniger Gebildeten oder Arbeitslosen unter den Aufstandsbeteiligten größer

war als an der gesamten Getto-Bevölkerung. Es gibt zwar Daten, die darauf hinweisen, daß die Teilnehmer nicht unter einem höheren Grad an »Entwurzelung« litten, doch ist nur wenig über die sozialen Netze und Strukturen bekannt, durch die der Widerstand mobilisiert wurde. Tilly stellt interessante Vermutungen über das Verhältnis von Integration und Deprivation an, wenn er darauf hinweist, daß die sozial eher integrierten Ladenbesitzer und Handwerker von Paris den Ausbruch der französischen Revolution eben gerade deshalb angeführt haben, weil sie dazu in der besseren Position waren, eine Art von Führungsrolle bekleideten und daher auf die Misere der verarmten Pariser Massen reagieren konnten (1964). Hobsbawm und Rudé schreiben den örtlichen Handwerkern eine ähnliche Rolle bei den englischen Landarbeiterrevolten des frühen 19. Jahrhunderts zu (1968, 63–64).

20 In einer Literaturübersicht zur Französischen Revolution macht Tilly eine ähnliche Feststellung über die mächtigen Ausbrüche kollektiver Gewalt unter den sansculottes: »Die Erhebung war eine Fortsetzung, in extremer Form, ihrer alltäglichen Politik.« (1964, 114) Vgl. auch die Darstellung von Hobsbawm und Rudé über die Rolle der »Dorfparlamente« und Kirchen bei Aufständen der englischen Landbevölkerung (1968, 59–60).

21 Bei Max Weber heißt es dazu: »Ein ganz allgemeines und daher hier zu erwähnendes Phänomen der durch die Marktlage bedingten Klassengegensätze ist es, daß sie am bittersten zwischen den wirklich direkt am Preiskampf als Gegner Beteiligten zu herrschen pflegen. Nicht der Rentner, Aktionär, Bankier ist es, welcher vom Groll der Arbeiter getroffen wird – obwohl doch gerade in seine Kasse teils mehr, teils ›arbeitsloserer‹ Gewinn fließt als in die des Fabrikanten oder Betriebsdirektors –, sondern fast ausschließlich dieser selbst, als der direkte Preiskampfgegner.« (534) Michael Schwartz illustriert diesen Punkt in seiner Untersuchung über die »Southern Farmers' Alliance«. Die texanischen Mitglieder der »Alliance« richteten ihre Forderungen an Verpächter und Kaufleute und nicht etwa an die Banken, Spekulanten und Eisenbahngesellschaften, die letztlich für ihr Schicksal verantwortlich waren, denn ihre direkten Erfahrungen hatten die Pachtbauern mit Grundbesitzern und Kaufleuten gemacht.

22 Marx und Engels machen eine ähnliche Feststellung über die Bedingungen, unter denen sich ein revolutionäres Proletariat entwickelt: »Aber mit der Entwicklung der Industrie vermehrt sich nicht nur das Proletariat; es wird in größeren Massen zusammengedrängt, seine Kraft wächst, und es fühlt sie mehr. Die Interessen, die Lebenslagen innerhalb des Proletariats gleichen sich immer mehr aus, indem die Maschinerie mehr und mehr die Unterschiede der Arbeit verwischt und den Lohn fast überall auf ein gleich niedriges Niveau herabdrückt.« (MEW 4, 470) Im Gegensatz dazu seien Bauern kaum zu mobilisieren, um ihre Klas-

seninteressen durchzusetzen, denn »ihre Produktionsweise isoliert sie voneinander, statt sie in wechselseitigen Verkehr zu bringen« (MEW 8, 198). Diese Auffassung vom revolutionären Potential des Proletariats sah nicht die Möglichkeiten voraus, die Arbeitgeber besitzen, um den sozialen Kontext von Fabrikarbeit zu manipulieren, die Beschäftigten durch Schaffung von Arbeitsplatzkategorien und -hierarchien zu spalten und somit die Arbeiterschaft insgesamt zu »balkanisieren«. Vgl. Gordon, Edwards und Reich, die die Bedeutung dieser Entwicklung untersuchen.

23 In seiner Studie über die Bewegung der Kriegsdienstverweigerer während des Vietnam-Krieges kommt Useem (1973) zu dem Schluß, daß das Fehlen eines institutionellen Rahmens, der die vom Kriegsdienst bedrohten Männer vereinheitlicht hätte, die Mobilisierung der potentiellen Gefolgschaft erschwerte.

24 C. L. R. James meint vielleicht dasselbe, wenn er schreibt: »Arbeiter haben immer dann den größten Erfolg mit kollektiven Aktionen, wenn diese im Rahmen ihrer alltäglichen Existenz oder in daraus hervorgehenden Krisensituationen durchgeführt werden.« (95) Richard Flacks argumentiert ähnlich in bezug auf die Bedeutung des von ihm so genannten »alltäglichen Lebens« für die Herausbildung sozialer Bewegungen.

25 Michael Lipskys Arbeit bildet in gewisser Weise eine Ausnahme, denn er setzt sich ausdrücklich zum Ziel, Protest als Strategie zur Verwirklichung politischer Ziele zu bewerten (1968, 1970). Das Defizit seiner Arbeit liegt nicht in seinem intellektuellen Ziel, das wichtig ist, sondern in seinem Verständnis vom eigenen Untersuchungsgegenstand. Proteststrategien bestehen nach Lipskys Auffassung überwiegend aus »effektvollen Darbietungen« machtloser Gruppen, durch die sie die Aufmerksamkeit potentieller Sympathisanten oder bestimmter Bezugsgruppen aus der Öffentlichkeit erregen wollen. Doch mit seiner Definition schließt Lipsky die historisch wichtigsten Formen von Unterschichtprotesten, wie Streiks und öffentliche Unruhen aus. Lipskys äußerst enge Definition von Protest beruht auf der Tatsache, daß seine Analyse auf dem New Yorker Mietstreik basierte, der, wie Lipsky deutlich aufzeigt, hauptsächlich aus Reden und Pressemitteilungen, weniger aus echten Streikhandlungen bestand. So ist es auch kein Wunder, daß der Ausgang des Mietstreiks von verstreuten liberalen Reformgruppen bestimmt wurde, die wie stets durch Berichte über den skandalösen Zustand der Slumwohnungen aufgeschreckt worden waren und sich ebenso schnell wieder durch rein symbolische, wenn nicht sentimentale Gesten beruhigen ließen. Ebensowenig verwundert es, daß die Slums bestehen blieben und die Verhältnisse sich weiter verschlechterten. Lipsky folgert aus dieser Erfahrung, daß Protest nur ein schwacher und instabiler Einflußfaktor sein kann, und die Reaktion der Regierung ein-

zig und allein davon abhängt, ob die Protestierenden bedeutende Verbündete finden. Aber obwohl die Schlußfolgerung für den speziellen, von Lipsky untersuchten Fall zutrifft, scheint sie uns als Generalisierung über Protest unzuverlässig zu sein. Unserer Meinung nach kann Protest, der nur aus »Lärm«, wie Lipsky es nennt, besteht, kaum ein brauchbares Mittel sein, denn er ist im Grunde gar kein Protest. Zudem sind die Reaktionen sozialer Bezugsgruppen auf Aktionen mit reinem »Show«-Charakter natürlich begrenzt und überwiegend symbolisch. Die Reaktionen von Bezugsgruppen aus der Öffentlichkeit spielen nicht dann eine entscheidende Rolle, wenn sie nur durch »Lärm« provoziert, sondern wenn sie durch ernste institutionelle Erschütterungen, die der Massenprotest hervorgerufen hat, aufgerüttelt worden sind.

26 In ihrer historischen Studie über die New Yorker Mieterbewegungen führen Spencer, McLoughlin und Lawson ein interessantes Beispiel für diese Form von Machtausübung an, allerdings nicht auf seiten der Mieter, sondern der Banken. Als Langdon Post, Vorsteher des Wohnungsamts unter Bürgermeister LaGuardia, eine Kampagne zur Durchsetzung der Mietvorschriften einzuleiten versuchte, »drohten fünf Banken, denen 400 Gebäude in der Lower East Side gehörten, eher die Häuser räumen zu lassen als sich an die Vorschriften zu halten. Der Präsident der New Yorker Steuerzahler-Vereinigung warnte, daß dadurch 40000 Wohnungen verlorengehen würden.« Post nahm seine Drohung zurück (10).

27 Rosa Luxemburgs Bemerkungen sind wiederum überzeugend: »Mit dem Augenblick, wo eine wirkliche, ernste Massenstreikperiode beginnt, verwandeln sich alle ›Kostenberechnungen‹ in das Vorhaben, den Ozean mit einem Wasserglas auszuschöpfen. Es ist nämlich ein Ozean furchtbarer Entbehrungen und Leiden, durch den jede Revolution für die Proletariermasse erkauft wird. Und die Lösung, die eine revolutionäre Periode dieser scheinbar unüberwindlichen Schwierigkeit gibt, besteht darin, daß sie zugleich eine so gewaltige Summe von Massenidealismus auslöst, bei der die Masse gegen die schärfsten Leiden unempfindlich wird. Mit der Psychologie eines Gewerkschaftlers, der sich auf keine Arbeitsruhe bei der Maifeier einläßt, bevor ihm eine genau bestimmte Unterstützung für den Fall seiner Maßregelung im voraus zugesichert wird, läßt sich weder Revolution noch Massenstreik machen.« (133)

28 Erschütterungen, die auf die jeweils direkt betroffenen Institutionen beschränkt bleiben, haben dieselben Merkmale, die Schattschneider begrenzten Konflikten zuschreibt: »Extrem kleine Konflikte sind u. a. dadurch gekennzeichnet, daß die relative Stärke der sich gegenüberstehenden Gegner meistens von vornherein bekannt ist. In diesen Fällen zwingt die stärkere Seite oftmals der schwächeren ihren Willen auf, auch ohne daß es zu einer offenen Auseinandersetzung gekommen ist, denn

kein Mensch läßt sich gern auf Kämpfe ein, die nicht zu gewinnen sind.«
(4)

29 Im Zuge ihrer Argumentation gegen die These der sozialen Desorganisation schlagen Lodhi und Tilly vor, den Grad kollektiver Gewalt auf »... die vorherrschenden Machtstrukturen, die Fähigkeit benachteiligter Gruppen, kollektiv zu handeln, die Formen staatlicher Repression und die unterschiedlichen Auffassungen zwischen Schwachen und Mächtigen über ihre Rechte auf kollektives Handeln und ihre Ansprüche auf begehrte Ressourcen ...« zu beziehen (316). Unserer Meinung nach unterliegt jeder dieser Faktoren in Zeiten schwerwiegender und weitverbreiteter Instabilität – zumindest zeitweise – der Veränderung. Vor allem wird der Handlungsspielraum des Regimes eingeschränkt.

30 »Um jeglichen Konflikt verstehen zu können, darf deshalb niemals das Verhältnis zwischen den streitenden Parteien und dem Publikum außer acht gelassen werden, denn es ist vermutlich das Publikum, das durch sein Verhalten letztlich den Ausgang des Kampfes bestimmt. ... Der stärkere Kämpfer zögert unter Umständen, seine ganze Kraft einzusetzen, weil er nicht weiß, ob es ihm gelingen wird, den Gegner zu isolieren.« (Schattschneider, 2)

31 Die schnell anwachsende marxistische Literatur zur Theorie des kapitalistischen Staates betont als eine der beiden Hauptfaktoren des Staates den Erhalt der Legitimation bzw. sozialen Kohäsion (die andere ist die Aufrechterhaltung der Bedingungen kapitalistischer Akkumulation). Unsere Interpretation der Institutionen des politischen Wahlsystems deckt sich mit diesem generellen Ansatz. Wie zuvor angemerkt, halten wir die weite Ausdehnung und Inanspruchnahme des Wahlrechts für eine wichtige Quelle der Legitimität staatlicher Herrschaft. Wahlen verstärken die Meinung, die Regierung sei das Instrument einer breiten Mehrheit und nicht spezieller Interessengruppen oder einer bestimmten Klasse. Dieses Phänomen definierte Marx als die falsche Vorstellung von der Universalität des Staates. (Vgl. auch die aus dieser Perspektive geführte Diskussion des Wahlrechts und der auf dem Wahlrecht basierenden politischen Parteien bei Poulantzas und Bridges.) Wir behaupten ferner, daß das Wahlrecht von großer Bedeutung für die Verteidigung der staatlichen Legitimität gegen periodische Herausforderungen ist. Wahlen dienen als Signal oder Gradmesser für Unzufriedenheit und Entfremdung der Wähler, und drohende Wahlniederlagen zwingen die Amtsinhaber, Maßnahmen zu verkünden, die die Unzufriedenheit dämpfen und die Legitimität wiederherstellen sollen.

32 Die neuen Staatsdiener wurden im großen und ganzen von lokalen Behörden aufgesogen, die relativ unbedeutende Entscheidungen über Sozialleistungen für die aufständische Bevölkerung fällten. Die Analogie zu der Praxis der Kolonialverwaltungen, Eingeborene zu benutzen, ist nicht zu übersehen. Anderson und Friedland schreiben über solche

Behörden und ihre Aktivitäten, daß sie im allgemeinen »Bürgerbeteiligung auf lokaler Ebene, isoliert von der nationalen Politik, ermutigen ...« (21). Vgl. auch die Diskussion der staatlich geförderten »client-patron/broker links« bei Katznelson (227).

33 Wir glauben, daß James Q. Wilson irrt, wenn er den Niedergang des »Student Non-Violent Coordinating Committee« (SNCC) und des »Congress of Racial Equality« (CORE) darauf zurückführt, daß ihre Politik gescheitert sei. Dies habe zu einem ungeheuren Druck geführt, dem diese »Erlöser«-Organisationen, die einerseits die totale Veränderung der Gesellschaft und andererseits außergewöhnlichen Einsatz ihrer Mitglieder forderten, nicht gewachsen gewesen seien. Erstens kann unter gar keinen Umständen behauptet werden, das SNCC und CORE seien gescheitert, wie wir im vierten Kapitel darlegen werden. Zweitens mögen diese beiden Gruppen in der Tat »Erlösung« angestrebt haben, ihr Scheitern war jedoch die Folge von Regierungsmaßnahmen sowohl gegen die Kader als auch gegen die Gefolgschaft. Die Fraktionierung und Desillusionierung beider Gruppen wurden durch staatliche Reaktionen hervorgerufen und nicht einfach durch »die Desillusionierung, die sich in Erlöser-Organisationen zwangsläufig breitmacht« (180–182).

II.

1 Gutman beschreibt diese Proteste von 1873 und die Organisationen, die sie in einer Reihe von Industriestädten anführten (1965).
2 Als der Kongreß die Zensus-Behörde dazu verpflichtete, bei der Volkszählung von 1930 auch die Zahl der Arbeitslosen zu ermitteln, meldete das Amt 3 Millionen dauerhaft oder vorübergehend Arbeitslose, eine Zahl, die von Experten als viel zu niedrig angesehen wurde. Hoover sah sich veranlaßt, die Zahl noch weiter herunterzudrücken, indem er 500000 bis 1 Million Arbeitslose als Menschen bezeichnete, die gar nicht die Absicht hätten zu arbeiten, und weitere 500000 bis 1 Million als Personen, die sich zufällig gerade zwischen zwei Jobs befunden hätten (Bernstein, 1970, 268).
3 Vgl. Bernstein, 1970, 327–328; Lynd und Lynd, 147, 544; Bakke, 1940, 17, 115. Mehrere Studien über die Depression belegen ausführlich den zerstörerischen Einfluß der Arbeitslosigkeit auf die familiären Beziehungen. Vgl. Cooley; Komarovsky; Stouffer und Lazarsfeld.
4 Bakke schildert lebhaft die Demoralisierung und Scham auf seiten arbeitsloser amerikanischer wie englischer Arbeiter während dieser Zeit. Es war das Gefühl, *anders* zu sein als Arbeitsloser, das so schmachvoll war: »Und wenn man keine Arbeit findet, dann hat man das Gefühl, gar kein Mensch zu sein. Man fühlt sich fehl am Platze. Man ist dann einfach anders als die Menschen um einen herum, so daß man denkt, da

muß doch irgendwas nicht stimmen mit dir.« (1934, 63) Offensichtlich konnte aber die Demoralisierung leichter in Empörung übergehen, sobald den Leuten klar wurde, daß sie auch als Arbeitslose nicht anders waren als die Menschen um sie herum.

5 »In Detroit versammelten sich trotz der Warnungen der Polizei, das Gebiet zu meiden, zwischen 50000 und 100000 Menschen auf den Straßen und Bürgersteigen der Innenstadt. Der Polizeichef Harold Emmons mobilisierte die gesamte Detroiter Polizeitruppe von 3600 Mann. ... Die Straßenschlachten dauerten zwei Stunden lang an, bis die verzweifelte Polizei städtische Busse und Straßenbahnen anwies, durch die Menschenmenge zu fahren, um so die Straßen zu räumen. ... Ein mit den Detroiter Unruhen vergleichbarer Aufruhr fand in Cleveland statt, nachdem der Bürgermeister 10000 bis 25000 Demonstranten erklärt hatte, daß es nicht in seiner Macht stünde, ihre Forderungen zu erfüllen. Dreistündige Ausschreitungen in Milwaukee führten zu siebenundvierzig Verhaftungen und vier Verletzten.« (Keeran, 72–73)

6 Der *Daily Worker* meldete 37 Festnahmen und 130 Verletzte in New York; 45 Festnahmen und 25 Verletzte in Detroit; 60 Festnahmen und 20 Verletzte in Los Angeles; 12 Festnahmen und 16 Verletzte in Seattle; 11 Festnahmen und 6 Verletzte in Washington (Rosenzweig, 1976a).

7 Die kommunistischen Anführer der Demonstration wurden jedoch wegen »ungesetzlicher Versammlung« und »Erregung öffentlichen Ärgernisses« angeklagt und zu sechs Monaten Haft im Gefängnis auf Blakwell's Island verurteilt (Leab, 310). Außerdem hatten die Demonstrationen vom 6. März den Effekt, im besorgten Kongreß die Bildung eines Ausschusses zu rechtfertigen, aus dem das »House Committee on Un-American Activities« werden sollte (Bernstein 1970, 427–428).

8 Es muß hier angemerkt werden – weil es oft zu sehr hochgespielt wird –, daß zwei von der KP geführte Hungermärsche auf Washington in den Jahren 1931 und 1932 nur wenig Menschen mobilisierten. Herbert Benjamin, der die Märsche organisiert hatte, argumentierte jedoch in einer Rede, die er im April 1976 in New York hielt, daß man es gar nicht auf große Teilnehmerzahlen abgesehen, sondern nur Delegierte lokaler Gruppen rekrutiert habe; die Märsche selbst seien »mit militärisch geplanter Präzision« durchgeführt worden. Wie dem auch sei, es ist unbestreitbar, daß die Kommunisten in den großen Städten große Menschenmengen zu mobilisieren vermochten.

9 In New York erhielten in den acht Monaten von November 1931 bis Juni 1932 rund 186000 Familien Räumungsbefehle (Boyer und Morais, 261). Bernstein zitiert eine Studie aus Philadelphia aus dem Jahre 1933, nach der 63% der weißen Familien und 66% der schwarzen Familien mit ihrer Miete im Rückstand waren (1966, 289). Eine zu etwa derselben Zeit im Gebiet von San Francisco durchgeführte Untersuchung ergab ein ähnliches Bild (Huntington). Von Januar 1930 bis Juni 1932 erhielten

in fünf Industriestädten in Ohio fast 100000 Familien Räumungsbefehle (Boyer und Morais, 261).
10 Der *Daily Worker* veröffentlichte ab Herbst 1930 eine Vielzahl von Berichten über offensichtlich erfolgreiche Widerstandsaktionen gegen Zwangsräumungen.
11 Für eine Schilderung der Mieterunruhen von Chicago siehe: Abbott, Kapitel 14; Bernstein, 1970, 428; Hofstadter und Wallace, 172–175; Lasswell und Blumenstock, 196–201.
12 Mit nur einer Ausnahme – einem Trauerzug – wurde jede von den Kommunisten im Jahre 1930 in Chicago geplante Demonstration unter freiem Himmel von der Polizei aufgelöst (Lasswell und Blumenstock, 168–169).
13 Die »American Civil Liberties Union« berichtete, daß bei den Protestaktionen der Arbeitslosen 14 Menschen ums Leben gekommen seien (zitiert bei Rosenzweig, 1976a).
14 Ein Beamter gibt folgenden Bericht: »[Die Ausschreitungen] erfaßten die ganze Gemeinde. Ich habe die folgenden 48 Stunden da unten auf den Straßen verbracht und versucht, die Lage zu beruhigen. Ich ging zu Ryerson und zum Komitee der führenden Geschäftsleute. ... Ich sagte, es gäbe nur eine Möglichkeit, um das hier zu stoppen, nämlich indem man den zwangsgeräumten Männern wieder Arbeit gibt, und zwar sofort. Das war am Samstag. Sie sagten: ›Wir haben das Geld nicht.‹ Ich sagte: ›Dann besorgen Sie besser welches.‹ Am Montag hatten sie dann tatsächlich Geld aufgetrieben, und wir konnten an dem Tag dreihundert Männern Arbeit im Park geben.« (Terkel, 396)
15 Bei seiner Umfrage in New Haven stellte Bakke ebenfalls fest, daß drei Viertel der Arbeitslosen erst nachdem sie zwei oder mehr Jahre arbeitslos waren, Unterstützung beantragten (1940, 363).
16 Wie groß die Zahl der Teilnehmer an Aktionen der Arbeitslosen tatsächlich war, bleibt Gegenstand der Spekulation. Rosenzweig, der ausgiebig über die Bewegung gearbeitet hat, meint, daß »es gut und gerne zwei Millionen Arbeiter waren, die zu irgendeinem Zeitpunkt in den dreißiger Jahren an Aktionen der Arbeitslosen teilgenommen haben«, doch führt er keine Belege für seine Schätzung an (1974, 43).
17 Sogar in ihrer Herangehensweise an individuelle Not war der Gegensatz zwischen den Arbeitslosenräten und privaten Wohltätigkeitsorganisationen auffällig. Noch im Dezember 1932 beschrieb ein Vertreter der »Urban League« die Behandlung von Sozialfällen durch seine Organisation wie folgt: »Wir haben festgestellt, daß wir etwa 75% der Beschwerden, die an uns herangetragen werden, aus der Welt schaffen können, ohne das Distriktbüro anrufen zu müssen. Wir erreichen dies, indem wir dem Beschwerdeführer, nachdem wir ihm zugehört haben, geduldig erklären, wie sich der Sachverhalt aus unserer Sicht darstellt« (zitiert bei Prickett, 234).

18 Lasswell und Blumenstock liefern einen detaillierten Bericht über diese und andere Demonstrationen, von denen viele mit Festnahmen, Verletzten und Toten endeten (204–210).
19 Der Kommunist Angelo Herndon, der die Demonstration in Atlanta mitorganisiert hatte, wurde anschließend nach einem einhundert Jahre alten Gesetz des Staates Georgia wegen Anzettelung eines Aufstandes angeklagt und verurteilt. Das Urteil – 20 Jahre Zuchthaus – wurde dann allerdings 1937 vom Obersten Gerichtshof aufgehoben.
20 Die Verfassung des Staates Pennsylvania untersagte ausdrücklich die Bewilligung von Mitteln für »wohltätige Zwecke«. Im Laufe der Zeit wurde der Druck allerdings so stark, daß das Parlament dennoch unter Berufung auf eine Bestimmung über das »allgemeine Wohlergehen« Gelder bereitstellte (Bernstein, 1970, 459).
21 Senator LaFollette ließ diese Antworten in den Congressional Record aufnehmen (1932, 3099–3260). LaFollette war Vorsitzender des »Senate Subcommittee on Manufactures«, das Anfang 1932 Hearings über Vorschläge zu Bundesfürsorgeprogrammen durchführte. Die Aussagen bei diesen Hearings lieferten überwältigende Beweise für die verheerenden Auswirkungen der Arbeitslosigkeit. Dennoch wurde der Gesetzentwurf des Unterausschusses von einer Koalition von Republikanern und konservativen Demokraten zurückgewiesen. Einige Monate später gab der Kongreß dem wachsenden Druck nach und bewilligte schließlich Bundesdarlehen durch die »Reconstruction Finance Corporation« für die Fürsorgeprogramme der Bundesstaaten. Hoover unterstützte die Maßnahme, wenn auch nur zögernd, da sie die private und lokale Verantwortung für die Sozialfürsorge nicht einschränkte. In gewisser Weise hatte er recht: Die Kredite waren viel zu unbedeutend, um als Einmischung bezeichnet zu werden.
22 In einigen Städten – Boston, New York, Milwaukee und San Francisco – kam es damals zu dramatischen Wählerverschiebungen: die Demokraten konnten ihre Stimmenanteile hier verdoppeln (Bernstein, 1970, 78–79).
23 Raymond Moley schreibt über die Kampagne: »Es war 1932 meine Aufgabe, Wahlhelfer und Ideen für den Präsidentschaftswahlkampf von Gouverneur Roosevelt zu mobilisieren. Mir waren alle Standpunkte willkommen. Ich lud Planer, Trustgegner und Finanzgenies ein, erweiterte den sogenannten Brain Trust erheblich und unterhielt Kontakte zu vielen verschiedenen Persönlichkeiten, von Bernard Baruch bis Huey Long. Die Aufgabe, die es zu bewältigen galt, war folgende: die Wahl bei einer Wählerschaft zu gewinnen, die sich aus vielen verschiedenen Ideologien zusammensetzte, zum größten Teil aber gar keine hatte. Das Hauptthema war der ökonomische Wiederaufschwung, und die Therapie, die wir vorschlugen, setzte sich aus vielen Rezepten zusammen.« (559–560)

24 Am 23. Mai, dem Tag nach seinem Amtsantritt, teilte Hopkins den Bundesstaaten mit, die Bundesregierung werde Zuschüsse in Höhe von einem Drittel der Sozialausgaben des Staates im ersten Viertel des Jahres gewähren. Im Laufe der Zeit wurde diese Relation allerdings verändert, und der Bundesanteil an den Wohlfahrtsausgaben stieg in einigen Bundesstaaten auf bis zu 75% (White und White, 82).
25 Die Arbeitslosenräte wurden unter diesem Namen offiziell auf einer »Nationalen Konferenz der Arbeitslosen« am 4. Juli 1930 in Chicago aus der Taufe gehoben (Bernstein, 1970, 428). 1934 wurde der Name von »Unemployed Councils« in »Unemployment Councils« umgeändert (die in der Übersetzung gewählte Bezeichnung »Arbeitslosenräte« unterschlägt diesen kleinen, unbedeutenden Unterschied – d. Ü.)
26 Ein hoher Anteil der Parteimitglieder war während der ersten Jahre der Wirtschaftskrise arbeitslos, und relativ wenige von ihnen waren in der Grundindustrie beschäftigt. Aus diesem Grund legte die Partei in dieser Phase ihr Schwergewicht zum großen Teil auf die Arbeit von Straßenzellen unter den Arbeitslosen. Später in der Depression änderte sich das.
27 Es deutet einiges darauf hin, daß die sozialistischen Gruppen – anders als die Kommunisten – primär Zulauf aus der Mittelschicht hatten, was vielleicht darauf zurückzuführen war, daß das Schwergewicht ihrer Arbeit auf der Durchführung von Bildungsprogrammen lag und daß ihr Vorgehen zurückhaltender war; es mag auch daran gelegen haben, daß sie den Eifer der Kommunisten bei der Mobilisierung der Arbeiterklasse vermissen ließen.
28 Gosnell schildert derartige Wahlkreisaktivitäten in Chicago (1937).
29 Clark Kerr liefert eine erschöpfende Beschreibung dieser Selbsthilfe-Gruppen, deren aktive Mitgliedschaft er für 1932 auf 75 000 schätzt.
30 In Harlem führten sogar die Arbeitslosenräte Lebensmittelsammlungen durch, um die unmittelbaren Nöte der Bedürftigen zu lindern (*Daily Worker*, 24. April 1931). Im allgemeinen verurteilten die radikaleren Arbeitslosenführer allerdings den Selbsthilfe-Ansatz. Ein Artikel mit der Überschrift »Organisierte durchsuchen Abfalleimer« in der Ausgabe vom 1. März 1933 des *Detroit Hunger Fighter,* eines Nachrichtenblatts des Detroiter Arbeitslosenrates, deutet darauf hin: »Das Ganze läuft so: Man geht zu allen möglichen Betrieben der Lebensmittelbranche und tauscht die Arbeitskraft der Arbeitslosen gegen unverkäufliche Lebensmittel ein, oder man sammelt alte Kleidung usw., was darauf hinausläuft, daß man den Bossen die Last der Versorgung der Arbeitslosen erleichtert und daß man sich selbst davor drückt zu kämpfen. ... 55% der Bevölkerung können nicht von dem leben, was 45% wegwerfen. ...«
31 Ganz in der Tradition ihres Voluntarismus hatte sich die AFL bis Mitte 1932 gegen Regierungsmaßnahmen zur Unterstützung der Arbeitslosen ausgesprochen. Erst als die eigene Mitgliedschaft und sogar einige

Unternehmer den Gewerkschaftsbund bedrängten, änderte sie ihre Haltung.

32 Herbert Benjamin, der Führer der Arbeitslosenräte, sagte später über die Direktiven der Parteiführung zur Überwindung dieser Mängel: »Die Leute unten waren daran nicht interessiert. ... [Sie waren] nur daran interessiert, mit allen Mitteln zu handeln« (zitiert bei Rosenzweig, 1976b, 40).

33 David Lasser, Sozialist und Anführer einer New Yorker Arbeitslosengruppe, später Vorsitzender der »Workers' Alliance«, argumentierte 1934, die Forderungen der Arbeitslosen hätten nationale Bedeutung gewonnen, und die Arbeitslosen selbst seien reifer geworden und würden sich jetzt nicht mehr nur mit kurzfristigen Zugeständnissen zufriedengeben, sondern eine Veränderung der Gesellschaft anstreben (*New Leader*, 12. Dezember 1934, 1).

34 Die weit verbreitete Ansicht, die Politik der amerikanischen KP sei nur Reaktion auf die Diktate der Internationale gewesen, ist in letzter Zeit von mehreren jungen Historikern bestritten worden. Sie behaupten, die Volksfront sei, zumindest teilweise, eine eigenständige – wenn auch vielleicht falsche – Reaktion der amerikanischen Kommunisten auf die innenpolitische Entwicklung gewesen. Siehe z.B. Buhle, Keeran und Prickett.

35 Earl Browder berichtete später, daß die Partei 1935 begonnen hätte, mit den Fürsorgebehörden des New Deal zusammenzuarbeiten (Buhle, 231).

36 Bis dahin hatten die Arbeitslosenräte als Teil der »Trade Union Unity League« gegolten, doch hatte diese Anbindung wenig Einfluß auf den örtlich begrenzten Charakter der frühen Gruppenaktivitäten (Seymour, Dezember 1937, 3).

37 Davon abgesehen kamen wegen der Präsidentschaftskampagne von Norman Thomas 1932 die Aktivitäten der Sozialisten zur Organisierung der Arbeitslosen zum Erliegen. Man hielt die Wahlkampagne offensichtlich für wichtiger (Rosenzweig, 1974, 15).

38 Kurz darauf schlossen sich die »Unemployed Leagues« der »American Workers' Party« an, welche 1934 gemeinsam mit der »Trotskyist Communist League of America« die »Workers' Party of the United States« bildete, die sich wiederum 1936 mit der »Socialist Party« zusammenschloß, bis die Trotzkisten 1937 ausgeschlossen wurden (Rogg, 14; Glick). Unter der Obhut der »Workers' Party« gewannen Fragen der revolutionären Strategie zentrale Bedeutung, und Fraktionskämpfe waren an der Tagesordnung; die »Unemployed Leagues« verloren während dieser Zeit die meisten ihrer Anhänger (Rosenzweig, 1975, 69–73).

39 Die Demonstration vom 24. November brachte nach Angaben ihrer Organisatoren 350000 Menschen in 22 Bundesstaaten auf die Beine (Rosenzweig, 1974, 24).

40 Wie gewöhnlich gingen die Schätzungen der Mitgliederzahlen weit auseinander. Die Gruppen, die auf dem Kongreß vertreten waren, gaben insgesamt 450000 Mitglieder an, doch die kommunistischen Arbeitslosenräte, die damals noch nicht dazugehörten, schätzten die aktive Mitgliedschaft auf 40000–50000 (Rosenzweig, 1974, 26).

41 Laut Rosenzweig nahmen 791 Delegierte an diesem Kongreß teil (1974, 33); Seymour (Dezember 1937, 8) sowie Brophy und Hallowitz (9) schätzen, daß die »Alliance« nur ungefähr 300000 Mitglieder gehabt habe.

42 In Einklang mit dieser neuen Auffassung über die Beteiligung der Bevölkerung wurden im Harlemer Nothilfebüro und in der WPA schwarze Beraterkommissionen gebildet und eine ganze Reihe von Schwarzen zu leitenden Verwaltungsbeamten befördert (Naison, 403).

43 In Chicago zum Beispiel wurde das Verbot, in den Fürsorgeämtern zu demonstrieren, von den Kommunisten entschieden verurteilt und eine Zeitlang auch verletzt. Herbert Benjamin nannte die Tendenz, »mehr oder weniger freundliche« Verhandlungen mit den Fürsorgebeamten zu führen, »rechten Opportunismus« (Rosenzweig, 1976a).

44 Hopkins drückte vermutlich das damalige liberale Klima aus, als er 1936 schrieb, das Arbeitsbeschaffungsprogramm signalisiere die Entschlossenheit der Vereinigten Staaten, ihre Armen nie wieder in menschenunwürdigen Verhältnissen leben zu lassen, und den Kommunen nie wieder solch schäbige öffentliche Maßnahmen wie vor den WPA-Programmen zu gestatten (69).

45 Eine Zählung des Zensus-Büros aus dem Jahr 1937 zeigte, daß alle im Rahmen der Bundesnothilfeprogramme Beschäftigten (einschließlich der beim »Civilian Conservation Corps«, bei der »National Youth Administration« und bei den WPA Beschäftigten) zusammen nur 18% der Arbeitslosen in jenem Jahr ausmachten (Howard, 554).

46 Ähnliche Lagebeurteilungen wurden 1936 und 1937 von der »American Association of Social Workers« abgegeben. Eine Zusammenfassung dieser Befunde findet sich bei Howard, 77–85.

47 In einem persönlichen Schreiben an einen der Verfasser erhebt Benjamin entschiedene Einwände gegen unsere Beurteilung der Aktivitäten der »Alliance«. Wir halten seine Auffassung für wert, hier ausführlich zitiert zu werden: »Es scheint Ihnen nicht bewußt zu sein, daß unsere ›Lobbying‹-Aktivitäten sich erheblich von dem unterschieden, was allgemein unter dieser Bezeichnung verstanden wird. Wir betrieben einen Massen-Lobbyismus; wütende Delegationen, die reaktionäre Kongreßmitglieder in ihren Büros belagerten. Wir demonstrierten und protestierten und wurden verhaftet. Wir erschienen nicht vor den Parlamentsausschüssen, um zu bitten, sondern um zu fordern. Und unsere Aktivitäten in den Wahlkämpfen bewiesen zumindest einigen Kongreßmitgliedern, daß wir über einen politischen Einfluß verfügten, den sie nur zu ihrem

eigenen Schaden ignorieren konnten. (Die ›Alliance‹ konnte, entgegen Ihrer These, u. a. für sich verbuchen, die Wiederwahl des als unschlagbar geltenden Vorsitzenden des einflußreichen ›Rules Committee‹ verhindert zu haben.) Nach Ihrer Auffassung war es wichtiger, lokale Fürsorgeämter wegen irgendwelcher unbedeutender Einzelprobleme in Aufruhr zu versetzen. Wir meinten allerdings, daß es wichtig war, durch Massenaktionen anständige Maßstäbe *und* Regelungen zu etablieren und dann Routineangelegenheiten so zu handhaben, wie ein Betriebsrat Beschwerden behandelt. Unser Executive Board und die Kongresse, die die Meinung unserer Mitglieder repräsentierten, billigten unsere Politik. So entwickelten wir den (Marcantonio) ›Relief and Work Standards Act‹ und kämpften für seine Verabschiedung. Ebenso halfen wir unseren Ortsgruppen bei der Ausarbeitung von lokalen Statuten nach dem Vorbild dieses Gesetzes. So kämpften wir für einen höheren Wohlfahrtsetat, um die Zahl der WPA-Beschäftigten zu steigern und die Löhne zu erhöhen. ... Ihr grundlegender Irrtum, mein guter Freund, besteht darin, daß Sie von einer falschen Voraussetzung ausgehen. ... Der Kampf der Arbeitslosen ist ein politischer Kampf. Er richtet sich gegen die politischen Institutionen, die öffentlichen Verwaltungen, *die die Richtlinien bestimmen* und die Mittel bewilligen. Es war unsere Aufgabe, dies rückständigen Arbeitern, die nicht begriffen, daß sie ein Recht besäßen und deshalb nicht bitten, sondern fordern und kämpfen sollten, klar zu machen. Es war leicht, sie dazu zu bewegen, einem Sozialarbeiter wegen ihrer eigenen, unmittelbaren Probleme die Hölle heiß zu machen. Wir lehrten sie, darüber hinauszugehen und eine höhere Stufe des politischen Kampfes zu erklimmen. *Und das war der wichtigste Beitrag, den wir zur politischen Erziehung und Entwicklung des amerikanischen Arbeiters geleistet haben.*« (Unterstreichungen im Original, 8. August 1976) Wir sind für die Gelegenheit dankbar, Benjamins Kritik an unserer Analyse mit seinen eigenen Worten wiedergeben zu können. Unseres Erachtens machen seine Bemerkungen deutlich, daß die Führer der »Alliance« weder schwach noch opportunistisch waren. Doch halten wir es für einen Fehler, daß sie unter »politischen Institutionen« ausschließlich legislative und exekutive Körperschaften verstanden; auch das Wohlfahrtssystem war eine politische Institution, noch dazu, mitten in der Depression, eine sehr wichtige. Wir halten es zudem für einen Fehler, daß sie die Beziehung zwischen massiven lokalen Erschütterungen und den Handlungen legislativer und exekutiver Apparate nicht erkannten.

48 In St. Louis berichtete der *Globe Democrat,* daß eine 750köpfige Menge umgehende Arbeitslosenunterstützung gefordert habe (17. Dezember 1937). In Grand Rapids versammelten sich 500 Fürsorgeempfänger und WPA-Arbeiter (*Grand Rapids Herald,* 10. Februar 1938), und in Kalamazoo marschierte ein Zug von Arbeitslosen zur

Stadtverwaltung (*Detroit Free Press*, 22. Februar 1938). Der *San Francisco Chronicle* berichtete über eine Massendemonstration auf dem Marshall Square, mit der gegen unzureichende Fürsorgeleistungen protestiert wurde (27. Februar 1938). In Spokane protestierten etwa 800 Menschen gegen die Verringerung der Zahl der Fürsorgeempfänger (*Spokane Review*, 1. April 1938), während in Seattle 300 Arbeitslose das Fürsorgeamt besetzten und Unterkunft und Nahrung forderten (*Seattle Times*, 2. April 1938).

49 Montgomery und Schatz berichten, daß auch Ortsverbände der »United Electrical Workers« und des »Steel Workers Organizing Committee« während der Rezession von 1937 bis 1938 gegen mangelnde Unterstützung für ihre arbeitslosen Mitglieder protestierten. In Minneapolis, wo der von Trotzkisten geführte Ortsverband 574 der »Teamsters« einigen Einfluß besaß, führten gleich mehrere Gewerkschaften im Sommer 1939 einen gemeinsamen Streik gegen WPA-Projekte durch, um gegen vom Kongreß verordnete Einsparungen zu protestieren.

50 Benjamin ist wiederum anderer Meinung als wir und verweist auf »die Milliarden Dollar, die seitdem für die Arbeitslosenversicherung, für öffentliche Fürsorge, Altersversorgung und viele andere Maßnahmen dieser Art aufgebracht worden sind«, und die er als Erfolge der »Workers' Alliance« ansieht (persönliche Korrespondenz, 20. August 1976). Doch all diese von Benjamin aufgeführten Maßnahmen wurden schon 1935 durchgesetzt, vor Gründung der »Alliance«. Nach unserer Auffassung sind diese Reformen der Bewegung der Arbeitslosen zu verdanken, und nicht der Organisation, die aus ihr erwachsen ist.

51 Brendan Sexton, der die New Yorker »Alliance« anführte, macht die Aktivisten der Kommunistischen Partei für das Scheitern der Organisation verantwortlich, weil ihre Unterstützung für die Bürgermeister, Gouverneure und andere Politiker des New Deal, einschließlich Roosevelt, so weit gegangen sei, daß sie Konfrontationen mit ihnen scheuten. »Es war nicht möglich, die Organisation am Leben zu erhalten, wenn wir nicht gewillt waren, gegen eben die Leute zu demonstrieren, die sich weigerten, die WPA zu erweitern und das Fürsorgesystem zu verbessern.« (Persönliche Korrespondenz, 4. Februar 1970) Wir teilen zwar Sextons Einschätzung der Ergebnisse der »Alliance«-Strategie, doch deutet nach unserer Meinung kaum etwas darauf hin, daß die parteilosen Führer der »Alliance« andere Positionen vertreten hätten. Wir wollen nicht versäumen, darauf hinzuweisen, daß Sexton auch in anderen Punkten nicht mit unserer Interpretation übereinstimmt, wenn er z.B. argumentiert, die »Alliance« sei bei der Bürokratisierung der Sozialfürsorge und ihrer eigenen inneren Struktur aufgeblüht und erst durch ihre mangelnde Bereitschaft, gegen leitende New-Deal-Politiker zu demonstrieren, zerstört worden. Einen Zusammenhang zwischen letzterem

Sachverhalt und den genannten organisatorischen Entwicklungen sieht Sexton augenscheinlich nicht.
52 Brian Glicks Schlußfolgerungen in bezug auf die Auswirkungen der New-Deal-Programme auf die politische Orientierung der nationalen Führung der »Alliance« ähneln im großen und ganzen den unsrigen.

III.

1 Gutman betont, daß nicht alle Streiks erfolglos waren. Er zitiert Informationen des New Jersey Bureau of Labor Statistics über 890 Arbeitskämpfe zwischen 1881 und 1887, woraus hervorgeht, daß die Streiks zu über 50 % erfolgreich waren (48). Doch gingen in diesen wie in den folgenden Jahren die großen Industriestreiks verloren, z. B. die bedeutenden Eisenbahner-, Bergarbeiter- und Stahlarbeiterstreiks.
2 Eine der einflußreichsten dieser Interpretationen stammt von Selig Perlman. Radikalere Theoretiker verurteilten Perlmans Verteidigung der »Brot und Butter«-Forderungen US-amerikanischer Gewerkschaften, doch teilen sie im wesentlichen seine Analyse der Ursachen für das fehlende Klassenbewußtsein der amerikanischen Arbeiter.
3 Boyer und Morais berichten z. B., daß von 30 Gewerkschaftsverbänden, die vor der Depression von 1873 existierten, 1877 nur noch acht oder neun bestanden (40).
4 Leon Fink schreibt, daß in den achtziger Jahren des 19. Jahrhunderts die Facharbeiter den Kern der aktiven Arbeiterschaft bildeten und daß sie von einem breiten Fächer von Gruppen Unterstützung erhielten. Er schreibt die generelle Ablehnung von Einwanderern und Schwarzen durch die Facharbeiter in der Folgezeit dem Zusammenbruch der »Knights of Labor« und den Niederlagen in einer Reihe von Industriestreiks zu (67–68).
5 Neuere Arbeiten radikaler Ökonomen liefern Belege dafür, daß große Unternehmen am Ende des 19. Jahrhunderts die Arbeitsplatzbezeichnungen neu definierten, um Statusunterschiede zwischen den Arbeitern zu vertiefen, ihre Solidarität zu schwächen und die Löhne zu drükken. Vgl. z. B. Stone sowie Gordon, Edwards und Reich. Konzept und Methoden für die Fragmentierung natürlicher Beschäftigtengruppen lieferten die Lehrsätze des wissenschaftlichen Management (Davis).
6 »Frei« war die Arbeit nur aus der Sicht der Arbeitgeber. 1864 erlaubte der Kongreß den Unternehmen, ausländische Arbeitskräfte mit Indenturverträgen zu importieren, die sie verpflichteten, so lange für ein bestimmtes Unternehmen zu arbeiten, bis sie ihre Überfahrt abgezahlt hatten (Brecher, 10).
7 Durch die Isolierung der verschiedenen Sprachgruppen voneinander bildeten sich vielfach ethnische »Inseln«, auf deren Grundlage sich iso-

lierte, militante Proteste einiger dieser Gruppen entwickeln konnten. So berichtet Gutman, daß Mitte der achtziger Jahre des vorigen Jahrhunderts eingewanderte Arbeiter in den Gewerkschaften einen überproportionalen Anteil ausmachten und führt dies auf ihre natürliche Neigung nach Schutz und der Möglichkeit, die eigene Kultur und Tradition zu wahren, zurück (48–49). Ähnlich die Argumentation von Fink, der davon ausgeht, daß ethnische Solidarität eine bedeutende Rolle bei den Arbeiteraufständen der achtziger Jahre spielte. Als Beispiele führt er die Mobilisierung von polnischen und irischen Arbeitern an, bei der ethnisches Bewußtsein und das Gefühl der Klassenzugehörigkeit sich gegenseitig zu bestärken schienen (66). Viele Jahre später machte die Kommunistische Partei die Erfahrung, daß es »verhältnismäßig schwierig war, Wurzeln unter den in Amerika geborenen, Englisch sprechenden Arbeitern zu schlagen« und erfuhr »Unterstützung hauptsächlich von den fremdsprachigen Verbänden ...« (Aronowitz, 142).

8 Aronowitz berichtet, daß 1907 im Stahlwerk von Homestead in Pennsylvania englischsprachige Einwanderer 16 Dollar in der Woche verdienten, in Amerika geborene weiße Arbeiter dagegen 22 Dollar; Schwarze erhielten 17 Dollar, und slawische Arbeiter, die zusammen mit den Schwarzen 15 Jahre zuvor als Streikbrecher angeheuert worden waren, um den berühmten Homestead-Streik zu zerschlagen, verdienten 12 Dollar (150).

9 Gutman argumentiert, daß die aufstrebenden Industrien den gelernten Handwerkern und Mechanikern in der Anfangszeit der amerikanischen Industrialisierung ungewöhnliche soziale Aufstiegschancen boten (211–233).

10 Roberta Ash weist darauf hin, daß die meisten städtischen Arbeiter Ende des 19. Jahrhunderts allerdings viel zu verarmt waren, um nach Westen ziehen zu können (36).

11 Der Brauch, Gewerkschaftsführern Gehälter zu zahlen, die mit denen von Top-Managern vergleichbar sind – eine Praxis, die in Europa bei weitem nicht so ausgeprägt ist –, ist ein Beleg für diese Tendenzen; die Praxis, Gewerkschaftsgelder in verschiedene Unternehmen zu investieren, ist ein weiterer.

12 Diese Beziehungen zwischen Gewerkschaftsfunktionären und Unternehmern liefen oft über die Vermittlung von Politikern der örtlichen Parteiapparate. Vgl. die interessante Darstellung der Verbindungen zwischen Gewerkschaftsführern und Parteipolitikern bei Rogin.

13 Von 1880 bis 1930 erließen bundes- und einzelstaatliche Gerichte 1845 Verfügungen gegen Gewerkschaften (Bernstein, 1970, 200). Die Gerichte wurden auch dazu mißbraucht, Arbeiterführer unter falschen Anklagen wie Mord, Rebellion oder Anarchismus zu verurteilen, wie am Beispiel der Molly McGuires, Joe Hills, der Haymarket-

Anarchisten, Big Bill Haywoods und Sacco und Vanzettis – um nur die bekanntesten zu nennen – deutlich wird.

14 In der Zeit von 1880 bis 1904 gaben die Gouverneure von Colorado mehr als eine Million Dollar für derartige Militäraktionen gegen Arbeiter aus, die sie durch die Ausgabe von »Aufstands«-Anleihen finanzierten (Boyer und Morais, 142).

15 Nirgendwo sonst war der Gebrauch von schwarzen Listen und der Einsatz von Privatarmeen so weit verbreitet. Es gab auch nirgendwo ein so ausgedehntes Spionagenetz der Unternehmer gegen die Arbeiter. Ende des 19. Jahrhunderts unterhielt Pinkerton mehr Agenten und »Reservisten«, als die stehende Armee der USA Soldaten (Brecher, amerikanische Ausgabe, 55).

16 Im Homestead-Streik von 1889 z.B. kämpften die Streikenden zunächst erfolgreich gegen Pinkertons und Streikbrecher, nur um sich dann der Nationalgarde von Pennsylvania und gerichtlichen Verfahren gegenüberzusehen, die den Streik schließlich brachen (Ash, 122).

17 Gutman argumentiert überzeugend, daß dies in mittelgroßen Industriestädten nicht immer der Fall war – im Gegensatz zu den großen Metropolen. Während der schnell voranschreitenden Industrialisierung waren die Arbeiter in manchen Industriestädten in der Lage, genügend Rückhalt in der Bevölkerung zu gewinnen, um die Stadtverwaltungen bei Arbeitskonflikten zumindest zum Stillhalten zu veranlassen (234–260).

18 »In keinem anderen Land«, schreibt Lewis Lorwin, »haben Unternehmer – vielleicht abgesehen von den Metall- und Maschinenfabrikanten in Frankreich – die Gewerkschaften so ausdauernd, so entschlossen, so aufwendig und mit einem so ausgeprägten Glauben an die Gerechtigkeit ihrer Sache abgelehnt und bekämpft wie in Amerika. *Und in keinem anderen westlichen Land sind die Unternehmer dabei von staatlichen Autoritäten, Regierungstruppen und Gerichten so sehr unterstützt worden.*« (Hervorhebung von uns, 355)

19 Laut Ash gab es in dieser Periode 61 Arbeiterparteien.

20 Nach 1920 stabilisierte sich der Anteil der Fabrikarbeiter an der Erwerbsbevölkerung, während die Zahl der Einzelhandels- und Dienstleistungsbeschäftigten, der Regierungsangestellten sowie der Akademiker und freien Berufe rasch anstieg (Bernstein, 1970, 55–63).

21 U.S. Bureau of the Census, 1941.

22 U.S. Bureau of the Census, 1941, 340 und 346.

23 Einige Gruppen von Arbeitern waren besonders stark betroffen. Bernstein nennt Sägemühlen in Pennsylvania mit Stundenlöhnen von 5 Cents; Autofabriken, die Frauen 4 Cents in der Stunde zahlten, und sweatshops in Connecticut, die für eine 55-Stunden-Woche ganze 60 Cents auszahlten (1970, 319–320).

24 Als die UMW einen Tarifvertrag aushandelte, der Lohnkürzungen vor-

sah, lehnten die Bergleute in Illinois ihn schlichtweg ab. Im Spätsommer 1932 errichtete die Nationalgarde das Kriegsrecht in dem Gebiet (Rees).

25 Schlesinger (1957, 182–183) und Bernstein (1971, 19–20) schildern diese Entwicklungen.

26 Die AFL hatte schon mit ihrer traditionellen Opposition gegen staatliche Eingriffe in die Lohn- und Arbeitszeitpolitik – von denen sie fürchtete, daß sie die Rolle der Gewerkschaften schmälern könnten – gebrochen und unterstützte eine Gesetzesvorlage des Senators Hugo L. Black aus Alabama, die eine 30-Stunden-Woche vorsah. Die Black-Vorlage genoß weitgehende Unterstützung im Kongreß, doch die Regierung, die sich um Rückhalt in der Industrie bemühte, machte sich für einen Alternativentwurf stark, der eine flexible Arbeitszeitregelung vorsah, die schließlich in den »National Industrial Recovery Act« integriert wurde (Bernstein, 1971, 22–29). Bernstein weist darauf hin, daß im Jahr 1929 nur 19% der Beschäftigten in der verarbeitenden Industrie weniger als 48 Stunden in der Woche arbeiteten – eine Tatsache, die den USA eine einzigartige rückständige Stellung unter den industrialisierten Ländern einräumte (1971, 24).

27 Vgl. den Bericht über den Textilstreik im Piedmont bei Bernstein, 1970, 1–43; einen Bericht über einige der Bergarbeiter-Streiks liefert Nyden, 403–468.

28 Sie sollen, so wird erzählt, tatsächlich recht bekommen haben. Die Arbeiter erwischten Hugh Johnson, den Chef der »National Recovery Administration«, die im Rahmen des NIRA geschaffen worden war, im »Commerce Building«, erhielten seine schriftliche Bestätigung, und Philco gab nach. Doch diese Geschichte blieb eine Ausnahme.

29 David Dubinsky blieb eine bemerkenswerte Ausnahme unter den AFL-Bossen, denn sein Gehalt betrug nur relativ bescheidene 7500 Dollar im Jahr.

30 In einigen wenigen Fällen einigten sich Gewerkschaften und Management auf konkrete Programme zur Hebung der Produktivität, doch blieb die Zusammenarbeit primär auf Rhetorik beschränkt. Vgl. Nadworny.

31 Die Mitgliederzahlen der Gewerkschaften beruhen zwangsläufig auf Schätzungen. Die Schwierigkeiten bei der Aufstellung dieser Zahlen diskutiert Derber (3–7).

32 Das Berufsgewerkschaftsprinzip der AFL hatte in Wahrheit zu einer ziemlichen Verwirrung über den betrieblichen Einflußbereich der einzelnen Gewerkschaften geführt; dieser war weniger eine Folge der tatsächlichen Berufsverteilung, als interner Machtkämpfe zwischen den Mitgliedsgewerkschaften.

33 Von ähnlicher Voreingenommenheit zeugt die Bemerkung Harry McLauglins, des AFL-Generalsekretärs von Cleveland gegenüber

einer Gruppe von Automobilarbeitern, die ihn 1932 aufgesucht hatten, um seine Unterstützung bei der Organisierung der Beschäftigten der »White Motors Company« in Cleveland zu erbitten: »Diesen Haufen Idioten da draußen kann doch keiner organisieren« (Prickett, 159). Einer dieser Automobilarbeiter war Wyndham Mortimer, der einer der bedeutendsten »organizers« der »United Automobile Workers« wurde.

34 In einigen Branchen, ganz besonders in der Textilindustrie, stellten die Statuten ein Mittel dar, mit dem die Branche dem Lohn- und Preisverfall infolge der harten Konkurrenz eine untere Grenze setzen konnte. In der Textilindustrie waren sie auch besonders wirkungsvoll: die durchschnittlichen Wochenlöhne stiegen von 10,90 Dollar auf 13,03 Dollar, und die Zahl der Arbeitsstunden fiel von 46 auf 33 Stunden (Walsh, 145).

35 Eine Umfrage des »National Industrial Conference Board« ergab, daß von 623 »company unions«, die im November 1933 in der verarbeitenden Industrie und im Bergbau existierten, etwa 400 nach Verabschiedung des NIRA gebildet worden waren. Eine Übersicht des »Bureau of Labor Statistics« über die gesamte Industrie stellte einen ähnlichen Prozentsatz fest (Bernstein, 1971, 39–40).

36 Diese Praktiken sind in den frühen zwanziger Jahren in der Industrie sehr populär gewesen und liefen unter der offiziellen Bezeichnung »American Plan«. Der »Plan« schloß den systematischen Gebrauch von schwarzen Listen, Spitzeln, einstweiligen Verfügungen und Propaganda ein. 1936 wurden diese Arbeitgebertechniken durch die »Mohawk Valley Formula«, die von Remington Rand zur erfolgreichen Bekämpfung von Streiks entwickelt wurde, weiter systematisiert. Zum Arsenal gehörten nun auch: die systematische Verleumdung von Gewerkschaftsführern als gefährliche Radikale, der Einsatz von Polizei zur Auflösung von Gewerkschaftsversammlungen, massive Propagandaaktionen in der Bevölkerung und der Aufbau privater vigilante-Gruppen zum Schutz von Streikbrechern (Bernstein, 1970, 478–479; Rayback, 343–344; Walsh, 216–228).

37 Walsh führt eine Reihe von Unternehmen auf, von denen bekannt ist, daß sie Spitzel in die Gewerkschaft eingeschleust hatten: Chrysler, General Motors, Quaker Oats, Wheeling Steel, Great Lakes Steel, Firestone Tire and Rubber, Post Telegraph and Cable, Radio Corporation of America, Bethlehem Steel, Campbell Soup, Curtis Publishing Company, Baldwin Locomotive Works, Montgomery Ward, Pennsylvania Railroad, Goodrich Rubber, Aluminum Company of America, Consolidated Gas, Frigidaire, Carnegie Steel, National Dairy Products und Western Union (206–207).

38 Der Anteil der Streiks, bei denen es um die Anerkennung einer Gewerkschaft ging, stieg von 19 % im Jahre 1932 auf 45,9 % 1934. Die

Anerkennung der Gewerkschaft blieb auch bis 1942 die Ursache für ungefähr die Hälfte aller gemeldeten Arbeitsniederlegungen (nach Angaben des »Bureau of Labor Statistics«, zitiert bei Bernstein, 1950, 143, 144).

39 Anders gemessen: Die Gesamtzahl der aufgrund von Streiks verlorenen Arbeitstage stieg von einem monatlichen Maximum von 603 000 Tagen vor Inkrafttreten des NIRA im Juni 1933 auf 1 375 000 im Juli und auf 2 378 000 im August, so daß die Gesamtzahl des Jahres 1933 die höchste seit 1921 war (Bernstein, 1971, 173).

40 Vgl. die Berichte über die Ereignisse von Toledo bei: Keeran, 164–172; Bernstein, 1971, 218–228; Brecher (amerikanische Ausgabe), 158–161; und Taft und Ross, 252.

41 Sieben Jahre später zettelte Tobin die Verfolgung von Führern der »Socialist Workers Party« nach dem »Smith Act« an, um die Führung des Ortsverbandes der »Teamsters« in Minneapolis zerschlagen zu lassen (Lens, 230–231).

42 Diese Gruppe war ein Ableger der kleinen und militanten »Maritime Workers Industrial Union«, die von Kommunisten organisiert worden war. Die MWIU begann 1932 mit der Organisierung von Hafenarbeitern in San Francisco, aber nachdem Absatz 7(a) verabschiedet worden war und der Ansturm auf die Gewerkschaften begonnen hatte, war es die alte »International Longshoremen's Association«, in die die Hafenarbeiter eintraten – und mit ihnen die Gruppe von Radikalen aus der MWIU (Weinstein, 64–66).

43 Diese Ereignisse werden geschildert in: Schlesinger, 1958, 394; Brecher, 151–159; Levinson, 73–74; Taft und Ross, 354.

44 Es existierte allerdings eine von Kommunisten angeführte Gewerkschaft, die »Auto Workers Union«. 1918 hatte die AWU rund 23 000 Mitglieder angegeben. Sie wurde jedoch von der AFL ausgeschlossen, weil sie sich weigerte, ihren Anspruch auf Organisierung aller Arbeiter in der Autoindustrie aufzugeben. Während der Anti-Gewerkschafts-Kampagne Anfang der zwanziger Jahre wurde sie dann stark dezimiert. Zu diesem Zeitpunkt setzten die Aktivitäten der Kommunisten in der Gewerkschaft ein. Obwohl die AWU niemals viele Mitglieder gewann, spielte sie doch eine wichtige agitatorische und auch sonst hilfreiche Rolle bei den defensiven Streiks in den späten zwanziger Jahren und noch einmal in der Periode 1932/1933 (Keeran, 4–17, 43–48, 89–103).

45 Edelman schreibt dazu: »Die Industrie erfreute sich des großen Vorteils, bei der Formulierung der Industriestatuten sowohl die Initiative ergreifen zu können als auch über die notwendige ökonomische Macht zu verfügen. Unternehmerverbände erarbeiteten gewöhnlich die ersten Entwürfe und waren äußerst einflußreich, wenn Änderungsvorschläge bei Hearings diskutiert wurden. Die NRA-Verteter, die den

Hearings vorsaßen, kamen zum großen Teil aus der Industrie, was den Unternehmen einen weiteren Vorteil verschaffte, wenn ihre Positionen mit denen von Arbeitern oder Gewerkschaften in Konflikt gerieten. Einige NRA-Beamte und Gewerkschaften versuchten zwar, die paritätische Vertretung der Beschäftigten in den Statutenkommissionen zu erreichen, doch nur in 23 Fällen wurden Gewerkschaftsvertretern Sitz und Stimme gewährt, in 28 Fällen dagegen Sitz ohne Stimmrecht.« (166)

46 Die Bemühungen im New Deal, den Arbeitsfrieden in der Autoindustrie zu bewahren, werden näher ausgeführt bei: Fine, 31; Levinson, 57–62; Bernstein, 1971, 182–185.

47 Dies war der zweite Aufruhr in den Textilfabriken innerhalb von nur vier Jahren, und der zweite Ausverkauf durch die AFL. Als sich 1929 ein spontaner Streik im Piedmont ausgebreitet hatte, hatte AFL-Präsident Green eine Vortragsreise durch das Gebiet unternommen, auf der er an die Fabrikbesitzer appellierte, in Verhandlungen mit den Gewerkschaften einzutreten (Bernstein, 1970, 11–43).

48 Die Winkelzüge in der Textilindustrie während des New Deal schildern: Levinson, 73–76; Rayback, 331; Bernstein, 1971, 300–304.

49 Es wird vielfach behauptet, der »Railway Labor Act« von 1926 (mit seiner Novellierung von 1934) habe die Maßstäbe für den »Wagner Act« gesetzt. Fleming weist jedoch darauf hin, daß der »Wagner Act« in seiner Unterstützung der Gewerkschaften in mancher Hinsicht viel weiter ging: Er gestattete den »closed shop« (wonach nur Gewerkschaftsmitglieder eingestellt werden dürfen – d. Ü.), den der »Railway Labor Act« untersagt hatte; er verbot Einschüchterungsversuche von seiten des Managements, während der »Railway Labor Act« Einschüchterungsversuche von beiden Seiten untersagt hatte; schließlich wurde der »Wagner Act« gegen die heftige Opposition der Wirtschaft verabschiedet, während der »Railway Labor Act« sowohl die Zustimmung der Gewerkschaften als auch der Unternehmer gefunden hatte (129).

50 Laut Walsh waren unter den 14000 Goodyear-Beschäftigten zur Zeit des Streiks 800 Gewerkschaftsmitglieder (139).

51 Das Abkommen sah außerdem vor, das Management werde »mit jedem oder allen Beschäftigten einzeln oder mit den von ihnen bestimmten Vertretern zusammentreffen«. Das tat das Goodyear-Management auch, ein ums andere Mal, ohne allerdings bis 1941 der Unterzeichnung eines Tarifvertrages zuzustimmen (Bernstein, 1971, 596–602). Einige Kritiker behaupten, die Gummiarbeiter wären bereit gewesen, für einen besseren Tarifvertrag noch länger durchzuhalten. Sie seien aber von den CIO-Führern und auch von kommunistischen Gewerkschaftern in Akron von ihrem Vorhaben abgehalten worden (Buhle, 238).

52 Das weitläufige Netz der GM-Corporation – 69 Autofabriken in 35 Städten, einschließlich der »Fisher Body Corporation« – war zunächst von der Depression schwer getroffen worden. Der Verkauf von Automobilen und Lastwagen war zwischen 1928 und 1932 in den USA um 74 % gefallen, und die Nettogewinne der Gesellschaft waren von 296 Millionen Dollar auf weniger als 8,5 Millionen Dollar gesunken. Während des New Deal erholte sich das Unternehmen jedoch schnell. Bis 1936 vervierfachte sich der Verkauf von Autos und Lastwagen beinahe; die Zahl der Beschäftigten stieg um das doppelte (Fine, 20–25).

53 Einige waren aber auch unabhängigen Gewerkschaften beigetreten: der »Mechanics Educational Society of America«, einer unabhängigen Gewerkschaft von Werkzeugmachern, die von den »Industrial Workers of the World« organisiert wurde; und der »Automotive Industrial Workers Association«, die etwas später von Richard Frankensteen aufgebaut wurde.

54 Vgl. Kraus für eine ähnliche Schilderung eines Sitzstreiks in Flint vom November 1936, nur wenige Wochen vor dem großen Sitzstreik. Kraus war Kommunist und Redakteur der Flint-Streikzeitung.

55 Als Walt Moore, ein kommunistischer »organizer« in Flint, William Weinstone, den KP-Vorsitzenden im Staate Michigan, davon unterrichtete, daß der GM-Streik unmittelbar vor der Tür stehe, war Weinstone schockiert: »Du hast doch Flint noch gar nicht organisiert. Worüber redest du?« Moore antwortete: »Bill, wir können es nicht verhindern. Die Stimmung ist einfach zu aufgeputscht.« (Keeran, 241–242)

56 Als Mortimer im vorhergehenden Juni in Flint angekommen war, hatten die dortigen Ortsverbände nur 122 Mitglieder, von denen die meisten für GM-Spitzel gehalten wurden. Es ist anzunehmen, daß in den folgenden Monaten vor dem GM-Streik die Mitgliederzahl stieg, doch ist unklar, um wieviel.

57 Der Gouverneur überredete außerdem den Staatsanwalt von Genesee County, 300 Blanko-Haftbefehle gegen Streikende, die nach der »Battle of the Running Bulls« erlassen worden waren, nicht zu vollstrecken und Victor Reuther, Robert Travis und Henry Kraus, die alle an der Schlacht beteiligt gewesen waren, gegen Kaution wieder auf freien Fuß zu setzen (Keeran, 264–265).

58 Lee Pressman, ein CIO-Anwalt, hatte eine frühere Verfügung verhindert, indem er nachwies, daß der vorsitzende Richter ein umfangreiches Paket von GM-Aktien besaß.

59 Die Botschaft war von »organizer« Bob Travis und von Lee Pressman formuliert und dann von den Arbeitern genehmigt worden (Keeran, 272).

60 Sowohl der Sheriff als auch Richter Gadola erklärten, daß nichts unternommen werden könne, solange GM nicht ein Ersuchen um Festnahme (writ of attachment) gestellt habe. Eine entsprechende Anord-

nung des Gerichts, die den Sheriff anwies, alle Sitzstreikenden, Streikposten und Funktionäre der UAW festzunehmen, erging zwei Tage später. Daraufhin ersuchte der Sheriff den Gouverneur, der Nationalgarde die Durchführung des Gerichtsbeschlusses zu befehlen, doch zu dem Zeitpunkt war GM bereits am Verhandlungstisch, und so wies der Gouverneur das Ersuchen zurück. Auf alle Fälle schien die Nationalgarde ohnehin nicht geneigt, einen Angriff auf die Tausende von Menschen innerhalb und außerhalb der Fabriktore zu riskieren (Fine, 292–294).

61 Darstellungen des General Motors-Streiks finden sich bei: Fine, 302–312; Keeran, 225–285; Thomas Brooks, 183–186; Levinson, 160–168; Prickett, 180–202.

62 Laut Matles und Higgins dienten auch im General Electric-Werk in Schenectady (64) und in der Westinghouse-Fabrik in East Pittsburgh (78) »company unions« als Vehikel für gewerkschaftliche Basisaktivitäten.

63 Lynd zitiert einen Brief, den Thomas W. Lamont (als Vertreter des Hauses Morgan und von U. S. Steel) ein paar Jahre später an Präsident Roosevelt schrieb und in dem er die Entscheidung von U. S. Steel, Verhandlungen aufzunehmen, begründet. Offensichtlich fürchtete der Unternehmensvorstand die enormen Kosten eines größeren Streiks, wie General Motors ihn gerade durchgestanden hatte. Ein Streik, so fügte Lamont hinzu, könnte sich ferner »als eine solch schwere Krise erweisen, daß er beinahe eine soziale Revolution darstellt«. Der Plan, wie der Streik verhindert werden konnte, war nicht schwer zu ersinnen: einfach »das C/O als den führenden Verhandlungspartner anerkennen« (Lynd, 1974, 32).

64 Diese unterschiedliche Handhabung von Gewerkschaftsproblemen durch Industrievertreter auf der einen und die Finanzleute der Wall Street auf der anderen Seite war schon vorher in der Stahlindustrie evident geworden. Zum Beispiel hatten Anfang des Jahrhunderts Vertreter des Finanzkapitals im Aufsichtsrat von U. S. Steel gegen den Widerstand der Industrievertreter betriebliche Sozialprogramme durchgesetzt.

65 Vgl. die detaillierte Schilderung des Einsatzes lokaler Polizeikräfte zur Niederschlagung des Little-Steel-Streiks, sowie der Techniken, mit denen Lokalverwaltungen dazu gebracht wurden, sich den Interessen der Unternehmen unterzuordnen, bei Walsh, 75–95. In Youngstown, Ohio, wurde zum Beispiel jeder »organizer« in der Region mindestens einmal ins Gefängnis geworfen, und manche sogar fünf- oder sechsmal (84).

66 Aus Angst, er könne im ganzen Land Ausschreitungen auslösen, wurde ein Wochenschaubericht über das Ereignis von der Paramount unterdrückt. Der Film wurde später dem LaFollette-Komitee in einer

geheimen Vorführung gezeigt. Eine detaillierte Schilderung des Films findet sich bei: Hofstadter und Wallace, 179–184.
67 Republic war offensichtlich der größte Käufer von Tränengas und Übelkeit erregendem Gas im Land, zusätzlich zu dem übrigen umfangreichen Waffenarsenal, das das Unternehmen angelegt hatte.
68 Im Herbst 1941 wurde die Gewerkschaft schließlich von den vier wichtigsten Unternehmen der Little Steel-Gruppe anerkannt, allerdings erst nach einem militanten Streik bei Bethlehem Steel.
69 Fine berichtet, daß über 50% der Sitzstreiks im Jahre 1937 mit »substantiellen Gewinnen« endeten und in über 30% Kompromisse ausgearbeitet wurden (332).
70 Walsh schätzt, daß nur 25 von insgesamt rund 1000 Sitzstreiks von der Polizei gebrochen worden seien (60).
71 Laut Arthur M. Ross besteht eine direkte Beziehung zwischen den in 65 Branchen zwischen 1933 und 1945 gezahlten realen Stundenlöhnen und dem jeweiligen Organisierungsgrad. Zitiert bei Bernstein, 1971, 775.
72 Brecher weist z. B. darauf hin, daß sich die großen Eisenbahner-Streiks von 1877 zu einem Zeitpunkt ereigneten, als der Organisierungsgrad niedrig war; die Mitgliedschaft der nationalen Gewerkschaften war von 300000 im Jahre 1870 auf ungefähr 50000 gefallen (22). Darüber hinaus hatte die »Trainsmen Union« mit dem Ausbruch der Streiks nichts zu tun. Bei der Streikwelle von 1886 erwiesen sich die »Knights of Labor« als zurückhaltender Partner: die Arbeiter legten erst die Arbeit nieder und schlossen sich später den Knights an. Terrence Powderly, der Führer der Knights, klagte, »die Mehrheit der Neulinge genügte nicht den Qualitätsansprüchen, die der Orden (der volle Name der Knights lautete: Der edle Orden der Ritter der Arbeit – d. Ü.) in der Vergangenheit gestellt hatte«, und suspendierte die Organisierung neuer Arbeitergruppen (Brecher, 48). Zu Beginn des Bergarbeiterstreiks von 1894 hatte die »United Mine Workers« nicht mehr als 20000 Mitglieder, doch 150000 Männer schlossen sich dem Streik an. Und bei dem Streik der noch jungen »American Railway Union« gegen die Pullman Company im selben Jahr war fast die Hälfte der 260000 Arbeiter, die sich dem Ausstand anschlossen, nicht in der Gewerkschaft. Gleichzeitig ignorierten die älteren Eisenbahner-Bruderschaften den Streik, ermutigten sogar Streikbrecher, wie sie es auch während des wilden Eisenbahnerstreiks von 1919 wieder taten (Brecher, 83, 89). Während des großen Stahlarbeiterstreiks von 1919 war die Unterstützung durch die AFL ähnlich zurückhaltend, und die »Amalgamated Association of Iron and Steel Workers« rief ihre Mitglieder sogar während des Streiks an die Arbeitsplätze zurück.
73 Brecher berichtet, die AFL habe bei lokalen Arbeitskämpfen der Automobilarbeiter vor dem Flint-Streik als Streikbrecher fungiert. Sie habe

ihre Männer unter Polizeischutz an den Streikposten vorbeiziehen lassen (168).
74 Das LaFollette-Komitee berichtete, die Zahl der UAW-Mitglieder sei zwischen 1934 und 1936 von 26000 auf 120 gefallen. Fine berichtet, daß die fünf Ortsverbände in Flint im Juni 1935 757 zahlende Mitglieder hatten, die Detroiter GM-Ortsverbände 423 Mitglieder und die übrigen GM-Ortsverbände in Michigan 65 Mitglieder (41, 71).
75 Fine glaubt nicht, daß das die ganze Wahrheit ist. Er weist darauf hin, daß das CIO im August 1936 drei »organizers« in der Autoindustrie beschäftigte, stimmt jedoch zu, daß das CIO vor den GM-Sitzstreiks dort nicht mit demselben Engagement tätig war wie in der Stahlindustrie (93). In der Tat habe Adolph Germer, der Vertreter Lewis' in der UAW, die Gründung eines GM-Komitees unter den Gewerkschaftern vereitelt, um die Konfrontation mit GM zu verhindern (92–93).
76 Dieser Einschätzung stimmt sogar der Trotzkist Max Shachtman zu. Er schrieb über die dreißiger Jahre: »Es ist keine Übertreibung, daß 95% der Leute, die sich in jener Zeit politisch radikalisierten, Kommunisten wurden oder sich innerhalb des Einflußbereichs der [kommunistischen] Führung bewegten ...« (zitiert bei Keeran, 187).
77 Die Mitgliedschaft der Partei verringerte sich von etwa 16000 Anfang 1925 auf 9500 Ende der zwanziger Jahre (Weinstein, 40).
78 So kritisierten zum Beispiel führende Parteifunktionäre die KP-Mitglieder in Cleveland, weil sie »mit den wichtigen Details gewerkschaftlicher Organisierung so beschäftigt waren, daß die Partei, was die konkrete Arbeit im Betrieb angeht, völlig vergessen wird«. Auch rügte die Partei eine der Betriebszeitungen für Automobilarbeiter, weil sie politische Fragen ignoriert habe (Keeran, 162).
79 Prickett zitiert eine Rede von John Stachel, dem Gewerkschaftsreferenten der Partei, die zeigt, daß sich die Partei bewußt war, wie nützlich die Rhetorik des New Deal zur Beflügelung der Arbeiter war: »Zweitens redet Roosevelt über höhere Löhne in den ›sweatshops‹, er läßt Untersuchungen gegen Morgan & Co. durchführen, etc. Was die Arbeiter angeht, die haben große Illusionen, die glauben an all das, und genau wegen ihrer Illusionen werden sie aufgebracht und sind eher bereit, den Kampf aufzunehmen. Roosevelt sagt, keine ›sweatshops‹ mehr. Gut, also kämpfen wir gegen sie. Roosevelt sagt, hohe Löhne. Sehr gut, laßt uns hohe Löhne kriegen. ... Das Gesetz zum Wiederaufschwung und das ganze Roosevelt-Programm sind ein zweischneidiges Schwert, das wir dazu benutzen können, eben die Illusionen, die er zu schaffen versucht, zu zerstören.« (156)
80 Mancur Olson vertritt die interessante These, daß – ungeachtet der Größe der Erfolge, die mit Hilfe von Gewerkschaften erzielt werden können – eine aktive und ausgedehnte Mitgliedschaft nicht einmal unter den günstigsten Bedingungen gewahrt werden könne, eben weil

die Erfolge kollektiver Natur waren und deshalb nicht als Belohnung für Mitgliedschaft aufgeteilt oder als Sanktion für Nicht-Mitgliedschaft vorenthalten werden konnten. Folglich gab es für den einzelnen kaum einen Anreiz, seinen Beitrag zur Gewerkschaft weiterhin zu leisten. Die von der Regierung auferlegten Zwänge schafften nach 1937 diese objektiven Hindernisse für den Fortbestand von Gewerkschaften aus dem Weg.

81 Die AFL hat eindeutig versucht, aus ihrem konservativen Image in den Auseinandersetzungen mit den Unternehmern Kapital zu schlagen. So schickte der Vorsitzende der »International Association of Machinists«, Arthur Wharton, im Frühjahr 1937 eine Direktive an die IAM-Funktionäre, in der es hieß: »Der Sinn dieser Mitteilung ist es, alle Funktionäre und Repräsentanten anzuweisen, mit den Unternehmern an ihrem Ort Kontakt aufzunehmen, um die Organisierung der Betriebe und Fabriken vorzubereiten. Wir haben nicht gezögert, den Unternehmern, mit denen wir gesprochen haben, mitzuteilen, daß der ›closed shop‹ die beste Grundlage für Beziehungen mit uns ist, weil wir dann in der Lage sind, von unseren Mitgliedern die Einhaltung der Bestimmungen eines abgeschlossenen Tarifvertrages zu verlangen. Zusammen mit unserer bekannten Vertragstreue gibt das dem Unternehmer die Vorteile, auf die er Anspruch hat, wenn er mit uns einen Tarifvertrag abschließt. Außerdem versetzt es uns in die Lage, Sitzstreiks, sporadische Störungen, Bummelstreiks und andere kommunistische Störaktionen und Zersetzungsmethoden des CIO zu verhindern« (zitiert bei Matles und Higgins, 48).

82 Derber nimmt folgende Schätzungen des Anstiegs gewerkschaftlicher Organisierung von 1930 bis 1940 vor: für den Bereich Transport, Kommunikation und öffentliche Versorgung von 23 auf 48%; für Bergbau, Steinbrüche und Ölförderung von 21 auf 72%; und für die gesamte verarbeitende Industrie von 9 auf 34% (17). Insgesamt stieg nach Angaben des U.S.-Arbeitsministeriums der Anteil von Gewerkschaftsmitgliedern an den Gesamtbeschäftigten in nichtlandwirtschaftlichen Betrieben zwischen 1933 und 1940 von 11 auf 27% (U.S. Department of Labor, 1972).

83 Es gab dennoch unmittelbar nach Unterzeichnung des Abkommens eine Vielzahl von Arbeitsniederlegungen. Walsh berichtet von 200 Arbeitsniederlegungen bis Ende Juni 1937 (134); Keeran berichtet, daß es in den ersten beiden Monaten nach Unterzeichnung des Tarifvertrages mit GM 30 wilde Streiks von GM-Arbeitern gegeben habe, und in den zwei Jahren zwischen Juni 1937 und 1939 meldete GM 270 Arbeitsniederlegungen und Bummelstreiks, Chrysler 109, Hudson über 50 und Packard 31 (292). Montgomery betont, für die Arbeiter bedeutete »die Anerkennung ihrer Gewerkschaften ... zunächst einmal ..., daß Konflikte am Arbeitsplatz eher entfesselt als verhindert

wurden« (73). Während aber der Sieg der Gewerkschaften den Arbeitern zweifellos Mut machte, verurteilte die Gewerkschaft die Arbeitsniederlegungen und versprach laut Walsh, die verantwortlichen Gewerkschaftsmitglieder zur Verantwortung zu ziehen (134). Im September 1937 sandte UAW-Präsident Homer Martin einen »letter of responsibility« an GM, in dem er der Gesellschaft das Recht zusicherte, jeden Beschäftigten zu entlassen, den sie für schuldig hielt, einen nicht von der Gewerkschaft autorisierten Streik angezettelt zu haben (Keeran, 302).

84 In diesen 14 Jahren ließen die Stahlunternehmen einfach immer zum Ende der dreijährigen Laufzeit eines Tarifvertrags ihre Lagerbestände anwachsen. Die Gewerkschaft wirkte an dieser Praxis mit, so daß der Streikverzicht an sich keine größere Veränderung in der Politik der Gewerkschaft bedeutete (Bogdanich, 172).

85 Radikale Historiker haben in der Regel argumentiert, daß die Gewerkschaften in der Tat die Arbeiterschaft diszipliniert und damit Rationalisierungen in der Industrie gefördert hätten. Sie behaupten weiterhin, die Gewerkschaften hätten Rationalisierungen erleichtert, indem sie Plänen zur Kapitalintensivierung zugestimmt hätten. Das letztere Argument erscheint uns sowohl in historischer als auch in logischer Hinsicht zu schwach. Die Mechanisierung der Stahlindustrie und die Rationalisierung der Produktionsmethoden wurden erst durchgesetzt, nachdem es den Unternehmen gelungen war, die Gewerkschaft der Facharbeiter, die »Amalgamated Association of Iron, Tin and Steel Workers«, zu zerschlagen. Die berühmte Aussperrung durch Carnegie in Homestead war die erste Schlacht einer erfolgreichen Strategie der Stahlunternehmen, die Gewerkschaft zu zerstören; erst nachdem die Gewerkschaft dezimiert worden war, fand die Mechanisierung statt (Stone). Darüber hinaus erscheint es nicht einleuchtend, davon auszugehen, die Abwesenheit von – entweder kollaborierenden oder sich widersetzenden – Gewerkschaften hätte ein Hindernis für die Kapitalintensivierung nach dem Zweiten Weltkrieg sein können (als wichtige Gewerkschaften wie die UAW, die UMW und die ILA in der Tat bei der Umsetzung solcher Pläne mitwirkten).

Das erste Argument ist für unsere Analyse jedoch von zentralerer Bedeutung, und es will uns scheinen, als seien die Beweise noch immer schlüssig. Es steht kaum in Frage, daß die Gewerkschaften die Verantwortung für den störungsfreien Ablauf der Produktion übernahmen, doch die Streikwellen der vierziger und fünfziger Jahre lassen ernste Zweifel am Erfolg dieser Bemühungen aufkommen. Um die Frage zu klären, wäre es notwendig, sich auf einigermaßen präzise und kontinuierlich erhobene Daten über Streikausfalltage in Relation zur Gesamtbeschäftigung, aufgeschlüsselt nach gewerkschaftlich organisierten und gewerkschaftlich nicht organisierten Bereichen, stützen zu können. Die gewöhnlich präsentierten Aggregatdaten über den Anstieg der Produktivitätsraten in der verarbeitenden Industrie nach Anerkennung der Gewerkschaften sind nicht voll schlüssig. Die gewerkschaftliche Organisierung könnte durchaus mit steigender Produktivität einhergegangen sein, ohne sie verursacht zu haben.

86 Die UAW stimmte schon 1945 »company security«-Klauseln in den Tarifverträgen mit Chrysler und Ford zu. Diese Bestimmungen gaben der Betriebsleitung das ausdrückliche Recht, Arbeiter, die in wilde Streiks verwickelt waren, zu disziplinieren (Lichtenstein, 67). C. Wright Mills berichtet über einen späteren UAW-Vorschlag von 1946, nach dem die Gewerkschaft die Bestrafung eines »jeden Vorgesetzten oder Beschäftigten, der schuldig befunden wurde, eine unautorisierte Arbeitsniederlegung angezettelt, geschürt oder angeführt zu haben«, übernehmen sollte. Kurz darauf unterschrieb ein Ortsverband der Stahlarbeitergewerkschaft einen Tarifvertrag, nach dem die Gewerkschaft für die Kosten eines Streiks oder einer Arbeitsniederlegung verantwortlich gemacht werden konnte. Ein lebendiges Bild über die heutige Rolle der UAW bei der Disziplinierung von rebellischen Basisgewerkschaftern zeichnen: Gamson; Georgakas und Surkin; Ward; und Weir. Michels hatte schon lange zuvor erklärt, warum Gewerkschaften in dieser Rolle nützlich waren: »Ihren eigenen Führern sind die Massen viel gefügiger als den Regierenden. Sie lassen sich vielfach von ihnen Mißhandlungen gefallen, die sie von jenen nie ertragen würden... den Druck ihrer eigenen, selbstgewählten Führer spüren sie häufig überhaupt nicht« (151).

87 Auch hier sei wieder an Michels ernste Warnungen erinnert: »Idealismus allein ist bei der Mehrzahl der Menschen zur Pflichterfüllung ein ganz ungenügender Antrieb. Enthusiasmus ist keine Ware, die andauernd auf Lager gehalten zu werden vermag. Die gleichen Menschen, die in einem Augenblick, oder sagen wir, selbst in einigen Monaten heller Begeisterung bereit sind, um einer großen Idee willen sogar Leib und Leben aufs Spiel zu setzen, sind oft zu dauernder Arbeit im Dienste der gleichen Idee selbst dann unfähig, wenn sie nur relativ geringe, aber ständige Opfer erfordert... Daher ist es auch in der Arbeiterbewegung notwendig, daß der Führer noch einen anderen Lohn empfange als etwa die Anhänglichkeit der Geführten und das Bewußtsein eines guten Gewissens.« (124)

Vielleicht ist es unnötig zu ergänzen, daß, wenn Regierung und Industrie viele dieser prosaischen Belohnungen kontrollieren, sich die Führer der Arbeiterbewegung zu ihnen hin orientieren werden.

88 Während des Zweiten Weltkrieges hatten sich die Gewerkschaften daran gewöhnt, auch ohne Streiks viele neue Mitglieder zu gewinnen. »Nach 1942 machten die vom NLRB durchgeführten Wahlen und getroffenen Entscheidungen Anerkennungsstreiks überflüssig.

Tarifvertragliche Absicherungen des Mitgliederstandes gewährleisteten einen beständigen Beitragsstrom in die Kassen der Gewerkschaften, und unerfahrene Gewerkschaftsfunktionäre saßen Seite an Seite mit Vertretern von Regierung und Wirtschaft in Hearings über Beschäftigung, Gewerkschaftsfragen und Kriegsproduktion.« (Schatz, 194)

89 C. L. R. James fällt das vernichtendste Urteil von allen: »Seitdem [der CIO geschaffen wurde] ist die Geschichte der Produktion geprägt von der Korruption der [Gewerkschafts-]Bürokratie und ihrer Transformation in ein Instrument kapitalistischer Produktion, von der Restauration der Vorrechte, die die Bourgeoisie 1936 verloren hatte, vor allem des Rechts zur Festsetzung des Produktionsstandards. Ohne diese vermittelnde Rolle der Bürokratie würde die Produktion in den Vereinigten Staaten so lange heftig und fortwährend gestört werden, bis eine Klasse der unumstrittene Herr wäre.« (23)

90 Pricket, ein den Kommunisten nahestehender Historiker, weist dennoch darauf hin, daß mit zunehmender Konsolidierung ihrer Positionen in den CIO-Organisation die politischen Überzeugungen der Kommunisten undeutlich und ihre Beziehungen zur kommunistischen Basis und Parteiführung brüchig wurden (392).

91 Laut DeCaux war »Lewis... entschlossen, es Roosevelt nicht zu erlauben, die Unterstützung der Gewerkschaften als selbstverständlich hinzunehmen, auch wenn er selbst dabei politisch draufgehen sollte«; auch kritisierte er andere CIO-Führer heftig, weil sie »den Einfluß des CIO durch das Angebot, FDR bedingungslos zu unterstützen«, geopfert hätten (357). Lewis entschied sich daher 1940, den Republikanischen Kandidaten Wendell Wilkie zu unterstützen, doch war dies unter den herrschenden Umständen eine nutzlose Geste.

92 Bernstein erwähnt eine Wahlanalyse aus 63 Landkreisen und 14 Städten, die zeigte, daß Roosevelt überall da besonderen Erfolg hatte, wo auch der Anteil von CIO-Mitgliedern hoch war (1971, 720). Schattschneider berichtet über weitere Umfragen aus jener Zeit, wonach 79 bzw. 78% der CIO-Mitglieder 1940 bzw. 1944 für Roosevelt stimmten (49).

93 Der CIO beschleunigte seine Wahlkampfaktivitäten wegen der Verabschiedung des »Smith-Connally Act«, der – neben anderen gewerkschaftsfeindlichen Bestimmungen – Spenden der Gewerkschaften für Kandidaten in Bundeswahlen untersagte. Um diese Einschränkungen zu umgehen, betrieb der CIO schon lange vor dem Wahltag »politische Bildung« (De Caux, 339–440).

94 Lichtenstein führt über die Wahlen von 1944 weiter aus: »Wo Stimmen für einen unabhängigen Standpunkt laut blieben und eine Allianz mit den Demokraten zu gefährden drohten, mobilisierte Hillmann das PAC, um sie zum Schweigen zu bringen. In New York verknüpf-

te Hillman seine einstmals antikommunistische ›Amalgamated Clothing Workers‹ mit den kommunistischen Gewerkschaften der Stadt, um den Sozialdemokraten Dubinskys die Kontrolle über die ›American Labor Party‹ zu entreißen und die Parteiorganisation im Staat New York zu einem unkritischen Anhängsel der Demokratischen Partei dort zu machen. In Michigan, wo eine lebensfähige Parteiorganisation der Demokraten kaum existierte, bekämpfte das PAC erfolgreich die Bestrebungen einiger radikaler UAW-Mitglieder, die erreichen wollten, daß das PAC in ihrem Staat nur diejenigen Demokratischen Kandidaten unterstützen sollte, die sich für ein garantiertes Jahreseinkommen und andere bekannte Forderungen des CIO einsetzten.« (61)

95 Die Beteiligung der Mitglieder an Wahlkämpfen ging jedoch deutlich zurück. Greenstone schreibt dazu: »Zwei Jahrzehnte nach dem Zweiten Weltkrieg wurde eine zweifache ›Krise‹ mehr als deutlich: einmal der Rückgang des politischen Interesses an der Basis und zum anderen die schwindende Radikalität der Gewerkschaftsfunktionäre. Im Gegensatz dazu nahmen die organisatorischen Ressourcen dramatisch zu.« (58)

96 Harry Millis, ein Ökonom von der University of Chicago, der Mitglied des NLB vor dem »Wagner Act« gewesen und maßgeblich an der Entwicklung des »Wagner Act« beteiligt war, schrieb später, der Ausschuß habe Mitte der vierziger Jahre »alles getan, um den Unternehmern entgegenzukommen«, und dann auch die Schutzbestimmungen des »Wagner Act« in der Regel nicht mehr durchgesetzt (Millis und Brown).

97 Kommunisten spielten in diesem und anderen Streiks der Vorkriegszeit in der Tat eine wichtige Rolle. Da zudem das Wiederaufleben kommunistischer Militanz mit dem Hitler-Stalin-Pakt und der durch die Partei ausgesprochenen Mißbilligung des europäischen Konflikts als eines imperialistischen Krieges in Zusammenhang stand, gab es eine gewisse Berechtigung für die Verurteilung der Kommunisten.

98 Die realen Wochenlöhne nahmen während des Krieges zu, allerdings hauptsächlich aufgrund längerer Arbeitszeit. Außerdem hatten die Arbeiter die Last neuer Kriegssteuern zu tragen, die die Lohnsteuerpflicht auf Millionen von Arbeitern mit niedrigem Einkommen ausdehnte, die zuvor davon ausgenommen waren.

99 Die Anzahl wilder Streiks nahm zwischen 1943 und 1944 beständig zu. Preis berichtet, daß die Zahl der durch Streiks verlorenen Arbeitstage sich 1943 gegenüber dem Vorjahr mehr als verdreifachte, und 1944 gab es laut Brecher mehr Streiks als jemals zuvor in einem Jahr in der amerikanischen Geschichte (197).

100 Die Kommunisten in den Gewerkschaften gehörten zu den glühend-

sten Verfechtern des Streikverzichts; eine Haltung, die sich aus der gefährdeten Situation der UdSSR während des Krieges ergab.

101 Roosevelt legte sein Veto gegen das Gesetz ein, doch der Kongreß überstimmte das Veto noch am selben Tag. Aus Dankbarkeit für das Veto bekräftigten die CIO-Führer den Streikverzicht.

102 Infolge des Streikverzichts begann 1942 die Mitgliederzahl einiger Industriegewerkschaften zu schrumpfen; auch bekamen die Gewerkschaften Schwierigkeiten bei der Eintreibung ihrer Beiträge. Das »War Labor Board« löste das Problem, indem es seine Haltung zum »union shop« modifizierte (Lichtenstein, 53). Mit Ausnahme der UMW (die den »union shop« durch ihren Streik von 1941 gewonnen hatte) konnten sich die Gewerkschaften jetzt auf »maintenance of membership«-Klauseln stützen, nach denen ein Beschäftigter innerhalb einer Frist von 15 Tagen nach der Einstellung seinen Austritt aus der Gewerkschaft erklären konnte.

103 Sitkoff nennt Trumans Radioansprache, in der er damit drohte, Streikende zum Militär einzuziehen und die Züge von Armeeangehörigen fahren zu lassen, »die schneidendste gewerkschaftsfeindliche Rede eines Präsidenten seit der von Grover Cleveland« (85).

104 Wieder war es Lewis, der versuchte, den Trend zur Anpassung an die Regierung aufzuhalten, indem er vorschlug, alle Gewerkschaften sollten sich weigern, die Distanzierung von der Kommunistischen Partei zu unterzeichnen, und der Bestimmung damit den Boden zu entziehen. Die AFL, der sich die UMW inzwischen wieder angeschlossen hatte, lehnte seinen Vorschlag ab (De Caux, 478). Einige der CIO-Gewerkschaften weigerten sich, die Erklärungen zu unterzeichnen, allerdings nur für kurze Zeit (Matles und Higgins, 167-170).

105 Viele Historiker stimmen darin überein, daß Trumans Strategie bei der Behandlung des »Taft-Hartley-Act« nicht darauf abzielte, die Verabschiedung des Gesetzes zu verhindern, sondern sich Vorteile für die anstehende Wahl zu verschaffen. Selbst sein symbolisches Zugeständnis war vermutlich nur nötig, weil Henry Wallace mit seiner dritten Partei auf die Unterstützung der Gewerkschaften abzielte. Trumans Strategie hatte Erfolg: die Gewerkschaften unterstützten ihn mit aller Kraft. A. F. Whitney, der Präsident der »Brotherhood of Railway Trainmen«, hatte zum Beispiel angedroht, sämtliche finanziellen Mittel seiner Gewerkschaft einzusetzen, um Truman zu schlagen, nachdem dieser vorgeschlagen hatte, die streikenden Eisenbahner zum Militär einziehen zu lassen. Doch das Veto, erklärte Whitney, habe Truman von seiner Schuld befreit und Unterstützung für Wallace stehe »nicht zur Debatte« (Yarnell, 22-25). Vgl. die ähnlichen Darstellungen der Strategie Trumans bei: Sitkoff, 92-97; Hartmann, 86-91.

106 Im Präsidentschaftswahlkampf von 1952 setzte sich der Demokratische Kandidat Adlai Stevenson sogar noch von Trumans heftiger rheto-

rischer Opposition gegen den »Taft-Hartley-Act« ab. Vgl. Martin, 540, 643, 660, 691.

107 Schattschneider präsentiert in seinem 1960 veröffentlichten Buch interessante Daten, die zeigen, daß die Gewerkschaften bei Präsidentschaftswahlen bestenfalls 960000 Stimmen in die Waagschale werfen können. Er gelangt zu dieser Schlußfolgerung, indem er die Zahl der Arbeiter, die wahrscheinlich auch dann Demokratisch wählen würden, wenn sie keine Gewerkschaftsmitglieder wären, von der Zahl der gewerkschaftlich organisierten Wähler abzieht. Schattschneider folgert daraus, »daß es nahezu unmöglich ist, Interessenpolitik in Parteipolitik zu übersetzen« (47–61).
Sogar in bezug auf den »Taft-Hartley Act« hatten die Gewerkschaften nur begrenzten Einfluß auf ihre Mitglieder. So zitiert Wilson Umfrageergebnisse aus dem Wahlkampf von 1952, die besagen, daß nur 29% der Gewerkschaftsmitglieder die Aufhebung des Gesetzes forderten; 41% hatten keine Meinung, und der Rest war tatsächlich für die Beibehaltung des Gesetzes (1973, 338–339).

108 Wyndham Mortimer (der wegen seiner führenden Rolle beim North American-Streik von der UAW suspendiert wurde) sagte später, er habe der UAW-Führung mitgeteilt, »wäre der Streik autorisiert worden, hätte die Armee nicht eingegriffen« (zitiert bei Keeran, 348).

109 Mills berichtet, daß sogar während des Little-Steel-Streiks, in dem die öffentliche Meinung gegen die Streikenden war, 44% der Unterschicht und 18% der Oberschicht die Streikenden unterstützt hätten (43).

110 Gerald P. Swope, Chef von General Electric, hatte William Green von der AFL schon im Jahre 1926 gedrängt, Industriegewerkschaften zu gründen. Es würde »den Unterschied [bedeuten] zwischen einer Organisation, mit der wir auf einer geschäftsmäßigen Basis zusammenarbeiten könnten und einer Organisation, die nur endlose Schwierigkeiten mit sich brächte« (Radosh). Bernstein liefert eine ähnliche Einschätzung der Motive des Ölmagnaten Harry Sinclair für den Abschluß eines Tarifvertrages mit den Ölarbeitern im Mai 1934 (1971, 115). In einigen Branchen, besonders der Bekleidungsindustrie, spielten die Gewerkschaften außerdem eine wichtige Rolle bei der Regulierung eines fragmentierten, in viele kleine Unternehmen zersplitterten Industriezweigs.

111 So schätzte Leonard Silk 1969, daß das durchschnittliche Jahreseinkommen eines Arbeiters beträchtlich über dem nationalen Durchschnittseinkommen lag (11). Seine Daten zeigen jedoch auch, daß andere Arbeiter, die nicht in den Massenindustrien beschäftigt waren und keiner Gewerkschaft angehörten, bei weitem nicht so gut gestellt waren und als Konsumenten zudem die Last der aus steigenden Profiten und Löhnen in den Massenindustrien resultierenden Inflation zu tragen hatten.

IV.

1 Es gibt eine Tendenz in Teilen der Linken, diese Fortschritte zu ignorieren. Ein typisches Beispiel für diese Einschätzung liefert Robert L. Allen, ein Sprecher der schwarzen Linken, wenn er sagt: »In ihren besten Tagen umgab die Integrationsbewegung eine Aura, die fast die gesamte schwarze Bevölkerung in ihren Bann schlug, doch der Hauptnutznießer dieser Bewegung war die schwarze Bourgeoisie.« (26) Diese Aussage trifft sicherlich auf die ökonomischen Fortschritte während der Bürgerrechtsära zu: die alt eingesessenen und neu entstandenen Mittelschichten waren die Hauptnutznießer. Darüber hinaus meinen wir jedoch, daß die erhebliche Reduzierung terroristischer Methoden der sozialen Kontrolle auch für die schwarzen Massen im Süden einen bedeutenden Fortschritt darstellte.
2 Louisiana, Georgia, Mississippi, Alabama, South Carolina.
3 Als dieses Buch bereits in Druck ging, fiel uns eine Monographie von C. L. R. James und seinen Kollegen in die Hand, die erstmals 1958 erschien und 1974 wieder aufgelegt wurde. Sie enthält eine Passage, die die wahlpolitischen Aspekte der Analyse in diesem Kapitel vorwegnimmt. Die Anmerkung war zwar kurz, doch geradezu hellseherisch, und wir möchten sie hier wiedergeben: »Die Schwarzen im Norden und Westen haben aufgrund ihrer anhaltenden Unruhe und ihrer wachsenden Stimmenzahl einen Keil zwischen die Demokraten im Norden und Süden getrieben. Dieser Keil kann die Partei jeden Moment auseinanderbrechen lassen und damit eine vollständige Reorganisation amerikanischer Politik erforderlich machen. Sie haben aber auch die Allianz zwischen dem rechten Flügel der Republikanischen Partei und dem Südstaatenflügel der Demokraten aufgebrochen. Mit Geduld und harter Arbeit haben sie die Führung in der Bewegung übernommen, die zu der Entscheidung des Obersten Gerichtshofes gegen die Rassentrennung geführt hat. Jetzt haben die Menschen von Montgomery mit ihrem Bus-Boykott, der ein Jahr lang mit über 99%iger Beteiligung durchgeführt wurde, der Rassendiskriminierung überall in den Vereinigten Staaten einen schweren Schlag versetzt und ein neues Kapitel von weltweiter Bedeutung in der Geschichte des Kampfes gegen irrationale Vorurteile geschrieben.« (150)
4 Myrdal, der den Stellenwert der Klassenstruktur für das Verständnis des amerikanischen »Dilemmas« meist unterbewertet, kommt in bezug auf die Rolle, die die armen Weißen bei der Unterdrückung der Schwarzen spielten, dennoch zu einer ähnlichen Schlußfolgerung: »Plantagenbesitzer und Unternehmer, die farbige Arbeiter benutzen, weil sie billiger und gefügiger sind, haben gelegentlich Aggressionen armer Weißer gegen Schwarze toleriert oder sich an ihnen beteiligt. Es läßt sich plausibel argumentieren, daß sie so handeln, weil sie ein Interesse an der

Erhaltung des Kastensystems haben, das die Schwarzen auf so effektive Weise gefügig macht.« (598)
5 In dem politischen Chaos, das von Krieg und Rekonstruktion heraufbeschworen wurde, stellte das schwarze Wahlrecht zunächst ein Hindernis für die Restauration der weißen Vorherrschaft dar. Doch als die politischen Parteien – die Republikaner, die Populisten und die Demokraten – um politische Gefolgschaft kämpften, kamen alle drei zu der Einsicht, daß die politischen Rechte der Schwarzen ihrem Erfolg sehr im Weg standen. Die Republikaner, die mit den Nordstaaten und mit der Vertretung schwarzer Interessen identifiziert wurden, versuchten dem mit einer »blütenweißen« Strategie entgegenzuwirken. Die radikalen Agrarier in den verschiedenen Populistischen Parteien der Einzelstaaten betonten zunächst die weitgehende Identität der Interessen von armen Weißen und armen Schwarzen und versuchten, eine Koalition mit den Schwarzen aufzubauen; doch diese Allianz hielt dem Rassismus der Südstaaten nicht stand, und so verstießen die Populisten die Schwarzen wieder, um sich die Unterstützung der armen Weißen zu erhalten. Auch das nutzte nichts, denn schon bald wurden die Populisten von der Demokratischen Partei, hinter der die Plantagenbesitzer standen, überrollt. Die Demokraten wiesen den Schwarzen die Rolle des allgemeinen Feindes zu, und mit dieser Strategie gelang es ihnen, breite Unterstützung für die politische Hegemonie der weißen Pflanzer, Bankiers und Kaufleute sowohl über die armen Schwarzen als auch über die armen Weißen im Süden zu gewinnen.
6 Population Reference Bureau, 72.
7 Es gab viele Gründe für den langsamen Fortschritt, den die Mechanisierung der Landwirtschaft des Südens vor dem Zweiten Weltkrieg machte. Zu den wichtigsten gehörte der Überfluß billiger Arbeitskräfte, der es dem Süden erlaubte, trotz der Mechanisierung in anderen Agrargebieten konkurrenzfähig zu bleiben. Doch »unter dem Anreiz von Lohnerhöhungen und einer Verknappung der Arbeitskraft« während des Zweiten Weltkrieges begann die Mechanisierung den Süden zu erobern (Hoover und Ratchford, 110).
8 Bureau of the Census, 1976, 460–461.
9 Welch ungeheures Ausmaß diese Umwälzung für die Schwarzen annahm, deuten die Schätzungen des Landwirtschaftsministeriums an, die besagen, »daß 42% der farbigen Farmbewohner von 1940, die im Jahr 1950 noch am Leben waren, ihren Hof in den vierziger Jahren verlassen hatten«. (Population Reference Bureau, 73) In den fünfziger Jahren erlebte die Migrationsbewegung ihren Höhepunkt nach dem Koreakrieg: »Zwischen 1954 und 1959 ging die Zahl der von Schwarzen bewirtschafteten Farmen um 35% zurück – ein Maßstab dafür, in welchem Ausmaß die Anbaubeschränkungen für Baumwolle und Tabak und der Einsatz von Maschinen den Bedarf an kleinen Pächtern inner-

halb von nur fünf Jahren eingeschränkt hatten.« (Population Reference Bureau, 73)

10 Unter den Beobachtern der Wahlen von 1948 besteht erheblicher Dissens in der Frage, ob Trumans rhetorische Position in der Bürgerrechtsfrage während des Wahlkampfes auf die Bedrohung durch Wallace oder den drohenden Verlust schwarzer Stimmen an die Republikaner zurückzuführen ist. Zu den Autoren, die Wallace für die Hauptursache halten, gehören Bernstein, Berman und Vaughan. Yarnell dagegen kommt zu dem Schluß, daß die weit größere Gefahr von den Republikanern ausgegangen sei. (Vgl. vor allem die Seiten 35, 44 und 69.) Für unsere Analyse ist diese Kontroverse nicht von entscheidender Bedeutung. Entscheidend für uns ist die Tatsache, daß die Bürgerrechtsfrage sich langsam zu einem Wahlkampfthema entwickelte.

11 Zu diesem Punkt siehe auch Sindler, 1962, 141.

12 Prinzipiell sprach sich Stevenson allerdings eindeutig für die Bürgerrechte aus: »Er redete im Süden über die Notwendigkeit von Bürgerrechten für Schwarze, sogar mit größerem Nachdruck als in Harlem.« (Muller, 101) Entscheidend ist aber, daß er sich entschieden gegen jegliche Forderung nach Maßnahmen der Bundesregierung wandte, um dem Süden dieses Prinzip aufzuzwingen.

13 Die schwarzen Proteste waren manchmal gegen die weiße Gesellschaft gerichtet und führten manchmal von ihr weg, denn »die Geschichte der amerikanischen Schwarzen ist im Grunde eine Geschichte des Konfliktes zwischen integrationistischen und nationalistischen Strömungen in Politik, Wirtschaft und Kultur, unabhängig von den beteiligten Führern und von den gerade gängigen Parolen« (Cruse, 564). Uns braucht diese Unterscheidung nicht weiter zu interessieren, die für andere Zwecke nützlich ist; für das Verständnis der Evolution schwarzer Proteste ist nur wichtig, daß jede Bewegung – unabhängig von ihren spezifischen Zielen – die Kapazität für kollektive Aktionen vergrößerte.

14 Als die Schwarzen noch in der Landwirtschaft tätig waren, war ihre Arbeitslosenrate niedriger als die der Weißen. Die Binnenwanderung kehrte dieses Verhältnis um. »Ende der vierziger Jahre war die schwarze Arbeitslosenrate um 60% höher als die weiße, und seit 1954 beträgt sie das Doppelte der weißen Rate, die selbst gestiegen ist.« (Killingsworth, 50) Darüber hinaus gibt es gute Gründe für die Annahme, daß ein großer Teil der schwarzen Arbeitslosigkeit »versteckt« ist – nicht erfaßt aufgrund der tendenziösen offiziellen statistischen Erfassungsmethoden. Einige Experten glauben, daß die Arbeitslosenrate der Schwarzen in den Jahren nach dem Koreakrieg durchschnittlich dreimal so hoch war wie die der Weißen (Killingsworth, 62; Ross, 22 und 26). Da in jener Rezession die Arbeitslosigkeit der Weißen regelmäßig 6% erreichte, könnte es also durchaus der Fall sein, daß die echte schwarze Arbeitslosenquote bis zu 20% betrug. In den innerstädtischen Gettogebieten lag die Quote

sogar noch höher. Zusätzliche Daten über die schwarze Arbeitslosigkeit werden wir in Kapitel V präsentieren.

15 Die »National Association of Colored People« (NAACP) und die »National Urban League« wurden vor dem Ersten Weltkrieg von schwarzen Intellektuellen und Professoren, liberalen Weißen und führenden Unternehmern gegründet. Die Organisationen verdeutlichen eine institutionelle Entwicklung und das Auftreten einer Führungsschicht in der schwarzen Bevölkerung, obwohl »keine der beiden Organisationen jemals eine Massenbasis unter den Schwarzen selbst hatte. Trotz einiger bedeutender Leistungen für das Wohlergehen der Schwarzen ... konnte keine der beiden Organisationen die Loyalität großer Teile der schwarzen Bevölkerung gewinnen. Gerichtsverfahren, Verhandlungen hinter den Kulissen und Verbesserungen im Erziehungswesen gehören nicht zu den Aktivitäten, die unter Menschen außerhalb der Mittelschichtssphäre leidenschaftliche Anteilnahme hervorrufen. Für die Masse der Schwarzen repräsentieren diese Organisationen ein unbestimmbares Wohlwollen, das ihnen von außerhalb ihrer eigenen Welt zuteil wird.« (Michael Lewis, 156) Das Potential an fähigen Juristen, das die NAACP zu bieten hatte, war ein wichtiger Rückhalt der schwarzen Bewegung, wenn auch die Rolle juristischen Sachverstands bei der Durchsetzung von Gerichtsentscheidungen gegen die Rassentrennung oft überschätzt wird. Entscheidender für die Veränderung politischer, einschließlich juristischer Meinungen waren Faktoren wie Modernisierung, Binnenwanderung, Konzentration, die Zunahme der Proteste und der Kalte Krieg gegen den Kommunismus.

16 Im Gegensatz zu den Faktoren, denen wir besondere Bedeutung für die zunehmende Auflehnung der Schwarzen zumessen, verweisen andere Autoren auf die Frustrationen, die sich aus »ansteigenden Erwartungen« ergaben, die wiederum eine Folge höherer Einkommen waren. Für die untersuchte Periode sind Daten, die eine Theorie steigender Erwartungen belegen, in der Tat in großem Maße vorhanden. Ja, es gibt sogar ausreichende Belege, um verschiedene Varianten der Theorie zu stützen. Bezüglich der allgemeinen Verbesserung ihrer ökonomischen Lage haben die Schwarzen zwischen 1939 und 1951 die größten Fortschritte gemacht, als sich das Einkommen männlicher schwarzer Lohn- und Gehaltsempfänger von 37% auf 62% des Einkommens weißer männlicher Lohn- und Gehaltsempfänger erhöhte. Es gibt auch Belege für die These, daß rasche ökonomische Fortschritte, auf die ein abrupter Rückschritt folgte, die Ursache der Unruhe waren. Zwischen dem Höhepunkt schwarzer Prosperität im Jahre 1951 und den frühen sechziger Jahren fielen die Einkommen der schwarzen männlichen Lohn- und Gehaltsempfänger im Verhältnis zu denen der weißen von 62% auf 53%.

Und schließlich gibt es auch keinen Zweifel an der Tatsache, daß eine zunehmende Zahl von Schwarzen unter extremen Statuswidersprüchen zu leiden hatten, denn einerseits verlieh ihnen ihr verbessertes Einkommen einen Anspruch auf einen Platz in der Mittelschicht, aber andererseits waren sie noch immer Opfer von Demütigungen durch die Kasten- und Rassenverhältnisse. Von den verschiedenen Varianten der Theorie steigender Erwartungen scheint uns als Erklärungsmoment für die schwarze Bewegung nach dem Zweiten Weltkrieg vor allem die der Statuswidersprüche relevant. Wir glauben jedoch, daß die von uns im Text aufgeführten Erklärungsmomente von weit größerer Bedeutung sind. Die Angaben über die Einkommensveränderungen finden sich bei: Ross, Killingsworth und Henderson.

17 Wie John Walton kürzlich aufgezeigt hat, verwies Floyd Hunters Arbeit über Atlanta, die sich auf bereits 1950 durchgeführte Untersuchungen stützt, auf die veränderte Stimmung der Schwarzen. Hunter meinte, daß die Schwarzen zunehmend fordernder würden und daß »traditionelle Methoden der Unterdrückung und Einschüchterung versagen« (149). Hunter führte diesen Wandel auf die Entstehung einer schwarzen Führungsschicht zurück, die in ökonomisch gesicherten Verhältnissen lebte. Einige der vielen Schilderungen des Bus-Boykotts in Montgomery finden sich bei: King, 1964; Reddick; Lewis, 1964; und Lewis, 1970.

18 John Barlow Martin beschreibt in *Deep South Says Never* sehr lebendig die Ideologie und Aktivitäten der »White Citizen's Councils«.

19 Das Programm der Demokraten, sagt Muller zutreffend, »war in der Bürgerrechtsfrage schwankend. Zwar verkündete es, die Partei werde auch weiterhin bemüht sein, jede Form der Diskriminierung aus der Welt zu schaffen, doch fügte es hinzu: ›Wir weisen alle Vorschläge, Gewalt anzuwenden, um eine ordnungsgemäße Regelung dieser Fragen durch die Gerichte zu beeinflussen, zurück.‹« (177) Während des Wahlkampfes wiederholte Stevenson zwar weiterhin seine prinzipielle Unterstützung der Bürgerrechte, weigerte sich aber auch fortan, bestimmte Lösungsmethoden wie den Einsatz der Machtmittel des Bundes, zur zwangsweisen Durchsetzung von Gerichtsentscheidungen zu vertreten.

20 Mehr als zwei Jahrzehnte lang war der Süden die einzige Region des Landes gewesen, in der die Republikaner Stimmengewinne zu verzeichnen hatten. Bei der Wahl von 1932 erhielten sie in den elf Südstaaten 18% der Stimmen, 1948 waren es 27% (1956 sollten sie dann sogar die Hälfte der Stimmen im Süden für sich verbuchen können.) Vgl. Lubell, 1966, 226.

21 Eisenhower war über die Brown-Entscheidung äußerst verärgert gewesen; er erklärte gegenüber Beratern, er halte »die Entscheidung (für) falsch«. Doch schien er zu glauben, daß »jeder Amerikaner einen Anspruch auf das Wahlrecht« habe (Alexander, 118, 194).

22 Auch Lubell (1966) beschreibt diese extremen Veränderungen des schwarzen Wählerverhaltens in einer Reihe südlicher Städte. Eine detaillierte Untersuchung des schwarzen Wahlverhaltens in nördlichen Städten, die zeigt, daß »die Treue der Schwarzen zur Demokratischen Partei... ihren Höhepunkt 1952« erreichte, bietet Glantz.
23 Wie wenig die Schwarzen tatsächlich von der kommunalen Politik profitierten, obwohl ihre Zahl in vielen Städten beständig zunahm, offenbart eine Studie, die in den sechziger Jahren in Chicago durchgeführt wurde, wo die Schwarzen schon seit geraumer Zeit einen umfangreichen Wählerblock bildeten: »Wir stellten fest, daß im Jahre 1965 etwa 20% der Einwohner von Cook County Schwarze waren und daß ihr Anteil in Chicago selbst 28% ausmachte... Von insgesamt 1088 politisch relevanten Verwaltungsposten waren nur 58 von Schwarzen besetzt.« (Baron, 28–29) Vgl. die umfangreiche historische Untersuchung über den rassistischen Charakter der Patronagesysteme in Chicago und New York bei Katznelson.
24 Eisenhowers deutlicher Unmut über die Brown-Entscheidung und seine wiederholten Äußerungen, das Rassenproblem müsse innerhalb der Einzelstaaten und »in den Herzen der Menschen« gelöst werden, müssen die Südstaatler in ihrem Glauben bestärkt haben, daß ihr Widerstand, selbst die offene Mißachtung der Gerichte erfolgreich sein könne. Noch im Juli 1957, als sich die Krise in Little Rock anbahnte, erklärte Eisenhower auf einer Pressekonferenz: »Ich kann mir keine Kombination von Umständen vorstellen, die mich jemals dazu veranlassen könnte, irgendwohin Bundestruppen zu schicken, um die Anordnungen eines Bundesgerichtes durchzusetzen.« Dunbar bemerkte dazu: »Es wäre weder einfach noch unfair, den Schaden, den die sechs Jahre dauernde politische Neutralität des Präsidenten dem öffentlichen Frieden zugefügt hat... abzuschätzen.« (20)
25 Eine Vielzahl von Quellen enthalten anschauliche Darstellungen der sit-ins und anderer Formen direkter Aktion. So schildert Patrick die Aktionen in Winston-Salem; Proudfoot die in Knoxville; Walker behandelt Atlanta; und Killian und Smith berichten über Tallahassee. Vgl. außerdem das Southern Regional Council, 1961.
26 Abgesehen natürlich vom FBI.
27 Diese Kader entstammten der neu gebildeten schwarzen Arbeiterklasse im Süden, die ein Produkt der ökonomischen Modernisierung war. »Sollte man den Mitarbeiterstab des SNCC im tiefen Süden knapp charakterisieren, würde man sagen: sie sind Schwarze, sie kommen aus dem Süden, ihre Familien sind arm und gehören zur Arbeiterklasse, aber sie haben ein College besucht.« (Zinn, 10) Auch Bell gelangt bei seiner Analyse einer CORE-Gruppe im Süden zu ähnlichen Schlußfolgerungen: »Es ist also eindeutig, daß diese CORE-Mitglieder aus der ›oberen Unterschicht‹ innerhalb der Sozialstruktur der schwarzen Bevölkerung

stammen. Ihre Eltern gehörten zur Gruppe der ungelernten, aber festangestellten und geachteten Arbeiter. Die CORE-Mitglieder selbst waren auf dem Weg nach oben auf der sozialen Stufenleiter..., da sie ein College besuchten.« (89) Für zusätzliche Daten siehe: Ladd, 218–223; und Meier, 1970. Vgl. auch den Bericht über die Art und Weise, wie diese Aktivisten die eher traditionelle Führungsschicht zur Aktion trieben, bei Walker.

28 Andererseits schien Kennedy durchaus zu verstehen, daß sich in der Demokratischen Partei ein Wandel vollzog. Ende der fünfziger Jahre antwortete er auf die Frage, wie er als Präsident mit der Nord-Süd-Konfrontation in der Partei fertig werden wolle: »Meiner Meinung nach werden wir aufgrund der Industrialisierung des Südens in Zukunft größere Einheitlichkeit in der Demokratischen Partei finden als bisher.« (Burnus, 276)

29 Für eine Diskussion der innerparteilichen Kämpfe, die während dieser Periode die Demokratische Partei beschäftigten, siehe Sindler, 1962.

30 »Er war zwar ein cleverer Politiker, aber dennoch machte [Nixon] fatale Fehler. Das beste Beispiel während des Wahlkampfes war seine Position – oder vielmehr seine fehlende Position – in der Bürgerrechtsfrage. Nachdem er hart dafür gekämpft hatte, daß im Wahlprogramm der Partei eindeutig für die Bürgerrechte Stellung bezogen wurde, um die Stimmen der Schwarzen im Norden zu gewinnen, redete er im Süden dann ganz anders, um auch noch dort zu gewinnen... Bei aller Unfähigkeit, die Gründe für die schockierende Niederlage seines Protégés gegen Kennedy zu begreifen, könnte Eisenhower doch ein wenig über die Gründe nachgedacht haben, warum [Nixon] sowohl den Süden als auch die schwarzen Wähler im Norden verlor.« (Muller, 258)

31 So schreibt auch Theodore F. White, daß Kennedy »der Meinung war, er müsse in den Industriestaaten im Nordosten der USA den Wahlkampf mit großem persönlichen Einsatz betreiben... Seine Berechnungen stimmten. Von den neun großen Bundesstaaten... gewann Kennedy sieben... Die größten Früchte trug allerdings die Strategie, die auf den Gewinn der farbigen Wähler abzielte... Bei der Analyse des farbigen Wählerverhaltens kommen alle Einzeluntersuchungen zu dem Ergebnis, daß Kennedy sieben von zehn farbigen Stimmen erhielt... Es ist kaum vorstellbar, wie Kennedy in Illinois, New Jersey, Michigan, South Carolina oder Delaware [die zusammen 74 Wahlmänner stellten] hätte gewinnen können, wenn die Verteilung der farbigen Stimmen auf Demokraten und Republikaner sich nicht gegenüber der Eisenhower-Wahl von 1956 verändert hätte.« (1961, 384–386) Vgl. auch Schlesinger, 811.

32 Fuller beschreibt die Strategie Kennedys en détail, ebenso wie Schlesinger, Sorenson und Fleming. Am ausführlichsten und brauchbarsten ist die Darstellung Navaskys.

33 Als Sekretär für Rassenbeziehungen der »Fellowship of Reconciliation« war Farmer die Haupttriebkraft bei der Gründung von CORE im Jahre 1942 gewesen.
34 CORE hatte bereits 1947 zwei »freedom rides« durch den oberen Süden organisiert. Sie werden beide von James Peck in *Freedom Ride* beschrieben. In dieser wie auch in anderer Hinsicht hatte CORE die spätere Strategie der direkten Aktion in der Südstaatenphase der Bürgerrechtsbewegung bereits vorweggenommen. Er hatte schon zwei Jahrzehnte vor den sit-ins und »freedom rides« der frühen sechziger Jahre zu diesen Methoden gegriffen, um die Aufhebung der Rassentrennung zu erzwingen.
35 Meier und Rudwick betonen darüber hinaus, daß eine direkte Beziehung zwischen diesen Kanalisierungsbemühungen und den Vorbereitungen der Kennedy-Administration für den Wahlkampf von 1964 bestanden habe: »Vertreter der Kennedy-Administration waren von den Ergebnissen einzelner Wählerregistrierungskampagnen in mehreren nördlichen Städten, die sie vor der Wahl von 1960 hatten durchführen lassen, beeindruckt worden; sie erkannten die Möglichkeit, einen größeren schwarzen Wählerblock im Süden zu schaffen, der 1964 für Kennedy stimmen würde. In dieser Atmosphäre, die von einem gestiegenen Interesse an Wählerregistrierung und von einer durch die ›freedom rides‹ hervorgerufenen Krisenstimmung bestimmt war, entstand die Idee einer größeren und durch Stiftungen finanzierten Wählerregistrierungskampagne.« (172–173) Matthews und Prothro weisen auf denselben Umstand hin: »Je mehr Schwarze im Süden in Zukunft zur Wahl gehen werden, um so mehr kann man von einem Anwachsen der Demokratischen Stimmenanteile ausgehen... eine Tatsache, die der Aufmerksamkeit der Bürgerrechtsstrategen der Kennedy- und Johnson-Administration nicht entgangen ist.« (391–392)
36 Es liegen mehrere recht detaillierte Berichte über die Ereignisse in Albany von 1961 und 1962 vor. Vgl. z. B. Zinn; Watters; Anthony Lewis, 1964; und David Lewis, 1970.
37 Die Kampagne von Birmingham wird u. a. von David Lewis, 1970, und Zinn dargestellt. Die Reaktionen der Bundesregierung schildern Sorensen, Schlesinger und Navasky.
38 Southern Regional Council, Presse-Mitteilung vom 15. November 1964.
39 Als zudem eine Delegation dieser Partei beim Demokratischen Parteikonvent im Sommer Ansprüche auf die Vertretung des Staates Mississippi anstelle der regulären Delegation erhob, wurden sie von der nationalen Parteiführung aus einem offensichtlichen Grund abgewiesen: man wollte keinesfalls zur Gründung weiterer schwarzer Splitterparteien im Süden ermuntern. Die Demokratischen Parteien in den einzelnen Südstaaten mußten reorganisiert und gestärkt werden, und die Inte-

gration der Schwarzen in die Parteiorganisationen war der Schlüssel zu diesem Ziel, da man davon ausgehen konnte, daß die Schwarzen sich der nationalen Partei gegenüber loyal verhalten würden.

40 Die ermordeten jungen Leute waren Michael Schwerner und Andrew Goodman, beides Weiße aus New York, und James Chaney, ein Schwarzer aus Meridian, Mississippi. Diese Morde, die – wie schon andere zuvor – große Aufmerksamkeit in der Öffentlichkeit erregten, trugen erheblich dazu bei, die Unterstützung für die Bürgerrechtsgesetze von 1964 und 1965 zu verstärken.

41 Franklin schildert eine Reihe dieser Demonstrationen: »Es fanden ungefähr genauso viele Demonstrationen im Norden und Westen wie im Süden statt. Der Schwerpunkt lag auf einer Verbesserung der Beschäftigungschancen und dem Ende der de facto-Segregation im Wohnungs- und Bildungswesen. In New York und Philadelphia versuchten Demonstranten den Bau von Schulen in rein schwarzen Wohnbezirken zu blokkieren. Sie führten sit-ins beim Bürgermeister von New York City, Robert Wagner, und beim Gouverneur des Staates New York, Nelson Rockefeller durch. In Boston, Chicago, New York und Englewood (New Jersey) wurden Schulen besetzt oder Schulstreiks durchgeführt, um gegen die Unausgewogenheit der Rassen zu protestieren. In Los Angeles und San Francisco fanden Protestversammlungen mit mehr als 20 000 Teilnehmern statt, die gegen die Ermordung von Medgar Evers und William Moore protestierten. Moore war ein Postbeamter aus Baltimore gewesen, der auf einem persönlichen Freiheitsmarsch durch Mississippi erschossen worden war.« (631)

V.

1 Der Bericht von Meier und Rudwick über die Aktivitäten des CORE in nördlichen Städten enthält auch eine Menge Material über diese Hinwendung zur »community organization« Mitte der sechziger Jahre. Er schildert außerdem, wie jämmerlich CORE bei der Anwendung dieser Strategie scheiterte.

2 Es gibt einige Dissertationen und Seminararbeiten. Steiner ist der einzige bekanntere Sozialwissenschaftler, der über die NWRO geschrieben hat (vgl. sein 8. Kapitel).

3 Der Leser sollte wissen, daß wir ein sehr enges Verhältnis zu George A. Wiley hatten, dem geschäftsführenden Direktor der NWRO. George starb im Sommer 1973 durch einen Unfall. Er war ein äußerst talentierter Führer und ein guter Freund. Sein Tod hat uns tief berührt.

4 Es gab drei verschiedene Kategorien der öffentlichen Unterstützung: Altersfürsorge, Blindenhilfe und Unterstützung für abhängige Kinder

(»Aid to Dependent Children« [ADC], später in »Aid to Families with Dependent Children« [AFDC] umgeändert). AFDC war die wichtigste Form der Unterstützung für arme Familien, und dieses Programm erfuhr auch in den sechziger Jahren die größte Ausdehnung. Die Programme wurden von der Bundesregierung überwacht und teilweise finanziert, doch die Bundesstaaten und Lokalverwaltungen führten sie aus. 1950 wurde eine weitere Kategorie hinzugefügt: »Aid to Permanently and Totally Disabled« (Unterstützung für unheilbar und vollständig Behinderte).

5 Alle Daten in diesem Abschnitt und in anderen Teilen dieses Kapitels, soweit sie die Ausdehnung der Sozialfürsorge in den sechziger Jahren betreffen, sind dem statistischen Anhang von Piven und Cloward (1977) entnommen. Die Daten über Anträge und Bewilligungen finden sich in Tabelle 5; über die Zahl der AFDC-Familien in Tabelle 1. Die Zunahme der Sozialfürsorge in den größten Städten des Landes läßt sich in Tabelle 2 ablesen. Die Daten enthalten die AFDC-UP-Fälle und beziehen sich auf die Vereinigten Staaten ohne Hawaii und Alaska.
6 U.S. Department of Labor, 1964, 48.
7 Es war schon die vierte schwere Rezession seit dem Ende des Zweiten Weltkrieges. Nach jeder Rezession war die Langzeitarbeitslosigkeit auf ein höheres Niveau gestiegen – das Arbeitsministerium nannte es ein »Herausdrängen«: »Der bedeutendste Anstieg dieses Herausdrängens aus dem Arbeitsmarkt scheint unter Nicht-Weißen nach 1958 – dem Jahr einer Rezession, die in vielen Bereichen nie ganz überwunden wurde – erfolgt zu sein. Die Arbeitslosigkeit hatte unter Nicht-Weißen allerdings schon nach jeder einzelnen Nachkriegsrezession erheblich zugenommen, und war seit 1954 während der folgenden Aufschwungsphasen nicht in demselben Maße wieder zurückgegangen wie die Arbeitslosigkeit unter Weißen. Das bekannte Muster des ›zuerst gefeuert, zuletzt eingestellt‹ scheint sich geändert zu haben – jetzt heißt es: ›zuerst gefeuert, vielleicht nie wieder eingestellt‹.« (1964, 82) Als Kennedy die Regierung übernahm, hatte die letzte dieser Rezessionen der Nation eine offizielle Arbeitslosenrate von 7% hinterlassen – 6% unter Weißen und 12,5% unter Nicht-Weißen.
8 Wie immer, wenn er die Handlungen von Präsidenten interpretiert, unterstellt Schlesinger Kennedy ausschließlich staatsmännische Motive. Arbeitslosigkeit beunruhigte den Präsidenten nicht »politisch, konnte er doch sicher sein, daß die Arbeitslosen sich auf der Suche nach Arbeit nie an die Republikaner wenden würden. Was ihm dagegen Sorge machte, war die soziale Seite des Problems. Denn die Arbeitslosigkeit war besonders unter den Schwarzen hoch, die der amerikanischen Gesellschaft ohnehin schon weitgehend entfremdet waren, und dazu noch unter den Jugendlichen, womit das gesellschaftliche Gefüge einer zunehmenden Belastung ausgesetzt war.« (873) Aber die »Belastung des

gesellschaftlichen Gefüges« war natürlich auch ein politisches Problem, ob nun in bezug auf organisierte Proteste gegen Arbeitslosigkeit und Diskriminierung oder in bezug auf die Reaktionen anderer Gruppen auf wachsende Kriminalität und andere Ausdrucksformen sozialer Desorganisation, die sich aus der mangelnden Integration der Schwarzen in das Beschäftigungssystem ergeben. Auch war es ein zunehmend akutes politisches Problem, denn mit dem Ausbruch der Gettounruhen im Jahre 1964 erschreckten die Auswirkungen dieser »Belastung des gesellschaftlichen Gefüges« viele weiße Wähler und verhalfen so den Republikanern 1968 wieder zur Machtübernahme.

9 Das Gesetz basierte auf einem Bericht der »Task Force on Manpower Conversation«, einem Ausschuß auf Kabinettsebene, der von Präsident Kennedy am 30. September (nur wenige Wochen nach dem Marsch auf Washington) eingesetzt worden war.

10 Vgl. die ausführliche Behandlung der ökonomischen Angebote und staatlichen Hilfsprogramme der Kennedy- und Johnson-Administration zur Eindämmung schwarzen Protests in Kapitel 9 von Piven und Cloward, 1977; siehe auch verschiedene Artikel von Piven in Teil 4 von Cloward und Piven, 1974.

11 Der prominenteste Anwalt, der an dieser landesweiten juristischen Herausforderung des Wohlfahrtssystems teilnahm, war Edward Sparer, der als Anwalt bei »Mobilization for Youth«, einem Programm gegen die Armut, erstmals mit Fürsorgefällen zu tun hatte. Er führte seine Arbeit als Direktor des »Center on Social Welfare Policy and Law« und als Rechtsbeistand der »National Welfare Rights Organization« fort.

12 Kapitel 10 von Piven und Cloward, 1977, enthält eine detaillierte Beschreibung der Rolle, die die »Great Society«-Programme, insbesondere die Programme gegen die Armut, bei der Wohlfahrtsexplosion in den sechziger Jahren gespielt haben.

13 Es stehen keine Daten zur Verfügung, die die Unruhen in direkte Beziehung zum Anwachsen der AFDC-Zahlen stellen. Es gibt jedoch eine Studie über die Auswirkungen von Unruhen auf die Zahl der »General Assistance«-Empfänger. So sagt Betz: »Die Angaben aus 23 Städten, in denen es Unruhen gab, werden mit denen aus 20 Städten ähnlicher Größe, in denen es nicht zu Unruhen gekommen ist, verglichen... Die Analyse ergab, daß in Städten, in denen es Unruhen gab, im jeweils nachfolgenden Jahr die Ausgaben für die Sozialfürsorge überproportional erhöht wurden.« (345)

14 Vgl. die Diskussion der Ursachen und politischen Konsequenzen dieser Unruhen bei Fiske, 21–22.

15 Dieser Artikel wurde am 2. Mai 1966 in der Zeitschrift *The Nation* veröffentlicht; er wurde nachgedruckt in Cloward und Piven, 1974. Soweit nicht anders angegeben, stammen alle Zitate in diesem Abschnitt aus dem Artikel.

16 Als George später die »National Welfare Rights Organization« gründete, animierte er damit eine Reihe von CORE-Veteranen, ebenfalls im Wohlfahrtsbereich tätig zu werden; unter ihnen war auch Bruce Thomas.

17 In dieser Hinsicht bestehen auffallende Parallelen zur Großen Depression. Wie wir in Kapitel III angemerkt haben, wude 1930 die »United States Conference of Mayors« zu dem erklärten Zweck gegründet, sich im Kongreß für Bundeszuschüsse an die Gemeinden einzusetzen, um sie von der Last steigender Fürsorgekosten zu befreien.

18 Martin, 1972, 75–85, gibt einen detaillierten und zutreffenden Bericht über diese Ereignisse im Frühjahr 1966.

19 Dieser Bericht über die Entwicklung einer einfachen AFDC-Empfängerin zum NWRO-Mitglied durch den Einfluß von Bürgerrechtsdemonstrationen bezieht sich allerdings auf einen etwas späteren Zeitraum in den sechziger Jahren. Dieser geringfügige Zeitunterschied ist jedoch irrelevant, denn wenn es Berichte über eine frühere Periode gäbe, würden sie ebenfalls die wichtige Rolle des Kampfes um die Bürgerrechte bei der Gründung der NWRO offenbaren.

20 Bei 25 bis 49 Mitgliedern einen Delegierten und einen Nachrücker; bei 50 bis 99 Mitgliedern drei Delegierte und drei Nachrücker; für jeweils weitere 100 Mitglieder einen zusätzlichen Delegierten und Nachrükker.

21 Ein internes NWRO-Dokument, das erstellt wurde, um die Stärke der einzelnen Delegationen zum Kongreß von 1969 zu berechnen, stellte fest, daß es in den Vereinigten Staaten insgesamt 523 lokale Gruppen gab, von denen 376 über die zur Entsendung eines Delegierten notwendigen 25 beitragszahlenden Mitglieder verfügten (Jackson und Johnson, 116). Whitacker bestätigt diese Angaben (180).

22 Eine interessante Betrachtung über die Versuche der »organizers«, aufzuzeigen, daß Fürsorgeverwaltungen zum Einlenken gezwungen werden konnten, ist in den Berichten bei Kurzmann über die Bewegung in Mississippi enthalten.

23 Es führte aber auch zu empörten Reaktionen von seiten der Amtsleiter, oft in der Form von Pressemitteilungen oder internen Memoranden an das Personal, in denen sie erklärten, daß »unsere Klienten« »eingeschüchtert«, »mißbraucht«, »manipuliert« oder »ausgebeutet« werden.

24 Vgl. die Schilderung der Kampagnen von »Mobilization for Youth« bei Rabagliati und Birnbaum; sowie Birnbaum und Gilman.

25 Vgl. Jackson und Johnson; sowie Sardell. In beiden Quellen werden die Sonderzuwendungskampagnen des New Yorker Koordinierungsausschusses detailliert beschrieben.

26 Die genannten Beschreibungen der Sonderzuwendungskampagnen in Massachusetts finden sich bei Fiske und Bailis.

27 Der Erfolg der Kampagnen in New York und in Massachusetts konnte an den meisten anderen Orten nicht wiederholt werden. In Detroit veranlaßten Demonstrationen für Zuschüsse zur Schulkleidung die politischen Verantwortlichen zur vorübergehenden Schließung der Wohlfahrtsbehörde. In Chicago wurden die Zuständigkeitsbereiche der einzelnen Fürsorgebüros verändert, um den Bezirk, wo die »welfare rights«-Gruppen am aktivsten waren, einzugrenzen und zu isolieren. Damit wurde es leichter, den Demonstrationen zu begegnen (Martin, 161–163).

28 Dieser Artikel wurde auch in Cloward und Piven, 1974, aufgenommen.

29 Die führenden Vertreter der NWRO klagten oft, der Hauptgrund dafür, daß keine Kampagnen zur Ausweitung der Zahl der Wohlfahrtsempfänger eingeleitet würden, liege darin, daß keiner wüßte, wie das gehen sollte. Steiner wiederholt diese Kritik, wenn er schreibt: »Die wirkliche Schwierigkeit besteht darin, daß Cloward und Piven nicht erklären, wie man denn allen Anspruchsberechtigten zu Sozialfürsorge verhelfen könne... sie lassen die entscheidende Frage unbeantwortet: nämlich wie man diese Leute finden, motivieren und bei der Stange halten soll, während ihre Anträge bearbeitet werden.« (297) Aber das Gegenteil war richtig: »Diese Leute« mußten nicht »gefunden« oder »motiviert« werden, sie überfluteten die Wohlfahrtszentren mit Millionen von Anträgen, und viele von ihnen wurden ablehnend beschieden. Um diese Leute ausfindig zu machen und ihnen bei der Durchsetzung ihrer Ansprüche zu helfen, hätte man bloß in die Wohlfahrtszentren im ganzen Land zu gehen brauchen. Aber Steiner sagt außerdem (ohne den Widerspruch zu erkennen), daß die NWRO-Vertreter wenig Zeit gehabt hätten, in die Wohlfahrtszentren zu gehen, weil sie von ganztägigen Konferenzen mit »Bürokraten, Wissenschaftlern und Lobbyisten« in Anspruch genommen wurden, »um Veränderungen der Sozialfürsorge zu planen...« (285).

30 Als George acht Monate später starb, übernahm DeLeeuw die Leitung der »Movement for Economic Justice«.

31 Die Bemühungen der NWRO und ihrer lokalen Gruppen, den Mitgliederstand durch die Propagierung anderer Themen zu halten, sollen nicht unerwähnt bleiben. So wurden Versuche unternommen, mit den Warenhaus-Ketten Sears & Roebuck und Montgomery Ward sowie mit lokalen Warenhäusern in einer Reihe von Städten Kreditkartenabkommen zu treffen. Außerdem wandte man sich Fragen wie Kindertagesstätten, Erziehungsproblemen, Gesundheitsfürsorge, Wohnungen, Lebensmittelverteilung, Schulessen usw. zu. Man hoffte, durch eine Erweiterung des NWRO-Programms die erlahmende Mitgliederbasis wiederbeleben zu können. Diese Bemühungen blieben jedoch ohne Erfolg.

32 Alle Beobachter gehen übereinstimmend davon aus, daß die Mitgliedschaft der NWRO fast vollständig schwarz war. Martin schätzt z. B. den Anteil der Schwarzen auf 85%, den der Weißen auf 10% und den der Latinos auf 5% (2, Fußnote 1, und Appendix C, Tabelle 44).

33 *Congressional Quarterly Weekly Report*, Nr. 36, 8. September 1967 (Washington, D. C., Congressional Quarterly Service), 1729.

34 In den ersten ein bis zwei Jahren ihrer Existenz erhielt die NWRO nur wenig Unterstützung von etablierten schwarzen Politikern und Organisationen. Zum Teil war dies einfach Ausdruck der Konkurrenz der verschiedenen Organisationen, Gefolgschaft und Ressourcen. Doch es spiegelte auch die tiefe Ambivalenz gegenüber der öffentlichen Wohlfahrt wider. Ganz allgemein waren schwarze Führer der Meinung, man solle sich von der Wohlfahrt möglichst unabhängig machen, und nicht umgekehrt. Die wachsende Zahl schwarzer Wohlfahrtsempfänger stellte für sie eine Quelle beständiger Peinlichkeit dar. Als wir einen prominenten schwarzen Führer um Hilfe bei der Beschaffung von Mitteln baten, drückte dieser in seiner Antwort vermutlich die Meinung der meisten aus: einer schwarzen Frau einen Job als Stewardess zu verschaffen, sagte er, sei wichtiger, als 50 vaterlosen Familien zu öffentlicher Unterstützung zu verhelfen. Als jedoch eine landesweite Debatte über Armut, Arbeitslosigkeit und die zunehmende Zahl der Fürsorgeempfänger einsetzte, bezog eine Reihe schwarzer Führer eine freundlichere Haltung. U. a. begannen sie, die bestehenden Wohlfahrtspraktiken zu verurteilen und nach einer Form staatlicher Einkommensgarantie zu verlangen.

35 Die Kirche war wahrscheinlich die private Institution, die der NWRO die meiste Hilfe zukommen ließ. Einige Kirchenleute, die selbst mit großem Engagement an der Bürgerrechtsbewegung im Süden teilgenommen hatten und von ihr beeinflußt worden waren, verstanden vermutlich, wie tief die Rassen- und Klassenunterdrückung reichte, der die Schwarzen unterworfen waren. Diese Kirchenleute erwiesen sich manchmal als die entschiedensten Befürworter und Aktivisten der »welfare rights«-Gruppen. Auf der lokalen Ebene drückten Kirchengemeinden ihre Unterstützung dadurch aus, daß sie Geld, Büroräume, Telefone und Gerät zur Herstellung von Literatur und Flugblättern zur Verfügung stellten. Im ganzen Land schlossen sich viele Geistliche den Demonstrationen an; eine Reihe von ihnen organisierte »welfare rights«-Gruppen, und einige lokale Kirchenverbände stellten einen Geistlichen ab, um ganztägig für die »welfare rights«-Gruppen tätig sein zu können. Auf Bundesebene ließen mehrere große Konfessionen der NWRO oder ihren angeschlossenen Gruppen im Laufe der Jahre hunderttausende von Dollar zukommen, sie organisierten Diskussionsrunden über Ziele und Politik der Bewegung, und Kirchenführer beteiligten sich an Aktionsbündnissen, um Politiker zugunsten der Fürsor-

gebedürftigen zu beeinflussen. Die Unterstützung der Kirche bedeutete für die Wohlfahrtsempfänger einen erheblichen Rückhalt. Sie half den Armen, ihr Schamgefühl zu überwinden, indem sie ihnen den Eindruck vermittelte, daß ihre Forderung nach menschenwürdiger Unterstützung vom moralischen wie religiösen Standpunkt aus gerechtfertigt war.

36 In New York war zum Beispiel die Unterstützung des Ortsverbands District 37 extrem hilfreich.
37 Vereinbarung zwischen dem Staate Pennsylvania, Ministerium für öffentliche Wohlfahrt, und der »Philadelphia Welfare Rights Organization, West District«, veröffentlicht am 17. Oktober 1968 von Elias S. Cohen, Commissioner.
38 Commonwealth of Pennsylvania, Department of Public Welfare, Harrisburg, Pa., Public Assistance Memorandum Nr. 968, Supplement 1, 11. März 1969.
39 Bailis Beschreibung der »Massachusetts Welfare Rights Organization« (MWRO) deckt sich vollkommen mit unseren Beobachtungen: »Die letzte Phase des sich entwickelnden Bruchs zwischen einfachen Aktivisten und professionellem Mitarbeiterstab begann vielleicht, als lokale Aktivisten feststellten, daß sie keine starken Gruppen brauchten, um in der Politik der MWRO eine wichtige Rolle zu spielen, und als der Exekutivausschuß der MWRO zu der parallelen Schlußfolgerung gelangte, daß die Ehren und die Hochachtung, die sie von Politikern, Fürsorgebeamten und Vertretern privater Wohltätigkeitsorganisationen erfuhren, nicht wirklich eine funktionierende Basisorganisation im ganzen Staat erforderten.« (73)
40 Die NWRO beschloß umgehend, an Nevada »ein Exempel zu statuieren«, in der Hoffnung, andere Bundesstaaten damit von der Durchführung ähnlicher »Reformen« abzuhalten. George hoffte außerdem, daß eine Massenmobilisierung in Nevada das zurückgehende Spendenaufkommen der Organisation wieder festigen und die Moral der Organisation heben würde.
Innerhalb weniger Wochen lief die »Operation Nevada« der NWRO an. Eine »Anwalts-Brigade«, die sich aus rund 40 Anwälten und 70 Jurastudenten zusammensetzte und von Edward Sparer (dem Rechtsbeistand der NWRO) angeführt wurde, stürmte die Gerichte von Nevada, während der nationale Mitarbeiterstab der NWRO sowie »organizers« aus verschiedenen Teilen des Landes eingeflogen wurden, um Demonstrationen auf dem berühmten »Strip« von Las Vegas zu organisieren. Bekannte Leute wie Ralph Abernathy, David Dellinger, Jane Fonda und Sammy Davis jr. nahmen ebenfalls an den Demonstrationen teil.
Die größten Erfolge wurden in den Gerichtssälen erzielt. Am 20. März ordnete der »Federal District Court« an, alle Streichungen von Empfängern und alle Leistungskürzungen zurückzunehmen und die versäum-

ten Zahlungen nachträglich zu leisten. Das Gericht befand, daß »infolge der dargestellten übereilten Aktionen der Behördenleiter und sein Stab die verfassungsmäßigen Rechte anspruchsberechtigter wie nichtanspruchsberechtiger Empfänger gleichermaßen mißachtet haben.« Die Wohlfahrtsbehörde hatte, kurz gesagt, zu unverhohlen und zu dreist gehandelt. Es gab subtilere Wege, um den Zuwachs der Wohlfahrtsausgaben zu stoppen und die Zahl der Empfänger wieder einzuschränken; andere Bundesstaaten waren schon vorsichtig dabei, sie zu beschreiten.

Die Operation Nevada endete mit einem Sieg der NWRO – es sollte ihr letzter gewesen sein. Es war wohl sogar die letzte große nationale Demonstration der Schwarzen mit Hilfe von Massenmärschen und Aktionen zivilen Ungehorsams in Verbindung mit gerichtlichen Schritten. Es war das Ende einer Ära, die zwei Jahrzehnte zuvor in Montgomery, Alabama, begonnen hatte.

41 Detaillierte Auseinandersetzungen mit den FAP-Vorschlägen und anschließenden parlamentarischen Debatten finden sich bei: Moynihan; Burke und Burke; und Bowler. Bowlers Studie enthält außerordentlich klarsichtige Erklärungen der komplexen Details sowohl der gültigen als auch der vorgeschlagenen Wohlfahrtsprogramme.

42 Da die meisten Bundesstaaten Beihilfen von weit über 1600 Dollar für eine vierköpfige Familie gewährten, hätten die Bundesstaaten trotzdem noch etwas auf die Zahlungen des Bundes drauflegen müssen, und liberalere Staaten hätten höhere Kosten zu tragen gehabt als Staaten mit restriktiver Fürsorgepraxis – eine Regelung, die sich nicht sehr von der alten unterschieden hätte. Nichtsdestoweniger wurde allen Bundesstaaten versichert, unter dem Nixon-Plan zumindest gewisse Einsparungen vornehmen zu können.

43 Als wir *A Strategy to End Poverty* schrieben, sahen wir nicht das volle Ausmaß südstaatlicher Opposition gegen ein garantiertes Mindesteinkommen voraus, die in dem Interesse begründet lag, das extrem niedrige Lohnniveau zu erhalten, das in Teilen des Südens noch immer vorherrscht. Eine Lehre, die wir aus den Debatten über die Reorganisation des Wohlfahrtssystems ziehen können, ist die, daß ein garantiertes nationales Mindesteinkommen – sollte es je zustande kommen – aus Rücksicht auf die unterschiedlichen Lohnniveaus in den regionalen Wirtschaftssystemen der Vereinigten Staaten sehr niedrig sein wird.

Eine umfassende Reform resultierte aber doch aus dem erheblichen Anstieg der Zahl der Fürsorgeempfänger: die Übernahme der sogenannten Erwachsenenkategorien in Bundeshoheit, also die Unterstützung der Behinderten, Blinden und Alten. Diese Gruppen wurden von der Bundesregierung übernommen und in ein neues System – das »Supplemental Security Income« (SSI) – integriert. Für diese Gruppen gibt es daher ein nationales Mindesteinkommen, und das bedeutet für sie in vielen Bundesstaaten einen Fortschritt. Darüber hinaus stellten viel mehr Personen Anträge auf diese Unterstützung, als es zuvor der Fall gewesen war, da SSI von den »Social Security«-Verwaltungen vergeben wird und deshalb in weit geringerem Maße stigmatisiert ist als die älteren Unterstützungsprogramme. Dieser wesentliche Fortschritt wurde erst durch die fiskalische Krise und deren politische Auswirkungen, die beide von der Wohlfahrtsexplosion ausgelöst worden waren, ermöglicht. Die »Krisenstrategie« war doch teilweise richtig gewesen, allerdings nicht ganz auf die Weise, die wir erwartet hatten.

44 Zitiert mit Genehmigung von Hyman Bookbinder.
45 Vgl. die Auseinandersetzung mit der sich verändernden Position der NWRO über FAP bei Burke und Burke, 159–165.
46 Moynihan behauptet, daß noch eine andere Neinstimme – die von Anderson aus New Mexico – auf den Einfluß von Harris zurückging, und damit indirekt auf den Einfluß der NWRO (533). Burke und Burke bestätigen dies nicht, ebensowenig wie Mitchell I. Ginsberg, der in New York der »Human Ressources Administrator« und einer der aktivsten Lobbyisten für FAP war.
47 Das Ausschußmitglied Hartke aus Indiana war bei dieser entscheidenden Abstimmung nicht anwesend. Hartke, ein Liberaler, war bei den Zwischenwahlen gerade noch einmal mit einem blauen Auge davongekommen. Burke und Burke sagen nichts darüber, wie er bei Anwesenheit gestimmt hätte. Moynihan gibt ebenfalls keinen Hinweis, und auch Ginsberg findet die Antwort schwierig. Auf alle Fälle gibt es keinerlei Anzeichen dafür, daß er von der NWRO beeinflußt gewesen sein könnte. Auch haben die Lobbyisten der NWRO nie derartiges behauptet.

Literaturhinweise

I.

Anderson, Gosta Esping/Friedland, Roger: *Class Structure, Class Politics and the Capitalist State*, Madison 1974, mimeographed.

Ash, Roberta: *Social Movements in America*, Chicago 1972.

Balbus, Isaac D.: *The Concept of Interest in Pluralist and Marxian Analysis*, in: *Politics and Society* 1 (1971).

Bloom, Howard S./Price, Douglas H.: *Voter Response to Short-Run Economic Conditions: The Asymmetric Effect of Prosperity and Recession*, in: *American Political Science Review* 69 (December 1975).

Bridges, Amy: *Nicos Poulantzas and the Marxist Theory of the State*, in: *Politics and Society* 4 (Winter 1974).

Burnham, Walter Dean: *The Changing Shape of the American Political Universe*, in: *American Political Science Review* 59 (1965).

Ders.: *Critical Elections and the Mainsprings of American Politics*, New York 1970.

Campbell, Angus/Converse, Philip E./Miller, Warren E./Stokes, Donald E.: *The American Voter*, New York 1960.

Castells, Manuel: *L' Analyse Interdisciplinaire de la Croissance Urbaine*, Paper presented at a colloquium of the Centre National de la Recherche Scientifique, June 1–4, 1971, in Toulouse.

Dahrendorf, Ralf: *Soziale Klassen und Klassenkonflikt in der industriellen Gesellschaft*, Stuttgart 1957.

Davies, James C.: *Toward a Theory of Revolution*, in: *American Sociological Review* 27 (1962).

Dollard, John, u. a.: *Frustration und Aggression*, Weinheim/Berlin/Basel 1970.

Edelman, Murray: *Politics as Symbolic Action*, New Haven 1971.

Engels, Friedrich: *Vorwort zu Karl Marx' »Klassenkämpfe in Frankreich, 1848–1850«*, in: *Marx-Engels-Werke* Band 22, Berlin (DDR) 1969.

Ders.: *Die Entwicklung des Sozialismus von der Utopie zur Wissenschaft*, in: *Marx-Engels-Werke* Band 19, Berlin (DDR) 1969.

Feierabend, Ivo/Feierabend, Rosalind L./Nesvold, Betty A.: *Social Change and Political Violence: Cross National Patterns*, in: *Violence in America: A Staff Report*, edited by Hugh Davis Graham/Ted Robert Gurr, Washington, D. C.: U.S. Government Printing Office 1969.

Flacks, Richard: *Making History vs. Making Life: Dilemmas of an American Left*, in: *Working Papers for a New Society* 2 (Summer 1974).

Gamson, William A.: *The Strategy of Social Protest*, Homewood/Illinois 1975.

Geschwender, James: *Social Structure and the Negro Revolt: An Examination of Some Hypotheses*, in: *Social Forces* 43 (December 1964).

Gordon, David M./Edwards, Richard C./Reich, Michael: *Labor Market Segmentation in American Capitalism*, Paper presented at the Conference on Labor Market Segmentation, March 16–17, 1973, Harvard University.

Gurr, Ted Robert: *Psychological Factors in Civil Violence*, in: *World Politics* 20 (January 1968).

Ders.: *Rebellion. Eine Motivationsanalyse von Aufruhr, Konspiration und innerem Krieg*, Düsseldorf 1972.

Gusfield, Joseph R. (ed.): *Protest, Reform and Revolt: A Reader in Social Movements*, New York 1970.

Ders./Rudé, George: *Captain Swing*, New York 1968.

Hobsbawm, Eric: *Sozialrebellen. Archaische Sozialbewegungen im 19. und 20. Jahrhundert*, Berlin 1962.

Howard, Dick (ed.): *Selected Writings of Rosa Luxemburg*, New York 1971.

Huntington, Samuel P.: *Political Order in Changing Societies*, New Haven 1968.

James, C. L. R./Lee, Grace C./Chaulieu, Pierre: *Facing Reality*, Detroit 1974.

Katznelson, Ira: *The Crisis of the Capitalist City: Urban Politics and Social Control*, in: *Theoretical Perspectives in Urban Politics*, edited by W. D. Hawley/Michael Lipsky, New York 1976.

Kornhauser, William: *The Politics of Mass Society*, New York 1959.

Kramer, Gerald H.: *Short-Term Fluctuations in U.S. Voting Behavior, 1896–1964*, in: *American Political Science Review* 65 (March 1971).

Lefebvre, Henri: *Das Alltagsleben in der modernen Welt*, Frankfurt/M. 1972.

Lipsky, Michael: *Protest as a Political Resource*, in: *American Political Science Review* 62 (December 1968).

Ders.: *Protest in City Politics*, Chicago 1970.

Lodhi, Abdul Qaiyum/Tilly, Charles: *Urbanization, Crime, and Collective Violence in 19th Century France*, in: *American Journal of Sociology* 79 (September 1973).

Lupsha, Peter A.: *Explanation of Political Violence: Some Psychological Theories Versus Indignation*, in: *Politics and Society* 2 (Fall 1971).

Luxemburg, Rosa: *Massenstreik, Partei und Gewerkschaften*, in: *Rosa Luxemburg Gesammelte Werke*, Band 2, S. 91–170, Berlin (DDR) 1974.

Marx, Karl: *Der achtzehnte Brumaire des Louis Bonaparte*, in: *Marx-Engels-Werke*, Band 8, S. 111–207, Berlin (DDR) 1969.

Marx, Karl/Engels, Friedrich: *Manifest der kommunistischen Partei*, in: *Marx-Engels-Werke*, Band 4, S. 459–493, Berlin (DDR) 1969.

Michels, Robert: *Zur Soziologie des Parteiwesens in der modernen Demokratie*, Stuttgart 1957.

Moore, Barrington: *Revolution in America?*, in: *New York Review of Books*, January 30, 1969.

Ollman, Bertell: *Toward Class Consciousness Next Time: Marx and the Working Class*, in: *Politics and Society* 3 (Fall 1972).
Parsons, Talcott: *The Social System*, New York 1951.
Ders.: *An Outline of the Social System*, in: *Theories of Society: Foundations of Modern Sociological Thought*, edited by Talcott Parsons/Edward Shils/Kaspar D. Naegele/Jesse, R. Pitts, New York 1965.
Poulantzas, Nicos: *Politische Macht und gesellschaftliche Klassen*, Frankfurt/M. 1974.
Rudé, George: *The Crowd in History*, New York 1964.
Rustin, Bayard: *From Protest to Politics*, in: *Commentary* 39 (February 1965).
Schattschneider, E. E.: *The Semi-Sovereign People*, New York 1960.
Schwartz, Michael: *The Southern Farmers' Alliance: The Organizational Forms of Radical Protest*, Unpublished Ph.D. dissertation, Department of Sociology, Harvard University 1971.
Smelser, Neil J.: *Theorie des kollektiven Verhaltens*, Köln 1972.
Snyder, David/Tilly, Charles: *Hardship and Collective Violence in France, 1830–1960*, in: *American Sociological Review* 37 (October 1972).
Spencer, Joseph/McLoughlin, John/Lawson, Ronald: *New York City Tenant Organizations and the Formation of Urban Housing Policy, 1919 to 1933*, Unpublished paper of The Tenant Movement Study, New York, Center for Policy Research 1975.
Tilly, Charles: *Reflections on the Revolution of Paris: A Review of Recent Historical Writing*, in: *Social Problems* 12 (Summer 1964).
Useem, Michael: *Conscription, Protest and Social Conflict: The Life and Death of a Draft Resistance Movement*, New York 1973.
Ders.: *Protest Movements In America*, Indianapolis 1975.
Weber, Max: *Wirtschaft und Gesellschaft*, Tübingen 1972.
Wilson, James Q.: *Political Organizations*, New York 1973.
Wilson, John: *Introduction to Social Movements*, New York 1973.
Wolfe, Alan: *New Directions in the Marxist Theory of Politics*, in: *Politics and Society* 4 (Winter 1974).
Zald/Mayer, N./Ash, Roberta: *Social Movement Organizations: Growth, Decay, and Change*, in: *Social Forces* 44 (March 1966).

II.

Abbott, Edith: *The Tenements of Chicago, 1908–1935*, Chicago 1936.
Bakke, E. Wight: *The Unemployed Man: A Social Study*, New York 1934.
Ders.: *Citizens Without Work: A Study of the Effects of Unemployment Upon the Workers' Social Relations an Practices*, New Haven 1940.
Benjamin, Herbert: *Why We Marched*, in: *Social Work Today*, October 1937.
Bernstein, Irving: *The Lean Years: A History of the American Worker, 1920–1933*, Baltimore 1970.

Ders.: *The Turbulent Years: A History of the American Worker, 1933–1941*, Boston 1971.

Bird, Caroline: *The Invisible Scar*, New York 1966.

Boyer, Richard O./Morais, Herbert M.: *Labor's Untold Story*, New York 1972.

Brecher, Jeremy: *Streiks und Arbeiterrevolten. Amerikanische Arbeiterbewegung 1877–1970*, Frankfurt/M. 1975.

Brophy, Alice/Hallowitz, George: *Pressure Groups and the Relief Administration in New York City*, Unpublished professional project. New York: New York School of Social Work. April 8, 1937.

Brown, Josephine C.: *Public Relief, 1929–1939*, New York 1940.

Buhle, Paul Merlyn: *Marxism in the United States, 1900–1940*, Unpublished Ph.D. dissertation, University of Wisconsin, Madison 1975.

Cayton, Horace: *No Rent Money... 1931*, in: *The Nation*, September 9, 1931.

Chandler, Lester V.: *America's Greatest Depression, 1929–1941*, New York 1970.

Colcord, Joanna C. u.a.: *Emergency Work Relief As Carried Out in Twenty-six American Communities, 1930–1931, with Suggestions for Setting Up a Program*, New York 1932.

Cooley, Robert Angell: *The Family Encounters the Depression*, New York 1936.

Cross, Frank Clay: *Revolution in Colorado*, in: *The Nation*, February 7, 1934.

De Caux, Len: *Labor Radical From the Wobblies to CIO: A Personal History*, Boston 1970.

Edelman, Murray: *Growth and Expansion*, in: *Labor and the New Deal*, edited by Milton Derber/Edwin Young, Madison 1957.

Feder, Leah H.: *Unemployment Relief in Periods of Depression*, New York 1936.

Foner, Philip: *History of the Labor Movement in the United States*, New York 1947.

Gilpin, DeWitt: *Fired for Inefficiency*, in: *Social Work Today* 3 (November 1935).

Glick, Brian: *The Thirties: Organizing the Unemployed*, in: *Liberation*, September-October 1967.

Gosnell, Harold: *Machine Politics: Chicago Model*, Chicago 1937.

Ders.: *The Rise of Negro Politics in Chicago*, Chicago 1967.

Greenstein, Harry: *The Maryland Emergency Relief Program – Past and Future*, Address delivered before the Maryland Conference of Social Work, February 25, 1935.

Gutman, Herbert G.: *The Failure of the Movement by the Unemployed for Public Works in 1873*, in: *Political Science Quarterly* 80 (June 1965).

Ders.: *Work, Culture and Society in Industrializing America*, New York 1976.

Herndon, Angelo: *Let Me Live*, New York 1969.

Hofstadter, Richard/Wallace, Michael (eds.): *American Violence: A Documentary History*, New York 1971.

Hopkins, Harry L.: *Spending to Save: The Complete Story of Relief*, New York 1936.

Howard, Donald C.: *The WPA and Federal Relief Policy*, New York 1943.

Huntington, Emily H.: *Unemployment Relief and the Unemployed in the San Francisco Bay Region, 1929–1934*, Berkeley 1939.

Karsh, Bernard/Garman, Phillip L.: *The Impact of the Political Left*, in: *Labor and the New Deal*, edited by Milton Derber/Edwin Young, Madison 1957.

Keeran, Roger Roy: *Communists and Auto Workers: The Struggle for a Union, 1919–1941*, Unpublished Ph.D. dissertation University of Wisconsin 1974.

Kerr, Clark: *Productive Self-Help Enterprises of the Unemployed*, Unpublished Ph.D. dissertation, University of California, Berkeley 1939.

Komarovsky, Mirra: *The Unemployed Man and His Family*, New York 1940.

Kurzmann, Paul: *Harry Hopkins and the New Deal*, Fairlawn/New Jersey 1974.

Lasswell, Harold D./Blumenstock, Dorothy: *World Revolutionary Propaganda*, 1939, Reprint. Plainview, New York 1970.

Leab, Daniel: *United We Eat: The Creation and Organization of the Unemployed Councils in 1930*, in: *Labor History* 8 (Fall 1967).

Lescohier, Don D./Brandeis, Elizabeth: *History of Labor in the United States, 1896–1932*, in the 4-volume series *The History of Labor in the United States*, compiled by John R. Commons, New York 1935.

Lynd, Robert S./Lynd, Helen Merrell: *Middletown in Transition: A Study in Cultural Conflicts*, New York 1937.

Moley, Raymond: *Comment*, in: *Political Science Quarterly* 87 (December 1972).

Montgomery, David/Schatz, Ronald: *Facing Layoffs*, in: *Radical America* 10 (March–April 1976).

Naison, Mark: *The Communist Party in Harlem, 1928–1936*, Unpublished Ph.D. dissertation, Columbia University 1975.

Prickett, James Robert: *Communists and the Communist Issue in the American Labor Movement*, Unpublished Ph.D. dissertation, University of California, Los Angeles 1975.

Rodman, Selden: *Lasser and the Workers' Alliance*, in: *The Nation*, September 10, 1938.

Rogg, Nathan: *The Unemployed Unite*, in: *Social Work Today* 3 (June 1936).

Roosevelt, Franklin D.: *The Public Papers and Addresses of Franklin D. Roosevelt*, Vol. I, New York 1938.

Rosenzweig, Roy: *Radicals in the Great Depression: Socialists and the Unemployed, 1929–1936*, Unpublished paper, January 24, 1974.

Ders.: *Radicals and the Jobless: The Musteites and the Unemployed Leagues, 1932–1936*, in: *Labor History* 16 (Winter 1975).

Ders.: *Organizations of the Unemployed in the 1930's*, Unpublished paper, January 1976.

Ders.: *Organizing the Unemployed: The early Years of the Great Depression, 1929–1933*, in: *Radical America* 10 (July–August 1976).

Schlesinger, Arthur M. Jr.: *The Age of Roosevelt*, Vol. 1: *The Crisis of the Old Order, 1919–1933*, Boston 1957.

Ders.: *The Age of Roosevelt*, Vol. 3: *The Politics of Upheaval*, Boston 1960.

Seymour, Helen: *The Organized Unemployed*, Unpublished Ph.D. dissertation, University of Chicago 1937.

Dies.: *Unpublished report to the Committee on Social Security of the Social Science Research Council*, December 1, 1937.

Stouffer, Samuel/Lazarsfeld, Paul: *Research Memorandum on the Family in the Depression*, Social Science Research Council Bulletin No. 29.

Terkel, Studs: *Hard Times: An Oral History of the Great Depression*, New York 1970 (deutsche, gekürzte Fassung: *Der große Krach. Die Geschichte der amerikanischen Depression*, Frankfurt/M. 1972).

White, Clyde R./White, Mary K.: *Relief Policies in the Depression*, Social Science Research Council Bulletin No. 38.

Woodroofe, Kathleen: *From Charity to Social Welfare*, Toronto 1966.

WPA General Files 040, National Archives and Record Service.

III.

Ash, Roberta: *Social Movements in America*, Chicago 1972.

Aronowitz, Stanley: *The Shaping of American Working Class Consciousness*, New York 1973.

Bendix, Reinhard: *Nation Building and Citizenship*, New York 1964.

Bernstein, Irving: *The New Deal Collective Bargaining Policy*, Berkeley 1950.

Ders.: *The Lean Years: A History of the American Worker, 1920–1933*, Baltimore 1970.

Ders.: *Turbulent Years: A History of the American Worker, 1933–1941*, Boston 1971.

Bird, Caroline: *The Invisible Scar*, New York 1966.

Bogdanich, George: *Steel: No-Strike and Other Deals*, in: *The Nation*, September 7, 1974.

Boyer, Richard O./Morais, Herbert M.: *Labor's Untold Story*, New York 1955.

Brecher, Jeremy: *Streiks und Arbeiterrevolten. Amerikanische Arbeiterbewegung 1877–1970*, Frankfurt/M. 1970 (gekürzte Fassung von: *Strike!*, Greenwich 1974).

Brooks, Robert R. R.: *As Steel Goes*, New Haven Press 1940.

Brooks, Thomas R.: *Toil and Trouble: A History of American Labor*, New York 1971.

Buhle, Paul Merlyn: *Marxism in the United States, 1900–1940*, Unpublished Ph.D. dissertation, University of Wisconsin, Madison 1975.

Chandler, Lester V.: *America's Greatest Depression, 1929–1939*, New York 1970.

Davis, Mike: *The Stop Watch and the Wooden Shoe*, in: *Radical America* 9 (January–February 1975).

Derber, Milton: *Growth and Expansion*, in: *Labor and the New Deal*, edited by Milton Derber/Edwin Young, Madison 1957.

Edelman, Murray: *New Deal Sensitivity to Labor Interests*, in: *Labor and the New Deal*, edited by Milton Derber/Edwin Young, Madison 1957.

Fine, Sidney: *Sit-down: The General Motors Strike of 1936–1937*, Ann Arbor 1969.

Fink, Leon: *Class Conflict in the Gilded Age: The Figure and the Phantom*, in: *Radical History Review* 3 (Fall–Winter 1975).

Fleming, R. W.: *The Significance of the Wagner Act*, in: *Labor and the New Deal*, edited by Milton Derber/Edwin Young, Madison 1957.

Gamson, William A.: *The Strategy of Social Protest*, Homewood/Illinois 1975.

Georgakas, Dan/Surkin, Marvin: *Detroit – I Do Mind Dying: A Study in Urban Revolution*, New York 1974.

Gordon, David M./Edwards, Richard C./Reich, Michael: *Labor Market Segmentation in American Capitalism*, Unpublished paper presented at the Conference on Labor Market Segmentation, Harvard University, March 16–17, 1973.

Green, James: *Fighting on Two Fronts: Working Class Militancy in the 1940s*, in: *Radical America* 9 (July–October 1975).

Greenstone, J. David: *Labor in American Politics*, New York 1969.

Gutman, Herbert G.: *Work, Culture and Society in Industrializing America*, New York 1976.

Hartmann, Susman M.: *Truman and the 80th Congress*, Columbia 1971.

Hofstadter, Richard/Wallace, Michael (eds.): *American Violence: A Documentary History*, New York 1971.

James, C. L. R.: *Excerpts from »State Capitalism and World Revolution (1949)«*, in: *Radical America* 4 (May 1970).

Josephson, Mathew: *The Robber Barons*, New York 1934.

Karsh, Bernard/Garman, Phillip L.: *Impact of the Political Left*, in: *Labor and the New Deal*, edited by Milton Derber/Edwin Young, Madison 1957.

Keeran, Roger Roy: *Communists and Auto Workers: The Struggle for a Union, 1919–1941*, Unpublished Ph.D. dissertation, University of Wisconsin 1974.

Kraus, Henry: *The General Motors Sit-down: Skirmishes*, in: *American Labor Radicalism: Testimonies and Interpretations*, edited by Staughton Lynd, New York 1973.

Laslett, John H. M.: *Labor and the Left: A Study of Socialist and Radical Influences in the American Labor Movement, 1881–1934*, New York 1970.

Lens, Sidney: *Radicalism in America*, New York 1966.

Lescohier, Don D./Brandeis, Elizabeth: *History of Labor in the United States, 1896–1932*, in the 4-volume series: *The History of Labor in the United States*, compiled by John R. Commons, New York 1935.

Levinson, Edward: *Labor on the March*, New York 1938.

Lichtenstein, Nelson: *Defending the No-Strike Pledge: CIO Politics during World War II*, in: *Radical America* 9 (July–October 1975).

Lorwin, Lewis: *The American Federation of Labor*, Washington, D. C. 1933.

Lynd, Staughton (ed.): *Personal Histories of the Early CIO*, in: *Radical America* 5 (May–June 1969).

Ders.: *The United Front in America: A Note*, in: *Radical America* 8 (July–August 1974).

Martin, John Bartlow: *Adlai Stevenson of Illinois*, Garden City 1976.

Matles, James J./Higgins, James J.: *Them and Us: Struggles of a Rank-and-File Union*, Englewood Cliffs 1974.

Michels, Robert: *Zur Soziologie des Parteiwesens in der modernen Demokratie*, Stuttgart 1957.

Millis, Harry A./Brown, E. C.: *From the Wagner Act to Taft-Hartley*, Chicago 1950.

Ders./Montgomery, Royal E.: *Organized Labor* (Bd. 2 von *The Economics of Labor*), New York 1945.

Mills, C. Wright: *New Men of Power*, (1948) Reprint Fairfield/New Jersey 1969.

Moley, Raymond: *Comment*, in: *Political Science Quarterly* 87 (December 1972).

Montgomery, David: *Spontaneity and Organization: Some Comments*, in: *Radical America* 7 (November–December 1973).

Nadworny, Milton J.: *Scientific Management and the Unions 1900–1932*, Cambridge 1955.

Nyden, Paul J.: *Miners for Democracy: Struggle in the Coal Fields*, Unpublished Ph.D. dissertation, Columbia University 1974.

Olson, Mancur: *Die Logik des kollektiven Handelns. Kollektivgüter und die Theorie der Gruppen*, Tübingen 1968.

Pelling, Henry: *American Labor*, Chicago 1962.

Perlman, Selig: *Eine Theorie der Gewerkschaften*, Berlin 1952.

Preis, Art: *Labor's Giant Step: 20 Years of the CIO*, New York 1964.

Prickett, James Robert: *Communists and the Communist Issue in the American Labor Movement, 1920–1950*, Unpublished Ph.D. dissertation, University of California, Los Angeles 1975.

Radosh, Ronald: *The Corporate Ideology of American Labor Leaders from Gompers to Hillman*, in: *Studies on the Left*, November–December 1966.

Raybeck, Joseph G.: *A History of American Labor*, New York 1966.

Rees, Goronwy: *The Great Slump: Capitalism in Crisis, 1929–1933*, New York 1970.

Reich, Michael: *The Evolution of the United States Labor Force*, in: *The Capitalist System*, edited by Richard C. Edwards/Michael Reich/Thomas J. Weisskopf, Englewood Cliffs 1972.

Rogin, Michael: *Nonpartisanship and the Group Interest*, in: *Power and Community*, edited by Philip Green/Sanford Levison, New York 1970.

Rudé, George: *The Crowd in History*, New York 1964.

Schatz, Ronald: *The End of Corporate Liberalism: Class Struggle in the Electrical Manufacturing Industry, 1933–1950*, in: *Radical America* 9 (July–October 1975).

Schattschneider, E. E.: *The Semisovereign People: A Realist's View of Democracy in America*, New York 1960.

Schlesinger, Arthur M. Jr.: *The Age of Roosevelt*, Vol. 1: *The Crisis of the Old Order, 1919–1933*, Boston 1957.

Ders.: *The Age of Roosevelt*, Vol. 3: *The Politics of Upheaval, 1935–1936*, Boston 1960.

Silk, Leonard: *Is There a Lower-Middle Class Problem?*, in: *Blue Collar Workers: A Symposium on Middle America*, edited by Sar A. Levitan, New York 1971.

Sitkoft, Harvard: *Years of the Locust: Interpretations of Truman's Presidency since 1965*, in: *The Truman Period as a Research Field*, edited by Richard S. Kirkendall, Columbia 1974.

Stone, Katherine: *The Origins of Job Structures in the Steel Industry*, Unpublished paper presented at the Conference on Labor Market Stratification, Harvard University, March 16–17, 1973.

Taft, Philip/Ross, Philip: *American Labor Violence: Its Causes, Character, and Outcome*, in: *The History of Violence in America: A Report to the National Commission on the Causes and Prevention of Violence*, edited by Hugh Davis Graham/Ted Robert Gurr, New York 1969.

U.S. Bureau of the Census: *Statistical Abstract of the United States, 1940*, Washington, D.C. 1941.

U.S. Department of Labor: *Handbook of Labor Statistics, 1972*, Washington, D.C. 1973.

Walsh, J. Raymond: *CIO: Industrial Unionism in Action*, New York 1937.

Ward, Matthew: *UAW*, in: *American Labor Radicalism: Testimonies and Interpretations*, edited by Staughton Lynd, New York 1973.

Wecter, Dixon: *The Age of the Great Depression*, New York 1948.

Weinstein, James: *Ambiguous Legacy: The Left in American Politics*, New York 1975.

Weir, Stanley: *Rank-and-File Labor Rebellions Break into the Open: The End of an Era*, in: *American Labor Radicalism: Testimonies and Interpretations*, edited by Staughton Lynd, New York 1973.

Widick, B. J.: *Labor 1975: The Triumph of Business Unionism*, in: *The Nation*, September 6, 1975.

Wilson, James Q.: *Political Organizations*, New York 1973.

Yarnell, Allen: *Democrats and Progressives: The 1948 Presidential Election as a Test of Postwar Liberalism*, Berkeley 1974.

IV.

Allen, Robert L.: *Black Awakening in Capitalist America*, New York 1970.

Alexander, Charles C.: *Holding the Line: The Eisenhower Era, 1952–1961*, Bloomington 1975.

Baron, Harold u. a.: *Black Powerlessness in Chicago*, in: *Trans-Action*, November 1968.

Bartley, Numan V.: *The Rise of Massive Resistance*, Baton Rouge 1969.

Bell, Inge Powell: *CORE and the Strategy of Non-Violence*, New York 1968.

Berman, William: *The Politics of Civil Rights in the Truman Administration*, Columbus 1970.

Bernstein, Barton J.: *The Ambiguous Legacy: The Truman Administration and Civil Rights*, in: *Politics and Policies of the Truman Administration*, edited by Barton J. Bernstein, Chicago 1970.

Bleiweiss, Robert M. (ed.): *Marching to Freedom: The Life of Martin Luther King Jr.*, New York 1969.

Brink, William/Harris, Louis: *The Negro Revolution in America*, New York 1964.

Ders.: *Black and White*, New York 1966.

Burns, James MacGregor: *John Kennedy*, New York 1959.

Carleton, William G.: *Kennedy in History: An Early Appraisal*, in: *The Antioch Review* 24 (1964).

Carmichael, Stokely/Charles V. Hamilton: *Black Power. Die Politik der Befreiung in Amerika*, Frankfurt/M. 1969.

Clark, Kenneth B.: *The Civil Rights Movement: Momentum and Organization*, in: *Daedalus* 95 (Winter 1966).

Cloward, Richard A./Piven, Frances Fox: *The Politics of Turmoil: Essays on Poverty, Race, and the Urban Crisis*, New York 1974.
Cochran, Bert: *Adlai Stevenson: Patrician Among Politicians*, New York 1969.
Ders.: *Harry Truman and the Crisis Presidency*, New York 1973.
Cox, Oliver Cromwell: *Caste, Class, and Race*, New York 1959.
Cruse, Harold: *The Crisis of the Negro Intellectual*, New York 1967.
Dunbar, Leslie: *A Republic of Equals*, Ann Arbor 1966.
Evans, Rowland/Robert Novak: *Lyndon B. Johnson. Geschichte eines Scheiterns*, Frankfurt/M. 1968.
Farmer, James: *Freedom – When?*, New York 1965.
Fleming, Harold C.: *The Federal Executive and Civil Rights: 1961–1965*, in: *Daedalus* 94 (Fall 1965).
Foner, Eric (ed.): *America's Black Past*, New York 1970.
Franklin, John Hope: *From Slavery To Freedom*, New York 1969.
Fuller, Helen: *Year of Trial*, New York 1962.
Garfinkel, Herbert: *When Negroes March*, New York 1969.
Glantz, Oscar: *The Negro Voter in Northern Industrial Cities*, in: *Western Political Quarterley* 13 (December 1960).
Hartmann, Susman M.: *Truman and the 80th Congress*, Columbia 1971.
Henderson, Vivian W.: *Regions, Race, and Jobs*, in: *Employment, Race, and Poverty*, edited by Arthur M. Ross/Herbert Hill, New York 1967.
Hoover, Calvin/Ratchford, B. U.: *Economic Resources and Policies of the South*, New York 1951.
Hunter, Floyd: *Community Power Structure: A Study of Decision Makers*, Chapel Hill 1953.
Ions, Edmund S.: *The Politics of John F. Kennedy*, New York 1967.
James, C. L. R./Lee, Grace C./Chaulieu, Pierre: *Facing Reality*, Detroit 1974.
Johnson, Charles S./Embree, Edwin R./Alexander, Will W.: *The Collapse of Cotton Tenancy*, Chapel Hill 1935.
Katznelson, Ira: *Black Men, White Cities*, New York 1973.
Killian, Lewis M./Smith, Charles U.: *Negro Protest Leaders in a Southern Community*, in: *Social Forces* 38 (March 1960).
Ders.: *The Impossible Revolution?*, New York 1968.
Killingsworth, Charles C.: *Negroes in a Changing Labor Market*, in: *Employment, Race, and Poverty*, edited by Arthur M. Ross/Herbert Hill, New York 1967.
King, Martin Luther: *Freiheit. Aufbruch der Neger Nordamerikas. Bericht über den Busstreik in Montgomery*, Kassel 1964.
Ders.: *Warum wir nicht warten können*, Frankfurt/M. 1965.
Ders.: *Wohin führt unser Weg? Chaos oder Gemeinschaft*, Wien/Düsseldorf, 1968.

Ladd, Everett Carl Jr.: *Negro Political Leadership in the South*, Ithaca/New York 1966.

Lewis, Anthony: *The New York Times: Portrait of a Decade*, New York 1964.

Lewis, David L.: *King: A Critical Biography*, New York 1970.

Lewis, Michael: *The Negro Protest in Urban America*, in: *Protest, Reform and Revolt*, edited by Joseph R. Gusfield, New York 1971.

Lomax, Louis Emanuel: *Auch wir sind Amerikaner. Der Freiheitskampf der Farbigen*, Bergisch-Gladbach 1965.

Lubell, Samuel: *Revolt of the Moderates*, New York 1956.

Ders.: *White and Black*, New York 1966.

Maclachan, John M.: *Recent Population Trends in the Southeast*, in: *Social Forces* 35 (1956).

Martin, John B.: *Deep South Says Never*, New York 1957.

Ders.: *Adlai Stevenson of Illinois*, Garden City 1976.

Marx, Gary T.: *Protest and Prejudice*, New York 1969.

Matthews, Donald R./Protho, James W.: *Negroes and the New Southern Politics*, New York 1966.

McCord, Wiliam: *Mississippi: The Long, Hot Summer*, New York 1965.

Meier, August: *On the Role of Martin Luther King*, in: *New Politics* 4 (Winter 1965).

Ders.: *Civil Rights Strategies for Negro Employment*, in: *Employment, Race, and Poverty*, hg. v. Arthur M. Ross/Herbert Hill, New York 1967.

Ders.: *Who Are the »True Believers«? – A Tentative Typology of the Motivations of Civil Rights Activitists*, in: *Protest, Reform, and Revolt*, edited by Joseph R. Gusfield, New York 1970.

Meier, August/Rudwick, Elliott: *CORE: A Study in the Civil Rights Movement, 1942–1968*, Urbana 1975.

Moon, Henry Lee: *Balance of Power: The Negro Vote*, Garden City 1948.

Ders.: *The Negro Vote in the Presidential Election of 1956*, in: *The Journal of Negro Education* 26 (Summer 1957).

Muller, Herbert J.: *Adlai Stevenson: A Study in Values*, New York 1967.

Mydral, Gunnar: *An American Dilemma: The Negro Problem and Modern Democracy*, New York 1944.

Navasky, Victor S.: *Kennedy Justice*, New York 1971.

Patrick, Clarence H.: *Lunch Counter Desegregations in Winston-Salem, North Carolina*, Atlanta 1960.

Peck, James: *Freedom Ride*, New York 1962.

Perlo, Victor: *The Negro in Southern Agriculture*, New York 1953.

Piven, F. Frances/Richard A. Cloward: *Regulierung der Armut. Die Politik der öffentlichen Wohlfahrt*, Frankfurt/M. 1977.

Population Reference Bureau: *The American Farmer*, in: *Population Bulletin* 19 (May 1963).

Powledge, Fred: *Black Power, White Resistance*, Cleveland 1967.

Proudfoot, Merrill: *Diary of a Sit-in*, Chapel Hill 1962.

Reddick, L. D.: *Crusader Withhout Violence*, New York 1959.

Rich, Marvin: *The Congress of Racial Equality and Its Strategy*, in: *The Annals of the American Academy of Political and Social Science* 357 (January 1965).

Rose, Arnold: *The Negro in America*, New York 1964.

Ross, Arthur M.: *The Negro in the American Economy*, in: *Employment, Race, and Poverty*, hg. v. Arthur M. Ross/Herbert Hill, New York 1967.

Schlesinger, Arthur M.: *Die tausend Tage Kennedys*, Bern/München/Wien 1965 (dt. Ausgabe von: *A Thousand Days*, Boston 1965).

Sherrill, Robert: *The Accidental President*, New York 1967.

Sindler, Allen P.: *The Unsolid South*, in: *The Uses of Power*, hg. v. A. Westin, New York 1962.

Ders.: *Protest Against the Political Status of the Negro*, in: *The Annals of the American Academy of Political and Social Sciences* 357 (January 1965).

Sorensen, Theodore C.: *Kennedy*, Frankfurt/M. 1967 (gekürzte dt. Ausgabe von: *Kennedy*, New York 1965).

Southern Regional Council: *The Student Protest Movement: A Recapitulaton*, Atlanta. Southern Regional Council, September 29, 1961, Special Report.

Tindall, George Brown: *The Disruption of the Solid South* Athens 1972.

U.S. Bureau of the Census: *Statistical Abstract of the United States*, Washington D.C.: U.S. Department of Commerce, 1975.

U.S. Bureau of the Census: *Historical Statistics of the United States*, Washington D.C.: U.S. Department of Commerce, 1976.

U.S. National Advisory Commisson on Civil Disorders: *Report of the Advisory Commission on Civil Disorders*, New York 1968.

Vaughan, Philip H.: *President Truman's Committee on Civil Rights: The Urban Implications*, in: *Missouri Historical Review* 66 (April 1972).

Walker, Jack L.: *The Functions of Disunity: Negro Leadership in a Southern City*, in: *Journal of Negro Education* 32 (Summer 1963).

Walton, John: *Community Power and the Retreat from Politics: Full Circle after Twenty Years*, in: *Social Problems* 23 (February 1976).

Watters, Pat: *Down to Now: Recollections of the Civil Rights Movement*, New York 1976.

White, Theodore H.: *The Making of the President, 1960*, New York 1961.

Ders.: *The Making of the President, 1972*, New York 1973.

Wilson, James Q.: *The Negro in American Politics: The Present*, in: *The American Negro Reference Book*, Englewood Cliffs 1966.

Woodward, C. Vann: *Origins of the New South*, Baton Rouge 1951.

Ders.: *The Strange Career of Jim Crow*, 1974.

Yarnell, Allen: *Democrats and Progressives: The 1948 Presidential Election as a Test of Postward Liberalism*, Berkeley 1974.

Zinn, Howard: *SNCC: The New Abolitionists*, Boston 1964.

V.

Bailis, Lawrence Neil: *Bread or Justice*, Lexington/Mass. 1974.

Betz, Michael: *Riots and Welfare: Are They Related?*, in: Social Policy 21 (1974).

Birnbaum, Ezra/Gilman, David: Unpublished paper on the minimum standards campaigns, New York City, January 1968, mimeographed.

Bowler, Kenneth M.: *The Nixon Guaranteed Income Proposal*, Cambridge 1974.

Burke, Vincent J./Burke, Vee: *Nixon's Good Deed: Welfare Reform*, New York 1974.

Cloward, Richard A./Piven, Frances Fox: *The Politics of Turmoil: Essays on Poverty, Race, and the Urban Crisis*, New York 1974.

Donovan, John C.: *The Politics of Poverty*, New York 1973.

Durbin, Elizabeth: *Welfare and Employment*, New York 1969.

Evans, Rowland/ Robert Novak: *Lyndon B. Johnson. Geschichte eines Scheiterns*, Frankfurt/M. 1968.

Fiske, Mary Ann: *The Politics of the Claiming Minority: Social Protest Strategies to End Poverty*, Unpublished master's thesis, College of Human Ecology, Cornell University 1971.

Gelb, Joyce/Sardell, Alice: *Strategies for the Powerless: The Welfare Rights Movement in New York City*, Unpublished paper prepared for delivery at a meeting of the American Political Science Association in New Orleans, 1973, mimeographed.

Jackson, Larry R./Johnson, William A.: *Protest by the Poor*, Lexington/Mass. 1974.

King, Martin Luther: *Warum wir nicht warten können*, Frankfurt 1965.

Kurzmann, Paul (ed.): *The Mississippi Experience: Strategies for Welfare Rights Action*, New York 1971.

Levens, Helene: *Organizational Affiliation and Powerlessness*, in: Social Problems 16 (Summer 1968).

Martin, George T. Jr.: *The Emergence and Development of a Social Movement Organization Among the Underclass: A Case Study of the National Welfare Rights Organization*, Unpublished Ph.D. dissertation, Department of Sociology, University of Chicago 1972.

Meier, August/Rudwick, Elliott: *CORE: A Study in the Civil Rights Movement, 1942–1968*, Urbana 1975.

Michels, Robert: *Zur Soziologie des Parteiwesens in der modernen Demokratie*, Stuttgart 1957.

Miller, Hermann P.: *Rich Man Poor Man*, New York 1964.

Milwaukee County Welfare Rights Organization: *Welfare Mothers Speak Out: We Ain't Gonna Shuffle Anymore*, New York 1972.

Moynihan, Daniel P.: *The Politics of a Guaranteed Income*, New York 1973.

Piven, Frances F./Cloward, Richard A.: *Regulierung der Armut. Die Politik der öffentlichen Wohlfahrt*, Frankfurt/M. 1977.

Rabagliati, Mary/Birnbaum, Ezra: *Organization of Welfare Clients*, in: *Community Development in the Mobilization for Youth Experience*, edited by Harold H. Weissmann, New York 1969.

Rothmann, Gene H.: *Welfare Rights Groups of the 1930's and 1960's*, Unpublished master's thesis, Department of Sociology, Columbia University 1969.

Sardell, Alice: *The Minimum Standards Campaign: A Case of Protest Politics*, Unpublished master's thesis, Graduate Division of the College of Arts and Sciences, City College of the City University of New York 1972.

Schlesinger, Arthur M.: *Die tausend Tage Kennedys*, Bern/München 1965.

Stein, Hermann D. (ed.): *The Crisis in Welfare in Cleveland: Report of the Mayor's Commission*, Cleveland 1969.

Steiner, Gilbert: *The State of Welfare*, Washington, D.C. 1971.

Sorensen, Theodore C.: *Kennedy*, Frankfurt/M. 1967.

U.S. Department of Health, Education, and Welfare: *Social Security Bulletin* 34 (August 1971).

U.S. Department of Labor: *Manpower Report to the President* and *A Report on Manpower Requirements, Resources, Utilization, and Training*, Washington D.C.: U.S. Government Printing Office 1964.

U.S. Department of Labor, Bureau of Labor Statistics: *Recent Trends in Social and Economic Conditions of Negroes in the United States, July 1968*, Washington, D.C.: U.S. Government Printing Office, 1969 (BLS Report Nr. 347).

U.S. National Advisory Commission on Rural Poverty: *The People Left Behind*, Washington, D.C.: U.S. Government Printing Office, 1967.

U.S. President's National Advisory Commission on Civil Disorders: *Report of the National Advisory Commission on Civil Disorders*, New York 1968.

Van Til, Jon: *On Overcoming Barriers to the Organization of the Welfare Poor*, Paper presented at a meeting of the Society for the Study of Social Problems, New Orleans, August 28, 1972, mimeographed.

Weissmann, Harold H.: *Problems in Maintaining Stability in Low-Income Social Action Organizations*, in: *Community Development in the Mobilization for Youth Experience*, edited by Harold H. Weissmann, New York 1969.

Whitaker, William H.: *The Determinants of Social Movement Success: A Study of the National Welfare Rights Organization*, Unpublished Ph.D. dissertation, Florence Heller School for Advanced Studies in Social Welfare, Brandeis University, 1970.

Wilson, James Q.: *The Strategy of Protest: Problems of Negro Civic Action*, in: *Journal of Conflict Resolution* 5 (September 1961).

Ders.: Political Organizations, New York 1973.

edition suhrkamp. Neue Folge

198 Franz Böni, Der Johanniterlauf
199 Ngũgĩ wa Thiong'o, Der gekreuzigte Teufel
200 Walter Benjamin, Das Passagen-Werk. Hg. v. Rolf Tiedemann. Zwei Bände
201 Jugend und Kriminalität. Hg. v. Horst Schüler-Springorum
202 Friederike Mayröcker, Magische Blätter
203 Manfred Frank, Was ist Neostrukturalismus?
204 Chie Nakane, Die Struktur der japanischen Gesellschaft
205 Marguerite Duras, Sommer 1980
206 Roland Barthes, Michelet
207 Julius Posener, Geschichte der Architektur im 20. Jahrhundert
208 Grace Paley, Veränderungen in letzter Minute
209 Kindheit in Europa. Hg. v. Heinz Hengst
210 Stanley J. Stein/Barbara H. Stein, Das koloniale Erbe Lateinamerikas
211 Naturplan und Verfallskritik. Zu Begriff und Geschichte der Kultur. Hg. v. Helmut Brackert u. Fritz Wefelmeyer
212 Arbeitslosigkeit in der Arbeitsgesellschaft. Hg. v. Wolfgang Bonß u. Rolf G. Heinze
213 Tzvetan Todorov, Die Eroberung Amerikas
214 Ziviler Ungehorsam im Rechtsstaat. Hg. v. Peter Glotz
215 Peter Weiss, Der neue Prozeß
216 Ein Jahrhundert geht zu Ende. Hg. v. Karl Dedecius
217 Luise F. Pusch, Das Deutsche als Männersprache
218 Alfred Sohn-Rethel, Soziologische Theorie der Erkenntnis
219 Randzonen. Interviews – Kurzgeschichten. Hg. von Judith Ammann
220 Claude Lévi-Strauss / Jean-Pierre Vernant u. a., Mythos ohne Illusion
221 Christiaan L. Hart Nibbrig, Der Aufstand der Sinne im Käfig des Textes
222 V-Leute – Die Falle im Rechtsstaat. Hg. v. Klaus Lüderssen
223 Tilman Moser, Eine fast normale Familie
224 Juan Goytisolo, Dissidenten
225 Alice Schwarzer, Lohn: Liebe. Zum Wert der Frauenarbeit
226 Paul Veyne, Glaubten die Griechen an ihre Mythen?
227 Thank you good night. Hg. v. Bodo Morshäuser

228 »Hauptsache, ich habe meine Arbeit«. Hg. v. Rainer Zoll
229 »Mit uns zieht die neue Zeit«. Hg. v. Thomas Koebner
230 Gregorio Condori Mamani, »Sie wollen nur, daß man ihnen dient ...«
231 Paul Feyerabend, Wissenschaft als Kunst
232 Meret Oppenheim, Husch, husch der schönste Vokal entleert sich. Hg. v. Christiane Meyer-Thoss
233 Politik der Armut. Hg. von Stephan Leibfried u. Florian Tennstedt
234 Die Ökologie des Körpers. Hg. v. R. Erben, P. Franzkowiak, E. Wenzel
235 Die wilde Seele. Hg. von Hans Peter Duerr
236 Ignácio de Loyola Brandão, Kein Land wie dieses
237 Gerold Foidl, Scheinbare Nähe
238 Kriegsursachen. Red. Reiner Steinweg
239 Reform und Resignation. Gespräche über Franz L. Neumann. Hg. v. Rainer Erd
240 Tim Guldimann, Moral und Herrschaft in der Sowjetunion
241 Werner Abelshauser, Wirtschaftsgeschichte der Bundesrepublik Deutschland 1945–1980
242 Dirk Blasius, Geschichte der politischen Kriminalität in Deutschland 1800–1980
243 Kurt Kluxen, Geschichte und Problematik des Parlamentarismus
244 Peter Marschalck, Bevölkerungsgeschichte Deutschlands im 19. und 20. Jahrhundert
245 Wolfgang Wippermann, Europäischer Faschismus im Vergleich 1922–1982
246 Michael Geyer, Deutsche Rüstungspolitik 1860–1980
247 Volker Hentschel, Geschichte der deutschen Sozialpolitik 1880–1980
248 Detlef Lehnert, Sozialdemokratie zwischen Protestbewegung und Regierungspartei 1848–1983
249 Jürgen Reulecke, Geschichte der Urbanisierung in Deutschland
250 Peter Alter, Nationalismus
251 Margret Kraul, Das deutsche Gymnasium 1780–1980
252 Manfred Botzenhart, Reform, Restauration, Krise. Deutschland 1789–1848
253 Jens Flemming, Deutscher Konservatismus 1780–1980
254 Hans-Ulrich Wehler, Grundzüge der amerikanischen Außenpolitik 1750–1900

255 Heide Wunder, Bäuerliche Gesellschaft in Deutschland 1524–1789
256 Albert Wirz, Sklaverei und kapitalistisches Weltsystem
257 Helmut Berding, Antisemitismus in Deutschland 1870–1980
258 Konrad H. Jarausch, Deutsche Studenten 1800–1970
259 Josef Mooser, Arbeiterleben in Deutschland 1900–1970
260 Dietrich Staritz, Geschichte der DDR 1949–1984
261 Gilbert Ziebura, Weltwirtschaft und Weltpolitik 1922/24–1931
262 Ulrich Kluge, Die Deutsche Revolution 1918/1919
263 Horst Dippel, Die Amerikanische Revolution 1763–1787
264 Karl-Egon Lönne, Politischer Katholizismus
265 Volker R. Berghahn, Unternehmer und Politik in der Bundesrepublik
266 Wolfram Siemann, Die Revolution 1848/49 in Deutschland
267 Dietrich Thränhardt, Geschichte der Bundesrepublik 1949–1984
268 Peter Christian Witt, Die deutsche Inflation 1914–1924
269 Horst Möller, Deutsche Aufklärung 1740–1815
270 Gotthard Jasper, Von der Auflösung der Weimarer Republik zum NS-Regime
271 Klaus J. Bade, Europäischer Imperialismus im Vergleich
272 Dieter Grimm, Deutsche Verfassungsgeschichte 1803–1980
273 Hanna Schissler, Geschichte des preußischen Junkertums
274 Jürgen von Kruedener, Deutsche Finanzpolitik 1871–1980
275 Rüdiger vom Bruch, Deutsche Universitäten 1734–1980
276 Reinhard Sieder, Geschichte der Familie
277 Heinz-Günther Reif, Sozialgeschichte des deutschen Adels
278 Michael Mitterauer, Sozialgeschichte der Jugend
279 Hans-Christoph Schröder, Die Englische Revolution 1640–1688
280 Ernst Hinrichs, Die Französische Revolution 1789
281 Bernd Wunder, Geschichte der deutschen Bürokratie
282 Wolfgang Hardtwig, Vereinswesen in Deutschland 1780–1980
283 Hans-Peter Ullmann, Wirtschaftliche und politische Interessenverbände in Deutschland 1870–1980
284 Ute Frevert, Geschichte der deutschen Frauenbewegung
285 Hartmut Kaelble, Europäische Sozialgeschichte 1880–1980
286 Dieter Langewiesche, Deutscher Liberalismus
287 Klaus Schönhoven, Deutsche Gewerkschaften 1860–1980
288 Martin Greschat, Politischer Protestantismus

290 Octavio Paz, Zwiesprache
291 Franz Xaver Kroetz, Furcht und Hoffnung der BRD
292 Wolfgang Hildesheimer, The Jewishness of Mr. Bloom/ Das Jüdische an Mr. Bloom. Engl./Dt.
293 György Konrád, Antipolitik
294 Alexander Kluge, Neue Geschichten
295 Reto Hänny, Ruch
296 Atomkriegsfolgen. Der Bericht des »Office of Technology Assessment«
297 Peter Sloterdijks »Kritik der zynischen Vernunft«
298 Die Selbstbehauptung Europas. Hg. von Willy Brandt
299 Konrad Wünsche, Der Volksschullehrer Ludwig Wittgenstein
300 edition suhrkamp. Ein Lesebuch